教育科研系列丛书

HEXIN WENTI JIAOXUE ZHONGDE
XUESHENG SHENDU TIYAN YANJIU

核心问题教学中的学生深度体验研究

主编　周文良

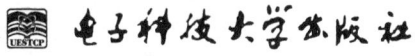
电子科技大学出版社

图书在版编目（CIP）数据

核心问题教学中的学生深度体验研究 / 周文良主编
. -- 成都：电子科技大学出版社，2017.1（2024.1重印）
ISBN 978-7-5647-3851-8

Ⅰ.①核… Ⅱ.①周… Ⅲ.①中学教育－教学研究－文集 Ⅳ.①G632.0-53

中国版本图书馆CIP数据核字(2016)第205737号

核心问题教学中的学生深度体验研究

主 编 周文良

出　　版	电子科技大学出版社（成都市一环路东一段159号电子信息产业大厦　邮编：610051）
策划编辑：	谢应成
责任编辑：	谢应成
主　　页：	www.uestcp.com.cn
电子邮箱：	uestcp@uestcp.com.cn
发　　行：	新华书店经销
印　　刷：	三河市明华印务有限公司
成品尺寸：	185mm×260mm　　印张 29.75　　字数 710 千字
版　　次：	2017年1月第一版
印　　次：	2024年1月第二次印刷
书　　号：	ISBN 978-7-5647-3851-8
定　　价：	119.00 元

■ 版权所有　侵权必究 ■

◆ 本社发行部电话：028-83202463；本社邮购电话：028-83201495。
◆ 本书如有缺页、破损、装订错误，请寄回印刷厂调换。

编 委 会

主　编　周文良

副主编　陈明英　米云林　熊文俊　杨佐明

编　委　王国贤　夏红亚　苏　梅　李　奇　李　岚
　　　　曾　伟　马嫦娟　周祝光　李晓燕　郑　兵
　　　　谢发超　易鸿灵　付小华　李　磊　陈　琳
　　　　王　曦　简洪权　冯　毅　周有珏　李　敏
　　　　刘克轩　刘才平　陈其伟　雷良兵　欧居蓉
　　　　冯天佩　梁　利　王华松　郭　彪　严静秋
　　　　宋德宏　黄立刚　肖怀安

川大附中　教育部重点课题《核心问题教学中的学生深度体验实践研究》　课题组

前　言

　　美国大卫·库伯教授提出的"让体验成为学习和发展的源泉",正越来越受到世界各地教育者的重视而产生广泛影响。学习中并不缺少自发的体验,因为人们本来就"生活在体验之中,并透过体验而生活"。但是纯粹自发的体验肤浅而零散,关键是如何有意识地将学生导向深度体验。于是,在理论引导下改变学生的课堂学习境遇,使体验真正成为学生学习与发展的源泉,就是一个值得教育者认真思考与努力实践的重大问题。为此我校确立"核心问题教学中的学生深度体验实践研究"课题,全体教师进行了三年多的研究和实践。该课题经省教育科学规划办公室领导小组推荐,批准为全国教育科学"十二五"规划2011年度教育部重点课题(项目编号:DHA110242)。

　　本书内容分为四大部分。第一部分为课题领导小组归纳教师研究所撰写的系列阶段研究成果。在对学生学习方式调查研究和文献研究的基础上,在体验学习理论和缄默知识理论的指导下,所阐述的成果内容主要有:界定我们所说的体验、深度体验的意义,提出关联体验的名称并将其作为学生深度体验的重要引导方向,提出关联体验的意义和内容结构;提出体验性目标的意义、确立、陈述与达成检测技术;提出了促进学生深度体验的核心问题特征和核心问题教学环节,并论述其理论与实践根据;提出根植缄默知识以促进学生深度体验的实施策略。第二、三、四部分为教师研究成果,包括百余位教师的教学论文、个案和教学案例。成果从本学科或者本学科中某个课例的视角,阐述了课堂教学中促进学生深度体验的认识和教学操作。它既是课题研究的原始素材,也是课题研究成果的学科化演绎;它既是教师专业发展的阶梯,又是教师专业发展的实证。

　　以上研究成果得到社会的广泛认可,有的已经在全国中文核心期刊、综合性人文社科类核心期刊等刊物上发表,有的已经在全国、四川省、成都市各类评奖与赛课中获得一等奖等等级奖。为节省篇幅,教案中删去了流程图以及课型、授课班级、授课时间、授课地点等内容。

编　者

目 录

第一编 阶段研究报告

高中生学习策略问卷调查报告
　　——促进学生深度体验的研究构想 .... 课题组 1
体验性目标及其陈述与检测技术 .... 课题组 9
根植缄默知识以促进学生深度体验 .... 课题组 14
浅议深度体验的引导及其核心问题特征 .... 课题组 21
库伯的"体验学习圈"理论在核心问题教学中的运用 .... 课题组 28

第二编 教学论文

关联体验是怎样将体验导向深入的 .... 米云林 35
阅读教学中实现学生深度体验：语文教师能做什么 .... 王　曦 40
运用核心问题教学　发展基本活动经验 .... 谢发超 44
关联理论在高中英语词汇教学中的重要作用 .... 邹宇瑶 50
基于核心问题的课文梳理浅谈 .... 雷　声 54
数学概念探究教学中促成学生深度体验的策略研究 .... 简洪权 58
浅谈生物教学中运用核心问题促进学生深度体验的策略 .... 欧居蓉 64
高一语文文学类文本教学设计中体验性目标的确立方法与达成途径 ... 李　卉 68
体验式教学
　　——中学历史教学有效性的理想选择 .... 夏红亚 72
新课改理念下的高二英语教学
　　——关联体验式的整体阅读教学 .... 李　缨 77
谈谈核心问题教学模式中的板书设计 .... 苏显东 80
信息技术课堂中"关联体验"的实践与反思 .... 宋德洪 84
实施核心问题教学，促进学生英语学习的关联体验 .... 苏　萌 87
核心问题指导下的高三化学专题复习有效性的实践研究 .... 雷良兵 90
在关联体验中进行氧化还原反应的有效教学 .... 苏　娜 96
对中学地理课堂教学中核心问题设计的思考 .... 谭　妍 100
地理课堂中促进学生深度体验的核心问题设计研究 .... 王华松 104
缄默知识视野下的体验教学 .... 李晓燕 108
关注核心问题教学模式下的体验性教学 .... 薛　莲 111
英语新课程背景下对基于缄默知识的核心问题教学的思考 .... 李　敏 116
浅谈现实生活与信息技术课堂的关联体验教学 .... 严静秋 120

· 1 ·

浅论高中英语听力教学中的体验式教学 ………………………………… 杨能明 123
对一节公开课的思考 ……………………………………………………… 周 竞 126
如何设计和运用核心问题促进学生深度体验 …………………………… 袁小琴 129
在活动中体验，在体验中成长 …………………………………………… 曾 伟 133
"以核心问题促进学生体验"的高中数学教学实践与研究 …………… 郑 兵 140
浅谈通过高中数学学习提高学生直觉思维能力 ………………………… 周祝光 147
尝试以核心问题教学模式训练学生的阅读技能
　　——根据上下文猜测词义的能力 …………………………………… 朱芹芹 154
在地理教学中激发学生关联体验的尝试 ………………………………… 叶 滨 158
围绕核心问题教学的反思 ………………………………………………… 王少华 161
探索在思想政治课堂中如何利用问题教学模式促进学生的深度体验 … 苏 舒 167
初中数学核心问题教学中促进学生深度体验的策略 …………………… 仇书芹 172
从《雨之歌》说开去
　　——浅谈促进学生深度体验的核心问题设计研究 ………………… 陈丽娟 178
核心问题教学中加强学生关联体验和共鸣能力的培养初探 …………… 罗向丽 181
高中语文教学体验性目标的确立与达成研究 …………………………… 刘 攀 185
找关联，促体验
　　——化学教学中促进学生关联体验的一点尝试 …………………… 夏淑杰 190
浅谈体验性学习在中学信息技术课堂中的实践 ………………………… 周大立 193
浅谈初中数学教学中以核心问题促进学生的深度体验 ………………… 易守军 197
在核心问题解决中体验知识与生活的关联
　　——谈谈新课改背景下的高中思想政治课教学 …………………… 何 海 200
中学体育课体验式教学应用探析
　　——以川大附中为例 ………………………………………………… 周 智 205
生物教学中，利用情境促进学生关联体验的几点启示 ………………… 李想韵 209
文学类文本阅读教学中核心问题的设计原则撷谈 ……………………… 向柱文 212
关联体验，激活初中生物课堂 …………………………………………… 张宝丹 217
浅谈生物教学中的关联体验 ……………………………………………… 李德成 220
浅谈如何有效培养学生英语语感 ………………………………………… 陈百灵 222
数学缄默知识显性化教学策略思考 ……………………………………… 于 泳 224
对历史课的核心问题的认识 ……………………………………………… 刘 楠 227
关于高中数学课堂中体验式学习的几点思考 …………………………… 杨入境 231
创设英语课堂有效情景　促进学生关联体验 …………………………… 赵园园 233
浅议核心问题教学模式 …………………………………………………… 胡 敏 237
品析高考考场作文促进高三学生作文"规范"与"自我"的关联体验 … 韩宏丽 242
建立关联意识　促进深度体验
　　——浅谈物理概念、规律教学中应建立的关联意识 ……………… 熊文俊 247
刍议物理语言"四要素"及其关联
　　——从语言角度浅析高中物理教学 ………………………………… 冯 源 253

渐渐变化　渐渐成长
　　——从《渐》的情景导入说起 .... 任志恒　258

第三编　教学个案

在思维展开中体验语言与语境的关联 .... 范颖珍　264
以核心问题的解决引导学生体验直觉思维与逻辑思维的关联
　　——信息的鉴别与评价 .... 苏　梅　267
深思而慎取
　　——由《雨霖铃》核心问题的三次变更所想到的 .... 李　磊　270
一堂公开课给我的启示 .... 曾声蓉　273
怎样设计核心问题呢 .... 周有珏　277
怎么才能探到"错位相减" .... 付小华　279
两堂别样的英语课纪实 .... 张　兰　283
确立《春酒》一课的核心问题给我的启示 .... 赵　静　286
地理课堂中的学生关联体验
　　——以《水资源的合理利用》为例 .... 陈　娟　288
例说怎样促成学生的深度体验 .... 杨光虹　290
核心问题指导下，深度体验"装置的改进促进电池功率的提高" .... 吴　限　293
恍然大悟 .... 严　佳　296
"基于核心问题的学生深度体验"实例探究 .... 张勤玲　297
由一只小仓鼠激活的英语课堂 .... 刘　蓉　299
基于核心问题的教学模式在地理课堂中的实践体会
　　——以《山地的形成》为例 .... 刘文娟　302
老师，我来考考您
　　——基于学生缄默知识的深度体验与课后作业有效性关联度的反思 .... 刘秀屏　304
深度体验五角星的美 .... 朱　燕　308
直觉思维的结果需要验证 .... 鲜何琴　310
从老师"下水"所想到的 .... 吕绍平　312
谈《弹力》一课的核心问题设计 .... 陈小军　314
在体验中快乐，在快乐中学习 .... 钟　姝　316
缄默知识与课堂效益 .... 夏　韫　317
神奇的认知 .... 黄立刚　319
我们也来选举 .... 沈　平　321
运用体验式教学上好的一节生物公开课 .... 杨　帅　324

第四编　交流教案

现代诗歌赏析 .... 陈　琳　326
《抓关联，解主观题》交流教案 .... 冯天佩　330
高二（上）第八单元"First Aid"热身和口语部分教学设计
　　"How to deal with emergencies in our daily life" .... 张　谦　333

《水调歌头》交流教案 ………………………………………………… 易鸿灵 337
《装在套子里的人》（第二课时）教学设计 …………………………… 刘世刚 340
《故都的秋》教学设计与教学反思 ……………………………………… 易洪春 343
"不等式的解法"复习课教学设计 ………………………………………… 冯　毅 346
确定一次函数的表达式 ……………………………………………………… 谢　莎 349
直线的倾斜角与斜率 ………………………………………………………… 童咏慧 352
荷叶　母亲 …………………………………………………………………… 徐术根 356
二项式系数的性质 …………………………………………………………… 高俊兰 360
Unit6　Life in the future The Teaching Design of The Third Period（Reading）.. 刘克轩 364
《动量定理》教学设计 ……………………………………………………… 陈学梅 367
《电源的电动势和内阻》第一课时教学设计 …………………………… 何国军 370
《学做结构设计——纸桥承重》第二课时教学设计 …………………… 唐　凌 373
Unit10 Where did you go on vacation？SectionB-3a 教学设计 ………… 李　华 377
《万有引力定律》教学设计 ………………………………………………… 罗国锋 380
金属的化学性质　第一课时 ………………………………………………… 夏燕辉 384
课题：§4.3　菱形 …………………………………………………………… 许小兰 387
"抗日战争的爆发"交流教案 ………………………………………………… 梁　利 390
《反射是神经活动的基本方式》教学设计 ……………………………… 曾　燕 393
Module 6　The Internet and Telecommunication Speaking & Writing …… 李玉婷 396
方程的根与函数的零点（第一课时）……………………………………… 周宏燕 399
《登高》教学设计 …………………………………………………………… 李　鑫 403
《探究蚂蚁的行为》交流教案 ……………………………………………… 廖　莎 407
"遗传物质控制蛋白质的合成"的教学设计 ……………………………… 闵　洋 410
《第二节　基因在染色体上》教学设计 ………………………………… 晏玉红 413
Unit 14　Writing：Animals Should Have Their Own Rights …………… 薛蕾蕾 417
《种群数量的变化》教学设计 ……………………………………………… 皮　军 420
太极拳教学设计 ……………………………………………………………… 郭　彪 424
《价格变动的影响》交流教案 ……………………………………………… 邱钦英 427
莫畏浮云遮望眼——探究半命题作文的审题技巧 ……………………… 周　鸣 430
《南亚》交流教案 …………………………………………………………… 袁　蓉 433
初一（上）Unit 3　This is my sister 交流教案 ………………………… 覃安玲 436
《金融危机下看银行的作用》交流教案 ………………………………… 王桂香 439
《澳大利亚》教学设计 ……………………………………………………… 王小林 443
函数的单调性与导数 ………………………………………………………… 冯小辉 447
《变压器》教学设计 ………………………………………………………… 谢朝植 450
《奥斯维辛没有什么新闻》教学设计 …………………………………… 罗莉娟 453
体育与健康课《篮球》设计方案 ………………………………………… 涂　强 456
《电化学综合应用》教学设计 ……………………………………………… 年　霞 459
《探究影响降落伞下落快慢的因素》（第二课时）教学设计 ………… 黄　敏 462

第一编　阶段研究报告

高中生学习策略问卷调查报告
——促进学生深度体验的研究构想

四川大学附属中学（成都十二中）
"核心问题教学中的学生深度体验实践研究"课题组

【摘　要】 运用包含4个分量表11个维度53个项目的自编问卷，对本校高一年级800余名学生进行了学习策略运用的调查。学生对于"只可意会，不可言传"知识存在的认识，对于实践和体验在学习中作用的认识，大大超出我们的预期而使我们备受鼓舞。学生缺乏促进深度体验的知识，行动跟不上认识的现象严重，对学习缺乏本质性监控等学习策略问题，直接与现有课堂学习环境对学生自主体验支撑不力相关。这些调查结果和分析，使我们获得了促进学生的学习向深度体验转变的研究构想。

【关键词】 学习策略；问卷调查；深度体验；研究构架

一、调查背景

四川省自2010年秋季起，普通高中起始年级全面进入课程改革。我校被四川省教育厅命名为四川省普通高中课程改革省级样本校。我们如何落实课程改革？我们如何担当样本校的责任？

就教师操作层面而言，新课程改革的最大特点是教学目标发生了根本性的变化：一是在原来只有结果性目标的基础上，新增加了体验性目标[1]；二是从只强调知识、能力的发展，变为了知识与技能、过程与方法、情感态度价值观的三维目标[1]。因此，我们如果能够抓住体验性目标的确立与达成进行研究，获得有效的改革措施，我们就能既为自己、也为同行提供高中课程改革的实践经验，起到样本校示范和服务的双重作用。

经过近几年的课题研究，我校教师对体验性目标的确立与达成已有一定实践，我们将原来满课堂的小问题整合为核心问题来促进学生活动，在一定程度上实现了学生在体验中的学习[2]。但我们是从教的角度切入核心问题教学研究的，我们还没研究在这个教学模式之下学生的学习方式的改变问题。因此，为获得促进学生学习策略发生有利于体验学习的改革举措，我们需要对学生进行包括学习方法、学习调控在内的学习策略的调查。

二、问卷编制与施测

在预计学生学习策略问题的基础上，通过理论学习与研讨，创设如表1问卷结构。

表1 问卷结构

分量表	维度	项目数	含义
策略意识	策略有用意识	2	策略有用的认识
	策略学习意识	3	主动寻找、学习合适策略的倾向
策略认知	具体方法的认知	5	对具体策略的知晓
	缄默知识的认知	5	对意识不到、但却深刻影响我们行为的知识的存在的了解和作用的感觉
	元认知知识的认知	6	对认识学习过程及思维过程所需知识的了解
策略执行	运用	5	策略运用行为
	坚持	5	坚持使用策略的意愿和行为
	抗干扰	6	对挫折的容忍，对自我或外界干扰的抗御
策略监控	监视	6	结果监视、过程监视、目标监视
	反思	5	反思频度、归因特点、归因与策略的关系
	调节	5	目标和策略的应时调节

为贴近学生实际，我们尽可能运用学生真实的学习现象或思想来设计项目，最后形成由53个项目及引导语组成的正式问卷。

问卷主试为各班班主任和试卷编制者。被试为我校高一年级全体学生，测试时间30分钟，采用无记名，利用班会课时间统一进行。

选择题均为单选题，每个选项赋值：选A记1分，选B记2分，选C记3分，选D记4分，凡选了两个及其以上答案的，以最低记分统计。最后一个项目为填空题，仍按1分、2分、3分、4分记分。

三、调查结果及分析

发出问卷837份，回收有效问卷835份。我们进行了个人总分分段统计、各维度平均分统计。其主要结果与分析如下：

（一）有较好的学习策略意识

策略意识的项目平均分为3.0分，是所有维度平均分中最高的。例如，"在没有人教我们的情况下，我们能从图像中看出信息。但是如果能总结出阅读图像的方法，再按照方法去做，将会使我们更准确而全面地读出图像中的信息"，选"非常同意"和"比较同意"的占90.6%；又如，"班会课上进行学习经验交流，对于同学介绍的经验，你通常觉得"，选"可以尝试选用"和"可提供改进自己学习方法的思路"的占83.1%。这都说明学生在策略求知、策略学习、策略改善方面都有较好意识。

（二）缺乏获得深度体验的知识

具体方法认知维度的项目平均分为 2.5 分，是所有维度平均分中较低的。例如，"解决问题时，首先要在仔细阅读题目的基础上，把问题所描述的整体情境在头脑中以想象的形式呈现出来"，选"对此没有感觉"和"好像有点感觉"的占 57%；又如，"是否已经理解了刚读过的课文，往往会通过写出关键词语来加以判断"，选"从不这样做"和"很少这样做"的占 72.5%。这都说明学生对问题理解、阅读理解等十分重要的理解策略缺乏必要的认识。

缄默知识认知维度的平均分为 2.5 分。其中有四个选择题项目，例如，"想过什么是知识的问题吗？最接近你现在的想法的是"，选"书本知识才是知识"、"老师教的才是知识"的占 15.3%，选"连自己都说不出来的经验也算知识"的占 59.2%，说明学生知道书本知识之外的"经验"也是知识。除选择题外，本维度内还有一个简答题项目，其平均分为 1.8 分，是所有项目平均分中最低的一个，我们将在后面对学生简答的内容进行分析，从分析中我们知道约有百分之九十的学生从道理上知道"经验"也是知识，但并没真正认识到"经验"对学习的重要性。

元认知知识认知维度的项目平均分为 2.8 分。例如，"克服骄傲、烦躁、懒散等消极情绪，控制自己保持积极向上的稳定学习情绪，有利于提高学习效果"，选"同意"和"完全同意"的占 91.4%。又如，"思考过自己的思维特点吗"，选"很少有有意识的思考"、"不知道思维的特点因而不能全面思考"的共计占 81.2%。这说明学生对于一般性的、认识自己学习过程的知识是有了解的，但要进一步较为深入地认识自己的思维特点、理解学习目标和学习任务，仍显知识的匮乏。

从以上调查结果分析可以看出，学生对一般中小学生常用的学习策略，如学习的环节、情绪的影响、自我的激励、资源的利用等方面有一定的知晓，但是对导向深度体验的缄默知识、元认知知识以及以理解为主的认知策略等缺乏必要的认知。

（三）行动跟不上认识的现象较为严重

运用维度有 5 个项目，项目平均分为 2.3 分，是所有维度平均分中最低的。例如，"考试后都要根据老师的要求写总结，写的也是自己觉得应该这样做的，但很快就把它忘了"，选"总是如此"和"经常如此"的占 71.1%；又如，"知道一些学习策略，也相信这些策略是有效的，但自己就是做不到"，选"没想改变这种状态"和"想改变这种状态但行动跟不上"的占 61.9%。这说明学生学习策略的运用有很大的惯性，学习策略的调整，尤其是对自己而言的新策略的尝试运用，总是遭遇来自于自身的（和环境的）较大阻力。

坚持维度有 5 个项目，项目平均分为 2.6 分。例如，"你制订学习计划及完成计划的情况是"，选"有计划，基本能按计划执行"的仅有 8.7%；又如，"把学过的知识或者学科方法进行系统的整理，有利于学习，你的情况是"，选"经常整理学科知识和学科方法"的仅占 5.8%。这说明学生策略运用的坚持性比较差。其他关于环境营造中的坚持、专心上课的坚持、按时完成作业的坚持等情况稍好一些，但都不如预期的好。

抗干扰维度有 6 个项目，项目平均分为 2.8 分。例如，"当你因学习的需要上网查阅资料时"，选"从不借机与朋友聊天或玩游戏"仅占 18.6%；又如，"上课时精力集中的时间主要在中间时段，在开始上课和下课前几分钟的时段中，往往注意力分散"，选"多数情况下都能够控制自己的注意力"的只占 22.8%。这说明学生抗御外界干扰和自我干扰的能力不强。

从以上调查结果可以看出，学生策略认知的不足还不是问题的主要方面，更重要的还在于知道、且又想做的，但由于不能抗御来自自己或来自环境的干扰而不能执行，严重的行动跟不上认识。

（四）对自己的学习缺乏本质性的监控

监视维度有 6 个项目，项目平均分为 2.8 分。例如，"本来认为已经学懂了，一考试才知道自己很多地方没记住、没理解"，选"总是如此"和"经常如此"的竟达 73.3%；又如，"经过一段时间的学习后，会对照自己设定的目标判断达成情况"，选"从不如此"和"很少如此"的占 58.1%。这些都说明学生主要依靠考试成绩、能完成教师要求等，作为学习结果和学习过程的判断标准，很少有自己的学会分析或目标达成分析。

反思维度有 5 个项目，项目平均分为 2.6 分。例如，"如果考试成绩不理想，你在分析原因时的第一想法常常是"，选"试题太难"的占 4.9%，而选"学习方法有待改善"的仅占 24.0%；又如，"解决问题或者考试之后，思考'我是怎么想到这样来解决问题的'"，选"从不这样做"和"很少这样做"的占 48.2%。这些说明寻找客观原因的学生很少，但是把学习结果与学习策略的运用联系起来认识的学生也不多；学生也很少以自己的思维过程为对象来进行学习方法运用有效性的分析。

调节维度 5 个项目，项目平均分为 2.7 分。例如，"考试中经常'恍错'，考后总是下决心，今后一定仔细，结果下次考试仍要'恍错'"，选"总是这样"和"经常这样"的占 55.2%，这说明多数学生对自己经常犯的'恍错'，并没有从根本上去寻找原因并从学习策略上进行有效调节。又如，"参加重要考试时，总是很心慌，怕题目做不完，后来发现不应该把题目做完作为目标，而应该把能做起的题的分得满作为目标，结果考试情况反而更好。你有过这样的体验吗？"选"完全没有"和"想过但怕太冒险"的占 46.6%，这说明学生的当前目标调节还不是很有意识和很有效。

从以上调查结果可以看出，学生对自己的学习结果、学习过程、学习目标有一定的监视，但主要是依靠考试成绩作为判断标准，其反思频度虽高，但往往浅尝辄止，很少有自己的学会分析或目标达成分析，也很少深层次地触及学习策略的运用与调节，对自己的学习缺乏本质性的监控。

（五）课堂学习环境对自主体验支撑不力

本问卷并未对此项进行专题调查，但集中相关项目的选项分布情况，仍可进行分析。

例如，"认真看教科书或上课之后，为了加深自己对教材知识的理解，与老师和同学进行有自我见解的自由对话"，选"从不如此"和"很少如此"的占 74.7%；又如，"你认为目前的课堂学习氛围主要是下面的哪一个？"选"对话的"占 12.6%。这些都说明学生缺乏在对话中体验的学习环境。

我们还可以从学生对自己学习生活的描述来看。例如，"最能突显你学习生活特点的表述是"，选"记忆和遗忘的交替"、"应付作业"、"应付考试"的占78.4%；又如，"课堂中分组活动的时间比较充分，可以谈出自己的想法并且相互争论"，选"经常这样"的只占19.0%。这说明学生的学习活动往往被教师安排，学生经常处于应付教师的状态，很少有自主的学习。

从以上调查结果可以看出，学生缺乏对话的、自主的学习环境，现有的课堂学习环境对学生的自主体验支撑不力。

综上所述，此次高中生学习策略的调查，使我们对学生的学习方法和学习调控有了较为切实的了解。学生对于实践和体验在学习中作用的认识，对于"只可意会，不可言传"知识的存在与作用的认识，大大超出我们的预期，使我们备受鼓舞；学生缺乏促进深度体验的知识，行动跟不上认识的现象严重，对自己的学习缺乏本质性的监控等学习策略问题，直接与现有的课堂学习环境对学生的自主体验支撑不力相关，要学生的学习策略发生有助于在体验中学习、为获得深度体验而学习的改变，还是必须从教学环境的改变着手。

四、研究构想

对学生学习策略现状的切实了解，引发了我们促进学生学习向深度体验转变所需要研究问题的系列思考，获得了若干十分有益的启示，主要有以下几点。

（一）将教学的体验性目标进一步具体化

在先前的研究中我们就已经感觉到，把新课程改革提出的经历、反应、领悟三个层次的课程目标，直接用作课时目标则失于太粗。"经历"是体验的门槛，要求很低，只要"独立参与或合作参与相关活动"就达到了。而"领悟"的要求又太高，要求"具有相对稳定的态度；表现出持续的行为；具有个性化的价值观念"，这不适合做一节课的教学目标。中间只剩下一个"反应"的层次，包括"表达感受、态度和价值判断；做出相应的反应[1]"等，这样的层次划分不利于学生体验的层层深化，不利于教学中课时目标的确立、达成与评价。

本次的调查结果进一步支持了我们的看法。问卷中有唯一的一个问答题："我们能从成千上万张脸中辨认出父母的脸，且能说出父母的脸的特点。但是，根据我们所描述的特点去找出来的却不仅仅只是父母的脸。这个现象给你的启示是什么？请详细说明。"我们从体验的角度对学生的回答进行依次分类。第一，我们将学生分为经历和反应两类。能辨认出父母的脸，这是大家都亲身经历过的行为活动；根据所说出的特点找出来的却不仅仅只是父母的脸，即使没有从行为上经历过，也很容易在头脑中现炒现卖地通过心理活动而得到肯定的判断。因此，100%的学生在"认出"、"说出"或"找出"活动中，都由于亲自的参与而进入了经历层次。但其中的小部分学生完全不能做出相应的反应，只体验到"题目好雷人哦"或根本未作回答，他们进入不了反应层次而停留在经历层次。这两类人数约为总人数的十分之一（9.8%）和十分之九。第二，十分之九的反应类学生还可以分为局部反应和关联反应两类。局部反应的学生只能由"认出"、"说出"或"找出"活动中的某个局部去产生体验:如抓住"找出"的却不仅仅只是父母的脸去说得到的体验:"中国人太多"、"父母的脸太大众化";或者抓住根据"说出"的特点不达要求而产生自责感:"连父母的脸都不能描述,的确很失败。"关联反应的学生均能由"认出"、"说出"或"找出"活动中各部分的联系去产生体验。这两类人数约为十分之二(16.1%)和十分之七。第三,十分之七的关联反应学生还可以分为浅层关联和深层关联反应两类。浅层反应的学生能由活动中各部分的联系产生浅层次的体验,如"共性与个性"、"细节决定成败"等;深层反应的学生则能由活动中各部分的联系产生深层次的体验。这两类人数约为十分之六(61.6%)和十分之一。第四,十分之一的深层反应的学生还可以分为概念性深层和应用性深层反应两类。概念性反应的学生能明显地或隐约地表达他们体验到的"只可意会,不能言传"知识的存在,但没有感觉到它的实用性;应用性反应的学生不但体验到这种知识的存在,而且能体验到这种知识的力量,认识到获取这种知识的途径,在联系中对事物产生本质的体验。例如,能认识到"除了我们能说出的特点,还有许多我们不能言传的特点。当我们尝试运用他人的方法而没有起到好效果时,也许不是方法不好,而是自己没有把握'不能言传'的深意,因此要勇于实践,总结出适合自己的学习方法。"后一类人数只占五十分之一(1.6%)。由以上分析想到,体验性目标的反应层次应不应该在类似于这几种水平的递进上有所表现呢?我们希望能有肯定的回答。

由以上分析,我们认为需要研究的问题是:

(1) 体验及深度体验的意义是什么?影响深度体验的因素有哪些?

(2) 怎样既体现体验的水平差异而又有利于教学实施、教学观察与教学评价?

(3) 怎样拓展体验性目标的层次?

(二) 以认知促进学生的深度体验

认知对实践起着巨大的能动作用,认知对体验的获得与深化具有警觉性、引导性和推动性的作用。学生对自己的学习缺乏本质性的监控,和学生相关元认知知识缺乏有直接的联系。除元认知知识外,缄默知识也深刻地影响学生行为实践过程和心理过程中体验的获得与深化。学生能否理解缄默知识、元认知知识呢?本次调查使我们大受鼓舞,学生在这两方面的认知大大超出了我们的预想。原以为学生应该有一些元认知知识,但在缄默知识方面应该是空白,预计策略认知维度的得分是四个维度中最低的。调查结果显示,学生不但有缄默知识存在与作用的体验,而且还能做出准确而简练的表达。这使我们认识到,是学习实践活动教育了学生,使他们有了相应的体验。当占学生人数十分之一的敏感者已经能表达出"只用理论达不到预期的效果,还需要实践和经验","我们眼睛能注意到的细节,我们的嘴巴却说不出来"等体验时,我们再运用缄默知识的概念进行定型和提升,全体学生一定是能够认同和接受的。由以上分析,我们认为需要研究的问题是:

(1) 如何筛选适合学生运用的元认知知识与缄默知识?

(2) 如何发掘来自学生的实例、以学生能够理解和信服的方式,自然地进行信息传递?

我校的教师对元认知知识和缄默知识均有过多年的学习与研究，这是我们能够进行此项研究的有利条件之一。

（三）以活动促进学生的深度体验

从调查中我们认识到，学生的行动跟不上认识的现象较为严重，而从单纯认识的角度获得的体验是比较肤浅的，学生只能在活动中才会获得深度体验。要激发学生体验与深度体验的学习活动，就必须营造相应的学习环境，在应答性的学习环境中学生是不可能产生深度体验的。在这里，深度体验既是教学的目标，也是目标达成的学习方式。

什么样的学习环境才是有利于深度体验的学习环境呢？

首先，深度体验的学习环境是学生能进行自主的行为活动和心理活动的学习环境。为此，我们已经研究过核心问题教学。核心问题是指能激发和推进学生主动活动、能整合现行教材中的重点内容、能与学生生活实际和思维水平密切相关联、能贯穿整节课的问题或者任务。我们实现了一节课中，在学习新知识之前，就以核心问题调动学生活动，先由学生运用已有的显性知识（主要是教科书知识）和缄默知识（主要是经验知识）独立或合作地解决核心问题，然后师生共同对问题解决的主观过程进行反思，并且表达、归纳、提升活动中的体验与感悟，进而产生本节课预期的新知识、新方法的教学。这样的教学方法在将学生单纯的接受性学习转变为接受性与体验性相结合的学习上，取得了公认的效果，但是从学生学习策略问卷调查中我们认识到，现有的课堂学习环境对学生的自主活动仍然显得支持不力。

由以上分析，我们认为需要进一步研究：

（1）核心问题应该具有什么样的特征才能真实地激发学生的自主活动；

（2）怎样才能设计出学生认可的、能有效激发学生获得体验的核心问题；

（3）怎样营造核心问题的问题情境，才能通过外部问题情境促进学生内部问题情境的生成，形成一种悬而未决、又力图解决的认知冲突状态；

（4）怎样组织学生的合作活动，怎样协调与适时转换学生的独立活动与交互活动。

其次，深度体验的学习环境是学生的体验能得到有意识的提升与强化的学习环境。在核心问题解决的活动中，学生会获得各种体验，其中有很多都是说不清道不明、甚至是自己都意识不到的。因此，在核心问题解决之后，需要进一步通过师生共同参与的、有既定方向的某些活动，对其中的部分体验进行表达、提炼和提升，使每一个学生都能将自己身心投入到与外部和内部世界的交互活动之中，以便在内部世界和外部世界联系中、在理智与情感的融合中，促进深度体验以及深度体验学习策略的生成、执行与监控。根据调查中获得的信息，如学生反思频度虽高，但往往浅尝辄止，不能从问题的本质上进行反思；如很少有学生将在问题解决中压缩了的思维过程展开来进行思维过程分析，或者进行自己的思维特征分析；如学生平时主要是与文本对话、试题对话，缺乏在与人的对话中体验的学习活动；如学习策略的调整，尤其是对自己而言的新策略的尝试运用，总是遭遇来自于自身的和环境的较大阻力等等，我们将主要促进学生在反思活动、对话活动、思维追踪活动中，形成、运用和改善反思策略、对话策略、思维追踪策略，感受这些策略对个人的意义。

由以上分析，我们认为需要进一步研究：

（1）如何确定问题解决后的反思方向，以保证反思的层次性、整体性与有效性；

（2）怎样组织学生的反思活动、对话活动以及思维追踪活动，使其既保证每个学生的真实投入又能按时完成学科教学任务；

（3）如何将观察法、调查法、口语报告法、测验法以及实验法等落实于教学现场，以搜集与学生体验以及与体验深化有关的事实材料。

综合以上所有需要研究的问题，我们决定以"核心问题教学中的学生深度体验实践研究"为课题，调动全校教师进行为期3～4年的校本研究，以便在核心问题的解决活动以及在核心问题解决全过程中的对话、交流与反思活动中，实现学生在获得体验的过程中学习，促进学生的体验不只是停留在感受、情绪的浅层次，而能达到对知识、方法、态度与价值观产生情感并生成意义的更深层次。

参 考 文 献

[1] 钟启泉等. 基础教育课程改革纲要（试行）解读. 上海：华东师范大学出版社，2001

[2] 周光岑等. 基于缄默知识的核心问题教学模式实践研究[J].《人大复印资料·G3 中小学教育》，2009（4）：56～61

[3] 石中英. 知识转型与教育改革. 北京：教育科学出版社，2002

[4] 石中英. 关注缄默知识深化教学改革. 人民教育，2004（3～4）

[5] 范春林. 课堂环境与自主学习. 北京：中国文史出版社，2005

[6] 杨四耕著. 体验教学. 福州：福建教育出版社，2005

[7] 张庆林. 元认知的发展与主体教育. 重庆：西南师范大学出版社，1997

[8] 魏国栋，吕达. 普通高中新课程解析. 北京：人民教育出版社，2004

[9] 林崇德，沈德立主编. 陈英和著. 认知发展心理学. 杭州：浙江人民出版社，1996

[10] 沈德立. 高效率学习的心理学研究. 北京：教育科学出版社，2006

体验性目标及其陈述与检测技术

四川大学附属中学（成都十二中）
"核心问题教学中的学生深度体验实践研究"课题组

【摘　要】 从目标陈述的角度，厘定体验性目标的过程性与结果性统一、个体性与概括性统一的特点，认为体验性目标不应该以行为目标的方式陈述；比对行为目标提出了体验性目标陈述的四个基本要素：学习主体、经历境遇、行为动词、行为对象；提出了用行为样例做体验性目标达成检测的操作性意见。

【关键词】 体验性目标；结果性目标；目标陈述技术

平时教师们所说的教学目标，一般是指学期目标、单元目标、课时目标等微观目标，微观目标是基于课程目标等宏观目标生成和制定的。关于课程目标的陈述，教育部基础教育司下的基础教育课程改革专家工作组所编写的《为了中华民族的复兴　为了每位学生的发展——基础教育课程改革纲要（试行）解读》一书对教师们有广泛的影响。该书中提出"课程标准大体上按结果性目标和体验性目标来陈述"，这对于从传统教学中走过来、只习惯于运用普通结果性目标的教师而言，无疑是遭遇一个全新的问题而受到极大的挑战。"怎样设计和开发教学目标，是一个实践性和操作性都很强的重大课题，需要大家进行深入而具体的探讨来加以建构和发展"。[1]本文则是我们面对挑战、从实践角度解决体验性目标陈述与检测问题的阶段性结果。

一、体验性目标的厘定

体验性目标是教学目标中的一种类别，因此我们从教学目标陈述的分类中去认识体验性目标。

《为了中华民族的复兴　为了每位学生的发展——基础教育课程改革纲要（试行）解读》中提出，课程目标陈述基本可以分为两类："一是采用结果性目标的方式，即明确告诉人们学生的学习结果是什么，所采用的行为动词要求明确、可测量、可评价。这种方式指向可以结果化的课程目标，主要应用于'知识与技能'领域"；"二是采用体验性或表现性目标的方式，即描述学生自己的心理感受、体验，或明确安排学生表现的机会，所采用的行为动词往往是体验性的、过程性的，这种方式指向无需结果化的或难以结果化的课程目标，主要应用于'过程与方法'、'情感态度与价值观'领域"[2]。

除此而外，就我们目力所及的各种课程论及教育心理学中，直接谈到结果性目标与体验性目标的并不多，但有些内容可以帮助我们理解体验性目标及与其相关的结果性目标。

例如，日本大阪大学的梶田叡一教授把认知领域、情感领域和动作技能领域的目标都分为达成目标、提高目标、体验目标[3]。达成目标"指通过一系列指导，期待在学习者身上发生明显的变化。例如，掌握特定的具体的知识、技能，对于特定的对象发生兴趣等"；提高目标"系指期待学习者在某一方面有所提高和深化。例如，逻辑思维能力、鉴赏力、社会性、态度、价值观等综合的高级目标"；体验目标"不是以学习者表现某种变化为直接目的，而是期待学习者自身产生某种特定内容的体验"。我们认为：这里提出的达成目标主要相当于我们的结果性目标；这里的体验目标正好相当于我们的体验性目标；而这里的提高目标则可以分为两部分，分别归入结果性目标与体验性目标之中。梶田叡一教授给我们的启示是：体验性目标，不是以学习者表现某种行为变化为直接目的，而是期待学习者自身产生某种特定内容的体验。

又如，顾明远编辑的《教育大辞典》中，教学目标分为明显目标和隐蔽目标。"前者是通过教学产生的明显易见的行为，后者则不易或不能直接看出学习成果，如态度和思想等"。[4]我们认为："明显易见的行为"与"可以结果化"相当；"不易或不能直接看出学习成果"则与"无需结果化的或难以结果化"相当。这里给予我们的启示是：结果性目标是明显目标；体验性目标是隐蔽目标，不易或不能直接看出学习成果。

再如，美国学者艾斯纳将教育目标分为教学目标与表意目标两类。他指出："教育的作用可以区分为两种，一是使人掌握已有的文化工具，二是为人提供可能性，使之产生超越已有文化的创造性反应，并得以发展和个体化。教学目标适用于前者，而表意目标则适合于后者……教学目标也就是行为目标，但表意目标与行为目标有本质的区别。"[1]我们认为：艾斯纳的教学目标相当于结果性目标，而表意目标则相当于体验性目标。这里给予我们的启示是：体验性目标是为人的发展提供可能性，体验性目标与行为目标有本质的区别。

在以上认识的基础上，结合设计和开发教学目标的教学实践，我们形成了以下认识。

（一）我们赞成结果性目标与体验性目标的目标陈述分类方式

首先，因为传统学习方式过于强调接受性，而新课程改革强调学习的体验性，把教学活动的体验性目标突出地提出来，这更有利于引导教师的教和学生的学，更有利于学生素养的发展。其次，以可以结果化和无需结果化为分类标准，其分类标准明确，且与主要适用的领域（知识与技能领域和过程与方法、情感态度与价值观领域）相匹配，较之达成目标与提高目标、明显目标与隐蔽目标、教学目标与表意目标等的目标分类更为简单明了，更易为一线教师所接受。

（二）体验性目标具有过程性与结果性统一和个体性与概括性统一的特点

体验是在实践活动过程或者心理活动过程中产生的，学生的体验伴随学生的学习过程，教师的角色是安排课堂中学生身体性参与的机会和描述自己心理体验的机会，正是体验性目标的提出，才使"过程"得以进入教学目标序列，因而体验性目标具有过程性。而对于学生个体，他在亲历活动中获得的理智与情感的、显性与隐性的、意识到与没有意识到的所有体验都是他学习的结果，都是我们教学的结果。因而，我们认为体验性教学目标具有过程性与结果性统一的特点。

教师安排学生活动，并期待学生自身产生某种特定内容的体验，但学生个体到底会产生什么样的体验，却是教师不可能完全预计和控制的，体验性目标只能为学生个体的体验提供可能性，并不限制学生的个性化体验的生成，因而体验性目标具有个体性。而体验性目标主要指向过程与方法以及情感态度价值观领域，其中有相当多的成分很难在一节或几节课的时间内见到具体效果，它需要的是一次次个体体验的长期累积，是包括学生自己都说不清道不明、甚至是自己都没意识到的体验的长期累积，才能形成比较稳定的个性心理。所以，体验性目标只能以方向性的期盼和指引来顾及教学目标对全体学生的普遍性要求，来照顾全体学生在同一节课中各自的内在心理变化，从而具有一定的概括性，进而使得体验性目标具有个体性与概括性统一的特点。

（三）体验性目标不应该以行为目标的方式陈述

泰勒提出陈述目标最有效的方式是"既指出要使学生养成的那种行为；又言明这种行为能在其中运用的生活领域或内容"[5]。鉴于内容是所有课程工作者最关注的对象，而行为则是容易被忽略的方面，所以泰勒强调以行为方式来陈述目标，并因此被人们称为"行为目标"。行为目标以外显行为为主进行陈述，因而明确、具体、可测量，由于便于操作和评价，所以在教学目标陈述中占据着主导地位。能明确告诉人们学生的学习结果是什么的结果性目标正适合于用行为目标的方式陈述。但是，如果教学目标都以行为目标的方式陈述，"课程就会趋于强调那些可以明确界定的要素，而那些难以测评、不易转化为外显行为的内容就会从课程中消失"[6]。因而行为目标所不能承担的，正应该由体验性目标来描述，所以体验性目标不适合用行为目标的方式陈述。

基于以上分析，我们认为在《为了中华民族的复兴 为了每位学生的发展——基础教育课程改革纲要（试行）解读》一书的第 176 页和 177 页中，把结果性目标与体验性目标的陈述方式都归入行为目标之中是不妥的，而且将课程目标与行为目标在大小标题和内容中混用也是不妥的，尽管"在当今课程研究领域，行为目标几乎成了课程目标的同义词"[6]。

二、体验性目标的陈述

关于体验性目标陈述的基本要素，我们未见到现成的分析。对我们较有帮助的是艾斯纳的论述："表意目标并不具体规定学生从事某些活动后所需掌握的行为。一个表意目标描述一个教育境遇——阐明儿童所要作业的一个情景、所要处理的一个问题、所要从事的一个工作任务，但是并不具体规定儿童通过这样的境遇、情景、问题和任务将要学到什么。"[7]同时，我们也认识到：体验目标为什么不叫活动目标，那是因为活动不是最终目的，学生的发展才是最终目的，而学生的发展有赖于学生自己的体验，尤其是有赖于学生自己丰富而深刻的体验，而活动则是体验的基础，有什么性质的活动就有什么性质的体验，因而体验性目标所指向的不只是活动，还应该有对体验的方向性期盼。

基于以上认识，在分析本校教师几年来所写的公开课教案及交流教案中的体验性目标后，比对行为目标陈述的行为主体、行为动词、行为条件、表现程度四个要素，我们尝试归纳了体验性目标陈述的四个基本要素：学习主体、经历境遇、行为动词、行为对象。

学习主体，以学生为主体。

经历境遇，学生所经历的活动境况和遇到的问题（任务）情境。

行为动词，学生内部心理的行为方式，及其心智、情感的投入程度（包括动词前的副词）。

行为对象，学生内部心理行为方式的指向。

例如，高一物理《动量定理》一课，"学生在选择实例、抽象模型、推导动量定理的活动中，初步感受力的冲量与物体动量改变的关联"的体验性目标中：

学习主体，是学生；

经历境遇，是选择实例、抽象模型、推导动量定理的活动中；

行为动词，内部行为方式是初步感受，即有感觉就可以；

行为对象，是力的冲量与物体动量改变的关联。

与行为目标陈述不一定要完整地包含四个要素一样，体验性目标的陈述也可以省略其中的部分要素，只有经历境遇这一要素是不能省略的。

我们认为体验性目标陈述四要素恰当地体现了体验性目标的意义和特点，且有别于行为目标的陈述。首先，体验性目标突出地强调学生所经历的活动境遇，它是学生产生体验的客观基础。学生所经历的活动境遇与行为目标中的行为条件看似相似，然而实质上是根本不同的。行为条件是学生学习后能做什么的条件，经历境遇则是学生学习时遭遇的活动境况和问题情境。其次，体验性目标陈述追求内部心理的行为方式而不是外显的行为变化。行为目标中，行为动词是外在的，包含行为方式和行为指向两层意思，共同说明学生经过学习后能做什么，是对学习结果的表达。在体验性目标中，行为动词是内在的、过程性的，与其前面的副词共同表达期望的体验方式和深入程度，然后以行为对象表明行为的指向。再次，体验性目标陈述对体验方向有所期望但并不排斥个性化的生成。教学是有目的、有计划、有组织的行为，教师安排某个学生活动境遇，他对学生的体验是有一定的方向性期望的，行为对象正好表达了教师的这种期望方向。当然，学生在这一具体境遇中实际体验到了些什么，是教师不能规划、完全个性化的。即使如此，但从总体上讲，是有什么样性质的活动就会产生什么样性质的体验，教师仍然可以希望学生在不同情境中多次地、反复地产生同一性质体验，使这类体验能够逐渐沉积，最终形成学生相关方面的素养。

三、体验性目标的检测

体验性目标的特点造成了体验性目标达成的不易直接观察和检测，因而我们对于体验性目标更着重于它对教学的导向功能。教学目标的导向功能是通过聚焦师生的焦点注意来实现的，由体验性目标产生的学生对自己的期望和教师对学生的期望，导引着师生的高度关注而与学生发展产生密切的关系。但是，目标的导向功能也需要反馈信息来强化师生满怀希望的意志努力或者调整师生方向性的偏差，因而获取学生体验的反馈信息是十分必要的。

由于学生体验的结果是因人而异、多元化的，因而除现场观察而外，我们多用自我陈述、调查访谈等能深入学生内心的方法了解学生体验的结果。但是，我们在实践中感到这些方法的使用频度受到多种因素的限制，因而我们尝试增加了针对某一体验结果的、学科化的检测方法。

格伦兰提出的内部过程与外显行为结合的目标陈述方法给了我们重要的启示，"先用描述内部过程的术语陈述概括的教学目标，然后用可观察的行为作例子使这个目标具体化"[8]，我们将其表达为"概括目标+行为样例"，用行为样例做体验性目标中某个点的达成检测标准。

例如，高二数学《二项式定理》中确立了教学目标，"能在二项展开式规律的探究活动中，觉察二项式系数形成的组合问题背景"。在这个教学目标中，经历境遇是"二项展开式规律的探究活动"，行为动词是"觉察"，行为对象是"二项式系数形成的组合问题背景"，组合问题背景是二项式系数形成过程中的关键思路。学生是否有所觉察呢？教师用了一个课堂练习"求$(x^2+3x+2)^3$展开式中的三次项"作检测。课后教师进行了课堂作业分析，有60.4%的学生能主动运用二项式系数和组合问题关联的思想来得结论，这说明学生对二项式系数形成过程中生动的组合问题背景不但有觉察，而且还能在新的情境中反映出来，如果加上有觉察但没能在新的情境中反映出来的学生，我们可以认为在这个问题上多数学生是有觉察或者有体验的。

又如，高二语文《后赤壁赋》一课有一个教学目标是"在对作者精神挣扎的讨论活动中，主动思考人与社会的关系问题"。经历境遇是"对作者精神挣扎的讨论活动"，行为动词是"主动思考"，行为对象是"人与社会的关系问题"。讨论活动结束后，学生课堂作业："由苏轼的挣扎，写自己对人与社会的想法。"从课后的作业分析中，我们发现大部分学生仅有囿于学校生活的思考，只有约35%的学生能扩大思考范围而进入社会。从这里我们认识到，学生在对作者精神挣扎的讨论活动中获得的有关人与社会关系的体验范围狭隘，究其根源是教育长期脱离社会生活造成的，这个目标的检测对教学调控起了很好的警醒作用。

这样针对某个目标达成点的检测，与学科教学内容和要求紧密结合，植入自然，师生都能很好接受。实施这样的检测，对教师的要求主要是：备课时精心选择检测点，设计检测题目并做出分析预设，检测后在一般作业批改和定量统计的基础上，进行定性分析并获得对教学调整有实际意义的结论。

参 考 文 献

[1][7] 魏国栋，吕达. 普通高中新课程解析. 北京：人民教育出版社，2004：62～77

[2] 钟启泉，崔允漷，张华. 为了中华民族的复兴 为了每位学生的发展——基础教育课程改革纲要（试行）解读. 上海：华东师范大学出版社，2001：176～177

[3] 钟启泉. 现代课程论（新版）. 上海：上海教育出版社，2006：359

[4] 顾明远. 教育大辞典 1. 上海：上海教育出版社，1990：183～184

[5][6] 崔允漷. 课程·良方. 上海：华东师范大学出版社，2007：62

[8] 张大均. 教育心理学. 北京：人民教育出版社，2004：463

根植缄默知识以促进学生深度体验

四川大学附属中学（成都十二中）
"核心问题教学中的学生深度体验实践研究"课题组

【摘　要】体验是课堂条件下学生学习与发展的重要机制，有效的课堂教学需要促进学生的深度体验，学生活动体验中得到的大量的是缄默知识，根植缄默知识促进学生深度体验，是当前课堂教学改革值得尝试的一条重要途径。其主要举措如：在学生缄默知识分析活动中更新教师教学观念；在缄默知识知晓活动中强化学生体验意识；在基于缄默知识的核心问题解决活动中丰富学生体验；在缄默知识显性化活动中深化学生体验。

【关键词】缄默知识；深度体验；教学举措

美国大卫·库伯教授在产生全球影响的《体验学习——让体验成为学习和发展的源泉》一书中提出，"学习是一种基于精心设计的体验的社会化过程"[1]，向传统的"教学即传递"观念提出了挑战。体验不仅是拓展训练、主题式冒险、探索教育等学习所需要，也是课堂条件下学生学习与发展的重要机制。有效的课堂教学需要促进学生的深度体验：活动不是浅尝辄止，学生能有自觉而主动的心理性和身体性投入；活动中获得的认识与情感不是浅薄的、贫瘠的、从众的，学生能获得真切的、丰富的、深刻的认识和产生多元的、积极的、强烈的情感反应。

学生活动体验中得到的大量的是缄默知识。我国有见地的研究者都十分强调缄默知识与教学的关系，力主改变教学活动中缄默知识自发地产生影响的现状[2]。要有意识地利用缄默知识促进学生的深度体验，需要提高师生对缄默知识的认知，改变书本知识才是知识、缄默知识与书本知识学习无关的知识观念，从行为上把缄默知识纳入教与学的视野。因而，根植缄默知识，面向学生实际，寻求教学举措，促进学生深度体验，必然成为当前课堂教学改革值得尝试的一条重要途径。

一、在学生缄默知识分析活动中更新教师教学观念

传统教学强调基于学生显性知识，完全忽视缄默知识对教学的作用。促进学生深度体验的教学不但要基于学生显性知识，更要基于学生的缄默知识，强调通过学生个人真切体验，赋予表达显性知识的语言符号以个人意义和情感，使缄默知识成为自己显性知识的"向导"和"主人"[3]，进而使公共的显性知识变为鲜活的个人知识。教师教学观念要跟上时代发展，根植缄默知识促进学生深度体验，最基本的活动就是分析学生的缄默知识基础。教师一般有两类分析学生缄默知识基础的活动。

第一类是"观察与判断"活动。例如，对于两条与平面相交的直线，哪条更向平面

倾斜，学生能够正确地做出选择，说明学生有直线相对于平面倾斜程度的知识；但是要学生表达什么是直线相对于平面的倾斜程度，学生又说不清楚，进而判断学生有的知识是缄默知识。这类分析活动的过程是：先观察学生能够运用，进而判断学生有相应知识（与无知相区别）；再观察学生虽有知识却不能清晰表达，则判断学生有的是缄默知识。其理论根据是"一种有目的的实践行为背后就有一套系统知识基础的存在"[4]，若不是说得清道得明的显性知识就一定是缄默知识。

第二类是"唤醒促陈述"活动。例如，教师在学生学习《直线与平面所成的角》一课之前，认为"直线相对于平面的倾斜程度，学生的感觉是只可意会而不可言传的"，于是要求学生书面回答："描述你心中的直线相对于平面的倾斜程度"，即以此任务"唤醒"学生相关的缄默知识，并要求学生尽力将其表达出来。结果有个别学生用定性的方法描述，说"斜，很斜，非常斜"，或者"直线越向下越倾斜"，其余学生都力图用定量的夹角来描述。选择的夹角有平面与平面所夹的角和直线与平面所夹的角两种，但什么是他们所说的夹角呢？有不到六分之一的学生能清楚表达（他们已经具有相应的显性知识），其余学生都没有进一步的思考，他们以为已经说清楚了，结果是没说清楚而仍处于缄默状态，但思考的范围已经缩小而变得具体了。这类分析活动的过程是设计一定的学生活动或要求，促使学生在其刺激下部分地"唤醒"相关缄默知识，然后通过学生自己的努力尽可能地陈述出来，教师以此为对象分析支持学生认识或行为的缄默知识。这类活动的理论根据是"在缄默知识和显性知识中间存在一个'中间地带'"，"这个中间地带的缄默知识在外界的帮助或自己的努力下，可以从'缄默的'状态转变为'显性的'状态"[5]。或者说是"通过一种'唤醒'或'回忆'的过程，将支持某种特殊认识或实践的缄默知识放在一定的'语言'或'符号'之中"[6]。

对学生缄默知识基础的分析活动能切实促进教师教学观念的更新：首先，在学生的缄默知识基础分析活动中，教师才会具体地、而不是概念化地认识到学生具有丰富而复杂的缄默知识，在进行新知识的学习之前，学生早已有自己的"数学"、"物理学"、"哲学"、"文学"……而这正是促进学生进一步深度体验的基础；其次，也只有在学生缄默知识基础分析的活动中，教师才会进一步认识到学生具有的发展潜能，认识到学生个体的独特性和不可替代性，从内心确定学生是体验和深度体验的主体；进而教师才能真正改变自己只是一个显性知识传递者的观念，改变显性知识教学与缄默知识无关的观念，为从行为上自觉地把缄默知识纳入自己的教学视野，努力促进学生的深度体验打下坚实的认识基础。

二、在缄默知识知晓活动中强化学生体验意识

以提高认识促进体验是体验教学的重要策略。以前学生的学习就是听老师讲课然后做练习，现在要活动、要体验，那么活动的价值是什么、应该主动体验的是什么等等就需要培训。由于体验的缄默性，要让学生获得深度体验，免不了要对缄默知识及其相关理论有一定的认识。

学生能接受粗浅的缄默知识理论。对听过40分钟缄默知识讲座的800余名学生进行的调查证明了这一点。第一，关于缄默知识概念。多数学生能够理解缄默知识现象、概

念,甚至能用自己的语言进行表达,如"我会动耳朵,但我却不知道怎样去教别人,这是我的缄默知识","是内心领会得到但无法用语言表达的知识"。第二,关于缄默知识特征。学生体会较为普遍和深入的除了非语言性外,主要是个体性、情景性以及非理性,如"一个班的学生显性知识学得相同,但各自的缄默知识不同,因而学习结果不同",表现出对缄默知识个体性的理解;又如"缄默知识是自己身体处在一定情境下,会瞬间自己蹦出来的知识",表现出对缄默知识情景性和非理性的粗浅认识。第三,关于缄默知识作用。多数学生能从道理上认识缄默知识"很重要","有实用价值",但并没有较为深刻的认识作后盾,少数学生能认识到缄默知识有支撑显性知识获得的作用,对缄默知识可以提高我们的实践判断力有感觉,但都集中在语感、猜答案等有限的点上,而且认识常常较模糊,没有学生提及缄默知识的负面影响。第四,关于缄默知识获得途径。学生普遍都能从自己的学习实践中认识到,缄默知识的获得必须通过实践与积累,少数学生能认识到显性知识与缄默知识可以相互转化。调查结果显示:学生有比我们想象还丰富而复杂的缄默知识;大多数学生能理解缄默知识的概念、特征、作用和获得途径,但理解的深入程度有较大的个体差异;学生对缄默知识正面功能的体验不够丰富,对缄默知识的负面影响缺乏必要的警惕;对与生活有关的缄默知识较有体会,对与学习内容、学习方法有关的缄默知识的关注相对较少。这些既说明了学生接受缄默知识理论的可能性,也说明了让学生知晓粗浅缄默知识理论的必要性。向学生介绍缄默知识犹如向学生介绍学习方法都一样是"磨刀不误砍柴工"。

学生的缄默知识知晓活动可分两步展开。第一步是开讲座。用约一课时的时间,较为系统地介绍缄默知识理论中学生最为需要的部分,如缄默知识的概念、主要特征、正负作用及获得途径等;第二步是长期的教学浸润。讲座后,在学科教学中,根据教学的具体情境,顺势植入片断的缄默知识讲解、运用或研讨。

缄默知识对学生是一个极具生发性和动力性的概念。向学生通俗地介绍缄默知识理论,就走出了克服缄默知识在课堂中自发地产生影响的关键一步,就走出了学生自觉地进行深度体验的关键一步,因为"只有理解了的东西才能更深刻地感觉它":[7]在缄默知识概念的警醒与引导下,学生才会有意识地关注这些"只可意会不可言传"的知识,从内心把它作为自己的学习对象,增强自己体验的目标意识;只有理解了缄默知识的获得途径,学生才能深刻认识活动在促进深度体验中的重要价值,自觉而有兴趣地在活动中"以身体之,以心验之",增强自己体验的实践意识;只有理解了缄默知识的特征、作用,才会有意识地在活动中丰富和修正自己的缄默知识,才会有意识地促进书本知识与自己缄默知识的相互作用、相互融合,增强自己体验的深化意识。

三、在基于缄默知识的核心问题解决活动中丰富学生体验

缄默知识理论认为"缄默知识的获得总是与一定特殊的问题或任务'情景'联系在一起,是对这种特殊问题或任务情景的一种直觉综合或把握。因此,缄默知识发挥作用也是与这种问题情景的'再现'或'类比'分不开"[8],这里强调的是缄默知识获得、运用与情境实践活动的关系,学科问题、尤其是与真实世界紧密联系的学科问题的生成与解决活动是当前课堂中学生主要的情景实践活动,教师不但应该努力为学生提供情景实

践活动的机会，还可以有进一步的作为，让学生能基于不充分的显性知识解决问题：当显性知识充分时，问题解决相对容易；当所需显性知识不够充分时，问题解决则需要学生调动更多的缄默知识发挥作用，这将更加有利于学生缄默知识的激活与丰富。

学生能基于不充分的显性知识和缄默知识解决问题。再回到前面《直线与平面所成的角》的高二数学课。教师由比萨斜塔等生活中的实物图片引入课题（斜塔相当于直线，地面相当于平面），然后向学生提出问题：请描述直线相对于平面的倾斜程度。根据前面学生缄默知识分析，面对这一问题，可能有个别学生会在自己头脑中的"描述"引导下走向定性描述的歧途，使正确解决问题遭遇困难；其余的学生都将会在"数学描述"的引导下有更多的正确解决问题的可能性。除去已经具有相应显性知识的近六分之一学生不在讨论之列而外，其余六分之五的学生都会在"找夹角"的问题驱使下，展开原来由于认为已经清楚而被忽略的、模糊的思维区域。而思维一旦展开，并且配以作图使之形象化之后，学生就很容易发现自己原先思维中的问题并解决它。上课的结果证明，在独立活动和共同研究的相互启发下，绝大部分学生都能克服各自的困难解决这个问题：由于已经有一条斜线，因此学生就在平面上找另一条线来形成角，由于找出的线不同，因而所成的角有无数种，问题就归结为确定用哪一种角来描述直线相对于平面的倾斜程度更为合理的问题，最终根据确定性或者最小角使问题得到解决。这说明学生能够在学习"直线与平面所成的角"的显性知识之前，就能基于不充分的显性知识和自己的缄默知识，在一定程度上解决"直线与平面所成的角"的问题。

这样的例子绝不只是个别情况。在近几年中，对各个学科约 200 节课的课例研究说明，绝大多数的新知识教学，学生都有相应的缄默知识基础，也都能找到一个恰当的问题或者任务，既能在学生学习新知识之前就激发和推进学生问题解决的活动，又能整合新知识教学中的关键内容，进而促进学生在体验基础上的新知识学习。可以把具有这样功能的问题或任务统称为"基于缄默知识的核心问题"，简称为"核心问题"。例如：高一政治《银行的作用》一课的"在这次金融危机中，我国银行采取了哪些举措来扭转经济运行态势"；高二物理《变压器》一课的"绕制变压器，探究其输出输入电压和原副线圈匝数的关系"；高三英语《Unit 11：Making the team work》一课的"研读课文，评价'西天取经'团队"；初二语文《水调歌头》一课的"诵读《水调歌头》，结合自己体验探讨作者表达的情感"；高三地理《地理环境整体性》复习课中的"分析黄土高原千沟万壑地貌成因，构建地理环境整体性知识结构图"……能实现这样功能的核心问题都具有共同的特点：问题的立意有利于调动学生的主动活动，既基于学生已有缄默知识和显性知识，又能导向将要学习的新知识；问题的情境能尽量与学生身边真实或仿真的生活情境、社会情境相联系；问题的设问能使学生形成悬而未决又力图解决的心理状态。

基于缄默知识的核心问题解决活动，能有效促进学生获得丰富的体验：当学生有机会脱离被纯粹灌输知识的感觉，面对有适当挑战性的核心问题，自己观察、自己操作、自己搜集资料、自己聆听、自己诵读、自己表达、自己分析探究时，学生就会乐于参加实践活动，并在实践活动的亲历过程中，直接获得宝贵的原体验；当学生有机会脱离经过一再抽象、远离现实生活而变得枯燥无味的习题，在解决与自己生活情境、社会情境相联系的真实或仿真的核心问题过程中，就会获得知识与知识、知识与知识产生过程、知识与思想方法的关联体验,获得知识与生活、与自然、与社会的关联体验,获得自己知识意义的体验;当学生有机会脱离教师先示范、学生后跟进的学习活动,面对没见过、没解决过但又感觉自己能解决的核心问题时,学生就会产生自己解决问题的冲动,在独立做出猜想、规划、判断、推理、验证的过程中,在与同伴合作交流、互激共生的过程中,在努力克服各种困难尤其是克服显性知识不足困难的过程中,在产生新问题、新猜测、新想法的过程中,在愉悦、欣慰、困惑、焦虑等情感中,就会既获得理智体验也获得情感体验,既获得挫折体验也获得成功体验,既获得期待体验也获得创造体验,既获得对自己认知过程认知能力的体验也获得对同伴认知过程认知能力的体验,既获得个人力量的体验也获得团队效能的体验。

四、在缄默知识显性化活动中深化学生体验

很多研究者认为:"认识和理解教育教学生活中缄默知识的关键一步就是要使它们'显性化',从而才能够加以检讨、修正或应用。"[9]这样可以改善学生对缄默知识正面功能体验不够和对缄默知识的负面影响缺乏警惕的问题,可以改善学生对学习内容、学习方法等有关的缄默知识关注面较窄的问题,可以改善较为肤浅的体验促进其向深度发展。在运用核心问题的课堂教学中,有预设缄默知识显性化与随机缄默知识显性化两种显性化的方式。

预设缄默知识显性化是核心问题解决之后的反思活动中,通过语言化和符号化开展的有目的、有激活、有展开、有提升的活动。

有目的。设计核心问题的同时,要有与之相洽的缄默知识显性化的方向设定,并以体验性目标的方式表达。教师安排学生活动,期待学生产生某种特定内容的体验和获得相应缄默知识,但学生个体到底会产生什么样的体验和获得什么样的缄默知识,却是教师不可能完全预计和控制的。所以体验性目标和缄默知识的显性化,都是以方向性的期盼和指引来顾及对全体学生的普遍性要求。

有激活。能显性化的缄默知识是处于活跃状态的缄默知识。核心问题的提出和解决活动是课堂中激活缄默知识和生成缄默知识的主要方式。当学生面对问题进行个人探索与交流合作,努力调动自己的显性知识和缄默知识,使问题得到解决时,虽往往对所用缄默知识无意识,但这些缄默知识却因为运用而被激发,处于鲜活状态。

有展开。当学生解决问题时,他的焦点意识指向所要解决的问题,在此意识之外,他还保持着对自己所使用的概念、规律、原则、方法等的附属意识。当缄默知识显性化时,学生焦点意识滑向了原来的附属意识对象,将原来处于压缩、隐蔽、模糊状态的思维过程发掘出来,努力通过语言或者符号展开并显现出来。

有提升。缄默知识显性化后,常常归为知识、思想方法和情感态度价值观等方面,这些内容对学生而言是"新"的,需要进一步统整和提升。在学生独立反思且交流互动之后,再由教师汇总并进行提升讲解。缄默知识是个人知识,课堂中主要是针对学生缄默知识显性化,而这些学生缄默知识对教师来说则往往是显性知识,因此教师可以从与学生进行深层次专业对话的角度,为学生的显性化活动提供引领和提升服务,最后以语言、符号较为规范地表达出来。

在《直线与平面所成的角》一课中：学生想到要用角度来描述直线与平面的倾斜程度，但往往并不能够明确意识这是在将三维的线面问题转化为二维的线线问题来处理；学生的问题解决活动，经历了给出一个定义（定义直线与平面所成的角）的全过程，但学生也往往不会明确意识这背后的寻找定义的思维程序与法则。这些解决问题时处于学生附属意识中的缄默知识，都需要通过对问题解决过程的反思活动来展开、来强化、来提升。

缄默知识的显性化不是都能事前预设的，因而随机的缄默知识显性化也是必要的。对能进入教学环节的、学生群体的缄默知识显性化往往是预设的，而对教学情景中偶然发生的、学生个体的缄默知识显性化则往往是随机的。随机的缄默知识显性化是在课的进行中，捕捉到有价值的缄默知识运用时，师生立即抓住它并对它进行一番研究的过程和结果，因而随机缄默知识显性化的关键在于"抓得住"。

是否能抓住的要领在于能认识课堂中缄默知识的运用节点。缄默知识运用时，表现的是不经逻辑过程而直接迅速地认知事物的思维活动，也就是直觉思维活动。如学生们能立即判断"两条和平面相交的直线，哪条更向平面倾斜"就是学生缄默知识运用的结果，也就是学生直觉思维的结果。而直觉运用与逻辑思维方式是相互补充的：逻辑思维是以一次前进一步为特征的，其中的步骤是明显的、能说明的，而直觉运用是不经过逻辑操作而跃进地、简捷地获得答案，问题的解决往往是通过直觉获得答案，然后再运用逻辑思维进行检验，两者交替着进行直到问题解决[10]。因此，要抓住的就是交替的转折点，即节点。在课堂教学过程中，敏感地判断有价值的节点，抓住它，马上调整教学进程，以刚刚发生的缄默知识运用为对象进行讨论，追问"怎么想到的"，要求当事者与大家一起展开刚才运用缄默知识时处于压缩或者模糊状态的思维过程。这种展开工作会很艰难、很吃力，当事人自己和其他人都可能会对展开的结果不满意，但若能长期坚持，反复思考、反复琢磨，激励学生使用不同的方式和语言努力表达，则既能使缄默知识部分显性化，也能养成追问"怎么想到的"缄默知识显性化的习惯。

预设缄默知识显性化与随机缄默知识显性化是相互关联、相互交织的。预设缄默知识显性化只是一个大方向，其中必然包含个人的随机缄默知识的显性化活动，可以说预设缄默知识显性化是很多学生个人的缄默知识运用在预设方向上的显性化重组。

缄默知识的显性化活动能大力促进学生体验向深度发展：在缄默知识显性化的过程中，缄默知识与显性知识发生相互作用，而且常常展现了知识的产生过程，促使学生显性知识的获得由于个人缄默知识、个人情感的融入而有了个人意义，学生对知识的产生和理解的体验由浅表走向了深入；在缄默知识显性化的过程中，通过"言明"的介入，促使学生重新审视自己获得的体验，使个人初步的体验得以充实、完善，零散的体验得以类化、整合，模糊的体验得以明确、清晰，使学生体验由感性提升到理性高度；在缄默知识显性化的反思活动中，以刚发生的认知过程为对象，进行对自己的或者同伴的认知的认知，促使学生获得自己对任务理解的恰当与否，解决问题的方向、方法恰当与否的体验，促使学生获得自己的以及与同伴相比较的问题解决中的知识水平及思维特点的体验，学生的体验由认知层次深入到了元认知层次；在缄默知识显性化的思维展开活动中，学生通过直觉获得答案，然后再运用逻辑思维进行检验，两者交替进行解决问题，学生体验到直觉思维的科学性、局限性及其与逻辑思维的互补性，进而从直觉思维运用的无意识进入到有意识。

绝大部分的缄默知识是不能也不应该显性化的，这里强调部分缄默知识的显性化是力图将学生原有体验加以反思重构，触发学生个体对事实背后所反映的知识、方法、态度、价值观生成自身的意义并产生情感，进而促进学生体验的深化。

更新教师教学观念，进而促进教学强化学生体验意识，促进教学丰富和深化学生体验，当学生丰富而深刻的深度体验经过一次次积淀，就会逐渐固化为学生个体的经验，重新又归于日用而不知的缄默状态，学生的素养便随之提高。提高学生素养，这正是根植缄默知识促进学生深度体验所追求的目的。

参 考 文 献

[1] D·A 库伯著，王灿明等译. 体验学习——让体验成为学习和发展的源泉. 上海：华东师范大学出版社，2008：7

[2][3][4][5][6][8][9] 石中英. 知识转型与教育改革. 北京：教育科学出版社，2002：236，228，221，231，230，229，239

[7] 毛泽东选集（第一卷）. 北京：人民出版社，1966：263

[10] 布鲁纳著，邵瑞珍译. 教育过程. 北京：文化教育出版社，1982：69

浅议深度体验的引导及其核心问题特征

四川大学附属中学（成都十二中）
"核心问题教学中的学生深度体验实践研究"课题组

【摘　要】学习中并不缺少肤浅而零散的体验，真正缺少的是能有效促进学生学习和发展的深度体验。应该改变课堂中体验的纯粹自发状态，将学生心理性和身体性的投入导向自觉而深入，将学生获得的能言说与不能言说的认识和情感导向深刻、丰富与强烈，将学生导向围绕个人为中心的和围绕知识为中心的关联体验。核心问题是当前课堂教学中引导学生深度体验的得力抓手，它具有：立意的活动性特征、情境的整合性特征、设问的适应性特征和功能的引导性特征。

【关键词】体验；关联体验；深度体验；深度体验引导；核心问题特征

美国大卫·库伯教授提出的"让体验成为学习和发展的源泉"，正越来越受到世界各地教育者重视。如何"让"体验成为学生学习和发展的源泉？人们本来就"生活在体验之中，并透过体验而生活"。[1]学生在课堂中并不缺少体验，但是纯粹自发的体验肤浅而零散，关键是如何有意识地将学生导向深度体验，本文既从认识上、也从操作上进行探讨。

一、体验、深度体验及其引导方向

要将学生导向深度体验，首先必须解决什么是体验和深度体验、向什么方向将体验导向深入的问题。

（一）体验及深度体验

人们从哲学、心理学、美学、教育学等不同角度对体验进行研究。从哲学的角度看，狄尔泰的论述具有代表性[1]。他认为体验与"生命"范畴相通，是构成精神世界的基本细胞，人们生活在体验之中，并透过体验而生活。我们由此认为：学生生活在体验中，并透过体验而学习。

从心理学角度看，20世纪出的一些心理学词典中，查寻不到单独的"体验"概念，在教育类文章中倒是时有发现。例如，陈家耀教授从心理学的角度提出："体验是个体因心理活动和行为实践所引起的对客观事物和自己活动的一种主观感受和情绪状态。"[2]他强调体验产生于两个过程：心理过程和行为实践过程。

从教育学角度看，具有代表性的论述有三个。一个是北京师范大学教育系的李英提出："体验，既是一种活动，也是活动的结果。作为一种活动，即主体亲历某件事件并获得相应的认识和情感；作为活动的结果，即主体从其亲历中获得的认识和情感。"[3]在他的界定中，明确提出体验既是一种活动也是活动的结果。另一个是上海教育科学研究院杨四耕提出："体验是一种产生情感且生成意义的活动"[4]。产生情感指有内心反应、内心感动，生成意义指产生联想、领悟。再一个是余文森提出："体验是指由身体性活动与直接经验而产生的情感和意识"[5]。他强调身体性的参与和直接经验对体验的重要作用。

归纳以上论述的共识是：体验产生于心理过程和行为实践过程，体验是过程也是结果，体验的要素是亲历、认识、情感。但是所有论述中，都没关照体验所基于的和体验所获得的、大量的是说不清道不明的认识和情感，而这一点却正是激发、生成、丰富、深化学生体验所必须时时关注的。因此笔者认为，以下认识对教学更有操作意义：体验是学生各种各样的学习活动和活动结果。作为一种活动，包括学生个体的心理性及身体性的亲历；作为一种活动结果，即是学生个体从活动中获得的能言说与不能言说的认识和情感。

深度体验则是对体验进行投入程度、丰富程度和深刻程度的强调。作为一种活动，深度体验是指学生个体心理性和身体性自觉的、多方面的投入；作为一种活动的结果，深度体验是指学生个体从活动中获得的认识的深刻和内心反应的丰富与强烈。

（二）深度体验的引导方向

体验是可以引导的。虽然学生在某一境遇中事实上体验到什么，是师生双方都不可能完全预计和控制的，但是"体验的过程是可以在一定程度上驾驭的——推动它、组织它、引导它，创造良好的条件，努力使这一过程按我们的理想达到使个性成长与完善的目标"[6]。作为教学行为，教师安排某个学生学习活动，对学生的体验是有一定方向性期望的，教学中的体验性目标正好表达了这种期望，体验性目标的达成就是对学生体验引导的实现。

问题的关键在于选择什么内容为深度体验的引导方向，必须有一个总体认识来指引每一节课体验性目标的确立。辩证唯物主义认为，"物质世界是有机联系的统一整体"[7]。恩格斯说："辩证法是关于普遍联系的科学"[7]。这里"联系"是关键词。系统科学认为，"一般地说，每一门学科所研究的对象都是一个或一些特定的系统"，研究系统就是研究"系统各要素的联系"、"要素与系统的联系"、"系统与环境的联系"、"现在的联系和状态与未来的联系和状态"[8]等等，"联系"仍然是关键词。波兰尼说，数学家们曾在他面前描述某个科学家连续完成一系列发现的过程："达成第一个发现就如同在无边的海洋中寻到一座孤岛，接着他找到了第二座甚至第三座小岛，这些小岛相互之间看似无明显关联，然而，渐渐地汹涌的浪潮似已退去，清晰显出绵延山脉，而之前发现的那几座小孤岛正是这绵延山脉的几处峰顶"[9]。这就是"表层的个别性的底层有着整体的'关联'，而这种'关联'构成了深层的现实"[10]。把看似没有联系的事物、方法以某种方式关联起来，恰恰是解决问题和创造发现的一条根本之道。这里"关联"是关键词。各学科的课程性质与课程目标中都体现着关联或者联系的思想。例如，地理课程性质中指出："地理学是研究地理环境以及人类活动与地理环境相互关系的科学"。数学前言中指出："数学是研究空间形式和数量关系的科学，是刻画自然规律和社会规律的科学语言和有效工具。"技术课程性质中指出:"技术课程具有高度的综合性,是对学科体系的超越。它强调各学科、各方面知识的联系与综合利用"……根据以上论述,将深度体验的引导方向确定在"联系"或者"关联"上,是一种不错的选择。

我们将对联系或者关联的体验统称为关联体验。现代汉语词典中,关联是指事物之间发生牵连和影响。而唯物辩证法要揭示的联系,"是指事物之间的相互作用、相互依赖、相互制约、互为存在的条件"[7]。因此,关联体验就是对事物之间的相互作用、相互依赖、相互制约、相互转化等关系的体验。

由于任何事物都不是孤立的,其关联是普遍存在的,因而课堂教学只能在众多关联中抓住重要的关联促进学生的深度体验。那么,关联体验有哪些重要内容?

一方面从学生学习和发展的结果看,是要学生个人能够适应他所生存的世界、主动地改造世界。人、自然、社会是世界整体的不同方面,学生在课堂中通过具有特别研究对象的各门学科的学习与相应世界关联。物理、化学所研究的对象主要与自然世界关联;历史、地理、政治所研究的对象主要与社会世界关联;生物、体育、心理所研究的对象主要与自我世界关联;语文、外语及数学则是探索自然世界、社会世界、自我世界的工具和语言。各门学科从不同角度共同促进学生体验个人与自然、社会、自身的相互关联。因此,关联体验的重要内容之一,就是要学生体验围绕个人为中心的关联,即体验个人与自然、个人与社会、个人与自身的关联,或者说个人与世界的关联。

另一方面从学生学习和发展的过程看,知识是学生学习和发展的重要内容与载体。学生在课堂中学习的各门学科都有自己的知识体系和看世界的角度,由它的基本概念、基本规律、基本方法等组成。因此,关联体验的另一个重要内容就是要学生体验以知识为中心的关联,即体验各门学科中和学科间的知识与知识、知识与思想方法、知识与问题、知识与世界的相互关联,进而把人类的公共知识与自己积累的体验整合起来,转化为富有生命力的、能灵活运用的个人知识。由于体验中获得的大量的是缄默知识和直觉,因而特别强调:知识与知识的关联,既指传统教学比较关注的教科书知识内部的关联,更指显性知识与缄默知识的关联;知识与思想方法的关联,既指知识与哲学方法、一般思维方法及学科方法的关联,更指逻辑思维与直觉思维的关联;知识与自我世界的关联之中,突出认知与元认知的关联。

凡是有关关联的体验都是有一定深度的体验。因为普遍联系的规律"既是客观世界的规律,又是思维的规律,它既是世界观又是方法论"[7]。关联体验对学生的学习与发展既具有现实意义也具有长远意义。

二、引导深度体验的核心问题特征

引导学生深度体验需要做的工作很多,其基础是为学生产生体验或者产生深度体验提供机会。由于体验产生于心理过程和行为实践过程,在课堂教学中,学生最难能可贵、且有较大参与度的心理过程和行为实践来自于问题解决活动,因此要有一个合适的问题或者任务调动学生活动。我们将这样的问题或任务统称为核心问题。

不是所有的问题都可以作为核心问题。课前没有教学设计、课堂发问随意性极大、相互之间缺乏逻辑联系、庞杂零散琐碎的小问题不是核心问题;核心问题必须是一节课的中心问题,围绕它的活动能贯穿整节课,不但能激发而且能维持学生积极的心理活动和行为实践活动。用于新知识学习之后、练习新知识运用的问题不是核心问题;核心问题必须是学习新知识之前就提出来的、能促使学生在问题解决活动中产生积极体验的问题,而且这些体验正好能成为新知识孕育、产生、生长的肥沃土壤。能促进深度体验的核心问题满足如下要求:一节课中,在学习新知识之前,就以一个核心问题调动学生活动,先由学生运用已有的显性知识和缄默知识独立或合作地解决核心问题,然后师生共同对问题解决的主观过程进行反思,并且表达、归纳、提升活动中的体验,进而产生本节课预期的新知识、新方法,实现学生在深度体验基础上的学习。

核心问题应该具有什么特征才能达到这样的要求?在上述关于体验、关联体验及深度体验认识的关照下,对 200 余节课例逐一进行集体研究的结果,形成了对核心问题特征的认识。

(一)核心问题立意的活动性特征

核心问题立意的活动性特征,指设计核心问题时的价值取向,要有利于激发和推动学生的主动活动。

为此,核心问题要以学生主体之外的客体为内容。辩证唯物主义认为主体与客体"相互作用的基础乃是客体"[11],因而核心问题应该以学生之外的人与事为内容,才有利于将学生活动导向以客观世界为对象的相互作用。习题中和教科书中的绝大部分问题都是客观问题,因而核心问题的这一特点,使它与日常教学中所运用的问题协调一致,有利于学生的接受。由于以客观世界为对象的活动与以主观世界为对象的活动常常相互渗透,因而当保证了核心问题内容的客观性之后,并不排斥核心问题之中含有主观成分。

而且,为有利于激发和推动学生的主动活动,核心问题中还要提出对学生的身体性或心理性活动的明确而具体的要求,并且以学生为主体陈述,这一点与一般的问题或习题是不同的。例如,在"制作降落伞,探究影响降落伞下落快慢的因素"、"诵读《短歌行》,品析曹操的忧思之壮"、"画图示意各种情况下的分割与逼近关系,尝试归纳极限概念"等核心问题中:"制作"、"诵读"、"画图"均是对学生的身体性活动提出了要求;"探究"、"品析"、"归纳"则均是对学生的心理活动、尤其是思维活动提出了要求;而且两种要求都是以学生为主体进行的陈述。这样,学生看了核心问题,知道自己应该解决什么问题或者完成什么任务,知道怎样进行活动,能有效促进学生在活动中"以身体之,以心验之",为学生体验的生成与深化打下基础。

(二)核心问题情境的整合性特征

核心问题情境的整合性特征,指构成核心问题的材料或内容不但要是主体之外的人与事,而且所涉及的自然的或社会的境况,均是教科书重点内容与拓展内容整合后的产物。

首先,核心问题的情境要统摄这节课教科书中的重点内容以及关键内容。使其本节课应该学习的新知识、新方法,能在核心问题解决活动的土壤中自然孕育、生长,促使学生在第一次接触新知识时,就能把知识的产生与知识的运用环境、运用条件联系起来认识,就能把知识与方法联系起来认识,进而获得知识与知识、知识与运用情境、知识与思想方法的关联体验。

其次，核心问题的情境要是教科书内容与其拓展内容的重组。如与相关的自然背景或社会背景材料、学科前沿问题或热点问题、学科现象或学科事实材料、一般思维方法或学科思想方法、学生问题或学生经验等重组，并且可以把学生个人以"我的经历"、"我的感动"、"我的选择"、"谈自己的"等方式放入核心问题中，使核心问题的情境变得比教科书内容更加丰富多彩，使师生的思维、情感能突破课堂进入更为广阔而真实的生活天地，最终使学生获得丰富的个人与世界的关联体验。

例如，"观看胡忠、谢晓君夫妇先进事迹，谈自己对他们人生价值的认识"、"回到牛顿时代去猜想，尝试探究使苹果落地之力的大小与哪些因素有关"、"阅读《未来的城市》，交流对成都未来发展的预测"等核心问题就都表现出明显的教科书内容与史实、现实，与社会、生活、个人整合的特征。

（三）核心问题设问的适应性特征

核心问题设问的适应性特征，即核心问题的设问（或任务呈现方式），既要适应学生问题解决的心理、知识和能力等学习基础，特别是学生已有的体验积淀或者缄默知识，又要适应课堂教学的时空条件。这里的适应既指要适合，也指要有意识地利用。

核心问题可以来源于学生的疑问，也可以来源于教科书或其他资料，但所有的核心问题都是教师在课堂中面对全体学生提出来的，每个学生必须及时把它转化为自己的问题，才会主动地投入问题解决活动之中去体验。因而核心问题的设问要适应学生的学习基础：是能引起所有学生兴趣的问题，是能使学生内心形成悬而未决又力图解决状态的问题；是能使每个学生都能在活动中发挥自己作用的问题。

核心问题还要有意识地利用学生已有的体验积淀或者缄默知识。学生既然没有学习新知识，说明学生解决与新知识相关的核心问题的显性知识是不够充分的，这时问题解决更多利用的是学生内心的个人理解、思维模式、行为模式等体验积淀，或者说是利用的"儿童的数学"、"儿童的物理学"、"儿童的化学"、"儿童的文学"、"儿童的经济学"、"儿童的哲学"、"儿童的历史学"等缄默知识[12]。在问题解决过程中，学生对自己所用的体验积淀或者缄默知识虽然往往毫无意识，但却因为运用而被激发，处于鲜活状态，为其进一步的丰富、修正、重构打下基础，为学生在这个过程中体验教科书知识与个人缄默知识的关联、体验逻辑思维与直觉思维的关联、体验认知与元认知的关联打下基础。

例如，高一政治《国际关系的决定因素——国家利益》一课的核心问题，"分析国际社会在解决叙利亚问题上的反应，探究影响国际关系的主要因素"，就是利用了学生的缄默知识来调动学生活动：学生没有学习关于国际关系的含义、内容、形式以及国际关系的决定因素等显性知识，但学生对相关政治现象有较为丰富的生活经验，具有大量的缄默知识。在这些缄默知识基础的支撑下，学生课前能够进行搜集资料、组织自己观点的活动，课堂上能积极投入"分析"和"探究"的活动。课后学生反映良好。有学生说："在课堂上和同学们交流各个国家的行为态度及原因的过程中，越讨论越清晰，再经过反思就接近本质了，根本就不用老师再讲了"，学生体验到了自己模模糊糊的感觉（缄默知识）在讨论与反思活动中逐渐变成显性知识，体验到了书本知识与自己缄默知识的关联；有学生说："以前对中国在很多国际问题上所持的立场态度总是不太能理解,特别是在涉及自身利益的问题上,总觉得表现得过分中庸甚至是软弱,现在懂了,还可以去给其他人把这个道理讲清楚。"这说明学生不但体验到了国际关系与国家利益的关联,而且还体验到了维护国家利益与承担国际责任的关联。

学生的问题解决活动不是科学家的问题解决活动,为促进学生在课堂时间、空间和物质条件的限制下,完成核心问题所要求的"探究"、"研究"、"分析"、"猜测"……教师不但通过提供必要的实验器材药品以及图表资料等来减小问题研究的范围,而且还常在核心问题的陈述中提供支持条件或引导思维方向。如"阅读所提供的各种图表,研究澳大利亚的自然地理环境特征"、"分析果蝇杂交实验图解,探究基因和染色体的关系"等核心问题中,前面半段的"阅读所提供的各种图表"、"分析果蝇杂交实验图解"的较低层次的活动,就提示了后面半段"研究"、"探究"等较高层次活动的思维起点。核心问题的这种设问方式,不但提高了核心问题对学生的适应性,而且这种设问本身还体现了一定的思想方法,有利于学生体验知识与知识、知识与思想方法的关联。

(四)核心问题功能的引导性特征

核心问题功能的引导性特征,就是核心问题要具有引导学生深度体验尤其是关联体验的功能。

核心问题的立意、情境与设问都要服务于将学生引向深度体验、尤其是关联体验。将核心问题的情境或者设问直接指向"关系"、"联系"、"关联"等,其核心问题的引导功能是显性的,一看就知道能引导学生的关联体验。如"利用基本初等函数图像,探究函数的单调性与导数的关系",明显的具有引导学生体验函数导数与函数单调性关联的功能,进而有引导学生体验知识与知识关联的功能;又如"用给定器材做实验,研究苯的化学性质与结构的关系"明显的具有引导学生体验苯的特殊性质与特殊结构关联的功能,进而有引导学生体验知识与思想方法关联的功能。如果核心问题的情境或者设问没有这样的明确指向,核心问题的引导功能则是通过活动性质来决定的,从表面上看似乎与关联体验无关,但实际上也具有内隐的引导性特征。如核心问题"练习羽毛球贴网而过的平抽球技术",练习活动中学生的焦点意识在于让球能"贴网而过",但为了实现"贴网而过",其附属意识却必须关注球场环境(如对球网位置、空气流动等的总体感知)与球拍控制之间的关联,因而核心问题具有促进学生体验球场环境与球拍控制间关联的功能,即具有引导学生体验个人与世界关联的功能;又如"找证据,研究听见声音的条件","找证据"的活动促使学生把眼光投向生活、投向自然,当学生把由于习以为常而忽略的声音现象放大了来关注时,当学生回味并描述自己所听见、所感受的自然之声时,当学生运用"声源"、"传播"、"接收"等理性概念来描述生活中一个又一个的声音现象时,学生必然从声音的角度体验到个人与自然以及知识与生活的关联,说明这个核心问题仍然具有引导性特征。

核心问题的这四个特征是相互联系、相互影响的。教学设计时,多数时候是由其活动性、整合性、适应性初步确定核心问题之后,再确定核心问题的关联体验引导方向并反过去优化核心问题。

例如,初一语文的《竹影》一课。这课是艺术大师丰子恺先生的散文,由几个少年

"描描画画"的游戏,引出水门汀上的竹影像中国画一样地潇洒斑驳,激发了孩子们画竹的创作热情和"爸爸"因势利导的中国画艺术的讲解。教师最初的教学设计是在对此文的不同解读角度中选择了以"美"为关键词,确定核心问题为"读课文,欣赏文中的艺术美与语言美",但教学后发现课堂较沉闷。经反复研究后形成两点共识。一是要利用学生的缄默知识。学生观看一幅画,很容易得出美不美的结论但却不能系统阐述自己的根据,应该利用核心问题激活学生相关缄默知识。二是要确立关联体验目标指导教学设计。生活中不缺少美,缺少的是发现美的眼光,决定以"体验生活中的美与自我的关联"为关联体验目标,并由此将核心问题改为"读《竹影》画竹画 谈画美",结果教学中学生情绪高涨,活动主动积极,下课后还有几个学生拿着自己画的竹嗔怪老师:"我也画得有特点,没有叫我来展示。"

这节课开始用的核心问题不具体,学生不明确应该怎样活动,因而活动不起来。修改之后,学生有"读"、"画"、"谈"三个明确的活动。通过读,欣赏名家的说辞;通过画(随性的写意游戏),真切地感受课文中同龄人画竹游戏的经历,联想自己的相关经验,再去理解课文;通过谈,又把理解了的名家思想语言与被激活了的经验重组,变为自己的语言表达出来。在体验性目标指引下经过修改后的这个核心问题有较好的引导性特征,在它的引导下,学生不是被告知"生活中不缺少美,你们要去发现美"的知识,而是直接将学生浸渍在发现美、表达美的愉悦活动中,促进学生体验自我与美的关联,进而体验个人与世界的关联,并且在这些体验的基础上个性化地理解课文。

具有以上特征的核心问题是当前课堂教学中引导学生深度体验的得力抓手。核心问题的解决活动以及解决后的反思活动,为学生提供的学习境遇,能在不脱离现行教育体制、现行教科书、现行考试制度的条件下,引导学生的深度体验,进而让体验能在当下的课堂教学中成为学生学习和发展的源泉。

参 考 文 献

[1] 冯契. 哲学大辞典. 上海:上海辞书出版社,1992:804
[2] 陈家耀. 师范教育中的体验教育. 师资建设,1999(3):11～12
[3] 李英. 体验:一种教育学的话语. 教育理论与实践,2001(12):1～5
[4] 杨四耕. 体验教学. 福州:福建教育出版社,2005:4
[5] 朱慕菊. 走进新课程. 北京:北京师范大学出版社,2002:133
[6] 瓦西留克著,黄明等译. 体验心理学. 北京:中国人民大学出版社,1989:9
[7] 艾斯奇. 辩证唯物主义 历史唯物主义. 北京:人民出版社,1962
[8] 邹珊刚等. 系统科学. 上海:上海人民出版社,1987:26
[9] 迈克尔·波兰尼著,王靖华译. 科学、信仰与社会. 南京:南京大学出版社,2004
[10] 钟启泉. 现代课程论(新版). 上海:上海教育出版社,2006:202
[11] 罗森塔尔·尤金. 简明哲学辞典. 北京:生活·读书·新知出版社,1973:75
[12] 石中英. 知识转型与教育改革. 北京:教育科学出版社,2002:238

库伯的"体验学习圈"理论在核心问题教学中的运用

四川大学附属中学（成都十二中）
"核心问题教学中的学生深度体验实践研究"课题组

【摘 要】教学环节的质性改变是教学改革的必然显现，如何在理论的引导下构建促进学生体验的课堂教学框架是一个值得教育者认真思考与努力实践的重大问题。以"体验学习圈"理论，从环境、活动、体验三方面审视课堂教学，进而确立体验性与接受性相结合的核心问题教学思想。比对"体验学习圈"的学习阶段，根据核心问题教学思想，面对教与学的共同过程，构建核心问题教学四环节：提出问题、解决问题、反思提升、运用反馈。

【关键词】体验学习圈；核心问题教学；教学运用

2008年9月，由王灿明、朱水萍等翻译的世界上第一部体验学习专著《体验学习——让体验成为学习与发展的源泉》的出版，使库伯教授的体验学习理论在我国有了更为广泛的传播。但就目前而言，相关理论的介绍与辨析较多，能够有效地落实于中小学教学的很少。如何在理论的引导下构建促进学生体验的课堂教学框架，使体验真正成为学生学习与发展的源泉是一个值得教育者认真思考与努力实践的重大问题。

一、以"体验学习圈"理论审视课堂教学，确立核心问题教学思想

"体验学习圈"是库伯体验学习理论的重要组成部分，他创造性地提出了螺旋循环的体验学习四阶段："具体体验"、"反思观察"、"抽象概括"和"行动运用"，即所说的"体验学习圈"[1]。体验学习能在世界范围内产生深远影响与"体验学习圈"的程序化操作密不可分。"体验学习是个体与环境之间连续不断的交互作用过程"[1]。这里，"个体"是体验的主观内部条件，"环境"是体验的客观外部条件，而"交互作用"则通过"活动"来实现并形成内外融合的情境。因此，可以从环境、活动、个体体验三个方面，运用"体验学习圈"的四阶段及相关理论审视课堂教学，以构建促进学生体验的课堂教学框架。

（一）环境分析

体验学习发源于杜威的经验学习，即"做中学"。哈恩在为解决学员缺乏自信、不懂感恩、少有体谅等人格问题的过程中，将体验学习发展为一种独立的学习方式，其活动主要是野地探险、溯溪攀岩、沙漠求生等以经验为基础的教育形式，训练对象是军人、工商人员、学生等。库伯在此基础上，详细分析了勒温的体验学习模式、杜威的体验学习模式和皮亚杰的学习与认知发展模式，融入了心理学、哲学、生理学的最新研究成果，

进而提出了体验学习圈的教育技巧和系统的体验学习理论,于是体验学习广泛地运用于当代教育、组织管理和成人发展,将学习环境"从课堂(以及相关形式如讲座等)转移到车间、家庭、车库、社区,以及任何我们能聚集在一起工作、娱乐,或表达情感的地方"[1]。

将体验学习理论迁移到课堂教学,学习环境从真实的、开放的生活环境变为相对安全而封闭的课堂环境,环境对体验者身体和心理的挑战力度不可避免地减弱,使得直接的"具体体验"的丰富程度和深刻程度都受到一定的影响。

如何还能在课堂中实现库伯所说的"学习是经历自身非常本性的紧张与充满冲突的过程"[1]?在课堂环境下,学生遭遇的主要冲突是认知的,而学科问题或任务的提出与解决,最有可能形成学生的认知冲突。当然,对这样的问题或者任务必须有若干要求,才能使学生既"身临其境",又能形成一种悬而未决并力图解决的认知冲突状态,并能根据自己的经验来解决问题以感受基于经验的学习形式。

(二)活动分析

当学习的客观环境发生改变之后,学习者的活动性质和活动结果都随之发生改变。

在野外求生等活动中,学习者通过自己身体积极的外部行为与真实的环境直接作用,进行的是"变革现实的"实践活动,活动的结果是获得直接的具体体验。在课堂环境中学生以知识学习为主,是要把人类有史以来长期积淀的公共知识在较短的时间内转化为个人知识,其中有直接具体的肢体活动,但更多的"梨子的滋味",却不可能"亲口吃一吃"地具体感觉它,而是在真实环境缺位的情况下,通过阅读、听讲等内部活动从描述中了解的,这类活动的结果是获得间接的抽象体验。

然而,"个体的即时具体体验是学习、生命以及性格的核心"[1],因此在课堂中,一方面,要创造条件,使课堂和真实世界建立起重要联系,使学生在课堂中有进行身体活动的亲自实践,使个体知识尽可能地源于具体体验;另一方面,要正确认识和引导文本阅读、聆听讲解等活动。"'教师讲——学生听'原本是极有价值的学习方式,只是当它成为唯一的接受学习方式而不与体验学习保持某种联系时,会发生相关的危机"[2]。改变看似快捷的直接硬灌的做法,让学生在自主的问题解决活动中获得相关体验之后,再为学生提供富有生命激情和人格魅力的"声音文本"、"纸质文本",促使学生进行体验性与接受性相结合的学习活动,是运用库伯"体验学习圈"理论于课堂中的有效办法。

(三)体验分析

库伯十分强调融入了个人感觉和情感的即时"具体体验",将其作为"体验学习圈"的第一个阶段。但是库伯所说的体验并非全都终止于此,他在两个维度上讨论了促进体验向深入的发展。一个是"理解"维度,由体验学习圈的第一和第三阶段的关系构成,即"具体体验"的感知获得和"抽象概括"的领悟获得关系;另一个是"转换"维度,由体验学习圈的第二和第四阶段的关系构成,即"反思观察"的内涵缩小和"行动应用"的外延扩大的关系[1]。

以学生知识的产生与运用为例说明。具体体验时,体验主体带着个人复杂的情感和全部的经验与环境之间发生交互作用，经过反思观察和抽象概括，去掉了情感等个人因素以及当时当地的环境因素，用自己的并吸纳同伴、老师、甚至课本中的语言，将获得的体验用观念、概念或者符号表达，使其变得相对简单、客观而具有了普遍性，变得对于自己有价值、有意义，变得便于自己积淀、运用和交流、分享。这里既有将感性体验的"感知"提升为理性认识的"领悟"的理解过程，也有经过关系判断去掉非本质因素突出本质因素的内涵缩小的转换过程。当学生再将这些概念或符号表达的东西运用于新的实际问题时，这些概念或符号的表达就会受到检验，而且常常因为感到不够充分而不能应对纷繁复杂的真实情况。这时，学生再次进行反思观察和抽象概括，重新审视、调整相关概念或符号的表达与理解，以适应新的问题情境，并进一步理解与自身的意义。这里既有外延扩大的转换过程，也有新的内涵缩小的转换过程。

"感知与领悟，内涵和外延是辩证统一的，共同形成更高水平的学习。"[1]也就是说，在感知与领悟的理解中，在缩小内涵与扩大外延的转换中，学生因获得的体验的不断深化而有所发展。

库伯对体验的认识给我们的最大启示是：教学不应直接灌输知识，而应该先体验（尤其是具体体验），然后再将体验导向思维或理性，导向体验的转换。

（四）确立核心问题教学思想

综合以上分析，将"体验学习圈"理论运用到课堂教学中，形成下面的思想：一节课中，在学习新知识之前，就以一个学科问题或者学科任务调动学生活动（使学生进入悬而未决、又力图解决的认知冲突情境），由学生运用已学过的教科书知识和已有的经验知识，先独立后合作地解决这个问题或任务（学生进行身体的外部活动和内部活动，与环境发生交互作用），获得个体体验（包括具体体验和抽象体验），然后师生共同对解决的主观过程进行反思，并且表达、归纳、提升活动中的个体体验，进而产生本节课预期的新知识、新方法（在感知与领悟的理解中，在缩小内涵与扩大外延的转换中深入体验），促进学生进行体验性与接受性相结合的学习。

为方便起见，可以不区分问题或者任务的差异，一律称为问题。由于这个问题是这节课的中心问题，特将其称为核心问题，并将这样的教学称为核心问题教学，将以上思想称为核心问题教学思想。我们的教学实践证明了核心问题教学思想的可行性[3]。

二、比对"体验学习圈"阶段，构建核心问题教学环节

教学环节是教学理论的操作性体现，教学环节的质性改变是教学改革的必然显现。比对体验学习圈的学习阶段，根据核心问题教学的思想得出核心问题教学的环节。

（一）体验学习圈与核心问题教学环节的关联

体验学习圈的四个阶段——"具体体验"、"反思观察"、"抽象概括"和"行动运用"是从能力的角度提出来的。也就是说：学习者必须能充分地、开放地以及没有偏见地参与到新的经验中去，即能"具体体验"；必须能从多种角度去反思观察他们的体验，即能"反思观察"；必须能形成概念，能结合他们的观察而形成逻辑语言理论，即能"抽象概

括"；必须能使用这些理论来做出决定并解决问题，即能"行动运用"[1]。在这里，体验学习圈只对受训者提出了要求，没有对培训者就体验环境的设定和体验过程的引领提出要求。

在核心问题教学中，学生体验的获得基于核心问题的解决活动，核心问题的提出和活动要求的明确不可回避。因而，不是单从学习者的角度、而是面对教与学的共同过程，构建核心问题教学的四个环节：提出问题、解决问题、反思提升、运用反馈。

核心问题教学的四个环节与体验学习的四个阶段是相互对应的。首先，"提出问题"和"解决问题"合起来与"具体体验"相对应。当学生内化所提出的问题并形成认知冲突，进而自主地投入问题的解决活动之中后，他必然会在这个过程中产生体验，因为体验会"自发地、直接地、自然而然地提供给我们"，不需要我们"凭借意识和反省行为的努力"[4]。虽然学生在某一境遇中会体验到什么，是师生双方都不可能完全预计和控制的，但教师安排某个学生学习活动，对学生的体验是有一定方向性期望的，教学中的体验性目标正好加强了这种期望与体验之间的相互影响。所以，有提出问题和解决问题的活动，学生就会有体验。不过，由于问题的性质决定着活动的性质，而活动的性质又决定着体验的性质，因而学生通过课堂中的问题提出与问题解决活动所获得的体验，除直接的具体体验之外，还有大量间接的抽象体验。

其次，"反思观察"和"抽象概括"合起来与"反思提升"相对应。两组环节中都有"反思"。反思必须滞后于体验，一个人不可能在他正经历某一体验时又反思这一体验，因而这里的反思是指事后在回顾中去思考、去评价。反思也不可能是对体验的全面反思，体验所获得的，大多数都可以在说不清道不明的状态下、甚至是在自己都没有意识到的状态下被运用的而不需反思。课堂中的反思，主要是寻找与课堂教学预期目标相关的各事物之间的关系，然后"抽象概括"，进而"缩小内涵"，产生新知识或新方法。心理学家普遍认为，"人们愈能发现事物之间的关系，则愈能加以概括，迁移作用就越加普遍。"[5]核心问题教学环节"反思提升"中的"提升"，也具有"抽象"、"概括"的意义，只是单有对所获得体验的概括或抽象是不够的，"提升"可以有更宽广的包容，以接纳教师极有价值的、必不可少的讲解，这才可能使学生"创造"的新知识、新方法得到完整而科学的表述，进而使学生把自己的体验与书本知识关联起来，将书本知识内化为自己的个人知识。

再次，"运用反馈"与"行动运用"相对应。"运用"是外延的扩大，知识既有反映事物本质属性的内涵特征，也有对应其适用范围的逻辑外延。学习本身既需要知道"此时此地"的事实，还要明白"彼时彼地"如何去用[6]。"反馈"是在不同的客观条件下经过运用进行检验，并进行检验后的进一步理解与经验的修正、重组。

以上相互对应的四个阶段和四个环节各自都是可以循环进行的，如图 1 所示。其中循环联系的纽带是个体经验的发展。主体在体验时，是带着他全部的情感与经验投入的，在同一环境下，不同主体由于情感与经验的不同而有不同体验。对于同一个体，过去多次体验的积累变为了他现在的经验，现在的经验又是他产生新体验的基础。

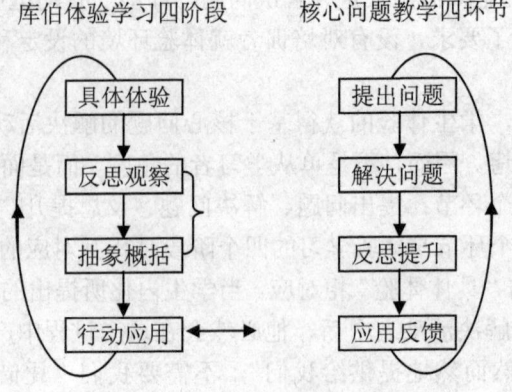

图 1 阶段与环节关联图

（二）核心问题教学环节的运用

核心问题教学的提出问题、解决问题、反思提升和运用反馈四个环节，既包含学生活动也包含教师活动[3]。

提出问题 提出问题即提出并理解核心问题：教师营造情景、出示问题；学生领会问题，进入情境。

首先是提出的核心问题应该有符合要求的特征，否则不能达到促进学生获得深度体验的目的。

其次提出核心问题时教师要营造问题情景。运用网络、多媒体或者运用角色扮演、形象模拟、实物展示、实验演示等，营造与核心问题相应的物理背景、社会文化背景，给学生以感官刺激。

再次要确保学生领会问题并进入情境。核心问题要用文字出示并能保留在学生视线之内（在需要时能反复阅读），要留出适当的时间让学生阅读理解核心问题，不但明确活动方式，还要使问题情境能在自己头脑中以自己的形式完整地呈现出来，变为自己想解决、不解决还放不下的问题。

这一环节的要义是促进学生面对问题时将身心均融入客观环境，真正处于跃跃欲试于与环境交互作用的良好准备状态。要防止刚出示核心问题就要求学生立即进行问题解决活动的现象发生。

解决问题 解决问题即进行核心问题的解决活动：教师进行引导定向、适当协助；学生独立操作、交流合作。

学生按照核心问题的要求和所提供的物质条件，一般从两方面进行活动：一是个体独立的问题解决活动；另一个是群体交互的问题解决活动。

教师主要对学生的问题解决活动进行引导、协助，以便学生能在课堂时间、空间和物质条件的限制下，有效地进行核心问题所要求的"猜测"、"分析"、"研究"、"探究"等活动。开始解决问题时，教师主要是通过引导问题解决方向来为学生活动搭配脚手架：如对核心问题进行分解或者对活动程序进行分解，减小问题解决的难度；又如提示问题解决的思想方法；再如通过提供现象、信息资料、器材工具等减小过大的研究范围。在解决问题的过程中，一是为个别学生释疑排难；二是以现场产生的新想法、新方法、新问题等新因素为生长点，运用评价、追问、拓展等手段，将学生活动和学生思维导向深入；三是调控教学开放性与规范性的平衡，把握教学进程。

在这个环节中，师生要利用板书或电子显示等手段，共同记录整个问题解决过程中的思维要点或活动路径，以便作为下面反思环节的反思对象。教师的现场板书，必须适应核心问题教学方式：板书要为教师的教服务，更要为学生的学服务；板书既要呈现知识脉络，又要呈现课堂思维路径或活动路径；教师讲课的重点要板书，学生全班交流发言的要点也应该板书。

这一环节的要义是：解决问题的目的不在于获得答案，而在于学生个体带着情感亲历与环境交互作用的过程，教师是替代不了学生的。要防止教师把核心问题作为引导自己讲解的载体的现象发生，要防止不给够学生活动时间的现象发生。

反思提升　反思提升即对问题解决过程中的体验进行有目的的反思和提升，产生本节课应该学习的新知识、新方法。在此环节中：教师诱导反思，提升讲解；学生反思归纳、理解接受。

首先，教师根据教学目标、尤其是包括关联体验的体验性目标，提出相应的反思性问题，诱导学生寻找与课堂教学预期目标相关的各事物之间的关系，进行有目的的反思活动。

其次，针对反思问题，学生利用上一环节中板书记载的问题解决过程进行反思，将自己在此过程中获得的体验，去掉无关因素突出关键点，或者向知识的产生、或者方法的归纳靠拢，并尽可能地用话语或文字面向全班表达，由教师或其他学生进行要点记录。然后可以由学生、也可以由教师将要点进行整理。

再次，在以上反思的基础上，教师进一步缩小内涵并以概念、规律或者符号表达，进一步作相关的补充讲解，进而形成本节课应该学习的学科知识或者学科方法。教师的"讲课"及学生的接受学习就主要在此时进行，它是在学生即时体验的基础上进行的，是运用了现场的学生鲜活表现来进行的。

这一环节的要义是：促进学生既进行将感性体验的"感知"提升为理性认识的"领悟"的理解，也进行经关系判断去掉非本质因素突出本质因素的内涵缩小的转换。要防止教师完全替代学生进行反思的现象发生。

运用反馈　运用反馈即在运用中获得反馈与内化：教师检验评价、反馈改进；学生尝试运用、修正内化。

学生在新的情景中尝试运用刚才得出的新知识、新方法，并在运用中主动地自我理解、自我修正以达到将公共知识转化为个人知识的目的。教师由此检验与评价教学效果，其中包括学生体验获得的效果，然后在反馈中寻找改进措施。

这一环节的要义是：利用学生将知识在新的情境中运用的活动，既促进学生进行外延扩大的转换过程，也促进学生进行新的内涵缩小的转换过程。防止只在不同客观条件下训练，不再反作用于个人理解的现象发生。

将"体验学习圈"理论向课堂教学渗透，关注学生已有经验的利用，关注学生体验的生成、丰富和深化，运用核心问题促进学生在课堂中进行体验性与接受性相结合的学习，是既对学生的现在成长有益，又对学生的未来发展负责。

参 考 文 献

[1] D·A库伯著，王灿明等译. 体验学习——让体验成为学习和发展的源泉. 上海：华东师范大学出版社，2008

[2] 高慎英. 体验学习论. 桂林：广西师范大学出版社，2008

[3] 周光岑，陈明英，刘英. 基于缄默知识的核心问题教学模式实践研究. 西南民族大学学报，2008（12）：280-285. 《人大复印资料·G3中小学教育》全文转载于2009年第四期

[4] 瓦西留克著，黄明等译. 体验心理学. 北京：中国人民大学出版社，1989

[5] 朱智贤. 心理学大辞典. 北京：北京师范大学出版社，1989

[6] 严奕峰，谢利民. 体验教学如何进行. 课程·教材·教法，2012（6）：21～25

[7] 周文良，陈明英，米云林，熊文俊. 有效促进学生学习和发展的深度体验. 中国教育学刊，2012（12）：56～59

第二编　教　学　论　文

关联体验是怎样将体验导向深入的

米云林

学校提出课堂教学中要注意学生的体验，我们按照学校要求，通过自己的教学实践，印证了这样的观点：体验使学习进入生命领域，因为有了体验，知识的学习不再是仅仅属于认知、理性的范畴，它已扩展到情感、生理和人格领域，从而使学习过程不仅是知识增长的过程，同时也是身心和人格健全与发展的过程。

为了进一步提高课堂教学效益，切实落实新课改以人为本的理念，学校开展"核心问题教学中学生深度体验实践研究"，并且提出将"学生对学科的基本现象、基本概念、基本规律、基本方法及其相应的情感态度价值观等之间的相互关联的体验"作为学生进入深度体验层次的"引导方向"。这样有两个问题就摆在我们面前：一是学生体验到什么才算是有了深度体验？二是为什么说关联体验能够将体验引向深度体验？基于老师们的教学实践，对这两个问题，我们有如下认识。

一、学生体验到什么才算是有了深度体验

（一）关于体验的再认识

关于体验，一种观点是：体验是指由身体性活动和直接经验而产生的情感和意识。我们学校在综合各个方面的论述，从便于一线教师理解和运用的角度，从便于在教学中形成对学生体验的激发、生成、丰富、深化的角度，我们所选用的观点是：体验是学生基本的学习方式，体验既是学生多种多样的学习活动，也是学生相应学习活动的结果。作为一种活动，包括学生个体的心理性投入、尤其是身体性投入；作为一种活动的结果，即是学生个体从活动中获得的认识和情感。

关于体验的层次，大家比较统一的观点是：体验层次由低到高分为经历、反应、领悟三个层次。

结合以上观点，我们认为，学生个体有心理性投入、尤其是身体性投入，学生的体验就达到经历层次。经历层次虽然是基础性层次，但对学生而言，却是非常重要的。学生在这一层次的体验中，体验的对象与学生的感觉器官（眼、耳、鼻、舌、身）相互接触，引起学生的感觉（包括视觉、听觉、嗅觉、触觉、味觉等），这意味着由此学生和要认识的事物间就建立起了联系。这是人和外部世界的直接联系，这种联系为后面的学

习奠定了重要的基础。

例如，物理组谢朝植老师在《变压器》的教学中，让学生自己动手做变压器，学生在手、眼接触变压器的器材、做成变压器时，就引起感觉，学生自身与变压器的器材及变压器之间通过感觉联系起来。课后大家认为，整节课良好进展与此有必然关系。

综上所述，经历作为低层次体验，其外显标志是学生个体有心理性投入，尤其是身体性投入；其内涵标志是引起学生的感觉；其功能是建立起人和外部世界的直接联系。

（二）关于深度体验的再认识

学校关于深度体验的观点是"深度体验"，是对学生体验进行深刻程度和丰富程度的强调。作为一种活动，深度体验指学生个体心理性和身体性自觉的、多方面的深度投入；作为一种活动的结果，深度体验是指学生个体从活动中获得的认识的深入和内心反应的丰富与强烈。以上我们是从学生的角度来认识体验与深度体验的，是从既是一种活动也是活动的结果来认识体验与深度体验的，而从教师教的角度而言，"体验"既是学生的学习活动，也是学生相应活动的结果，还是一种教学的目标，要求学生产生的体验不但只是感受、情绪，而要能触发其对学科事实背后所反映的知识、方法、态度、价值观"产生情感且生成意义"，获得丰富而深刻的体验。

从体验层次的角度看，深度体验就应该是反应层次（从教学实践知道，领悟层次一般需要较长时间的积累才能够实现）。

对比前面的分析，我们可以认为，深度体验的外显标志是学生个体心理性和身体性自觉的、多方面的深度投入。对于深度体验的内涵标志，我们需要进一步分析。

从认识论我们知道，比感觉高一级的感性认识是知觉。感觉是客观对象的个别属性的反映。人们在取得各种感觉的基础上把这些感觉综合起来，形成关于客观对象的整个形象，这就是知觉。例如，学生在《变压器》的学习中，学生感受到线圈、铁芯，这是感觉，学生进一步感受到原线圈、副线圈和铁芯组成变压器，形成变压器的整体形象就是知觉。

比知觉更高级的感性认识形式是表象。表象是曾经作用于感官的那些客观对象的形象的再现，也就是知觉的再现。表象的存在是不以客观对象直接作用于感觉器官为条件的。表象是知觉的初步概括，更接近于理性认识，但它仍然不是理性认识，而是感性认识。从具体的教学实践中，我们知道表象具有以下价值。

1. 表象是想象、联想的基础

语文组陈琳老师在《现代诗歌赏析》一课中，运用诵读等方式让学生体验，形成雨巷的悠长、丁香的芬芳等表象，学生以此为基础，展开想象和联想，很好地品悟了诗的情感，写出了许多好的仿句。

数学组高俊兰老师在《二项式系数的性质》一课中，让学生以观察等方式体验，形成杨辉三角的表象，在此基础上，以猜想的方式，积极探索了二项式系数的多种性质。

2. 表象是丰富情感、形成态度及价值观的前提

我们看到，许多课，学生发自内心的鼓掌、欢呼，往往都是其他同学运用体验而得的表象很好地解决了学科问题，与自己产生共鸣所致。例如，化学组许阳老师上的《燃

料电池》课中，学生运用体验形成可乐电池表象提出新型电池原理时，高三学生兴奋鼓掌；数学肖艳老师上的《直线与平面所成的角》课中，学生运用日常生活中体验形成的表象解决问题时，学生高兴鼓掌。这里也充分说明学生的情感与学科内容之间通过体验有机融合在一起的。

语文组徐术根老师在《荷叶 母亲》一课中，通过诵读等方式让学生体验，形成荷叶护莲、母亲护子的表象，有此前提，整节课同学们充满感情，还有学生热泪盈眶。

心理黄立刚老师在《学会理解他人》一课中，学生在通过听音乐、看视频的体验中，形成人人交往表象，据此换位思考，形成与人交往、理解他人的态度。

外语组杨能明老师在《key to success》一课中，学生通过日常生活经验和读课文等体验，形成唐僧西天取经的表象，学生以此为前提，评价团队结构和团队精神，对学生养成团结向上的价值观有积极作用。

3. 表象是由感性认识到理性认识的桥梁

体育组郭彪老师在《太极拳》一课教学中，充分运用学生活动、视频、音乐等方式让学生体验，形成身心合一的表象，以此为桥梁，学生初步实现由感性认识到理性认识的过渡，达到动作、呼吸与意念的统一。

在校内公开课中，涉及从现象到本质的课，几乎都是依靠由体验形成表象，实现由感性认识到理性认识的过渡。

基于以上对我们自己教学实践的认识，我们可以形成这样的观点：表象是人和外界的联系，是人由感性认识到理性认识的桥梁，是将基本现象、基本概念、基本规律、基本方法及其相应的情感态度价值观等与学生本身有机联系起来的纽带，深度体验的内涵标志就是通过体验形成较为清晰的表象。也即是，通过体验形成较为清晰的表象，就算是有了深度体验。

二、为什么说关联体验能够将体验引向深度体验

（一）对关联体验的认识

关联是指事物相互之间发生牵连和影响。关联体验是指不仅要体验到事物，还要体验到事物之间的关联。例如，事物的现象和本质（概念、规律）之间有关联，我们不仅要体验到事物及现象，还要体验到现象与本质之间的关联；又例如，问题和解决问题的方法之间有关联，我们不仅要体验到问题，还要体验到问题与方法之间的关联。怎样实现关联呢？我们还是从体验的载体——核心问题入手进行分析。

学校对核心问题有这样的定义：核心问题指能激发和推进学生主动活动、能整合现行教材中的重点内容、能与学生生活实际和思维水平密切相关联、能贯穿整节课的问题或者任务。

学校对核心问题的表达有这样的要求：完整核心问题的表达形式有两大部分，需要学生解决的客观问题和针对问题解决过程的反思问题，这两部分中都包含学生的活动方式。

例如，"观察实验　追究原因　梳理知识"，前半节"观察实验　追究原因"中，产

生这个实验现象的原因是什么,就是要学生解决的客观问题,观察与追究就是学生的活动方式;后半节"梳理知识"中,相关的知识结构是怎样的,是针对问题解决过程的反思问题,梳理是学生活动方式。

"将给定的表头改为3V电压表,总结改表思路",前半节"将给定的表头改为3V电压表",就是要学生解决的客观问题,动手操作就是学生活动方式;后半节"总结改表思路",就是针对问题解决过程的反思问题,总结是活动方式。

从上面核心问题的定义和表达要求,完成核心问题的过程就是学生体验的过程,同时,更为重要的是,核心问题前后两个半节本身就是相互关联的,就是用来达成结果性与体验性(尤其是关联体验)目标的,因此学生完成核心问题的过程就在进行关联体验的过程。

(二)关联体验能够引起更有效的感觉

如前所述,只要有心理性、身体性参与,就有了体验,就会引起感觉,就达到经历层次。但我们知道,不同的人,经历相同的体验,感觉的差异非常大。而对同样的人,要求不同,经历相同的体验,感觉的差异同样非常大。例如,看到变压器的器材,不懂物理的人,可能感觉到的是器材的颜色、形状,懂物理的人但没有说是变压器,他可能感觉到的是器材的电阻、密度,懂物理的人但给他说是与变压器有关的器材,他可能感觉到的就应该是线圈和铁芯。

感觉是人和外部世界的联系,其重要性是不言而喻的。怎么让学生在体验中引起的感觉更有效、更符合我们的期望,就是要在学生体验时给予引导,核心问题中的前后关联就是引导。例如,学生在观察、模仿太极拳时,通过听音乐,对动作、呼吸、意念的节奏引起良好的感觉。

由我们的教学实践,我们明确,关联体验能够引起更有效的感觉,这为深度体验打下坚实基础。

(三)关联体验能够使学生形成更清晰的表象

我们的教学实践表明,表象的产生受体验的制约。核心问题设置越恰当,越能够调到学生自主活动,就越能够使学生通过关联体验形成更加清晰的表象。

外语组杨能明老师在《key to success》一课中,设置的核心问题是:读课文,评价唐僧西天取经团队。唐僧西天取经的故事人人都熟悉,学生具有相应的显性知识和缄默知识,再加上评价唐僧西天取经团队的引导,学生在读课文的过程就是关联体验过程,通过这样的关联体验,一幅鲜活清晰的唐僧西天取经团队表象就形成了。

体育组郭彪老师在《太极拳》一课教学中,设置的核心问题是"观察、模仿太极拳,做到动作、呼吸、意念协调"。学生平时耳濡目染,有一些太极拳的缄默知识,课堂上,老师身着太极服,充分营造氛围,学生看、听、动的过程就是关联体验的过程,通过如此的关联体验,学生有机有效的形成了清晰太极拳身心合一的表象。

综上所述,设置恰当的核心问题就能够促进学生的关联体验,学生通过关联体验能够引起更有效的感觉,能够形成更加清晰的表象,由于清晰的表象是深度体验的内涵标志，由此，我们说，关联体验能够将体验引向深度体验。

参 考 文 献

[1] 成都市第十二中学《核心问题教学中学生深度体验实践研究》开题报告陈明英，2011，9

[2] 李达. 辩证唯物主义大纲. 北京：人民出版社，1978，6

[3] 宋丽波. 表象的心理学研究. 北京：北京科学技术出版社，2006，5

[4] （美）安东尼奥著，杨绍刚译. 感受发生的一切. 北京：教育科学出版社，2007，9

[5] 朱慕菊. 走进新课程. 北京：北京师范大学出版社，2002，4

阅读教学中实现学生深度体验：语文教师能做什么

王 曦

〖摘 解〗 阅读教学中实现学生深度体验：语文教师能做什么？本文从率先获得体验和直觉、给学生涵泳的氛围、提出有思考价值的问题、适度补充把思考引向深入四个方面论述了这个问题。

〖关键词〗 阅读教学；深度体验；教师行为

优秀的文学作品是人类宝贵的精神财富，饱含着作家真善美情思，闪烁着人类的智慧，充溢着人类生命的律动。语文课通过阅读教学，引发学生兴趣，启发学生进入状态，发挥想象力，挖掘灵性与悟性，培养语言能力和语文素养，在潜移默化中塑造他们的灵魂，丰满他们的血肉。《语文课程标准》中指出："阅读是搜集处理信息、认识世界、发展思维、获得审美体验的重要途径。"如何处理信息、发展学生的思维，并使之获得审美体验是阅读教学的重点。

体验是在对事物真切感受的基础上对事物产生情感并生成意义的活动。在阅读教学活动中体验不只是一种阅读经历，更主要的是学生以文本为中介，引发对课文中蕴含的思想情感的体味或是对自己生活经历的反思，从而获得对文本内涵及自我人生的一种感受和领悟，它是对文本中渗透的生命意义的一种把握。新课标非常注重体验，将"尊重学生在学习过程中的独特体验"作为新课标的基本理念之一，将"具有独立阅读的能力，注重情感体验"作为新课标的总目标之一，将"珍视独特的感受、体验和理解"作为新课标的实施建议之一。

语文课要实现学生的深度体验，教师能做什么呢？

一、做深入"敌后"的侦察兵：率先获得体验和直觉

我们要想在课堂上使学生有深度体验，一切形式还在其次，最紧要的是教师自己在阅读文本之初，就应脱离一切参考资料，获得自然的阅读体验和真实的审美直觉。教师的体验和直觉直接决定了他对文本教学价值的判断，教师解读的结果，直接决定了他对教学内容的取舍。

而现实的情况却是，有一些教师在文本解读之初，不是独立地进入文本去进行解读，而是参考教参或者四处查阅相关资料，以他人之解替代自我之读，从而将文本解读彻底带入了一种类似于"无我"的境地。没有自我的体验和直觉，我们用什么来讲出文本的温度？因此不借助任何参考资料，独立地走"进"文本，精细化、深刻化、个性化地去解读文本，

读懂文本，读"出"文本的内涵，这是语文教师最主要的一项工作，也是一种专属语文教师的最重要的能力。这种能力被称之为"裸读能力"，它是衡量一个语文教师专业水准、学科功底的核心手段。

当然，笔者并不否认我们需要广泛地查阅资料，那是在自我解读之后的强大补充。笔者坚持认为并强调：在学生体验之前，教师应该是文本的率先体验者，应珍视自己初读文本时自然的阅读体验和真实的审美直觉。它们可以帮助我们发现独特的问题，抓住文本的关键，挠得到文本的"痒处"，形成全新的教学设计。

例如《琵琶行》，笔者至今记得十多年前自己还是学生的时候初读此文，最感慨的是"为君翻作琵琶行"，他竟然对一个地位卑微、年长色衰的乐妓如此尊重地称呼"君"，很是令人感动。带着这份感动，笔者细细品味诗人的生平，设计出了以"知人"为核心的第一堂课。备课时再读此文，对歌女"感我此言良久立"中的"良久立"生发出无尽想象，又以此细节铺展开来，设计了理解本诗相知之情的第二堂课。

又例如准备《寡人之于国也》时我发现，"王如知此，则无望民之多于邻国也"这个句子，课本将其中的"无"注为"不要"，其他再无说明，这样一来，问题也产生了："不要指望"就是没有希望。梁惠王已经认识到五十步不能笑百步，孟子怎么却说他没有希望使自己国家的百姓多于邻国呢？况且，既然没有希望了，为何下文又对他说那么多"无用之言"呢？转而又想，能不能以此作为课程资源来带动对文本的解读呢？基于这种考虑，让学生结合课本注释，思考两个问题：你觉得文中孟子说的"王如知此，则无望民之多于邻国也"是不是在批评梁惠王呢？全句应该怎样翻译呢？结果"四两拨千斤"，这个问题带动了整个文本的内容解析，学生在课堂上的呈现也非常精彩。

初读文本时的"灵光一现"，初读文本时的"一脸茫然"，初读文本时的"深刻印记"，初读文本时的"丰富联想"，往往是文本中极重要的甚至是最重要的奥妙所在，也是教师和学生共鸣的基础。只有教师首先通过自我体验实现自己对文本中渗透的生命意义的把握，才有可能在课堂上实现学生的深度体验。

二、做制造气场的法师：给学生涵泳的氛围

语文能力的综合培育，理解、感觉、体验、察悟，包括语感，主要靠在大量阅读中去逐步习得。"涵泳"，指的是浸润式习得，这是语文阅读教学最佳的境界。曾国藩在《谕纪泽》中把读书时的反复诵读、品味形象地比喻为春雨润花，清水溉稻，鱼入水中，溪流濯足，也就是必须全身心地沉浸在语言环境里去口诵心惟，方能知其意、得其趣、悟其神。

阅读除了获取信息、认识世界，还有一个重要功能，就是发展思维、获得审美体验。阅读是学生的个性化行为，语文教师要珍视学生独特的感受、体验和理解，并且要积极地营造"读书"的场。虽然教无定法，内容、课型等因素都决定了不同的教法，但是营造"涵泳"的氛围对于语文教学和学生深度体验都是不可或缺的。

如何制造气场呢？一是激发学生阅读的兴趣。激发学生兴趣的方式有很多，但终究离不开教师的语言，离不开教师自我体验的展示。优秀的教师用智慧唤醒智慧，才情激发才情，诗意濡染诗意，哲思浸润哲思。二是增加学生阅读时间。让学生在默读与细读中咀英嚼华、涵泳浸润，在感受、体验和想象中得到熏陶，从而提升审美能力。要打破以往教师

讲得太多，而且以教师的分析来代替学生阅读实践的偏向，当然，也要防止用集体讨论代替个人阅读，或远离文本过度发挥。没有默读和细读，没有涵泳也就没有成功的语文课。

例如《我与地坛》，这是史铁生文学作品中，充满哲思又极为人性化的代表作之一，是一篇令人反思的深沉而厚重的文章。地坛只是一个载体，文章的本质是一个绝望的人寻求希望的过程，以及对母亲的思念。驾驭这篇文章，笔者开始是不自信的，但我明确一点：一定要让学生充分体验。于是第一课时，我只做了两件事情，先用舒缓的语调朗读我读此文写下的感想，再请学生细细品读课文，勾画有感触的语句，将感想写在旁边。这一堂课前所未有地安静，我仿佛能听到文字流入孩子们心间的声音。安静中、默默涵泳中，我看到好些孩子默默地流泪了……

语文教学的效果好不好，不只是看课内或考试，很大程度上要看课外，看是否培养了学生的阅读的兴趣与习惯。语文教学要把阅读作为一种基本的生活方式来培养。保持对阅读的持久热爱可以提高素养，使人得到充实、宁静。一个人成年后不管从事什么工作，无论贫穷富贵，如果没有读书的习惯，甚至基本上不怎么读书，就很难实现终身教育，也很难提升素养。培养阅读习惯是为学生的一生打底子。

"涵泳"让学生获得阅读体验、审美直觉，也让学生获得情感熏陶、理性思考，进而获得审美鉴赏能力和终身阅读的习惯。

三、做指向月亮的手指：提出有思考价值的问题

一堂课中的提问包括：群体无意识的提问、确定性问题、非确定性问题。前两者降低了课堂的效率。非确定性问题即开放性问题的质量决定了教学的效果。教师能否有效地完成教学任务，有效地引导并推进学生对课文内容进行深入的认识和思考，并产生富有个性化体验的见解，这都与教师提出的非确定性问题的质量密切相关。因此，课堂上教师的价值在于提出有思考价值的问题。

事实证明，有时把教学流程设计得很精致，很细腻，招招式式都追求一个"讲究"，留给学生的空间就太逼仄，太狭窄。全国名师董一菲老师所言极好："好的语文课应该像好的文章那样：行云流水。""行于当其应行处，止于当其应止处。""走进一节好的语文课，如同走进一座空山，是一个空灵廓落的世界，是灵气往来的空间。因此，一节课也不宜设计太多的问题，唯有貌似轻松洒脱的曲问，才会举重若轻，乃至四两拨千斤，唯有这时课堂才会有最靓丽的生成。"

例如为了讲好《老人与海》中桑迪亚哥的英雄形象，笔者向名师学习设计了"中西式英雄对比"的环节，提示学生从外貌、身份、武器、身体状况、生活环境、对手、心理、衬托的人物、悲剧感等方面对中国式英雄和桑迪亚哥进行比较。学生兴趣高涨，根本不用老师提示，自己抢着解读文本、寻找信息，争相阐发自己的意见。课堂热烈，却丝毫不缺乏思想的含金量。学生在对比中，对文本本身和更广阔的思想层面有了深入体验，从而有了深刻的理解。

语文教师要用具有思考价值、思考空间的提问来"四两拨千斤"。当然好的问题是基于学生体验，并能把学生对文本的体验和其在社会生活、情感、联想想象方面的体验关联起来的问题。解答有价值的问题又进一步加深了学生体验。

四、做不断前进的助力：适度补充把思考引向深入

当学生思考不能深入的时候，教师可以通过补充资料，给学生思考的动力，打开思路，进行批判性认识。

例如笔者在《长恨歌》主题讨论这个环节中便起到这样的作用。学生自主探讨后已经能提出"爱情说"、"讽喻说"、"两者皆有说"等结论，完全涵盖专家们的观点。但学生分析的深度和广度是有限的。笔者适当地补充了一些文字资料，把他们的思考引入更深的甚至是学术的层面。当他们带着新的认识再次体验诗歌时，已经有了更高层次的鉴赏体会。

由于受知识积累、生活阅历、心理条件等因素的限制，中学生的思维常缺乏一定的广度和深度。教师要相机诱导，使他们的思维向纵深发展和多向发展。但特别要注意的一点是补充要恰当，不能够成为脱离文本推测结论的工具。

阅读教学需要有学生的深度体验，学生的体验是否深入，需要老师首先有深入的体验，再有恰当的引导。就让我们做率先深入的侦察兵，做制造气场的法师，做指向月亮的手指，做学生思考的助力！

"不到园中怎知春色如许"，杜丽娘的这句话，不正好是我们阅读教学中师生深度体验的写照吗？

运用核心问题教学　发展基本活动经验

谢发超

一、问题的提出

"基本活动经验"是 2005 年基础教育课程改革反思研究以来出现的新名词。《国家数学课程标准》修订组组长、东北师范大学校长史宁中教授在 2006～2007 年数学高级研修班澳门、宁波会上的发言中提到要把数学教学中的"双基"发展为"四基",即基本知识、基本技能、基本思想和基本活动经验。义务教育阶段数学新课程标准(修订稿)中也把培养学生的"双基"转向"四基",提出数学教学的总体目标是让学生获得适应社会生活和进一步发展所必需的数学基础知识、基本技能、基本思想以及基本活动经验.因而,在数学教学中要发展学生的基本活动经验已经成为共识。

然而,在实际教学中如何发展学生的基本活动经验,还需要做进一步的研究。张天孝老师曾经指出了累积数学活动经验的三种途径:在做数学中体验数学、感悟数学;设计一个好的教学活动;注意适时适当地把感性经验向理性经验提升,处理好过程和结果的关系。重庆师范大学的仲秀英教授基于学生获得数学活动经验的过程模式及影响因素、戴尔和布鲁纳的经验学习理论以及名师授课案例等三个角度,提出了促进学生获得数学活动经验的若干教学策略,包含动机激发策略、经验生成策略、经验系统化策略、经验优化策略等。盐城师范学院的段志贵老师则明确提出,"教学活动应当把起点立足在学生已有的认识或体会上",要"帮助学生加深对教学内容或现实世界中的问题的理解,在问题解决的活动过程中积累经验。"

以上种种研究表明,"问题"和"活动"是促进学生深度体验、累积和建构基本活动经验的两个必不可少的要素。然而,在实际课堂中,却因充斥大量无效问题而使学生活动经常处于不自主的低下状态,问题问得太随意、太频繁、太脱离学生生活实际;问题不是为调动学生的活动提出,而是为配合教师的讲解、或者为知识学习后的巩固而提出……其结果,学生的思维活动被问题割裂、被问题控制,学生不能形成较为自主的、伴随着丰富体验的学习活动,严重地影响着学生基本活动经验的发展。在这样的背景下,我们进行了运用核心问题教学来发展学生基本活动经验的尝试。

二、核心问题教学的基本含义

所谓核心问题教学,就是在一节课中,在学习新知识之前,就以一个核心问题调动学生活动,先由学生运用已有基本活动经验独立或合作地解决核心问题,然后师生共同对问题解决的主观过程进行反思、归纳、提升活动中的体验与感悟,进而累积和构建新的基本活动经验,最后在具体问题中运用反馈,在运用中顺应、同化自己的认知结构而达到内化发展的目的。

核心问题教学由教学环节、教师活动、学生活动三要素及其有机联系形成结构，如表 1 所示。

表 1 核心问题教学结构图

教学环节	教师活动	学生活动
问题（提出问题）	营造情景　出示问题	进入情境　领会问题
活动（问题解决）	引导定向　适当协助	独立操作　交流合作
提升（归纳提升）	诱导反思　提升讲解	反思归纳　理解接受
运用（运用反馈）	检验评价　反馈改进	尝试运用　修正内化

根据教学结构图，也可以将其简化表达为"问题·活动·提升·运用"八个字。以下将具体阐述其操作方式。

三、运用核心问题教学，发展基本活动经验

（一）立足基本活动经验，提出核心问题

所谓核心问题，是指能激发和推进学生主动活动、能整合现行教学中应该学习的重点内容和关键内容、能与学生生活实际和思维水平密切相关联、能贯穿整节课的客观问题或客观任务。数学基本活动经验的"主体性"、"实践性"、"内隐性"特征，决定了只有立足于学生已有基本活动经验基础上的核心问题，才可能较好的激发和调动学生。因此在教学中首先要分析教材和学生，从教材角度理清教学内容脉络，从学生角度理清学生已有相关基本活动经验，在此基础上营造问题情境，包含学生已有的生活经验情境、数学现实情境，以及运用多媒体手段呈现的能够数学化的情境等等。当情境的营造促成了学生数学活动的外部动机向内在动机转化时，教师再给出本节课的核心问题。这样就能充分调动学生的"原初经验"，促进学生进入自主、有效的数学活动和体验之中。

例如，高中数学《数列的极限》一课，我们在课前进行了小调查，请学生用一两句话，说明自己头脑中的极限. 学生说："极限就是无限"，"极限就是最高境界"，"极限就是很大很大或很小很小"，"有无限多个数就是极限"……这些认识虽然十分模糊但它激活了学生有关的旧经验，为学生课堂中的自主活动打下了良好的基础，同时通过调查使我们认识到，要学生正确地建立极限的概念，一定要在分割与逼近的形象关系上下工夫，要在有限与无限的辩证关系的认识上下工夫。于是，教学中我们朗读了学生的上述认识，展示了生活中丰富多彩的有关"极限"的图片来营造问题情境，在此基础上提出核心问题："画图表示分割逼近过程，归纳数列极限概念"，并以此来调动学生活动。

（二）运用基本活动经验，解决核心问题

在本环节，学生按照核心问题的要求，从两方面进行问题解决活动：一是运用已有的基本活动经验，独立进行问题解决，包含问题解决途径的选择、问题解决方案的制定、问题解决进程的调控、问题解决达成度的认定等；二是通过展示、交流、讨论、质疑等活动，围绕同一问题解决相互沟通、借鉴与合作。教师则对学生活动进行适当协助，必要时搭建脚手架，同时注意以新因素为生长点，运用评价、追问、拓展等手段，将学生活动和学生思维导向深入。

例如，初中数学《摸到红球的概率》一课，我们利用视频营造问题情境，提出了核心问题："进行摸球实验，归纳摸到红球的可能性"，并利用学案给出具体问题：一个不透明盒子里装有除颜色外完全相同的三个红球，一个白球，则"摸到红球"发生的可能性是多少？由于通过上一节课掷硬币事件的学习，学生已经具有了解决核心问题所必需的基本活动经验，因而在理解了这一核心问题后，能较快确立问题解决途径，分四人一组进行摸球试验，一人摇球，一人摸球，一人记录，一人公证。教师巡视参与各组试验，同时指导各组填写试验记录，如表2所示。

表 2

实验次数	摸球次数（m）	"摸到红球"次数（n）	"摸到红球"频率（$\frac{n}{m}$）

然后每组组长现场将本组数据汇集记录在表 3 中，教师利用电子表格软件所提供的统计功能，生成频率折线统计图，如图1所示。

表 3

组别	1组	2组	3组	4组	5组	6组	7组	8组	9组	10组	11组	12组	13组	14组	15组
各小组摸到红球的次数															
摸到红球的累计频数															
实验累积次数	20	40	60	80	100	120	140	160	180	200	220	240	260	280	300
摸到红球的频率															

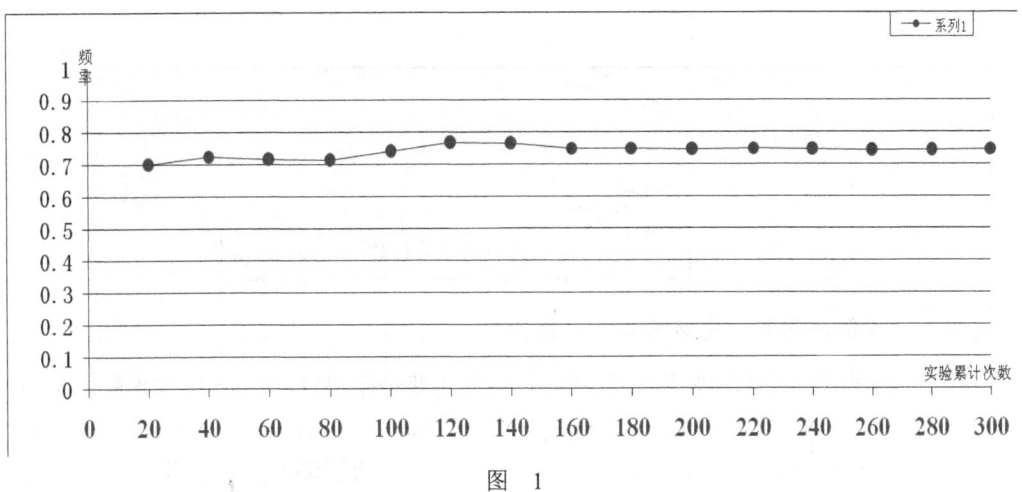

图 1

至此，学生根据折线图的变化趋势，得出摸到红球的可能性是3/4，得到核心问题的解决。

（三）反思活动过程，提升基本活动经验

通过核心问题的解决过程，学生经历了多样化的数学活动情境，积累了丰富的数学活动经验，但是这些经历和经验是和具体的情境、实物、感觉相联系的，其间还未能形成关联。因此需要对问题解决过程中的体验与感悟进行有目的的归纳与提升，使之成为学生思维能够加工的有相互关联的对象和符号，这样学生才能借助这些对象和符号在不同的具体情境下交流和应用。其操作方法是学生对上一程序中用文字记录的问题解决过程进行有目的的反思，将自己的体验感悟进行理性的归纳提升。然后教师在这些学生鲜活语言的基础上作进一步的提升和讲解，形成本节课应该提升的活动经验（也包含数学知识或数学方法）。学生在经历与同伴、老师共同解决问题的过程中，在经历由问题解决到形成知识或方法的过程中，增进对基本活动经验的理解，提升基本活动经验。"此时的数学活动经验就已经进入概念化经验阶段。"

例如，在《摸到红球的概率》的教学中，学生通过动手实验解决了学案上的问题。但是要确定较简单的不确定事件发生可能性的大小，不可能总是通过大量重复试验来得到。若能反思活动过程，引导学生将具体现象上升为抽象的概念，则能更好地理解和掌握。因此引导学生思考以下问题：

问题1：在刚才的摸球活动中，如果将每个球都编上号码，分别记为1号球（红）、2号球（红）、3号球（红）、4号球（白），那么摸到每个球的可能性一样吗？

问题2：任意摸出一球，你能说出所有可能出现的结果吗？

问题3：摸到红球的可能性是多少？你是怎样得出的？

通过上述问题，逐步引导学生用分数的形式来刻画事件发生的概率：

一般的，在一次试验中，所有可能出现（前提是等可能的）的结果总数为 m，其中，事件 A 可能出现的结果数为 n，那么事件 A 发生的概率可表示为

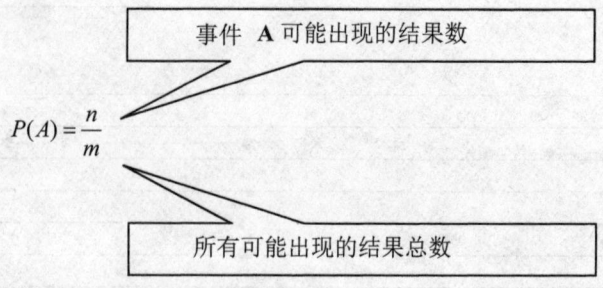

（四）运用解决问题，发展基本活动经验

通过反思提升，学生已经将原来内隐的基本活动经验显性化，但学生要在本质相似的数学问题情境中能熟练的选择经验模式促成问题解决，还需要一个修正内化的过程，因而教学中还要给出新的问题情境让学生尝试解决，使得活动和经验能相互促进，而教师也可以由此检验与评价教学效果，获得反馈与改进。

例如，在前述《数列的极限》的教学中，课堂上学生联想到了数学和其他各个学科中所涉及的、为着各式各样目的而进行的分割与逼近的实例。在此基础上，学生能够用语言表达自己画图中体会到的数列极限，并经过师生的反思归纳，得出数列极限的准确定义。而当学生独立动手动脑通过画图表示分割与逼近的过程时，当学生交流分享各自进行分割与逼近活动的结果时，当学生从具体的分割与逼近图示中归纳数列极限的概念时，学生就已经体会到分割与逼近的关系了，就已经在感受数列极限定义中的"无限增大"和"无限趋近"了，就已经在理解有限与无限的辩证关系了。这样就形成了"分割与逼近"、"有限与无限"的数学基本活动经验。接着教师布置了反馈性练习：求曲线 $y=x^2$ 和直线 $x=1$，$x=2$ 以及 x 轴所围曲边梯形的面积，试图希望学生在新的数学情境中利用刚刚形成的数学活动经验进行问题解决。从课后统计的情况看，约 75.7% 的学生能重复分割、求和、求极限的过程，说明基本上能利用反思提升所形成的基本活动经验。课后与学生做了深层次的交流，他们也认为：通过画图体会分割逼近的过程，明白了知识的产生过程，认识到了"分割与逼近"、"有限与无限"的数学基本活动经验，更体会了研究问题的方法，提高了对自己的学习行为进行自我分析和自我反思的能力。

总之，数学基本活动经验与数学基础知识、基本技能、基本思想既是数学学习活动的核心内容与主要目标，也是学生数学素养最为重要的组成部分。利用核心问题教学，能较好地促进学生在体验中的学习，在问题解决的过程中累积和发展学生的基本活动经验，这些经过概念化和形式化的基本活动经验因融入学生心灵深处而获得生命的活力，加深了学生对数学本质的理解，而这正是数学教育工作者孜孜不倦的追求。

参 考 文 献

[1] 巩子坤等. 2006～2007数学教育高级研讨班纪要. 数学教育学报，2007（3）：99～102
[2] 全日制义务教育数学课程标准（修改稿）. 北京：人民教育出版社，2007：8
[3] 张天孝. 关注数学基本活动经验. 小学教学. 数学版，2009（3）：8
[4] 仲秀英. 学生数学活动经验研究. 重庆：西南大学，2008：110，137～160

[5] 段志贵．把发展学生基本活动经验贯穿于教学中．数学通讯，2008（21）：4
[6] 陈明英等．基于缄默知识的核心问题教学模式实践研究．成都市第十二中学，2009：1，2
[7] 周光岑等．课堂教学中"核心问题"的特征．教育科学论坛，2008（1）：13
[8] 李长会，吴立宝．数学基本活动经验的特征分析．数学教学通讯，2009（8）：3
[9] 王新民等．数学"四基"中"基本活动经验"的认识与思考．数学教育学报，2008（3）：20

关联理论在高中英语词汇教学中的重要作用

邹宇瑶

词汇是语言的基础要素,是语言表达意义的主要承担者,而词义在语言的储存和检索并在语言的理解和再产生方面都起着关键作用。一个人的语言修养和交际能力取决于很多方面,其中词汇就是一个非常重要的环节。本文从认知角度,运用关联理论,分析语境的概念及语境在词汇教学中的作用。

一、关联理论的基本概念

Dan Sperber 和 Deirdre Wilson 的关联理论是在 H. P. Grice 的交际理论与会话含义理论的基础上发展起来的。他们认为,语言交际是一个认知过程,交际双方之所以能够配合默契,是因为有一个最佳的认知模式,即"关联"。关联由两个因素决定:语境效果和心智努力。它将关注的核心投到人类交际与话语理解方面。因为自然语言中的每个话语都可以有多种理解,要正确地理解自然语言就必须通过语境来寻找信息的关联,然后根据话语和语境的关联进行推理。人类认知活动的目标就是在认知过程中力图以最小的心智努力获得最大的语境效果,为了达到这个目标,人们必须把注意力集中于最为"关联"的信息,以获取信息和语境的最佳关联,即听者在理解话语时用最小的认知努力获得足够的语境效果,并以交际为取向。

关联理论认为语境是一个在互动过程中为了正确理解话语而存在于人们大脑中的一系列假设,而最佳的语境效果是由明示——推理模式提供的。明示,即说话人明白无误地表达出自己的意图;推理,即听话人从说话人提供的信息中推断出说话人暗含的意图。其中,听话人的推理是理解话语的核心,而关联则是听话人推理的基础。对话语进行推理就是在话语与语境假设之间寻求一种关联,关联选取得当就会获得足够的语境效果,有了语境效果,就能正确理解话语,使交际获得成功。Sperber 和 Wilson 认为关联是命题与语境之间的关系,语用推理要考虑语境,才能得出具有关联性的逻辑结论。由于关联性只是根据语境效果、心理投入或认知努力这两个因素去衡量,没有给出一个可以明确度量的、容易操作或计算的标准,故在词汇教学中要努力探索它的实用价值。

二、关联理论与语境和词汇

(一)关联理论对语境的阐释

关联理论认为,在语言交际中,听话者对话语理解主要是通过构成听话人认知环境的系列假设,而不是具体的情景因素。因此,语境不限于现实环境中的情景或话语本身的语境,言语交际中的语境不是双方事先知道的,也不是固定不变的,而是一个变量。

关联理论的提出者认为，语境在理解过程中产生的是一个心理构体（psychological construct），是听话者对整个世界认知的一组假设，而非客观世界本身制约着听话者对话语的理解。因此，语境不仅限于上下文，还包括对未来的期待、科学猜想、宗教信仰、记忆和文化知识等，这些都会影响听者对话语的理解。由此可见，语境是一个心理的产物。心理表现的语境内容包括语言和非语言两个方面，其中认知语境对语义影响最大，对语义理解起制约作用，因为认知主体所感知的内容有待于心理表征在具体语境中触发、激发相关的心理表征，使大脑借助思维，产生关于语言的心理期待，并借助于百科知识对心理期待加以选择、解释、修正。

（二）语境对词义的阐释

语境具有释义与制约两大功能。释义功能指语境可用于解释传统语义学无法解释的语言意义，制约功能指语境对交际双方在语言发挥活动中所表达的意义的制约作用。这两大功能相互作用，影响发话者对词汇的选择，也限制听话人对词语的理解。具体地说，借助语境，交际双方可以澄清歧义与含混，明确所指，从而实现交际目的。

三、关联理论分析语境对词汇教学的作用

关联理论认为，语境是在交际过程中互明的认知语境，即语言使用者大脑里所有关于世界的假设以及认知推理能力。它是系统化了的语用知识，包括语言使用涉及的情景知识、语言上下文知识和背景知识，也包括社会表征。因此在具体场合不明确的情况下，语言使用者可以自觉或不自觉地运用知识进行推导，而这种知识推导所依赖的主要是认知语境。认知语境不是预设的，而是语言使用者在理解过程中不断选择的结果。它最显著的特点就是动态性，标志着意义研究从静态转向动态，是在理解或推理的过程中逐步获得或激活的知识。认知语境观揭示了语义推理的认知心理理据和心理状态，对意义的理解过程是一个"认知—推理"的动态过程。具体的操作过程是先运用语法及词汇知识解读句子作为语码的字面意义，然后力求以最小的努力，结合语境信息，对句子的深层含义进行推理和补足，最后使理解符合自己所期待的关联为止。

（一）利用认知语境使词意具体化

英语词汇大部分是多义词，在学习中能把所学的大量单词与其单一的义项联系起来已经是很困难的事了，更何况记忆单词其他的义项了。即使记住了单词的众多义项，要灵活地运用这些单词也并非易事。教师可以借助认知语境来帮助学生理解、记忆和运用所学单词，从而达到事半功倍的效果。Michael Wallace（1984）曾指出："Words generally do not have one meaning."也就是说，英语存在着许多一词多义的现象。那么，人们遇到这种现象时，为什么一般不会引起误解呢？这就是上下文的关联在起作用。多义词的具体意义只能靠具体的语境才能确定。例如，形容词"sound"有很多意思，只有根据该词所在的具体语境，我们才能确定它的词义。

——*The house was surprisingly sound, though it was more than two hundered years old.* 这座房子虽然有两百多年的历史了，可依然非常坚固。

——I believe that it is *sound for* boys and girls to have basically the same educational.　我认为，男孩和女孩接受同等的教育非常有益。

——*Fortunately, my wife was safe and sound after her ordeal1*
很幸运，我的妻子能够劫后逃生。

根据具体的语境，我们可以知道，"sound"的词义按顺序分别为"坚固的"、"健全的"、"可靠的"、"彻底的"、"正确的"、"完好的"。当然"sound"还有其他词义。英语词汇中一词多义的现象非常普遍，我们要让学生养成通过上下文熟悉和掌握词义的良好习惯。

（二）利用认知语境揭示词意的内涵意义

词汇的内涵意义指的是一个单词或词组在人们的头脑中引起的情感联想，它是附在外延意义上的意义。词汇的内涵意义常随语境的变化而变化。离开具体的上下文，就很难把握词汇的内涵意义。例如，amaze和astound 这两个词的外延意义相同，表示"使惊讶"的意思，但在内涵意义上有细微差别。前者指"难以相信"，而后者指难以相信的程度更高。

——*A teacher was amazed to find that a lazy student had gained a mark of 100 in an important test.*

——*A woman may be astounded to learn that her dearest friend has been spreading malicious gossip about her.*

（三）利用认知语境帮助学生提高猜词悟意能力

在英语学习过程中，学生会遇到许多不认识的单词，他们通常的做法是立即翻阅词典，查找词义。当我们了解语境在词汇教学中的作用后，我们不难得出这样的结论：查词典的做法是不科学的，因为它不但费时费力，而且又影响阅读速度。事实上，阅读材料中的每个单位词都与它前后的词语或句子甚至段落有着相互制约的关系。因此，教师应该帮助学生利用语境推测、判断生词的词义。

The village had most of t he usual amenities: a pub, a library, a post office, a village hall, a medical center, and a school.

英语词汇中的上义词和下义词常常可以相互解释和定义，就形成了一条重要的上下文线索。这里通过上下文我们知道amenity 与后面列举的词是上下义关系，所以可推断amenity 的意思是"（城市的）生活福利设施"。

Many United Nations employees are polyglots. Ms. Mary, for example, speaks five languages.

英语中举例也是重要的上下文线索。这里通过for example 后面的举例说明可推断的polyglot 意思是"使用多种语言的人"。

四、结语

关联理论阐释了如何在语义理解中根据认知原则和交际原则利用交际双方已有概念

系统、言语符号显性意义和隐性意义等相关因素，获得最佳语境效果，同时也为推理提供了解释模式，认知语境则提供了语义推理的语言依据，它使词义的理解更具体、更准确。由于词汇的习得应在语境中获得，因此教师应尽量在语境中教授，培养学生在实际运用中学习词汇的能力，引导他们学会运用上下文的关联来推测词义的方法。

参 考 文 献

[1] Sperber，D. & D. Wilson. 1986. *Relevance：Communication and Cognition.* Oxford：Blackwell Publishers Ltd

[2] Wilson，D. 1999. "Relevance and relevance theory". In R. Wilson & F. Keil（eds.）. *MI T Encyclopedia of the Cognitive Sciences.* Cambridge，MA：MIT Press

基于核心问题的课文梳理浅谈

雷 声

文章梳理是语文教学的重要环节。从认知的角度,它应该包括对文章的感知了解、从整体到局部的理解分析等能力层次;从教学内容上,它应该包含篇章段落的安排、线索结构的处理、内容语句的组织及分析等内容;同时,它也是进一步探究、鉴赏的基础。梳理文章不能逐段概括讲解,这已是共识,那么,更好的操作方法是什么呢?

一、引子

大家都读过《庖丁解牛》,庖丁解牛有三个阶段。第一是见全牛,第二是不见全牛见骨架,第三是不见牛,仅凭精神活动而解牛。如果把文章看做一只牛,把梳理文章比喻为解牛,我们该属于哪一个层次呢?(庖丁解牛二十年,有三个阶段,笔再在前面加了一个阶段,对应我们教学的层次。)如表1所示。

表 1

层次	庖丁解牛阶段	教师教学方法
一	见牛的皮毛和肌肉(笔者加)	看到篇章段落,逐段概括逐句分析。
二	始臣之解牛时,无非全牛	看到全文篇章,囫囵吞枣,概括总结
三	三年之后,未尝见全牛也	看到文章筋骨脉络,以此梳理全文
四	以神遇而不以目视,官知止而神欲行	触发顿悟(达不到)

第一个层次是按部就班,逐一而终,一段接一段的串讲,显然已被淘汰。第二个层次是注重整体把握,但太笼统,不能平衡全篇把握与局部分析的关系。第三个层次就是笔者现在论及的做法。第四个层次,玄妙高超,以待后者。

二、从学术理论到个人实践理论

我们要论述的就是第三个境界,如何从文章筋骨脉络的角度来梳理文本。庖丁解牛靠的是经验和解牛刀,而教师梳理文本,靠的是学识和核心问题组。这个问题组就是基于核心问题而预设的问题组。

"核心问题",指能激发和推进学生主动活动、能整合现行教材中应该学习的重点内容、能与学生生活实际和思维水平密切相关联的、能贯穿整节课的问题或者任务[1]。

在这个定义中,核心问题是一种问题或者任务,它所具备的特征中有一个至关重要,那就是能贯穿整节课。基于核心问题的问题组就是在这统一目标之下给核心问题(任务)

解决搭设的扶手架，它可以构成课堂教学的环节。问题组应该具有如下特征：

①问题组围绕核心问题而设置，目标集中，纲举目张。

②问题由3～5个构成，符合思维的层递行，由浅及深、环环相扣。

③问题为激发思维推动活动而设置，促思激疑。

问题组的设置，最关键的就是找出文章的筋骨脉络，设计成问题，就能把"一头牛"，一篇文章简单直接地"依乎天理"地肢解开来，以此发现重点，进入探究。让我们从整体的感知与把握直接地进入局部的重点分析，进而为探究鉴赏做好铺垫。

文章的脉络骨架往往从两个角度去探查，一为文体，形式结构；二为主旨，内在风骨。问题的价值不在于正确答案的获得，而在于引起学生的思考和这一探究的过程。学习的过程比获得的答案更有意义。

例如，我们在教学《武陵春·封住尘香花已尽》时，可以通过四个问题梳理全篇，带动文章的赏析，而这四个问题构成了一个以"理解作者内蕴情感的变化"为核心任务（问题）的问题组，如表2所示。

表 2

提问	一、全文的文眼是什么？	二、"愁"的原因是什么？	三、"愁"的表现是什么？	四、"愁"的解除方式是什么？
答案	愁	风住尘香花已尽（外因）物是人非事事休（内因）	日晚倦梳头 欲语泪先流	泛舟赏春消愁（计划失败）

这样的问题设计就让学生对本词的情感主旨和主要内容有了非常清晰明确的感知和把握，有了这样的基础，再来进行更高层次的语句赏析就显得水到渠成了。

三、实践与运用

那么要改变我们现有的课堂现状，依托问题的功能，我们在预设核心问题组时应该注意哪些方面呢，如表3所示。

表 3

课堂现状	问题功能	达到效果	具体做法
目标过多 浮光掠影	问题的目标聚焦功能	简化目标	选取文章的教学重点，以问题来导向和取舍
环节平列 思维单一	问题的环节组织功能	架构环节	一个核心问题（任务）之下，以3～5个问题构建问题组，由浅及深、环环相扣、构成整体
理解不深 情感欠缺	问题的思维激发功能	激发思维	提问有思维性、开放性。注重问题在情境中生成及引导

需要特别注意的是：

（一）问题的目标聚焦功能

聚焦功能最大的体现在于教学目标的聚焦。问题是一种情境，是当前状态向目标状态的转化与操作。问题的预设或生成就决定了要想达到的目标状态的指向。对应于教学中，就是教学目标的选择。问题的功能就在于能够通过提问，选择教学内容，简化教学目标，突出教学重点。一篇文章涉及体裁、语言、结构、内容、情感主旨、背景延伸、能力训练等多个方面，但我们教一篇课文不可能面面俱到，只能根据单元教学的整体安排、课文的特点及学生的实际认知情况进行确立，有所偏重。所以，问题就起到一个删减枝叶聚焦重点的作用。在进行梳理文章的教学中，问题不能太多，以3～5个为宜，其中应该有总摄或核心的问题，聚焦于文章的结构与内容，能够通过解决问题披文见情，披文见理。例如在教学《故都的秋》时，我们设计这样两个问题：（1）故都的秋有什么特点？（2）你从哪些画面中体会到故都秋的特点？这两个问题就可以把全文聚焦到北国的秋，再从北国的秋天聚焦到几个重点的场景。整篇较长的文章就在这两个问题中得到结构的梳理和内容的厘清，这就为下一步的意境鉴赏做好了铺垫。完成了上述教学后，再提出"北国的秋与南国的秋天有什么区别？"，就把刚才删减的首尾段落梳理了。

（二）问题的环节组织功能

课堂是一个活动的思维流，问题可以决定流程，具有环节组织功能。好的问题应该是逐层深入，问题之间有思维的递进关系，环环相扣，解决问题的过程实际就是教师在不断训练和提升学生思维能力的过程。可以看到，问题构成课堂流程，流程影响思维活动发展。梳理课文时，学生认知活动层次应该由低到高、文章分析应该由浅及深。例如教学《记承天寺夜游》我们设计三个问题。

1. 本文有一文眼，你能找到吗？（答：闲）
2. 作者为什么感到闲？（答：一方面，夜游之事。复述故事大意。"漏断人初静，幽人不期，结伴往来"。另一方面，夜游之景。赏析环境氛围。"宁静、空明、澄淡"的特点。）
3. 作者是真的闲吗？（答：诗人内心的孤寂与不平。更高的学习要求）

这三个问题对于文章的情感内容来说是一个很好的梳理。第一问题，抓文章文眼，如提纲挈领；第二问题，分析主体内容，不外乎一事一景，事抓经过，景抓特点；第三个问题，再由分到总，跃进提升，理解和感悟作者"闲"后的孤寂。这三个问题同样是学生思维活动的三个流程，是教学中"整体把握——局部分析鉴赏——总结提升"的三个环节，而对应的思维能力却是"感知了解——分析理解——鉴赏归纳"三个层次。问题指向明确，环节呈现清晰，思维层次递升。

（三）问题的思维激发功能

问题促进思维活动。梳理的问题不应该是简单的概括、归纳与解释，它应该有一定的难度和开放度，能够延展学生的思维空间，提升学生的思维能力。同时，教师是问题的提出者，而不是问题的解答者。课文的梳理是以学生的研读、讨论、辩驳、师生的对话为主。教师仅仅起一个组织的作用，教师给大家创设一个思考的对象，提供一个对话的平台。"我们应该发现问题教学的课堂优势，这就是课堂里的诸多思维个体以及这些个体之间通过对话而形成脑风暴并最终将会带来无穷的方法空间。"[2]这里所说的方法就是学生发现问题、探究问题、解决问题的方法。所以，梳理课文时，教师不是答案的提供者，也不要做绝对的评判者，而应该是一场论辩的组织者，顺水行舟，迎风扬帆，把握着课堂活动的方向与节奏。

君子之学必好问。梳理文章，问得其法，问得其妙。倘能用基于"核心问题"的问题组来梳理文章，定能使文章"謋然已解，如土委地"，收到事半功倍的效果。

参 考 文 献

[1] 周光岑. 核心问题教学研究. 成都：电子科技大学出版社，2009，2
[2] 陈礼林. 问题教学法是语文教学中的母法. 语文教学与研究，2007（9）

数学概念探究教学中促成学生深度体验的策略研究

简洪权

一、问题的提出

"提高学生作为未来公民所必要的数学素养，以满足学生个体发展与社会进步的需要"是高中数学课程的根本目标。人的发展过程是一个不断体验的过程，学生只有通过自己的体验，达到对知识的理解和获取，形成情感和感悟，才能实现思维和能力的发展。个体的体验是个体获得知识的主要来源，个体只有在不断丰富自身的体验的基础上，对自身的体验进行时常的回忆、表达与反思，才能更好地理解自己、理解他人、理解社会，也只有在丰富的体验与充分地理解自我的基础上，才可能为新学习的知识提供栖身之地。数学素养属于认识论和方法论的综合性思维形式，它具有概念化、抽象化、模式化的认识特征，它是把数学中的概念、结论和处理方法推广、应用于认识客观事物的活动中通过个体的体验形成的。个体的体验是以个体有意识地参与特定的活动为基础。自主探索是高中数学新课程倡导的学习数学的重要活动方式。

数学概念是反映客观事物的数量、结构、变化以及空间模型本质属性的思维产物，是推导数学结论的逻辑基础，是数学思想方法的载体，是数学学科系统的精髓和灵魂。每一个数学概念都有它自己产生与发展的过程，这一过程揭示了不同数学概念间的内在联系以及数学家们探究、解决数学问题的方法。著名数学家华罗庚曾经说过："数学的学习过程，就是不断建立各种数学概念的过程。"数学概念的建立过程，即是"反映客观事物的数量、结构、变化以及空间模型本质属性的观念"在人的大脑中从无到有的过程，也是学生主动体验的过程。在数学概念的教学中，精心设计教学的各个环节，让学生在自主参与探究数学概念产生与发展过程的活动中获得丰富、深刻的积极体验，是促成学生建立、理解、掌握数学概念的重要方式，是提高学生的数学素养、发展学生的数学思维能力的有效途径。为此，本研究借鉴心理学研究解决问题的思维策略的方法，先探讨数学概念探究教学的基本环节，再探讨在各个环节中促成学生获得深刻的积极体验的策略。

二、数学概念探究教学的环节

教学是教师的教和学生的学所组成的人才培养活动，这种活动是由一个个功能不同、相互联系、前后衔接的环节构成的。为实现人才培养的目标，在教学活动中需采取一定的行为方式与手段。教学活动基本环节的划分以及教学活动中的行为方式与手段的选取，要根据具体的教学内容与教学对象，以特定学习理论与教学理论为指导。探究是学习科学的核心方法，数学探究学习是高中数学课程中引入的一种新的学习方式。根据体验性学习理论、探究学习理论和探究教学理论，高中数学概念的探究教学可划分为四个环节：（1）教师提出探究问题；（2）学生解决探究问题；（3）师生反思探究问题；（4）学生解答反馈习题。

（一）教师提出探究问题

探究学习是指学生以类似或模拟科学研究的方式所进行的学习，即是学生在教师指导下，用类似科学研究的方式，主动地获取知识、应用知识、解决问题的学习活动。科学研究主要包括观察和提出问题、形成假设、检验求证、得出和解释结论、交流与应用五个步骤。观察和提出问题是科学研究的出发点，它要求以敏锐的观察力、较强的分析能力以及优良的思维品质为基础。探究教学就是为学生创造探究学习的条件，让学生在主动参与获得知识的过程中，感受和体验知识的产生过程，掌握科学知识和科学方法，培养分析问题、解决问题的能力和研究自然所需要的探究能力，形成探究未知世界的科学精神和科学态度。

受课堂教学时间及学生思维能力的制约，在高中数学概念的探究教学中，教师应根据学生要学习的数学概念，结合学生的实际情况，把教学内容整合成一个具有较强综合性的探究问题，也称为课堂核心问题。让学生在解决探究问题的过程中，了解数学概念产生的背景，理解数学概念的本质，体会其中所蕴涵的数学思想和方法，体验数学发现和创造的历程，形成锲而不舍的钻研精神和科学态度。

（二）学生解决探究问题

探究学习强调一种主动的探索行为和创新实践的精神，主张通过学生在自主参与学习活动的过程中所获得的体验获取知识。个体体验的生成过程是一种复杂的心理活动，它一般是从对事物的亲身感受开始的，在感受的基础上形成情感反应，加深对事物的理解并产生丰富联想，进而对事物产生领悟和生成意义。即个体体验的生成遵循着"感受产生情感→情感促进理解与联想→在理解与联想中产生领悟并生成意义→领悟和意义深化情感反应"这样一个过程。

学生解决探究问题环节中，学生的行为方式包括：（1）学生自主探索；（2）小组合作探讨；（3）全班展示交流。教师相应的行为方式为：（1）个别指导；（2）参与讨论；（3）协助展示。学生自主探索，即是让学生在主动参与探究问题的解决过程中，产生对新的数学对象的初步感受，为学生建立新的数学对象与其认知结构中相关概念的关联、产生联想搭建平台，为学生同化新概念创造条件。小组合作探讨、全班展示交流，一方面促使学生个体建立更广泛的关联、产生丰富的联想，一方面增强学生团结协作的意识，发展学生数学表达和交流的能力。

（三）师生反思探究问题

数学探究学习强调思维的参与，数学的抽象性和严谨性决定了数学是以理性思维为主的学科，思维活动是探究数学问题的基本活动。数学探究学习不能仅满足于观察到一些现象、找到一些规律，更重要的是要对其合理性加以分析、推理和证明。对观察到的现象或规律的合理性进行分析、推论和证明的过程，即是对自己亲身经历的反思过程。

美国社会心理学家、教育家大卫·库伯（David Kolb）把学习阐释为一个体验循环过程：具体的体验→对体验的反思→形成抽象的概念→行动应用→具体的体验，如此循环，形成一个贯穿的学习经历，学习者自动地完成反馈与调整，经历一个学习过程，在体验中认知。在这个过程中，对体验的反思是个体产生领悟并生成意义的基本途径，也是形成抽象概念的基础。

师生反思探究问题环节中，教师行为方式主要有引导、帮助和评价。一方面，教师要引导学生反思自己解决探究问题的过程，对学生的探究活动和结果作出正确的评价，帮助学生修正、补充、完善探究问题的解；另一方面，教师要引导学生建立在解决探究问题过程中出现的新数学对象与学生认知结构中固有的相关概念之间的关联，帮助学生抽象新的数学对象建立新的数学概念、概括解决探究问题的行为方式提炼其中蕴涵的数学思想方法，使学生的学习过程成为在教师引导下的"再创造"过程。

（四）学生解答反馈习题

概念学习的过程包括概念的获得和概念的运用两个环节。概念的运用一般反映在知觉和思维两个水平上：(1) 在知觉水平上，概念的运用是指运用已经获得的概念，帮助识别具体的同类事物并将其归入这一类型；(2) 在思维水平上，概念的运用是指运用概念对事物进行判断、推理或将概念进行重新改组，以满足解决问题的需要。新概念产生后，必须经过应用阶段的检验才能被学生接受。若应用成功，则新概念形成；若应用不成功，则还需要进一步的检验和修正。

学生解答反馈习题环节中，学生的行为方式是自主探索，教师的行为方式是个别指导。学生自主解答反馈习题的过程，即是学生主动运用所获得的新概念的过程，让在学生验证新概念、运用新概念制定策略、解决问题的过程中，加深对新概念的理解，进而掌握新概念。

三、数学概念探究教学中促成学生深度体验的策略

深度体验是指个体从活动中获得的认识的深入和内心反应的丰富与强烈，它是学生建立、理解、掌握数学概念的基础。个体的体验越丰富、体验越强烈，体验时所参与其中的情景和事物就会在个体的大脑中记忆越长久，通过体验所获得的记忆是一种十分牢固的记忆。在数学概念探究教学中促成学生深度体验的策略有：(1) 根据概念产生的背景，设置关联丰富的探究问题；(2) 根据学生探索的实况，抛出恰如其分的指导问题；(3) 根据学生探究的过程，提出寓意深刻的引导问题；(4) 根据概念应用的深度，编排运用贴切的反馈习题。

（一）根据概念建立的背景，设置关联丰富的探究问题

数学概念的产生，一方面源于人类实践活动的结果，一方面源于科学和技术发展的需要，再则源于数学自身发展的要求。数学不仅研究现实生活中的空间形式和数量关系，还研究那些在数学内部以固有的数学概念和结论为基础定义出来的关系和形式。由于数学自身发展的规律性，数学需要解决自身发展的一些理论问题，在已有的数学概念、结

论的基础上通过数学家们的创造性的理性思考，进行合乎逻辑的推导和判断，得出逻辑上可能的新对象、新结果。不论是基于人类实践活动经验的数学概念，还是在科学、技术及数学自身发展过程中归纳总结、抽象概括出来的概念，都必定有它自己产生、发展、演变的过程。这些过程揭示了数学概念与现实生活、科学技术、数学结论、数学思想方法及其他数学概念间的内在联系，体现了数学家们研究、创造的着眼点和方法。在数学概念探究教学中，教师根据数学概念建立的背景和数学学科的体系，站在教材整体的高度，设置一个与现实生活、相关学科及数学学科内部的相关概念、结论、思想方法紧密联系，又能体现数学概念产生、发展、演变过程的课堂探究问题（核心问题）。让学生在积极主动地解决课堂探究问题的过程中"模拟"数学家的创造活动，进行"拟真性"的探究，把数学概念产生、发展、演变的过程复现出来，亲身经历数学"创造"的过程，体会数学家们是怎样对所接触的问题和材料进行分析整理、提炼加工、给出比较合理的定义，并在此基础上展开相关的理论和应用研究的。这样，学生才能获得丰富、深刻的积极体验，建立新的数学对象与头脑中固有的知识结构之间的关联，更好地同化新的数学概念。

比如，对"离散型随机变量的分布列"的教学，可以设置课堂探究问题"解答习题并反思解题过程，探究其中蕴涵的数学知识和方法"，要求学生解答习题1和习题2（见附录）。在所设计的习题的条件中体现了随机试验的结果与变量之间的对应关系，如事件"抽取的4件产品中恰好有 x 件次品"与变量"抽取的4件产品中的次品数 x"、事件"抽取4件产品得 y 分"与变量"抽取4件产品所得的分数 y"等。在解答习题1（1）的过程中，学生要建立具体的习题与已有的概率知识的关联，才能求出随机变量 x 所有可能的取值 0，1，2，3，4 及事件 X 的概率 $P(X) = \dfrac{C_{10}^{x} C_{90}^{4-x}}{C_{100}^{4}}$ ($x = 0,1,2,3,4$)，感受离散型随机变量 ξ 的取值与随机变量 ξ 取相应值所表示的随机事件的概率 $P(\xi = x)$ 之间的对应关系，体验函数与离散型随机变量的分布列之间的关联。习题1（2）中事件 Y 的概率 $P(Y)$ 与离散型随机变量 y 的关系不能用同一个解析式表示；习题 1（1）、1（2）、2（1）分别设计了常见的离散型随机变量的分布列中的超几何分布、贝努里分布（两点分布）、二项分布，以此丰富离散型随机变量的分布列的表达方式；习题2（2）设计了随机变量函数（抽取4件产品后所得奖金 t 是抽取4件产品中的次品数 z 的函数，即 $t = 3000 - 100z$），让学生感知"若 ξ 是随机变量，$f(x)$ 是连续函数，则 $f(\xi)$ 也是随机变量"的数学事实；每个习题的解答过程都体现了求离散型随机变量的分布列的方法。学生经历解答习题的过程，获得关于离散型随机变量的分布列及其求解方法的丰富体验。在反思过程中表达解题步骤，建立求离散型随机变量的分布列的方法与求函数解析式的方法的关联，获得关于离散型随机变量的分布列及其求解方法的深度体验。这样，学生便能顺利地同化离散型随机变量这一概念。

（二）根据学生探究的实况，抛出恰如其分的指导问题

心理学的研究表明，学生的探究能力有一定的"阈限"，维果茨基称之为"最近发展区"。如果学生接受的认知任务超过了这个"阈限"，就可能会使探究活动流于形式。由

于学生个体的差异，教师设置的课堂探究问题可能会超过个别学生的探究"阈限"。为了减少探究的盲目性、提高探究的质量和效率、践行"使不同的学生在数学上得到不同的发展"这一新课程理念，在学生解决探究问题的环节，教师应积极关注学生的探究进展，根据学生探究的实际情况，适时抛出恰如其分的指导性问题，切实做到"道而弗牵，强而弗抑，开而弗达"，为学生探究活动的顺利进行巧妙搭建"桥梁"，铺平探究活动的"通道"，使"通道"落在学生的"最近发展区"。

比如，在解决"探究在平面直角坐标系中确定直线位置的几何要素，并用代数方法表示它们之间的关系"问题时，学生能探究到在平面直角坐标系中确定直线l位置的要素是：(1) 直线l上的两点P_1和P_2；(2) 直线l上的一个点P_1和一个方向，部分学生却难以用几何表示这个方向。这时，教师可以提出"如何描述一个方向"的指导性问题。学生根据这一指导性问题的答案，知道可以用"北偏东多少度"等来表示一个方向后，便可以用直线l与x轴或y轴形成的角来表示一个方向。如果直线l与两坐标轴都相交，学生直观看到的有八个角，却不能确定用哪个角来刻画这一方向。这时，教师可以提出"在三角函数中，我们是怎样研究一个角的"的指导性问题。学生根据这一指导性问题的答案，明白在三角函数中是把角的顶点放在直角坐标系原点、始边放在x非负半轴进行研究的事实后，便知道用以直线l与x轴的交点P_0为顶点、以射线P_0x为始边、以直线l位于x轴上侧的射线为终边的角来刻画直线l的方向更合理。教师在此基础上，给出直线l的倾斜角的概念。学生对这一概念的标识感到陌生，但对这一概念的内涵却有深刻的认识。在用代数方法表示它们之间的关系时，为了使学生解决问题的思路更多、更广，教师可以提出"求一个角有哪些方法"的指导性问题。学生在回忆以前解决问题的方法时，能建立直线l的倾斜角与锐角三角函数的概念、任意角的三角函数的概念及两向量的夹角公式之间的关联，能够利用锐角三角函数的定义、任意角三角函数的定义、两向量的夹角公式来探究直线l上两点的坐标与其倾斜角的三角函数之间的关系。这些及时、恰当的指导性问题，一方面可以帮助学生解决课堂探究问题，一方面促进学生建立更广泛的关联、获得更丰富的体念，使学生更好地理解和掌握直线倾斜角和斜率的概念。

（三）根据学生探究的过程，提出寓意深刻的引导问题

获取过程知识是探究活动的主要目标，学生探究的成果体现在各个活动环节参与效果的累积，包括对所走弯路、所犯错误的体验与感悟。数学概念具有抽象性、精确性和应用的广泛性的特点，数学基本思想和方法是蕴涵在数学概念中的隐性知识。受学生数学素养的局限，学生对探究活动中的过程性知识关注程度不够，对探究成果的表达不够准确、全面。在师生反思探究问题环节，教师应根据学生解决课堂探究问题的过程，提出一些寓意深刻的引导问题，让学生在教师的引导下进行"再探究"，获得更深刻的体验，促使学生形成新认知。

比如，在解决"离散型随机变量的分布列"的课堂探究问题的过程中，学生能较顺利地解答习题，受学生的数学素养和思维品质的局限，不能概括出题设中的变量"抽取的4件产品中的次品数x"、"抽取4件产品后所得的分数y"、"抽取4件产品后所得的奖金t"，不能领会题设中建立的随机试验的结果与变量之间的对应关系，不能抽象概括出随机变量、离散型随机变量、离散型随机变量的分布列的概念，不能根据习题的解答过

程归纳求离散型随机变量分布列的方法。在反思探究问题时,教师可以提出引导性问题,"题设中 x、y、z、t 表示的意义分别是什么?它们与题设中的事件及其概率有怎样的对应关系?"学生解决引导性问题时,能领会变量 x、y、z、t 的取值与相应随机事件的一一对应关系以及变量 x、y、z、t 的取值与相应随机事件的概率的一一对应关系,体验这种对应关系与函数概念之间的关联,形成随机变量、离散型随机变量、离散型随机变量的分布列的概念。教师可以提出"分析上述四个小题的解答过程,归纳它们的解题步骤",引导学生表达求离散型随机变量的分布列的程序,感受到"从特殊到一般"的归纳法和函数思想。

(四)根据概念应用的深度,编排运用贴切的反馈习题

知识的应用是掌握知识过程中不可缺少的阶段,它与知识的理解和巩固是紧密联系的。知识的理解和巩固是知识应用的前提,而知识的应用又使知识的理解和巩固得到检验和发展。学习者每使用一次概念或在新的情境中遇到同一概念,也就是概念的每一次具体化,都会使概念进一步丰富和深化,学习者对概念本质的理解就更深刻。学生运用新概念解答数学习题,总要重现已学过的新概念来分析习题,揭露其本质,并将其纳入自己的认知结构。这样,不仅检验、复习了新概念,而且建立了新概念与新事物之间的联系,加深了对新概念的理解。概念的运用既是检验学生对知识的理解和巩固的一种手段,又是使学生加深理解和巩固概念的方式。不同数学概念应用的深度及其掌握的难易程度有一定的差异,有的要求运用概念进行判断,有的要求运用概念进行推理,有的要求运用蕴涵其中的数学思想方法解决问题。在数学概念探究教学中,教师根据概念应用的深度及其掌握的难易程度,编排一定量运用贴切的反馈习题,让学生在运用新概念解答习题的过程中,进一步体验获得的概念与新对象、固有知识及数学思想方法的关联,促成对新概念的理解和掌握。

比如,随机变量、离散型随机变量的概念运用的深度只是判断层次,学生易于理解;对离散型随机变量的分布列的概念运用的深度却要求掌握蕴涵其中的方法。在"离散型随机变量的分布列"的教学中,可以编排一些求离散型随机变量的分布列的习题。一方面让学生在解答反馈习题的过程中获得关于离散型随机变量的分布列概念的更丰富、深刻的体验,促进学生理解和掌握这一概念;一方面用以检测学生对离散型随机变量的分布列的概念和求离散型随机变量的分布列的方法的学习的效果。

参 考 文 献

[1] 中华人民共和国教育部. 普通高中数学课程标准(实验). 北京:人民教育出版社,2003,4

[2] 严奕峰. 体验学习圈:体验与学习发生的过程机制. 上海教育科研,2009(4)

[3] 宁连华. 数学探究学习论. 北京:高等教育出版社,2008,6

[4] 靳玉乐. 探究教学的学习与辅导. 北京:中国人事出版社,2002,4

[5] 王尚志,张思明. 走进高中数学新课程. 上海:华东师范大学出版社,2008

[6] 高中数学自主探究式教学模式理论与实践研究. http://www.studa.net/xueke/080602/08235882-2.html

浅谈生物教学中运用核心问题促进学生深度体验的策略

欧居蓉

问题教学，自古有之。一节课可能会有很多问题需要解决，但由于时间限制，我们必须抓住核心问题，以便提纲挈领，统率全局。核心问题应该具有的立意的建构性、情境的真实性及结构的开放性等特征。对于一个核心问题，我们不能片面地去追求各个特征的理想化程度，而只能追求各方面的协调性。是否达到协调，应以学生活动的真实、主动为准绳。但传统的问题教学是以教师提问为主的教学活动，教师注重的是如何提出高质量的问题，引导学生解决问题，验证假设。从表面上看，似乎学生参与课堂教学的机会多了，其实，一节课的问题往往显得非常零散、细碎，学生的思维是被老师牵着走，很少有自己独立的见解，主动性被抑制了。而我们现在提倡的问题教学，则注重提倡学生在一个具有统领作用的核心问题的引领下，学生主动参与解决问题的活动，把学生的主体参与放在首位，让他们积极进行探究和创造性思维活动，在活动中感悟并体验知识的发生、发展和完善过程，使"主体"真正地"主动"起来，课堂教学也能够真正地为提高学生的终身学习能力和习惯服务。要切实做好这一点，掌握有效的策略，对提高课堂教学的有效性与实效性就显得尤为重要。

一、对核心问题的认识与思考

在课堂教学时设计或生成核心问题，应把握问题的四个特性：一是问题性，就是所产生的问题必须经过思考、分析才能回答；二是统领性，核心问题要具有统领整堂课中学生学习活动的作用，重点关注行为主体、活动内容、活动措施、行为检测等等；三是障碍性，就是所提问题能够引起学生认知冲突，形成思维阻碍，从而产生求知欲望；四是探索性，就是能够引起学生兴趣，产生探索的冲动；五是可接受性，就是问题或情景能够符合学生认知水平，定位于他们的"最近发展区"，满足他们的需求。

（一）核心问题教学应该关注学生"自己的问题"

由于问题的实质在于学生固有知识与新现象、新事物之间的矛盾，所以收集和展现这些新现象、新事物是问题教学组织的关键。我们知道，在信息时代，材料是非常丰富的，但太丰富的材料常常会使学生在课堂上花费大量的时间，有时反而会因影响教学进度而加重学生的负担。因此教师要对这些材料进行精选和提炼，把最能激发学生探究欲望和探究兴趣的问题呈现给学生，并通过教师的示范，使学生学会对材料的搜集、选择和加工。例如，在"基因控制蛋白质合成"一节的教学中，先让学生回顾蛋白质合成的场所，遗传信息的载体 DNA 的主要分布场所等，学生就会产生困惑：DNA 主要在细胞核内，而蛋白质的合成在细胞质的核糖体上，那么 DNA（基因）是如何控制蛋白质合成的呢？这就激起了学生探究的欲望，这时老师把问题交给学生讨论。学生通过阅读教材，就提出了 DNA（基因）控制蛋白质合成与一种中间物质 RNA 有关。通过模型分析、多媒体演示，介绍 RNA 的组成、结构、产生部位、功能等等，从而真正理解 DNA（基因）是如何控制蛋白质合成的。这正是新课程所要求的自主学习、探究学习。

（二）核心问题教学必须研究"真问题"

设置核心问题的，就是要从已有的知识与新的现象、新的事实之间的矛盾出发产生的问题，这样的问题才是"真问题"。如果是从新的知识点出发，或者是从新授课所要传递的概念出发所产生的问题一般都是"假问题"。从问题出发去组织教学，在设置核心问题时，教师就要善于辨别问题的"真"、"假"，这是设置核心问题前必须思考的内容。"真问题"是从学生认知矛盾出发形成的，所以，课堂教学中的问题，不能从教材或教师假想的问题出发，而要注意把握学生固有的知识与新现象、新事实之间的矛盾，引导学生自己发现或创设情景帮助学生发现这一矛盾，这样才会引发真实有效的学习活动，才能使学生学有所思，学有所问。例如本人曾听过一位教师在"基因的显性和隐性"一课的复习导入时设计了这样的问题："假如基因 A 控制双眼皮性状，基因 a 控制单眼皮性状，那么 AA 表现为什么（学生答：双眼皮），aa 表现为什么（学生答：单眼皮）。Aa 表现的性状又是什么呢？（学生说：一单一双。教师指出：不能靠猜测，要通过实验才能找到答案。然后引入孟德尔的豌豆杂交实验。这个问题看起来激起了学生一定的矛盾心理，激发了学生的求知欲望，但这里提出的问题不在学生的"最近发展区"内，所以不是"真问题"。设计这类问题的目的只是为了引起学生的注意。使学生对孟德尔的杂交实验产生兴趣。所以，在学生产生兴趣，接受到相关信息的基础上，紧接着就提出了另一个问题：如果你做这个实验，对实验结果中 3∶1 的比例将作怎样的解释？这才是一个"真问题"，因为它是从学生"高生高、矮生矮"的经验和"高生矮"的矛盾中产生的问题，也是这一课所需要解决的主要问题。由于学生真正产生了疑问，所以能够自觉地去阅读、讨论，再加上教师的点拨，师生共同分析，这些疑问都迎刃而解了。

二、促进学生深度体验的策略

在核心问题引领下，学生有了深度参与教学活动的前提和基础，但是参与的广度和深度，学生学习的有效达成度还受到师生课堂共同活动的制约，如何使学生在思维上真正动起来，与教师的引领策略有着直接的联系。

（一）教学目标明确化

教学目标是预期的学习结果，是课程目标的进一步细化，对教学过程具有指导和定向作用，并为教学评价提供标准和依据。有效教学要求制定明确的教学目标，并将目标导入作为课堂教学的重要环节。这样，既有利于激发学生对学习内容的期待和达成学习目标的欲望，调动学生学习的积极性和主动性；又有利于教师对学生的学习活动和学习结果有效地评价，对自己的教学行为及时反思与校正，从而为取得最佳的教学效果奠定基础。

（二）核心问题分支化

在课堂教学的开始，呈现给学生的核心问题往往是有一定的统领作用但比较宽泛，学生可能会显得无从下手，因此为了便于学生学习活动的开展，我们通常要把核心问题分解成几个具有递进式的小问题，以便学生的思维跟进和学习。例如在学习"遗传物质控制蛋白质"这一节内容时，老师提出的核心问题（任务）是"破译遗传密码子"。然后把该任务又分别分解为任务一：几个碱基决定一个氨基酸；然后由任务一的完成引出任务二：是否存在重叠编码；因为学生已经意识到任务二一旦解决，任务一也就得到了解决，通过任务一、二的学生活动，学生得出结论：碱基是连续编码的，mRNA 上三个相邻的碱基决定一个氨基酸。在此基础上，教师提出任务三：密码子和氨基酸之间的具体对应关系怎样。学生通过查阅教材的密码子表，总结出对应关系，最后师生共同归纳出中心法则。从上面的活动设计来看，由于教师的精心设计，学生实质性的活动非常到位，在一个接一个任务的完成中，学生的思维活动得到了充分、深入的展示。

（三）知识呈现情境化

在课堂学习中，在核心问题的引领下，可按"创设情境—自主学习—活动探究—教师点拨—得出结论"的方式展开。如在光合作用发现历程的教学中，通过提供相关的背景资料，让学生在一定的情境之中，亲身体验科学家当年研究的困惑和解决问题的方法，对于光合作用的原料、产物、条件、场所等知识的理解和课堂教学目标的达成具有积极的作用。

（四）学习方式多样化

有效教学设计改变了原有单一、被动的学习方式，倡导发挥学生主体性的、多样化的学习方式，促进学生在教师指导下主动地、富有个性地学习，突显学习过程中的发现、探究等认识活动，使学习过程更多地成为学生发现问题、提出问题、分析问题和解决问题的过程。

（五）解题训练模型化

解题是提升学习能力必不可少的环节，也是检验学习结果的一种常态形式。有效教学设计重视模型教学在习题教学中的应用，帮助学生形成解题的基本思路，掌握解题的基本方法。并通过一题多变、多题一解的训练，体现数学模型优势，掌握数学模型方法，提高解题效率，起到"以不变应万变"的作用。数学模型在生物教学中的应用非常广泛，比如种群的生长规律、细菌的生长曲线、孟德尔的遗传定律等等都可以成为一种理想模型。在模型构建中体验知识的形成过程，并内化为自己的学习方法和学习思维。

综上所述，在核心问题指导下生物课堂教学中，可通过采用不同的研究方法对核心问题进行分解研究，以探究性学习为基本教学模式，选择恰当的有效的教学策略既能促进教师对科学探究、核心问题的理解，在生物科学探究学习的理论与实践上（特别是实践上）达成一定的共识，又能激发学生的学习兴趣，促进学习方式的变革，进而使学生的科学素养不断得到提升，实现以学生发展为本的新课程理念。

参 考 文 献

[1] 石中英. 知识转型与教育改革. 北京：科学教育出版社，2002
[2] 朱慕菊. 走进新课程. 北京：北京师范大学出版社，2002，4
[3] 陈明英. 川大附中《核心问题教学中学生深度体验实践研究》开题报告，2011，9

高一语文文学类文本教学设计中体验性目标的确立方法与达成途径

李 卉

教学目标是预期学生通过教学活动获得的学习结果,也即学生通过教学活动要达到的学习标准,它具有指导教师进行教学评价,选择教学策略,指引学生学习等一系列功能。它预期教学之后学生将从教学活动中学到什么,教师在教学过程中应做些什么。因此,教学目标是教学活动中最先考虑的要素,是教学设计系统模式中的首要环节。良好的教学目标应为师生的教学行为作科学、合理的导向。

一、关于"体验性教学目标"的内涵

体验性教学目标是指力图使学生有所感受、体悟的教学目标。不同于侧重知识和技能的成果性教学目标,它更强调学生所获得的情感体验。美国芝加哥大学教授布卢姆最早推出认知、情意和技能三个领域的教学目标。其中,情意方面的教学目标是指预期教学后,在学生情意行为方面可能产生的改变。美国心理学家克拉斯沃尔制定过该教学目标,分为"接受、反应、评价、组织与价值体系的性格化"五个层次。我们认为:体验性目标就是基于接受、反应、评价、组织四个层次上,对第五层次的追求,以期通过长期的以体验性目标为教学设计的课堂教学,实现学生价值体系的性格化,真正激活学习的情感世界,使其身心获得和谐发展。

二、新课改对文学类文本"体验性教学目标"设立与达成的要求

语文不仅是最重要的交际工具,更是人类文化的重要组成部分。《课标》强调高中语文教学要坚持"工具性与人文性的统一",更反复强调要"充分发挥语文课程的文化教育功能"。在教学过程中,教师就应该积极利用文本引导学生获得思想感情的熏陶与感染,形成正确的情感态度与价值观,全面提高学生的语文素养。《课标》明确了文学类作品阅读教学的目标和重点,强调要关注学生的审美体验,陶冶学生的性情、涵养学生的心灵,提高学生的文化品位,审美情趣和阅读文学类文本的能力。不难发现,新课程改革在文学类作品的阅读教学中更强调学生应获得的审美体验和文化感受。这就要求我们在教学设计中充分考虑"体验性教学目标"的设计。

三、"体验性目标"确立方法的教学实践研究分析

(一)将着眼点从客观内容上升至作家精神世界,进而确立体验性教学目标

教师在进行教学设计时,应先考查文学类文本通过语言文字所反映的客观真实。把

握文章内容，理清思路，概括要点，发现其所描写的客观真实中所反映的作家的精神世界，以体悟作家高贵的精神世界作为体验性教学目标。

在《记念刘和珍君》一文的教学设计中，教师由鲁迅笔下所反映的"三·一八"惨案的客观事实、作家所揭露的黑暗现实、反动政府及其文人帮凶的丑恶嘴脸中可以发现作家作为当事人之一的良心和悲悯的情怀。文中所隐含的鲁迅刚正的性格、澎湃的激情、高度的正义感和疾恶如仇的精神都闪烁着大师人性的光辉，而这些正是新课改中所强调的"审美体验"，也是传统教学设计容易忽略的教学目标之一。因此，在该课的教学设计中，我们可以将体验性目标设立为"学生能理解鲁迅在特定历史时代的作用和价值，感受他责无旁贷的使命感和明知难为而坚定为之的可贵精神。"

（二）将着眼点从对个人认知上升到对个人与国家、社会、自然间关系的认知，进而确立体验性教学目标

传统语文教学也讲求"知人论世"，但侧重的是了解作家背景，进而解决对作品含义理解过程中出现的困难，基本上将教学目标定位在对作家的个人认知上。新课程总目标将必修课程的发展定位在"积累与整合"、"感受与鉴赏"、"思考与领悟"、"应用与拓展"、"发现与创新"五个方面。其中"感受与鉴赏"、"思考与领悟"就是侧重于高中学生思维品质提升、审美能力形成的目标，要实现这两个目标，教学设计上就必须突破原有的对作家个人的认知层面。教师可以思考走近文本，披文入情，探究将体验性教学目标上升到学生实现一次对作家个人，甚至普通个人与国家、社会、自然间关系认知的感受之旅。

《小狗包弟》的作者巴金，被誉为"20世纪中国的良心"。这篇选自其《随想录》的作品就很适合用这种方法确立教学设计中的体验性教学目标。面对刚刚过去的"文革"十年，巴金显示出一个正直的成熟的作家严于解剖自己，敢于说真话的勇气和度量。如果将对这种精神的体会确立为体验性目标是可以的，但此类的反映特定现实的文本，往往也折射出作家在时代的大潮中对个人与国家、个人与社会关系的思索。站在这种高度上，本课的体验性教学目标可以被确立为"学生能体会到非人年代给善良正直的人民所带来的近乎毁灭性的灾难，感受十年浩劫中，道德主义者如何以人道主义精神处理人与国家、社会的关系"。这样的体验性目标不仅能使学生感受作品的思想和艺术魅力，更重视了发展学生对自己和自己所处社会的认知能力，陶冶了学生的性情，涵养了学生的心灵，也促使学生思考社会、国家与他们自身的关系，促进学生精神世界的成熟。

（三）将着眼点定位在"发现民族心理和时代精神"上，进而确立教学目标

新课标认为，阅读鉴赏中国古代文学作品的基本目的是体会其中蕴含的民族精神，为形成一定的传统文化底蕴奠定基础，同时还要求引导学生用现代观念审视作品，从中汲取民族智慧去丰富自己的精神世界。古代文学类作品的阅读教学，其教案设计就必须要从"历史的、民族的、时代的"这三方面去考虑体验性目标的设立。

《荆轲刺秦王》是历史名篇，主人公荆轲不畏强暴，不怕牺牲的精神历来为世人所称道。教师在确立本课的体验性教学目标时，不能单单考虑体验主人公身上非凡的胆识和气魄，还应从作品中所刻画的不同人物身上去审视中华民族的某种民族心理，同时还应

引导学生以时代的眼光去审视古代的作品,发掘其中所蕴藏的仍能为后人所用的时代精神,从而赋予古代文学作品以时代的风采。在教学设计时,可以思考另一位参与者樊於期的豪爽慷慨、据义断头的事实和荆轲勇赴国难,誓报知己的举动所反映的中华民族"重然诺、轻生死"的民族心理以及这种民族心理在现实社会中的体现和流失。因此,体验性教学目标就可以确立为"学生能从两位义士的壮举中体会到'重然诺、记恩义;轻生死,抛俗利'的民族精神,并能感受到这些精神在当代社会的传承与流失间矛盾",借此唤起学生的民族自豪感和民族危机意识。

(四)将着眼点从学生的理性思考拓展至学生的个体感性领悟,进而确立体验性教学目标

文学类文本的教学,重在引导学生发现和建构作品的意义。《奥斯维辛没有什么新闻》本属于实用类文本中新闻报道范畴。但我们在教学设计时通过教材分析发现,新闻的阅读教学,除了应引导学生注意材料的来源与真实性、事实与观点的关系、事件与细节等进行理性的分析探讨外,仍然可以从文本中获得类似于文学类文本的阅读体验。一篇优秀的新闻报道必定也是一篇优秀的文学作品。所以,建立在理性分析之上所获得的感性领悟也就必须成为我们确立该课体验性教学目标的方法之一。作者翔实而客观地记录了"奥斯维辛"这座"二战"期间纳粹德国最大的"杀人工厂"所展示给世人的细节,教学目标必不可少地应提出"学生能感受人性泯灭和战争给人类带来的灾难"。类似的教学目标注重引导学生发现和建构作品的意义,对作品进行更为理性的分析和思考。而文学作品最为宝贵之处还在于除阅读所获得的理性收获外,还能有较多的感性领悟的延伸。感性领悟可能无法用测试中的分值来评价和体现,却能鼓励学生参与独特的体验和感受,对文本进行个性解读,培养良好的文化心态和文学素养,对于最终提升学生的人文素质大有裨益。因此,在理性分析文本的意义和价值之外,教师可以从文中细节处设立引导学生借助想象、联想等形象思维能力,去建构甚至是重新解构文本,以获得个性阅读的愉悦感受。《奥斯维辛没有什么新闻》中有不少描述遇难者遗物的细节,如"头发"、"鞋子"、"照片",我们尝试着由对这些新闻事实的理性分析拓展至个性领悟,设立了"学生能由文中新闻现实场景联想想象遇难者生前的遭遇与感受,体验人性在灾难面前的挣扎与闪光"的体验性目标,这样的教学目标很显然基于理性思考而又更关注学生的内心体验,高于文本所反映的意义本身。

四、体验性目标的达成途径

(一)通过学习情境的营造,发展学生主体性体验

体验是体验主体对于自己参与的某一过程或身临的某一情况所建构的意义和联系,体验是自我的,旁人无法替代的,这就提醒教师在教学过程中注重学生主体性体验的情境的营造。事实上,主体只会对与自己有关系或具有意义的事物产生体验,所以最关键的还是引导学生自己去体验,充分发展学生的主体性。要使学生成为课堂体验的主体,教师要做到以下点:(1)要设计符合中学生心智发展的学生活动来调动学生的主动性和能动性;(2)要充分关注场依赖型学生的体验效果,避免其受到场独立型学生体验的干

扰；(3) 放弃预设性较强的结论，充分尊重学生的体验感受，舍弃自己的"权威"。

(二) 通过群体性体验过程，实现学生个体性体验

学生作为体验的主体虽有独立的思维，却真实处于一种人与人的关系与情境之中。班级中同学的表现、看法常能左右一个人的思考，这就容易产生"人云亦云"的结果。但教师如能利用这种群体心理，适当营造情境，引导集体体验，个人也较容易接受这种气氛感染而选择参与体验、主动体验。

群体心理的显著特征之一就是它的共有性，有着共同需要和目标的人群较容易组合起来进行活动。教师应充分利用班集体的群体效应营造适合体验的氛围。如在设计《奥斯维辛没有什么新闻》时，为了使学生充分体验到作者的职业良知和人性光辉，教师设计了一个长达十分钟的情境营造模块，以丰富的图片、触目惊心的照片、凝重的色彩和悲怆的音乐共同制作了一个 PPT 课件，在全班集体起立注目凝视并进行一分钟默哀的过程中，学生充分感受到了纳粹暴行给人类文明带来的巨大伤害，学生们表情肃穆、沉痛，甚至有的学生表现出愤激的情绪，也有女同学低声啜泣。在这种强大的群体表现下，刚开始还四处张望，有说有笑的学生也逐渐安静下来，调整情绪，参与体验。

(三) 通过学生个体性体验，尊重学生的个性化体验过程及其结果

体验具有个性化的特点，即便相同的氛围营造也可能产生不同的体验。为此，教师切不可以自己预计好的教学目标否定学生的个性化体验，也不可因一些体验意识强、体验能力高的学生所获得的感受去掩盖那些较弱较差的学生拒绝体验或体验程度不够的事实。学生往往能从教师所营造的氛围中体验出与同学（甚至是老师）不同的感受，教师应多关注这些有创造性体验的学生，让他们将其感受显性化，与同学交流，不但可以拓宽同学视野，课堂往往还会因为这些貌似"不和谐"的新因素变得更有活力，更有创造力，往往也更能调动更多学生积极参与体验的主动性。

五、结语

新课改的文学类文本教学更侧重对学生道德情操的陶冶和精神境界的提升，这就要求教师在教学设计的过程中要确立能带领学生感受文本艺术魅力和精神追求的体验性教学目标。通过多种途径营造情境，引导学生发挥主观能动性参与体验，最终获得丰富的艺术享受和审美经验。长期坚持下去，必对提升学生的文学素养和审美能力有很大的帮助。

参 考 文 献

[1] 黄希庭. 心理学. 上海：上海教育出版社，1997，7

[2] 石鸥. 在过程中体验——从新课程改革关注情感体验价值谈起. 课程·教材·教法，2002（8）

[3] 川大附中. 校本教研通讯，2010（2）

体验式教学——中学历史教学有效性的理想选择

夏红亚

一、教育改革呼唤课堂教学改革

我国现代教育诞生于19世纪末20世纪初，走过了百余年的历史。百年来，中国现代教育取得了巨大成就，但仍存在严重问题。

在教育目标上，过于追求社会性要求和满足世俗功利，而忽视教育的内在价值和追求。在历史教学中表现为重知识，轻能力；重历史结论的掌握，轻历史过程的分析；强调学生的接受能力，忽视学生的批判精神；重视学生的考分、成绩，忽视学生的兴趣、成就等内部因素。

在教育体系上，过于死板，中学历史教材主要是从通史专著中"浓缩"出来的，它过分注重历史学科本身的科学性、系统性、完整性，而没有充分考虑学生学习历史的心理特点。教师陈述教科书上的观点，学生记书上现成的观点。这样的历史教学使学生的知识面狭窄，历史认识不全面客观，更重要的是这样的历史教学使学生没有学习历史的个体体验和感悟。

在教学形式上，过于单一。中学历史课教学基本上是一种讲授新知的知识课，教师把教材的重、难点讲得清清楚楚、明明白白，并把知识的要点列在黑板上，学生再把知识要点从黑板上搬到笔记本上，就是学生的理解和运用也是教师特定安排的。这种教学课堂缺乏学生的主动参与，缺乏各种思维的交流和碰撞。

在教学评价上，体系不够健全。传统教育的评价标准唯有分数，而考试中单纯记忆性的考题占较大比重。

新一轮课程改革从课程目标、课程结构、课程内容、课程评价等都提出了新的要求，为我们的教育追求描绘了崭新蓝图。新历史课程标准强调，"培养学生正确的历史观，进而使学生学会辩证地观察、分析历史与现实问题，加深对祖国的热爱和对世界的了解，从历史中汲取智慧，养成现代公民应具备的人文素养，以应对新世纪的挑战。""加深对历史上以人为本、善待生命、关注人类命运的人文主义精神的理解。培养健康的审美情趣，努力追求真善美的人生境界"等等。要求教学"设计灵活多样的教学方式，激发学生学习历史的兴趣，转变学生被动接受、死记硬背的学习方式，拓展学生学习和探究历史问题的空间"。新课程改革是契机，关键在于教学改革。在新课程改革背景下，学校立足课堂，开展"核心问题教学中学生深度体验实践研究"，在课堂教学中进行"体验式教学"实践，让学生在课程中体验，在课程中感悟，在体验中学习，在感悟中成长，从而构建有效教学课堂。

二、"体验式教学"是中学历史课堂有效性的理想选择

"体验"是一个具有丰富内涵的概念，关于体验的界定，学者从哲学、心理学、美学、教育学等不同角度进行了探讨。我们借鉴他们的探讨，梳理我们的认识：体验是学生多种多样的活动，学生个体亲身投入（包括身体和心理）；体验也是学生相应学习活动的结果，学生个体在活动中获得认识和情感。

体验的特征表现为：主体性——体验主体将外在的东西纳入自己的心理结构，引起心理结构的调整、改造，并促进其发展。体验因主体不同而存在差别，个性化色彩浓。意义性——体验是情感反应的意义生成活动。外部世界在心灵体验中激活、唤醒、生成新的意义。非规定性——体验因时间、个体等差异以非规定性的思维方式呈现出来。

"体验式教学"是基于学生体验的教学，把体验作为一种教学思想或教学策略贯穿于整个教学过程之中，重视学生的主动体验，让学生在认识知识的同时感受和理解知识的内在意义，获得精神的丰富，并生成新的意义。

在课堂教学中，教师在创设"情境"，设计"活动"，组织"交流"，引导"反思"，实施"运用"；学生则在"感知"、"表述"、"构建"、"内化"等项展开。

"有效课堂"主要是指通过教师在一段时间的教学之后，学生所获得的进步或发展，也就是说，学生有无进步或发展是教学有无效益的唯一指标。教学效果既包括通过特定的教学目标以满足社会和个人的教育价值需求，同时在此过程中学生的知识、技能等也得到提升。"通俗地说，课堂教学的有效性是指通过课堂教学活动，学生在学业上有收获，有提高，有进步。其具体表现在：学生在认知上，从不懂到懂，从少知到多知，从不会到会；在情感上，从不喜欢到喜欢，从不热爱到热爱，从不感兴趣到感兴趣。"余文森教授在《有效性是课堂教学的"命脉"》中明确了考量学生学习的有效性，必须综合考虑三个要素——提高学习效率、增进学习结果、强化学习体验。

"体验式教学"以学生的积极参与、身心投入为前提，以学生的自主体验和自我体验为核心，以提升学生的生命质量，促进学生和谐发展为目标的教学活动。由此看来关注学生体验的教学是把"体验"作为有效教学的重要成分和目标追求，是把教学作为师生共建、共享课程和生命意义的过程，我们说"体验式教学"是中学教学有效性的理想选择。

"历史"是什么？它包含两层含义：过去发生的事；曾经记录的事。历史是曾经存在过的客观事实，是一种独立的、外在的东西，不为人的意志和行为所左右，历史是客观的。而"历史学"是人们对历史的研究和认识。那历史就是主观的，存在于人的记忆和思考中。在历史教学中我们实施"体验式教学"，让学生身心投入那过去发生的事、曾经记录的事，去感知、去理解、去认识、去升华，从而完成历史学习。它符合新课程改革的要求，它符合有效课堂教学的考量标准，所以"体验式教学"是中学历史教学有效性的理想选择。

三、实施体验式教学的策略

（一）确定学生体验的教学目标

体验是与个体完整的生命相关联的，学生在他的生命成长过程中，不仅有增长知识、

提高能力的需求,还有发展情感、意志、态度的需求。"体验式教学"既然关注是学生的体验,那么在教学中我们就要让学生的认知、情感、意志、态度等都参与到学习中来,使学生在认识知识的同时感受和体验知识的内在意蕴,获得精神的丰富和生命的成长。作为人文学科的历史就应更关心人的精神与情感,关心人的成长与发展。莎士比亚说:"历史就在每一个人的生活中。"戴名世在《南山集·史论》中讲:"夫史者,所以记政治典章因革损益之故,与夫事之成败得失,人之邪正,用以彰善瘅恶,而为法戒万世。是故圣人之经纶天下,而不患其或敝者,唯有史以维之也。"在历史教学的目标设计时,我们不仅要确定历史教学的认知目标,同时还要明确历史教学的情感、态度、价值观方面的目标,并从整体上对这些目标进行整合。在教学实践中,我们为了突出体验性目标,把三维目标对应为结果性和体验性两个维度的目标表述,如高一必修三专题六《蒙昧下的觉醒》教学目标设计是:(1)了解古代希腊智者学派和苏格拉底等人对人的价值的阐述,理解人文精神的内涵。(2)在对人与人、人与社会、人与自然的关联体验中,加深对人文精神的感悟,促进人文素养的提升。这课的教学目标设计满足了学生成长的需要——发展对外部世界的感受、认识,同时体验学习人生,完善自己的生命世界。

(二)创设学生体验的情感场景

夏甄陶:教学过程"不只是行为主义理解下行为的改变过程,不只是信息论理念下知识的积累和加工过程,教学过程是一个心理全面演进过程"。"心理演进"——学生的学习兴趣、学习动机、学习情感等。在学生进行各种认知活动时要注意激发学生的情感,关注学生的情感投入,因此要创设有利于学生体验的情感场景。历史学科的特点在于,其内容与学生生活实际、社会实际较远,有距离感、陌生感。如果我们通过创设情境,恢复历史原有的生动性和丰富性,让学生融入历史的情境中,与历史的人物对话,与历史的关系世界对话,与编者对话,学生才能构建历史,感悟历史。

创设体验场景的方法很多,教师可选用一些历史图片、文学作品、影视作品等为切入点,让学生从现实生活走入历史,如在高中必修一专题四《"一国两制"的构想与实践》一课,课堂的导入设计:首先在"思乡曲"的音乐声中播放余光中诗作"乡愁",让学生感受诗人的思乡之情;再播歌曲"七子之歌·澳门",让学生感受分离之子的回归之心;再放视频"香港回归",让学生感受香港回归激动人心的情景。图片、音响、文字材料等激发学生的情感共鸣,激发学生的学习动机。

可以通过让学生扮演角色。角色扮演让学生身心移入扮演者,体验角色的言、行,体验角色的心理活动。如高中必修一专题七《民主政治的扩展》一课中老师创设情境:"以清末大臣的身份考察德法宪政,认识西方的民主政治。"还原历史场景——清末五大臣出访欧美考察政治制度,学生体验形式——扮演清朝大臣(言、行、心理),体验的内容——认识西方的民主政治。扮演者深度地与历史人物对话、与历史的关系世界对话,更深层次地感悟历史。

教师在创设学生体验的情感场景时一定要组织有用的学习资源,切实为学生营造良好的学习环境;一定要考虑学生已有的知识(包括显性知识和缄默知识),使学生原有的认知结构和教学内容能顺畅对话和交流。这样,学生的学习兴趣和学习热情才会被激发出来，这种情感才会贯穿整个学习过程中，为教学活动的继续展开并取得成效打下基础。

（三）设计促进学生活动的教学问题

"体验式教学"是把体验作为一种教学思想或教学策略贯穿于整个教学过程之中，把"体验"作为教学的重要成分和目标追求。然而，教学是有目的、有计划、有组织的行为，我们要学生"体验"什么、如何"体验"，教师如何有效组织课堂成为教学的关键。我们提出以"核心问题"有效组织学生研究、表达、倾听、总结、反思、提升、运用等系列活动，实现学生接受性学习与体验性学习相结合。为了让"核心问题"更有效，恰当的核心问题和恰当的核心问题表述就显得尤为重要。

核心问题设计时要注意：一是重要性原则，围绕教学基本要求，整合教材的重点、难点。二是学生主体性原则，体现以学生为中心，考虑学生的学习体验。三是探究性原则，问题设计梯度明显、难度适中、能引发学生对问题的兴趣与好奇心。四是问题富有挑战性，问题的解决有利于学生成长与发展，五是有现实性，把贴近学生生活实际的问题引入课堂学习的主题内容。

高中必修三专题六《蒙昧下的觉醒》一课教学设计时，教师分析教材、分析学生，这部分内容在以前的旧教材中从未涉及，而且内容理论性极强，对中学生来说显得生涩难懂，而且观点产生的背景涉及必修一、必修二的内容，随着时间推移，相关知识学生遗忘得差不多了，但学生有部分关于"人文精神"的缄默知识。教师在此基础上反复思考、斟酌，结合学生的生活实际和思维水平，整合教材重、难点，提出核心问题"梳理并解读西方先哲的观点，讨论其产生的背景及影响，阐述人文精神的内涵。"核心问题中的几个关键动词——"梳理"、"解读"、"讨论"、"阐述"，体现教师教学意图。确立学生的主体地位，让他们全程参与活动；提供学生体验的机会，让他们获得知、情、意、行体验成果；鼓励学生创造性体验，让他们提升发展。核心问题表述也恰当，可以看到学生需完成的学习任务，可以看到对学生自主学习与合作学习相结合的要求，可以看到对学生体验的思维层次递进变化的要求。

（四）构建民主平等的教学关系

教与学的关系是学生获得体验以及体验成功的一个重要因素。学生在学习过程中体验的不仅仅是情感、体验，还可以是与人交往、与人合作的方法、经验，以及与人合作策略运用的得失。实施体验式教学的策略之一还要着力构建民主平等的教学关系。

新课程改革改变着教师的教学方式，改变着学生的学习方式，更重要的是改变着我们的教育观念。民主平等的教学关系需要我们教师示范、需要我们教师建设。首先教师在备课时要心中有学生，不仅要分析教材，还要分析学生，分析学生已有的知识（包括显性知识和缄默知识），分析学生的心理基础和能力水平。其次在教学目标中是要以学生为主体来思考和设计，如高中必修一专题四《"一国两制"的构想与实践》一课，教学目标的表述（1）学生能熟悉"一国两制"伟大构想形成、成功运用的基本史实。（2）学生能积极参与资料收集、问题探讨、交流表达等活动，理解和掌握"一国两制"的特定含义与实践。（3）学生在分析和理解"一国两制"理论与实践中，体验以邓小平为首的中国领导人的创造精神和非凡智慧。其三教学过程中要有意识加强师生、生生之间的互动和交流，在互动和交流过程中营造氛围，做到尊重同学的见解，理解同学体验的差异，接纳同学的个性。在高中必修三专题五《人民教育事业的发展》一课中教师让学生进行"社会调查"，谈论人民教育与国运兴衰的关系。学生全心投入，课前利用各种资源开展社会调查，形成录音、视频、图表等各类调查报告，然后在课堂上展示、交流，师生分享同学的体验成果，进一步修正、完善同学的体验成果。在学生的互动交流中我们感受到学生观察、研究历史的不同视角，感受到学生体验的深度、广度的变化，更感受到了学生学习的热情和自信；学生感受到老师对他们的赞许和信赖。他们在学习知识的过程中同时体验着美好的人际关系，共同感悟生命的意义。其实我们每一个人的内心世界只有对外保持开放的状态，心灵世界才能更容易吸收外部信息，才能真正获得成长和发展。新型的师生关系构建也是新课程改革的一项重要内容。

参 考 文 献

[1] 普通高中历史课程标准（试验稿）．北京：北京师范大学出版社，2002

[2] 普通高中历史课程标准（试验）．北京：人民教育出版社，2003

[3] 成都市第十二中学《核心问题教学中学生深度体验实践研究》开题报告，2011

[4] 陈旭远，刘冬岩．促进学生体验的教学策略．中国教育学刊，2004（4）

[5] 袁小琴．蒙昧中的觉醒．校内教师的交流教案，2012

新课改理念下的高二英语教学
——关联体验式的整体阅读教学法

李 缨

英语的阅读教学是老生常谈的话题。因为阅读是人们获得各种信息和知晓知识的一个重要途径。现外研版的高二英语教材也更加突出了加强学生词汇教学与阅读能力的提高，培根也曾说过：Reading makes a full man. 可见阅读的重要性。况且现在的英语考试重点已转移到考查学生综合运用英语语言的能力，特别是阅读能力，它包括阅读速度、信息获取与处理能力以及语篇分析能力等。高中阶段语篇教学是阅读教学的关键和目标。学生不能有效地进行阅读，主要有三大障碍：词汇和语言知识障碍；阅读技能障碍；文化知识障碍。这三大障碍最根本的是由于学生在阅读中不能建立关联联想，关联结构的理解等原因造成的，学生对文章的把握要么一叶障目，要么只见森林，偏颇较大。

一、词汇和语言知识障碍

词汇量是阅读的基础，离开了词汇量去谈阅读，是不切合实际的。为了达到一定的阅读效果，学生应该选用词汇难度适中的阅读材料进行阅读。在阅读英语材料的过程中，生词或者熟悉但含有新意义的词往往会成为学生理解的障碍。"目前学生当中存在一个很大的问题，就是拼写生词和猜测生词的能力非常差。他们只限于辨认生词词义，不下工夫去拼写生词，他们一遇到生词就查字典，不会通过上下文猜测词义。查词典当然是排除词义障碍的一种方法，但是，频繁地查阅词典既影响阅读速度，又容易破坏学生阅读的思路和兴趣。况且，一词多义是英语词汇的主要特点，词典通常只能给学生提供一个单词的一般含义，也就是说，词典不一定能为学生提供单词在特定的上下文中的具体或确切的意义。我们必须懂得认识一篇文章的所有单词并不等于能理解这篇文章而透彻理解一篇文章并不一定要认识文章的所有单词。"择自《文本特征与阅读理解》，英语单词是可以分析的，我们可以用构词法来猜测、确定词义。除此之外，我们还可以利用语境线索（context）来推测该词的含义。虽然我们强调在英语阅读中遇到生词时，要尽量去猜测其词义，而不是马上去查词典或尽量少查阅词典。（1）根据上下文提供的内容猜测；（2）根据语法结构猜测；（3）根据构词法猜测；（4）根据定义、解释猜测；（5）通过对比关系来猜测。如：现行高二英语第五单元的课文 A Life in Sport 一文中，He decided to launch a new brand of sportswear, competing with global giants like Nike and Adidas. 在这个句子中，可教学生通过 Like Nike 和 Adidas 这样的列举来猜测画线单词的意思。日常教学中坚持一定的阅读技能的培养，不放过点滴训练，他们在英语阅读方面会出现惊人的飞跃，逐步把词典这根拐棍抛开，提高阅读速度。

二、阅读技能障碍

在阅读一篇文章时,学生虽然没有什么词汇和句子结构等障碍,但却很难理解文章的中心意思,主要问题在于他们只停留在句子水平上的理解,缺乏语篇分析能力。老师要逐步引导学生从逐字逐句阅读、理解课文转变为从语篇分析入手去理解课文。所谓语篇分析,就是通过分析语法词汇衔接关系,掌握句与句、段与段之间联系通过分析句与句、段与段之间的意义连贯去归纳,综合和推断文章的篇章意义。怎样引导学生进行篇章分析,提高对文章的理解能力。由于语篇分析是个较复杂的问题,这里仅结合学生实际情况,提出一些主要的可行的方法。如 A Life In Sport 文章分析,可以从标题入手,Why the title is *A life in sport* ?学生只有通读全文后才能得出结论:李宁的一生都与运动有关,退役前是运动员,退役后经营的还是与运动有关的运动服。通过对全文的感悟、讨论,同学们都一致认为课文的标题取得恰到好处。平时的教学中就要渗透标题的领悟,这也是高考阅读的能力要求之一。另外根据文章的结构分析课堂上设计了以下的文章结构图,让学生体验细节抓出结构,如图1所示。

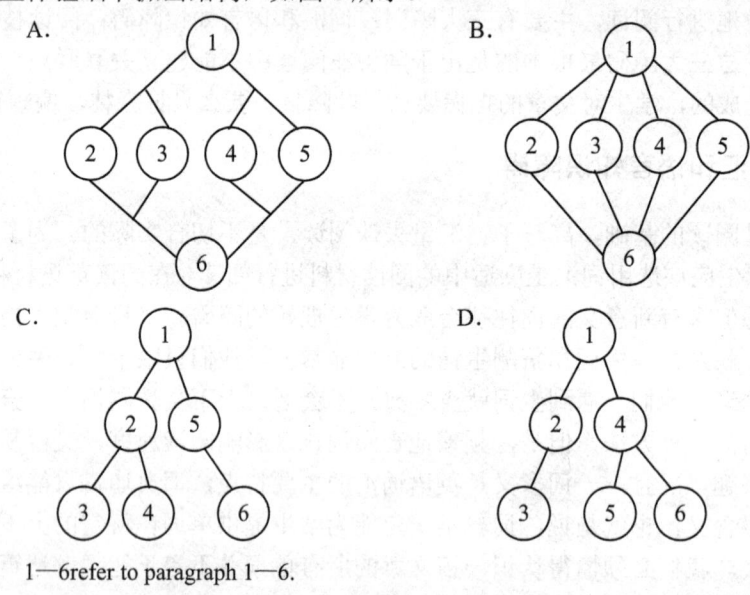

1—6refer to paragraph 1—6.

图 1

让学生在充分讨论后,得出自己的最佳选项,并陈述理由,这种感悟体验是结合有型的图示和无形的语言描述进行的,学生对课文的线条脉络通过自己的分析提炼而得来,这过程是难忘的,体验是深刻的,效果自然是好的

三、文化知识障碍

"没有对所学语言国家的历史、地理以及风土人情的了解,阅读就不能顺利进行。"择自《英语应用文阅读指南》,越来越多的实践证明,影响学习第二外语的阅读理解能力的一个重要因素就是缺乏必要背景知识,教师在阅读课上包括精读课要有意识地提高

学生文化素质，扩大他们的文化背景知识。如现行高二英语教材必修五的四单元 The meaning of Carnival 一文中，提到的 Trinidad，如果上课时老师忽略了涉及它的相关背景的介绍，那么文中后来提到的 this small state 也会忽略，甚至不知道其指代的是何地。在文章 The magic of the mask 中，要求学生上网查询为什么维尼斯的狂欢节会以戴面具而闻名世界。学生在感知课文的基础上，展开关联思考，在课堂上深度体验，语言知识的输入是在自然状态下进行的，英语这时是真的成了表达自己所思所想的工具。

所以在日常教学中，应坚持语篇教学是阅读教学的关键和目标的教学理念，词汇教学应当花费少量时间，选择最佳技法，力争达到较好效果，词汇教学要服从和服务于语篇教学因此阅读课的教学过程应该由整体到局部，再由局部到整体，即按"整体—局部—整体"的方法指导学生进行整体阅读和训练。通过整句、整段阅读，达到对全篇文章的正确理解，让学生"见之森林"，知其概貌。引导学生通读全文，借助上下文等来揣测词义，理解句子的隐含意义，弄清全文的中心思想，层次结构，行文线索以及作者对笔下人物的态度和写作意图。要求学生要先粗读课文，理解总体—部分—整体的教学模式。词句的学习，观点的理解都在一个完整清晰的全篇认知图中进行，通过关键词、主题句有针对性地分析理解点，并以点带面，深化阅读。因此，阅读教学应根据文体特点来组织、设计教学，优化教学方案是较好的切入口。引自《英语应用文阅读指南》一文："目前文献中常见的两种阅读理论模式，从上至下模式、反应—补偿模式。"这两种模式和框架显得太宽泛，不易在教学中把握，应在教学中将上述模式灵活运用，结合学生心理特点，文体特点，以及"文化"内涵进行探索，语篇教学法的基本教学原则在于阅读文教学应是课内外创设条件，让学生自我进行语言习得和教师主导有机结合，而非传统的紧扣教材教什么内容的问题，阅读文中创设条件主要应是课堂训练要有信息差（information gap 消除学生对课文理解的不确定性）；训练要准确，又要流畅，难易适度，由易到难激发兴趣；制造让学生出错的问题进行重点讲评，而非每错必纠。

整体阅读教学法即对文章的主旨大意就是对文章中心思想的理解。文章的教材、取材都依据文章中心。因此，我们可以抓中心、析标题进行阅读教学，让学生从整体上纵观全文结构和内容。同时，也可以让学生的思维发散，真正在阅读教学中既能放开又能收笼，既抓大又放小。着手的主要内容：（1）main idea（2）title（3）topic sentence 文章无定式。但文章有章法。英语文章尤为明显。总之，要提高英语教学有效性，教师要改变观念，以学生为主体、教师为主导，加强对学生阅读技能的训练，采用语篇教学法，阅读前作有效的导入，采用核心问题教学模式，让学生体验整个阅读过程，阅读后展开关联体验，扩大阅读量，训练以巩固，形成一套完整的阅读体系。

参 考 文 献

[1]（美）菲尔德. 郑旺全译. 文本特征与阅读理解. 北京：人民出版社，2007，8

[2] Rest Features and Reading Comprehension by Paul Nation. 北京：人民教育出版社，《文本特征与阅读理解》

[3] 杨荣泉. 英语应用文阅读指南. 上海：上海交通大学出版社，1991，3

[4] 现行版高一和高二教材，外语教学与研究出版社，2010，6

谈谈核心问题教学模式中的板书设计

苏显东

核心问题教学模式是我校校本研究的重要成果，该模式认为一节课的教学活动应该围绕核心问题展开，经过提出问题、解决问题（学生活动）、归纳提升、运用反馈四个环节，最终解决核心问题，实现教学目标。该模式强调学生应该在核心问题的引领下进行自主的体验式学习，强调学习的过程，教师在其中起组织、引导作用。学习的过程、成果通过板书呈现出来。因此板书设计应符合这种教学模式的要求，应与之相匹配。

一、对板书设计的认识及存在的问题

（一）板书设计的地位及作用

板书是核心问题教学模式中课堂教学的重要组成部分，是师生围绕核心问题进行体验性学习活动的成果呈现。

就教师而言，板书设计反映了一节课教学目标的达成程度；反映了教师对核心问题教学模式的理解、运用程度；反映了教师的设计理念、设计思路及教学设计的能力、水平；也反映了教师的基本素质，如硬笔书法的水平。板书设计还反映了教师备课的深度、广度及备课的水平。

就学生而言，由于板书可以较长时间保留，因而有利于学生记笔记；有利于学生相关体验性学习活动的开展；有利于学生理解、记忆、内化所学知识。设计合理、工整、优美的板书让人看了赏心悦目，过目不忘，就像一幅艺术品一样，给人美的享受和体验，这是一份额外的情感体验。

所以，板书设计实在是重要，在备课时实在有必要认真对待，高度重视。

（二）日常教学中，教师在板书设计上存在的问题

第一，轻视板书的作用。错误地认为板书会浪费时间，会影响教学内容的完成，于是板书很少，只有标题甚至黑板一片空白。或者干脆由电子板书取代。

第二，不清楚板书的内容。或者只罗列知识点；或只板书标题，如：背景、原因、人物、过程、意义等，没有具体内容；没有学生发言记录；没有归纳提升内容；不能反映出知识点之间的关联和相关关联。这类板书设计不完整，不科学，呆板单一，没有太大利用价值，不能有效反映出核心问题教学模式的价值和特点。

第三，板书内容太多。很辛苦的在黑板上写了很多，杂乱无章，内在联系不清晰，浪费时间，甚至不能顺利完成教学任务；重点不突出；不利于归纳提升；加重了学生记笔记的负担；不利于学生的消化吸收。

那么，在核心问题教学模式中，到底应该板书哪些内容？板书设计应该遵循哪些原则？

下面就以笔者曾经上过的一节两校区公开课《中国历史》八年级下册第15课——建设现代化的人民军队一课的板书设计为例来谈一谈。

二、板书设计的格式、内容

板书设计实例：
第15课　建设现代化的人民军队
核心问题：观看视频、图片资料，畅谈现代化人民军队的战斗力
提出问题：听、看《军歌》视频
学生活动：看视频、图片资料　　　　　　　　　　　畅谈战斗力
1．人民军队的建立和发展（1949年以前）　　　　士气、纪律、优秀品质
　　　战术、领导……
2．新中国成立以来人民军队的发展　　　　　　　军种、兵种、科技
军种：陆军、海军、空军、第二炮兵（战略导弹部队）　武器装备……
海军：东海舰队、南海舰队、北海舰队
科技强军战略的实施：十一届三中全会以后
3．永葆人民军队本色
归纳提升：
1．影响战斗力的主要因素及相互关系（如图1所示）

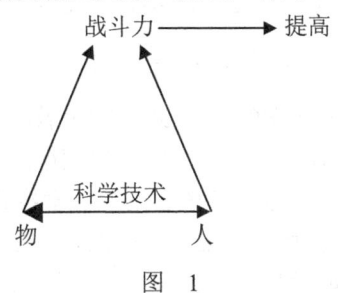

图　1

2．学习方法：论从史出，史论结合
运用反馈：
举一实例说明科技强军使人民军队发生的巨大变化[1]。

上面的实例说明了在核心问题教学模式中板书设计的格式及主要内容，它应该包括标题、核心问题及教学的四个环节等，其中归纳提升的内容是一节课的核心，是一节课最主要的学习成果，而解决问题（学生活动）是归纳提升环节的重要支撑。这个环节应反映活动的内容、过程，主要包括活动的名称，重要知识点及学生发言等。

这样的板书设计比较科学、完整，它反映了教师科学的教学观、教师观、学生观，因而与传统板书完全不同。

三、板书设计的原则

（一）板书设计应体现教学目标

下面是第15课的教学目标：

体验性目标

通过观看资料，体验科技与军队战斗力的关联，认识到科技强军的重要性，从而刻苦学习科学技术，将来更好报效祖国。

通过观看资料，体验新旧知识之间的关联。

通过观看资料，学生获得爱党、爱国、爱军的情感体验。

结果性目标

通过观看视频、图片资料，畅谈现代化人民军队的战斗力，学生了解人民海军、空军、导弹部队建立的史实；人民空军建立初期在抗美援朝战争中取得辉煌战绩的史实。知道重要的军种和兵种。记住人民海军的三支舰队（东海舰队、南海舰队、北海舰队）；导弹部队的别称（第二炮兵部队）。

通过观看视频、图片资料，畅谈现代化人民军队的战斗力，学生学习论从史出、史论结合的学科思想方法[2]。

通过将这节课的教学目标与板书设计进行对比可以看出，这节课的板书设计比较全面地体现了上述教学目标。如其中学生活动部分的板书体现了相关体验性目标及结果性目标中的知识目标；归纳提升部分的板书体现了关联性目标及能力、方法目标。正因为二者之间的这种关系，所以通过板书设计就可检验教学目标的达成度。

（二）板书设计应体现主要的教学环节

上面的板书设计包括了核心问题教学模式的四个教学环节，即提出问题、解决问题（学生活动）、归纳提升、反馈运用。尤其突出解决问题这个环节。这种板书设计不仅条理清楚、环环相扣、结构完整，更体现了核心问题教学模式的基本思路：教师提出问题，为问题的解决营造情景、搭脚手架，是课堂的组织者、参与者、引导者；强调学生在活动中学习，强调活动的过程（如学生的发言记录），强调学生在体验中学习，强调学生学习的主体地位；最终通过师生合作、生生合作实现问题的解决、意义的建构——归纳提升；最后通过反馈运用检查活动的效果。

（三）板书设计应体现重要知识点及其内在关系

上面的板书设计在学生活动部分板书了重要的知识点，这和传统板书是一致的，这主要是为了体现教学目标中的知识目标，强调历史知识在历史教学中的重要地位。这种板书设计更强调核心问题教学模式的知识观：知识是学生在体验性学习活动中主动获取的，是学生活动的成果之一；学生不仅在活动中获取了知识，还领会了知识之间的内在关系，因而无需死记硬背也印象深刻。

（四）板书设计应体现关联体验

学生在围绕核心问题而进行的体验性学习活动中会产生许多关联性体验，如在第 15 课的教学中，学生在听、看《军歌》视频资料和观看阅兵式资料的活动过程中就获得了丰富的关联性体验。学生会回忆起人民军队在建立和发展过程中的一些重大事件，这是新旧知识之间的关联体验；学生会思考影响人民军队战斗力的因素有哪些？其中起主要作用的因素又是什么？这是因果关联体验；学生还会被雄壮的军歌所感染，被人民军队的飒爽英姿所震撼，从而产生爱党爱军的情感，还有可能影响他们以后的职业选择，这是情感关联体验，等等。引导学生将重要的关联体验（依据教学目标）显性化，并进行归纳提升（深度体验），这样有助于学生构建完整的知识体系，牢固掌握所学知识（学习方法），而且训练和提高了学生的历史思维能力。

所以，板书设计应体现主要的关联体验，上面板书实例中学生发言要点属于关联体验的部分显性化，而归纳提升部分的板书则是关联体验的归纳整理，是关联体验的成果。

（五）板书设计应简洁美观

在教学中，由于时间有限，所以板书设计从内容上应简洁、突出重点，这有利于学生记笔记，掌握重点知识；从结构上应完整、合理，这有利于学生理解所学知识；从形式上应工整、美观、漂亮。漂亮的板书赏心悦目，给人以美的体验，美的享受。在这个方面，无论哪种教学模式，无论哪门学科，无论过去还是现在要求都是一样的。

以上只是笔者对核心问题教学模式中板书设计的一点粗浅认识和理解，不当之处，敬请批评指正。实际上关于核心问题教学模式中的板书设计还有很多值得我们去研究，如板书内容的呈现方式、板书时机的把握、板书内容的先后顺序、黑板板书与电子板书的关系等等。

信息技术课堂中"关联体验"的实践与反思

宋德洪

一、体验教学是新课程改革和实际教学的需要

信息技术课是学生喜欢又不喜欢的一门课。说喜欢是因为学生在学习知识的同时，可以利用这些知识在提高自己学习效率的同时也使自己的生活和学习更加丰富多彩；说不喜欢，是因为这门课非高考科目，同学们学习动力不是太足，而且每周只有两节课，两节课之间相隔时间又较长，同学们在课后也不会花时间去预习和复习，前节课所学的知识到后一节课要运用时由于遗忘而会很多记忆不起，心理上就会有一种挫败感，长期如此，对这门课就会不喜欢。

如何在课堂上充分激发学生的学习兴趣？如何使学生学习的知识能更有意义地长时存储在他们的大脑中？如何使学生在信息技术课堂上能够有更多的成功感？这是每一个信息技术教师都面临的一个问题。

在新课程标准中信息技术分为必修模块和选修模块两部分。其中，必修模块"信息技术基础"设置意图是使学生在持续信息技术经历的基础上，更多关注课程的深层次内涵。该模块重点转移到适合高中学生认知水平的信息素养的培养上，所以该模块的教学应维持技术水平（指不将课程焦点定位在提高建立在各类应用工具及技术的基本操作能力上面）而提高文化含量与水平的思路；各选修模块带有一定程度的技术取向色彩，与必修模块相比，各选修模块是沿技术分类纵向设置的。因此，高中信息技术课程的教学应体现如下三个特点：第一，信息技术应用能力与人文素养培养相融合；第二，符合学生身心发展需求；第三，有利于所有学生全面发展与个性发展。所以，新课程标准下的教学就必须改变脱离实际应用情境，"为操作而操作"的"书本技术"教学倾向，重视面向实际应用情境的实践技术教育取向，加强技术教育与学生生活、学习以及社会发展和当代科技进步的联系。同时，挖掘信息技术背后隐含的思想、方法和信息技术科学原理。

"告诉我，我会忘记；分析给我听，我可能记住；如果让我参与，我就会真正理解。"这是在美国教育界流传的一句话。体验教学正是让学生参与的教育理念。这不仅仅是教学方式的改革，更根本的是教学思维方式的转换，要求教师确立学生的主体地位，引导学生参与教学的全过程中，在体验中思考，在思考中创造，在创造中发展。那么什么是体验呢？

北京师范大学李英从教育学的学科地位和学科性质提出了体验的含义：体验既是一种活动，也是活动的结果。作为一种活动，即主体亲历某件事并获得相应的认识和情感；作为活动的结果，即主体从其亲历中获得的认识和情感。它包含三层意思：经历、情感、认识。

在课堂教学中,如何让学生做到体验学习呢?真正的体验要看教学过程是否生活化,但是学校教育不可能完全地再现生活,所以教师创设的情境是否能联系学生的生活?是否能联系学生已有的知识?是否能在学习过程中联系与人合作的经验、学习方法以及策略运用等?这就是本校校本研究中提出的"关联体验"。"关联体验"就是学生在学习活动过程中关联体验已有的生活经验;关联系学生已有的知识;关联系与人合作的经验、学习方法以及策略运用等,它既是学生基本的学习方式,也是一种创造性的思维活动。

如何在信息技术课上关联学生的生活情境、学科知识、情感经历等进行体验教学,确立学生主体地位、教师主导,引导学生参与教学的全过程中,在体验中思考,在思考中创造,在创造中发展?从教学实践来看,体验式教学的过程主要包括以下五个阶段:激发兴趣阶段、实践感受阶段、体验内化阶段、强化反馈阶段和学习迁移阶段。我校的校本研究核心问题教学模式将其归为:问题→活动→提升→运用这四个阶段。下面,以我校的两节信息技术课案例来阐述在我校校本教研核心问题教学下高中信息技术课堂上关联体验教学实施过程。

二、信息技术课堂中"关联体验"的实践

案例1. 程序设计的分支结构

本节课,教师先演示一个程序,如果心情好,输入字母"y",程序显示一张笑脸,如果心情不是很好,输入字母"n",程序显示一张苦脸,程序如何做到根据不同的输入显示不一样的图片呢?引入新课(提出问题),高级语言是接近自然语言编程的一种计算机语言,vb是高级语言,它的条件语句的格式也和英语中if引导的条件语句有相似之处。请同学们根据英语中if引导的条件语句的格式完善并调试以下两个简单的if条件结构的程序,并根据调试的结果,总结vb中if条件语句的格式;并尝试画出if条件结构的流程图(学生活动,解决问题),与英语课相关知识和高级语言特点进行关联的同时进行程序的调试并执行体验,降低了学生学习编程语言的难度。在学生顺利得出if分支语句格式和流程图后(提升讲解),再设计了三道渐进的任务应用题,是学生运用所构建的if分支结构知识去解决生活和学习中遇到的问题,体验编程解决实际生活中所遇到的问题而带来的快乐,从而提高学习编程的兴趣(运用反馈),最后利用多媒体系统展示学生的解题结果,其他同学对其程序进行分析评价。

本节课,学生要学习if语句,教师创设的情境是让学生联系英语的条件语句格式,从而在程序中完善相应的if语句,并进而总结出vb中if条件语句的格式。从实际上课的情况来看,学生对于这样的形式来获得新知识非常欢迎,便于他们的理解。全部的同学都可以总结出if分支结构的格式,也能够理解if分支结构的执行过程。只是在理解了分支结构后,在实际应用的过程中还存在这样那样的问题:比如单词拼写错误、符号的误用等,但是他们在相互讨论商量和请教之后,都能够较好的解决他们遇到的问题。

从学生提交的最后作业的情况来看,100%的同学都能完成运用任务三道中的两道,还有约46.6%的同学可以完成最后一道运用任务。

案例2. 穷举算法

本节课以一加密文档的密码遗忘,请同学们不借助其他工具,手工找出密码(提出

问题），学生完成找密码的活动（解决问题），引导学生反思找密码的方法，归纳出穷举算法（提升）；再引导学生利用穷举算法编程处理信息，解决生活中的实际问题（运用反馈）。以"找密码，归纳穷举算法"作为本节课的核心任务，学生充分活动，在活动中体验，在体验中反思，在反思中感悟，顺利地达成本节课的教学目标。

本节课，教师创设的情境是生活中密码遗忘如何尝试找到密码，在归纳穷举算法时，关联学生前面学习过的 for 语句和 if 语句知识，学生活动积极，体验深入。全班同学都能够手工找出加密文档的密码并且从找密码的活动中总结归纳出穷举算法；能够提出自己（并欣赏他人的）反穷举法破译密码的策略；从收回的学生实验报告分析，约有 89.7%的同学能够利用穷举算法顺利完成简单的编程处理信息。

三、信息技术课堂中"关联体验"的反思

运用核心问题教学加深学生关联体验，"以学生为中心，以任务为基础，让学生通过具体体验来感悟和认知"的教学方法，在教学实践中要注意以下几个问题：

（一）教师在创设学习情境时要注意营造和谐的课堂氛围

学生在体验学习的过程中，教师的引导非常重要，教师要引导得恰当，要能够提升学生学习有效性，就必须注意在创设学习情境时要注意课堂氛围的营造。有很多教师在创设学习情境的过程中，更多地设计问题情境而忽视课堂氛围。好的师生关系、好的课堂氛围能够促使学生更好地在问题解决过程中体验学习。

（二）教师创设的问题情境要关联学生经验生活和学生已有的知识

教师创设的问题情境要关联学生经验生活和学生已有的知识。教师必须要分析教材和学生，要能够整合教材内容，将学习目标和学生的经验生活和已有知识相关联，创设学生感兴趣的问题情境，在上面的两个案例中，教师在创设情境时分别关联了学生的已有知识和生活经验。学生的已有知识既包括本学科的学科知识也应当包括其他学科的知识。教师在信息技术课堂中引导学生进行情感体验，激励学生的创造体验的同时要注意关联学生的生活经验及已有知识的体验。

（三）关联体验教学不要忘了与学生成功的体验相关联

教学中不能片面追求体验活动的形式，缺乏让学生有成功的体验。教师要引导学生自主获取知识与技能，学会学习，促进正确价值取向发展的同时，要让学生都有成功的体验。没有体验，感知不会深刻；没有体验，就不会有自我的建构；没有体验，就不会有创新的发生；没有成功的体验，学生就体会不到学习的快乐。在信息技术教学中让学生获得成功的体验是每一个学生的权利，让学生在体验、探究、合作、交流中获得成功的快乐是每一位教师的义务。

参 考 文 献

[1] 周光芩. 核心问题教学研究. 成都：电子科技大学出版社，2009，2

[2] 古船. 体验教育的提出、界定与价值. http：//www.edu.cn，2002，3

实施核心问题教学，促进学生英语学习的关联体验

苏 萌

2010年秋季，四川省开始实行普通高中新课程改革。高二的英语教材选定为外语教学与研究出版社编制的《英语》（新标准）高中教材选修六。"*Jurassic Park — Scientific Fact or Hollywood Fiction？*"是选修六第五个模块中 Reading Practice 的一篇文章。Reading Practice 的处理方式不同于 Reading and Vocabulary，不能设计成精读课文那样注重知识点的讲解，也不与 Cultural Corner 主要介绍文化背景知识的泛读文章类似，而需要另辟蹊径，充分挖掘文章，确定教学重点。在没有现成经验的情况下，针对这种类型的教学内容，如何设计出一套新颖独特、既符合新课标要求又具有操作性和实用性的教学方法，的确是个问题。为此，笔者狠下工夫，一边钻研英语教学法，探究英语教学中不同课型的不同模式，一边研习我校的校本教研理论，希望从中找到契合点。

一、核心问题教学法

通常来讲，教学是以问题为中心，把教学内容化作问题，引导学生通过解决问题从而掌握知识、形成能力、养成心理品质的过程，即"问题教学"。那么在"问题教学"中什么样的问题其解决活动能有效地调动学生的思维活动呢？我们知道问题来自于教学内容，并且以问题的解决作为中心贯穿于整个教学活动。而当我们选择一个核心问题，并以此核心问题的解决为主线，贯穿整个教学活动，那么"问题教学"可以实现其有效性。在具体的应用当中，核心问题是根据教学的主要内容精心设计和挑选的一个中心问题，核心问题既要兼顾到各种层次的学生的学习活动，又要能调动学生各种层次上的思维活动，其解决活动几乎贯穿整节课。这节课中的其他问题都是与之存在逻辑联系的派生问题，派生问题也是经过精心挑选并按一定序列整合起来的，其解决是围绕核心问题的解决而进行的。这样就使得教学活动有了明确的主线，学生的思维活动也有了连贯性和层次性。核心问题解决之后，再由师生共同对核心问题解决的主观过程进行反思，归纳总结学习活动中的体验与感悟，从而产生本节课应该学习的新知识、新方法，使教学的结果性目标与体验性目标都获得更高的达成。

二、核心问题教学法与关联体验

我校独创的核心问题教学法一直是笔者英语教学的引航标，指领着笔者的每一堂课的思想设计。这次提出的"核心问题教学中的学生关联体验研究"又使笔者受益颇丰。它使笔者意识到关联体验在英语教学实践中的重要性。

什么是体验，人们从哲学、心理学、美学、教育学等的不同角度进行探讨。综合各

个方面的论述，从便于一线教师理解和运用的角度，从便于在教学中形成对学生体验的激发、生成、丰富、深化的角度，我们所选用的是：体验是学生基本的学习方式，体验既是学生多种多样的学习活动，也是学生相应学习活动的结果。作为一种活动，包括学生个体的心理性投入、尤其是身体性投入；作为一种活动的结果，即是学生个体从活动中获得的认识和情感。关联体验，从字面上讲，指对事物之间发生的牵连和影响的体验。它表现为公共知识与个人知识的关联，更是个人与世界的关联。公共知识与个人知识的关联中包括知识与知识的关联、知识与思想方法的关联、知识与个人情感的关联、知识与个人能力的关联、显性知识运用与缄默知识运用的关联……个人与世界的关联包括个人的动脑与动手的关联、焦点意识与辅助意识的关联、人与自然、人与社会、人与自我的关联……

因此，本堂课在提出核心问题后，要充分发挥学生眼看、耳听、嘴说的身体性活动，引导学生的关联体验来解决核心问题并调动学生的情感，培养相关的意识，从而达到对核心问题的提升和应用。

三、实施核心问题教学，促进学生英语学习的关联体验

这不就是笔者要找的 Reading Practice 一课的契合点吗？几经思量，笔者别出心裁地创设出"研读课文，提炼出英语议论文的写作模式"这一核心问题。通过阅读活动的巧妙设置，在训练阅读技巧的同时，引导学生体验文章中作者提出观点、阐述观点的方式，然后进一步关联语文课上议论文的写作方式，最后让学生在体验二者写法上的异同后，提炼出英语议论文的写作方式，以解决本堂课的核心问题。

围绕着核心问题教学法和体验性目标的达成，笔者开始了本堂课的创新设计。首先，对课文的题目"*Jurassic Park — Scientific Fact or Hollywood Fiction？*"进行了挖掘，要求学生读题之后预测课文内容。这就关联到了电影 *Jurassic Park*，让学生回忆起电影的主角——恐龙，也就是本篇课文的话题人物。由于学生普遍对"Scientific Fact"和"Hollywood Fiction"不太熟悉，因此第一个活动"预测课文内容"可以帮助学生从选项中的近义词的辨析上体验出课文要谈到的话题。并且在对"or"这个单词进行探究后，学生能够明确文章体裁。这样一来，学生已经很清楚本课文是一篇讨论"侏罗纪公园是客观现实还是科幻小说"的议论文。由此，本堂课的核心问题顺利地提出"研读课文，提炼出英语议论文的写作模式"。

紧接着第二个活动是对课文结构的挖掘，要求学生略读课文，划分文章段落，并讨论出文章结构。这一步操作起来比较简单，学生一看这篇课文就是篇总分总的文章。文章的第一段是对侏罗纪公园的一段介绍，带领学生进入到恐龙的情境中，激发他们对于恐龙克隆是很"可怕、危险、恐怖"等的生存体验。那么学生很容易说出第一部分即是整个话题背景。要归纳第二部分的内容，就要关联语文中议论文的写作要点。语文课上已经学习过议论文，因此学生需要将语文知识关联到英语学习中，所以第二部分应该顺理成章地阐述作者的论据。最后一个部分才是总结作者的论点。

理清文章脉络之后，把中心转到第二部分，即作者的论证上。通过不同的活动，或完成句子，或选择判断，帮助学生一步步找出论据。其中，论据的提出方式又是学生需

要掌握的重点。所以我们又关联到语文议论文中论据的罗列方式——连接词。同样，在英语议论文中也需要用到"first"、"second"、"next"、"in addition"、"what's more"、"last"、"sum up"等词来暗示句子间的联系。由这些连接词的提示，学生能够很快地找出作者的四个论据。

其实，学生在找出这四个论据后，能自己总结出作者的观点态度，即克隆恐龙是不可能的。但是要解决核心问题，必须要求学生提炼出作者是如何表达自己的观点。学生发现最后一段第一句"so"这个连接词后就是作者的观点。这点与语文写作相似，观点的陈述都在最后段的开头。

现在，再要求学生在小组讨论的基础上反思英语议论文的写作方式并能给出一个写作模板。于是，学生以小组为单位展开了热烈地讨论，有的同学立刻关联到语文写作的模式，有的同学又一边回忆英语上课刚才讲的内容，求同存异，各抒己见，很快便得出了结论：英语议论文分三段，分别为话题背景介绍、论据阐述和观点总结；其中论据间用连接词连接，观点放在句首。

到此本堂课的核心问题：研读课文，提炼出英语议论文的写作模式已经圆满解决。最后一步就要对议论文的写作进行应用反馈。笔者分发给每位学生一篇课外阅读，名为"*Is the Internet good for study or not?*"下面有一张表格，要求学生划分出文章结构，找出论据和论点。通过这一步骤，加深了学生对议论文写作的认识，并能快速获取文章信息，训练了阅读技巧。

综上所述，本堂课的设计非常成功。其中运用到的核心问题教学法是本堂课的主心骨，所有的活动都是紧紧围绕核心问题的解决而展开，具有统一性。必要且适时的关联体验又恰到好处，降低了英语议论文写作的难度。学生不断地关联语文议论文的写作，同时比较二者的异同，有利于加深其对英语议论文写作的学习，具有指导性。因此，本堂课是在核心问题指导下英语关联体验的一次成功的教学实践活动。

参 考 文 献

[1] 陈琳. Simon Greenall（英）《英语（新标准）第五册（必修五）》. 北京：外语教学与研究出版社，2010

[2] 丁念金. 问题教学策略. 福州：福建教育出版社，2005

核心问题指导下的高三化学专题复习
有效性的实践研究

雷良兵

一、问题的提出

本课题源于我校《核心问题在教学中的学生深度体验实践研究》科研课题进行的高三化学专题复习有效性的实践研究。在高三化学一轮复习中,每章节进行了比较详细的复习,通过第一轮的复习,同学们基本上比较系统地掌握了化学基础知识,并初步形成了知识体系,但是也暴露出一些问题,如:对知识点的掌握还比较零散,缺乏系统性、条理性,解题时不能灵活运用所学知识,审题能力不足,不能迅速全面地提取题目信息,思维缺乏敏锐性导致解题速度缓慢;答题时,出现化学用语书写不规范,考虑不全面,实验设计题中出现表达能力不够,表达缺乏针对性、不科学等。因此,在第二轮复习中,我们通常是针对高考中的一些重点和学生学习的难点知识,分专题进行复习。在各专题的复习中,主要包括知识点的讲解、习题的精选、习题及检测卷的讲评等几个方面。第二轮高三专题复习担负着使学生对重点知识的掌握进一步系统化、条理化、熟练化,提高解题能力、文字叙述能力、提升思维品质的作用。审视高三化学专题复习学科现状存在以下问题:

(一)知识点的复习缺乏重点,缺乏针对性

在第一轮复习中各章节的知识点已经比较全面地进行了复习,如果在第二轮复习中,再针对一个个知识点进行详细的、面面俱到的复习,势必有"炒冷饭"之感,令学生感到索然无味,再者时间也不允许。第二轮复习重在强化化学主干知识的复习,帮助学生对已经基本掌握的零碎的知识进行归类、整理、加工,对知识点、考点、热点进行思考、总结、处理,使学生对重点知识有一个深刻的认识和理解,使模糊的清晰起来,缺漏的填补起来,杂乱的条理起来,孤立的联系起来。让学生形成系统化、条理化的知识框架,这样有利于培养学生整体驾驭知识的能力,更便于重点、热点的强化,难点的突破。第二轮复习还要狠抓平时复习中的薄弱点,突出重中之重,针对学生存在的普遍问题必须对症下药,进行针对性的强化训练。

(二)不重视课本,盲目做题

由于各种资料、练习非常繁多,再加上复习资料中将知识要点进行了详细的归纳整理,甚至许多教师在复习中很少使用课本,从而导致学生也远离课本。实际上,课本注重知识的生成性，并设有相应的图像，如：有机物的球棍模型、实验装置图，以及各种表格等等，引导学生看书有利于学生对知识的掌握，能知其然还能知其所以然，对知识的理解更加直观，同时知识的形成过程更体现逻辑性，以上这些都是任何资料都无法替代的。所以，在复习中，教师要使学生明确高考试题的"源头"、基础都来自于课本，要紧抓课本，突出课本基础知识的作用，强化课本例题中思想方法的提炼，重视课本习题潜在功能的挖掘和利用。盲目做题，不顾课本，往往是捡了"芝麻"丢了"西瓜"。

（三）搞题海战术、习题的选择采用拿来主义

习题的选择是非常重要的一环，在各专题的复习中，学生对知识点的熟练运用主要通过练习来达到。但是，如果不加选择地将资料硬塞给学生，会导致学生陷入题海战术之中，结果必然是事倍功半，加重学生学习负担，减弱学习兴趣。习题的选择必须要有针对性，要突出重点，突破难点；要根据学生的薄弱点出题，根据学生易混淆或易疏忽的出题。必要时还要加强题目的变式练习。

（四）习题设置难题过多、起点过高

每年的高考试题，总体有这样的特点：题型不生、起点不高、设问不偏、难度不大。复习集中在几个难题、难点上，讲练耗时过多，步入"低效率、重负担、低质量"的恶性循环怪圈，不但基础没落实，而且能力也没有提升，浪费宝贵的复习时间。所以，在复习中，教师应改变让学生多练习难题有助于提高解题能力的观点，也不必为了让学生接触更多的题型而练习一些怪题、偏题。平时练习的难度还是要根据高考的难度以及学生的接受水平而定。第二轮复习时间离高考越来越近，练习过难势必会打击学生的自信心，给学生带来负面的影响。

（五）习题及检测卷的讲评缺乏重点，缺乏针对性

在第二轮复习期间，习题讲评占了课堂教学相当大的份额。在习题讲评课中，最容易造成一些教师整堂课下来就是根据学生的作业顺序一题又一题地加以分析讲解，表面上学生似乎弄懂了每一道题，但到最终一节课下来又不知掌握了什么，题目稍做变动又不知如何分析。造成上述情况的主要原因是整堂课缺乏重点和针对性。习题讲评时重点问题要舍得花时间，非重点问题敢于舍，集中精力解决学生困惑的问题、疑难问题。对于重要而学生得分率低的题目，教师要精心设计讲评思路，并通过一题多问、一题多解、一题多变，通过开拓外延、分析归纳等将零碎的知识得以升华。积少成多，结串成网，要"做一题，学一法，会一类，通一片"。通过练习的分析、讲解，最终要引导学生归纳知识要点、解此类题的一般思路。

（六）缺乏解题、审题指导，忽视对学生良好学习习惯的培养

第二轮复习应强抓解题规范训练，突出提高解题规范训练与准确率，要突出完整的解题训练，包括审题关——步骤关——反思关。根据平时的考试来看，许多学生在审题时往往存在下列几种情况：（1）粗心大意，将名称写出化学用语，将离子方程式写成化学方程式或未注意到题目中的一些关键词等。（2）不能全面捕捉题给信息，特别是隐性

信息的挖掘。（3）基础不过关或理解能力有限，不能理解题目中的一些句子含义，如：化学平衡题中出现的诸如"反应后容器内压强是反应前压强的几倍"，"反应后气体的密度是反应前的几倍"等等。为提高学生的审题能力，应引导学生坚持审题三读，具体包括：泛读，指明确有几个条件以及求解问题；细读，指把握关键字、词，数量关系等；精读，指要深入思考，注意挖掘隐含信息等。书面表达则坚持字迹工整、格式规范、详略得当、准确无误，力求会做的题不会出错。解题后的反思应包括：反思知识点，通过做题，巩固所学知识并形成知识网；反思解题方法，力求发现更简捷、更合理的解题途径。通过上述三关的训练，形成学生良好的解题习惯，引导学生"向细心要分、向整洁规范要分"，以减少解题的失误率，逐步解决"会而不对，对而不全"的老大难问题。

（七）课堂枯燥乏味，忽视学生兴趣

兴趣是最好的老师，只有使学生对化学复习课感兴趣，才能提高复习效率。而复习课上得不好，最容易导致学生觉得枯燥无味，减弱学习兴趣。复习课不能由教师包讲，要改"牵着走"的复习为"放开走"，改"一人写"的复习为"大家写"，改"一言谈"的复习为"群言谈"，真正让学生参与教学过程，参与审题、解题活动，启迪思维、点拨要害。

通过学校多年的教育科研课题研究的学习，核心问题教学模式进入我们的视野。国内现行的问题教学研究基本都一改传统"以教师为中心"的灌输式教学，强调把学习设置到一定的问题情境中，通过让学习者独立或合作解决真正的问题来学习隐含于问题背后的学科知识，并对学科知识形成问题解决策略。然而，在实际的应用操作中，"问题解决式教学"的教学过程往往是，由教师提出问题——学生思考问题——学生回答问题——教师再提出问题……在这个过程中，我们发现教师一个接着一个问题的发问，学生也一个接着一个问题的回答，似乎学生的思维活动已经被调动起来了，教师提出的问题也在学生的回答中找到了答案。但课后的检测却发现教学效果并不理想。是什么原因造成"问题解决式教学"无法达到其应有的效果呢？究其原因，我们发现问题的症结就在于"问题"本身。一种现象是：教师的提问随意性强，容易导致学生思维活动的随意性；一种现象是：问题多而散杂，问题与问题之间既不存在联系又缺少整合，容易使学生的思维活动偏离主题，难于聚合；一种现象是：问题设置不恰当，缺少思维内涵，使学生的思维处于停滞或低下的状态。这样的"问题解决式教学"是低效的教学，这些问题的设置也是低效甚至是无效的。

基于高三学段的紧迫性和重要性，从2010年开始，我们就以高三第二轮专题复习课堂教学为切入点，研究用核心问题教学来提高课堂教学效益，为学生营造问题教学的氛围，有效地促进师生的交互，促进学生认知结构的改善，促进学生的自主学习与学科素养的发展。

二、成果的主要内容

（一）什么是核心问题教学

核心问题教学是指围绕核心问题的提出、解决及反思活动来进行的问题教学活动。

核心问题既能整合本节课应学习的关键内容和重点内容,又能贯穿整节课。它具有以问题促进学生自主活动,以自主活动促进学生发展的功能(我们所说的核心问题均包括核心任务)。

核心问题是根据教学的主要内容精心设计和挑选的一个中心问题,核心问题既要兼顾到各种层次的学生的学习活动,又要能调动学生各种层次上的思维活动,其解决活动几乎贯穿整节课。这样就使得教学活动有了明确的主线,学生的思维活动也有了连贯性和层次性。核心问题解决之后,再由师生共同对核心问题解决的主观过程进行反思,归纳总结学习活动中的体验与感悟,从而使教学的结果性目标与体验性目标都获得更高的达成。

(二)核心问题的设计

一般意义上的问题教学是指以问题(或任务)为基础来展开的课堂教学过程。但如果问题教学中的问题设计过于随意或设置不恰当,会造成问题教学的低效。我们在研究中发现,以核心问题为主线,贯穿整个教学活动的"问题教学"可以实现其有效性。我们通过在课堂中的教学实践研究,总结了高三第二轮专题复习课堂教学中核心问题设计的几个原则:

1. 核心问题的实际应用性

我们所设计的核心问题,必须要把有关教学内容与具体应用联系起来,引导学生通过解决具体实际的问题。而体验过程、内化知识、感悟学科思想方法,形成相关素质。这样的核心问题也可以是一个核心任务,核心问题的解决过程也就是任务的完成过程。

例如在高三计算型选择题专题复习部分的教学中教师确定的"做计算型选择题,悟解题方法"的核心任务。此任务与学生的课堂要求密切相关,学生在完成任务的过程中体验感悟做计算型选择题的方法步骤,形成能力。

2. 核心问题的解决活动要构成旧知与新知的桥梁

核心问题的解决活动应该构成一个旧知与新知的桥梁,当我们所设计的核心问题的解决要求学生将已有的知识应用于新的实际问题解决中时,可以帮助学生意识到自己原有知识不足以解决新的问题,从而激发学生对新知识的兴趣,激发学生对新知识的探索欲望。

3. 核心问题的情境创设要具有真实性与仿真性

核心问题所创设的情境要具有真实性与仿真性特征,其背景尽可能与学生身边真实的或仿真的生活情境相联系,对学生具有合适的激励性、挑战性。

4. 核心问题要有恰当的开放性

核心问题的结构应具有开放性特征,不但一个问题之中多处呈现开放状态,而且解决路径和解决标准也往往是开放性的,给学生以足够的活动空间。

5. 核心问题要具有层次性和可操作性

由于学生的能力和知识水平参差不齐,在解决核心问题过程中,不同层次水平的学生解决问题的能力也不同。一个好的核心问题既能调动优生的思维活动,也要能调动其他学生的学习活动。因此核心问题的设计要照顾到各种层次的学生。同时,核心问题也要具有可操作性,既不能太简单也不能太难。

6. 核心问题的解决活动要能激发学生主动与学习环境互相作用

学生的学习活动离不开其学习的环境,学习环境有人文的环境、有学习工具及设备条件的环境,还有软件的环境。学生的学习应该充分地运用教师所提供的学习环境,主动地与环境进行交互的作用,从而多途径、多方法地进行学习。

(三)高三专题高效复习课堂中,核心问题教学操作模式

高三专题高效复习课堂中,核心问题教学操作模式环节大致为"情景——问题——活动——提升——反馈"。

1. 创设情境,提出核心问题

根据学习内容,教师创设一定的情境,引出核心问题。通过师生间讨论或学生间讨论,学生明确学习目标,进入学习情景。创设情境可以激发学生对本堂课的学习产生兴趣,形成积极主动的学习和参与教学活动的态度。如在高三《燃料电池》这一课题上就可以以"研究可乐电池的工作原理,归纳书写电极反应方程式的方法、技巧"为核心问题来引领本节的教学活动。

2. 问题探究与解决

这个过程中包含学生的自主学习过程和协作学习过程。学生在自主学习中,获得学习的自主权,自主学习可以培养学生独立分析问题、解决问题的能力。在这个过程中,学生还会不断地获得成就感,从而培养出独立探索、勇于进取的精神。但是,仅仅来自学生个体的认知还是不够的,建构主义学习理论认为:每个学习者都有自己的经验世界,不同的学习者可以对某种问题形成不同的假设和推论。学生可以通过分工合作、小组讨论、意见交流、辩论等形式合作解决问题,教师可以适时的引导和促进学生之间的沟通。通过这种协作和沟通,学生可以看到不同解决问题的途径,开阔思路,从而对知识产生新的理解。同时也培养了他们的团队合作意识。

3. 评价反馈与归纳提升

适时适当的评价可以使教师了解学生学习情况,调整教学方式,也可以使学生更了解自己的学习情况,调整学习方式。学生典型或代表性个案的点评,可以达到启发思维、开拓思路,促进学生知识的内化。教学进行到这里并没有结束,核心问题教学模式中,将新知识分解到了问题解决的过程中,忽略了知识的系统性和完整性,有可能知识在学生头脑中还是零散的。所以,教师要有意识地引导学生对所学知识进行归纳总结,完成真正意义上的知识建构。

三、教育教学效益

(一)研究中师生所取得的发展

1. 教师专业能力的发展

该课题的研究对教师专业发展产生了促进作用:拓展了教师的知识视野,改变了教师只是一个显性知识传递者的观念;拓展了教学目标,开始重视各层次体验性目标的确立与实现;拓展了教学思路,能运用"问题·活动·提升·运用"的模式进行教学;教师的

教学设计从关注自己的讲解，移向了关注学生学习基础（特别是缄默知识基础）的分析利用，移向了关注学生活动的激发；教师的教学实施从只侧重知识传授，移向了为学生的体验与感悟搭建活动平台，移向了对学生活动的组织调控与帮助扶持。

在课题研究的两年中，课题组参研教师参加的校内公开课一次获二等奖、一次获一等奖。撰写交流教案、个案和论文均获得校一等奖。课题组主研老师上成都市市级研究示范课 2 次。参与研究的课题组老师在武侯区教师大比武及赛课活动中 2011 年、2012 年连续两年获一等奖，取得了良好的课堂学习和教育研究的双重效果。

2．学生能力的发展

该课题的研究促进了学生思维方式的训练和化学学科素养的提升：学生认识到经历就是成长，而乐于在经历中获取经验；在核心问题解决的过程中，学生多了在实践中自己解决问题的冲动和行动，促进了书本知识与经验知识、学科知识与学科方法的融合；学生在问题解决过程的反思活动中，体验到了对思维的展开、追踪以及监控的过程，体验到了知识与方法的生长过程，从而加深了对知识的理解，更多了归纳改善自己思想方法的行为；学生体验到了小组内、小组间的交流与合作过程，体验到了独立学习与合作学习的优势互补，有更多的机会认识自己与别人在个性方面及思维方面的特点，促进了学生间有意识的相互学习。

（二）实实在在的课堂效益的提高

此课题成果被我组广大教师所采用，效果明显，如：在示范课《燃料电池》上了以后，我组高三的另外一位老师也采用此设计在自己的班进行授课，据学生的反馈，全班有 53 位同学达到本节课的教学要求，只有 3 位同学未达到要求。

经过两年的研究，今年此成果我们在高三的第二轮专题复习中广泛采用，在前不久的成都市二诊考试中效果十分明显，如表 1 所示。

表 1　我校高 2012 级化学一诊、二诊成都市前十三校名次对比表

	平均分名次	高线名次	中线名次
一诊	8	8	8
二诊	5	4	5

核心问题指导下的高三化学专题复习有效性的实践研究转变了教师的教学观念，改变了课堂教师的教及学生的学，提高了课堂教学效益。在实施中我们也遇到了一些困惑，发现了一些不足，对这一课题我们还将进一步研究、扩展，在实践中不断提高、完善。

在关联体验中进行氧化还原反应的有效教学

苏 娜

在新课程理念下，高中化学更为强调教学的有效性，单纯的灌输式教学显然无法实现教学效益的最大化。如何让学生主动建构知识，在体验中学习，变传统的接受性学习为有效的关联体验性学习。本文试图通过阐释相关理论，并结合高中化学知识体系中的一个重要内容——氧化还原反应这一具体的课例，阐述如何在关联体验中进行氧化还原反应的有效教学。

一、相关理论

（一）核心问题教学模式

"基于缄默知识的核心问题教学模式"的宗旨是以核心问题调动学生活动，实现学生在体验中的学习，变传统的接受性学习为体验性学习，使教学的结果性和体验性目标都有较好的达成度。模块的实施程序主要包括问题、活动、反思、提升四个环节。

（二）体验

体验是学习方式的一种。杜威的"从做中学"，陶行知的"行知思想"，库伯的"体验式学习循环模式"等都和体验式学习有关。体验式学习强调学生的主动亲身参与，在学习探究过程中获得情绪感受，并融入自身的经验当中。体验式学习能有效激发学生的学习兴趣，加深学生的理解和记忆，实现学生在课堂中的主体地位。

（三）关联体验

关联体验是体验教学的一个下位概念，内涵比较广，包括学科内部关联、不同学科之间的外部关联、学科与个人知识的关联。在具体的教学过程中，帮助学生有效建构新知识与原有知识的关联，与个人生活经验的关联，与其他学科的关联，有助于学生对知识的理解运用。

（四）有效教学

何谓"有效教学"，在这个问题上可谓是智者见智仁者见仁。有效教学当以学生的发展为中心，应当是有效果的，有效率的，有价值的。要能促进学生学习方式的转变，变被动学习为主动学习。只有学生的主动性被调动起来了，才能真正实现教学的有效性。

实践证明，不管是核心问题教学模式还是关联体验学习都是围绕着一个宗旨—实现教学的有效性。

二、氧化还原反应文本解读

（一）地位和作用

"氧化还原反应"是人教版高一化学新教材第二章第三节的内容。氧化还原反应的知识是高中化学的重要理论知识、重要概念，贯穿于整个高中阶段的学习过程，其重要性不言而喻。关于氧化还原反应，在整个中学新课程体系中是分三步完成的：初中阶段的要求是能从得失氧的角度简单了解氧化反应和还原反应的概念；化学必修 1 中是在初中化学的基础上，能用化合价升降和电子转移的观点初步理解氧化还原反应，能够判断氧化剂和还原剂；在学习后续课程如金属及其化合物及非金属及其化合物、原电池、电解池等时，将会对氧化还原反应有更进一步的认识和体会。本课例的教学处于第二步，起着承前启后的作用。课程标准对这一部分的阐述是"根据实验事实了解氧化还原反应的本质是电子的转移，举例说明生产、生活中常见的氧化还原反应"。

（二）教材知识体系变化

在这样的课程标准的指导下，教材编写的思路也有了一定的变化。其主要包括两大部分，第一部分是认识氧化还原反应：运用先行组织者，先从得失氧的角度让学生回忆起氧化还原反应的相关概念，再接着通过思考与交流等让学生分析出各元素化合价得出氧化还原反应的本质—元素化合价升降，再接着讨论氧化还原反应的本质；第二部分是氧化剂和还原剂的概念。

很明显，新教材的内容弱化了氧化还原反应中的一些概念，强调学习的阶段性。最大的转变就是将并没有一次性地交给学生关于氧化还原反应的重点知识，而是分阶段地贯穿至整个高中阶段的学习。

三、怎样进行关联体验

（一）与旧有知识相关联体验

学生在初中学习氧化还原反应是从得失氧的角度来认识，旧有的知识作为先行组织者快速引导学生进入新知识的学习，唤醒相应的缄默知识，让学生具备学习的自信心，体验到新的知识并不陌生和困难。

对于化学反应的分类可以有不同的标准，如可根据反应物和生成物的类别以及反映前后物质种类的多少将反应分为四大基本反应类型；可根据是否有离子参加将化学反应分为离子反应和非离子反应；还可根据是否有电子转移将反应分为氧化还原反应和非氧化还原反应。学生在初中阶段已具备四大基本反应类型的知识，能对简单的反应进行分类。可以通过给出这样一个反应，它不属于四大基本类型中的任何一个，抛出问题让学生去判断这个反应的反应类型，结果产生了认知的冲突，很自然地就能过渡到如果采用单一的分类思想对化学反应进行分类的话是不够完善的，需要从不同的角度对化学反应进行分类，自然而然引入到氧化还原反应。同时，此举还可为后面讲解四大基本反应类型与氧化还原反应关系时做铺垫。

在理解氧化还原反应的本质是电子转移可结合已有的原子核外电子排布的相关知识，可以通过多媒体计算机，模拟氯化钠的形成过程，通过这样直观的形式再结合与旧有知识体验到氧化还原的本质。

（二）与其他学科相关联体验

新课程理念下的化学教材较以往相比，注重了学科之间的关联。比如说每有一个重要的概念出现时，教材都会给出相应的英文名。比如在介绍氧化反应和还原反应时，给出其对应的英文是"OXIDATION REACTION"和"REDUCTION REACTION"。

在具体的教学中，为过渡化合价变化是氧化还原反应的特征时，笔者告诉学生还原反应翻译成英文是"REDUCTION REACTION"，接着又问"REDUCTION"是什么意思，它对应的动词形式是"REDUCE"，很多学生知道这个单词是减少降低的意思，笔者再次追问那是什么减少？什么降低？预习过的同学都知道是化合价降低。如果墨守成规，得失氧角度分析完以后，紧接着又从化合价升降角度，过渡总觉得有点生硬，但是若从化学与英语这两门学科关联的角度入手，使得过渡到氧化还原反应的特征——化合价变化就比较自然了。

再比如，还可结合生物里面讲到的有氧呼吸和无氧呼吸，新陈代谢说明氧化还原反应无处不在。甚至可以给出血液中葡萄糖与 O_2 的反应方程式让学生判断是否为氧化还原反应。

（三）与生活经验相关联体验

新课程理念强调化学必修课程应该是"公民的化学"，不是每一个学生都会从事化学研究，中学化学的宗旨是提高公民的科学素养，因此，化学课应该是富有生活气息的，因为我们的化学与生活紧密相关。同时，学习如果只是在纸上谈兵的话，肯定没有什么效益，只有学以致用，将课堂上所学与生活经验产生关联才能将知识融会贯通理解并记忆。

实际上，氧化还原反应广泛存在于生产和生活之中，比如金属的冶炼、电镀、燃料的燃烧、航空航天业，以及易燃物的自燃、食物的腐败、钢铁的锈蚀，为防止食物被氧化，通常要加入维生素 C 抗氧化。因此可以通过启发学生联系生活经验举例说明生活中的氧化还原反应，或者撰写一篇小文章体验感受到氧化还原反应无处不在，从而加深对氧化还原反应的认识。

（四）与学生情感态度相关联体验

新课标确立以促进学生发展为主的教育目标，着眼于学生的发展，包括三维目标——知识与技能、过程与方法、情感态度与价值观。《基础课程标准》将情感态度与价值观列为最重要、最核心的目标之一。"情感态度与价值观"具有强烈的人文指向，情感不仅指学习兴趣、学习热情、学习动机，更指内心的体验和心灵世界的丰富。态度不仅指学习态度、学习责任，更指乐观的生活态度、求实的科学态度、宽容的人生态度。价值观不仅强调个人的价值，更强调个人价值与社会价值的统一，科学价值与人文价值的统一，人类价值与自然价值的统一。在教学中，若能将氧化还原反应与学生的情感态度相关联，引起学生的情感共鸣，教学将会更加有效。

在介绍氧化还原反应时，可对学生的情感态度价值观进行关联体验。例如，引导学生正确看待概念的阶段性发展，初中我们是从得失氧的角度来判断氧化还原反应，高中则要从特征和本质上看待，在大学阶段将从电极电势的角度认识氧化还原反应；其次，氧化还原反应中有很多对立统一的关系，如氧化和还原是对立统一的，得失电子又是对立统一的；最后，氧化还原反应应用于人类生活和生产中，同时有正、负面的影响，这是不以人的意志为转移的，让学生正确、辩证地认识这些问题。

综上所述，氧化还原反应并不是一个枯燥的概念，它与其他学科，与学生原有的认知结构，与生活生产以及学生的情感态度都可以产生关联，通过教师启发，交流讨论、创设活动情境、运用多媒体技术等形式，学生经过深度的关联体验学习，可以长效地形成关于这块知识的记忆，在后续的学习中辅之以更为深度的关联，就能形成一种对氧化还原反应较为完整的认知结构，最终实现教学的有效性。

参 考 文 献

[1] 洪菲. 杜威与陶行知教育思想之比较. 科教文汇（下旬刊），2008（12）

[2] 教育部. 普通高中化学课程标准（实验），2004，12

[3] 庞维国. 论体验式学习. 全球教育展望，2011（6）

[4] 刘知新等. 化学教学论. 北京：高等教育出版社，2009，6

对中学地理课堂教学中核心问题设计的思考

谭 妍

一、核心问题提出的背景

问题是学生学习活动的起点,在实际课堂教学中,教师往往都用问题来调动学生参与到教学活动中去。近几年来,以"问题"为突破口来改革课堂教学的思路方兴未艾。然而,在大量的课堂观察中,我们发现当前的大量课堂教学在"提问"环节还是存在很多弊病。川大附中陈明英老师对我校课堂教学中的问题运用现状进行了一个调查,发现问题普遍运用于课堂教学之中,但有一半的课的问题运用都有较大的盲目性:42%的课中的主要问题一直处于隐含状态,56%的课中表现了突出的设问随意性,32%的课提出问题达20个以上,32%的课没有问题间的转换过渡,结构松散,只有约10%的课能运用较有新意的问题促进学生的自主学习活动。由此可见,在教学实践中存在有不少问题:问题问得太随意、太频繁、太脱离学生生活实际;问题不是为调动学生的活动而提出,却是为配合教师的讲解,或者为知识学习后的巩固而提出,其结果,学生的思维被问题割裂、被问题控制,学生不能形成较为自主的、伴随着丰富体验的学习活动。

因此迫切需要改变传统问题教学中普遍存在的问题小、散乱(各问题之间缺乏逻辑联系)、教科书上有(答案现成)、远离生活(远离现实生活与学生生活)、只为教师的讲服务等弊病。结合我校校本教研研究发现一节课以一个中心问题调动学生进行活动是一个行之有效的方法。在相关的建构主义和缄默知识理论的启发下,我们逐渐形成了以核心问题改革日常课堂教学的思想:一节课中,学习新知识之前就以核心问题调动学生活动,先由学生运用已有的显性知识(主要是教科书知识)和缄默知识(主要是说不清道不明的经验知识),独立地和合作地解决这个客观问题;然后师生共同对客观问题解决的主观过程进行反思,并且表达、归纳、提升活动中的体验与感悟,进而产生本节课应该学习的新知识、新方法。

二、核心问题的表达

完整的核心问题的表达分为两大部分:前一部分是需要学生解决的客观问题,后一部分是针对问题解决过程的反思方向,前后两部分的内容中都应包括学生活动的形式。例如,必修二中"交通运输布局"这部分内容,设计核心问题"规划京九铁路线路,探讨影响铁路选线的区位因素。"前一部分,自己设计出京九铁路线路是需要学生解决的客观问题,规划是学生的活动方式;后面一部分,探讨影响铁路选线的区位因素是针对问题解决过程的反思方向,探讨是学生的活动方式。但不是所有的核心问题都要求有完整的表达,也可以只有其中一部分,而在活动告一段落后用追问的方式提出另一部分,如

"观察实验,分析形成热力环流现象的过程。""观察实验,探究河谷演变的过程及原因"等核心问题只有前面一部分,其反思方向都是指向相应的知识,用追问的方式提出后一部分。

核心问题的表达应以学生为主体提出。这有助于学生把核心问题转化为自己的问题,生成内部问题情境。核心问题的表达是否恰当,可以在实际操作中进行检验,在一节课中,学生看了核心问题后,有没有明确自己应该如何参与活动,参与后有没有达到老师预期的活动效果,获得活动体验,最终收获于核心问题。

三、核心问题的设计方法与设计过程

在进行核心问题设计的过程中要准确把握三个原则:一是核心问题的生成与解决活动要贯穿整节课;二是核心问题的生成与解决活动要构成已有显性知识、缄默知识与本课应学习知识间的桥梁;三是核心问题的生成与解决活动要有激发学生与学习环境互相作用的功能。核心问题的设置要结合教学要求和学生学习的实际。

(一)基于教材 活化教材

教材是引起学生认知发展、能力形成、人格构建的范例。教材是引起学生认知事物并进行意义建构的中介,教材是师生进行交流、获得发展的话题。基于此,我们在设计核心问题之前,首先必须广泛、反复地阅读教科书、其他类别的教材和相关资料,认真学习并牢牢把握学科课程标准对当下学段提出的阶段目标,认真领会课标所要求达到的目标要求。然后,在理解教材的基础上,进而领会、把握、重组教材,揣摩教材编者的设计意图,理解教材编排的内容结构和内容细节,准确把握教材的重点和难点,设计出合理明确的教学目标。最后,围绕教学目标,以对核心问题的贡献作评判,筛选教学内容,设计核心问题,最终做到基于教材而又活化教材。

(二)正确预测学生的知识水平和生活经历

"核心问题"一头连接着教材内容、课程目标,一头则连接着学生,在设计上必须基于学生当下的发展水平和兴趣之上,核心问题的设计要充分结合学生的认知水平和生活实际,注意时代感和亲切感,符合中学生的心理特征,使其真正成为教学活动的积极参与者和知识的积极建构者。为了做好这一点,我们要从现代教育心理学的角度客观、系统地做好学生学习起点状态的分析,包括原有的知识水平、技能和学习动机、兴趣等,还要做好学生学习需要的分析,也即学习者学习方面目前的状态、水平与所期望达到的状态、水平之间的距离。

(三)寻找恰当的切入点

1. 根据教科书中的问题设计

如果本节课教科书中的各个问题是平行式的,我们往往将其综合为一类新的学科问题或者现实问题来生成核心问题;若是递进式问题,就取最高层次的问题作为核心问题。如灾害地理《地质灾害》有三个学科问题:主要地质灾害,地质灾害的关联性,地质灾害的防御。很明显最后这个问题的解决必须建立在前面两个问题的基础之上,所以我们

最后设计高层次的核心问题"如何面对地质灾害。"

2. 根据真实或仿真的问题设计

如果本节课教科书中的问题是已经经过抽象的问题，我们往往将其生活化或社会化来设计核心问题。如必修二中交通运输布局这部分内容通过设计核心问题"规划京九铁路线路，探讨影响铁路选线的区位因素。"必修二《农业的区位选择》这部分内容通过设计核心问题"探讨三圣花花乡土地利用变化的过程，分析影响农业的区位因素及其变化。"将抽象的问题变成现实化、生活化或社会化的问题。将普遍问题变为具有浓厚本土气息的问题。将一般问题转化成个人问题，让学生更加有解决问题的冲动。

3. 从学生活动出发设计核心问题

从学生活动角度出发设计核心问题，能够充分体现出学生为主体，老师为主导的新课改理念。将一节课的学生活动方式表达在核心问题里面，能够帮助学生明确本节课的活动内容和将要达到的目标要求，更好地指示、调动、激发学生自主建构知识的热情。如必修上册《大规模的海水运动》第一课时内容，设计核心问题"看实验，读地图，归纳世界洋流分布规律。"这一核心问题就从学生活动作为切入点，学生要通过"看"、"读"、"归纳"等活动自主探究出世界洋流的分布规律。

4. 根据学生的问题或需要设计

将一些对全班学生都有意义有价值的新问题、新想法、新矛盾、新疑难、新欲望、新需要设计成核心问题。如"5·12"地震之后，同学们对各种自然灾害都心有余悸，不知道当各种灾害来临的时候该怎么办，针对同学们在当时的情况下出现的这种新矛盾和新困惑，老师在讲解灾害地理这部分内容的时候，就可以巧妙地将核心问题设计成"如何面对某某灾害"。这样的设计方法既满足了教材学科知识的需要，也满足了学生学习的需要，能够充分调动学生解决问题的热情。

四、核心问题在教学中的生成实践

《自然界的水循环》是人教版高一必修上册教材第三单元地球上的水第一节的内容。要设计这节课的核心问题，我们依照设计程序，对教材内容进行分析。

（一）教材分析

教材内容主要涉及了三个方面，第一部分内容相互联系的水体讲述了水体的组成及主要的水体类型，然后以示意图的形式展示了陆地上各种水体之间的相互联系。第二部分水循环结合文字和示意图展示出水循环的主要过程和环节，活动题让学生结合水循环原理去分析说明及解决现实中的地理问题，最后以比较抽象和宏观的文字给出了水循环的意义。结合课标要求：运用示意图，说出水循环的过程和主要环节，说明水循环的地理意义。因此本节内容的重点应该在教材的第二部分即水循环的过程和环节与水循环的地理意义上。第一部分的内容只是为后面的水循环服务的，是低一层次的教材问题。展示出陆地各种水体不仅自身都有各自的运动系统和运动规律，而且它们之间又彼此密切联系、相互制约，共同构成了一个较大的循环运动系统这样的逻辑关系。基于以上分析，我们在设计核心问题的时候应该重点关注第二部分。

（二）学生分析

知识水平：高一年级学生结合平时生活中的经验能够理解水在自然界中的存在形式。知道地球因为接收太阳辐射而具备温度，因而水会蒸发，水有三相的变化，对水循环有一定的感知。但对自然界中水体的相互关系和水循环缺乏系统的、理性的分析，遇到一些地理现象也不能将理论知识迁移到实际问题中进行分析解决。

技能水平：对于阅读和使用地图，高一的同学已经初步掌握了一些技能和方法，但要在地图中深度挖取有用的地理信息，甚至运用多幅地图和相关资料结合分析则具有一定难度。

学习动机与兴趣：现代学生崇尚素质教育，反对盲目应试灌输式讲解。所以在核心问题的设计中，要充分给予学生活动的空间和尺度，让学生体验到整个知识过程的产生、归纳、运用。而我们地理学又是最讲究和实际生活联系的学科，所以一节课中如果能通过一个知识点的学习来解决一个实际问题，这对学生学习情绪的调动是非常有利的。

（三）切入点的设定

本节课的教材内容相对显得更加的理论化，若纯粹以教科书中的问题来设计核心问题未免显得有些枯燥乏味。而整个水循环的过程又不能在一个两个现实问题中完全体现出来，所以也不能根据真实或仿真的问题来设计。基于以上的分析，笔者尝试着从学生活动的角度切入，通过对教材的分析，活动的设置应放在第二部分水循环的过程及水循环的意义上，而针对水循环的意义这一比较宏观、抽象的知识，由老师讲解，作为归纳提升的内容比较恰当，所以活动内容就设置成水循环的过程和主要环节。又基于对学生的分析，活动形式由传统的看图转变为学生动手绘制、标示，充分把课堂交给学生。本节课选取了一幅立体感和空间感都比较强的水循环的示意图，调动学生已有的对水循环的感性思维，让学生从示意图中充分挖掘信息，充分体验并自主生成水循环的过程和环节。然后给出黄河断流这一实际问题，让学生体验将理论知识迁移到实际地理问题的解决过程。而对于水循环的地理意义这一宏观的知识，基于高一学生现在的学习基础，老师通过归纳提升的方式让学生理解即可。基于以上分析，设计了核心问题"在示意图中标示水循环的过程和环节，探讨人类可采取哪些措施缓解或避免黄河断流。"

最终，在老师设计的开放式的，灵活亲切的核心思考问题的导引中，促使学生自己尝试去寻找解决问题的方法，承担更多的管理自己学习的机会；也尝试学会采用一种新的学习风格、新的认识加工策略，形成自己是知识与理解的建构者的心理模式；同时也出现了把当前学习的内容尽量与自己已有的知识经验联系起来，体现地理学科人地关系协调发展的思想。

参 考 文 献

[1] 周光岑. 核心问题教学研究. 成都：电子科技大学出版社，2009，2

[2] 中华人民共和国教育部. 全日制义务教育地理课程标准（实验稿）. 北京：北京师范大学出版社，2001，7

[3] 丁家永. 现代教育心理学. 广州：广东高等教育出版社，2004，2

地理课堂中促进学生深度体验的核心问题设计研究

王华松

一、关键词的界定

深度体验：体验是学生基本的学习方式，体验既是学生多种多样的学习活动，也是学生相应学习活动的结果。作为一种活动，包括学生个体的心理性投入、尤其是身体性投入；作为一种活动的结果，即是学生个体从活动中获得能言说或不能言说的认识和情感。体验具有不同层次，比如经历—反应—感悟，同时体验也有丰富程度与深刻程度的区别。深度体验是指学生身心都有深度参与并获得深刻而丰富的感悟，促进经验有效增长的体验。

核心问题：核心问题是一节课中用于新知识学习之前的、以客观世界为材料且整合了教科书重点内容与拓展内容的、适应学生身心活动且对身心活动有具体要求的、能促进学生深度体验，特别是关联体验的中心问题或者中心任务。

二、核心问题提出的背景

我们为什么要提出"课堂核心问题（或称核心任务）"呢？这是因为常规课堂中，问题的设计与运用具有较大盲目性，主要表现为：问题过多、零散、随意，缺乏思维层次等。核心问题的运用正是为了解决日常课堂存在的以上现象，一节课中，在学习新知识之前，就以一个核心问题调动学生活动，先由学生运用已有的显性知识和缄默知识独立地或合作地解决核心问题，然后师生共同对问题解决的主观过程进行反思，并且表达、归纳、提升活动中的体验与感悟，进而产生本节课应该学习的新知识、新方法，实现学生在体验基础上的学习，使教学的结果性目标与体验性目标都获得更高的达成度。

三、关于课堂核心问题的形成方法研究

（一）教师设计核心问题

这是我们采用最多的一种方法。例如，《山地的形成》一节的核心问题就经过多次设计研究才确定的，经过实际操作，我们觉得教师设计核心问题这个方法，集体备课，多次修正显得特别重要。在实践过程中我们对每一节课的核心问题的设计都体现了这一点，例如，《地球好转的地理意义》教学核心问题"读不同日期光照示意图，分析成都的正午太阳的变化规律"、《常见天气系统》教学核心问题"绘制锋及气压系统等天气系统示意图，分析其各自带来的天气状况"、《海陆分布对全球性大气环流的影响》教学核心问题"阅读世界 1、7 月海平面气压线分布图，分析海陆分布对全球性大气环流的影响"等都

是经过全教研组教师共同研究反复修改后确定的。

(二) 对各种资料或文献已有的问题进行改造而形成核心问题

例如：《大气环流》教学核心问题"绘制全球气压带和风带示意图，探索全球性大气运动的分布规律"就是我们根据《地理教学》2004 年 5 期《大气环流探究式学习教学设计》一文中的若干个递进式问题进行整合研究后提出来的。

四、核心问题的设计原则研究

对于核心问题设计原则我们依据校本教研理论结合实际教学研究活动进行了较为深入的研究，总结了一下基本原则。

(一) 核心问题的可操作性原则

传统教学中也经常采用问题，但是很多问题都缺乏可操作性，这里的可操作性既包括教师教学的可操作性也包括学生进入体验活动的可操作性，本期我们在进行核心问题设计的时候，特别进行了可操作性的研究，并作为以后设计核心问题的一个重要原则。例如，《山地的形成》一节的教学核心问题"观察景观图片，对山地形态分类；根据内部岩层结构示意图，分析各自的形成原因"中，有了"观察景观图片、根据内部岩层结构示意图"这一表述，学生的活动方式活动对象都很具体了，师生都知道自己该做什么了。同时"分析各自的原因"这个表述，让学生明确自己的活动最终应该达成什么样的成果。这里的可操作性就体现在给学生提供了一个学习活动的对象、活动的行为形式和活动的程序及预设将取得的成果。因此，我们认为核心问题的表述中如何给学生及教者提供问题解决的活动对象、方式及思维活动的模式是提高核心问题可操作性的非常有效的途径。

(二) 核心问题的目的性原则

这里的目的性，一是问题要能够达成预期的教学目的，二是问题还要能达成一定的非教学目的。例如，"通过对地理图表的阅读，分析气温的空间分布规律"，通过这个问题（任务）的完成能达成的非教学目的就是学生在思考分析问题的过程中不断调用影响气温分布的因素的能力培养，而预期的教学目的是学生在展示思维成果的过程中语言碰撞、交流最终得出世界气温分布规律。

(三) 核心问题的真实性原则

我们认为核心问题的引入素材应该尽量来源于真实生活；解决问题的过程也要尽量与真实生活联系，所以我们设计的课堂核心问题很多都具有本土性。例如：学习《城市合理规划》时的核心问题是"根据成都市城市发展现状和成都市城市规划图评价成都市的城市规划"；学习"太阳高度与昼夜长短"时的核心问题是"阅读不同日期的光照图，分析成都正午太阳高度的变化规律"；学习"气候与人类活动"时的核心问题是"你的日常生活中哪些活动受到过天气和气候的影响，怎样影响的？"

（四）核心问题的趣味性原则

地理学习尤其是自然地理学习比较枯燥，要激发学生的学习兴趣，在设计核心问题时就必须考虑问题的趣味性。我们认为课堂核心问题的趣味性一方面表现在问题本身要有趣味，另一方面问题要有利于在解决问题时容易组织起有趣味的活动，前者要求我们在设计核心问题时要注意问题表述语言的新颖及风趣特征，后者要求我们要能根据问题组织起多样性的活动，切忌机械枯燥而单一的活动方式。例如：学习影响气候的因素时，从地形、大气运动等方面分析"蜀犬吠日"的原因。学生觉得地理知识能够用来解释成语很有趣，于是对学习的内容就会很感兴趣。

五、核心问题的特征研究

经过研究我们总结了课堂核心问题具有以下特征：

（一）问题的活动性特征

例如《山地的形成》的核心问题"观察景观图，对山地进行分类；根据山地内部结构示意图，分析三类山地的成因"。其中的"观察、分类、分析"等行为动词都明确提出了学生应该开展的活动的对象及具体活动行为。

（二）问题的适应性特征

一是要适应学生当前的理解能力，能够及时将核心问题转化为自己的问题；二是能有效地利用学生现有的知识（显性知识或缄默知识）；三是恰当提供学生解决问题必需的支持条件或思维方向，例如：高三复习课，我们设计了"阅读所提供的有关澳大利亚的各种图表，分析澳大利亚的自然地理环境特征"这一核心问题，作为高三学生已经具有较好的解读及处理图表信息的能力，也知道分析一个区域的自然环境特征应该从哪些方面入手，需要的是学生的熟练程度及规范化能得到提升，所以这一核心问题是适合高三学生的。

（三）引导体验的特征

引导学生的体验向深入发展，向关联体验发展。例如：绘制锋的示意图，分析其带来的天气变化过程，体会地理与生活现象之间的关联。这一核心问题不但希望引导学生能够通过绘图察觉到锋面活动与天气之间的关联，而且希望同学能将体验活动深入到能体会到天气变化与生产生活之间的关联。

（四）情境的整合性特征

核心问题必须整合教材的重点内容必须具有鲜明的学科特征；核心问题是教科书内容与书外拓展内容整合后的产物。例如在进行《城市的功能分区》教学时设计的核心问题"调查成都市城市规划情况，分析影响城市功能分区的主要因素"。这一核心问题既终于教材的内容，又对教材进行了本土化的延伸，而且具有鲜明的地理学科特征。

六、核心问题的设计及改善程序研究

1．意向性核心问题的生成，这是设计核心问题的第一步，意向性的核心问题是在认真钻研教材（教科书、拓展资料、检测题、寻找关联等）的基础上初步提出来，还有待进一步完善。

2．通过对学生的分析，预测学生解决意向性核心问题的可能性，分析的依据主要是两个，一是对学生现有知识和能力的直觉判断，二是依据往届学生的情况进行判断。

3．根据核心问题确立关联体验目标，核心问题实际是达成教学目标的教学策略，当然也可以是先确立教学目标再确定教学策略。

4．综合以上步骤的成果，确定核心问题。

5．在实际教学活动中进行检验，根据学生在学习活动的现场情况进行完善调整，将完善后的核心问题在教研组内共享。

七、关于核心问题的缄默知识基础研究

1．关于核心问题本身附属的缄默知识基础，我们主要是通过对教材的分析和问题本身可能隐含的缄默知识等方面进行了尝试研究。例如，《世界气温的分布》，核心问题定位为"通过对地理图表的阅读，分析气温的空间分布规律"，我们在分析它的缄默知识基础的时候，首先分析了课文内容，这部分课文只有短短的100多字，非常准确地表述了世界气温的分布规律，但是隐含在课文背后的是得出这些规律的过程中需要的地图、材料分析能力，怎么去准确分析得出这些规律对于教师、学生很多都是靠过去知识基础上的一些直觉。因此，我们认为这就是这个核心问题形成的缄默知识基础之一。在研究过程中，我们在进行课堂核心问题设计的时候也都进行了这样的思考和研究。

2．关于学生解决核心问题（或者完成核心任务）的缄默知识基础，我们主要通过对学生分析（分析学生的年龄特征、学习经历等）进行了研究。《世界气温分布》一节，在分析学生解决核心问题的缄默知识基础时，我们就是先分析了学生的学习经历和知识储备，对学生的缄默知识进行了估计。这对我们核心问题的修正设计很有帮助，但是这个估计往往具有局限，这里的推测估计只知道学生中有缄默知识，但是不等于每位学生都有，这也是有的学生解决核心问题容易一些，而有些同学解决核心问题感到困难的原因。

以上是我们川大附中地理教研组在基于新课程背景的校本科研实践活动的一些具体做法和感悟，现整理出来与大家分享，其中定有很多纰漏之处，望各位专家、同行不吝赐教。

参 考 文 献

[1] 周光岑. 核心问题教学研究. 成都：电子科技大学出版社，2009，2

[2] 四川大学附属中学教科室. 校本教研通讯，2012，9

[3] 张晶. 基于建构主义理论的初中地理课堂教学设计新探. 东北师范大学学报，2011

缄默知识视野下的体验教学

李晓燕

缄默知识是深埋在人们潜意识里的知识，是那些平时为我们意识不到的，但深刻影响我们行为的、高度个体化的、难以形式化的或沟通的、难以与他人共享的知识。它通常难以用语言、文字、图像加以表述，而是以个人经验、印象、感悟、团队的默契、技术诀窍等形式存在的一类知识。在教学中，师生都存在着大量的缄默知识，对教学活动产生不可忽视的影响。

体验首先是个体亲历亲为的活动。体验是自我的、他人无法代替的。人永远是自己也只能是自己才能体验所发生的事情。谁也不能代替他这样做，就像最有经验的教师也不可能代替自己的学生去理解所学习的内容一样。只有对某事、某种生活经历了才可能产生体验。其次体验是亲历亲为活动的一种结果。体验是个体在与世界的相互作用中生成的一种感受及领悟，人们体验到的大量是缄默知识。

体验与学生学习能力提高的关系是政治课教学立论的最直接的教学因素。教学的体验性目标的达成需要师生协同努力，在学生生活和学习世界中寻找体验生成的源泉，以活动、情境为平台，精心设计活动或情境并采取适当的方法强化情感反应和反思能力，促进学生在缄默知识的显性化中、在缄默知识的丰富、修正和完善中，在显性知识与缄默知识的整合中，获得深度体验，从而切实提高教学的实效性。

教师在自己的教学实践活动中通过反复摸索、反思形成的缄默知识，会对教师日常教学行为起支配作用，引导教师下意识的行动。教师在课堂教学中所持的态度、价值取向和所表现出来的各种行为，在很大程度上是受教师缄默的教育价值观、缄默的学生观等的影响和控制，并且教师的这种缄默的观念将最终决定课堂教学的模式、方式、方向和效率。例如：在教师的观念中存在着"教学就是在充分发挥学生主体作用，要重视学生深度体验中生成"的认识，教师在它的引导下，必将教学重心放在情景的设置、学生的体验获得和学生能力的培养上，自觉运用提出问题、解决问题、反思提升、运用反馈的教学环节。教师应在自己的教学实践中不断体验、摸索、反思，总结教学经验，使自己丰富的想法和做法得到提炼和升华，使个人的缄默知识体系得到丰富和完善，从而更好地支配自己日常的教学实践活动，有意识地在课堂中开展体验性教学。总结长期的教学经验，认为政治教学中引导学生体验性学习需把握以下几点。

一、转变教学理念

首先是对知识认识的转变。不要认为书本知识才是知识，那些日用而不知的、从体验中获得的体会、经验、思维模式、技巧等也是重要的知识，因而要重视从实践中获得知识。其次是对教师认识的转变。以前教师是知识的化身、是知识的讲授者，而现在的教师应该为学生的体验创造学习境遇，促进学生的自主学习，要敏感地抓住课堂教学的新因素，为学生体验的深化做引导。再次是对学生认识的转变。体验是生命存在的方式，每一个学生都是鲜活的生命，都有自己独立的思维和情感，都有巨大的发展潜能，是不可以任意进行知识灌输的。而且学生不仅是教育的对象，更是教学的重要资源，学生思想上的困惑和生活中面临的问题、学生思想行为中的闪光点都是政治课教学的重要内容。还有是对学习认识的转变。学习不只是对书本知识的学习，不只是知识的传递或接受过程，而且也是自己在体验中丰富、修正和完善缄默知识的过程，是显性知识与自己缄默知识相互作用的过程。

二、营造民主的学习气氛

民主的学习气氛对体验教学至关重要。首先教师要尊重学生。教师要尊重学生的不同观点，鼓励学生畅所欲言，不苛求成熟与完善。对学生的不同个性感受，不强求"同一"，不堵塞学生的创新思路，时时刻刻给学生营造良好的自主学习、自觉思维、独立创新的环境。比如：教师在评价学生答问时可使用一些简短而富有激励性的语言，如"你分析得真好"、"这个建议很独特"等；这些赏识性的语言能使学生始终保持着积极向上的乐观情绪和努力探索、获得成功的强烈愿望，积极主动地参与学习。其次要加强师生互动。一是让学生参与到教学中来师生共同活动，二是让学生与学生之间合作学习、共同交流，形成师生、生生之间思想、知识、情感、态度交流的多向度网络，鼓励学生标新立异。

三、创设情境，促进学生体验

体验总是在一定的情境中产生的，在课堂教学中首先要注意让学生处于问题情境之中。例如，引导学生正确认识学习经济学常识选修课与经济生活的关系时，可提出这样的问题："学习完选修课后发现有很多知识点与经济生活有一定联系，那学习它是否是多此一举？"问题的提出，犹如一石激起千层浪，学生议论纷纷，课堂气氛顿时活跃起来。讨论后，教师引导学生根据生产关系一定要适应生产力发展的规律，认识到市场经济的发展历程，从而坚定我国通过市场配置资源建成全面小康的目标。这样就有利于完成教学目标，同时培养学生的辩证思维能力。又如，学习经济生活宏观调控时，教师要求学生收集近年来粮油价格上涨的事例和数据并组织小组小报比赛，学生在课前分小组收集和整理材料的过程中初步体验到国家在积极平稳发展过程中的重要地位，课前由教师根据我国目前的经济形势提出核心问题，"评析我国粮油价格上涨现象，认识国家宏观调控"，学生纷纷展示自己的研究成果，对我国的粮油价格上涨现象从国际国内原因、措施等多方面分析，进一步体会到国家宏观调控的必要性和积极寻找对策，从国家的角度运用经济、法律、行政等手段加以调节。最后师生一起从知识的层面总结宏观调控的知识，含义、必要性、手段等，从方法的角度归纳评价一个积极现象的模式"是什么（定量定性）、为什么（原因、意义）、怎么办（措施），从而让学生在深度体验的过程中修正完善原有的缄默知识。在提出问题前，可以利用小故事、名诗佳句、动画、视频等营造问题情境。如哲学的前言课给学生讲解 1 加 1 大于 2 的故事或者公司招聘故事等，让学生认识到哲学就在身边，生活中处处有哲学，从而激发他们学习哲学的积极性；如学习"改革开放"内容时，播放《春天的故事》等，把学生对知识的认识、理解上升到感情层次，达到思想教育的较好效果；如讲解我国面临严峻的资源环境时，可选用漫画"人类的眼泪"，然后由学生思考讨论：这幅图说明了什么？启发学生认识到我们需要绿色 GDP，从而增强环保意识；再如通过《大国崛起》等视频激发学生对国际关系等相关知识的兴趣和民族自豪感……

来自于学生自身的资源也可作为情境调动学生，在学习文化生活前的假期教师要求每个学生收集相关的视频资料来支撑每个单元的内容，比赛看谁的资料更能体现教学内容和在教学中被运用，学生的积极性很高，为了收集到恰当的素材，认真钻研教材，认真筛选信息，然后在课堂上自己介绍视频的背景和体现的文化知识，在不知不觉中学生的体验步步深化，最后达到用自己的资源提高了自己。又如每个单元后，让学生归纳知识点，绘制成自己认为最能体现知识且富有逻辑的结构图、卡通图等，让学生来评价、展示。又如某次考试结束后收集学生各类试卷共同探讨出现的问题和修正的方法，从而建构各类题型的答题方法和模式。

总之，政治课教学中，合理适时的设置教学情境和教学问题，促进学生体验，体现"以问题为核心、以能力发展为目标、以体验训练为主线、以习惯方法为保证"的教学思想。体现、固化我校基于缄默知识的核心问题教学中学生的深度体验研究成果，真正为教学质量的提高服务。只有在体验中，我们才能真正落实我校"既对学生现在成长负责，更对学生未来发展负责"的办学理念。

关注核心问题教学模式下的体验性教学

薛 莲

一、核心问题教学模式

(一)核心问题教学的定义和特点

核心问题教学是指以核心问题为中心的教学,它是把教学内容化作问题,引导学生通过解决问题从而掌握知识、形成能力、养成心理品质的过程。在核心问题教学中,教师采用启发性和指导性的教学,学生在教师的引导下,通过独立自主的学习思考,创造性地获取知识和形成能力。核心问题教学模式与传统的教学模式相比,在教师地位、学生角色、媒体作用等教学要素的角色方面均发生了深刻的变化。

(二)核心问题教学模式的理论基础

1. 建构主义学习理论对课堂学习的认识

(1)学习的实质是学习者的主动建构。每一个学习者都是在自己现有知识经验和信念的基础上,对新的信息主动进行选择加工,从而建构起自己的理解,调整和改变原有知识经验系统的过程。

(2)学习是在自我理解基础上的检验和调整过程。课本知识只是一种关于各种现象的比较可靠的假设,是对现实的一种可能更为正确的解释,但绝不是唯一的正确答案。只有通过学习者在新旧知识经验间反复双向相互作用以后,才能建构起它的意义。

(3)学习需要走向"思维的具体"。建构主义学习理论强调情景性学习和情景性认知,情景性学习要求给学生一定的任务,让学生面对一个要求认知复杂的情景,形成认知冲突,在解决问题的探索过程中,从具体走向思维,再从思维走向具体。

(4)有效的学习需要在合作中、在一定框架的支持下展开。不同人理解事物的角度不同,通过与他人的讨论互助,在合作学习中,学生可以超越自己的认识,更加全面深刻地理解事物,不断对自己的思考过程进行再认识,对各种观念加以组织和改组。

2. 缄默知识理论对课堂学习的认识

缄默知识理论认为在课堂学习中必须重视缄默知识与显性知识的学习。

显性知识是指那些可以用概念、命题、公式、图形等加以陈述的知识,具有较强的理论性、系统性,就是通常所说的书本知识。传统的课堂教学,主要针对这种可表达性知识的学习,学习的关键是对知识的表征、理解和对知识的重新组织,一般采取对书本知识的学习和教师的讲授两种基本方式。

缄默知识是指人类知识中那些不可言传或不清楚的知识,不能或很难用语言、文字和符号来表达,是非理性、非批判、非言语、非公共、非客观的知识。这种只能意会的知识往往隐含于社会和生活实践中，无法形成像书本一样的格式化的知识，只能通过个人的实践活动和对具体案例的分析，在感受中体会和习得。因此，对这类知识的学习主要是感受性学习。它的关键是体验和反思，让学生在经历和实践中实现自我领悟，在反思中重构自己的经验，形成自己的行动策略和方式。由于学生之间存在个体的差异，同一活动中学生的体验可能不同，不同的学生在不同的活动中可能获得自身最大的体验，因此学生在学习过程中不断地把自己的现在和从前比较；在相互的讨论和交流中，把自己的想法、情感、态度和价值观和别人比较，这是一个学生不断内省和深化的过程。因此，它要求我们在教学中充分重视发现和挖掘学生的缄默知识，重视学生个体不同的学习体验，强调以学生发展为本，倡导以科学探究为主的多样化学习方式。

（三）核心问题情境的创设

问题情境作为一种心理困境，包括当前学习任务中新的未知的东西、学生探究新知的动机和学生解决当前任务的潜在可能性等成分。我们要促进学生内部问题情境的生成，就是要促进学生形成这种悬而未决又力图解决的认知冲突状态，因此需要通过外部问题情境的营造为学生内部问题情境的生成服务，促使学生把教师提出的问题、其他同学提出的问题变为自己的问题、变为自己想解决的问题、变为自己不解决就放不下的问题，从而让学生有足够的内动力，推动自己的自主学习。

创设问题情境的方式有很多种，比如：可以通过实验或通过让学生面临要加以解释的现象或事例来创设问题情境；可以提出与知识实际应用相关的问题，由旧知识的拓展引出新问题来创设问题情境；或通过日常观念和科学概念的矛盾，提出猜想并加以检验来创设问题情境；或通过模拟现实生活情景，通过对有关的趣味史实的叙述来创设问题情境；或利用知识的发生，通过实物、图片、模型展示等直观手段来创设问题情境……在不同的教学中可以根据教学内容和教学实际进行具体的设计。

二、体验性教学

（一）体验的定义和生成

体验是一种活动，同时也是活动的结果，是主体亲历某件事并获得相应的认识与情感，包括亲身经历与心理上的经历。它有强烈的主体性，有明显的个性化色彩，每个主体的体验都不能相互取代。主动的体验过程一般是从对事物的亲身感受开始的，在感受的基础上逐步形成情感反应，从而加深对事物的理解并产生丰富的联想，进而对事物产生领悟并生成意义，同时这些领悟和意义又反过来加深情感的反应。

因此，我们在教学实施中应该注重科学探究，关注体验性教学，从学生的经验与体验出发，密切关注知识与生活之间的联系，关注学生对学习活动的体验与反省，突出学生的个体性、独特性、多样性和差异性。

（二）利用核心问题教学促进学生多方面多层次的体验

核心问题是一节课中用于新知识学习之前、以客观世界为材料，整合教科书重点内容与拓展内容，适应学生身心活动并对身心活动有具体要求的、能促进学生深度体验特别是关联体验的中心问题或者中心任务。通过核心问题教学，我们要有意识地将学生导向心理性和身体性自觉多方面的积极投入，导向从活动中获得深刻更接近事物本质的认识，导向学生内心丰富而强烈的感受，导向关联体验的获得与丰富，形成学生自己以知识为中心的关联和以个人为中心的关联体验。

那么在教学中怎样才能更好做到对学生体验的促进作用呢？

1. 运用核心问题，设计高效的教学情境，帮助学生实施体验

体验的对象是学生对于自己参与的某一过程或亲临的某一情境所建构的意义和联系，越是与自己有关系或有意义的事物，越能产生学生自己的不同体验。而核心问题情境的真实性、结构的开放性，有利于学生获得简单知识，又能面对真实而复杂的现实世界。

在《氯气的性质探究》一课中，笔者选择 2005 年一则新闻报道，以生活中发生的一起液氯泄漏事件作为载体，设计核心问题："通过液氯泄漏的事件，探讨氯气的性质。"首先新闻报道的真实性和现场感让学生身临其境，有了探究的兴趣，然后通过分析新闻报道中"氯气泄漏时现场的处理办法"，到从中寻找氯气的相关性质和分析化学反应，再重新回到"如果遇到类似情况，你会怎么办？"让学生深刻体会到学习与生活密切联系，学习的目的就是要回归生活，解决生活中的问题。这样的问题情境激发了学生学习的兴趣，促进了学生在实践中学习、在体验中学习，创建了一个有利于学生获得体验的学习环境。

而在《Fe（OH）$_2$ 制备的实验探究》中，笔者并没有首先告知学生核心问题，而是让学生分小组按照教材完成实验。学生发现实验的结果得不到想要的 Fe（OH）$_2$ 白色絮状沉淀，而是看到灰绿色或红褐色的沉淀，实验现象与理论的不符产生了疑问，激发了学生探究的兴趣，充分调动了学生分析问题、解决问题的主动性。然后笔者要求学生根据实验过程和观察到的实验现象，尽可能地提出问题，想办法解决问题。从整个课堂看，笔者没有明确提出核心问题，但整堂课的教学紧紧围绕"Fe（OH）$_2$ 的制备"这个核心任务进行探究，学生的体验来源于自身实验操作与现象观察的真实性，来源于每个小组实验结果和方案设计的开放性，因此每一个学生对于实验的观察、体验和感悟都不相同，最终获得的都是属于自己的知识意义建构。

2. 运用核心问题，促进缄默知识显性化，帮助学生深度体验

缄默知识在教育教学活动中总是自发地产生着影响，学生有丰富和复杂的缄默知识，我们所认识的多于我们所能告诉的，学生在学习生活中往往能运用却不能说明，或者能认识却不能告诉。大多数学生对于缄默知识有一定的感受，能理解缄默知识的概念、特征、功能和获得途径，但其理解的深入程度有很大的个体差异。

所以，在课堂教学中，在学习新知识之前，可以以核心问题或任务来调动学生活动，先由学生运用已有的显性知识和缄默知识独立或合作解决问题，然后师生共同对问题解决的主观过程进行反思、表达、归纳、提升，进而产生本节课的新知识和新方法。

在《苯酚》一节课的教学中，教材安排在学习苯和乙醇之后，便于对比苯酚与苯、乙醇的性质，教学过程中充分体现官能团与烃基的相互影响。学生已有苯和乙醇的知识，对官能团相互之间的影响有一定认识，但运用到苯酚的学习上意识不够明确。

因此本节课设计核心问题："根据苯酚的分子结构特点，探讨苯酚的化学性质"。其中对核心问题的解决，对苯酚性质的认识和体验共分三个层次：(1)最初的体验来自于观察模型、阅读教材。首先展示苯酚的分子结构模型，初步了解苯酚中含有苯环和羟基。(2)第二个层次的体验是让学生通过自由讨论，对苯酚的化学性质进行猜测并进行实验探究。这是一个激活学生显性知识和缄默知识的过程，学生已经具备对"结构决定性质"的理解，对苯环、醇羟基性质的把握，对性质的猜测和实验探究促使学生对已有知识进行显性化。(3)第三个层次的体验是学生在实验的基础和直观的认识上，进一步理解和感悟苯酚与苯、乙醇性质的相似性和特殊性，进一步体会"官能团决定有机物的性质"，"官能团相互的影响会造成有机物性质的不同"。此时学生得到的不仅是关于苯酚知识的体验，而且将苯酚与乙醇、苯联系，体会到的是有机化学学习的思想方法，是一种深度体验。

3. 运用核心问题，加强学科知识和方法的整合，促进学生关联体验

关联体验指对事物之间发生的牵连和影响的体验，它包括公共知识与个人知识的关联，人与自我、世界、自然、社会的关联，知识与知识的关联，知识与思想方法、个人情感、个人能力的关联等等。

在课堂教学中，学习过程就是让学生学习事物是怎样相互关联的，教师要学会钻研与运用学科内知识、方法、问题、能力等各要素内部及各要素两两之间的关联，钻研运用学科知识间的关联，钻研深入到知识关联背后的意义关联。学生在这样的学习活动中不仅获得知识，获得知识的迁移，更能体验在各种层次的关联中如何学习，如何进行深层次的复杂思维建构。

在《硝酸》一节的教学中，硝酸作为"三大酸"之一，教材编排在学习盐酸和硫酸以后，学生在知识和学习方法上已有一定的基础。因此，笔者设计核心问题"通过实验，探究硝酸的化学性质"，在猜测并设计实验验证硝酸性质的过程中，学生激活以前掌握的盐酸和硫酸的性质，运用比较和类比的方法将它们与硝酸的学习进行迁移和联系。在探究硝酸性质的过程中，考查了学生对于酸性质的把握，对于浓、稀硫酸因为浓度不同引发性质不同的把握，考查了酸与其他物质反应实验的设计，考查了学生对于化学中常常运用的比较和类比学科思想方法的把握。通过这样一堂课，不仅学习了硝酸的性质，同时对三种酸的性质也做了一个归纳总结和对比，明确了它们性质的相似性和差异性，通过关联，对整个无机酸性质形成一个系统的认识。

另外，除了在新课学习中，我们要注重教材知识的重组，关注教材内容与学生的情感态度价值观、生活经验、能力、缄默知识等的关联外，在习题课的评讲中，也应对知识点和考点、解题方法和技巧进行重组，触动学生体会学科内部的结构及其背后的思维方式，体会学科知识与知识、能力、思想方法等的关联。

这是一节高三复习的习题评讲课，内容是原电池与电解池串联装置的综合运用，我们把习题进行了重新的整合，设计核心问题"分析电化学中串联池的相关习题，体会原电池和电解池的关联"。首先让学生展示了自己对习题错误原因的分析，然后老师引导对这些原因进行分类，从中可以看到学生对装置不能准确判断、对串联池工作原理不够明确、对电极方程式书写和判断有困难、对计算感到畏惧和麻烦。所有这些问题的本质在

于学生对原电池和电解池原理不够清楚，将二者孤立看待，不能有机结合。在解决问题的过程中，教师引导学生思考串联池的工作原理，学生通过分析，逐渐认识到原电池和电解池的本质都是氧化还原反应，可以通过能量的转换和电子的转移将二者联系起来。根据这种联系，学生进一步分析原电池与电解池在电极方程式书写上的关联、在计算方法上的关联。通过这样一堂课，学生比较好的把握了原电池与电解池的本质联系，在处理串联池问题时不再没有方向，而是有了一个比较清晰的思路和判断。

在教学过程中，还有一些因素也会影响到学生的体验，比如：良好的教学关系，教师的鼓励性评价和教师独特的教学魅力、教学风格，可以为学生获得主动体验形成积极氛围，促进学生主动体验；同时在体验过程中注重理性思维的引导，才能让学生获得更深层次的意义建构等。

总之，在平时的教学中，我们要尽可能多的关注学生体验，关注学生深层次的体验和对事物认识的关联体验；尽可能多的采用核心问题教学，在核心问题的指导下帮助学生学习、活动，帮助学生对知识进行内化和建构，形成属于他自己的知识和能力。

参 考 文 献

[1] 丁念金. 问题教学. 福州：福建教育出版社，2005
[2] 石中英. 波兰尼的知识理论及其教育意义. 华东师范大学学报，2001（2）
[3] 张华. 体验课程论. 教育理论与实践，1999（11）

英语新课程背景下对基于缄默知识的核心问题教学的思考

李 敏

基础教育课程改革纲要提出：改变课程过于注重知识传授的倾向，强调形成积极主动的学习态度，使获得基础知识与基本技能的过程同时成为学会学习和形成正确价值观的过程。要改变课程实施中过于强调接受学习，死记硬背，机械训练的现状教学的，教师不再是教学的中心和应有尽有、主宰一切的知识权威，而是教学的设计者、组织者、引导者、参与者。教师与学生在教学中是平等的，教学是师生间交流和沟通的过程。新课标倡导在实践中学习，在体验中学习。这一发展从操作层面上要求教师重视学生学习过程中体验的获得。

那么，在我们的英语教学中如何达到新课改所倡导的在体验中学习的要求呢？经过深入学习，笔者欣喜地发现我校的校本教研课题，即：基于缄默知识的核心问题教学模式跟新课改理念惊人的一致。《高中英语课程标准》提出英语教学"要培养学生的综合语言运用能力"。综合语言运用能力的形成建立在语言技能、语言知识、情感态度、学习策略和文化意识等素养整体发展的基础上。我们正在使用的外研社编写的这套教材遵循"题材—功能—结构—任务"的编写原则：以题材为纲，以运用性任务为目标，避免孤立的语言形式操练，把不同技能的训练结为一体，以综合的方式体现实际生活中有意义的语言运用。不难看出：运用核心问题教学可以实现课程标准和新教材提出的培养学生综合语言运用能力的要求。核心问题可以将相互密切关联的部分整合在一起贯穿整节课，学生在提出问题，解决问题，归纳提升和运用的过程中形成语言综合运用能力。

在基于缄默知识的核心问题教学模式（即提出问题—解决活动—反思提升—运用反馈）中，在一节课中，在学习新知识前，教师就以一个核心问题调动学生自主的活动，先由学生运用已有的显性知识和缄默知识独立地或合作地解决这个核心问题，然后师生共同对问题解决的主观过程进行反思，并且表达归纳提升活动中的体验与感悟，进而产生本节课应该学习的新知识和新方法，将学生单纯的接受性学习改变为接受性与体验性相结合的学习，使教学的结果性和体验性目标都获得更高的达成度。对这一教学模式，笔者结合自己的日常教学进行了以下三个方面的思考。

一、所产生的核心问题要充分调动学生已有的缄默知识，利用学生已有的体验积淀或缄默知识，并要促进学生内部情景的生成

新课程改革的目标之一是：改变课程内容"难、繁、偏、旧"和过于注重书本知识

的现状，加强课程内容与学生生活以及现代社会和科技发展的联系，关注学生的学习兴趣和经验。基于缄默知识的核心问题教学模式中的"核心问题"是一节课中用于新知识学习之前的、以客观世界为材料且整合了教科书重点内容与拓展内容的、适应学生身心活动且对身心活动有具体要求的、能促进学生深度体验特别是关联体验的中心问题或者中心任务。核心问题的解决过程也就是任务的完成过程。通过这一核心问题或任务来帮助学生发现、提出、分析与解决问题。在设置核心问题或任务时，教师应充分考虑到学生头脑中缄默知识的存在，帮助学生将有关学习活动的缄默知识显性化并得到检验、批判和应用。缄默知识最大的特点在于它不脱离认识主体，只有学生本人，尤其是他的缄默知识，是发展自己认识能力的向导和主人。学生的已有知识对于新的学习起着至关重要的作用。因此，核心问题的提出及脚手架的搭建只有建立在学生现有缄默知识的基础上，才能有效地实现本课的教学目标，更好地调动学生的自主活动，使教学的结果性目标与体验性目标都获得更高的达成度。

"The Magic of the Mask"（《面具的魔力》）阅读课文的核心问题：阅读《面具的魔力》，讲述狂欢节的起源及威尼斯狂欢节的发展。这一核心问题设计是基于学生目前的认知水平及缄默知识产生的。大部分学生有了一些对狂欢节的认识，也对狂欢节的氛围有所体验，这便是学生所拥有的缄默知识。这一核心问题又促成了学生内部问题情景的生成。本课这一核心问题使学生倍感亲切，但同时学生又意识到仅凭自己所掌握的词汇和表达法是无法讲述狂欢节的起源及发展的，于是产生了认知需求，即内部问题情境。在解决这一核心问题的过程中，学生不仅掌握了一定的阅读技巧和新词汇，也能较成功地运用所学的方法讲述狂欢节的起源及发展，并能讲述中国的春节，这就使学生在用中学英语。

二、基于缄默知识的核心问题教学模式的学生活动原则是：核心问题解决的活动在前，应学习的知识与方法生成在后，即：让学生在体验中学习后达到知识地提升

建构主义学习理论认为学习者要想完成对所学知识的意义建构，即达到对知识所反映意义的深刻理解，最好的方法是让学习者到现实世界的真实环境中去感受、去体验，而不是仅仅聆听别人（例如教师）的介绍和讲解。学生是知识意义的主动建构者而不是外界刺激的被动接受者，教材所提供的知识不再是教师传授的内容，而是学生主动建构意义的对象；媒体也不再是帮助教师传授知识的手段、方法，而是用来创设情境、进行协作学习和会话交流，既作为学生主动学习、协作式探索的认知工具。现代心理学研究表明，体验学习是人的一种最基本的学习方式。在学习过程中，不仅要用眼睛看，用耳朵听，用嘴说话，用手操作，用身体去亲身体验，而且要用脑去思考探究，用心灵去意会感悟，并内化为自己的缄默知识，外化为行为习惯。在体验性学习中，学生"在做中学"和"在做中体验"，发挥各自的聪明才智，学会分享与合作，从中获得积极的感受，促进了学生在语言和身心等方面素质的发展。

例如，在高二虚拟语气语法课的课堂教学中，在师生共同归纳虚拟语气在条件状语从句中的运用的模式前，教师让全班同学观看了几组学生运用了虚拟语气的对话表演。这样就增加了课堂的教学容量，调动了学生运用多种感官来参与课堂活动，唤起了他们

存在于大脑中的图式和参与课堂学习的兴趣。笔者观察到，学生在观看表演时，对虚拟语气的幽默地运用有控制地发出了笑声。此外，教师还让学生用英语谈论包含虚拟语气这些句子的真实含义，这就让学生通过谈论自主反思不同的时间下：与现在、过去、将来事实相反的三种模式，使体验中的缄默知识得以显性化；并为后面的运用环节打下了基础，同时培养了学生处理信息的能力、获取新知识的能力及交流与合作的能力。

三、将活动中的体验提升为知识和方法后，教师应创设适当开放的情景，让学生在运用中修正并内化所学知识，进入到新的缄默状态

第三次全国教育工作会议中的《关于深化教育改革　全面推进素质教育的决定》规定：实施素质教育"以培养学生的创新精神和实践能力为重点"。因此新课改背景下教师应站在战略的高度来推进素质教育，将创新意识植根于学生的心田。在教学中设计有新意，而且有许多开放性的话题，需要学生发挥其聪明才智，去拓宽，去延伸，去创新。

此外，任务型语言教学的倡导者认为，掌握语言的最佳途径是让积极地参与用目的语进行交际的尝试，当学生所进行的任务使他们当前的语言能力发挥至极点时，习得也扩展到最佳程度，就意味着学生修正内化了语言知识，进入了新的缄默状态。

例如，笔者在进行虚拟语气语法教学时在引导学生成功地反思并归纳出："虚拟语气在不同时间下的三种形式"后，笔者又创设了情景，让学生对课本知识进行迁移，谈论："如果我长了翅膀，我会去干什么？""如果我参加了气候峰会，我会做什么来拯救我们的地球？""如果我碰见奥巴马，我会告诉他什么？"等新的情景让学生谈论他们会怎么做。让学生真正实现"在用中学，在学中用"，使学生在运用中内化了所学的知识，达到了新的缄默状态。需要指出的是，由于学生间的差异，面对同一经历会有不同的体验，所以应当尊重每一位学生的不同体验，这一阶段的讨论应具有开放性。教师的体验只是不同体验中的一种，不是标准答案，教师不要将答案限制得太死，要允许结论的多元化，以便能够激发学生的发散性思维，提高学生的创造性。体验是一种心理活动，很多情况下很难从外显行为表现出来。因此，教师不宜追求学生体验的行为表现，教师要更多地关注学生是否积极、主动、全面地参与。

作为一线的英语教师，在我们日常的教学中应重视学生学习过程中的体验性学习。针对英语的学科特点，针对不同的课型，设计不同的核心问题，促成学生内部问题情境的生成，让我们的学生在体验中反思领悟归纳新的知识与方法，最终在运用中修正并内化所学知识，争取达到持续、稳定的程度，从而进入到日用而不知的新的缄默状态。课堂教学要"基"、"实"、"乐"、"新"四结合。"基"就是教师应注重学生基础，运用基本技能教学，注重学生的听、说、读、写等技能的培养，让学生通过动耳、动口、动手等"动身"活动来达到动脑的"动心"学习效果，使教学目标落到"实处"，让学生得到"实惠"。而且在教学过程中，教师必须注重学生实际，从学生的学习、生活实际出发，从学生的学习兴趣、生活乐趣着手，为学生营造一个轻松愉快的学习气氛，寓乐与教。这样课堂才会"信其师，善其道，乐其学"，才会发挥自己的主动性，主动在去动"身"，动"心"。这样才能够产生"新"的教学和学习灵感，创造性地去思考分析，使创新能力得以实现，这样学生就能把自己"乐"的事情放在"实"事上，感到学有所用。

参 考 文 献

[1] 张建伟. 基于问题式学习. 教育研究与实验，2000，3
[2] 丁念金. 问题教学策略. 福州：福建教育出版社，2005，3
[3] 陈琳，王蔷，程晓堂. 英语新课程标准解读. 北京：北京师范大学出版社，2002，5
[4] 教育部. 基础教育课程改革纲要（试行），2009

浅谈现实生活与信息技术课堂的关联体验教学

严静秋

在高中信息技术新课程标准中，提出五个基本理念：（1）提高信息素养，培养信息时代的合格公民；（2）营造良好的信息环境，打造终身学习的平台；（3）关注全体学生，建设有特色的信息技术课程；（4）培养解决问题的能力，倡导运用信息技术进行创新实践；（5）注重交流与合作，共同建构健康的信息文化。从新课标的解读中，我们可以看出，仅仅把信息技术教学视为是技术的习得和应用是不够的，应强调结合学生的生活和学习实际设计问题，让学生在活动过程中掌握应用信息技术解决问题的思想和方法，养成良好的信息素养，搭建可持续发展和终身学习的平台。

信息技术课堂教学是学生获取信息知识、形成信息能力、培养信息情感的主要场所，是提升学生信息素养的关键。信息技术是一门年轻的课程，就其教学方法与模式而言，与传统科目不同的是，需要让学生既掌握技巧又学到理论知识。从这一学科的特点出发，我们应充分关注在教学过程中，在生活与课堂之间的关联中进行了一些挖掘，促成学生的深度体验，实现从生活到课堂的有效关联，因而获得较好的教学效果。

一、充分理解信息技术课的学科特点

信息技术是一门理论知识与应用技能兼具的学科。因此，信息技术课程的主要目标是使学生掌握信息技术的基本知识和技能，并能够主动地利用信息技术和信息资源解决实际问题，同时，还要培养学生具有适应信息社会生活的正确的信息伦理道德和法律法规观念。

从教学内容来看，对于大多数中学生来说，信息技术科学不会成为他们今后研究的主要方向，而会成为他们进行其他学习活动、从事各种工作、适应现代生活的工具。因此，信息技术课是使学生通过该课程的学习，在满足当前应用的基础上，逐渐领会信息技术内容的服务思想、结构方法、形成及发展规律等等。因此，就当前计算机和互联网技术的一般性应用特征来讲，无论是基础理论知识还是操作应用方面，都应该尽量与生活应用情景形成关联，促成学生在现实生活与课堂教学的关联体验中信息素养的养成。

二、把现实生活向信息技术课堂有效关联的理论依据

既然信息技术课是一门理论知识与应用技能兼具的学科，则需要从这一学科特点出发，充分挖掘课程内涵，在课堂上采用适当的教学方法，以期获得良好教学效果。首先，课堂是什么？也许很少有人问过这个问题，因为课堂在学校中是一个再平常不过的空间，然而正是这个平常的空间却是学生和教师的重要生活空间。信息技术课的教学过程基本

上都是在课堂上进行的，在这个有限的空间里，教师与学生都在展示着他们的生命存在，都在生活着。因而重构课堂，首先应把课堂建立在生活意义之上，树立"生活的课堂"这样一个理念。"生活即教育"，是陶行知生活教育理论的核心。在生活过程中感受知识是最有效的知识获得方式。信息技术教育专家李艺教授也充分肯定了在信息技术教学过程中，从生活出发，择取有意义的素材，以有效的方式向课堂教学关联的教学方法是符合人类的认知规律的，能够获得较好的效果。因此，不妨充分挖掘信息技术课堂与生活之间的关联。因为信息技术学科本身就是一门应用性学科，这一学科的诸多元素都是来源于生活或者是模拟现实生活的。不管是理论课程，还是操作应用课，无不和生活有着或多或少的联系。于是，从生活出发，向课堂有效的关联就有了理论依据。

三、从生活向课堂有效关联的实现步骤

要在中学信息技术课上实现从生活到课堂的关联，需要充分挖掘信息技术课堂与生活之间的联系，然后择取有意义的素材，以一定的形式向课堂关联。我们认为可以按下面三个步骤去进行。

（一）挖掘与课程内容具有关联的生活素材

社会生活是个外延很大的概念，所包含的素材范围很广，而这些素材与信息技术课程内容都具有类比性，或者也能够通过内涵延伸与课程内容有所关联。如在讲授 Windows 窗口组成与操作课程时，可以把课程内的"窗口"与生活中建筑物的"窗口"相关联：(1)名称关联：由房间的窗口向课程"窗口"关联；(2)作用关联：在房间通过窗口可以看到另一边的信息，关联到课程中可以通过 Windows 窗口了解该窗口所显示的信息，并可通过窗口操作里面包含的程序或文件；(3)房间内换窗观察关联到课程内的窗口切换等等。还有，可以把磁盘文件存储结构图与树木形状关联起来以达到关联。首先叫学生画一棵带有叶子的树。然后引导学生画出磁盘文件存储结构图进行两者间的比较。另外，其他课程内容如文件夹可以用生活中的书包或者文件包来实现关联，路径（目录）用寻人的地址来实现关联，电子邮局的工作原理用现实世界的邮局的工作过程来实现关联等等。毕竟信息技术学科是一门应用性学科，与社会生活有广泛联系，要找到与课程内容具有关联的生活素材并不难。

（二）以核心问题教学模式调动学生有效活动，在活动中实现关联体验

所谓关联方式，即在选定了生活素材之后，如何实现从生活素材到课堂的关联。通常使用的方法有形象类比法、内涵延伸法、直观演示法、游戏引导法等。如上述 Windows 窗口课程则综合采用了形象类比法与内涵延伸法。需要注意的是，所实现的"关联"应当是对教学效果最大化而言是有益的，而不是为了应用"关联"而关联的。因此，在判断和选取适合采用"生活到课堂"的关联教法的课程内容时，以及在择取生活素材时，都需要教师充分地去分析验证，并尽量预测出即将所作的关联是有效的、无效的或低效的。这就需要教师在教育学、心理学、信息技术学科理论、生活经验等各方面不断积累提高的。

经过近几年的校本课题研究和教学实践，我们发现可以用核心问题教学模式来调动

学生活动，在活动实现生活与课堂内容的关联。我们将原来满课堂的小问题整合为合适的核心问题来激发和推进学生的主动活动，在一定程度上实现了学生在活动体验基础上的学习。例如在讲授算法课程的冒泡排序时，我们在课堂上以"通过模拟排队游戏，关联冒泡排序，理解算法过程"为核心问题，引导学生开展模拟排序过程的排队游戏活动，实现从生活中的排队活动有效关联到课堂。

关联体验活动：随机抽取身高差异较大的五位同学，分别用布蒙住他们的双眼后，老师引导同学们排成一排，请这个队列从左到右由高到矮排列。最右边第五位同学可以先和第四位比较，如果第五位比第四位高则交换位置，依此类推，得到最高的那位同学排在左边第一位，接下来，依此方法实现第二高，第三高，第四高的同学的排位，最终实现队列从高到矮的排列。在这个体验中，同学们会自发地将生活中的排队经验关联到活动中来，比如判断高矮，根据高矮来交换位置，这些都是算法中的关键步骤，当同学们在混乱的比较排列中，大家通过讨论实践得出有序高效的冒泡排序法，学生可以清楚地看到活动的执行结果：队伍从矮到高有序排列。那么这堂课最为重要的教学内容也就在学生的深度体验中得以理解。

以这样的核心问题来调动学生活动，让学生在活动体验中自主地完成从排队的现实生活场景到冒泡排序算法的关联，让晦涩的算法变成对生活经验的梳理与提升，让学生得到深刻的感性认识，与只有教师讲解的课堂比较起来，这样的课堂能够获得更好的教学效果。

（三）让学生自主演绎从生活向课堂关联过程

从生活向课堂进行了有效关联后，学生感性地学到了课堂知识，但教学过程中起主要的作用仍然是教师的引导，所以为了让关联过程在学生头脑中进一步形成理性认识，还必须有适当的提升和运用反馈，让学生能够独立自主演绎关联过程，实际上属于能力培养阶段了。例如，前面通过排队过程来模拟冒泡排序的过程，这是需要较为熟悉的同学或者老师来指挥进行，目的是将过程演示给大多数学生以供学习。这个过程完成后，还应该让每一位同学能够独立自主演绎冒泡排序算法过程。我们可以布置群体参与方式的与单人参与方式的两类题目，让学生课后去完成。

经过以上三个步骤，中学信息技术课上实现了从生活到课堂的关联。经过了这样的关联方式，学生对信息技术课堂产生了浓厚的兴趣，并获得了良好的学习效果。事实证明，这种教学方法与思路是合乎教学规律的，能够获得很好的教学效果，值得我们作更深入的实践研究。

四、总结分析

"生活即教育"是陶行知生活教育理论的核心。杜威也提出"教育即生活"的思想，认为最好的教育就是从生活中学习、从经验中学习。而从现实生活向信息技术课堂有效关联，就是"生活即教育"理论的一个具体操作方法。因为这个方法利用了生活素材的感性作用，能够把信息技术课堂从抽象晦涩转化为具体感性，让学生获得了感性认识，符合了人类的认知规律，从而能够获得较好的教学效果。

浅论高中英语听力教学中的体验式教学

杨能明

一、体验式教学理念的形成及现实解释

体验式教学是近年来教育理念和实践研究的一个崭新领域。体验教学的生成与发展建立在构建主义基础上，是在哲学、人类学以及心理学基础上发展起来的学习理论。体验式教学的根源可以上溯到以柏拉图和亚里士多德为代表的理性主义和经验主义之间的争论：理性主义者认为建立在个人经验之上的知识是不可信的，人类真正的知识应该通过严密的推理过程获得；而经验主义者认为人类的知识或概念来源于具体的可知的经验，任何抽象的知识或概念是不能被人类接受和获得。1787年，德国哲学家伊曼努尔·康德（Immanuel Kant）决了这一争端，提出在人类知识的构建中，理性和经验各占一席之地，发挥着同样重要的作用。而体验式教学真正成为一个研究领域和学习方法是从1938年美国哲学家约翰·杜威（John Dewey）出版的《经历与学历（Experience and Education）一书中提出了"做中学"（Learning by doing）开始，此后体验式教学的概念便被引入到教育的各个领域，至今仍发挥着巨大的影响。现在美国大多数高校已经将体验式教学作为专门的学科纳入课程计划当中，并将体验式教学的理念深入到了教育教学的每一个环节。

体验式教学是一种特定环境下的实践能力培养。它通过受教育者对所处环境的感知理解，产生与环境相关联的情感反应，并由此生成丰富的联想和领悟。在心理上、情感上、思想上逐步形成认识从而达到教育目的的一种教育方式。它更深层地诠释了"以人为本"的教育理念，强调人的主观能动性在人的成长中的价值；体现了人才的成长与经历的辩证关系，为学生的成长实践拓展了广阔的行为空间。组织学生实训、实习、工学结合都是很好的教育。

二、体验式教学理念下的教育改革实践——以学生为中心的合作互动式的教学

体验式教学的意义在于创造各种条件和机会，强调的是"先行后知"，通过学生在活动中的充分参与来获得的体验，然后在教师的引导下，相互交流，互享个人体验，并提升认识及在体验中完成自我构建，最终实现主体主动发展的教育模式。因此，一切教学活动的开展都要以受教育者（学生）为中心。在整个体验式教学过程中，学生是教学活动的中心，所有教学活动的开展和问题的提出及解决都要围绕学生而进行。教师是知识的传授者，更是学生心智活动的启发者和引导者。教师的主要职责是创造一定的环境让学生体验，启发和引导学生按照一定的流程和逻辑去讨论和思考课程中涉及的相关问题。

体验式教学强调合作互助，而合作互动的本质是在师生关系上摒弃权力与服从，教

师与学生的关系是平等、合作、健康的人际关系。合作教育强调发展学生的交往合作能力，培养学生的独立能力、自我负责的态度、与他人合作的态度和批判能力，创造具有真诚、接受、理解三要素的师生人际关系的课堂气氛；使学生在"自由表达"与"自由参与"中，逐步达到自我实现，教师应该帮助学生安排适宜的学习材料和活动；帮助学生发现所学东西的意义；强调在学习中尊重人的价值和尊严，尊重学生的人格，培养学生的自尊心。合作互动思想是把发挥人的潜能，重视发展学员的个性放在重要地位。

三、体验式教学的核心是实践能力的培养

体验就是通过实践或亲身经历来认识周围的事物，它具有过程性、亲历性和不可传授性，是充满个性和创造性的过程。所谓"体验式教学"是让学生充分发挥主体作用，用心去体验，用心去感悟。体验式教学本着注重激发学生的学习愿望和潜能设计教学环节与内容，将学生的学习引向意义学习，使学生的行为、态度、个性及未来选择行动力得以形成，将知识与学生的各种经验融合在一起，激发学生全身心投入实践活动、学习活动，使学生在实践中感受进步。

大量实践也证明，开展贴近学生学习生活实际的教学体验活动，让学生在情境体验中感悟，在探究体验中发现，在实践体验中内化，在交流体验中升华，在实践体验中创新。体验让学生的认知由被动接受转为主动获得，实现由经验到理解的提升，由感悟到行为的内化，有效养成了良好的行为习惯。

四、体验式教学之于高中英语听力教学

（一）创新教学模式，将"听"有机地融入课堂教学中

语言学习过程中，听、说、读、写各项技能关系紧密，相辅相成。对于教师和学生来讲，听说或读写进行结合训练已经很熟悉、很自然。由于中学阶段对课堂授课语言没有明确的规定，所以课堂教学中"听"的内容和方式是极为有限的——课堂常规用语和教材听力材料，并且教材将听力以独立的方式设计安排更加鲜明地揭示了听力的"游离性"。因此，在教学实践中，教师要勇于创新教学模式，将"听"有机地融入各种能力的综合培养，把读、写与说的材料作为有效的提高听力的辅助手段，如以"听—说"、"听—写"、"听—读"的方式进行命题讨论、单词重现、要点分述和复述等。让学生用耳朵去感受和体验读、写、说的内容，充分调动身体机能，增强内容的形象性和记忆的持久性，达到全面发展学生语言技能的目的。

（二）培养预测判断的能力

重视听力技巧的训练是提高学生听力理解的有效措施，培养学生对所听内容的检索、预测和判断能力，引导学生根据不同的语言材料和已知的信息线索预测和判断所听材料的内涵意义。预测和判断时可根据标题或题后练习进行，这样在听时就会有未听先知的感觉，听的欲望强烈，同时也感觉听得容易。抓住主题句、关键词非常重要，因为主题句、关键词往往揭示整个语篇的主要内容，有利于对语篇的理解。

（三）丰富文化背景知识

高中英语教学大纲明确指出，掌握语法知识有助于语句结构正确，而熟悉有关文化知识，则有助于理解和表情达意。学生对说话者意图理解的程度既取决于他们语言水平的高低，更取决于对所涉及的社会文化背景知识的了解。有少数学生在听的过程中，尽管每个单词都听清楚了，但连贯起来却不知所云，这主要是因为对背景知识不了解。因此，教师要尽可能多的让学生了解英语国家的社会风俗习惯，扩大知识面，特别要注意中外文化差异。

（四）培养用英语思维的习惯

由于英语语音中存在弱读、失去爆破、连读等现象，学生在听时会产生一些困难。如果学生要将转瞬即逝的语流转换成中文理解，将影响听力的正常进行，更不利于听力的提高。因此，老师要尽量地用英语解释，辅以图片、体态语等方式，培养学生英语思维习惯，摆脱母语的干扰。

（五）在娱乐中进行语感的培养

可以通过娱乐的方式激发学生的听力兴趣。这里所说的娱乐，包括看英语原声电影、听英文广播节目、学英文歌曲等等。比如看英语原声电影，不仅提高学生的实际语言应用的能力，而且有助于提高他们的听力能力。电影中的对话或台词都是正常语速。另外，教师要选择好的电影。让学生看一部电影之前，自己要多看几遍。找出一部学生感兴趣的，真正对学生听力能力有所帮助的电影，教师还可以选择一些电影中经典的台词让学生背下来。除了看电影之外，教师还可以定期教学生唱英语歌曲。这样在忙碌的学习中能给学生带来一些放松的心情，更重要的是通过歌曲学生能学会经典的表达方式。

总之，听力的提高是一个循序渐进，日积月累的过程。在平时训练中，只要我们目标明确，坚持不懈地进行系统的听力训练，打下扎实的基础；同时，在考试时方法得当、冷静答题，就一定能取得令人满意的成绩。

参 考 文 献

[1] 宋秋前．有效教学的理念与实施策略．杭州：浙江大学出版社，2007，3

[2] 葛文山．英语听力理解及其策略训练．中小学英语教学与研究，2005（1）

[3] 浙江省基础教育课程改革工作领导小组办公室．浙江省普通高中新课程实验学科实施意见．杭州：浙江教育出版社，2006，6

[4] 走进新课程编写组．走进新课程．武汉：华中师范大学出版社，2004

[5] 韦玉芳．图式理论与英语听力理解．中学外语教与学，2007（1）

[6] 刘鹰．教学目标的设定与表述．刘鹰教学博客（http：//elt.dyl.name/？p=530）

对一节公开课的思考

周 竞

本学期化学组牟霞老师上了一节公开课，课题是《电化学综合应用》，确立的核心问题是"反思电化学组合池习题解题过程，归纳原电池与电解池的关联"，老师按学校的核心问题教学模式进行教学。课堂上，学生在解决核心问题过程中，活动积极，思维活跃，结果性目标和体验性目标都有较好的达成度。在课后评课时，陈明英老师等谈到，本节课学生有较为深度的体验，是由于有较为恰当的核心问题。这节课的核心问题具有活动性、整合性、适应性和引导性特征。作为一名化学老师，笔者在听课及参加评课后，产生了这样的思考，为什么一节课中，当核心问题具有活动性、整合性、适应性、和引导性特征时，学生就会有深度体验？下面谈谈笔者的思考。

一、课堂上学生的确有深度体验

我们看到，课堂上，学生在理解核心问题之后，对电化学题目解题、反思解题过程、归纳原电池与电解池的关联等进行了个体的自主活动，在学生个体自主探究的基础上，按核心问题的要求，老师又请同学们分小组讨论，各个小组向全班同学展示了本组的讨论结果，在小组展示之后，又有同学发表了自己的观点。从这里我们看到，学生个体出现了心理性和身体性自觉的、多方面的深度投入活动。学生在活动中，解题过程方法、原电池与电解池的关联等产生了较为深刻的认识，同时出现钻研问题时的专注、在讨论问题时的热烈、在回答交流时的愉快，因此我们说学生个体从活动中获得了认识的深入和出现了内心反应的丰富与强烈。

这节课确立的教学目标是：（1）能辨认组合池装置中的原电池和电解池；（2）掌握分析原电池与电解池串联装置工作原理的一般性思路，能判断电极、电子或离子流向、电解质溶液成分变化，会书写电极反应方程式，并在原理分析时体验这些环节的相互关联；（3）通过反思解题过程，从能量转化和反应实质两个角度，体验并认识原电池与电解池关联；（4）从定量角度，初步理解电化学计算技巧，体验反应实质与计算依据的关联。从目标的（2）（3）（4）条中我们看到，要求学生产生的体验不只是感受、情绪，还要能触发其对化学学科事实背后所反映的知识、方法、态度、价值观"产生情感且生成意义"，如在化学原理分析时体验相关环节的关联，从能量转化和反应实质两个角度，体验并认识原电池与电解池关联，从定量角度，初步理解电化学计算技巧，体验反应实质与计算依据的关联。根据课堂表现和课后检测，目标达成度较好。

学校关于深度体验的观点是："深度体验"是对学生体验进行深刻程度和丰富程度的强调。作为一种活动，深度体验是指学生个体心理性和身体性自觉的、多方面的深度投入；作为一种活动的结果，深度体验是指学生个体从活动中获得的认识的深入和内心反应的丰富与强烈。以上我们是从学生的角度来认识体验与深度体验的，是从既是一种活动也是活动的结果来认识体验与深度体验的，而从教师教的角度而言，"体验"既是学生的学习活动，也是学生相应活动的结果，还是一种教学的目标，要求学生产生的体验不但只是感受、情绪，而要能触发其对学科事实背后所反映的知识、方法、态度、价值观"产生情感且生成意义"，获得丰富而深刻的体验。

将课堂中学生的活动及活动结果，以及教师将"产生情感且生成意义"作为贯彻整节课的目标与学校的深度体验观点对照，我们可以肯定地说，本节课学生确实有了深度体验。

二、本节课的核心问题立意具有活动性特征

学生在解电化学组合池习题，解题后进行了展示交流，在清楚题目的解之后，学生个体反思解题过程，在个体反思的基础上，学生分小组进行讨论并形成小组结论，然后交流碰撞，形成统一共识，在反思基础上，进一步归纳原电池与电解池的关联。整个活动过程中，活动的对象是化学本身的内容（客体），活动既有动手做题、讨论交流等身体性活动，又有反思、归纳等心理性活动。

学校关于核心问题立意的活动性特征有以下观点：核心问题立意的活动性特征是指设计核心问题的价值取向要有利于激发和推动学生的主动活动。并且提出，核心问题要以学生做题之外的客体为内容，这样才有利于学生的好的导向客观世界为对象的相互作用。为了激发和推动学生的主动活动，核心问题中还要提出对学生身体性或心理性活动的明确要求。

对照课堂学生的实际活动情况和学校的观点，可以认为，这节课的核心问题"反思电化学组合池习题解题过程，归纳原电池与电解池的关联"具有活动性特征。

三、本节课的核心问题情境具有整合性特征

牟霞老师对本节课的教学内容有如下分析：电化学是研究化学能与电能相互转化的装置、过程和效率的科学，应用广泛。新课程改革后，新人教版高中化学教材对电化学内容的实施采取了分步推进、层层深入的形式：首先，高一下期《高中化学·必修二》第二章第二节《化学能与电能》，通过对能量转化形式的应用和氧化还原本质的拓展，引入了原电池概念，并简要介绍其工作原理；其次，高二下期《选修四·化学反应原理》第四章《电化学基础》，在必修二的基础上作了提升和拓展，分原电池、化学电源、电解池、金属电化学腐蚀与防护四个内容详细介绍原电池和电解池的构成条件、反应原理及应用状况；进入高三一轮复习阶段，电化学教学侧重两方面内容：（1）落实考纲（①了解原电池、电解池工作原理，包括电极判断、电子或离子流向、电极反应式书写、电解质溶液成分变化等；②了解常见的化学电源，认识化学能与电能相互转化的实际意义及作用）；（2）关注热点（新型电池分析、原电池与电解池的综合应用、电池设计与氧化还原的关联等）。由此分析而确立的核心问题统摄了教科书这部分重点内容和关键内容，充分关注高考，切实注意知识与知识、知识与问题情景、知识与方法的联系；同时，还将

内容重组，将学科知识与化工生产、与日常生活、与环节保护联系起来，与学生自己日常用的手机电池、电瓶车电池等情境有机联系。

学校对核心问题情境的整合性特征有这样的观点：核心问题情境的整合性特征是指构成核心问题的材料或者内容不但是主体以外的人与事，而且所涉及的自然的或社会的境况均是教科书重点内容与扩展内容整合后的产物。

对照本节课的核心问题情境与学校的核心问题情境的整合性特征观点，我们认为，该核心问题情境确实具有整合性特征

四、本节课的核心问题设问具有适应性特征

本节课教学的对象是正在进行一轮复习的高三学生，通过必修二和选修四的学习，已经分别认识了原电池和电解池的概念、工作原理、构成条件及相关应用，了解它们在能量转化方面的联系，也初步理解原电池和电解池反应的根本实质都是氧化还原反应。由此我们知道学生具有分析原电池和电解池串联问题的知识基础。

学生通过选修四中《电化学基础》学习时的系统训练以及高三复习理综考试的强化训练，已经基本具备了独立分析电化学装置（原电池或电解池）工作原理并解决相关应用问题（电极判断、粒子流向判断、电极反应书写、简单计算）的思路方法。由此我们知道学生具有解决该核心问题的能力基础。

原电池是学生生活中的日常用品，电解池是化学工业和化学实验重要的装置，学生具有相应的缄默知识基础。

本节课是高三复习课，核心问题解决在多媒体教室进行即可。

学校关于核心问题设问的适应性特征，观点是：既要适应学生问题解决心理、知识和能力的学习基础，特别是学生已有的体验积淀或者缄默知识，又要有适应学生学习的时空条件。

将上述两者对照，我们认为本核心问题设问具有适应性特征。

五、本节课的核心问题功能具有引导性特征

本节课的核心问题是"反思电化学组合池习题解题过程，归纳原电池与电解池的关联"，体验到电池与电解池的关联是其明确而重要的功能。

学校关于核心问题功能的引导性特征就是指核心问题要具有引导学生深度体验尤其是关联体验的功能。

对照得出，本节课的核心问题功能具有引导性特征

综上所述，从牟霞老师的公开课我们知道，一节课中的核心问题具有立意的活动性特征、情境的整合性特征、设问的适应性特征、功能的引导性特征，学生就会有深度体验。

参 考 文 献

[1] 周光岑. 核心问题教学研究. 成都：电子科技大学出版社，2009，2
[2] 周文良. 有效促进学生学习和发展的深度体验. 中国教育学刊，2012（12）

如何设计和运用核心问题促进学生深度体验

袁小琴

一、为什么要设计核心问题

有人说，历史是死知识，老师只要告诉学生，学生只要背好，就可以应付考试了。又有人说，课堂教学就是展示教师预设的静止过程，老师按部就班，就可以上完40分钟。如此一个"照本宣科"加"按部就班"，把历史课说成了一潭死水，激不起半点涟漪！

事实上，完全相反，历史是由鲜活的生命一点一滴铸就，本身就是充满生命力的，而课堂也必须跟随学生思维火花的闪耀而不断地动态生成才会促进学生的发展，才会是有效的教学。这才是历史课本该有的面貌。而要还原历史课的生命力，就得调动学生的积极性，主动参与到课堂中，走进历史长河中去细数珍宝，去体验，去深度体验那充满生命力的历史人物所创造的历史，进而升华自己思维的活力。

苏联著名 教育家苏霍姆林斯基认为："真正的学校乃是一个积极思考的王国。"由此看来，启发学生思维并着力培养学生的思维能力应是历史课堂教学的主旋律。

如何启发思维？笔者认为，有了问题，思维才有方向；有了问题，思维才有动力；有了问题，才会有主动学习的愿望；有了问题，才会有创新。因此要解决上面这个问题，还是得用问题来激活学生的思维。教学方法中的"问题式教学"就是要抓住一节课需要思维的核心。

而我校校本教研提出，一堂课设计一个核心问题，围绕这个核心问题，学生自主学习、主动学习、发现学习、合作学习、探究学习去解决问题，然后在教师的归纳提升中思维升华。这个过程中，我们把教学的焦点移向学生，关注学生的学习过程，学生的主动参与，关注他们学习中的深度体验，使得他们可以将所学的知识再现历史场景，深度体验历史的鲜活性。

二、如何设计并运用核心问题

促进学生深度体验的思路有了，关键就是如何设计核心问题才能达成目标？

笔者根据自己的教学实践，对平时教学中的一些尝试进行了反思小结，就自己对核心问题设计的体验，琢磨出几点特征来。

（一）核心问题要有引导性

一个恰当的核心问题要能够很好地引导学生进行活动，有兴趣地主动去解决问题。也就是说，设计一个核心问题，首先要想到以什么样的途径或者方法，要学生做什么，做的目的是什么？

比如笔者在高二上的一节课《蒙昧中的觉醒》。这部分内容在以前的旧教材中从未涉及，而且内容理论性极强，对于中学生来说生涩难懂，因此在教材处理上如何做到深入浅出就显得至关重要。而且高二的学生缺乏动手能力和独立创新的思考，在学习过程中易生搬硬套书上的观点，被教材牵着鼻子走，久而久之失去历史学习的兴趣和主动性，更体会不到历史学科的魅力所在。那么，这节课怎样让学生对学习内容产生兴趣？怎样走近历史人物了解他们的观点并且能够真正懂得其观点的内涵？怎样进一步将历史与现实联系起来引发学生积极思考？鉴于以上分析，基于课标要求，结合对教材和学情的分析情况，在本课教学准备中笔者设计了核心问题"梳理并解读西方先哲的观点，讨论其产生的背景及影响，阐述人文精神的内涵。"课堂导入利用乔布斯对苏格拉底的崇拜，引起学生对苏格拉底的兴趣。学生非常积极地想要去了解认识苏格拉底这位思想大师，于是在笔者设计的核心问题引导下，明确知道自己接下来要以什么样的途径才能去接近苏格拉底："梳理并解读西方先哲的观点。"在梳理并解读的过程中，走近历史人物，在先哲们的思想宝库中去深度体验其思想精髓。然后以小组的形式积极"讨论其产生的背景及影响"。这个过程中，学生能够联系必修一学过的知识来解答，在老师的引导下，认识到"一定时期的政治经济决定一定时期的文化"，或者说"社会存在决定社会意识"，深度体验到历史学科内部知识间的联系，这又是学科方法论的一次深度体验。最后达成的目标是"阐述人文精神的内涵"。有了一定的步骤和方法，一步步引导学生，用自己的话说出对人文精神内涵的理解。并且联系现实，升华思维，观察现实生活中人文精神闪光或者缺失的现象，在这一步达成知识与情感双重深度体验的目标。

由此可见，一个恰当的核心问题可以引导学生完成知识与能力、过程与方法以及情感态度价值观的多重深度体验。

（二）核心问题要有适应性

由于核心问题涉及的是如何引导学生活动，那么它就必须适应学生的认知规律来进行。

以"梳理并解读西方先哲的观点，讨论其产生的背景及影响，阐述人文精神的内涵"为例。本课内容生涩难懂，如何适应学生的思维过程与认知水平尤为重要。笔者的设计思路是按照"了解—理解—见解"这样一个模式来引导，通过走近历史人物去了解他们的主张，那么"梳理"属于学生的"了解"层次，而"解读"、"讨论"属于理解层次，最后的"阐述"属于"见解"层次，在前两个层次的基础之上，再上一层楼，升华学生的思维，并且能够运用自己的语言表达出来。这样一个"了解—理解—见解"由浅入深的思维层次符合学生的认知过程，能够很好地使学生适应解决问题的步骤，并且能够由浅入深地去体验人文精神的内涵。

（三）核心问题要有开放性

精彩生成的有效课堂随着教学环境、学习主题、学习方式的变化而变化。设计开放性的核心问题就是要创设一个开放的课堂，为学生提供一个开放自由、展现自我的空间。

比如笔者在高二上的一课《拿破仑的欧洲民主》。拿破仑是学生比较感兴趣而且比较熟悉的人物，学习本课前，很多学生就已经有自己对拿破仑的一个印象，这节课可以激活学生的缄默知识，在本课的学习过程中不断修正、丰富、完善，并且让学生最后能够形成新的缄默知识，即重新认识拿破仑，有自己独到的评价。这些成了笔者对本课的主要设想。于是笔者设计了这样的核心问题："了解拿破仑帝国统治的各项措施并分析其作用，简要评价拿破仑。"该核心问题的后半部分便是一个开放性的问题。在已经对拿破仑的生平、功绩进行了了解并分析其作用后，要求学生对拿破仑个人进行评价。这部分给学生几分钟的时间进行思考，抽学生起来回答的时候，才发现学生的创造性是惊人的。从形式而言，有学生用了一系列的称谓来评价拿破仑，比如"荒野中的雄狮"、"文明的开创者"、"创造伟大历史的伟人"等等；有学生用文言文写了一篇赞扬拿破仑的长诗："时局动荡，扶大厦之将倾，内忧外患，立鼎柱之于高墙……内定太平，外讨千军，文安天下，武定乾坤。"从内容而言，有学生从拿破仑的生平事迹来评价，分为政治、经济、文化等方面；有学生从拿破仑的功绩与罪过来评价。总之，形式各一，在不同的评价过程中，可以检测学生对本课知识的体验是否深入，更为重要的是从不同的评价中认识不同学生的个性。这样，学生在学习过程中由衷感受到成功的喜悦，体验到不断进步的乐趣，在学会自我肯定的同时，潜移默化地增强了自信心。

（四）核心问题要有拓展性

拓展性，即学生能够由此联想到彼，举一能反三，解决完这个单独的问题能够解决其他类似的问题。对于历史学科而言，拓展性意味着学生深度体验历史后，能够将其延伸到现实生活中，能够找到历史与现实的关联。

还是举《蒙昧中的觉醒》的核心问题为例，"阐述人文精神的内涵"，即关注人、人的价值，尊崇人的理性和思想自由。一旦学生说出这些字眼，很容易将其进行联系，比如课堂上就有学生将其与几乎同时的春秋战国时期诸子百家中儒家的思想主张进行对比，发现也具有人文精神。有同学甚至有更深度的体验，去思考他们的人文精神有何异同，而这个差异所产生的原因是什么。如此深究下去，他对于古代中西人文精神的理解更进一步地深入了。另外，有些同学把这种人文精神的内涵联系现实，结合当时网上的热点事件"小悦悦事件"，指出碾死幼儿就是人文精神缺失的一种社会现实。再反思如果自己遇到这种事情应该怎么处理。

（五）设计核心问题，上好有生命力的历史课

从第二部分的阐述中，我们可以看到，设计出一个恰当的核心问题具有引导性、适应性、开放性、拓展性的核心问题，不仅可以让学生走近历史，感受到那个时代的人物精神、那个时代的社会风貌，重现历史的一角，而且可以让学生跳出历史，联系现实进行更深一层的体验。

而这样一种实践是与历史学科的课程标准紧密联系的。普通高中历史新课程标准这样表述："课程从不同的角度揭示人类历史发展的基本过程，通过重大历史事件、人物、现象展现人类发展进程中丰富的历史文化遗产。学习从历史的角度去了解和思考人与人、人与社会、人与自然的关系，进而关注中华民族以及全人类的历史命运。通过高中历史

课程的学习，培养学生健全的人格，促进个性的健康发展。"

在新课程理念下，核心问题研究着眼于转变教学方式。倡导学生主动学习，在多样化、开放式的学习环境中，充分发挥学生的主体性、积极性与参与性，培养探究历史问题的能力和实事求是的科学态度，提高创新意识和实践能力。窃以为，在此过程中，学生充分发挥主体作用，积极参与学习过程中，这样一种切身的真实体验，那就是他的深度体验，就是获得最深刻的知识与智慧。

综上所述，设计恰当的核心问题可以促进学生的深度体验，同时激活历史课，有助于生成一堂精彩的有生命力的历史课。

在活动中体验，在体验中成长

曾 伟

目前课程改革的各种观念要落实到我们的教学实践中，除需要课程结构、教材结构等的改革外，还需要新的教学模式以改革教学过程结构，使新课程改革能落实到我们的日常课堂教学之中。近几年我们的研究就是在构建一种实践新课程改革思想、促进学生在体验中学习的教学模式——基于缄默知识的核心问题教学模式。

过去，我们多在学习方法上做文章，其实学习方式较之于学习方法是更加上位的东西，两者类似战略与战术的关系：学习方式相对稳定，学习方法相对灵活，学习方式不仅包括相对的学习方法及其关系，而且涉及学习习惯、学习意识、学习态度、学习品质等心理因素和心灵力量。所以，学习方式的转变对促进学生发展更具有战略性的意义。

学习方式的转变是新课程改革的显著特征。改变原有的单一、被动的学习方式，建立和形成旨在充分调动、发挥学生主体性的多样化的学习方式，促进学生在教师指导下主动地、富有个性地学习，自然成为这场教学改革的核心任务。

为了让"基于缄默知识的核心问题教学模式"更好地运用到我们的日常教学过程中，笔者下面就基于缄默知识的核心问题教学模式的内涵、结构、实施程序；体验性教学目标、体验的教学策略；体验性教学目标确立与达成的实际运用以及教学反思七个方面谈谈自己在教学实践中的体会。

一、基于缄默知识的核心问题教学模式的内涵

基于缄默知识的核心问题教学模式应该说是一种建立在建构主义理论基础上的教学模式。既然是一种教学模式，就要清楚什么是教学模式？美国的乔伊斯和韦尔在《教学模式》中对教学模式的理解是："教学模式是构成课程和作业、选择教材、提示教师活动的一种范式或计划。"建构主义理论强调教学应该通过设计一项重大任务或问题以支撑学习者积极的学习活动，帮助学习者成为学习活动的主体；设计真实的、具有挑战性的、开放的学习环境与问题环境，诱发、驱动并支撑学习者的探索。因此基于缄默知识的核心问题教学模式就有了理论支撑。

二、基于缄默知识的核心问题教学模式的结构

研究成果表明，基于缄默知识的核心问题教学模式的结构模式如表1所示。

表 1

教学环节	教师活动		学生活动	
问题（提出问题）	营造情境	出示问题	进入情境	领会问题
活动（问题解决）	引导定向	适当协助	独立操作	交流合作
提升（归纳提升）	诱导反思	提升讲解	反思归纳	理解接受
运用（运用反馈）	检验评价	反馈改进	尝试运用	修正内化

这一结构模式为规范我们的日常课堂教学过程提供了保障。

三、基于缄默知识的核心问题教学模式的实施程序

基于缄默知识的核心问题教学模式的结构模式决定了我们日常课堂教学实施的基本程序。即：

问题 → 活动 → 提升 → 运用

基于缄默知识的核心问题教学模式在课堂教学中的实施强调用缄默知识理论做指导，以核心问题为主线，搭建学生自主活动的平台来规范我们的教学活动便成为共识。其目的是促进学生在体验中学习，达成体验性教学目标的完成。

四、体验性教学目标

关于"体验"的界说，哲学、心理学、美学等均有不同的论述。为了深入研究"体验"，教育学界提出了体验范畴的独特意义。综合多种界说，"体验既是一种活动，也是活动的结果"。因此，要实现体验性教学目标的达成，就必须有活动的设计和活动结果的检测。

五、体验的教学策略

（一）发展学生的主体性

体验是自我的，旁人无法代替。体验自身的这种特性决定了学生主体地位的重要性。

（二）注重教学的情境性

体验的对象并非孤立存在的，而是处于一种关系与情境之中，我们不能把体验的对象从周围事物中相对分离出来。这就要求我们的教学过程具有生活化、情境性。

（三）关注教学关系的建构

体验的对象不只是情感，还可以是学习过程中与人合作的经验、方法以及策略运用之得失、人与人之间的交往等。因此，我们要构建好教和学、师生和生生之间的关系，才能有效体验。

（四）实施质性评价

体验具有个人性，不同主体会产生不同的体验；人们在表达自己的体验时，使用的是不同的方式和语言。因此，我们要尊重个体差异，尊重个体体验的多样性、差异性和非同一性。对学生的体验评价应实施质性评价。

（五）提高教师自身的语言能力

语言除了具有传授知识的信息功能、表达指示功能外，还具有情感功能、美感功能，可以沟通人与人的心灵。语言是一种艺术。因此，我们要遵循语言的艺术化规则，引发学生的情感体验。

（六）注重理性思维的引导

主体的理性思维和直观体验并不是截然分开的，区分是相对的。教学中强调"生活体验"、"生活关系"、"情境建构"，并非不重视理性思维。实际上，体验过程蕴含着多次思维的冲突、修正和重建。因此，我们要注重理性思维的引导，避免学生陷入盲目的冲动之中。

六、体验性教学目标确立与达成的实际运用

这里，以教学《我的空中楼阁》来谈谈自己在实际运用基于缄默知识的核心问题教学模式，同时采用体验性目标教学的点滴体会。

（一）教学分析设计

1. 教材分析

《我的空中楼阁》安排在高中语文第一册的第二单元第二课，也是高中阶段第一次接触散文。根据单元总体要求，在整体把握散文思想内容和艺术形式的基础上，品味散文的语言，赏析散文的表现手法。因此，在教学中应该让学生在整体感知文意的同时，通过品景悟情，去感受艺术的审美力量。这是一篇奇颖秀逸、韵致风流的写景美文。它描绘的是淡雅清丽、美妙多姿的风景图：眉黛似的远山，苍翠欲滴的山林，虚无缥缈的小屋。表露的却是追求大自然的美，厌弃尘世俗流、纸醉金迷的"自我意识的觉醒"。那若隐若现、姿态翩然、轻灵而有风度的"空中楼阁"，并非对景物形态的自然照摄，而是主观化、情绪化，作为审美主体的"再造的世界"，"是一种纯粹的、超越和独立的宇宙之创造"。它寓含着深刻的象征意蕴，寄托着作者冷寂中的挚切追求与憧憬，可以说是作者向往超世拔俗的心灵的"楼阁"幻境。

这篇散文在写景、抒情、立意等方面有许多独到之处。本文不仅借景抒情，而且托物言志。文章所写的景物在常人看来极为平凡，而作者文思高远，赋予新意，化小屋为若隐若现的"空中楼阁"，把自己的快乐、幸福、美梦寄托其间，其构思非常奇妙。

2. 学生分析

这篇散文意境优美、深邃，诗一般的语言将作者特有的生活情趣和小屋及其四周的景物完美地融为一体。应该说能够引起学生学习的兴趣。但是，要让学生透过景物描写

去体会深蕴其中的作者的思绪和感情，把景和情有机地结合起来还是有一定的难度。学生往往会停留在表层景物的描写上，而忽略对深层思绪情感的品位和挖掘。所以，阅读本文，就要引导学生去品围绕"空中楼阁"写的景，然后去悟其中蕴含的作者的思想情绪。看看作者是怎样情景交融的。

3．教学目标

结果性目标：学生在整体把握散文思想内容和艺术形式的基础上，品味散文的语言，赏析散文的表现手法。

体验性目标：学生通过阅读《我的空中楼阁》，品景悟情，进而探究"借景抒情"的方法，以实现能力的目标。

4．教学媒体

现代教学媒体及传统教学媒体相结合，自制课件，营造氛围，突出重点。

5．设计思想

为实现教学目标，本节课以核心任务来调动学生进行自主学习活动为主体。过去以讲解突显"空中"的技法为主，注重知识方法的传授，而忽略学生能力的培养。学生思维活动较少，只是被动接受，没有积极参与意识，因而激发不起学生学习的兴趣，更谈不上学生的自主学习。为了增强学生学习的兴趣和参与意识，达到学生自主学习的目的，采用"以问题促活动，以活动促发展"的策略，通过让学生阅读文本，品景悟情，筛选作者借了什么景，抒了作者什么情，在学生缄默知识显性化的基础上，从而进一步探究"借景抒情"的方法来强化学生对"一切景语皆情语"的认知，实现体验性教学目标的达成。

核心任务：阅读《我的空中楼阁》，品景悟情，探究"借景抒情"的方法。

（二）教学实施设计

1．教学环节

<u>情境营造</u>

导入语：前面我们学习了朱自清先生的《荷塘月色》，文章写塘中的月色，写月下荷塘的周围景致，营造出一种朦胧、幽美的意境，抒发了作者"淡淡的喜悦夹杂着淡淡的哀愁"，给我们带来美的享受。今天，我们来学习李乐薇女士的《我的空中楼阁》，看作者又给我们营造出一种什么样的意境，抒发了一种什么样的情感，带来一种什么样的美的感受。

出示课件1：核心任务：阅读《我的空中楼阁》，品景悟情，探究"借景抒情"的方法。

<u>实践探索</u>

作者的小屋不是孤立的，为了突出小屋，作者重点写了四周的环境与小屋的关系。下面我们就来阅读文本，筛选作者借了什么景？抒了作者什么情？从而进一步探究"借景抒情"的方法。

出示课件2：学生活动：阅读《我的空中楼阁》，品景悟情，筛选作者借了什么景？抒了作者什么情？

【观测预设】学生筛选景物特点估计不会存在问题，但景物和情感的关系可能会有分歧，所以交互活动中思维的碰撞会产生智慧的火花，也是新因素产生的时机。

学生自主活动。学生通过阅读文本，品景悟情，从而进一步探究"借景抒情"的方法，进一步强化学生对"一切景语皆情语"的认知，达到学生阅读理解能力的提高。课堂活动环节由学生反复的阅读，去品景悟情，然后展开生生间及师生间的交互活动。

交互活动的同时，形成板书，如表2所示。

表2　板书设计（景情关系图）

描写的景物	景物的特点	蕴含的感情
小屋与山	小屋点缀了山	小屋使山富有生气和情调
小屋与树（近看）	树点缀了小屋，使小屋有了绿的背景	有活力，有精神，使小屋含蓄而有风度
小屋与树（远观）	小屋若隐若现，凌空而起，姿态翩然	像鸟和蝶一样轻灵而自由
小屋的领土与领空	有限的领土和无限的领空，袖珍的花园和开放性的院子	无限的领空显示出小屋的开放性
小屋的围墙	有形的围墙围住一些花，无形的围墙展示着大自然	无形的围墙显示出小屋的开放性
小屋的空气与光线	空气清新，光线明亮，充满柔静与宁谧	呼吸的是香，富有科学的时间性和浪漫的文学性
小屋的交通	山路和山坡，便于"我"行走	幸福的阶梯是"我"的空中走廊
小屋的白天和黑夜	白天清晰，夜晚朦胧	生活中的第一件艺术品，虚无缥缈的空中楼阁
小屋的室内装饰	室外的鸟语和门外的巨画，富有生气的大自然	使小屋主人有回归自然之乐

出示课件3：品景悟情

小结语：这篇散文用一幅幅图画来表达作者热爱自然，回归自然的情怀。图画分别有小屋的全景、夜景、远景、近景、特写景，从不同角度、不同时间把小屋点染。让我们如同欣赏一系列画卷，深深感受到了艺术的审美力量。

过渡语：作者是怎样做到情景交融的？

出示课件4：品景悟情的要点

方法归纳：（反思活动）

王国维在《人间词话》中说："一切景语皆情语。"为了把景和情有机地结合起来，下面，我们就一起来深入探究一下"借景抒情"的方法。

出示课件5：方法归纳

从逻辑事理来说，借景抒情是建立在触景生情的基础之上的。而触景生情又离不开观察、联想和想象以及景物同作者内心感受的融合。但今天我们赏析的是作者的表现手法。所以，从前面探究的实践活动中，我们悟出：赏析一篇文章"借景抒情"的方法应该具有的步骤和方法：

第一，找出材料中所写景物。（读）

第二，抓取景物的特点。最好采用抓关键词法，即从景物色彩的冷暖调、图景的动静态、物象的象征性等角度去筛选最能表现作者主观情感的词语来揣摩作者在作品中可能蕴含的情感。（思）

第三，揣摩作者的情感。借助关键词，从景物的特点去揣摩我感受到的作者可能流露的情感。（悟）

过渡语：品景悟情的关键是寻找情景之间的契合交融点——景物的特点

出示课件6：情景交融的契合交融点——景物的特点

出示课件7：拓展训练：

<u>拓展训练：</u>阅读下面的诗歌，完成练习：

丰乐亭游春（其三）

欧阳修

红树青山日欲斜，长郊草色绿无涯。游人不管春将老，来往亭前踏落花。

（1）这首诗写了暮春怎样的特征？

答：_____

（2）游人对此怀着什么样的感情？

答：_____

参考答案：

（1）这首诗写暮春时节一望无际、郁郁葱葱的美景（或：这首诗写了暮春时节草木青翠、落红满地的特征）。

（2）游人对此怀着喜爱和恋恋不舍的感情。

布置作业：《步步高》48页第三大题阅读梁实秋的《雅舍小品序》

七、教学的反思

（一）学生反思分析

一堂课的成功与否，学生最有发言权。学习完本课后，学生如是评价：

优秀文学作品的鉴赏与评价常常定格在一种固定的模式上，那就是时代背景、作家作品简介，重点词句的含义，文章主旨挖掘，艺术特点借鉴。教师的讲授毫无新意，自然也就激发不起学生的学习兴趣，更谈不上课堂教学效益了。但是，本次教学不拘泥于一篇文章的方方面面，而是落在"品景悟情"这一点上，由"品"（景）到"悟"（情），再到"思"（两者之间的桥梁）环环紧扣，步步推进，让我们一课一得，这比对篇篇文章进行单调、枯燥的品评好上百倍。这就是所谓的"不在多，而在精"，使我们的思维大大开阔，认识程度也更加深邃，不仅整体感知了文章的内容，而且对"借景抒情"这一手法的认识也更为深刻。

（二）教师反思评价

这次学习《我的空中楼阁》，感受颇多。最深的莫过于教学模式的改革。正如笔者在前面所说，过去，我们多在学习方法上做文章，其实学习方式较之于学习方法是更加上位的东西，两者类似战略与战术的关系。我们真是丢了西瓜去拣芝麻。归因其实很简单——教学观念陈旧，教学手段单一。

近年来，随着校本教研的深入，我们已经深深认识到：改变原有的单一、被动的学习方式，建立和形成旨在充分调动、发挥学生主体性的多样化的学习方式，促进学生在教师指导下主动地、富有个性地学习已成为教学改革的重中之重。

学生是主体不应成为一句空话。课堂教学效益的高低应该由学生的收获来评判。这种学习方式的改变，学生感觉效果特好。这不仅克服了我们惯性教学的误区，同时也让学生受益，在潜移默化中提高了学生自己的能力。看来，要让我们的课堂教学充满无限生命力，必须在改革中探索，在探索中改革。为了让"基于缄默知识的核心问题教学模式"更好地落实到我们的日常教学过程中，让体验性学习落到实处，我们要担负起这一教学模式的实践者、开拓者、完善者和创新者的重任。

在新课标思想的引领下，我们设计学生活动，以促进体验性教学目标的达成；让学生在活动中体验，在体验中成长。

参 考 文 献

[1]（美）乔伊斯·韦尔. 教育模式. 北京：中国轻工业出版社，2002，1

[2] 丁念金. 问题教学的策略. 福州：福建教育出版社，2005，7

[3] 安方明. 论问题教学对教学改革的意义. 首都师范大学学报（社科版），1996（4）

[4] 张建伟. 基于问题解决的知识建构. 教育研究，2000（10）

[5] 陈旭远，刘冬岩. 促进学生体验的教学策略. 中国教育学刊，2004（4）

[6] 陈明英. 基于缄默知识的核心问题教学模式研究. 校本教研专题讲座，2009

"以核心问题促进学生体验"的高中数学教学实践与研究

郑 兵

一、高中生数学学习现状的反思

进入高中后,学生极易形成对数学学科的一种普遍感觉是:上课听得懂,但自己拿到题就是不会做。正是这种感觉在相当部分学生较长时间内的不断强化,形成了在学生中普遍流传的"数学是高中的各门学科中很难学的"这一认识。这一认识进一步又与前述感觉相互作用,使"数学难学"这一观念在不断强化中形成思维定势。不少同学也就因此对数学望而却步,产生了天然的畏惧感。这不仅对学生学习数学知识是很大的障碍,更为严重的是,学生会因此较长时期内在不良的心理体验中学习、成长,不利于其身心健康和可持续发展。

认真反思、分析这种现象,感到这与学生在数学学习过程中缺乏足够体验、特别是实质性的体验有着很大的关系。通常的数学课堂是教师讲、学生听,这样的学习氛围中学生的身体性参与、思维性参与以及心理性参与均非常有限,因此体验不深,理解不透,对听到的知识难以内化形成长时记忆,要实现知识与方法的正迁移来解决问题当然就很困难。

因此,要有效地改变这种现状,我们很有必要在教学中,特别是课堂教学中关注学生的体验,为学生在体验基础上的学习提供尽可能好的氛围与情境。

二、高中新课程改革的理念促使开展体验性教学

四川省已经进入高中新课程改革一年多了,"就教师操作层面而言,新课程改革最大的特点是课程目标发生根本性的变化。这种变化体现在两方面。一是从原来只有结果性目标变为了既有结果性目标,还有体验性目标;二是从原来只强调知识、能力的发展,变为三维目标:知识与技能,过程与方法,情感、态度、价值观,这三维目标是不可分割、互相联系、互相融合的。而体验性目标涵盖了这三个维度,又尤其突出地体现在情感、态度、价值观方面。"这让我们从理论的角度认识到,在我们的教学中关注学生的体验,为学生体验创设恰当的生理与心理情境,学生就能实现在体验基础上的学习,就能"使学习进入生命领域,使学习不仅仅属于认知、理性的范畴,而是扩展到情感、生理和人格领域,使学习过程不仅是知识增长的过程,同时也是身心和人格健全与发展的过程。"也就是说,如果学生的学习中能在体验基础上生成知识、习得方法、形成能力和素养,就会为他们可持续发展打下坚实的基础。

可见，无论从实践反思的角度，还是新课程改革理念要求的角度都需要学生在学习中的体验，都需要我们为学生的体验提供强有力的支撑。

三、体验与体验性教学的认识

（一）什么是体验

教育学界关于体验范畴的阐释主要从活动与活动的结果两个角度来理解的。体验作为一种活动，是主体亲历某件事并获得相应的认识与情感，这种亲历包括亲身经历与心理上的经历；体验作为活动的结果是指主体从其亲历中获得认识与情感。

体验与经验既有区别又有联系。体验是主体将外在的东西纳入自己的心理结构，引起心理结构的调整与改造，并促进自我的发展。它具有强烈的主体性，有明显的个性化色彩。由于主体不同，主体的水平不同，价值取向与认知结构的不同，获得的体验结果也不同，每个主体的体验不能相互取代。同时体验又具有很强的意义性和非规定性，它随着人的内心世界的变化表现出多样性、差异性和非统一性。

（二）体验的生成

体验的对象除了情感，还应包括学习过程中人与人合作的经验、方法、策略的运用，以及人与人的交往、学习的甘苦、对人生和生活的感悟等等。它是一种复杂的心理活动，具有特殊性，也是一个逐步生成的心理过程。

主动的体验过程一般是从对事物的亲身感受开始的，在感受的基础上逐步形成情感反应，从而加深对事物的理解并产生丰富的联想，进而对事物产生领悟并生成意义，同时这些领悟和意义又反过来加深情感的反应。在体验的过程中，情感的产生与意义的生成是相互促进的。体验不仅受主体亲身经历和直接经验的影响，同时还受外界环境因素的影响。主体往往将间接的经验与自己的经历相联系并内化，进而转化为体验。

（三）体验性教学

体验性教学主要是组织学生体验，让学生在获取知识的过程和实践中实现自我领域的充实，在反思中重构自己的经验，形成自己的行动策略和方式，这样才能培养学生的创新能力和实践能力，进而体现教学目标中的知识和能力、过程和方法、情感态度和价值观三个维度。

怎样才能让学生的学习活动，特别是课堂学习活动中，获得实质性、有意义的体验呢？我们学校为此进行了长期的研究，通过不断深入的研究，我们发现"以核心问题促进学生体验"模式可为学生课堂学习中的体验创设优良的生理、心理和情感体验场域。下面是对这一教学模式的简要说明。

1."以核心问题促进学生体验"的认识

"以核心问题促进学生体验"是在缄默知识理论和新课程改革理论的基础上，以核心问题为载体，促进学生体验中的学习实现教学的结果性目标与体验性目标获得更高达成度的教学活动规范形式。

2. "核心问题"的意义

在"以核心问题促进学生体验的教学模式"的应用中,很关键的是要确立恰当的核心问题,本模式中的"核心问题"是"指能激发和推进学生主动活动、能整合现行教材中的重点内容、能与学生生活实际和思维水平密切关联、能贯穿整节课的问题或者任务。"其中的关键有二:一是要能贯穿整节课,为此,核心问题一定要能整合教学中的重点内容;二是能激发和推进学生主动活动,为此,核心问题必然与学生生活实际和思维水平密切关联,这自然就为学生在学习活动中有深度的实质性体验提供了优良的生理、心理和情感场域。

四、高中数学教学中运用"以核心问题促进学生体验的教学模式"实践

高中数学课堂有不同的课型,不同课型中学生学习的侧重点不同,因此,在不同的数学课型上运用核心问题教学模式促进学生深度体验的侧重点也有所不同。下面从高中数学教学中概念公式课、习题课、复习课三种常见课型谈谈自己的认识、实践与反思。

(一) 概念公式课中设计探究类核心问题

1. 概念公式课的基本认识

数学概念和公式是数学学科的基石,对它们的学习自然也是学生形成数学知识结构、解决数学问题、形成数学学科能力和素养的基础。学生对数学基本概念和公式的学习、理解、掌握情况直接影响他们高中数学的学习效果和学习感受。

传统数学概念公式课通常重结论、轻过程,其通常的教学流程大致是这样的:先由老师或通过课件、或通过讲解得出概念公式——教师指出应用这一概念公式解决核心问题时应注意的问题——教师分析、讲解典型例题——学生完成练习对所学概念公式加以巩固。这种教学方式中前三个环节都是"老师讲、学生听",只有最后一个环节是学生相对主动地思考,因此学生往往在前三个教学环节中处于被动地位,如果老师讲得够明晰,则学生能听得懂,但到了最后一个自己完成练习的环节时,往往会因前面环节的体验不深而导致下笔困难,出现前面所述听得懂但做不起题的情况。

针对这一现状,笔者在概念公式课的教学中尝试着运用以核心问题促进学生体验的教学模式,希望以恰当的核心问题促进学生在概念形成、公式推出的过程中获得体验。考虑到学生获取数学概念、数学公式不应是单纯地记住与获取结果,而是要在体验基础上主动建构知识的同时,获得情感、态度、价值观的相应体验,因此必须在概念公式的学习中关注它们形成的背景,一定程度上经历它们形成的过程。基于这样的认识,笔者认为数学概念公式课的核心问题多以"学科问题+学生活动"组成的探究类核心问题呈现。

2. 教学实践与反思

下面是以核心问题促进学生体验的教学模式对《直线的倾斜角与斜率》这节我校的校本教研公开课的实践与思考。

《直线的倾斜角与斜率》是高中平面解析几何的入门课。在这一节课的教学过程中,教师往往是直接给出直线的倾斜角和斜率的定义;然后板演斜率公式的推导,给出公式的几点注意事项;接下来就对公式进行简单或变式应用。这样传授,首先学生对解析几

何的产生、具有的历史地位很模糊,不理解为什么非要用代数方法解决几何核心问题;其次对为什么要采用教科书上的定义方式来定义直线的倾斜角和斜率一无所知;第三,不了解用直线上的点坐标计算斜率的真正意义,对公式只会模仿使用,不能进行灵活的运用;第四,学生在后续学习圆、椭圆、双曲线、抛物线时,使用坐标法的意识和能力都非常薄弱。最终致使解析几何问题成为学生最棘手、最难解决的问题。

为了实现学生在体验中学习规律,习得方法,本节课设计了核心问题"在平面直角坐标系中,探索确定直线位置的几何要素。并用代数方法表示它们。"这一核心问题的激发下,学生先根据已有的相关知识分析确定直线位置的要素,发现有两个方案:一是两个定点(点已数(坐标)化);二是一个定点和倾斜角,教师就可借助几何画板让学生理解倾斜角的定义;并发现倾斜角的范围。学生进一步就可以在平面直角坐标系下,探究直线上两点坐标与倾斜角的关系,此后通过学生小组活动,发现可以通过借助直角三角形利用锐角三角函数定义求解或者借助向量利用任意角三角函数定义求解这两条途径来探究,接下来探究完成后,多个小组的学生先后自愿上台展示其小组探究的结果,并以小组活动表的形式记录下来;台下的学生对台上演示的学生的方案进行适时的提示与评价;得到直线上两点坐标与倾斜角的关系式 $\tan\alpha = \dfrac{y_2 - y_1}{x_2 - x_1}$,然后教师再水到渠成地给出斜率的定义 $k = \tan\alpha(\alpha \neq 90°)$。

由于在对"直线的倾斜角与斜率"这两个概念及"斜率公式"建立有了较有深度的学习体验过程,学生对概念的理解、公式的运用就比较自然而到位,不会感觉十分困难了。不仅如此,几乎所有学生都能很准确地感受到斜率与倾斜角之间的关系。由于有了前述体验及聚集点,在下一课时请同学们解决典型的相关问题时,就很容易了,看来学生确实真真正正地获得了较为深刻的体验。

(二)习题课中设计方法类核心问题

1. 习题课的基本认识

学生在高考科目的学习中,特别是数学学习中,完成适当的习题来加深对相关知识的体验、理解是必不可少的,习题课教学也就成为必需的教学组成部分,高三总复习阶段更是如此。

为了更好地发挥习题课教学的功效,笔者也尝试在习题课教学中运用以核心问题促进学生体验的教学模式,加深对数学概念、公式、定理等的理解,逐渐形成数学学科素养。考虑到高中数学有选择、填空、计算三种同题型,学生解答数学问题感到困难的原因也是多方面的,因此教师要在每节习题课前首先分析教学内容与学情,确定本节习题课主要解决的问题以及学生在复习课体验中应习得的主要方法;在此基础上再确立相应的激发学生活动体验的核心问题。基于这样的认识,笔者认为高中数学习题课教学中的核心问题多以"解题方法+学生活动"的方法类核心问题呈现。

2. 教学实践与反思

下面是笔者在进行高三复习教学中针对学生审题能力较弱这一现状,以核心问题促进学生体验的教学模式进行《高中数学试题的审题要点》习题课的实践与思考。

一方面，通过学情分析知道，高三学生觉得数学题难、不易下手、易错等困惑相当部分是由于解题的最初环节——审题不清造成的；以往的高三复习教学中，这一问题通常是在知识、方法的复习中就所遇到的题目较为零散地加以讲解，这样做的结果是，某些学习主动，反思、总结能力强的同学能将分散在各部分复习中出现的审题关键加以关注、进行反思、总结，但更多的同学对此不够重视，没有进行反思、总结。另一方面，高三阶段的复习应对所学知识、知识背后的思想方法加以复习、总结，也应对解题方法、技巧予以关注，加以总结。

为让更多的同学能对审题中可能出现的问题加以关注，主动反思，总结出与自身认知结构相适应的审题方法加以内化，因此设计了这节课，并以核心问题"审下列数学题组，归纳审题要点"，引发学生的主动学习活动，激起同学们对审题的足够重视，能在后续复习中对审题环节主动关注、总结，有效、甚至高效地减少解题最初环节——审题造成的障碍。所给数学题组下列三道题目构成：

(1)若 $3\sin^2\alpha + 2\sin^2\beta = 2\sin\alpha$，求 $\cos^2\alpha + \cos^2\beta$ 的范围。

(2)道路旁有一条河，河对岸有塔 ab 高 15 米，只有测角器和皮尺作测量工具，能否求出道路与塔顶之间的距离？

(3)某超市为了获取最大利润做了一番实验：若将进货单价为 8 元的商品按 10 元一件的价格出售时，每天可销售 60 件，现在采用提高销售价格减少进货量的办法增加利润，已知这种商品每涨 1 元，其销售量就要减少 10 件，问该商品售价定为多少时才能赚最大利润？并求出最大利润。

通过个人思考、小组讨论，教师的及时指导，同学们还真就三道题目归纳出了一些审题的要点，例如：审题时速度要慢，争取二次审题、明确核心问题的条件与结论、善于挖掘隐含条件、能进行文字、符号、图形三者之间的转换等要点，让他们认识到在以后的审题中要引起足够重视。

在教学实施中，由于这样的课对执教老师和学生来说都是全新的，虽然教师随着研讨过程的不断深化，观念有所转变，但学生观念的转变不到位，对这种方式的习题课不太适应，加上教师对这种方式的习题课引导经验还不够多，因此课堂实施中进入到"审题要点归纳环节"时学生虽然有一些收获，但主动参与还显得不够。这一方面反映出我们平时的习题课教学中对通用方法的教学不够，另一方面更提醒我们在今后的习题课教学中，应引导学生在体验基础上更多关注处理习题时对通用有效方法的反思、小结、归纳、提升，以此来实现数学学习中较多地对处理核心问题的方法加以反思、归类、总结，进一步提高学习的有效性，使学习效率更高、效果更好。

（三）复习课中设计能力类核心问题

1. 复习课的基本认识

学生学习过程中对知识的掌握、方法的习得都需要适时复习巩固，温故知新，因此高中数学教学中复习课是必不可少的，到了高三总复习阶段更是如此。

为了更好地发挥复习课教学的功效，笔者还尝试在复习课教学中运用以核心问题促进学生体验的教学模式，希望能以恰当的核心问题达成学生在课堂上更为深度的体验，在复习旧知、强化方法的同时养成良好的复习习惯，逐步形成较强的学习能力。复习课学习中不应仅仅停留在新课学习阶段的要求上，而应在温故基础上知新，要在巩固知识、强化方法基础上使自己的学习态度、学习习惯、学习能力等在不断加深的体验中逐步增强。基于这样的思考，笔者认为在高中数学复习课中的核心问题多以"复习方法+学生活动"的能力类核心问题呈现。

2. 教学实践与反思

下面是笔者在进行高三复习教学中以核心问题促进学生体验的教学模式进行《概率与统计》复习课教学的实践与思考。

《概率与统计》内容是中学数学的重要知识，与高等数学联系非常密切，是进一步学习高等数学的基础，也是高考数学命题的热点内容。就学生学习情况来看，有两方面的因素：有利因素是这部分内容与其他章节联系不是很大，所以大部分学生能够较好掌握，甚至还有一些学困生也能够对章节知识有一些了解，故每次考试、练习中学生对完成《概率与统计》章节的试题有充分的心理和信心。不利因素是这部分知识非连贯知识，因此有相当部分的学生对各种概率事件的类型及概率的意义的理解程度不够，从而导致学生对这部分板块的知识、方法掌握不熟练、迁移能力差，而在试卷答题阶段，忽略试题的文字表述，所以在考试中常有答案正确但缺乏规范导致丢分。

为了让学生对本部分知识的掌握情况有深层次的体验（包括知识与知识、知识与方法、知识与学科能力关联的体验），从而更好地调动自己主动、自主复习的积极性，所以本节课设计了核心问题：改正《概率与统计》中已完成的练习，完善章节知识、方法并形成有"个性"的复习资料。课上按照（1）参与试题评讲活动，改正答案、记录要点；（2）反思已改正的试题；（3）发现老师评讲归类的方式，小结解决每类问题的方法、关键；（4）形成有"个性"的复习资料，这四个环节展开。课后，学生根据自己在本节评讲课前后的强烈对比体验，自主在新课学习中对这部分知识梳理基础上，进行了适合自己现阶段学习情况的补充、整理，完成并上交了自己个性化的复习资料。

对按要求上交的 41 份作业进行统计的情况为：仅对《概率与统计》中典型问题进行了补缺梳理的同学有 13 人，占上交人数的 31.7%；仅对《概率与统计》中涉及的相关概念、进行了补缺梳理的同学有 8 人，占上交人数的 19.5%；仅将《概率与统计》这部分知识形成结构的同学有 10 人，占上交人数的 24.4%；对《概率与统计》中涉及的概念、规律以及典型问题均进行了补缺梳理的同学有 5 人，占上交人数的 12.2%；既将《概率与统计》这部分知识形成了结构，又对涉及的典型问题（包括解题方法）进行了补缺梳理的同学也有 5 人，占上交人数的 12.2%。

从以上反馈信息来看，一方面，同学们在较长时间的自主复习体验中，对"个性化复习资料的功用是为了帮助自己更好地复习、提升，而非为了交给老师、应付老师检查。"这一认识逐步到位，因此上交的复习资料均能做到不照搬资料、不照抄老师的笔记，针对自己现阶段的实际情况完成。这从一个侧面反映出自主学习的意识和能力已初步形成，在三轮复习教学中应进一步巩固、强化。另一方面，虽然在对主干知识进行的单元复习中，老师均在本节的第一节课展示了自己对本单元相关知识的结构化认识以及本节知识与排列、组合知识的关联，但同学们在这方面的意识和能力还显得不够。这也侧面反映出同学们在分析核心问题时的关联意识不够,还没习惯于用联系的观点看待自己存在的核心问题,相信通过我们在教学中的不断反思、改进,和学生一道共同努力,同学们定会在不断加强对知识掌握的同时,为自己的可持续发展更好地奠基。

总之,在新课程的教学中,要以学生的发展为第一目标,要以学生为中心,教师重在组织与引导,精心设计,用核心问题促进学生的体验,并关注学生如何掌握和获得知识的过程和方法,关注学生每一丝变化,适时给予表扬与鼓励,这也有利于学生情感态度价值观的形成。

以上是笔者自己对落实新课程理念及对高中数学体验性教学粗浅的一些看法,希望得到大家的批评指正。

参 考 文 献

[1] 陈旭远. 促进学生体验的教学策略. 中国教育学刊,2004(4)

[2] 张华. 体验课程论. 教育理论与实践,1999(10)

[3][4][5] 成都市第十二中学教科室. 四川大学附属中学(成都十二中)校本教研通讯,2010(1、2)

[6] 成都十二中 2009~2010 年下期校本教研讲座"体验与体验性目标"

[7] 周光岑. 核心核心问题教学研究. 成都:电子科技大学出版社,2009,2

浅谈通过高中数学学习提高学生直觉思维能力

周祝光

一、引言

《普通高中数学课程标准》（实验稿）将原《全日制普通高级中学数学教学大纲》中的"培养学生的逻辑思维能力"改为"提高学生的数学思维能力"[1]。"逻辑思维能力"改成"数学思维能力"，概念内涵更丰富，对高中数学教学活动要求也更高。

二、数学直觉思维概述

（一）数学直觉思维的内容

直觉思维作为数学思维基本成分之一，不同学派有不同表述，但实质包含两点，（1）以旧有的知识和经验为基础长久思索而产生的从量的积累到质的飞跃的思维活动[2]；（2）不经过详尽的推理和分析就得出似真而未确定的结论。

数学直觉思维是以一定的知识经验为基础，通过对数学对象作总体观察，在一瞬间顿悟到对象的某方面的本质，从而迅速做出估计判断的一种思维。数学直觉思维是一种非逻辑思维活动，是一种由下意识（潜意识）活动参与，不受固定逻辑规则约束，由思维主体自觉领悟事物本质的思维活动。数学直觉思维简称为直觉思维或直觉。简单说是人脑根据面临的数学事实、数学工具、数学情景对客观存在的数学对象（数学符号、数学公式、数学关系等）的某种直接领悟和洞察的意识。即借助想象，依赖猜想，用创造性的想象力去理解面临的数学对象，是不经严密逻辑分析步骤，对数学对象突然之间的领悟、理解的思维。通常我们说的"灵感"、"猜想"、"假设"、"预感"就属于数学直觉思维。

（二）数学直觉思维的主要特征

直觉思维具有自由性、灵活性、自发性、偶然性、不可靠性等特点[3]。其主要有以下几个特征：

1. 思维对象的整体性

首先，数学直觉思维并非凭空想象，一般总是由问题情景，从整体上把握产生的猜想；借助于数学直觉所得出的往往也是关于对象的整体性认识。

2. 思维产生的突发性

直觉思维产生不可预期，不连贯，是一瞬间的思维火花，常常"如同一道闪电在脑海中出现"（高斯），是思维者的灵感和顿悟，是思维过程的高度简化。

3. 思维过程的非逻辑性

直觉思维仅仅是一种猜测,并非有意识按照周密确定的推理程序进行[4],它还要严密的逻辑验证。学生也仅从直觉思维得到猜想,还应通过逻辑证明,解决问题。

4. 思维结果的创造性和超前性

直觉思维的无意识性,想象的丰富和发散,使认知结构无限扩展,因而具有反常规的独创性。

5. 思维方式的灵活性

由于直觉思维不拘泥于任何形式、步骤,因此具有很强的灵活性。

6. 思维扩散的趣味性

直觉发现能给学生稳定、持久的情感奖励,如一个数学问题不用通过逻辑证明而通过直觉获得,那么成功带来的震撼是巨大的,数学学习在学生心目中有强大的趣味性。

(三)提高数学直觉思维的重要性

数学直觉思维对开发学生智力大有益处。让学生全方位地看透问题,从中点拨启发,可以提高学生智力。美国心理学家吉尔福特提出智力三维结构:"智力的第一方面是操作,第二方面是内容,第三方面是结果。"数学直觉对学生操作前的启发有指导性功能,而数学直觉一经升华为思维,对学生操作能力是大有先见性、突破性[5]。

科学发现,特别是进行创造性的思维活动时,常得益于直觉思维。如达尔文创立进化论;阿基米得发现"浮体定律";欧几里得几何学的五个公设;哈密顿构造四元素;特别是凯库勒揭开苯分子结构式都是直觉思维的功劳。高斯小时候就能解决"1+2+3+…+99+100=?的问题,除了对数的超常把握,也有直觉思维的成分在内。爱因斯坦曾说:"我相信直觉和灵感!"伊恩·斯图尔特也说:"直觉是真正的数学家赖以生存的东西。"直觉思维活动有利于提高学生学习数学的兴趣。

格式塔学习理论认为学习是一种顿悟过程,提出"通过顿悟获得的理解,不仅有助于迁移,而且不容易遗忘","顿悟的内容是进入了长时记忆将永远保留在学习者的头脑中"。

培养学生的数学直觉思维有助于提高学生的创造力。在数学探究和发展的过程中,直觉思维对数学概念的形成、理论的建立、方法的总结、思想的凝练和规律的发现等方面具有重要的作用。直觉思维可以帮助学生分析数学现象、猜想数学命题、顿悟解题思路、缩短思维过程、培育数学灵感等。数学直觉以其高度省略、简化、浓缩的方式洞察数学问题的实质,它对培养学生思维能力、提高创造力极为宝贵。在数学学习活动中,直觉思维虽对解题也相当重要,但由于不严密性,也易造成误判。所以我们不该忽视数学直觉思维的一个致命误区:考虑不全,匆忙下结论,导致最终结论片面甚至错误。

三、提高数学直觉思维的途径

(一)丰富的知识经验是产生直觉思维的来源基础

爱因斯坦曾说:"具有丰富知识和经验的人,比一般的人更容易产生直觉的独特见解。"知识越渊博,经验越丰富,直觉思维更有效,结果越准确,创造性也就越强烈[6]。

因此大脑中是否拥有丰富的经验和知识，对直觉思维有着很重要的作用。

建构主义提出学生面对新问题时往往是基于相关的经验，依靠他们的认知能力，从他们的经验背景出发形成对问题的解释。

数学认知结构是直觉思维过程中一个关键的因素，这主要是因为认知结构中的观念和丰富的知识组块都是直觉思维的原材料。学生在直觉思维时，都要把已有的经验加以改组，使之适合于当前的问题情境的要求。夯实数学基础知识，直觉是个体先前积累和储备的经验、知识与当前问题碰撞孕育出的思维火花。强化对数学的理解，数学理解的本质是学习者在头脑中形成关于这个知识的内部网络，即建立了该知识的图式。因此，就需要学生加强对基础知识、基本概念、基本态度和基本方法的学习，从而拥有过硬、扎实的基础，融会贯通掌握知识，积累经验。那么，当学生面对陌生的数学问题的时候，能迅速有效的作出直觉反应，找出解题途径，得心应手地解决数学问题。

（二）尝试数字间的等量关系，形成直觉思维

等量关系可以说是数学中最重要最常见的一种关系，是众多数学问题得以解决的重要方式[7]。因此应充分挖掘数字间等量关系，产生直觉思维，找到问题解决的突破口。

例1 已知 $a、b、c \in R^+$，且 $a+b+c=1$，求证 $\left(1+\dfrac{1}{a}\right)\left(1+\dfrac{1}{b}\right)\left(1+\dfrac{1}{c}\right) \geq 64$

分析：运用常规作差、作商比较，对括号内使用重要不等式 $m^2+n^2 \geq 2mn$ 或推论来尝试发现都徒劳无功。但若注意到"$64=4^3$"，而且 a,b,c 地位平等，那么可通过"化整为零"得到最终证明。

$\because 1+\dfrac{1}{a}=1+\dfrac{a+b+c}{a}=1+1+\dfrac{b}{a}+\dfrac{c}{a} \geq 4\sqrt[4]{\dfrac{bc}{a^2}}$，同理 $1+\dfrac{1}{b} \geq 4\sqrt[4]{\dfrac{ac}{b^2}}$，$1+\dfrac{1}{c} \geq 4\sqrt[4]{\dfrac{ab}{c^2}}$

$\therefore \left(1+\dfrac{1}{a}\right)\left(1+\dfrac{1}{b}\right)\left(1+\dfrac{1}{c}\right) \geq 4\sqrt[4]{\dfrac{bc}{a^2}} \cdot \sqrt[4]{\dfrac{ac}{b^2}} \cdot \sqrt[4]{\dfrac{ab}{c^2}}=64$

到这里，证明也全部结束了，整个解题过程可以说是十分顺利，通过尝试数字间的等量关系，对其直接的领悟和洞察，发现他们之间本质、规律的联系，从而进一步培养数学直觉思维。

（三）在矛盾普遍性与特殊性统一中，引发直觉思想的火花

数学问题中的各个因素是相互联系，相互制约的，一个命题的条件与结论的差异就是矛盾。遇到这种情况，就应该让学生充分调动大脑中储存的知识，分析矛盾的普遍性与特殊性，引发直觉思维，使问题得到解决[8]。

例2 设 O 为坐标原点，抛物线 $y^2=4x$ 与过焦点的直线交于 A,B 两点，则 $\overrightarrow{OA} \cdot \overrightarrow{OB}=$（　　）

（A）$-\dfrac{3}{4}$　　　（B）$\dfrac{3}{4}$　　　（C）-3　　　（D）3

矛盾的普遍性寓于特殊性之中，既然对过焦点的任意一条弦都成立，那么当过焦点的弦为通径时，结论也必然成立，而此时 $\overrightarrow{OA} \cdot \overrightarrow{OB}=-3$，故选 C。

这也是解决选择题常用的特殊值法。让学生在体验使用这一方法带来的魅力中掌握这一方法。

（四）通过几何教学提高学生的直觉思维

充分利用几何图形，引导学生观察、猜测图形中存在的性质，发展学生的直觉思维能力。

例3 如图1所示是一个几何体的三视图，想象它的几何结构特征并说出它的名称。

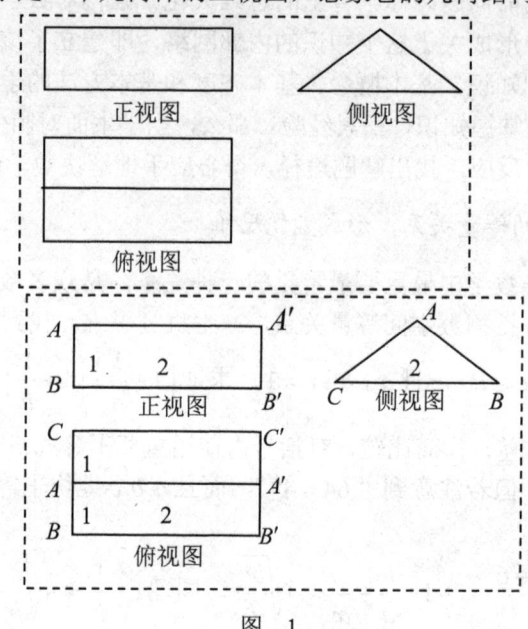

图 1

这是人教A版必修2第17页第4题，学生学了这部分知识后，可凭直觉得出该几何体。在学到位置关系后，可以利用此题，从多角度引导学生观察与猜测。

直觉一：既然可以得出该几何体，那么能不能求出该几何体的表面积，体积呢？

问题一：如图1所示是一个几何体的三视图，求它的表面积和体积。

直觉二：既然能求出表面积和体积，那么能否挖掘线线、线面等的性质呢？

问题二：在所有的棱中，有多少对异面直线？其中相互垂直的异面直线有多少对？

问题三：异面直线 AA' 与 BC' 所成的角为多少？

这些思路的获得都是由直觉思维产生的。运用直觉思维对原题进行适当改造，变出新题。以此为契机提高学生的直觉思维能力。

（五）培养想象力，借助心理图像把握直觉思维

苏联数学家柯尔莫戈罗夫认为："数学家总尽力把他研究的问题从几何上视觉化……几何直觉，对于几乎所有数学分科的研究工作，……有着重大意义，在中学空间形状的直观想象是特别困难的。不用图形就能清楚地想象一个正方体被一个穿过正方体中心又垂直于它的一条对角线的平面所截的图形是什么样子，这该算是个很好的数学家（相对一般中、小学而言）。"[9]数学中的想象实质是对数学结构或其关系的心理图像的透析，而

直觉把握往往借助心理图像进行。在中学教学中，培养学生想象力，通过心理图像促进直觉思维的发展。

例 4 （2000 年高考试题）如图 2 所示 E、F 分别是正方体的面 ADD_1A_1，面 BCC_1B_1 的中心，则四边形 BFD_1E 在该正方体的面上的射影可能是_____

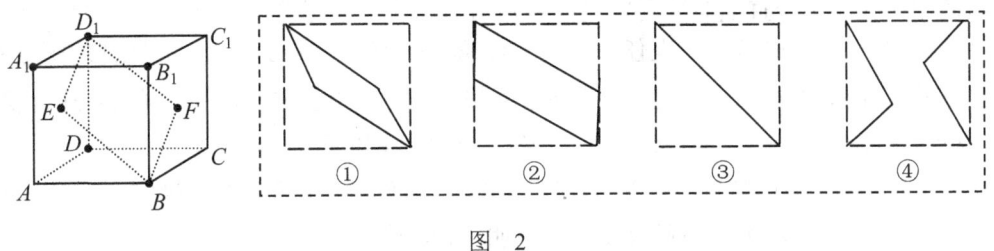

图 2

分析：将二维图透析到三维空间，形成想象中的立体空间；看 E、F 点在三个面 ABB_1A_1、ADD_1A_1、$ABCD$ 上的射影情况；看四边形 BFD_1E 在三个面 ABB_1A_1、ADD_1A_1、$ABCD$ 上的射影情况。最终确定四边形 BFD_1E 在该正方体的面上的射影是②和③。

这个例题通过让学生在想象中解决问题，使图像在大脑中栩栩如生地展现出来，辅助学生通过心理图像把握直觉思维。

（六）从相似的知识结构中，引发直觉联想

"联想是产生直觉的先导"。联想是由当前所感知的信息，激活大脑中贮存的相关信息，从而回忆（检索）起有关的另一事物（信息）或创造性提出新的信息组合的心理活动过程。联想是由此及彼的思考方法，要以一定的知识、技能和解题经验为基础。直觉要联想出新意。而在相似的情景出现时，这种联想的产生就来得相对容易。

格式塔学习理论指出学习意味着要觉察特定情境中的关键性要素，了解这些要素如何联系，识别其中内在的结构。认知结构迁移理论认为有意义的学习中一定有迁移。

例 5 已知 a、b、$c \in R^+$，求证：$\sqrt{a^2+b^2}+\sqrt{b^2+c^2}+\sqrt{a^2+c^2} \geq \sqrt{2}(a+b+c)$

由 a^2+b^2 与 $a+b$ 可以联想到它们的关系 $2(a^2+b^2) \geq (a+b)^2$，从而可以从左边出发得到论证。

证 $\because 2(a^2+b^2) \geq (a+b)^2$，$\therefore \sqrt{a^2+b^2} \geq \frac{\sqrt{2}}{2}(a+b)$

同理有 $\sqrt{b^2+c^2} \geq \frac{\sqrt{2}}{2}(b+c)$，$\sqrt{a^2+c^2} \geq \frac{\sqrt{2}}{2}(a+c)$

于是，$\sqrt{a^2+b^2}+\sqrt{b^2+c^2}+\sqrt{a^2+c^2} \geq \sqrt{2}(a+b+c)$。

（七）由表及里，促成整体观念

数学直觉思维能力首先依赖对事物全面本质的理解。只有对所学知识有整体和本质的理解，达到"彻悟"的境界，才能迸发出直觉火花[10]。这要求在教学中不能满足于使学生被天衣无缝的论证折服，而应首先立足于学生认识问题本质；不热衷于琐碎枝节的描写，而着眼于问题背景的阐明和框架的勾勒；不停留于问题表面的观察，而应深入内部洞察本质。

例 6 证明：函数 $y=f(x)$ 的图像和它的反函数 $y=f^{-1}(x)$ 的图像关于直线 $y=x$ 对称。

为使学生把握该定理证明的本质，我们可以把着力点放在对证明方法的分析上。首先由两曲线关于某一直线对称的定义，可知两曲线的对称问题的证明可以归结为点的对称性的证明，即 $y=f(x)$ 图像上任一点关于直线 $y=x$ 的对称点必在 $y=f^{-1}(x)$ 的图像上，反之亦然。由 $f(x)$ 与 $f^{-1}(x)$ 的互逆性可以看出证明的重点应放在前者，又从直观可发现点 (a,b) 与点 (b,a) 关于直线 $y=x$ 对称。于是可以把证明步骤简述为：（1）$\forall M(a,b) \in y=f(x)$ 的图像 $\Rightarrow M'(b,a) \in y=f^{-1}(x)$ 的图像；（2）M 与 M' 关于直线 $y=x$ 对称；（3）由 $f(x)$ 与 $f^{-1}(x)$ 的互逆性，说明（1）、（2）可逆。

详细证明由学生完成，并进一步总结证明两函数的图像关于一直线或一点对称的一般方法。

（八）创设问题情景，诱发直觉思维产生

认知发现说提到"学习的最好动机是对所学材料的兴趣"，建构主义学习理论认为，"情境"是学习环境中的四大要素之一。所以创设特定的问题情景可引起学生的亲切感和新鲜感，诱发其在不知不觉中形成直觉思维。利用学生感受后的兴奋学习状态，使其对数学问题做深入的思考。

当然，这也要求我们所创设的情景形式要新颖，内容要生动。

例 7 求证：对 $\forall n \in N^*$ 有 $2(\sqrt{n+1}-1) < 1+\frac{1}{\sqrt{2}}+\frac{1}{\sqrt{3}}+\cdots+\frac{1}{\sqrt{n}} < 2\sqrt{n}$。

分析：本题可用数学归纳法去证明，但是形式上要创设这样的情景，变成证明：$\sqrt{n+1}-1 < \frac{1}{2}+\frac{1}{2\sqrt{2}}+\frac{1}{2\sqrt{3}}+\cdots+\frac{1}{2\sqrt{n}} < \sqrt{n}$。就很容易诱发学生的直觉思维：$\sqrt{k+1}-\sqrt{k} = \frac{1}{\sqrt{k+1}+\sqrt{k}} < \frac{1}{2\sqrt{k}} = \frac{1}{\sqrt{k}+\sqrt{k}} < \frac{1}{\sqrt{k-1}+\sqrt{k}} = \sqrt{k}-\sqrt{k-1}$。

创设问题情景，诱发直觉思维，给学生一种探索问题完成后的成就感。使"数学教学成为数学活动的数学，而不仅是数学活动的结果-数学知识的教学"（斯托里亚尔）。

（九）在与逻辑思维的统一中提高直觉思维

就直觉本身来说，它不是逻辑思维，但这并不意味着它与逻辑思维毫无关系。实际上，在人们解决问题的思维活动中，直觉思维、逻辑思维都发挥作用，并相互联系。直觉思维是在没有经过严格的逻辑推理前，迅速对事物作出判断，得出结论。这种结论还要严格的逻辑证明来验证。

例 8 已知点 O 在二面角 $\alpha-AB-\beta$ 的棱上，点 P 在 α 内，且 $\angle POB=45°$。若对于 β 内异于 O 的任意一点 Q，都有 $\angle POQ \geq 45°$，则二面角 $\alpha-AB-\beta$ 的大小是_____。

分析：本题要求学生能合理分析题目条件，认真观察仔细操作，依靠直觉得出二面角应为直角或钝角，然后再利用"斜线和平面所成的角，是这条斜线和这个平面内的直线所成的一切角中最小的角"加以证明,这样就目标明确,化难为易,迅速解决问题。这里直觉思维是在分析题目条件所反映的图形,整体把握产生直觉。正是由于直觉思维的先导作用,才为得到最终结论铺平道路。而最终成功证明也验证了直觉思维的正确性。

解答有关数学问题时,当问题条件或结论情况不明无法下手时,可引导学生注意审查问题中的已知条件与欲求量之间的关系,凭借直觉想象预测某个结论成立,然后再利用题设条件与有关结论推证这个结论正确与否,以此探寻解题思路和方向,训练直观判断的思维能力。

四、结语

1959年美国科学院召开了著名的伍兹霍尔会议,会议主席布鲁纳强调直觉思维很受忽视却又非常重要。通过学习提高直觉思维能力开始被真正关注。我们也看到了目前我们的高中数学学习现状是十分强调逻辑思维而几乎未看到直觉思维存在。但我们不得不承认直觉思维与逻辑思维同等重要,偏离任何一方都会制约一个人思维能力发展。借助新课程这一平台,高中学生通过数学学习,得以提高自己的直觉思维能力,使自身的思维能力趋于全面,这也是实施新课程的硕果之一,也是我们教育之福。如果我们注意到以上9个方面,肯定可以让我们的教和学工作开展得更丰富多彩,学生的认识水平和认知结构也能更有效的得到提升和升华。当然直觉思维能力提高并非一蹴而就,"直觉思维……要靠自己多动脑筋,多思考些问题才能培养"[11]。

数学的魅力正是在于直觉思维和严密逻辑的巧妙结合,直觉思维在数学上带给人的魅力是无穷的,也是数学教育者需要日益重视的。何况它带给人类的贡献也是非常巨大。

参 考 文 献

[1] 中华人民共和国教育部. 普通高中数学课程标准[M]. 北京:人民教育出版社,2006,3

[2] 孙广才. 试论数学思维中的直觉思维. 渭南师范学院学报(自然科学版),1996(6):43～45

[3] 辛树良. 浅论数学直觉思维及培养. 济南教育学院学报,2003(2):36～41.

[4] 李国华. 论直觉思维的内容和特征. 湖北教育学院学报(社会科学版),1999(6):72～7

[5] 黄智峰. 数学直觉思维对开发学生智力的重要意义. 广西右江民族师专学报,2000(13):80～81

[6] 徐树旺. 浅谈数学直觉思维能力的培养. 数学教学研究,1995(5):5～8

[7] 李西伦. 在对数字的领悟或洞察中产生直觉思维. 中学数学月刊,1999(10):32

[8] 樊兴安. 浅谈数学直觉思维能力的培养. 中学数学教学,2000(6):42

[9] 石深敏. 数学直觉思维特点及直觉能力的培养. 咸宁学院院报,2003,23(3):116～118

[10] 林保平. 试论数学直觉思维的培养. 中学数学教学参考,1997(7):15

[11] 张金良. 开展多媒体课件教学的若干实践与思考. http://www.hyedu.net/moden/movi/jylt/view.php?id=15.

尝试以核心问题教学模式训练学生的阅读技能
——根据上下文猜测词义的能力

朱芹芹

转眼间，笔者的又一届学生即将面临高考。高考对于每个学生来说都无疑是人生的重大转折点。他们寒窗苦读十几年，为的就是在明年的高考中能考上自己理想的大学。作为他们的老师，笔者也常常在思考如何才能够帮助这些学生做好充分的准备迎接高考的挑战。笔者仔细地研究学生们在考试中出现的错误，发现阅读理解题的出错是他们丢分最严重的地方之一。而阅读理解在整个试卷中所占的比例又是相当的高，因此笔者决定无论如何要帮助学生解决这个问题，提高他们的阅读技能，争取在考试中尽量少丢分。在这个过程中，笔者曾尝试过无数种可能提高他们阅读技能的方式方法都收效甚微。有一次，笔者听了一堂我校英语教师的校本教研研究课，那是一堂写作课，写作课原本是学生最不喜欢的一种课型。笔者发现学生的表现非常的积极。且在最后的展示环节，展示出来的作品让所有教师都觉得很惊喜。于是笔者很好奇，为什么这位教师可以把这一堂原本学生最不喜欢，觉得最枯燥无聊的写作课上得如此高效和有趣。经过一番思考，笔者总结出这堂课，首先，有一个非常恰当的核心问题，一开始就让学生明确今天的核心任务是什么，学生是带着这个问题在听课，有目的，有意识的学习。第二，这堂课运用了以下四个步骤来解决这个核心问题：提出问题——解决问题——归纳提升——运用反馈。总结到这儿的时候，笔者突然有了一种很熟悉的感觉，这不正是我曾经也运用过的，我校校本教研的核心问题教学模式吗？曾经笔者也成功地将这个模式运用到了课文的阅读教学中，为什么不能将它也拓展到复习课的阅读理解答题技能的训练中呢？

有了这种想法之后，笔者开始尝试着将核心问题的教学模式运用到阅读理解答题技巧的教学中。以下描述的是笔者在教学过程中是如何利用核心问题的教学模式训练学生的阅读理解答题技能以及笔者个人的心得体会。

一、设置一个恰当的核心问题

核心问题的设置不是随意的，是要明确这节课的学习任务，即学生要通过这节课的学习解决什么样的问题。因此，核心问题的设置是需要老师在课前好好下一番工夫的，如果核心问题设置不恰当，不但不能达到预期的效果，还在一定程度上浪费了时间，甚至有可能会误导学生，不但无法提高学生的阅读技能还可能产生阻碍。

在对高考阅读理解进行了仔细的研究过后，笔者总结了高考阅读理解主要考查学生以下几个方面的能力：第一是归纳文章或者段落主旨大意的能力，第二是通过阅读文章寻找细节的能力，第三是根据文章信息进行逻辑推理判断的能力，第四是根据上下文猜测词义的能力。面对阅读理解所考查的诸多方面，我们不可能一节课全部解决，因此笔者决定一节课解决一个方面。最后，将核心问题设置为：阅读文章，并根据上下文猜测词义。

二、巧妙地提出本节课的核心问题

核心问题的提出是需要技巧的，上课之初通过创设情景巧妙地提出本节课的核心问题，而不是直接开门见山地提出，并不是完全否决开门见山式的提出方式，而是任何一堂课，任何一种课型都要让学生对其产生兴趣，激发学生的学习主动性，而不是用注入式的教学方式，让学生被动的学习。

笔者是这样引入的，在上课之初，笔者就向学生发出了一个求助信号，笔者在屏幕上展示出了一这样一个句子。While Jack has mentored younger students, he has also helped peers who struggled in school. 告诉学生，在读这个句子的时候笔者发现不认识这个有下画线的单词，问学生是否认识。当学生听到老师都不认识的单词的时候，下面立刻出现了多种不同的反映。有的学生说："老师都不认识的我们肯定也不认识，就放弃了。"另外一些学生则忙着在抽屉里找字典，准备向字典求救。在这些同学忙着翻阅字典的同时，已经有同学举手说出了正确答案 help。这时候，笔者赶忙问："这位同学你是怎么知道答案的呢，以前就认识这个单词吗？"学生的回答是："我是根据上下文猜测出来的。"我趁这个机会好好表扬了一下这位同学。同时告诉所有的学生，认识一个单词并了解其含义的方式有很多种。但我们在考试的过程中，尤其是做阅读理解的过程中常常会碰到一些生单词，而我们无法向字典求助时，我们该怎么办呢？这时有学生就提出可以根据上下文猜测词义。笔者趁机提出了这节课的核心问题："阅读文章，并根据上下文猜测词义。"

三、围绕核心问题设置教学活动，促进学生深度体验

所有的教学活动必须是精心设计的、有组织的、有策划的。如果是没有经过精心策划、组织的教学活动，其课堂效果可能就会与教师设想的初衷大相径庭，达不到预设的教学效果。教学活动的设置要具备层次性和有效性，让活动的难度一步步增加，让学生在解决问题的过程中产生足够的体验，这种体验逐渐累积，逐渐加深。让学生产生这种深度体验的最终目的是为达成核心问题服务的。

为了能够准确达成本节课的核心问题，笔者设计了以下的教学活动：

（活动一）The next day Nokia apologized: "In an effort to demonstrate the benefits of optical image stabilization, we produced a video that simulates what we will be able to deliver."

Which of the following can be used in place of the underlined word "demonstrate" in the passage?

A. illustrate　　　B. exemplify　　　C. show　　　D. explain

这个活动给出的提示信息比较多，学生可以根据后文大量的提示信息猜测。短文后还给了四个选项，又降低了难度。学生很快就进入了状态。

（活动二）Chinese-style reform is incremental, not sudden revolution.

What does the underlined word mean?

（活动三）What is <u>plagiarism</u>? It is using others' ideas and words without clearly mentioning where the information is from.

What does the underlined word refer to ?

……

后面的活动难度依次递增，但随着活动的深入，学生的体验越来越深刻，思维也越来越活跃，很快就猜出了正确答案。

四、归纳反思和总结将体验升华为经验

学生在上面的所有活动中，对根据上下文猜测词义已经有了实实在在的体验。接下来要做的是如何将这些体验升华为经验，让这些经验可以指引学生以后解决类似的问题。如果是教师直接总结出来的话，学生可能不会留下深刻的印象，而且前面所有的活动都会前功尽弃。最好的方法就是让学生自己总结出来。

因此，笔者给学生设置了一个讨论话题："根据上述的猜词活动，总结出猜测词义的方式方法。"让学生分小组讨论，一个同学作记录，写下讨论结果，一人代表小组发言，向全班汇报讨论结果。

在学生讨论后得出了让笔者很惊喜的答案：根据定义，根据因果关系，根据同位语或者定语等等。对于学生的表现笔者及时做出了肯定和鼓励，然后为了更全面的总结，笔者带着学生一起总结了如下猜测词义的方式：定义猜词法、根据定语从句猜测法、根据同位短语或同位语从句猜测法、结构对比法、根据并列平行结构猜测法、因果关系法、举例法、根据语境线索或上下文猜测法、标点符号的暗示法、同义词的替代关系法、根据主系表结构猜词法、根据生活常识猜词法、构词法、根据文中代词指代的推测。

五、运用所归纳出来的经验解决问题

只是归纳出经验还不够，因为理论是需要在实践中才能得到检验和证明。在明确学生弄清了每一种猜测词义的方式和含义后，为了检验这些方式方法是否对学生真的有用，还必须要进行进一步的练习。于是笔者又设计了以下的检验活动，让学生猜测词义并能够说出是运用的哪一种方式方法。

例一，The days of elderly women doing nothing but cooking huge meals on holidays are gone. Enter the Red Hat Society—a group holding the belief that old ladies should have fun. "My grandmothers did not do anything, but keep house and serve everybody, they were programmed to do that," said Emily Cornette, head of a chapter of the 7-year-old Red Hat Society. 根据上下文我们可以很容易得出 chapter 的词义为这个组织 the Red Hat Society 的一个分支。

例二，In this reading room, you can find almost all periodicals in China, such as: The World of English, Foreign Language in School, English Learning or Readers. 我们根据后面所举的例子，不难推断出 periodicals 是"期刊"之意。

例三，A good supervisor can recognize instantly the adept workers from the unskilled ones.

根据句法结构可知 the adept workers 和 the unskilled ones 为对比关系，意义相反。由 the unskilled ones 可推出 the adept workers 为熟练工人。

六、尝试后的感悟

在经过尝试之后，笔者欣喜地发现，学生的阅读能力和答题技巧都在不断发生变化。且猜测词义的正确率也得到明显提高。于是笔者相信以核心问题教学模式训练学生阅读技能的尝试是可行的，并且是值得继续优化和推广的。以核心问题的教学模式训练学生的阅读技能不是盲目的，而是有目的，有计划的教学方式。学生的学习目的也是清楚的，所有的活动都是学生深度体验的过程，学生的所有体验都能够在最后转化为有理论支撑的经验，而这些经验总结又会让学生在以后的阅读中体验更加丰富，最后形成具有指导性的理论依据，从而提高学生的阅读技能。因此，笔者一定还会继续不断将核心问题的教学模式延伸到教学的方方面面，使其作用发挥到最大。

参 考 文 献

[1] 张敏. 新课标下高中英语阅读教学的反思与探索. 文教资料，2005（21）

[2] 吴静. 在以英语为外语的学习环境中推测词义和查词典策略对词汇记忆影响的比较研究. 首都师范大学，2006

[3] 秦建栋. 浅谈"推测词义、预测下文"的方法. 苏州科技学院学报（社会科学版），1991（4）

在地理教学中激发学生关联体验的尝试

叶 滨

新一轮教育的课程改革带来了教育的新气象，也引发各种教育理论的风起云涌；要与时俱进唯有加强理论修养，才能逐步转变和更新每一位教师的教学理念。所谓"关联"是指在事物相互之间发生的牵连和影响；"关联体验"是指既要体验到事物本身，还要体验到事物之间的内在关联，是从现象到本质的深度体验，同时更要体验到问题知识、情感态度、解决方法……它能在学习过程中引起学生更有效的感觉与关注，有助于学生缄默知识的显性化和形成更清晰的表象。因此厘清学科知识之间的相互关联，对于教师的"教"和学生的"学"就显得至关重要。

一、厘清地理教学中应建立和重视的关联意识

（一）地理知识与人类自生充满关联

地理学作为研究各种地理事物的形成、演变及空间分布规律的科学，地理学的兴起一直伴随着人类社会的进步和发展，在21世纪的今天创建和谐社会，最重要的和谐就是人类和地理环境间的和谐；要实现地理学就必须提升我们的地理科学素养，古人尚有"观云识天象，大禹治水，李冰父子修渠……"之壮举。作为高素质的现代人更应奋起直追，装上一个"地理大脑"，实现人类和地理环境的多维度的关联。

（二）地理现象与地理科学间有密切的关联

我们伟大的祖国"江山如此多娇"，有高耸入云的雪峰，辽阔无垠的高原，坦荡肥沃的平原，奔腾不息的江河，绵延不断的峻岭……；然而在这些地形地貌形成的后面却与地壳的运动、各种地质作用以及风力、流水等外力因素长期的风化、侵蚀、搬运、沉积等科学知识间密不可分的关联。

（三）阅读地图与学生获取相关地理知识，建立空间位置存在关联

自然界的地理事物上至宇宙苍穹，下到山川河湖，要放在平面上进行学习研究必须借助地图工具。于是阅读地图获取相关地理信息成为地理学习主要的学习方法，这也是地理学习和地理素养提高的"钥匙"。

（四）自然地理与经济、人文地理知识之间千丝万缕的关联

大千世界多姿多彩，各地的自然条件千差万别又各具特色。往往是不同的地形、气候、水源条件关联到农业的类型和农作物的种类；不同矿产资源条件又关联到工业的类

型和工业中心的布局；不同自然地理与经济、人文地理条件又关联到聚落城市的形成和人口的分布，建立这些规律性的关联又是建构地理思维的核心"DNA"。

二、地理教学中激发学生关联体验的尝试

其实地理学与其他自然、人文科学的关联真可谓"千丝万缕"，我们在洞悉明了地理知识之间的一些重要关联后，在教学实践中如何充分利用重要关联展开学生的学习体验，切实为教学所用引起了我们的思考和探索；围绕学校近年开展"运用核心问题进行教学"的校本研究，从"问题·活动·提升·运用"四大教学环节入手，进行了一些有助于学生地理课堂知识学习的关联体验尝试。

（一）在核心问题的设计时渗透关联体验的内容

核心问题指能激发和推进学生主动活动，能整合现行教学中学习的重点内容和关键内容，能与学生生活实际和思维水平密切相连，贯穿整节课的客观问题和客观任务；而核心问题教学是通过核心问题来调动学生活动，运用已有知识经验独立或合作地解决核心问题，结合师生的反思，归纳，体验和提升感悟出思想方法，构建起新的知识架构的教学活动。例如，七年级（下）8.1《中东地区》最初设计的核心问题是"阅读中东地区图文资料，分析中东地区成为世界热点地区的原因"，课堂实践反映是：学生的分析讨论是热烈的但原因稍显杂乱，体验中能够关联到的新因素不多；加入关联体验的内容之后，重新设计的核心问题是"阅读中东地区图文资料，分析中东地区成为世界的热点地区的位置、资源、信仰原因"。这样做使核心问题指向更为明确，关联体验有了聚焦的目标，学生体验也就有了"有的放矢"感觉，使体验贴近学生提高了体验的有效性和有序性。

（二）将不同学科的知识关联体验融入学生的课堂学习活动

在现代高效的课堂中非常强调通过营造教学氛围，让学生在具有学科特色又丰富多彩的课堂活动中体验合作来获取鲜活的知识。这首先缘于我们的学生活泼好动，作为鲜活的个体更喜欢在各种学习活动去激活缄默知识和领悟新知识；但是不同的课堂活动学生获得的经历和体验是千差万别的，大脑里产生出的"表象"和得到的体验层次也是各不相同。当我们尝试将关联体验融入学生的课堂学习活动时，对又会生成出的怎样"表象"和得到何种体验呢？还是用自己亲历的教学实践来说明吧。七年级的学生具有思维活跃、喜欢动手思考的特点，对于地图的基本知识已有所了解，但如何去判别地形？为什么要用到等高线？他们是疑惑的。过去教师的常规套路是先讲地图上的高度（海拔/相对高度），然后提出等高线的概念。由于没有知识的铺垫，为什么要学等高线？等高线是干什么的？……等疑问充斥学生的大脑，眼里是卜楞卜楞的，迷惑不解让他们有点不知所措，原因在于他们找不到正确的学习切入点和知识的抓手；然而学科知识之间不是割裂的而是可以相辅相成、融会贯通——一句话不同学科之间知识是"关联"的，正可谓"他山之石，可以攻玉"。此时数学课正好学习了"主视图与俯视图"相关的三视图知识，于是有意识地设计学生的画图活动：围绕数学知识与地理知识进行延伸和发散，边绘制边体验并从中寻找数学知识与地理知识间的关联，顺利地引出等高线的绘制原理，

为完成等高线地形图的判读的学习任务贮备相关知识和能力。

在课堂设计时〖教学核心问题〗："绘制等高线，判读地形图。"其中：方法路径——从看主视图到画俯视图；活动内容——判读地形图；思维层次——学会判读地形图。即以学生为主体、核心问题为先导，让学生在动手画图中参与体验，在体验活动中实现数学知识的深入拓展，寻找和发现数学和地理学科知识间的关联，掌握地理学科的思维方式和学习方法，同时归纳出知识之间的相关逻辑联系，达成地理能力和素养的提升，实现课堂知识——等高线地形图的判读方法的自我建构。

可见，在"核心问题的教学模式"下，激发学生运用关联体验来提高学习的有效性是切实可行的，当然在地理课堂中客观存在关联体验是丰富多样的，然而我们的课堂尝试还仅仅是粗浅的和亟待完善的，但为了我们课堂的优质和高效，为了我们的学生未来的成长和发展，我们会不懈努力实践和不断地反思。

参 考 文 献

[1] 中学地理新课程标准. http://www.Doc88.com/p-18960471335.html，2011，12

[2] 石中英. 当前基础教育改革的若干教育问题. 学科教育，2002（1）

[3] 叶澜. 重建课堂教学价值观. 教育研究，2002（5）

[4] 张春雨. 知识工程与教育. 全球教育展望，2002（7）

[5] 王丹. 关于教师的叙事研究. 全球教育展望，2003（4）

[6] 叶运生. 西方素质教育精华. 重庆：重庆出版社，2000，8

围绕核心问题教学的反思

王少华

基础教育课程改革向中小学教师提出了前所未有的挑战，对每个教师来讲面临新的开始，如何按新课程要求，在新课程理念下快速提升自己，引领自己，笔者想：教学反思是教师专业成长最有效的途径。那么针对自己的化学学科要反思什么？怎样反思？反思的后续又该怎样？本文将就此结合自身实践谈些粗浅的看法。

教学反思的内容可以有很多，笔者有意识地对结果性目标、体验性目标、核心问题的设计层面进行了有益的实践和尝试，在具体的操作策略上分述如下。

一、结果性目标达成的反思

当我们进行教育或教学反思的时候，不仅要对我们采取了哪些教育或教学行为进行批判性的思考，而且要对支配这些教育或教学行为的潜在的教育观念进行重新认识。围绕教学核心问题，从根本上反思自己的教学是否在核心问题教学过程中促进了学生的深度体验？是否达成结果性目标？只有这样，教师的反思才能促使自己的观念不断更新与发展。

反思案例Ⅰ：《二氧化硫》教学反思

核心问题：做实验，探究二氧化硫的性质

体验性目标：利用实验桌上提供的药品和器材，积极参与二氧化硫性质的小组实验探究活动，每组能完成两个以上的探究小实验，并得出结论

结果性目标：通过探究实验，理解二氧化硫的性质，知道其毒性，重点从物质类别角度理解是酸性氧化物，具有酸性氧化物的通性；从化合价角度，具有氧化性和还原性。并能够正确写出化学方程式。理解其漂白性，并能够与氯气的漂白性对比。通过探究实验，激发学生学习的兴趣，提高实验能力

【教学原述】

（1）教师出示一集气瓶盛放的二氧化硫，让学生观察现象。问：二氧化硫有什么物理性质？学生回答。

（2）教师演示二氧化硫和水的反应实验。问：二氧化硫与水反应生成什么？学生回答。

（3）根据二氧化硫中硫的化合价，启发学生二氧化硫还有哪些性质？学生回答：氧化性、还原性。然后启发学生：二氧化硫可以和哪些物质反应分别体现其氧化性和还原性？师生共同总结，并写出有关方程式。

（4）教师演示二氧化硫的漂白性实验，让学生观察现象，并得出结论。然后让学生

与氯气的漂白性作对比研究。

（5）小结后反馈练习

【课案分析】

本课从教学理念上看似乎达成了师生互动的效果，学生的思维活动、视觉感官等充分地被调动和活跃起来，学生对知识点掌握到位。但学生的兴趣、动手探究能力、联系实际能力、学会观察能力等化学素养方面的培养是很不到位的。这是因为这堂课从一开始在理念上就发生了偏差。

【结果性目标达成的反思视点】

反思一：让学生落实书上的知识点，而没有真正从培养学生化学素养、探究能力上下工夫。我们到底要培养什么样素养的学生呢？

反思二：仅仅从演示实验，能引起学生的兴趣和探究吗？老师设计好的问题确实是学生要探究和想反问的吗？是教师领着学生学还是指导学生学呢？从提高学生观察、发问和兴趣及进一步探究方面还应落实和整改哪些内容？

反思三：学生只掌握了知识点就可以了吗？从培养探究能力角度看，老师是否把演示实验改成学生自主探究教学，充分让学生动手和观察，观察后让学生自己来产生疑问，而不是老师来提问题，然后针对学生提出的问题，老师适当提炼几个有价值的，针对重点知识进行引导和点拨，而不是马上告诉学生，让学生自己思考获取知识。

【设计改进】

针对上述反思点，笔者把它提交到化学组里让大家讨论得出整改办法。首先笔者用多媒体播放"酸雨"污染的录像，录像镜头立即抓住了学生的眼球，引起了强烈的求知欲，思维火花一触即发。二氧化硫到底是怎样一种物质呢？它具有怎样的物理、化学性质能对人类、社会造成如此的危害？让学生根据所看录像总结酸雨的危害。然后通过三个创新实验来探究二氧化硫的危害，在探究中学生自己得出二氧化硫的物理、化学性质。

探究实验1：虫子为什么会死呢？（让学生通过对比实验得出结论：二氧化硫具有毒性。）

探究实验2：酸雨是怎样形成的？（首先让学生通过设计实验，培养学生的探究意识和创新精神。）

实验设计：仪器与药品——pH试纸、火柴、烧杯、酒精灯（让学生仅用给出的仪器与药品来验证二氧化硫溶于水的酸性），学生分组设计实验，组长汇报实验设计方案，教师给予科学分析与评价，最后得出最佳实验方案。学生做实验并汇报实验结果，得出结论：二氧化硫是酸性氧化物，具有酸性氧化物的通性。

（投影）酸雨——"空中杀手"，酸雨的形成过程图，得出结论：

$2SO_2 + O_2 == 2SO_3$

$SO_3 + H_2O == H_2SO_4$

$SO_2 + H_2O == H_2SO_3$

学生通过讨论、探究得出酸雨的形成过程，同时也得出二氧化硫的化学性质：还原性。根据二氧化硫中硫的化合价，启发学生二氧化硫还具有哪些化学性质（学生回答：氧化性）。教师引导学生怎样证明其氧化性？学生设计实验，二氧化硫与硫化氢都有毒，采取全封闭装置。学生写出反应的化学方程式,教师分析、讲评。最后得出结论:二氧化硫具有氧化性。设计实验证明有还原性,可以与强氧化剂酸性高锰酸钾反应,并根据氧化还原反应的原理写出反应方程式。

探究实验 3:花儿为什么会变白?

学生进行探究实验:把红花放进装有二氧化硫的锥形瓶中,观察颜色,颜色逐渐变浅,得出结论:二氧化硫具有漂白性。同时提出一个探究问题:二氧化硫的漂白原理与氯气一样吗?

【课后体会】

对照结果性目标,知识与能力目标全面达成。学生的问题全面而细致,从观察中得来,这些问题是他们自己想探究的,而不是被动的思考。从知识的生成角度看,教会学生发现问题,提出问题,动手实验,查找资料等方法,从根本上教会学生认知的方法,激发学生的兴趣,启动学生的思维,激活潜在的创新意识。这样让学生在探究中创新,在创新中使知识进一步升华和巩固。

每次上课后,从理念的角度进行反思,围绕核心问题教学模式的结果性目标,反思其达成度。新教学理念不断地提炼精华,弥补不足,从教学理念上不断总结、升华,使自己真正成为一个符合新课程理念的优秀教师。

二、体验性目标的反思

体验性目标首先要分析学生的心理、已具备的科学知识、相关的技能,这样设计才有可能会更符合学生的认知发展水平,对教学过程的课堂效果才更有可预见性,才能促进学生深度体验。

反思案例Ⅱ:"原电池的原理及应用"教学反思

核心问题:通过铜—锌原电池的演示实验及动画演示电子流动情况,理解原电池的原理

体验性目标:通过铜—锌原电池的实验及动画演示电子流动情况,变化电极材料和烧杯里的物质,预测、观察、对比、分析、归纳、得出结论。

结果性目标:通过铜—锌原电池的演示实验及动画演示电子流动情况,能够得出构成原电池的条件。会判断电池正负极、电子、电流的流向。能够写出电极反应式。

【教学原述】

通过铜—锌原电池的演示实验及动画演示电子流动情况,帮助学生理解原电池的原理。考虑到学生的知识迁移能力和概括能力还不是很强,没有让学生马上讨论"构成原电池的条件"。笔者对教材进行了处理,增加了一些演示实验(如表 1 所示),按铜—锌原电池的装置,变化电极材料和烧杯里的物质(其中实验 6 中锌和铜分别放在两个烧杯中),让学生通过预测、观察、对比、分析、归纳、得出结论。

学生一边兴致勃勃地预测实验结果,一边仔细观察实验现象。笔者一边引导学生积极思考,一边有序地做着实验。随着实验的进行,学生顺利地得出了构成原电池的条件。然后学生通过练习巩固所学内容。从反馈来看,学生似乎掌握得很好了。

表 1

序 号	电极材料	烧杯中物质	预测结果	实验结果
1	Zn——Zn	稀硫酸		
2	Cu——Cu	稀硫酸		
3	Zn——C（石墨）	稀硫酸		
4	Zn——Cu	硫酸铜溶液		
5	Zn——Cu	无水乙醇		
6	Zn——Cu	稀硫酸		

【问题分析】

课后有学生说，如果能让他们自己亲手做这些实验就好了。还有学生问：我家里的电动车里的电池的正负极及电解液是什么？每年要更换电池的原因是什么？怎样才能延长寿命？笔者被深深地触动了，我们往往只注重学生是否掌握了理论知识，而不注重学生是如何获得这些理论知识；只注重怎样让学生更快地掌握知识，而不舍得把时间还给学生，让学生自主探究理论知识。而且理论知识要联系生活实际，要为实际生活服务。我们是否就书本上的理论知识而理论知识？如此培养出来的学生显然缺乏应有的化学素养，只会是一个死读书的学生。

【反思视点】

反思一：本课例是典型的师导生学的教学模式，学生能很好地掌握知识点。但本课内容与生活联系很多，可以在对培养学生观察能力，动手能力，发现问题方面都有很好的资源链接，例如音乐卡片、废旧干电池、电动玩具、手机、电子手表、照相机、电动车、汽车等等。能不能调整课堂模式，让学生从生活中来提升学习知识能力呢？

反思二：在实际生活中有关原电池最关注的是什么？选择什么作为活动的切入点，怎样利用好所有的资源与活动内容进行最佳组合？怎样的形式来展开才能真正从学生的兴趣能力出发更好地引领学生？

反思三：找准切入点后整个活动的顺序安排怎样？从时间、材料、内容、重点难点、学生情况进行有机整合。

反思四：学生基于其缄默知识，到底体验什么？如何深度体验？

【模式改进】

课堂活动模式改为：

创设情境——探究活动——分析问题——探究加深——掌握新知

在一阵音乐贺卡的音乐声中开始了新的学习，学生们马上充满了好奇，音乐贺卡的工作原理是什么？然后笔者就顺水推舟的告诉学生要探究的主题。教师在每个桌子上提供以下材料：电极有铁、铜、锌、石墨；溶液有稀硫酸、氢氧化钠溶液、硫酸铜溶液、无水乙醇；还有塑料绳、电线、电流计。学生从中挑选材料设计出原电池。学生先分组讨论，拟订实验方案，然后利用实验探究。教师参与其中，加以有效地引导、启发。学生实验完毕后，各小组汇报实验研究情况，小组间互相交流，从而理解原电池的原理及构成条件。最后教师设计问题情景让学生分析实际问题。课后布置家庭小实验——水果的原电池实验。

【课后体会】

在整个探究过程中，学生的学习热情如此高涨，课堂气氛相当活跃，最后提出的问题大大出乎意料。如有学生提问：在实验中把导线连接的铜片与锌片一同浸入稀硫酸中书本上说只有铜片上有气泡，可实验中明明锌片上也有气泡？铜—锌原电池中稀硫酸在不断的消耗，那手机上的电池为何不需要补充电解液？铜—锌原电池的装置改成铜—银原电池（电解质仍为稀硫酸），现象是否一样？教师引导学生自学课本内容，适当用课件辅助解决上述问题，并指导学生去查有关的资料。通过上述活动使学生增强了分析具体问题的能力。本课从提出问题到分析问题，解决问题后又诱使学生提出新的问题，从问题开始，最后又以问题结束，体现了一种全新的以问题为主链的课堂学习模式。学生在金属与酸反应的基础上，通过实验，逐渐使缄默知识显性化，通过讨论，实验，发现更多问题，再自己思考，同学讨论，教师引导下解决问题。整个过程是思维的碰撞过程，学生深度体验的过程。

三、核心问题设计的反思

总结精彩发扬光大，教师每上一节课总有精彩之处。如：有时课堂气氛特别活跃；有时教师信手拈来，成功地运用了某种十分称心的教学方法；有时教师灵机一动，有了解决问题的妙想；有时教学效果超越了预先设计的目标，引起了学生异乎寻常的共鸣；有时课堂教学中的某一应变措施特别得当；有时开展"双边"活动取得意外的成功；有时某些教育思想得到了有效的渗透；有时备课时未曾考虑到，而在课堂上突然闪现出灵感的火花等等。这些都是授课者应该及时总结的内容。但不管用什么方法，该堂课就只有一个核心问题。

反思案例Ⅲ：《水》专题复习

核心问题：复习有关水的方程式，构建水的知识网络

【情景再现】

师：教师在黑板上只写了个水字，同学们打开回忆的窗门回想中学化学中有关水的知识点，请同学自告奋勇把知识点写在黑板上。

生：有将近12个同学自告奋勇地把能回忆起来的有关水的方程式写满了整个黑板，覆盖了所有中学化学有关水的知识点。

师：给以学生的肯定后，提出一个要求，把这一黑板有关水的知识点，零乱的知识归类整理成有体系的知识网。

生：一段时间后，有五位同学简单地列出了自己形成的知识网，有的以盐类水解的角度归纳，有的以有机化学的角度归纳，有的以水为反应物的角度归纳，有的以水为生成物的角度归纳。

师：总结、分析知识，归纳的依据，形成一张有关水的知识网络。

【反思视点】

反思一：教师没有用过多的话，没有用多媒体，课堂气氛活跃，学生参与率很高。

学生不仅复习了水的知识，还学会了怎样整理归纳知识，学会了构建知识体系的能力，同时培养学生发散思维和聚合思维的能力。

　　反思二：把时间让给学生。觉得以上这些方面的成功落实，充分体现了把课堂时间多让给学生，老师只给一点引导和适当点拨，而要把课堂时间多让给学生，设计怎样的活动方式是以后课堂活动应积极采用和遵循的原则。

　　笔者以为这些教学亮点充满了教学的智慧，饱含着许多教学理念，体现着教师教学的功底。如果能及时记录下来细细分析是一种从感性到理性的过程，对教师提高自己的教学能力是很有意义的。经常反思课堂亮点，把亮点积累，在今后的教学中把亮点更好地加以运用，以更优化的教学模式呈现在学生面前，从而提升课堂效率。

　　从上述案例中可见，"教学反思"可使我们的教学工作不再是简单的循环或重复，而是在不断提高和升华。教师在"反思"中学习，在"反思"中探索，在"教学反思"中改变自我，这样，教师的教学能力可在"教学反思"中不断地提高，并形成自己的教学思想和风格。

探索在思想政治课堂中如何利用问题教学模式促进学生的深度体验

苏 舒

在高中思想政治新课程标准中，提出五个基本理念：(1) 坚持马克思主义基本观点教育与把握时代特征相统一。(2) 加强思想政治方向的引导与注重学生成长的特点相结合。(3) 构建以生活为基础、以学科知识为支撑的课程模块。(4) 强调课程实施的实践性和开放性。(5) 建立促进发展的课程评价机制。从新课标的解读中，我们可以看出，仅仅把思想政治教学视为是知识的习得和应用是不够的，应强调结合学生的生活和学习实际设计问题，让学生在活动过程中掌握应用知识解决问题的思想和方法，培养良好的政治素养，搭建可持续发展和终生学习的平台。

思想政治课堂教学是学生获取政治知识、形成正确价值观、培养政治情感的主要场所，是提升学生政治素养的关键。如何教好这门课，采用什么样的教学模式来提高这门课程的学习效益，仍然处在不断地探索过程中。传统的教学模式以教师为主体，是知识的传播者和灌输者，学生处于被支配地位，是外界刺激被动的接受者，学生的探索、创新精神受到了制约。因此，积极探索新的教学模式对于思想政治教育是非常必要的。经过几年来的课题研究，我们认为将问题教学模式引入思想政治课堂是一个很有益的尝试，与新课程改革的基本理念是一致的，因此，我们结合本学校情况进行了教学实践研究。

一、问题教学模式的内涵

问题教学模式是美国教育界 20 世纪 80 年代首先发展起来的一种教学模式，是一种与建构主义学习理论相适应的教学模式。列尔耐尔说："问题教学的本质在于，学生由教师经常引入寻求有根据地解决对他们来说是新问题的办法的过程，由此他们就会学会独立地获取知识、运用原先学过的东西和掌握从事创造性活动的经验。"通过以上阐述，我们可以看出问题教学的本质特点有以下几个方面：第一，问题教学是教师引导学生发现问题和解决问题的过程；第二，问题教学强调学生的独立性，即教师引导学生独立获取知识；第三，问题教学强调学习的创造性。它以解决问题为中心，注重学生的独立活动，着眼于创造性思维、意志力和知识迁移能力的培养。

二、问题教学模式的基本操作

问题教学模式中，问题的设计至关重要，其好坏直接影响教学效果。所以，我们首先应该思考"设置什么样的问题"，"如何设置问题"才是有效的。我们在研究中发现，以核心问题为主线，贯穿整个教学活动的"问题教学"可以实现其有效性。核心问题（包括核心任务）是根据教学的主要内容精心设计和挑选的一个中心问题，核心问题既要兼顾到各种层次的学生的学习活动，又要能调动学生各种层次上的思维活动，其解决活动几乎贯穿整节课。这节课中的其他问题都是与之存在逻辑联系的派生问题，派生问题也是经过精心挑选并按一定序列整合起来的，其解决也是围绕着核心问题的解决而进行的。这样就使得教学活动有了明确的主线，学生的思维活动也有了连贯性和层次性。

教师设定了恰当的核心问题，还需要在课堂中创设一定的问题情境，激发学生的兴趣，引导学生更好地理解核心问题，鼓励他们投入到解决问题的活动中。同时，教师可以向学生提供学习资源，学生在探究问题的过程中进行自主学习、协作学习，进而解决问题，进行相关的评价和归纳总结、实现知识内化和意义建构。

（一）创设情境，提出核心问题

根据学习内容，教师创设一定的情境，引出核心问题。通过师生间讨论或学生间讨论，学生明确学习目标，进入学习情景。创设情境可以激发学生对学习新知识的兴趣，培养积极主动的学习态度和探究热情。

（二）问题探究与解决

这个过程中包含了学生的自主学习过程和协作学习过程。学生在自主学习中，获得学习的自主权，他们在创设的问题环境中，可以通过自主探究尝试解决问题的过程体验成功与失败，正确评价自己的认知活动，从中获取对知识的正确理解，探求问题的最终解决。自主学习可以培养学生独立分析问题、解决问题的能力，便于学生循序渐进地接受和理解学科知识和学科思想方法。在这个过程中，学生还会不断地获得成就感，从而培养其独立探索、勇于进取的精神。但是，仅仅来自学生个体的认知还是不够的，建构主义学习理论认为：每个学习者都有自己的经验世界，不同的学习者可以对某种问题形成不同的假设和推论。学生可以通过分工合作、小组讨论、意见交流、辩论等形式合作解决问题，教师可以适时的引导和促进学生之间的沟通。通过这种协作和沟通，学生可以看到不同解决问题途径，开阔思路，从而对知识产生新的理解。同时也培养了他们的团队合作意识。

（三）评价与归纳总结

适时适当的评价可以使教师了解学生学习情况，调整教学方式，也可以使学生更了解自己的学习情况，调整学习方式。典型例案的点评（比如学生为解决同一核心问题的而做出的不同的解释），还可以为学生启发思维、开拓思路，促进知识的内化。教学进行到这里并没有结束，问题教学模式中，将新知识分解到了问题解决的过程中，忽略了知识的系统性和完整性，有可能知识在学生头脑中还是零散的。所以，教师要有意识地引导学生对所学知识进行归纳总结，完成真正意义上的知识建构。

三、教学实践研究分析

（一）核心问题的设计

在问题教学模式中，核心问题贯穿整堂课的教学，因此如何设置核心问题是我们首先要思考的问题。

高中思想政治新课程标准的基本理念之一是"强调课程实施的实践性和开放性"。基于这一理念，信息课堂中的核心问题的设置应该具备两个特点。

1. 具有实践应用性

思想政治课教学要引领学生在认识社会、适应社会、融入社会的实践活动中，感受经济、政治、文化各个领域应用知识的价值和理性思考的意义；关注学生的情感、态度和行为表现，倡导开放互动的教学方式与合作探究的学习方式；使学生在充满教学民主的过程中，提高主动学习和发展的能力。因此，我们所设计的核心问题，要尽量把有关教学内容与社会实践联系起来。

例如在政治常识"国际关系的决定因素"教学中，教师考虑到国际政治是公民政治生活的有机构成部分，现代公民必须具有国际视野和国际责任感。高中学生思想活跃，兴趣广泛，有强烈的好奇心和求知欲，对国际政治有着浓厚的兴趣，具有大量的直觉式的缄默知识，而且都拥有强烈的爱国主义精神。对于这一知识所对应的政治现象，学生具有一定的生活体验，但是缺乏对这种体验的深入思考，缺乏明确而清晰地分析国际问题的认识工具和方法。从以往的教学实践来看，学生对这一主题知识的识记较为容易，但无法深入理解和把握其本质，以致在具体运用中时常出现误解、误读的现象。要让学生能够真正理解把握这一理论，最好的途径就是利用对学生正在积极关注的国际热点问题的探讨分析来驱动学习任务，将抽象的知识具体化，实现对国际关系问题的理性客观分析。教师在本教学内容中的任务应该是引领学生认识当代国际社会的基本情况，通过纷繁复杂的国际政治现象，认识影响国际关系的主要因素。

2. 具备适当的开放性

高中文科学生的一个重要特点是学生的学科知识和能力参差不齐，差异较大，开放性的核心问题有助于照顾到各层次学生的需求，同时还有助于学生思维的发散，鼓励学生突破传统、权威，进行探究，发表自己的新见解，进行方法的移植和重新组合。

根据教学目标的要求，教师设计了"分析国际社会在解决叙利亚问题上的反应，探究影响国际关系的主要因素"这一核心问题。试图以课前搜集整理资料的过程来充分强化学生的体验过程，这样做既有利于发展学生的理解、分析、概括、想象等思维能力，加深学生对国际关系的复杂性、多变性的感悟，又有利于学生表达、动手、协作等实践能力的提高，以促进其全面发展，实现教学过程与教学结果并重，知识与能力并重。课程中，以"分析国际社会在解决叙利亚问题上的反应，探究影响国际关系的主要因素"这个核心任务驱动学生自主探讨，调动学生活动，由学生运用已有的显性知识和缄默知识独立地或合作地解决问题，然后师生共同对问题解决的过程及结论进行反思，并且表达、归纳、提升分析过程中的体验与感悟，进而由学生自主构建出影响国际关系的主要因素等本节课应该学习的新知识、新方法。

(二)学习环境的营造

在问题教学模式中,问题情境的生成与学习环境的营造密不可分。营造恰当的学习环境(包括知识、时政、思维、人文环境等),尽可能与学生身边真实的或仿真的生活情境、社会情境等相联系,对学生具有合适的激励性、挑战性,促使学生在内心形成一种悬而未决、又力图解决的认知冲突状态,形成内部问题情境。内部问题情境的生成才是学生个人问题解决活动的开始。

高中思想政治新课程标准的基本理念中有两点与学习环境的营造关联。一是"营造良好的社会学习环境,打造终身学习的平台",二是"注重交流与合作,共同建构健康的社会文化"。这就要求我们在学习环境营造上,注重知识环境、时政环境、思维环境和人文环境的营造并重。

教师在"国际关系的决定因素"一课的教学设计过程中,充分考虑到叙利亚局势在诸多外部因素的干预下呈现出复杂化、长期化趋势,上演着多国多地区的利益博弈,成为全球政治局势的中心。这一时政现象自然可以成为我们研究国际关系的现实载体。学生对中东局势的时政问题历来具有强烈的兴趣,但缺乏全面系统的科学认识和分析。课堂营造了一个开放有序的自由分析评论空间,学生按不同国家分小组搜集分析资料,共同分析、讨论、探究影响因素。师生对探究结果进行共同评价。这是一个人文环境极其丰富的课堂,活动中重视学生的合作与交流,评价中对于探究结果的点评做到褒贬均要有理有据,引导学生以全面辩证的思维来看待政治现象,促使他们能在具体的情境中体验维护国家利益与承担国际责任的关联,树立正确的爱国主义价值观。

(三)重视学生在自主活动中的体验与反思

传统教学中多"传递",少"体验",导致学生学习方式被动,长于接受,短于创新,应试能力强,终身发展基础弱。新课程改革倡导学生观的转变,问题教学模式中学生围绕核心问题开展问题探究,重视学生学习过程中的体验,强调学生的参与性和实践性,让学生参与知识探索、发现与形成的全过程,并通过体验与感受,构建属于自己的认知体系。在这里,学生是一个自主的学习者,学生在自主活动中体验感悟,进行知识的内化。但是学生的学习不应当止步于问题探究的活动与体验,此时,教师作为课堂的组织者要在问题解决之后有意识地引导学生进行反思,整合他们头脑中零散的知识,完成知识的建构。

在这个教学案例的总结归纳环节中,师生的讨论并没有止步于探究过程的结束,而是回顾分析问题的全过程,反思为什么不同的国家在处理争端的过程中所采取的具体方式不同,最终总结出除国家利益外的其他重要影响因素。学生通过评价自己和同伴的表现,反思自主学习的有效性以及如何更加有效地学习,这样的反思对发展学生的高层次思维技能非常重要。这就是一个知识内化的过程。学生在体验过程中建构起来的知识将是灵活的知识,是可以迁移的知识,是他们自己的知识。

四、结语

新课程改革的大幕已经拉起,在思想政治课堂中,问题教学模式提供了一种有益的尝试途径,通过一节课或几节课来研究它的教学效益和教学实施特点是远远不够的。但是我们认为它为改革思想政治课堂教学带来了新的思路。

面向信息化社会的挑战,传统的教育理念和体制,必然发生深刻的变革和发展。思想政治课程必须面向素质教育,全面革新以往的教学理念和模式,革新传统的教学、学习和评价观,从而构筑新型高效的中小学思想政治教育课程。

参 考 文 献

[1] 教育部关于印发《普通高中思想政治课程标准(实验)》的通知,教基[2004]5号

[2] 丁念金. 问题教学. 福州:福建教育出版社,2005

初中数学核心问题教学中促进学生深度体验的策略

仇书芹

人的发展过程是一个不断体验的过程,学生只有通过自己的体验,达到对知识的理解,获取和转化,形成感悟和情感,才能实现思维和能力的发展。体验是以个体有意识地参与特定的活动为基础,它既是学生多种多样的学习活动,也是学生相应学习活动的结果。作为一种活动,它是包括学生个体的身体性投入和心理性投入;而作为一种结果,它是学生从活动中获得的认知、情感和态度,达到一种自我感悟,自我认识,自我提升的效果。

一、什么是数学教学的核心问题

当代美国著名的数学家哈尔莫斯(P. RHalmos)曾经说:问题是数学的心脏。可见,问题对于数学教学有多么重要。那什么是问题呢?在《现代汉语大词典》中的解释是:"要求回答或解释的题目","须要研究讨论并加以解决的矛盾、疑难。"所谓的问题通常是学生不能立即作答的,需要思维活动参与,并需付出相应努力而最后获解的疑难。

所谓核心问题,是指能激发和推进学生主动活动、能整合现行教学应该学习的重点内容和关键内容、能与学生生活实际和思维水平密切相关联、能贯穿整节课的客观问题或客观任务[1]。通过自己的教学实践,对于核心问题笔者也有一定的感悟,笔者认为数学教学的核心问题就是指教学过程的诸多问题中较为基本的、极富"再生"和"迁移"作用、最具有思维价值、最利于学生思考研究及最能揭示事物本质和规律的问题。它要符合问题的特征,同时还要满足教学的需要。它是在教学过程中,为学生更好地理解和掌握新知、更好地积累学习经验和方法,针对具体教学内容,提炼而成的中心问题。核心问题可以是针对概念的本质内涵所提的问题;还可以是在学生认知困惑处的方法指引或者思路点拨;核心问题也可以为了探究知识的来龙去脉而在关键环节提出的指向性问题。

二、核心问题教学的基本含义

我们知道在一节课堂中常常会设置有大量的问题,在这些问题中总会充斥许多的无效问题而使学生活动经常处于不自主的低下状态,问题问得太随意、太频繁、太脱离学生生活实际;问题不是为调动学生的活动提出,而是为配合教师的讲解、或者为知识学习后的巩固而提出……其结果,学生的思维活动被问题割裂、被问题控制,学生不能形成较为自主的、伴随着丰富体验的学习活动[2],严重地影响着学生基本活动经验的发展。因此进行核心问题教学是有效教学的重要途径。

所谓核心问题教学,就是在一节课中,在学习新知识之前,就以一个核心问题调动学生活动，先由学生运用已有基本活动经验独立或合作地解决核心问题，然后师生共同对问题解决的主观过程进行反思，归纳、提升活动中的体验与感悟，进而累积和构建新的基本活动经验，最后在具体问题中运用反馈，在运用中顺应、同化自己的认知结构而达到内化发展的目的[2]。它改变了传统的按部就班、照本宣科式的教学模式，将学生简单的学习知识的行为发散到学习和锻炼各种思维方法上去，让学生在教师的引导下，牵动核心问题这条网纲，拉上一条一条大鱼，有效促进学生思维能力的发展。

核心问题教学由教学环节、教师活动、学生活动三要素及其有机联系形成结构，如表1所示。

表1 核心问题教学结构图

教学环节	教师活动	学生活动
提出问题	营造情景 出示问题	进入情境 领会问题
问题解决	引导定向 适当协助	独立操作 交流合作
归纳提升	诱导反思 提升讲解	反思归纳 理解接受
运用反馈	检验评价 反馈改进	尝试运用 修正内化

三、初中数学核心问题教学中促进学生深度体验的策略

体验学习是人最基本的学习形式，数学学习中的体验是指学生个体在数学活动中，通过行为、认知和情感的参与，获得对数学事实与经验的理性认知和情感态度。而深度体验是指个体从活动中获得的认识的深入和内心反应的丰富与强烈，它是学生建立、理解、掌握数学知识的基础。个体的体验是个体获得知识的主要来源，个体的体验越丰富，体验越强烈，体验时所参与其中的情景和事物就会在个体的大脑中记忆越长久，通过体验所获得的记忆是一种十分牢固的记忆。在核心问题教学中促进学生深度体验的策略有：

1. 创设教学情境，激发学生解决数学问题的动机，为深度体验奠定基础。
2. 选择适当的教学模式，促进学生的理解与反思，深化学生的体验。
3. 给予学生充足的思考时间，并使学生经历完整的数学化过程，保障学生深度体验的有效性和完整性。
4. 围绕核心问题，编排运用贴切的反馈练习，促使更深层次的体验。

（一）创设教学情境，激发学生解决数学问题的动机，为深度体验奠定基础

核心问题引领教学主要是为了培养学生的问题意识。问题意识不但能激发学生强烈的学习愿望，进而高度集中注意力，积极主动地投入学习，还可以激发学生勇于探索、不断创造和追求真理的科学精神。没有强烈的问题意识，就不可能激发学生认识的冲动性和思维的灵活性，更不可能激发学生的求异思维和创造性思维。因此，要积极创设情境，促进学生问题意识的形成，这对学生学习方式的转变、创新精神的培养也有着十分重要的意义。创设问题情境，即在教学内容和学生求知心里之间造成一种不协调，一种悬念，从而引发强烈的解决问题的愿望。

比如，在《众数》的教学引入环节中，笔者创设了这样的教学引入情境：

谁误导了顾客？

引例：某购物广场张贴了一条巨型广告："为答谢顾客厚爱，本购物广场特举行抽奖活动，本次活动共设奖金20万元，最高奖1万元，平均每份奖金达到200元。每位顾客消费满500元就有机会获得奖券一张，中奖率100%。"小红在此购物得到奖券一张，撕开后发现奖金为10元，小红感到很失望。于是她又询问周围其他顾客的开奖情况，发现一个也没有超过50元的，小红感到自己被广告误导了，于是气愤地去找购物广场经理讨个说法，经理安慰她说购物广场不存在欺骗行为，并向她出示了下面这张奖金分配表：

	一等奖	二等奖	三等奖	四等奖	五等奖
奖金额（元）	10 000	6000	1000	50	10
中奖人数	3	10	87	350	550

小红通过计算，发现平均每份奖金确实是 200 元，虽然心里仍是想不通，但也无话可说。你能帮小红分析分析，是谁误导了顾客呢？（学生独立思考后，师生共同分析）

分析：小红遇到的问题也是我们日常生活中经常遇到的问题。购物广场设立的奖金平均每份确实是 200 元，从这点上讲，购物广场没有欺骗顾客。但从表格的数据我们看到：只有 10% 的奖券金额超过 200 元，90% 的奖券金额不超过 50 元，所以平均数受到了极端数值的影响而不能代表中奖金额的一般水平，购物广场通过在广告里使用次要的统计数据，误导了顾客。广告中所宣传的数据不能反映这组数据的全部特征，存在很大的片面性。提问：你认为在这个问题里，顾客更关心哪些信息？在学生回答的基础上，教师引出课题：这就是我们今天学习的内容——众数。通过一个生活问题，揭示学生认识上的矛盾，产生新的疑点，引起学生对"平均水平"的认知冲突，引导学生认识到在某些情形下平均数的局限性，体会引入众数的必要性，从而引入众数的概念。当学生明确该数学概念的学习目的和意义时，就会对概念的学习产生浓厚的兴趣。教学中的情境创设应贯穿于每一个教学环节。创设的情境要与学生的经验、兴趣等相契合，情境并不一定必须联系生活。能与学生原有知识背景相联系，同时又会产生新的认知冲突，同样是好的情境。需要注意的是数学情境要少一点观赏，多一些思考，引导提问要少一点共性，多一些个性。交流展示要少一点摆设，多一些实效。

（二）选择适当的教学模式，促进学生的理解与反思，深化学生的体验

我们每一个教师在教学实践中都有意识或无意识地采用了一定的教学模式进行教学，教学模式的选择对教学效果的好坏起着非常重要的作用。不同的教学内容要选择不同的教学模式，这就好像解数学题，不同类型的题目要用不同的解题方法、不同的解题思路一样。教学模式强调了教学理论与实践的结合。选择恰当的教学模式，有利于学生进一步进入到学习情境中，积极主动的参与问题的思考与讨论，对提出的核心问题产生深刻的体验。教师应掌握或熟悉一些常见的教学模式，这样在碰到不同的课堂教学内容时才能灵活运用适合这节教学内容的教学模式，最大效率地发挥教学效果。

如自主探究式的教学模式，它是当前研究中最热门的教学模式，目前各种杂志上都

有不少文章讨论自主探究式教学模式。可以说已初步形成，并已在推广实践和应用阶段；它是一种强调学生自主积极投身其中的学习方式。新课程指出：学生是学习的主体，是发展的主体，新课程重在爱护学生的好奇心、求知欲，充分激发学生的主动学习和进取精神，倡导自主、合作、探究的学习方式，促使学生在自主中求知，在合作中获取，在探索中发展。

比如，在学习"平行四边形的判定"这一节时，可以安排这样一堂开放式教学课：一开始，老师拿出了一个平行四边形，并告诉学生：两组对边分别平行的四边形是平行四边形。紧接着学生分小组研讨：满足什么样的条件的四边形可以被判定是平行四边形？同学们一起猜想，争论质疑，互相补充，他们不仅找到了一组对边平行且相等、两组对边分别相等、对角线互相平分这三种教材上载明的判定方法，还发现用两组对角分别相等、一组对边平行且一组对角相等这些条件也能判定平行四边形。对照教材，这些发现令同学们欣喜不已。不仅如此，在解决这一问题过程中，同学们还归纳出了解决四边形问题的三条主要途径：这就是边、角和对角线。在运用这种数学教学模式的教学过程中，知识本身似乎成了成功的副产品，对于学生来说，更重要的是他们在主动的参与和探索中，经历了历史上数学家门曾经经历的创造过程（观察、试验、用直觉、推理、猜想加以证实），并开始形成一种很强烈的主体意识和学习需求。通过小组讨论的探究学习方式，学生不仅掌握平行四边形的判定条件这个核心问题，而且激发了学生的潜能，激活了封存的记忆，使学生学会学习、学会倾听，提高学生相互合作、独立总结创新的能力，同时，学生们学习自觉性得到了很大的提高。组织学生交流和讨论，提供每个学生分享、参考、思考、辩论各自组员观点的机会，促进个体体验的交流与融合，促进学生的理解，发展学生的体验。

（三）给予学生充足的思考时间，并使学生经历完整的数学化过程，保障学生深度体验的有效性和完整性

我们见到，教学中个别教师提出有思维价值的问题，利用投影仪打出文字、图形进行演示以后，往往并没有给学生充分的阅读、观察、思维的时间和空间，内容快速闪现，学生的参与活动没有落实，使启发式走了过场。实际上，无论教师讲授还是投影展现，全要遵循"延迟判断"的原则，首先要引导学生独立思考，如果教师及早地进行了"引导"和"启发"，就使自主学习、自主探究成为形式，教学就失去了实效性。也就是说，教学首先要以人为本，以学生的思维为先，注意使能力的培养真正地落到实处。这样，学生对核心问题的理解上才会更加深入。

《数学课程标准》强调让学生经历"数学化"的过程，并指出"动手实践、自主探索与合作交流是学生学习数学的重要方式"。荷兰数学教育家弗赖登塔尔也认为：学生的数学活动，与其说是学习数学，不如说是学习"数学化"。因此，数学教学要让学生经历"数学化"的过程，即从自己的知识与生活经验出发，经过独立思考、概括或发现有关的数学结论，初步形成探索和解决问题的能力。经历是学生获得体验的基本手段，学生是否经历核心问题解决的全过程直接影响着学生能否获得相对完整的体验。学生解决核心问题的全过程，实质上是学生经历数学化的过程，亲自经历数学概念、数学知识、数学思

想、数学方法的产生、概括、创造与应用的过程,也是学生自己体验、建构数学知识、检验和扩展自己所建构数学知识结构的过程。

比如,关于《众数》的教学流程:

环节一、创设情境,感知众数(见前面引例)

环节二、认识理解众数:这一环节分四个层次来展开教学。

层次1、依据情境,理解众数。

层次2、用自己的语言阐述众数与中位数的概念;指出两者的根本区别之点,找出它们的共同点;在一组数据中,平均数、众数、中位数都是唯一的吗?

层次3、写出生活中应用平均数、众数、中位数的实例各一个。

层次4、合理选择,解决问题

判断题:有关平均数、众数、中位数概念细节的考查。

选择题:有关平均数、众数、中位数运用的基础题。

环节三、内化众数:在数学活动中构建深层的体验与感悟。

根据学生的年龄特点和认知水平,设计两道有关众数,平均数,中位数的综合题。

1. 关于某商店销售各种尺码男式皮鞋的情况如下表(略):在这组数据中,哪种尺码是众数?这个众数对商家进货有帮助吗?说说你的想法。

2. 两名队员在选拔赛上射了10发子弹,成绩如下:

甲:9.5 10 9.3 9.5 9.6 9.5 9.4 9.5 9.2 9.5

乙:10 9 10 8.3 9.8 10 9.5 9.8 8.7 9.9

你认为谁去参加比赛更合适?

环节四、应用众数:回归于学生生活里的拓展与延伸。

做有心人:你能说出生活中还有哪些地方用到众数吗?

环节五、课堂小结

从体验获得的过程来看,并不是学生进行了核心问题解决的过程就能获得充足的体验。如果学生在问题解决的过程中,没有及时对其进行回顾、反思、交流和总结,就会影响学生对数学概念、数学知识、数学思想、数学方法的概括、提升和应用。体验的获得不仅包括体验的过程,还包括体验的结果,而体验的结果却不仅仅只是学生被动地等待核心问题解决后留给学生的印象和记忆,还包括学生主动的对问题解决过程的回顾、观察、反思、交流与总结,努力实现核心问题解决的程序化、思维方法的公共化,力图达到体验结果的系统化。教师要组织学生积极参与核心问题的解决活动,反思核心问题的解决过程,内化核心问题解决过程中应用的方法,再参与新的核心问题的解决活动,完成体验的创造、领悟、反思、内化、检验和重新创造。

(四)围绕核心问题,编排运用贴切的反馈练习,促使更深层次的体验

知识的应用是掌握知识过程中不可缺少的阶段,它与知识的理解和巩固是紧密联系的。知识的理解和巩固是知识应用的前提,而知识的应用又使知识的理解和巩固得到检验和发展。应用既是检验学生对知识的理解和巩固的一种手段,又是使学生加深理解和巩固知识的方式。在数学教学中,教师根据知识应用的深度及其掌握的难易程度,编排

一定量类似核心任务的,多样化的,具有纵向或横向变式的反馈练习,让学生在运用新知识解答习题的过程中,进一步体验获得的新知识与新对象、固有知识及数学思想方法的关联,促成对新知识的理解和掌握。实现体验的再认、再生和概括化。

教师应用这些教学策略的过程实际上是一个创造性的过程,是一个研究的过程,也是一个教师发展最好的基本的渠道。初中数学核心问题教学中促进学生深度体验策略还有许多,让我们探究教材和实践相结合,不断积累和掌握有效的教学策略,为全面提高学生的数学素质,促进学生的发展作出更大的贡献。

参 考 文 献

[1] 周光岑等. 基于缄默知识的核心问题教学模式实践研究. 人大复印资料(分类:中小学教育),2009(4)

[2] 周光岑等. 课堂教学中"核心问题"的特征. 教育科学论坛,2008(1):13

[3] 周文良等. 根植缄默知识以促进学生深度体验. 全球教育展望,2012(10)

[4] 柴东伟. 核心问题教学意义及其理论依据. 文学教育,2009(5)

[5] 王文英. 核心问题:数学教学的有效统领. 小学教育教学,2011(11)

[6] 李长会,吴立宝. 数学基本活动经验的特征分析. 数学教学通讯,2009(8):3

从《雨之歌》说开去
——浅谈促进学生深度体验的核心问题设计研究

陈丽娟

所谓"核心问题"就是课文教学中能起到主导作用和支撑作用,能引发学生思考和创造有利于理解课文主题的提问。它是"一问抵多问"的主打问题。立意的建构性、情境的真实性、结构的开放性是它的三大要素。"而语文'深度体验'的实质是指学生在教师的引领下,主动参与语言文字的阅读过程,教师授之以'渔',引导学生从'文本表面'进入到'文本底层',通过对语言文字的深层感悟,在培养语感、发展思维和积累语言的同时,探究文本的精髓,让学生完成创造性的意义建构,使学生在阅读过程中得到精神的享受。阅读的深度是学生主动体验获得,这是一个层层递进过程,是在学生发展思维、丰富语言和情感体验的过程中不断提升的"。

在初中语文教学中,如何设计一个合理的核心问题,促进学生的深度体验呢?下面以《雨之歌》的设计为例,就促进学生深度体验的核心问题设计进行探讨。

首先,从教材的角度,核心问题的设计必须尊重文本的意义。

《雨之歌》是八年级下册语文第二单元第十课。本单元所选择的都是散文诗,都是由寻常事物激起心灵之声,语言优美且贴近生活,容易激起学生的共鸣。《雨之歌》正是这样的一篇代表。雨,从来就是诗人笔下的主角,她代表着一种意象,忧愁,眼泪都是她的意蕴上的表征。但是我们看到,在纪伯伦的笔下,更是赋予了一种哲理性的思考,感悟文章的拟人化形象将有助于提高学生的理性认识。而且纪伯伦的作品独具风韵。他的文笔轻柔、凝练;语词清新、奇异;哲理寓意深邃;比喻别致生动;想象力无比丰富。因此,其艺术表现手法的发掘也将有助于我们创造性地运用,为学生写出意蕴丰厚的文章打下坚实的基础。基于这样的前提,在设计核心问题的时候,必须考虑深入理解雨的形象,发掘它的艺术表现手法。

其次,从学生的角度,核心问题的设计应该体现学生的主体性。

初二的学生对文学作品的形象一般只停留在感性认识的层面上,很少进行理性思考。面对一篇哲理性的散文诗,想要把握其中的哲理意蕴,需要学生调动自己的知识积累和生活积累,从而进行理性思考,形成较为成熟的理性认识。对文章艺术表现手法的分析学生有着丰富的知识储备,但如何运用到平时的写作中却是一个难题。因此,在设计核心问题时,需要将文章分析与写作实践联系起来,巧妙运用艺术表现手法,增强作文的表达效果,这样才能够促进学生的深度体验。

基于以上两点考虑,笔者拟将本文的核心问题设计为:发掘《雨之歌》的艺术表现手法,写出对"花"的感悟。

下面就实施的过程来看看这个核心问题设计是否达成了促进学生深度体验的目标。

首先，笔者通过品读课文，感性认识雨的形象，完成了对文本的意义建构，但是，《雨之歌》又与一般哲理诗不同，它不以得到某种哲理为目标，而是最终形成一个有丰富感性内容的，难以被抽象为简单道理的形象。因此，我们对"雨"不能仅停留在特征这样表层的理解上，而应该对其情感内涵进行深透感悟，从而形成积极的人生态度和价值取向，使语文真正达到"工具性和人文性的统一"。学生最害怕的就是写作，长期以来，我们常把作文和课文分开来教，其实，在学习课文时，可以通过对文章的赏析，让学生具有初步欣赏文章的能力，掌握一些方法并用来指导写作，这样可以激发学生的写作兴趣，乐于写作。本文的语言清丽流畅，运用了比喻、拟人等多种修辞手法，展开丰富的想象，这些都很适合学生学习并运用到写作中去。因此，我们通过挖掘本文的艺术表现手法，将品读体验与模仿创造结合起来，让学生在轻松愉悦中对课文的理解由感性认识上升到理性认识。这就为后面的写作奠定了坚实的基础。而且，"花"是孩子们生活中司空见惯的事物，应该说，每个孩子都有自己喜欢的花，当他们完成了对文本的解读之后发现，原来自己眼中的花并不仅仅是花，它或许就象征着某一种精神、代表着某一种人，所以，写出对"花"的感悟也就水到渠成了。这样既体现了学生的主体性，也促进了学生的深度体验。

再从实施效果的角度来谈谈学生的深度体验。

在本节课的教学中，本着通过阅读指导写作的原则，在核心问题的带动下，指导学生充分挖掘文本，从教材中获取相关信息，从而形成一定的感性认识。再在感性认识的基础上，优化、整合学生的知识积累，促进缄默知识显性化，形成一定的理性认识，然后指导写作实践，让学生的课堂收获最大限度地呈现了出来。《基础教育课程改革纲要（试行）》指出："倡导学生主动参与、乐于探究、勤于动手，培养学生搜集和处理信息的能力、获取新知识的能力、分析和解决问题的能力以及交流和合作的能力。"新课程理念的精魂之一是"开放与创新"。在这节课的设计上，正是与这一理念相吻合的。本节课一开始通过两张图片，学生自由畅谈，激发起学生对"花"的兴趣，让他们有着想要写好"花"的愿望，从而轻松地完成对《雨之歌》的学习。很好地体现了学生的主体性和主动性。因为考虑到知识的层次性，因此在分析《雨之歌》的过程中，先从特点入手，这也是写好一个事物的基础。而对一个事物要有独特的感悟，需要融入个人的情感、生活体验，这正是纪伯伦能将"雨"从普遍的忧伤、眼泪等意义上脱离开来，赋予它以"奉献者和使者的形象"这一新的含义的重要原因。学生听到这里，若有所思，这对他们一定是一个很好的启发，为后面学生能赋予"花"那么丰富的内涵打下了坚实的基础。怎样将这些独特的感悟表达出来，自然就涉及方法的问题了，这样就水到渠成地发掘出了文章的表现手法，为指导写作奠定了基础。通过这样一个层层推进的学习过程，学生从最开始对"花"的泛泛而谈，引发了深沉的思考，写出了对"花"的独特感悟，充分体现了课堂的开放性和创新。从学生的习作中，我们看到，学生能通过"花"引发丰富的联想，很自然地想到"花"的美好、"花"的生命等，也有许多同学很自然地想到某种花，比如梅花、莲花、玫瑰、竹子（也开花）等，并进而写出它们所蕴含的深刻哲理，写得有深度，有个性。比如，有学生写道：

"竹，坚韧不屈，风过不折，雨过不浊，气节端正。然而，很少有人知道，竹也会开花。《庄子》当中，庄子曾把自己比做一种鸟，非竹子的花的种子不吃。神话中，竹开花可以招来凤凰。然而，同样也只有很少人知道，竹开花之后就会死。竹明知开花就会死，但他也毅然决然地绽放，只求一瞬的美丽。如同烟花一般，纵然只有一瞬的美丽，但那一瞬的灿烂足以照亮天空。

　　人生也如此，与其平淡无奇地度过一生，不如有一瞬的辉煌。"

　　如果不是对文本有着深度的体验，是写不出这样深刻的文章的。

　　由此可知，只有在尊重文本的基础上，深入挖掘文本的意义，充分发挥学生的主观能动性，才能够设计出能够促进学生深度体验的核心问题。

参 考 文 献

　　赵棠. 高中语文阅读教学的深度体验与多元解读. http://www.wms.edu/Article/Show News.asp?NewSID=807

核心问题教学中加强学生关联体验
和共鸣能力的培养初探

罗向丽

在笔者讲市级公开课《琵琶行》的过程中，基于笔者对校本教研知识的学习和对文本的深入解读，笔者发现在新课程改革的要求和指引下，在高中语文教学中进行核心问题教学，加强学生的关联体验，对学生实施共鸣能力的培养是非常必要的，也是可行的。

"共鸣"原是从物理学吸收而来的概念，它指的是一个发音体所发出的声音，引起了另一个发音体发出相同频率的声音的现象。后来文学理论借用这个概念，并把它用在文学鉴赏中，用来指在文学欣赏过程中读者的思想感情与作品的情感意蕴达到一致，进而发生心灵的共振的一种特殊的心理现象。通常我们所说的共鸣，是指被作品的艺术形象喷射出来的思想感情激起的欣赏者相通、相似或相近的思想感情。它一方面是指读者与作品中的人物形象之间思想感情的共振，另一方面是指读者与作者之间思想感情的共振，再者是指读者与读者之间思想感情的共振。

许多学者在其著作中都提到了"共鸣"这个概念，并强调在文学阅读的过程中，读者要和文学作品进行关联，产生共鸣。著名学者程革在他编写的《文学概论》中提出："所谓共鸣，是指读者被作品中的艺术形象所打动，与艺术形象产生了一定的认同与感应，达到了主客体之间的契合一致与情感交流。"黄展人教授在《文学理论》中指出："共鸣使读者被作品中的艺术形象深深感动，激起了与作品中的人物相同或类似的感情，爱作者之所爱，憎作者之所憎，喜人物之所喜，忧人物之所忧。"文艺理论家童庆炳教授强调："在阅读文学作品时，读者为作品中思想情感、理想愿望及人物的命运遭际所打动，从而形成的一种强烈的心灵感应状态。"所以，文学作品中所蕴含的思想感情，通过艺术感染力，引起读者的思想感情"共振"。在这种"共振"中，作品和读者产生关联，完成了她感染教育读者的作用。

随着文学作品的日益普及，人们对文学的理解也越来越深刻，于是，在文学接受活动中，读者与作者或者作品中的人物之间会进行关联，产生思想与感情的共鸣。因为"共鸣是文学接受进入高潮阶段的重要标志"。

读者和文学作品产生共鸣一般都基于以下两个方面的原因：一方面，作品本身的美学价值和艺术性是引起共鸣的重要原因。大凡能够引起读者共鸣的作品，一般来说在艺术上都具有较高的水准，能够产生强烈的艺术感染力，特别是能够找到维系读者的情感纽带，使得读者在阅读时能够不知不觉地产生关联，进入作品所营构的境界、氛围和情调，为作品的情感力量所打动、所征服、所支配。例如《史记》，堪称"史家之绝唱，无韵之《离骚》"，它超出了一般历史著作的范畴而以其丰富的情感内涵和审美价值成为不朽的文学杰作，以强大的情感力量使读者为之神往、为之动容，产生强烈的共鸣。如《项羽本纪》以悲壮苍凉的笔触写到"垓下之战"一代豪杰项羽的英雄末路时，不能不引起读者仰天慨叹；《廉颇、蔺相如列传》刻画廉、蔺二人顾全大局、捐弃前嫌的气度，不由得让人深为感动；《李将军列传》以委曲深沉的笔法叙述一代名将李广的赫赫战功和坎坷命运，也常常让人为之扼腕痛惜；《刺客列传》、《游侠列传》热情洋溢地歌颂荆轲、聂政、朱家、郭解等人的侠胆义肝，也使人油然而生由衷的敬佩之情。明人茅坤说得好："今人读游侠传，即欲舍生；读屈原贾生传，即欲流涕；读庄周鲁仲连传，即欲遗世；读李广传，即欲力斗；读石建传，即欲俯躬；读信陵平原君传，即欲好士。若此者何哉？各得其物之情而肆于心故也。"所谓"各得其物之情而肆于心"，就是说的在读者与作品之间产生关联所形成的共鸣。

另一方面，读者的"期待视野"与欣赏对象达成某种感应和认同，也是引起共鸣的重要原因，或者说这是更重要的原因，因为共鸣现象是发生在读者与作品之间，文学作品的审美价值再高，也只有与读者的"期待视野"达到一致，才有可能在读者那里产生效果，否则它就毫无意义，什么也不是。白居易《琵琶行》写到作者对于琵琶女的演奏产生强烈的共鸣："座中泣下谁最多？江州司马青衫湿。"这固然是琵琶女跌宕顿挫的演奏和凄苦悲酸的身世使然，也与作者仕途失意、屡遭贬谪的境遇有关："予出官二年，恬然自安，感斯人言，是夕始觉有迁谪意。"可见导致作者对演奏产生强烈共鸣的基础在于其"期待视野"与琵琶女的遭遇达成了感应和认同。所以最后才发出了："同是天涯沦落人，相逢何必曾相识"的千古悲叹，千百年来，这也引起了读者的"期待视野"与作品达成了感应和认同。

文学所揭示的真理和所表达的情绪具有永恒性和普遍性，所以她才具有时空的穿透力而流传下来，并且这些真理和情绪经过千百年的流传，有些已融进我们的骨髓里、血液中，已存在于我们的潜意识中，甚至形成了一种民族的心理。假如海明威文学作品中的"硬汉"形象，就是美国民族精神的象征。所以当前西方的文学教育理论无论是接受美学还是"衍生结构"都强调文学教育的目的是通过文学作品的阅读达到个体的发展。所以笔者个人以为，寻求学生和文学作品的共鸣是文学鉴赏中的画龙点睛。在课堂上，有必要采取无固定的探究形式，注重学生对作品的关联体验，引导学生与作品产生交流共鸣，指导学生在文学阅读中得到自我发展。

无论是什么类型的文学作品，都可谓是倾注了作者的心血，是世间百态的记录，这些作品，无不是作者真实思想感情的流露和表达，因此在读者阅读完作品后，总是多多少少的会认同或反对作者的观点、感情，可以说一切优秀的文学作品总是鼓动起欣赏者心理上的振动、情绪上的波涛，引起读者的共鸣。由此看来，共鸣是在文学接受活动中起着不可估量的地位，它也是文学作品最终意义的体现，可以说没有了读者读后的共鸣，也就无所谓作者创作的意义。总之，文学共鸣重要性的体现就在有利于读者理解作者要表达的思想感情，加深对作品的透彻理解。

新课标指出：以学生的审美能力，艺术趣味和欣赏个性作为评价重点，如能否展开想象和联想，能否对文学作品的形象和意境产生感情的共鸣，能否发现文学作品的丰富内蕴和深层意义，是否对文学作品有独到的感受和创造性理解。所以在语文教学过程中，让学生产生关联体验，实施"寻求共鸣"这一环节，培养学生的文学共鸣能力是很有必要的。

实践证明文学共鸣教学是完全可行的。并且它会大大地提高文学的教学效果，真正落实高中语文新课程标准。如果不引导学生和文学作品"寻求共鸣"，学生读完文学作品后，文学还是文学，"我"还是"我"。对文学作品的理解以及文学作品的熏陶、感染、审美和教化等方面的作用大大地打了折扣，甚至可以说它失去了文学作品教学的精髓。

共鸣是一种复杂的审美现象，它作为文学鉴赏活动的一种至境，并不是发生在所有鉴赏过程中的：成功的鉴赏活动可能会出现多次共鸣状态；而不成功的鉴赏活动，则可能一次也不会出现。这是因为共鸣的产生需要一定的条件，而条件具备后又必须通过一定的途径、方式来实现。

文学鉴赏中对于阅读本阶级、本民族的作品产生共鸣是不难理解的，因为两者的生活境遇相同，阶级理想相同，思想感情相同。例如艾青在《我爱这土地》中吟唱的"为什么我的眼里常含泪水？因为我对着土地爱得深沉"，常常引起我们中国人的心灵的共鸣。

不同时代、不同阶级、不同民族的作品也同样能引起大家的共鸣。比如伟大的爱国诗人屈原，他的不朽作品《离骚》已经历了好几个历史时代，他在作品中所抒发的忧国忧民、愤世嫉俗的悲愤情绪都一直激荡着不同时代的不同阶级的读者的心。生活在不同时代阶级的诗人，同样能以平凡的文字来表达及激起大家共同的爱国情。莎士比亚的《哈姆雷特》不仅仅影响着英国人的情绪。

共鸣现象在我国古代动乱年代的诗歌中表现得尤为淋漓尽致。以一首简单的深入人心的诗为例，《静夜思》："床前明月光，疑是地上霜；举头望明月，低头思故乡。"这首小诗既没有奇特新颖的想象，更没有精工华美的辞藻；它只是用叙述的语气，写远客思乡之情，然而它却意味深长，耐人寻味，它在每一个流浪在外的旅人的脑海里印刻下了故乡，不由使他们深深落泪，引起了共鸣，同时，作者要表达的思念故乡的主旨也显示出来。

文学作品作为一种社会现象，作家辛辛苦苦地创作文学作品，总是要给广大读者看的，他总是希望用饱含着自己深厚感情的艺术形象去吸引读者，去打动读者的情感。因此，能否引起读者的共鸣是文学作品艺术上是否成功的标志之一，也是它能否发挥巨大社会影响的关键所在。

一部文学作品只有引起众多读者的共鸣，才能发挥它的各方面作用。童庆炳教授说："文学接受活动中的共鸣，也是判定一部作品价值高低的重要尺度。"一般来说，共鸣程度越强烈，范围越广大，价值往往越高。虽然产生共鸣的原因各不相同，或是作品本身具有深刻丰富的思想感情和强烈的艺术感染力，或读者期待视野中必须含有与作品相同相似的思想见解或情感体验，但是最后的结果是如出一辙的，就是教育人。文学作品的教育作用，正是依据其特有的形象感染力，是一些读者与作品中的人物，或作品所表现的思想感情，由开始不共鸣到逐渐共鸣实现的。读者对文学作品产生共鸣，也是他们欣赏文学的乐趣之一，因为这样算是真正进入到了作者的内心世界，去寻求作者内含的真谛。

所以在教授《琵琶行》时，我把核心问题定为"整体感受《琵琶行》，谈谈自己的共鸣。"

第一，要求学生读过诗后都要写出共鸣文章并提出要求：可以是整首诗的意境共鸣，某节、某事或某种感情的共鸣，某一句的共鸣。但一定要有血有肉，感情真挚，切忌空洞无物无病呻吟。反复强调新课程标的要求："能否对作品的形象和意境产生感情的共鸣。"

第二，指导具体写法。（1）文章中要有一个鲜明的共鸣点；（2）一定要结合自己的生活经历，所见所闻（包括各种媒体上的见闻），不能写成赏析评论文章；（3）表意要简洁、清晰、流畅。

课堂上，全班57位同学都参与了"我"与作品产生关联，引起共鸣的写作实践，并结合自身的生活和情感经历，积极参与关联体验，思考并写出了"我"的共鸣，达到了"我"与这首诗歌的高度融合。课后笔者依据学生是否真正产生关联体验，懂得作为读者，应怎样融入文学作品，与文学作品产生共鸣的原则进行了分析。绝大部分同学能将自己的共鸣写出来，有的写和琵琶女的共鸣，有的写和诗人的共鸣，有的写和作品的共鸣，较好地达成了体验性目标。

通过分析，全班有17人能在学习这首诗后，与自己的生活经历和情感经历产生关联和深度地体验，谈自己的共鸣，谈得比较深入，观点比较新，约占全班人数的29.8%，有同学写道："千金易得，知己难求，也许我们一生中有无数的伴侣，但很少有这样的知己，更何况是一个有着同样身世的红颜知己。"另外有23人能与自己的生活经历和情感经历产生关联体验，谈自己的共鸣，观点比较新，但谈得比较粗浅，约占全班人数的40.4%，如有同学写道："或许你正站在事业的巅峰，或许你风光无限受无数人赞赏，但也许一夕之间，如此都忽然消失，所以把握今夕，为未来买单"，有同学虽共鸣不强烈，但是却能将文中的诗句化作自己共鸣的语言。如："今夜，繁花落尽冷雨飘飞，琵琶女的伤感和幽怨，飘过唐宋，飘过元明清，栖落在我封存的记忆，驻在了我心中最深处，想起琵琶女的'夜深忽梦少年事'，连同那'梦啼妆泪红阑干'的境地，感念一个'同是天涯沦落人'的知己，只能在遥遥的午夜星河远远相望，无缘实现'添酒回灯重开宴'的梦幻，在摇曳的烛光里守望的我，是否能让'相逢何必曾相识'的心情，穿越夜幕笼罩下的时空。"剩下13人虽能与自己的生活经历和情感经历产生关联体验，谈自己的共鸣，但观点没有多少新意，而且谈得也比较粗浅，约占全班人数的22.8%；还有4人，则基本只在谈诗人和琵琶女之间的共鸣，无关联体验约占全班人数的7%。

从总体来说，通过这次教学，笔者深刻体会到在高中语文教学中，注重学生关联体验，对学生实施共鸣能力的培养是十分必要的，也是可行的，这对提高学生的文学素养具有十分重要的意义，笔者也将在以后的教学中不断的实践和改进这一教学形式，日臻完备。

高中语文教学体验性目标的确立与达成研究

刘 攀

一、高中语文教学中体验性目标的提出

随着经济的发展，社会的进步，高中生的人生观、价值观、道德观已发生了巨大的转变。许多高中生都是独生子女，他们的独立自主性极强，传统的以说教为主的教学模式远不能满足当代人才培养的要求。基于这个现状，中学教育新课程提出教学应以人为本，注重学生的发展，实现"知识与技能、过程与方法和情感态度与价值观"中体验性教学目标。而高中语文课程标准总目标和阶段目标的出发点和终极目标是培养学生的语文素养。新课程对学生语文素养的要求，全面体现在课程改革的"知识和能力"、"过程和方法"、"情感态度和价值观"三个思考维度。这就要求教师不但要传授基础知识、训练技能，而且要在师生互动过程中，让学生掌握自主学习的方法与提高独立解决问题能力的同时，更要承担对学生的情感态度等非智力因素和价值观等人格因素的培养任务。体验性目标集体体现了教师的教学设计思路，反映了教师对学生的学习过程关注的程度，其在课堂教学中的完成度直接确定了课堂教学中的其他二维目标的实现。因此教师必须要把教学的重点转移到对学生学习的过程与方法的研究上来，真正在课堂上确立学生的主体地位，明确制定并实现每节课的"过程与方法"目标。

如果把"情感态度与价值观"仅仅当做非智力因素来对待，就只是把体验性目标放在辅助位置上，那么体验性目标即情商的作用与效果必然得不到保证，也就不能很好地完成"人的发展"这一最终目标。所以，实现体验性目标，对于每一位教师来说都是至关重要的。

二、制定高中语文体验性教学目标

高中语文教学体验性教学目标的起点是让学生知道学习探究的方法，发展自主学习能力，养成良好的思维习惯，能运用语文知识和科学探究方法解决一些问题。其具体表现在如下几个方面：

1. 学生在主动积极的思维和情感活动中，通过探究式学习，自行发现和构建文本意义，加深理解和体验，有所感悟和思考，受到情感熏陶，获得思想启迪，才能更好地掌握新的知识和经验。

2. 学生能计划并调控自己的学习过程，通过自己的努力能解决学习中遇到的一些问题，有一定的自主学习能力。

3. 拓展空间，把课内与课外、校内与校外，语文学科与其他学科有机结合起来，让学生多参加一些社会实践活动，尝试经过思考发表自己的见解，逐步养成自己发现问题、

研究问题、解决问题的能力。

4. 学生具有一定的质疑能力、信息收集和处理能力、分析解决问题能力和交流合作能力。

5. 培养学生良好的语文素养和人文素养。

三、高中语文教学如何达成体验性教学目标

(一) 构建体验性教学氛围

高中语文教学中体验性目标的确立是吸收了建构主义学习理论与教育科学关于主体性研究的成果，以当前素质教育、创新教育的要求为导向，具有时代性[1]。其最明显的特征就是在课堂教学中真诚地对待每一个学生，理解学生的感情，关注学生的情感需要，注重学生的情感体验。教师在教学过程中不是处于决定、控制、指导学生的地位，而是处于与学生平等的地位，是学生的倾听者和帮助者，是课堂教学的组织者。其实质是让学生在体验中学习，在体验中思考感悟，在体验中成功。体验性目标以尊重学生的独特体验为前提，以学生的发展为目的，注重学生的主动性、能动性和独立性的发挥[2]。教师应转变思想，构建平等和谐的教学氛围，努力创造自由、宽松、民主、平等、和谐、乐学、互相信任、心情愉悦的课堂教学氛围，使学生的个性潜能得到释放，同时深入了解学生的内心世界，将学生的问题分类，人员分组，避免将各种问题混为一谈，致使学生上课时有事不关己、高高挂起的感受。通过与学生的课前接触，使同学认识到上课将会给自己哪些方面有帮助，从思想上有了重要的认识，从而提高了上课的积极性、主动性。

(二) 确立学生主体地位

行为主体是学习者，行为目标描述的应是学生的行为，不是教师的行为。学习的过程是主客体交融的过程，就是学习主体对知识客体融会整合的过程。教师在教学过程中不是处于决定、控制、指导学生的地位，而是处于与学生平等的地位，是学生的倾听者和帮助者，是教学过程的组织者。作为语文学习的主体，学生存在着个体上的差异，学生是一个能动性的个体。而高中语文教材内容则是一成不变的存在，因此，教师必须身体力行，积极实践，从改变观念入手，努力转变教学模式、方法，完成学生的个体差异和教材的固定性的完美融合，进而实现从提高学生应试能力的教学向提高学生综合素质的教学的跨越。教师的主要任务是使课堂形成一种和谐的氛围，探索价值观，获得情感体验是学生自己的任务。因为学生是活生生的个体，而不是接受知识的容器和别人控制的东西[3]。语文新课程倡导学生学习方式的变革，要改变学生的学习方式，首先要改变教师的教学方式，真正确立学生在语文学习中的主体地位，变"教师教，学生学"为"教师教学生学"。要使学生真正成为学习的主体，首先要调动学生学习的积极性，让学生在积极的思维和情感的活动中加深理解和体验，进行感悟和思考。在人的学习过程中，情感起着非常重要的作用，所以我们在课堂上特别关注学生情感的需要，理解学生感情，让他们在体验中加深相互理解。

（三）选择恰当的教学方法

高中语文在教学过程中，教师应根据具体的教学目标、教学任务、教学进度和教学时间，学生的学习特点，兴趣爱好，教师的自我特点（如口头表达能力、逻辑思维能力、书写能力等）以及现有的教学条件，选择好教学方法，注重对教学内容的活化，增加其趣味性，开展体验性教学。体验性目标是教学过程中，学生对教学内容有一个经历、体验、探索的过程。实现这个目标的教学方法很多，在此，仅对其中一二进行讲述。

（1）直觉运用训练法

直觉运用训练法也称为联想想象教学法。这种教学方法较适合运用于阅读鉴赏课型中。本文以笔者执教宋词鉴赏课《雨霖铃》为例辅以说明。

古诗词向来是"诗中有画，画中有诗"，画诉诸形象和直觉，而诗歌的情感诉诸语言和复杂的心理活动，诗画本一家，诗歌中的意境与渲染手法就是画的体现。如果能够在诗歌教学中重视画面形象的重构和直觉的整体感知，那么，对于理解诗歌无疑是有极大的帮助的。

教学古诗词无疑需要涵咏鉴赏，涵咏鉴赏不是一个短暂的学习活动，而是一个较为长期缓慢的认知过程。它包含有诗词形式的感知、内容的理解、内蕴的发掘和情感的共鸣，是从简单寥寥的语言形式中浸泡、发挥出丰富厚重的情感，并唤起读者关联的体验感受（书本的或生活的），最后达到作者与读者之间情感的交流与共融。在这样一个过程中，特别是语言浸泡与发挥的环节，需要读者大量的缄默知识的参与，才能将诗词本身所隐含的内容情感信息显现化、明晰化。在这个环节，诵读与炼字的方法颇为重要，在诵读中增强语感，在炼字中产生关联。

《雨霖铃》一词，意象繁多，渲染巧妙，从词中现实的意象展开细部的浸泡与发挥，从渲染的虚构画境中去揣摩体会作者的情感，辅以诵读，应该是达到理解主旨、关联体验的津途。

基于这样的认识，笔者的教学设计分为三步，初读——整体感知画面，初步感受全词的感情基调；精读——运用直觉、联想和想象构建自己心中的画面，将词中所描绘的画面通过自己的联想和想象，把它们重新构建出来，并加注一个诗意的标题，从细节入手，揣摩全词的感情；悟读——感悟作者手法的运用，这样的教学设计能够从整体到局部再到整体，按照由浅及深、思维递进、关联体验的原则展开教学。

这种阅读鉴赏不是单向阅读，而是各方面信息的互动，这种互动不仅是外在语言方面的，更重要的是靠思想层面上的解读和建构。因此，在课堂信息交流中，学生思维的活跃、健康、发展始终是教师关注和引导的主流，教师应关注：学生个体有没有自己的感悟？有没有新的意义生成？有没有激发更深层次更有意义的问题？就阅读教学而言，以课内带课外，以一篇带多篇，以精读带博读，无疑是培养学生的知识整合能力，提高学生读写能力的一种重要的手段。加强直觉运用训练法在阅读课型中的使用，能够点燃学生的思维火花，由此及彼，求同求异，拓展延伸，以达到丰富积累，提高能力的目的。

（2）角色扮演法

角色扮演法就是运用表演的方法来开展教学，把学生日常生活中出现的心理困惑、矛盾通过现实模拟的方法表现出来，融知识性、趣味性于一体[4]，使教学过程生活化、艺术化，也使学生在角色扮演和交流中提高了学习兴趣、增加了相互之间的感情，深刻领悟了心理学的理论知识。实践是认知的基础，实践是体验性学习的基本方式，体验性学习就是通过丰富多彩的实践活动，利用角色扮演法，充分刺激学生的视觉、触觉、听觉，从而获得感知认识，完成对客体的认知。开展以学生为主体的体验性学习活动是在感知体验认识的基础上，进一步调动思维和情感的体验，逐步获得对知识的感悟和认知。再通过动手实践制作的体验，检验感知觉的认识，校正和提升认知思维，再进一步获得主动创造与成功愉悦的体验。例如，在学些文言文的过程中，教师在讲授故事性强的文言文时，如《廉颇蔺相如列传》等可安排学生分角色进行诵读；而对于一些人物个性化鲜明或情感色彩强烈的文言文如《孔雀东南飞》、《鸿门宴》等，可要求学生安排编排成课本剧来，在课堂上进行表演，使学生在分角色的表演过程中，获得了理性的审美感受，提高了学习效果。

（3）情境教学法

在高中语文教学中，应以教材内容和学生需求出发，以体验学习的实效性以及体验学习方式的多样性为目标，努力使每一堂语文课都成为作为主体的学生对客观世界意义的领悟，对人文艺术意义的体验和对人文价值、素养的积淀。在教学过程中引用情境教学，是师生之间进行多向信息交流的教学方法。教学过程中通过新颖、独特的课件能吸引学生的注意力，也能尽快把学生带入教学所需要的场景和氛围中，激发学生的兴趣和求知欲。所以开展以学生为主体的体验性学习，教师应当以学生的特质以及教材的内涵为基准，对教学内容进行活化，引用情境教学方法，使高中语文的课堂教学增添趣味。例如，在执教《雨霖铃》的第二个教学环节中，教师要求学生将词中所描绘的画面通过自己的联想和想象，用语言把它们重新构建出来，并加注一个诗意的标题。这个设计意图是想让学生从意象入手，通过联想与想象，将抽象的诗词语言转换成生动的画面，深入体会作品的情感，逐步感知作者写法技巧。当学生绘声绘色地用语言描摹出自己心中的画面时，他们多么想知道老师心目中的画面又是怎样的呢？于是在这个时候，教师及时通过恰当的多媒体课件和教师优美的语言、凄婉的音乐等情境营造，让学生加深对作品情感的理解，也达到整节课学生和教师情感的共鸣高潮点。另外教师还可针对学生实际情况，引入竞争教学模式，以激发学习兴趣，创设竞争情境，能有效激发学习兴趣，使学生对这个活动产生兴趣，能积极自主地参与到学习活动中来，防止学生疲劳和产生厌烦情绪，积极地参与到竞争学习中，有效地提高学生的语感能力。创设成功体验的情境，教师引导学生筛选正确的信息，理出课文思路，掌握文章结构，领悟作者意图，最终获得知识，受到 教育和熏陶感染，这样能让学生充分进行情感上的体验和感悟，将知识融入学生的生命之中，使学生感受到，每一次学习的体验都是对自身生命意义的提高，都是对生命价值的体验，从而获得对学习语文的持久兴趣。

四、体验性教学目标的实际效果

（一）有利于引起学生的学习兴趣，激发学生的创造性

以往的说教为主的教学方式，忽视学生的主体性，课堂上没有能够激起学生兴趣的兴奋点，缺乏能够让所有学生直接感知体验的过程，只是被动地接受知识，所以学生普

遍感到厌烦，学生的创造性也就很难激发出来。体验式教学则完全改变了这种状况，通过各种教学方法，使学生亲身经历这种互动的教学模式，体验性教学通过活动、操作、实践、考察、调查、探究、经历等多种学习方式，能够发现不同学生的特长和优势，使学生扬长避短，从而挖掘、开发学生的潜能。学生真正参与到教学中来，能够在体验中学、在感悟中学，在此基础上激发学生多层次的、多角度的思维，从而迸发出创新的火花[5]。

（二）有利于加强"三观"教育，提高教学实效

"三观"教育即教学过程中培养学生良好的世界观、价值观和人生观。实践证明，那种说教式的"三观"教育实际效果并不佳，往往会使学生产生抵触情绪。特别是对于当今身处经济社会的学生来说，更是如此。经过课堂实践，我们认为体验式教学在这方面有独特的优越性。教学中通过创设大量的活动，让学生亲身体验某种经历，获得真切感受，形成一种内心共振，自主地实现自我教育和自我完善。这样，教育才会真正走进学生的内心精神世界，在学生的心灵与人生中留下有意义的痕迹，才会达到"随风潜入夜，润物细无声"的效果，从而提高高中语文教学的实效性。

（三）有利于创设和谐氛围，建立良好的师生关系

传统的说教式高中语文教学，无视学生的主动性，把学生纯粹当"观众、听众"，是一种"师"为教育者，"生"为被教育者的生硬师生关系[6]。而体验式教学，把教师的"导"和学生的"体验"共置于一种情境和氛围之中，教学过程中，师生一起参与课堂内容，充分进行互动，加强师生之间的沟通，探讨对同一知识内容的理解和感悟，情感上的共鸣可以拉近师生双方的距离，从而建立起民主平等的新型师生关系，老师亦师亦友，教师和学生成为一种和谐的伙伴关系、朋友关系。教学过程中建立起的一种和谐、友好的学习氛围，形成一种民主、互助的学习关系，对培养学生学习的自主性和能动性起着重要的作用。

总之，高中语文教学过程中，实现体验性目标，不仅可以充分激发学生的兴趣，激发学生的创造力潜能，构建良好的师生关系，还能有效促进学生良好语文素养的形成，提高了学生的综合素质，使学生在体验中得到长足的发展。

参 考 文 献

[1] 胡尚峰，田涛. 体验式教学模式初探. 教育探索，2003（11）：49～51
[2] 韩萍. 心理健康教育呼唤"体验式教学". 黑龙江教育，2003（10）：34～35
[3] 姚声远，于越. "五环节教学模式释要"，课堂教学模式探究. 教育探索，2002（6）：12～13
[4] 董观志. 教学法的创新与实践. 旅游学刊，2003（4）：42～45
[5] 王义堂，田保军，王硕旺. 新课程理念与教学策略. 北京：中国语言出版社，2003，6

找关联，促体验
——化学教学中促进学生关联体验的一点尝试

夏淑杰

关联理论是基于认知心理学而形成的一种可应用于教学的理论。通过对校本教研的学习笔者深刻认识到，学生要在课堂学习中有深度体验，首先教师应该有关联意识，以恰当的方式引导学生经历关联体验，引起感觉，形成表象。再以表象为纽带，将教师要达成的教学目标与学生有机联系，根植于心，成为一体，从而实现深度体验。因此，教者的关联意识、教者所设计的关联途径直接影响学生体验的深刻性。笔者在自己的化学教学中，在设计的关联途径方面做了一些尝试，总结如下。

一、关注化学知识与化学实验的关联

化学是一门以实验为基础学科。学生动手实验即为体验。通过体验实验形成某个化学现象的表象，以此为桥梁，实现感性认识到理性认识的过渡，最终形成化学规律。例如：在进行实验室制气装置的选择这一课题的教学时，先提供下列实验器材的实物，复习它们的一般用途，按预先设计的问题进行分类（如图1所示）：

能被加热仪器有哪些？（2）（6）（7）
可盛装固体药品的反应仪器有哪些？（2）（6）（7）
可盛装液体药品的反应仪器有哪些？（2）（6）（7）
可滴加液体药品的仪器有哪些？（8）（13）（14）
用作热源的仪器有哪些？（9）

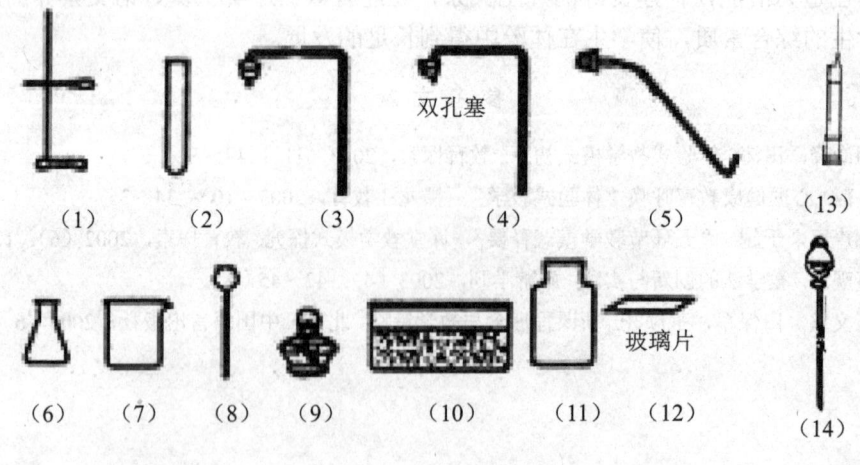

图 1

根据实验室制取氧气的反应原理：高锰酸钾（固体）加热法、氯酸钾（固体）和二氧化锰（固体）的混合物加热法、二氧化锰（固体）和过氧化氢溶液（液体）常温法，学生根据反应物的状态和反应条件，在上述不同用途的仪器类别中选择仪器自行连接组装制气和收集装置。

学生通过回忆、总结、观察，尤其是亲自动手组装实验仪器的体验方式，可以组装出如图 2 所示的若干组装置，形成了制气装置的表象。在此基础上，评价上述装制的优缺点、使用范围，最终形成制气装置选择的一般思路，实现了感性认识到理性认识的顺利过渡。利用实验促进学生对物质性质、化学规律的体验应作为学习化学的最有效的手段。

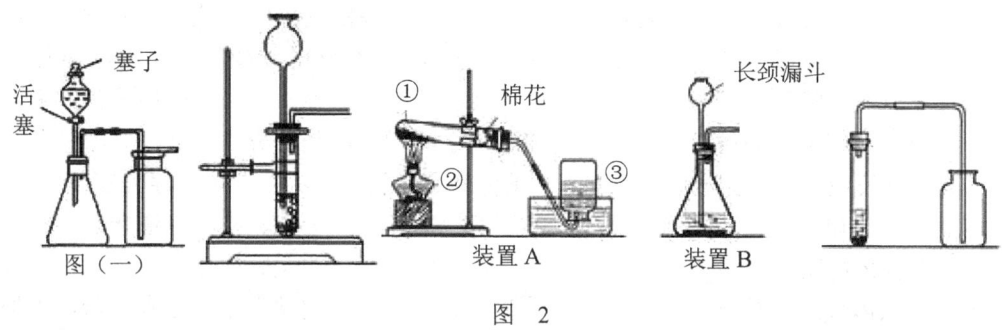

图 2

二、关注化学概念与生活、自然现象的关联

化学源于生活。生活中的一些化学现象是学生熟悉的，只是没有和学生的书本知识形成必要的、牢固的关联而已。在教学中，教师有效地将生活常识形成学生的关联体验，有助于学生掌握、运用知识，并激发学生浓厚的学习兴趣。例如：在讲授影响气体溶解度的因素时，让学生动手打开可乐罐，体验有大量泡沫溢出的现象。"打开"——压强减小，"泡沫溢出"——气体溶解度减小。用锅烧开水时，在沸腾之前，锅内壁会析出一层气泡的现象。"烧"——升高温度，"析出气泡"——气体溶解度减小。在讲授从溶液中析出晶体的途径时，让学生联想夏天穿过的衬衣，经汗渍浸润自然干燥后会留下痕迹的事实。在讲授过滤原理时，让学生体验倾倒未喝完的茶水的过程，茶水与茶叶通过茶杯中的有孔隔层或洗手盆中的有孔隔层分开。实验室过滤操作中用"滤纸"充当有孔隔层，将固液两相分开。

从生活现象出发，挖掘其中的化学原理，引导学生建立二者的关联，促进学生从司空见惯的生活事例、自然现象中体验化学概念。有了上述关联体验，学生不再是生硬的、被动地接受知识，而是通过心理性、身体性的参与形成知识的表象，达到经历层次。加深对化学与生活的关联体验，有助于学生有效理解、掌握知识。

三、关注学生学习内容的前后关联

孔子曾说：学而时习之，不亦乐乎。"从某一角度来看，孔子讲的其实也就是一种关联。教师确定一节课的教学内容和教学方法时，首先想到的是在这个领域学生学过了哪些，知道了什么，掌握得怎样。即把学生的"已知"作为教学的起点。正如美国著名心理学家奥苏贝尔所言："假如让我把全部教育心理学仅仅归纳为一条原理的话，那么我将一言以蔽之：影响学习的唯一最重要的因素就是学生已经知道了什么，要探明这一点，并据此进行教学。"

例如：初三化学要先后学习氧气和二氧化碳的实验室制法，并形成实验室制气选择装置的一般思路。在讲授二氧化碳的制法时，引导学生首先回顾氧气的制法，与二氧化碳的制法做对比：比较所用药品的状态，比较反应条件，确定发生装置。比较二者的密度、溶解性确定收集装置。在比较中归纳，在归纳中积累，从而形成完整的实验室制气选择装置的一般思路，面临一种新的气体时，就可以随时调用自己的知识网络去选择装置。

再如，在初中酸碱盐部分讲授离子共存这个非常抽象的问题时，让学生回顾溶液中溶质的存在形式，回顾中和反应的实质，从而引导学生学会分析溶液中的化学反应哪些离子参加了反应，哪些离子未发生反应。发生反应即为不共存，未发生反应即为共存。再回顾复分解反应发生的条件，最终归纳酸碱盐之间的反应是复分解反应，是溶液中发生的一类离子反应。因此复分解反应的三个条件就是此类离子不能大量共存的三种原因。

有效建立已知与未知的关联，需要教师深入挖掘各个知识点、甚至几道题之间的内在联系。这样才能引导学生体验有效的关联，让学生在自己的头脑中连点成线，连线成网，形成知识体系。注重已知与未知之间关联的教学，充分调动学生的已有经验，不但借已知求未知，解决了问题，而且有效地促进了学生思维的发展。有助于培养学生形成学科能力。

四、注重学生不同学科间的关联

教学需要分科，但各学科知识间却没有严格的界限，尤其是化学与物理、生物、数学等学科。因此，其他的学科知识可以很好地被化学课堂应用。例如：吸热和放热是化学变化过程中伴随的两种现象。装置气密性的检查是化学实验的基本操作之一。二者结合进行命题，已成为近年中考的一个高频考点。为了有效建立二者间的联系，为学生寻找经历关联体验的途径，笔者把学生已有的物理有关热胀冷缩、有关大气压强的知识运用起来。化学反应放热（化学）——环境温度升高——若维持压强不变则气体体积增大、若维持体积不变则压强增大（物理）。学生体验到这种关联，逐渐认识到检验装置气密性的原理即通过不同的形式改变装置内的气体压强或体积，创设产生明显现象的条件观察装置内外的压力差。有差则好无差则漏。继而提出了多种检验装置气密性的方法。如用注射器抽拉改变装置内的气压等等。

促进学生建立学科间的体验，教师首先要具备与自己学科相关的学科必要的知识，建立关联。教师在恰当的时候引导学生应用这种关联，深入体验学科知识，帮助学生理解、掌握原理，熟练运用，并能举一反三。

以上是自己在教学中促进学生关联体验的点滴尝试。因为对这一理论认识还比较粗浅，所以尝试中必然还存在许多不妥。但笔者相信，通过对校本教研的不断深入，通过自己的不断尝试，定能将这一理论更好的应用于教学，定能有越来越有效的教学方式服务于学生。

浅谈体验性学习在中学信息技术课堂中的实践

周大立

一、体验性学习问题的提出

最近，笔者听了一节关于循环语句教学的信息技术课，受益匪浅。其教学内容是《算法与程序设计》教材中初步认识循环语句的课程，这个课程是整个单元的难点，学生们不容易理解和掌握，通常教师们讲到这里时，都会用强输硬灌的方式来认识循环语句的作用和功能，其效果却并不理想。而这堂课教师在讲解"循环原理"时，却出乎意料的用一个简单而形象的例子解决了所有问题。教学过程如表1所示。

表 1

问题解决活动	响铃程序	老师执行响铃程序。 问：这个程序，完成了一个怎样的任务？ 教师板书：一声铃【相同】　　　　　6次 问：用顺序结构形式描述响铃程序的算法？ 教师PPT演示	学生观察、思考 学生回答 学生回答
	画同心圆程序	老师执行画同心圆程序。 问：同上 教师板书：一个圆【不同：半径、颜色】　5次 问：用顺序结构形式描述画同心圆程序的算法 教师重述	学生观察、思考 学生回答 学生思考回答
	分析此类算法	问：这两个程序或这两个算法有什么共同点呢？ 教师板书：重复内容　　重复次数 问：顺序结构形式的算法对解决此类任务有什么缺点？ 教师板书：程序代码冗长、不简练	引导学生思考、回答 学生讨论并回答
	探究循环要素	问：若你是VB的发明者，你要设计一个解决此类重复次数比较确定VB的语句，那这个语句应该具有什么特点？ 板书：新语句特点　　1）重复内容是哪些？ 2）重复次数如何确立？ 现在我们来看看VB中能解决此类问题的语句是否与我们猜想的相吻合？引出FOR语句	学生讨论、归纳、回答

教师从最简单的问题入手，仅仅让学生通过以前学习的知识为基础轻而易举地突破了本课的难点，掌握了所学新知。这样既简单又快捷。学生们通过亲身体验掌握的方法，层层递进使用起来自然是得心应手。这样的教学充分调动了学生学习程序语句的积极性，使学生体验到了编写程序的真正乐趣，使教学真正成为一种简单、轻松的体验过程。通过这一教学案例，使笔者感到，在信息技术教学中，应从学生的感性经验入手，让学生亲自体验知识形成的过程，这样会使学生从体验中获取知识、从体验中获取乐趣、从体验中获取成功。由此可见，在信息技术教学中进行"体验性学习"是非常重要的，也是非常必要的。

二、体验性学习的内容

（一）体验性学习的含义

"体验"是主体内在的知、情、意、行的经历与验证。它是一种活动，更是一个过程。"体验性学习"是以学生个体知识经验、情感为基础，以创设具有真实意义的生活化情境，以学生主动体验、感悟为核心，追求在潜移默化中实现认知、情感、态度和价值观的变化的学习方式。也就是说，在整个教学过程中，学生作为学习的主体，教师作为学生学习的主导者，利用各种有效的教学手段和方法，启发学生积极主动地参与教学活动，使学生从体验中获取知识、发展思维的方式。

（二）"体验性学习"对中学信息技术教学的意义

"体验性学习"可以通过实践活动，让学生观察、分析，在自主探索、合作交流中充分体验到信息技术的知识。"体验性学习"是在学习中的体验，所以要留给学生充分发展的时间和空间，使学生在主动获取知识的过程中，思维得到锻炼，从而实践能力得到培养和发展。

"体验性学习"重视从学生的生活经验和已有知识出发，体验和理解信息技术，使学生明白，信息技术是有用的、有价值的，可以解决生活中的实际问题，从而促使学生学会用信息技术的眼光来看待生活问题，用相关方法来解决生活问题。

三、体验性学习在中学信息技术教学中的实施方法

（一）在生活化的情境中体验信息技术带来的乐趣

作为信息技术学科教师在教学中，应尽可能从学生已有的知识经验出发，为学生创设生活化的情境，并放手让学生去体验。在生活化的情境中，可以减少学生对信息技术知识的畏惧感和枯燥感。在生活化的情境中，可以使学生更好地理解和掌握所学知识，并运用所学的知识解决实际问题，这对于培养学生对信息技术操作能力的浓厚兴趣、探索意识、应用意识和实践能力具有重要意义。

例如，在教学《表格数据的加工与表达》时，先让学生收集一些同班同学最喜欢的体育项目的情况，使学生在本节课之前，已经充分感受到了数据收集的过程，在课上让学生根据已有的数据，制作成表格数据，并根据表格数据通过教师的指导和 Excel 软件的

操作转换成各种样式的统计图。学生从身边的生活情境入手，经历了数据收集、整理的过程，从而掌握了图表的制作方法，体验到信息技术操作技能知识的形成过程。这样既使学生从生活情境中体验到了知识，也使学生领悟到信息技术与生活之间的联系，何乐而不为呢？

（二）在实践中体验信息技术知识

在实践中让学生动手操作是信息技术体验性学习的一种重要方法。通过实践，可以使学生获得大量的感性认识，这有助于提高学生的学习兴趣，激发学生的求知欲。在实践中体验，可以为学生创造一个愉悦的学习氛围，提高教学效率。因此，我们在教学过程中应充分让学生动手、动脑。在动手操作中获取直接的经验，在"做中学"。

例如，在教学《智能工具处理信息》时，让学生根据一个"虚拟主播安娜"智能网站的使用去体验智能程序的"神奇"和原理。在课堂中，学生使用智能程序，试一试、用一用，通过亲自实践、观察、思考，学生会逐渐体会到智能程序的一些原理知识，一种自然语言通过文本的对话模式，程序中应该有一个库存储着大量应对各种对白的语句词汇，当然也有大量的 bug，所谓智能永远是一个相对的概念，没有绝对智能的程序，只有不断更新累加的数据量。这些看起来需要教师灌输的知识，仅仅通过了学生们的实践体验中，通过操作、思考、讨论融会贯通，被学生掌握了。

（三）在应用中体验理论与实际的联系和成功的快乐

让学生利用所学的知识去解决生活中的实际问题，既能加深对新知识的理解，又能在解决实际问题的过程中体验到信息技术知识的价值，使学生变"学会"为"会学"。这样在真实的体验中，激发了操作技能的练习，并在学习中体验成功的快乐。在信息技术教学中让学生获得成功的体验是每一个学生的权利，帮助学生成功也是每一位教师的义务。让学生体验成功的重要途径是：在开放的课堂教学中，通过各种教学方式，使学生在体验、探究、合作、交流中获得成功的乐趣。

例如，在《算法与程序设计》教材中关于输入语句的课程，整节课围绕编写收银程序——一个日常生活的例子来展开，每个学生都具备超市购物的生活经历，充分使学生所完成的任务与现实生活联系起来。学生面对该任务，首先遇到的困难是以 LET 和 PRINT 的知识基础是无法处理该问题的，因为每次购买的数量均是未知、变化的，所以学生就会产生很多疑问学习 INPUT 语句的格式和功能。对 INPUT 语句的学习不仅完成了第一个学习目标，也让学生明白了 INPUT 语句那是处理未知、变化的数据程序的需要。依此为基础，学生使用 INPUT 编写出程序，教师组织学生；观察学生编写的程序，寻找程序的缺陷。学生会根据程序的输出结果联系日常超市购物的经验找出程序中的不足（例如程序缺少付款找零的过程；程序缺少对使用者清晰的文字提示等等）。当学生完善程序后，教师将再次组织学生继续寻找程序中的不足，然后再完善。本节课在完善程序，结合生活（观看日常购物的收银条），寻找程序缺陷的过程中进行。每次寻找出新的缺点即是学生需要立刻完善自己程序的地方，而且所提出的每个缺点也正是程序通用性需要完善的地方。他们体验对所学、所做与日常生活的联系，问题是能找到的，经过不断完善以及相互探究、讨论，大多数困难能够得到解决，活动任务也可以圆满完成，也让学生理解通用性程序的理论知识，对编写程序有了一个全面的认识。每一个人都可以得到代表着各自风格的"超市收银程序"，同时也享受了成功的乐趣。虽然还有一些修改、完善的地方需要以后的学习去弥补（例如程序需要对错误数据进行纠正和提示；需要给使用者良好的操作界面等等），这也为将来的学习打下伏笔。学生们的思维就这样在课堂上不停的交流着、推进着、碰撞着，不停地擦出智慧的火花，每个学生都体验着成功的喜悦。

体验——新课程改革的理念：体验是产生情感且生成意义的活动，是个体素质形成与发展的核心环节；体验是主体内在的历时性的知、情、意、行的亲历、体会和验证，具有自由创造性、自主选择性、情感通融性、形象直观性和操作实践性等特征。《高中信息技术新课程标准》明确指出："全面而又富有个性的发展学生信息技术的实践能力，努力培养学生的创新精神和一定的人生规划。"它充分展示了以人为本的教育理念，要求教师确立以学生的主体地位，教师为主导的教育理念，也就是教师引导学生参与教学的全过程中，在生活化的情境中体验信息技术带来的乐趣、在实践中体验信息技术，在应用中体验信息技术的价值、在学习中体验成功的快乐。总之，学生只有亲身体验知识产生、知识的转换、知识的应用，才能真正理解和灵活运用知识。作为当代的教师，我们应该鼓励学生用自己的思维去探索，用自己的眼睛去发现，用自己的语言去交流；作为当代的教师，我们应该努力使讲堂真正变为学堂，还学生一个充满快乐体验的信息技术课堂；作为当代的教师，我们应该让每一位学生在体验中学习、在体验中发展。只有这样才能让信息技术真正成为有源之水，有本之木。

浅谈初中数学教学中以核心问题促进学生的深度体验

易守军

体验是学生感知知识、获取知识、验证知识的方法和途径。学生在体验中能够轻松的学习，更好的复习、温习知识。在深度体验式的教学中，教师要做到"角色的转变"、"教学方法的转变"，教师要把时间留给学生，把主动权交给学生，让学生在自主和谐的氛围中自己去学习，去创新、去发现、去总结。

在初中数学的教学中，教师应该注重核心问题的设置，并通过核心问题的生成有意识的培养学生的深度体验，让学生自己在体验中去发现数学知识，在数学活动中总结数学规律，培养各方面的能力，发展自己的思维。这样，把复杂、枯燥的数学知识生活化，形象化，把严肃的课堂生活化，让学生在自己熟悉的知识、生活领域中去学习、去发现、去总结、去反思、去再体验。

一、注重学生在创设的情境中深度体验知识的形成过程

教育家苏霍姆林斯说过："如果学生没有学习愿望的话，我们所有的想法、方案和设想都会化为灰烬，变成木乃伊。"因此在教学中，教师要把学生引入身临其境的课堂中，使他们的内心产生情感和需求，从而获取知识。结合学生的生活实际和思维特点和教学内容，创设具体的问题情景，把抽象的数学问题还原成学生熟悉的、学生身边的生活问题，引起学生学习的愿望，将数学知识应用于解决生活中的实际问题，就会使学生体验到数学就在自己身边，数学一点儿也不神秘。

走出从数学到数学的圈子，走进生活，从生活中找数学，学生活中的数学，使学生感受到数学是生活中处处存在的，学数学是为了解决生活中的实际问题，增加学生兴趣，提高他们的学习积极性，新教材数学知识的学习力求从生活实例出发，从他们熟悉的感兴趣的问题引入学习的主题，因此在上课时必须创设丰富的问题情境。如：在有理数教学中，笔者出了一道这样的问题，老师从学校出发，骑车向东走了 3 千米到达小聪家，继续向东走了 1.5 千米到达小明家，最后向西走了 8.5 千米到达小颖家。你能用数轴表示小聪家、小明家、小颖家以及学校的位置吗？你能说出小颖家在学校的什么位置吗？解：以学校为原点，向东方向为正方向建立数轴如图。小颖家在学校的西面 4 千米处。

学生相互合作，让学生对数学与生活的结合感到新鲜。结合画数轴，在数轴上用点表示数，并通过数形结合解决实际问题，展示了教学由实际引入，学习了知识最终应用于实际生活，体现数学知识的实用价值，数学知识来源于实际并应用于实际。

二、注重学生在主动的探索中深度体验知识创新的喜悦

学习数学是一个积极,主动的建构过程,它并不是简单的记忆,模仿。《初中数学课程标准》创导自主探索合作交流的数学学习方式,从学生的生活经验和已有的知识背景出发,向学生提供丰富的感性材料、提供充分地从事数学活动和交流的机会,引导学生主动地进行观察、试验、猜测、验证、推理等探究活动,促使他们在自主探索的过程中真正理解和掌握基本的数学知识技能,数学思想和方法,同时获得广泛的数学活动经验。

例如在一元一次方程的教学中,一开始上课,我就跟同学们说:"让我们来进行一个比赛,看谁最先解决这个问题:我国数学家张广厚小时候曾解过一道有趣的'吃面包'问题:一个大人一餐吃 4 个面包,四个小孩一餐合吃 1 个面包。现有大人和小孩共 100 人,一餐刚好吃完 100 个面包。聪明的同学们,你们能求出大人和小孩各有多少人?"这样有助于保持学生参与学习的积极性。然后利用创设的情景进行一题多变,引发学生的认知失衡。笔者前面所提出的问题学生很容易用小学所学的算术解法进行解答,但是笔者将问题中的 100 个面包改为 40 个面包,让同学们再比赛,很快有一个同学举手套用前面的解题思路来解这道题,但是在回答问题的过程中就有同学发现:假设 1 个大人 4 个小孩分成 1 组,每组可以吃 5 个面包,那么吃 40 个面包需要 8 组,这 8 组共有 8 个大人,32 个小孩,他们的和是 40 而不是 100,不符合题目要求。这时同学们都陷入沉思,他们努力寻找新方法。在主动的探索中让学生深度体验数学知识的形成过程,促进学生创新思维的发散。

三、注重学生在灵感的碰撞中深度体验独特的思维见解

在数学教学中,要注重学生对数学知识的理解,最好让学生自己理解所学知识并能将所学知识加以运用。在学习新知识之前,就可以以一个核心问题来调动学生的学习,让学生在已有的生活经验基础上独立或者合作地解决这个核心问题,然后师生共同在思维的碰撞中深度体验。

因此,在新的课程标准指导下,教师应该充分运用核心教学的价值,让学生自己在体验中去学习,理解。在体验式的教学中,为了充分的发挥学生学习的主动性,教师应让学生自己去创设活动,在活动中解决核心问题,体验数学知识。根据学生对设置的核心问题所做的回答,教师可以具体对待,有的要加以引导,让体验更充分;有的要充分让学生说出自己的想法,思维过程,并和学生一起去分析、探讨,在这个过程中应给学生加以适当的鼓励、表扬,激发他们的学习、体验兴趣;有的还可以根据学生的回答引发出更好的回答;有的即使体验的结果是错误的、不全面的,但通过教师和学生的一起分析,不但可以激发学生体验的兴趣,也可以避免其他同学出现同样的错误。因此,体验式教学应注重培养学生的创新思维,而不能随意扑灭学生思维的火花,让学生在灵感的碰撞中深度体验独特的思维见解。

例如在初一几何入门的教学中,笔者充分利用现代多媒体,向学生展示各种精美的图片,让学生从中体会几何的美,比如,展示北京天安门、天坛、埃及金字塔、城市立

交桥、北京奥运场馆、上海世博会等精美的图片，让学生在欣赏美的同时，将学生学习几何的外部动机转向内部动机，然后抛出本节课所要解决的核心问题："几何图形的基本原理和规律。"这样充分调动学生进行数学活动的原动力，促进学生进入更加有效的数学体验之中。

在三视图的教学中，笔者甚至把学生带到室外，让大家从不同方面观察同一物体或者建筑，体会观察结果可能会不同，从而确定本课的核心问题："三视图间的位置关系及对应关系"。在立体图形展开图的教学中，笔者让学生主动参与，通过实际操作解决本课的核心问题：立体图形和平面图形之间存在怎样的联系；在直线，射线，线段的学习中，让学生去操场上立杆拉线，在此基础上提出核心题："两点确定一条直线。"丰富的实践活动营造了各种问题情境，并在此基础上提出每一个所要解决的核心问题，以此调动学生的深度体验。

深度体验要在核心问题的设置中注重学生自己的能力的培养，作为新课标的具体执行者，要充分地发挥学生的作用，注重学生能力的培养，转变观念，转变角色，运用各种有效的方法来提高教学质量。

在核心问题解决中体验知识与生活的关联
——谈谈新课改背景下的高中思想政治课教学

何 海

随着新课程改革在我省的渐次推进,许多新的教育教学理念不断地冲击着人们原有的教育教学观念,要把这些新理念转化成为实际的教学行为,关键在于身处一线的教育工作者遵循教育教学规律,认真贯彻和落实新课改精神,就高中思想政治课而言,就必须坚持生活化教学的价值取向,实现生活与知识的关联。

一、新课改的基本要求和核心思想

思想政治课究竟是一门怎样的课程?《普通高中思想政治课程标准》规定:"高中思想政治课进行马克思列宁主义、毛泽东思想、邓小平理论和'三个代表'重要思想的基本观点教育,以社会主义物质文明、政治文明、精神文明建设常识为基本内容,引导学生紧密结合与自己息息相关的经济、政治、文化生活,经历探究学习和社会实践的过程,领悟辩证唯物主义和历史唯物主义的基本观点和方法,切实提高参与现代社会生活的能力,逐步树立建设中国特色社会主义的共同理想,初步形成正确的世界观、人生观、价值观,为终身发展奠定思想政治素质基础。"在笔者看来,这要求高中思想政治课程立足于学生现实的生活经验,着眼于学生的发展需求,把理论观点的阐述寓于社会生活的主题之中,构建学科知识与生活现象、理论逻辑与生活逻辑有机结合。

而且高中思想政治新课程在编写上也无一不突出强调了"生活化教学"这一核心思想。围绕这一核心理念,高中思想政治课程共设置了10个课程模块,其中必修设4个课程模块,选修设6个课程模块。必修课程围绕经济生活、政治生活、文化生活的主题设置三个模块,以马克思主义哲学常识为主要内容,设置生活与哲学模块。这四个模块既保持以生活主题为基础的系统联系,又体现内容目标的递进层次,对应社会主义物质文明、政治文明、精神文明协调发展的要求,社会主义市场经济、社会主义民主政治、社会主义先进文化建设常识,将成为本课程的重要内容。同时在每个模块的每一框体中的编写中都体现出由生活现象引出问题,由问题探究知识,这客观上要求思想政治课的教学和学习应基于生活、面向生活、发展生活。所以,无论从课标到课程编辑都指出了知识与生活的关联。

思想政治课与社会生活高度的关联性决定了我们在教学内容上不能片面地强调学科的逻辑体系而忽视社会实际和学生的生活经验,而应该以社会实际和学生已有的生活经验、学习经验为基础。我国著名教育家陶行知先生是课堂教学生活化的先行者和理论家,他的生活教育理论至今仍闪烁着璀璨的光芒,他说:"生活教育是生活所原有,生活所自营，生活所必需的教育。""我们此地的教育，是生活教育，是供给人生需要的教育，不是作假的教育。"丰富多彩、变化发展的社会现实生活、突飞猛进的现代科技、不断创新的科学理论为思想政治课堂教学生活化提供了取之不尽、用之不竭的"素材"[1]。因此，我们必须从生活中去探究知识，再运用体验的知识指导生活。

二、政治教学中的现实问题

与鲜活的社会生活相比，思想政治课教材永远是滞后的，站在纯粹的马克思主义理论上讲，高中思想政治课中的许多知识抽象性、逻辑性、理论性很强，思想政治课是一门理性学科。而一个不争的事实是：无论是在哲学发展的历史上，还是在传统的思维方式中，理性与生活经验是对立的，理性凌驾于生活经验之上，这是思想政治课的一个重要特点，也成为我们政治课堂教学中一个非常困扰的问题，所以在传统教学中就形成以"教师中心，教室中心，课本中心"为特征的教学模式，使学生长期处于被动接受式学习的状态之中，剥夺了学生作为主体的地位和权利。过多地强调概念、判断、推理，原则的掌握，却忽视了个体情感、体验、领悟、想象等心理过程；过分地强调对知识的记忆，背诵，模仿，却有意无意地扼杀了学生的直觉、敏感、创造和灵性，其结果只求知识再现的正确性而完全忽视了知识的本源。

辩证唯物主义认识论认为，任何知识都来源于经验、生活。不断地吸取原有生活经验的合理成分，并不断地指导着人们创造出新生活是教育的重要功能。在笔者看来，高中思想政治课中的理性不是"形而上"或凌驾于现实生活之上的东西，它源于现实，寓于现实生活的经验之中，又随着社会实践的发展而不断地受到实践的检验，并在社会实践中不断地得到修正和补充、丰富和发展。人们的生活过程本身就是一个不断实验的过程，是一个运用智慧的过程，是一个理性的过程。正如杜威所说："它们只是假定，是要施诸实际，以验其对指导我们目前的经验是成是败而可以随时加以修正、补充或撤销。"[2]正因为高中思想政治课中的理性不是一个抽象的体系，而是一种智慧，一种使人们的生活、行动更成效的智慧，因而它不是独断的，也不是持久不变的。人人都可以在自己的生活实践中成为马克思列宁主义、毛泽东思想、邓小平理论和"三个代表"重要思想的继承者、创新者和发展者。从这个意义上说，高中思想政治课生活化不仅成为可能，而且十分必要。如何在实际的教学中实现这一教学理念呢？结合本校的课改课题《核心问题教学中的学生深度体验实践研究》，认为在核心问题的解决过程中体验知识与生活的关联是实现思想政治教学生活化的一个有效途径。

三、在核心问题的解决过程中体验知识与生活的关联

（一）创设核心问题，建立知识与生活的关联

"建构以生活为基础、以学科知识为支撑的课程模块"是高中思想政治新课程的基本理念之一。这种课程强调学生从已有的生活经验出发，主动获取新知识的过程与方法，主张用富有意义的真实生活实例来呈现问题，提供问题发生的情景和分析问题的思路，以帮助学生在解决问题的过程中活化知识，实现生活逻辑与学科知识逻辑的有机统一，

这就需要一个能贯穿整节课，整合学生、生活、学科知识三者的核心问题作为问题情境，以核心问题的提出与解决为教学思维的起点，使学生的学习在解决问题的活动中伴随着自己的体验展开，使学生缄默知识与显性知识在活动中发生相互作用且相互融合，使学生有更为自主的学习活动，最终使现行教学的结果性目标和体验性目标能有效整合。

如何创设核心问题呢？简单来讲就是根据教材重点学科知识和学生的生活实际，设置真实的核心问题情境，激发学生体验兴趣。情境的真实性，首先是外部问题情境的真实性，即核心问题的背景尽可能与学生身边真实的或仿真的生活情境、社会情境等相联系。其次是内部问题情景的真实性，即问题是学生个体的真问题，而且是学生没见过、没想过、没参与过、没体验过的，能促进学生内心真实地形成一种悬而未决又力求解决的认知冲突状态。比如在上"新时代的劳动者"一课时，先调查学生的就业选择，结合生活中的真实案例，设置了"评析劳动者就业案例，探究就业途径和创业方式，树立正确的择业就业观"。这一核心问题的设置使学生感受到自己所学知识同生活有着非常紧密的联系，激发学生进一步探究的愿望。

（二）解决核心问题，体验生活到知识的生成

解决核心问题的过程既是教师释放知识能量、生活体验和人格魅力的过程，是教材理论和现实生活完美整合的过程，也是学生形成正确的情感、态度和价值观的过程。因此，它是生活到知识生成的核中心环节。美国著名教育心理学家斯腾伯格（Robert J. Sternberg）的思维三元理论把人的思维划分为三个层面：分析性思维、创造性思维和实用性思维。相应的，他认为成功智力包括分析性智力、创造性智力和实践智力。在这三元思维中，分析性思维是基础，也是学生获得成功学习的关键。

在具体的操作中，师生必须充分发挥"双主体"作用，共同分析、共同探讨、共同发展。随着经济发展和社会进步，特别是网络技术的广泛应用，学生知识面越来越宽，价值观呈现多元化，民主和平等观念凸现，批判精神明显增强。不盲从、不迷信成为学生对待思想政治课的主流意识，思想政治课老师居高临下、唯我独尊的地位受到了挑战。正因为如此，政治教师应把维护学生的尊严和权利作为施教的前提条件。一方面，充分尊重和高度信任学生。从情景的创设到问题的提出，到论证，到结论，课堂教学的每个环节，无不体现学生的生活感悟，无不凝聚着学生的智慧和思想。教师可以通过多媒体选择切合教材内容的音像、图片、文字材料，或让学生亲临现场，缩短距离，激发了解事件原委的愿望，及情感上的共鸣。比如在高一经济生活"储蓄存款和商业银行"的教学过程中，在"调查周边银行，探究其赢利模式"这一核心问题引领下，将全班分成三组，分别到不同的银行业了解"吸收存款、发放贷款、办理结算"这三大系统的工作流程和现状，然后在课堂上分别汇报调查的情况。通过创设这一教学情境，真正使学生成为教学的主体，学生参与了知识的生成全过程，进而以亲身的体验实现有关银行知识在学生头脑中的主动建构。比如：学生到银行去了解当前银行的利率，并学习填写存单，真正实现学以致用。这种真实生活情境的运用，或通过学生的体验和感悟，启迪了学生的思维，使政治课堂少了许多说教，多了不少真实，从而大大提高了思想政治课的针对性和实效性。

另一方面，师生平等交流、共同研讨。从学生的生活经验出发，以尊重事实、服从真理为标准，不唯师是从，不把某些过时的甚至是错误的观点强加于学生，是思想政治课堂组织教学的重要原则。尽管教师在单一学科的知识和能力、专业知识和水平等方面超过了学生，但就人格、人性和人权而言，师生应该是平等的。师生之间不但是平等的朋友，而且还应该是探求知识、追求真理道路上的合作伙伴。通过加强师生、生生之间的交流与合作，从而在体验中达成共识、共享、共进，实现教学相长和共同发展。如在上"社会主义民主本质"教学中，笔者不仅鼓励学生创设情景，而且还引导学生对现代社会中两种不同的民主制度的本质和发展程度进行讨论，通过讨论学生逐步认识到社会主义民主在本质上具有优越性，但还不完善，将来要为社会主义民主建设作出贡献。

（三）反思提升，实现从生活感性到知识理性的升华

现代教学论研究指出，感知不是学习产生的根本原因，产生学习的根本原因是对问题的探究和反思。没有对问题的探究和反思也就难以诱发和激起求知欲，学生也就不会去深入思考，那么学习也就只能是表层和形式的。高中生思维的独立性、批判性和深刻性有了较为显著的发展，开始用批判的眼光去看待周围的一切事物，不满足于教师，书本对一切事物和现象所做的解释和结论，喜欢提出不同看法和发表评论，所以教师在教学中仅仅留给学生自主探究是不够的，更重要的是引导他们对自己的探究过程和获得的知识进行反思和提升，反思学习过程和学习结果的实践与体验。比如方法的归纳，知识的整合，情感的内化。为自己的理想培养发现问题和解决问题的能力；培养收集、分析和利用信息的能力；学会分享与合作；培养科学态度和科学道德；培养对社会的责任心和使命感等。例如，在学习"中华文化的基本特征"时，由于此问题太大、太抽象，处理不好，就又回到原来的老路上去了。在这节课中设置了"展示我国文化风采，认识我国文化，探究形成原因"核心问题，在反思提升环节中，学生自然而然的获得我国文化的基本特征的认识，对原因的探究，学生深深体验到中华文化的包容性，进而生出自豪感。

（四）运用反馈，回归知识服务于生活

强调实践性和开放性是新课程的又一重要理念，切实加强实践环节，不断拓展和更新课程资源，给学生呈现一个真实的世界，是他们具有走进社会，面向挑战、规划人生的真实本领。新课程标准要求强调，从学生的学习兴趣生活经验和认知水平出发；倡导体验、实践、参与、合作与交流的学习方式和任务型的教学途径，本着以人为本的发展观点，帮助学生学会自主学习，学会与人合作，培养创新意识和实践能力，注重与学生生活经验和社会实践的联系，通过学生自主参与丰富多样的活动，扩展知识技能，完善知识结构，提升生活经验，促进正确思想观念和良好道德品质的形成和发展。理论联系实际是高中思想政治课教学的基本原则，又是政治课的生命。马克思主义理论最鲜明的特点是实践性，这使马克思主义理论的活力和生命力与实践深深联系在一起。所以要使学生熟练地掌握探究习得的知识和选择适合自己的学习方法，对自己所学知识加以证实，将所学知识加以合理应用，必须通过实践方能达到这一目的。

例如，"新时代的劳动者"一课，在学完维护劳动者合法权益的方式、途径等相关知识之后，不妨建议学生当一回"受害者"，真正体会一下劳动者应以怎样的方式和手段有效保护自己的合法权益。这样的实践使学生有了成就感和成功感，从而产生一种"高峰体验"。在这个阶段中，既使学生熟练地掌握所学知识，又培养了学生的实践创新能力，还进一步陶冶、升华了学生的情感。又如学完"树立科学发展观"后，笔者要求学生去调查本地的生产状况，针对目前污染严重的问题，提出"假如你是某某厂的老板，面对现状会怎么做？"并指导学生通过小组合作等形式来完成任务，使学生从中感受和理解经济学的相关知识，既培养了实践能力和创新精神，又提高了学生的责任心和合作精神。学生在探究过程中，就会把自己的生活经验、所学的知识等结合起来进行思考和分析，从而使学生在原有的生活情境基础上获得了一种新的体验，并得出了新的结论：想问题、办事情必须坚持具体问题具体分析。对原有的情景进行重新阐发之后，学生在思维上产生了新的"东西"，这样就较好地培养了学生的创新思维能力。

参 考 文 献

[1] 陶行知. 陶行知全集. 长沙：湖南教育出版社，1985：633～634

[2] 杜威. 民主主义与教育. 北京：人民教育出版社，1980

中学体育课体验式教学应用探析
——以川大附中为例

周　智

虽然当前中学学校体育教学在理论探讨和应用研究方面都取得了一定的成效。但如何根据不同的教学内容，不同的教学对象设计相应的教学方法是所有中学体育教师思考和探索的问题之一。《体育与健康课程标准》的核心问题是满足学生的需要和重视学生情感的体验，促进全面发展的社会主义新人的成长。这就要求体育教师在与学生的互动教学过程中，从课程的设计到评价的各环节，始终把学生的主动、全面的发展放在中心的位置，充分发挥教师的主导作用和学生的主体作用，以获得最大的教学效果。而如何通过教师合理的引导，使学生积极主动的体验教学设计中要求完成的环节，保证教学质量是许多体育教师在实践中不断进行探索研究的内容之一。

"体验式教学"是教师根据教学内容的有机环节，有目的、有计划和有意识地利用各种教学手段、创设课堂情境来实施教学的一种教学模式。有别于传统体育教学中只重视教师的主导作用，忽视学生的主体作用的现象。在课堂中，教师根据不同的教学群体，积极创设一种轻松、和谐氛围，教师尊重学生，把学生看成是课堂的主人，使学生心情愉快地学习和锻炼，由被动接受知识变为主动的积极探索、吸取知识，从而最大限度地激发学生的学习动机，提高学生的学习积极性。本文通过探索分析"体验式教学"模式在川大附中应用的可行性，以期为提高我校体育教学质量提供新的途径。

一、选题依据

现在的中学生喜欢张扬个性，表现自我。他们更加的自主、自信，也更加敏感、脆弱。传统体育教学所采用"灌输式"的教学方式，显然不能更有效的调动学生学习的积极性，从而导致教学有效性的降低。此外，传统体育课教学一般由 5 个环节组成，即：讲解—示范—模仿—练习—巩固提高。这种教学方法虽然发挥了教师的主导作用，但却忽视了学生的主体作用。导致学生在体育课堂中情感受到抑制，课堂气氛沉闷，造成了"学生喜欢体育，不喜欢体育课"的尴尬局面。针对这种情况，"体验式教学模式"的提出是较为适合时宜的。体验式教学模式是以哲学、心理学、教育学为理论基础，根据学生的认知规律和自身特点，通过创造实际或重复经历的机会和情境再现或呈现、还原教学内容，使学生在亲历的过程中建构并理解知识、发展能力、培养情感、生成意义的教学形式和教学观。"体验式教学模式"强调教学是一个以"做"为主，"做"中求"悟"，"悟"中治"学"的过程。具有学生主体性、亲身经历性、全程参与性、个体感受性四大特点，改变了传统教学中单向灌输式知识传递的学习活动方式，使学生学习的积极性、主动性和创造性贯穿课堂始终。提倡学生按照体验式的学习模式进行学习活动，重在培养学生的创新观念，并有利于提升学生的自学、分析、思维及创新能力。

川大附中的体育课教学大多采用传统的体育教学模式，这种教学模式有很明显的优势，但也存在一定的弊端。为更好地选择适合学校体育教学发展、教师自身技能发展、学生身心全面发展，将"体验式教学模式"引入学校体育教学是极为必要的。

二、研究现状

体验式教学思想在我国有着深厚的历史渊源。中国的传统思维注重直觉体悟和体验，孔子的"述而不作"提倡在问题情境中追问。老子和庄子的"道"，玄学的、佛教的"佛"以及"天地"、"阴"、"阳"、"五行"、"气"、"一"、"理"、"心"等中国传统哲学皆有直觉思维产生，靠直觉思维体验把握事物的变化。在此后漫长的发展中，体验式教学思想一直强调与直接经验的认识论联系。

体验式教学主要的教育哲学及理论架构是整合自教育家杜威的"做中学"、社会心理学家黎温的"经验学习圈"和心理学家皮亚杰的"认知发展论"等学者的理论。教师预先为学生设置一定的教学情景，由学生自愿参与一连串教学活动，然后分析所经历的体验，使他们从中获得一些知识和领悟，并且能将这些知识和感悟应用于日常生活及工作上的一种教学方式。

20世纪50年代，西方学者提出了"默会知识"这一概念，是指必须通过实践获得体验后，最终掌握的知识。"默会知识"无法用传媒手段来传递，但是确确实实存在的，在身体练习的过程中所掌握的运动技术、技能就是最为典型的默会知识。这种"默会知识"通过学生的亲身感受体验后转化为对知识、技能的心灵感悟，然后通过切身的探索，最终形成知识技能的融会贯通。

桂海荣认为体育本身就是一种体验式活动类课程，涉及身体的各个心理感官系统。从感官—情感—思考—行动—关联五个方面来实施体育体验式教育，体育健康课程标准对心理健康、社会适应能力教学目标才有可能有的放矢，不会形成纸上谈兵的尴尬境地。因为单一的技能教学是达不到或者很难实现心理健康、社会适应能力教学目标的，必须实施体验式教学或者其他适合学生产生身心双向参与的教学模式。

基于新体育课程标准规定的"心理健康"、"社会适应"两个学习领域的目标。邓雷认为体验式体育教学是实施新体育课程标准的有效途径之一，体验式体育教学可以充分利用体育课堂特有的情境和条件，在身体练习的过程中，通过体验感受更直接、更鲜明、更强烈的刺激，唤醒学生已有的背景经验并与之融合，从而促进学生的心理发展和社会适应。

由此可知，体验式教学是通过直接经验和内、外部刺激不断的交融，从而形成意义的教学。这种教学方式能积极地引导学生，透过事物表层更深层次的挖掘和发现其内部的联系，使教学效果更加优质。

三、体验式教学在体育课堂中的应用

在中学体育课中引入体验式教学有其积极的意义，要使体验式教学达到预期的教学目标，需要综合考虑各个方面的因素。

（一）创设轻松、和谐的课堂环境有利于体育课体验式教学的展开

在体育课的教学中，轻松、和谐的课堂环境是体验式教学展开的良好开端，而轻松、和谐的环境的创设是基于学生主体地位下的，民主、平等的人际关系，尤其是师生关系，以及两种关系所营造出的活泼、生动、和谐的教学氛围。传统体育所采用的"灌输式"教学方法，使体育教师站在知识传授者，真理掌握者的权威地位，造成课堂气氛沉闷、呆板，这也是"学生喜欢体育，但不喜欢体育课"的重要原因之一。同样的，川大附中的体育教学中也存在这样的问题。如何让我们的学生喜欢体育课？这就需要我们的教师在教学的过程中，以平等的态度对待每一位学生，而不是站在知识传授者的权威地位上。体验式教学对改变这种状况有积极的作用。体验式教学是将传统体育教学中两种对立的师生观进行整合，以减少传统体育课堂所营造的一些不利于学生情意表现的消极因素。师生关系在民主、平等的基本前提，将严格要求与挚爱关怀有机的统一，是教师对学生尊重的重要表现，也是对学生未来发展负责的体现。通过对学生的挚爱和信赖，使学生充分感受到自我价值与地位被充分认可与肯定，从而使整个体育教学过程焕发出积极进取的精神活力，促使学生形成积极的情感体验，使课堂在充满师生互爱、互相平等、和谐宽松的情境中完成教学。

（二）基于学生主体地位下是体育课体验式教学的前提

体验式教学是注重学生自主体验活动的教学，因此学生主体地位的表现是实现体验式教学的基本前提。体验式教学需要构建具有教育性、创造性、实践性的学生主体活动，以激励学生主动参与，主动实践、主动思考、主动探索、主动创造为基本特征，以促进学生整体素质的全面提高。在整个体验式教学过程要求，通过主动思考和探索获取知识的由来及其关系，强调外部的实际操作和内部思维活动相互作用的完整实践，实现认识的深化，使教学认识活动成为能动的、发展的过程。通过活动不断地将外在的知识技能据为已有的内化过程、不断地将已有的综合素质表现出来的外显性过程。学生主体性正是通过不断内化与外显的交替逐步形成、发展和完善的，从而实现体验式教学的教学目标。因此，我们的体育教师在体育课体验式教学中，要放下知识传授者、真理掌握者的权威地位，强调师生互动、提倡尊师爱生，民主和谐，充分尊重每个学生的主体地位和主体价格，给予学生最大的信任和理解，树立学生学习的信心，激发诱导学生自主学习，使学生在主动探究中完成体验式教学的学习目的。

（三）教师正确、合理的引导是提高体育课体验式教学有效性的必要条件

体育课体验式教学离不开体育教师正确、合理的引导，这是实现体育课教学目标、提升教学有效性的关键因素之一。这就要求体育教师在教学设计的过程中考虑课程进行的各个环节，同时还要注意到学生在身体条件、兴趣爱好和运动技能等方面的个体差异。根据这种差异性确定学习目标和评价方法，设计出相应的教学思路，从而保证教学目标的顺利完成。如，学生在武术基本动作"格挡冲拳"的学习中，老师就可以通过语言进行积极的引导，"假设你的头部遭受到横拳攻击时，怎样用肢体动作进行防守反击"。

一般来说，面对这种情况，人体在条件反射下，学生会自然而然地举起左手保护自己的头部，教师只需要引导学生用右手进行反击，"格挡冲拳"这一武术基本动作就出来了，教师只需要进行纠错和合理的、积极的评价，学生就可以在积极的探究、体验过程中完成教学目标。此外，在体育课进行的过程中，要始终把学生放在主动、全面发展的中心地位，注重应用不同的教学方法激发学生运动兴趣，要激发学生的运动兴趣，就要创设丰富的教学情景，精心安排和选择教学的内容，重视学生的个体差异，及时点评和总结。只有激发和保持学生的运动兴趣，才能使学生自觉、积极地进行体育锻炼，从而使每个学生都能体验到学习和成功的乐趣，保证体育课体验式教学的顺利完成。

四、总结

综上所述，我们在进行体验式教学时，一方面要大胆尝试，另一方面也不能束手束脚。真确的把握"体验"的含义，尊重学生主体地位，积极引导学生自主体验，体育课中的"体验"完全不是"放羊"式的随意玩耍，而是在教师指引下学生独特同探究结合的创新活动，从而使学生在获得愉悦身心体验中获得身心素质和谐发展。

体验式教学在我国尚处于引介与初步试验阶段，还有许多理论与实践问题需要我们进一步去探索、理清。体验式教学作为实施素质教育的一个重要途径，在体育教学领域已经引起了广泛关注，但如何提高体验式教学的实效性方面、教学策略方面、教学评价方面还有待于探索。

生物教学中，利用情境促进学生关联体验的几点启示

李想韵

《高中生物课程标准》指出：要注重学生在现实生活的背景中学习生物学，倡导学生在解决实际问题的过程中深入理解生物学的核心概念。高中生物新课程在内容上强调联系生活、社会、学生实际，在方法上强调探索、实践活动，实现课程生活化、社会化和实用化，用生活化的内容充实课堂教学。在高中生物课堂中如何开展生活化教学，构建高效课堂，促进学生的全面发展，一直是我们探索的课题。基于笔者的实践和理解，笔者总结出以下几点启示。

一、创设生活化的问题情境，激发兴趣，调动思维

教学情境是教学的突破口，使学生在不自觉中达到认识活动与情感活动有机统一，使学生的情感和兴趣始终处于最佳状态，全身心地投入到学习之中，适时的设置问题，创设问题情境，让学生把生物用于现实生活，增加知识的实用性。

例如，在讲到和微生物有关的知识时，可用一段"舒肤佳"的广告引出问题，我们手上有那么多的细菌，如果不杀死它们将会怎样，会在我们手上无限繁殖吗？如果我们不断地洗手，是不是就能使手上的细菌越来越少呢？从而引出与微生物生长和培养有关的一系列问题，课后留给学生继续探讨，让他们打开思维，在探讨中又会出现新的问题，使他们之间不断出现交锋。由于这是他们感兴趣的话题，贴近生活，我们每天都会洗手，因此，笔者相信，每一位学生在这个问题的牵引下都会参与，都愿意参与，即便是后进生也会主动的参与到这个问题的探讨之中，因为这个与他每天的生活息息相关。

在"降低化学反应活化能的酶"一节，我们就可以用两袋洗衣粉作为新课的引入，一袋是普通洗衣粉，另一袋是加酶洗衣粉，然后让学生仔细阅读其成分与使用说明，提出："如果让你来洗衣服，你会选择哪一种洗衣粉？为什么？""为什么加酶洗衣粉的使用说明和注意事项里面提到'最好用温水进行浸泡和真丝类、皮毛类的衣物禁止使用'？"等问题。这样一来，学生就会七嘴八舌地做出回答，不论答案是否正确，都说明了学生已经积极地参与到学习的活动中来了，从而会有更大的兴趣投入以后的学习活动中。这种通过实物情境的导入，既引起了学生学习的兴趣，又引发了学生的深入思考，激发了学生的主动学习欲望，可谓"一箭三雕"，何乐而不为呢？

通过学生积极探讨，教师适时给予必要的指导，借助教材，让学生自己形成一系列的科学概念，掌握生物学科的基本结构体系，同时发展能力，形成科学的思维方式和思

考的习惯，笔者想这才是教学的核心任务。

二、创设实验情境，锻炼技能，让学生深度体验生命科学的诞生历程

创设实验情境，有助于培养学生的科研思维和锻炼他们的动手技巧。实验若只要求学生按照实验步骤去做，没有创设一些针对性的问题，学生的积极性和创造性就很难发挥出来，也达不到锻炼的目的。

例如，在讲述动物细胞有丝分裂时，通过实验，学生自己动手，把动植物细胞有丝分裂全过程同时呈现出来。此时，教师可以引导学生或点拨学生归纳动植物细胞有丝分裂的共同特征，即有丝分裂的实质。亲代细胞的染色体经过复制后，平均分配到两个子细胞中去，从而保持了遗传物质的稳定性，使学生理解有丝分裂对生物遗传的重要意义。在讲解过程中，为了使知识点落到实处，让学生到黑板旁用粉笔演绎有丝分裂的过程。把图形、坐标、表格三结合；染色体、染色单体、DNA 三种物质分门别类；间期、前期、中期、后期、末期三种物质的行为、数量变化特点做到条理清晰。

三、创设现实情境，让学生在做中学，摆脱枯燥乏味的课堂陈述

通过创造现实情境，让学生把书本上的知识用于其中。例如，高一生物学到细胞中的细胞器，细胞器是非常微观的结构，在生活中学生是无法亲眼所见的，因此我们利用选修课，让学生凭自己的想象力构件细胞模型，使他们把书本上的知识运用到实际操作中，让知识显性化，让本来不容易记住的知识通过自己亲自动手制作而变得印象深刻。同时也让学生体验到了学习的快乐。通过小组合作完成作品，还培养了他们的团队协作精神，使每位学生在小组活动中直观的感知，在互助中提高。

例如在"细胞膜——系统的边界"教学中，细胞做为生命系统最基本的结构层次，那它的边界是什么？细胞膜是否真的存在？由于细胞很小，显微镜只能看到细胞之间有一个界限，这个边界是什么无法直接观察。能否通过生活实验让学生亲自去感受细胞膜呢？笔者在教学过程中做了尝试：选择鸡蛋作为探究的材料，让学生先观察蛋清和蛋黄之间有明显的界线，学生通过观察能初步感受到细胞膜的存在，然后引导学生在去掉蛋清的情况下，用筷子轻轻接触蛋黄，学生可以看到蛋黄向内凹陷、有弹性，这时学生的探究欲望被调动起来，积极性很高，最后引导学生用力捅破蛋黄膜，学生发现蛋黄流出来。通过以上实验观察，学生能真正地感受到细胞膜的存在。

四、运用多媒体情境，刺激学生的求知欲

随着科技的进步和现代教育的要求，多媒体的利用对改变学生学习方式和充分发挥学生的主体性有着重要的作用。恰当、有效地运用现代教育技术手段能激发学生的学习兴趣，提高课堂时间的利用率。

高中生物课本上要求的一些实验，我们目前实验室的条件还无法开设，但这些实验对于启发学生的科学探究思维和实验设计能力非常重要，不能忽视，怎么办呢？笔利用视频和网络资源，以演示实验的形式让学生观看。笔者发现，连平时上课喜欢睡觉的学

生都能融入实验情境中,学生非常喜欢观看自己从来没做过的科学实验,并且通过观看视频来总结知识和考点的学习效果不比到实验室去做实验的效果差。

因此,在教学中教师要注意恰当、有效地运用现代化的教育技术手段,要充分利用网络技术、多媒体技术将文字、图像、声音、动画等有机结合起来呈现在学生面前,使学生大脑交替处于兴奋状态,充分调动学生的主体性。

"教师是教学活动的组织者、参与者与指导者",教师要在教学中摆正自己的位置。学生才是学习的主人。学习不应是枯燥乏味的讲述和死记硬背,而应是在快乐的体验中发现新知或解决实际问题。探究性学习注重研究过程以及学生在此过程中的体验,要注重层次性,要让全体学生都参与,调动他们的积极性和主观能动性,把课堂交给学生。新课程倡导教育要回归生活,生活中蕴藏着巨大的甚至可以说是无穷无尽的教学资源,而生物学又是与人类生产生活、社会发展有着广泛而密切联系的学科。要让学生成为学习的主人,将来他们才会成为生活的主人、积极参与社会的有责任感的人!

参 考 文 献

[1] 庄君英. 浅析生物教学中的体验——探究教学模式. 现代阅读,2011(2)

[2] 邱玉韦. 让课堂贴近学生生活 让学生体验真实快乐. 中学生物学,2009(1)

[3] 陶天艳. 浅谈生物教学中如何提高学生学习兴趣. 治学之法 新课程(下旬),2001(6)

文学类文本阅读教学中核心问题的设计原则摭谈

向柱文

文学类文本阅读材料一直是高中语文教材最为重要的组成要素。《高中语文新课程标准》指出,"文学艺术的欣赏是重要的审美活动","高中语文课程应关注学生情感的丰富和发展,让学生受到美的熏陶,培养自觉的审美意识和高尚的审美情趣,培养审美感知和审美创造的能力"。基于此,新课程改革背景下的必修和选修教材中诗歌与散文、小说与戏剧以及传记的比例超过了60%。如果将"散文"取广义化的定义,现行高中语文教材中文学类作品的比例将超过80%。因此,文学类文本的阅读教学和研究就成了高中语文教学和研究的重头戏。各级各类的观摩课、研究课和赛课活动中,授课者几乎无一例外地选用了文学作品作为授课材料;与此同时,各种基于文学类文本的阅读教学模式和研究成果也如雨后春笋般层出不穷。

我校"基于缄默知识的核心问题教学模式研究"的有关研究成果也为语文文学类文本的阅读教学提供了一种行之有效的操作模式。几年来,全校语文同仁在各自的文学类文本阅读教学实践中身体力行且不断完善这一教学模式,并取得了不菲的成效,但在"核心问题"的设计中还明显地存在着施教者兜售既成解读结论的弊端。笔者试着涂鸦此文,不揣浅陋地谈一谈高中语文文学类文本阅读教学中核心问题的设计应遵循的基本原则。

先分析两个案例:

案例一:校内公开课《后赤壁赋》设计的核心问题:研读课文,探讨苏轼的生命挣扎。

案例二:校内公开课《短歌行》设计的核心问题:诵读《短歌行》,品析曹操的忧思之壮。

粗略地看这两个案例中设计的核心问题,似乎十分契合"核心问题的设计策略"的有关理论,因为单就表达形式而言,它们都完整的具备了"需要学生解决的客观问题(前者'课文',后者'《短歌行》')和针对问题解决过程的反思问题(前者'苏轼的生命挣扎',后者'曹操的忧思之壮')",且"这两部分中都包含学生的活动方式(前者'研读'、'探讨',后者'诵读'、'品析')"。但若稍加玩味就会觉得,这两个案例中的核心问题均有悖于核心问题设计的"建构性特征"和"开放性特征"。因为无论是"苏轼的生命挣扎"还是"曹操的忧思之壮"都是一种既成结论性的表述,而文学类文本教学是不宜将教师的、教参的或者某学者的观点作为"标准"解读事先告知学生的,这样会僵化学生的文本阅读视角,会固化学生的文本阅读认知。

按"核心问题教学模式"的相关要求,在课堂教学中"核心问题"是必须事先明确告知学生并醒目板书的。试想,当学生还没有开始阅读文本之前就已经"不劳而获"地知道了《后赤壁赋》的主旨是抒写苏轼的"生命挣扎",就明白了《短歌行》的"诗心"是言曹操的"忧思",而且就连这"忧思"是"壮"的而不是"柔"的都知道得清清楚楚了,那课堂上学生的解读体验如何能"开放"得起来,又如何能"有利于学生主动进行意义建构"。

其实,作为语文人的我们,在运用"基于缄默知识的核心问题教学模式"的研究成果来设计文学类文本的阅读教学时,应该遵循这样一个共识,即囿于文学类文本主题解读的多元合理性和作为阅读主体的读者之于文学类文本认知的个性化自主性,设计"核心问题"时应基于多元解读、自主解读和有界解读三个基本原则。

一、多元解读原则

文学类文本的阅读从来没有绝对标准的答案。首先,文学类文本本身是纷繁复杂的,它展现的是五光十色的现实世界和作者的内心世界,阅读者可以从多个角度进行解读,得出不同的结论。其次,解读文本有不同的指导思想。可以把恢复作者的意愿作为解读目标,即叶圣陶老先生所说的"作者思有路,遵路识斯真";可以以文本自身的意义为意义,因为作品脱离作者后,就成了一个自足的系统,有了独立的生命和意义;也可以是以读者为中心,赋予文本新的意义。第三,也是最根本的,是阅读主体已有的知识和经验(主要体现为缄默知识)决定了其解读课文的方法、过程和结论的个性化。所以,关于文学类文本的阅读,有一个被界内公认的"多元"解读原则,"一千个读者就有一千个哈姆莱特"和"诗无达诂"就是对这一原则的形象而精要的诠释。现代文学理论认为,文学作品意义有三个层面:文学作品本身的意义——隐含意义,文学作品的符号意义——辞典意义,接受者主观上的理解——延伸意义。例如,谈到莫泊桑著名的短篇小说《项链》的主题,有人说它讽刺了小资产阶级追求享乐的思想;有人说它反映了金钱与人格的较量;也有人说它表现出人们对人生的某种戏剧性变化的无能为力;还有人说它在于告诫人们,生活是真实的。如果你错误地定位自己的生活,将不切实际的"梦想"当做生活的目标,那你就得为此付出代价等等。从不同的视角去解读,对《项链》的主题的认知就有不同的结论。

另外,接受美学家伊塞尔还认为,文学类文本使用的描写语言,包括许多的意义不确定和意义空白,这些不确定的意义和空白是产生艺术效果的根本出发点。他把这称为"召唤结构",即由这些不确定的意义和空白引导读者去思考,读者通过阅读填补作品中的空白。因此人们对文学类文本的解读,就是要凭借自己的生活体验和阅读素养,创造出带有个人印记的第三艺术世界。以人们熟知的李白的名诗《早发白帝城》为例,清代桂馥在《札朴》中论及此诗时说,"但言舟行快绝,初无深意";按照社会学批评方法通常又是这样解读的:诗人因永王案流放夜郎,取道蜀中赴贬地,行至白帝,赦书忽至,惊喜交加,旋即放舟东下江陵,即认为该诗仅表达喜悦愉快之情;一位外国批评家却这样解读:读它会有类似晕船的感觉,表达人类对速度的一种向往,体现了征服大自然的本质力量。那么,学生读此诗的体验和认知又会是什么呢?如单从社会学角度给学生讲解,或者把上述现成的解读硬塞给学生,显然是不合适的,因为这样不单无益于学生文学理解和鉴赏能力的生成,反而只会有损于学生已有的那点解读和欣赏文学作品的知识和经验。

因此，文学类文本阅读教学中"核心问题"的设计就必须遵循有利于作为阅读主体的学生对文本做多元解读的原则。众所周知，《后赤壁赋》和《短歌行》，前者是散文，后者是诗歌，都是传诵千古的不折不扣的文学类文本。既然是文学类文本，就应该允许学生有不同的且符合文本的解读，针对这两篇作品的"核心问题"的设计自然也不应该有遏制学生的多元解读之嫌。

走笔至此，笔者不禁想起老黑格尔的一句话："同一句格言，从年轻人（即使他对这句话理解得完全正确）的口中说出来时，总是没有那种在饱经风霜的成年人的智慧中有意义的广袤性，后者能表达格言所包含的内容的全部力量。"尽管如此，在文学类文本的阅读教学中设计"核心问题"时还是要以想方设法让年轻人（学生）说出自己的解读结论为出发点为好，要知道这才是弥足珍贵的。尽管关于《后赤壁赋》"苏轼生命挣扎"的见解是源自知名学者余秋雨先生的，关于《短歌行》"曹操的忧思之壮"的观点是取自"教参"的；尽管知名学者和"教参"的独到性、深刻性和权威性通常是毋庸置疑的，但毕竟那只是别人的，而不是学生亲力亲为体验得来的，因为解读文学类文本"同样需要辛勤的劳动与思考"（朱立元《当代西方文艺理论》）。所以如果仅仅以他人既成的观点作为"核心问题"设计中的"反思问题"，那么在具体教学过程中能做的至多也就是费尽心思引导学生找找依据，牵强附会的去重新证明一下学者和"教参"的观点是如何有道理是如何正确而已；倘若学生"启而不发"，缺乏"牵强附会"的能力，那么文学类文本阅读教学中遍地存在着的一种怪现象就势必再一次出现，即教师运用各种教学手段，或暗示，或引导，或生拉硬扯，甚至是直接把"标准解读"想方设法输送给学生了事。

二、自主解读原则

我们知道，文学类文本阅读是一种个性化的富含创造因子的审美体验性活动，而非路径一致的既成结论的共性化验证性活动。认知心理学认为，人脑对外部信息并非被动接受，而是自主建构，解读文学类文本也是如此。如前文所述，教参编写者、教师和学生各不相同的认知结构决定了他们对同一篇文章会有不同的解读方法与结果；即便是同一个人，在不同时期，由于生活阅历的不同，认知结构的差异，对同一篇文章的理解也会不尽相同。因此自主性是阅读主体解读文学类文本的基本特质。既然如此，教师就应该尊重并认可学生读解文本的自主性，允许更应该鼓励他们对文本有不同于教师和教参的解读。这种自主性保证了作为学习主体的学生原有的认知结构与课文所提供的信息之间得以建立起实实在在的体验性关联。文学类文本阅读教学中"核心问题"的设计自然不能违背这一特质，必须立足于阅读主体（学生）已有的知识和经验基础，设计出真正有助于张扬学生自主性的、有助于繁殖个体独特性的意义理解的核心问题。

不可否认，在"核心问题"中明确亮出既成的解读结论，的确为师生明确教学目标和教学重点起到了积极的导向作用，至少为课堂教学中师生教与学行为的高度集中和课堂表面形式的好看提供了基点和保障。但我们也应该意识到，教师把现成的篇章分析结论直接提交给尚处于预习阶段的学生。这样作为阅读主体的学生就丢掉了阅读的起点，尚未展开阅读的过程就记取了结论，其弊端是显而易见的。有一部名叫《死亡诗社》的美国电影中有这样一个情节：一位老师要求学生把诗歌读本上的前言撕掉，他认为这样的前言对学生学习诗歌并没有用，因为对诗歌的理解是见仁见智的，是需要用自己的心去体味和感知的。学生们不敢。那位老师猛地站到讲桌上，环顾四周说，一个人站在讲桌上和站在地上所看到的教室是完全不一样的。惊诧之余，学生们一个跟着一个站到了自己的课桌上，他们眼里看出去的东西确实是不一样了。老师说，学习诗歌就是这样，不要人云亦云，要有自己独特的体会。学生们纷纷撕掉了诗歌读本的前言。

影片中这位老师的做法固然是过激的，但留给我们的启发却是深刻的。笔者无意贬低"核心问题"的提示性价值，但"提示什么"是值得思考值得研究的。笔者认为好的提示应是能激发学生阅读的兴趣，为他们指出阅读的方向，提供最科学的阅读方法，以利于他们探究出属于自己的解读，最终生成其文学类文本的有效解读能力。

在设计"核心问题"时尊重学生解读课文的自主性，也就意味着把握了在文学类文本阅读教学中贯彻新课程改革理念的契机。新课程改革的起点是独立与自主，核心是学习者成为教学活动的中心，学生的自主活动成为教学目标达成的基础和保障。如果在文学类文本阅读教学过程中减少解读课文方法与途径的强制性和结论的划一性，增强方法途径选择的自主性和结论的开放性，就能最大限度地保护和培养学生的自主探究意识，激励他们的自主探究精神。

三、有界解读原则

强调文学类文本阅读教学"核心问题"设计要考虑到多元解读和自主解读原则，并不意味着在采用"核心问题教学模式"实施文学类文本的阅读教学活动中，作为阅读主体的学生可以随心所欲地对文本进行漫无边际的解读，相反必须要遵循"有界解读"的原则。要知道，能否遵循这一原则是文学类文本阅读教学能否顺利进行的关键。所谓"有界解读"，即指文本对阅读主体解读的制约。如英伽登就反复强调：作品图式化结构既为读者提供了想象的自由，又为阅读提供了基本的限制。我国古代文论中"言以足志，文以足言"、"象以尽意"等真知灼见早就注意到了文本对阅读主体解读的制约；《淮南子》中"佳人不同体，美人不同面，而皆说（悦）于目；梨橘枣栗不同味，而皆调于口"，堪称是对"有界解读"的一种形象解读。鲁迅在《看书琐忆》一文中对"有界解读"做了更为通俗的论述，他说读者心中的林黛玉不会是一个样，但"那性格、言动，一定有些类似，大致不差，恰如将法文翻译成俄文一样。要不然，文学这东西便没有普遍性了"。上述种种见解一言以蔽之就是：一千个读者就有一千个哈姆莱特，但一千个哈姆莱特还是哈姆莱特，绝对不能因读者的不同就变成了哈利波特。

例如，阅读孟子的《鱼我所欲也》将"舍生取义"解读为"生命意识的缺失"，阅读《西游记》将"白骨精的狡猾"解读为"不达目的誓不罢休的坚韧"，阅读朱自清的《背影》将"父亲翻过月台为'我'买橘子"解读为"不遵守交通规则"，阅读《愚公移山》将愚公的壮举解读为"所移之山扔到海中破坏生态"等等，类似这样的解读自主倒是自主了，但绝不是多元解读，更不是创造性审美阅读，而是"无界"阅读，是离本乱弹，因为这种解读突破了"阅读历史经典的最起码的原则，就是回归历史语境；脱离了历史语境，用当代观念强加于古代经典，把历史经典看成是一堆垃圾，实际上是一种反历史主义的幼稚病"（孙绍振）。因此，我们在设计"核心问题"时，既要立足于坚决地、积极地鼓励和支持学生的多元阐释、自主解读，又要兼顾到大胆地、认真地对于那些"越界"的解读加以纠偏。比如，阅读鲁迅的《祝福》，对祥林嫂这个人物的解读就只能将其界定在"悲惨的弱者"这一域内。在这个界域内将祥林嫂的角色解读为：一个在鲁镇的祝福大典中寂然死去的乞丐，一个先前被人称赞为"实在比勤快的男人还勤快"，而后来又遭人厌弃、被骂为"谬种"的仆人，一个做童养媳而丧夫、被迫改嫁又丧夫的妻子，一个在无所依靠中又失去了相依为命的爱子的母亲等等。这些解读都是符合多元解读原则的，因为这些解读既契合小说文本内涵，又最能调动大多数读者的生活积累和情感体验，会在无形中引导读者用生活真实中类似的人物去比较、参照：同样是为人妻为人母，祥林嫂却承受了太多的苦难，而更为凄苦的是，在这样的境遇下甘心做一个生活在社会底层的仆人也不得。读者对人物的同情，对人物命运的思考借此而生。倘若游离"悲惨的弱者"这一界域，将祥林嫂这一角色解读为"有自觉的抗争意识的女性"，那就背离了小说文本应有的内涵，是一种想当然的无中生有的误读。

需要特别强调的是，这里所倡导的解读课文的"有界解读"，绝不是意味着设计"核心问题"时要考虑阅读教学中须通过外部的控制去达到解读结论的绝对的统一性，如给出一些权威的结论，用某种统一的模式塑造学生的思维等等，而是致力于提供给学生指导并促成学生养成文学类文本科学的阅读方法，最终提高他们的阅读鉴赏和审美体验能力。

总之，文学类文本材料是增进学生语文素养、提升学生审美能力、涵养学生创造性思维品质的重要载体，因此文学类文本阅读教学的"核心问题"设计，应该从"素质"的基本意义出发，让学生凭已有的知识经验、兴趣看法和情感体验，置身于一个可以活跃心灵，能充满智慧及人类经验的环境中，引导学生多元思辨，自主探究，有界解读，带着学生走向作品，而非带着作品走向学生，使正确的体验和求解过程内化为学生的学习习惯乃至思维品质。千万不要把求取统一解读作为终极目标，因为任何以结论代替思维过程用既定的结论代替自己获取的做法都是违反阅读规律的。须知，阅读过程的展开和体验远比阅读结论的认同和记取重要。

参 考 文 献

[1] 教育部. 高中语文新课程标准（2012年3月）. http://www.ruiwen.com/60547.htm
[2] 胡经之，张首映. 西方二十世纪文论选. 北京：中国社会科学出版社，1989
[3] 郭绍虞. 中国历代文论选. 上海：上海古籍出版社，1980
[4] 王荣生. 语文科课程论基础. 北京：教育科学出版社，2003
[5] 谭轶斌. 基于阅读教学的文本解读. 2012年9月成都市高中语文骨干教师研修班讲座

关联体验，激活初中生物课堂

张宝丹

一、引言

生物学是一门自然科学，它反映的是千姿百态的生物界、变幻莫测的生命现象。如果运用传统的教学模式和固有的教学手段难以激发学生的学习兴趣。

"基于缄默知识的核心问题教学模式"是我校的教育部重点课题，其"以核心问题为载体"、"在关联体验中学习"的教学活动形式，可以优化生物课堂教学结构，提高生物课堂效率，从而有效激活初中生物课堂。

二、对关联体验的认识

（一）"基于缄默知识的核心问题教学模式"思想

"基于缄默知识的核心问题教学模式"思想是：在缄默知识理论和新课程改革理论的基础上，以核心问题为载体，促进学生在体验中学习，实现教学的结果性目标与体验性目标获得更高达成度的教学活动形式。

该模式有"提出问题、问题解决、反思提升、运用反馈"四个教学环节，简称"问题·活动·提升·运用"四环节。在这四个环节中，如何让学生在教学活动中获得有效的、深度的体验是教学目标达成的关键。

（二）体验

体验是学生基本的学习方式；体验既是学生多种多样的学习活动，也是学生相应学习活动的结果。作为一种活动，包括学生个体的心理性投入和身体性投入；作为一种活动的结果，即是学生个体从活动中获得的认识和情感。

体验教学是教师要努力创设情境让学生经历知识的产生与形成过程，从而让学生既掌握知识，又形成知识以外的能力。学生所学的知识经验往往是平面的，抽象的，难以内化为学生独特的知识和经验结构，这就需要创设情境，还原知识经验得以产生、运行的历史的、现实的生活情景，让学生体验。通过这个体验过程，学生在亲历中感受到直接的、具体的、丰富的体验，从而能理解知识经验的意义，激起学习知识经验的兴趣，并在体验中产生情感、形成态度和观念。经过深入的研究和教学实践，我们认为：在教学活动中让学生进行关联性体验是促进学生进行深度体验的有效手段。

（三）关联体验

关联体验是在体验与体验教学思想下的一种细化，它是体验教学的下位概念。就是在老师创设的情景下,激发学生利用原有的、与新知识相关的经验或知识来对当下知识的理解消化的活动。这种体验有助于学生较为容易地理解、内化知识,也有助于学生对原有生活经验的提升和原有认识的巩固。

三、初中生物课堂中的关联体验

（一）对旧有知识的关联体验

对旧有知识的关联不是单纯地复习旧知识,而是通过这种关联为学生的学习进行知识上的铺垫,让学生在体验中建立起新旧知识的桥梁,从而主动地建构完整的知识体系;同时,更为他们奠定自信、愉悦的心理基础,让学生在良好的课堂氛围中主动地学习,积极地探究,从而激活课堂。

例如,在学习"生态系统的能量流动特点"的时候,如何让学生理解能量流动是单方向的、递减的呢？教师可以充分利用教科书中设计的一个活动"讨论水族箱中能量的来源和流动",让学生在活动中体验到生态系统的能量流动是通过食物链和食物网实现的。"食物链和食物网"是学生已经学过的知识,学生已经知道"在食物链和食物网中,生物之间的吃与被吃的关系是不能颠倒的;而且捕食生物是不能利用被捕食生物的全部能量的"。这样,通过对旧有知识的关联,学生就很容易理解能量流动是单方向的、递减的。这不仅有助于学生理解新知识,更有助于学生建构完整的知识体系,从而加深对这部分知识的认识。

又如,关于"生命的起源",学生听过不少的神话故事和传说,这就是学生已有的知识储备。在这一节的教学中,教师可以先让学生讲述这些神话故事和传说,这时学生往往会争先恐后,积极发言。在这个过程中,学生很容易就理解了"神创论"的观点,并能意识到这种观点显然是不科学的。那么,关于"生命的起源"还有哪些观点呢？哪种观点更科学呢？这就激发了学生的求知欲,让他们主动地去探究和学习,课堂便"活"起来了。

（二）对生活实际的关联体验

知识是从生活实际中归纳总结出来的,在教学过程中又回归到生活实际中,这就是知识的回归。生物学正是与生活实际密切相关的一门学科,学生存在大量的、丰富的生活经验。如何让这些生活经验为课堂教学所用呢？

如在学习"呼吸系统的组成和功能"时,让学生理解呼吸系统的结构和功能相适应是本节课的难点。如果仅通过观察呼吸系统各器官的结构图、教师的讲授及学生的讨论来突破难点,这样的课堂显然是枯燥无味的。如何让课堂"活"起来呢？我们以"鼻"的学习为例加以说明。首先,可以将学生每时每刻都在进行的生命活动——呼吸,与要学习的知识关联起来：通过两个体验活动：（1）摸摸自己的鼻,描述鼻的特点。（2）口鼻大比拼：体验用鼻呼吸和用嘴呼吸,激发学生的兴趣。再创设与生活联系的问题串：（1）为什么在灰尘多的地方停留久了,鼻孔会很脏？（2）鼻涕是怎么形成的？（3）当你患重感冒用嘴呼吸时,为什么常常会觉得嘴唇和嗓子非常干？学生通过积极参与、亲身体验,热烈讨论,很容易就理解了鼻具有"温暖、湿润、清洁"的功能,且这些功能与其结构是相适应的。

这样,通过对生活实际的关联,将学生碎片式的生活经验进行唤醒和组合,形成一种新的体验,通过体验让学生对新知识"感同身受",从而加深对新知识的理解;同时,学以致用,用所学知识解释生活中的现象,实现知识的回归。这样的学习方式能更大程度地激发学生的学习热情,激活我们的课堂。

（三）对学生情感的关联体验

将知识与学生情感进行关联,可以促使学生进行深度体验,有助于学生形成长效的知识记忆,从而较持久地掌握所学的知识;同时,也能对学生进行情感观念上的引领。

如在学完"新生命的孕育"后,让学生结合新生命孕育的过程,谈谈自己的感想,不仅可以起到巩固所学知识的作用,更能让学生从中体会到生命的来之不易及母亲孕育新生命的艰辛,从而唤起学生尊重生命,珍爱生命,感恩母亲的情感共鸣。

又如学习"动物资源的保护"这部分知识时,可以通过图片、文字、视频资料让学生明确我国动物资源面临的威胁,从而提升保护动物及其生存环境的意识;接着让学生谈谈自己在这方面做得怎么样,以后应该怎么做。让学生反思自己过去的行为,利用所学知识规范自己以后的行为,具有在教学中渗透德育的积极意义。

注重学生的情感体验,引起学生情感上的共鸣,让学生更专注更投入地学习,这是激活生物课堂非常有效的一条途径。

总之,努力创设情景,让学生有效地进行关联体验,在体验中学习,不仅能将平面、抽象的知识内化为自己独特的知识和经验结构,获得情感、态度和价值观的提升,也更能激发学生的学习兴趣,激活生物课堂,让学生愉快地享受学习。

参 考 文 献

[1] 刘恩山. 中学生物学教学论. 北京：高等教育出版社,2009,7
[2] 陈琦,刘儒德. 当代教育心理学. 北京：北京师范大学出版社,2007,4
[3] 丁念金. 问题教学. 福州：福建教育出版社,2005
[4] 周光岑,陈明英. 核心问题教学研究. 成都：电子科技大学出版社,2009,2

浅谈生物教学中的关联体验

李德成

学校承担教育部"十二五"重点课题《核心问题教学中的学生深度体验实践研究》，2011～2012学年度的研究专题是《核心问题教学中的学生关联体验研究》，这为教师营造了良好的研究环境。生物教师参与研究责无旁贷，下面结合自身实践、典型案例讨论生物教学中的关联体验。

一、挖掘核心问题，寻找学生关联体验的切入点

所谓核心问题（focus problem），是指能激发和推进学生主动活动、能整合现行教材中应该学习的重点内容、能与学生生活实际和思维水平密切相关联的、能贯穿整节课的问题或者任务。为此，我们从两个层面挖掘核心问题，一是从教材体系中梳理核心问题，二是从一节课的内容中提炼核心问题。

无论是高中新教材还是老教材都有重点章节和知识板块，这就是教材体系中的核心问题。在高中三年的整个教学过程中，我们都得突出这些核心问题，比如细胞、新陈代谢和遗传变异这几个板块就是重中之重。细胞部分，强调细胞结构与功能的关联、分裂与增殖的关联；新陈代谢部分，注重结构与生理的关联、同化作用与异化作用的关联、物质代谢与能量代谢的关联、有关原理与生产生活实际的关联；遗传变异部分，突出遗传物质结构与功能的关联、遗传与变异的关联、遗传变异与有性生殖的关联、遗传规律与优生优育的关联。于是在章节教学设计时，寻找学生关联体验的切入点，根据教材、课标和考纲的要求以及学生实际情况，力求使他们在原有认知水平上有所提升。

就每一节课而言，40分钟围绕一个核心问题组织教学，能够让学生深度地进行关联体验，从而更好地实现有效教学。

二、落实理论教学，搭建学生关联体验的主渠道

课堂的理论教学是学生获取知识的主要渠道，我们非常注重为学生搭建关联体验的平台。知识是能力的载体，所以在常规教学和研究课中，我们已经习惯用核心问题引领，突出学生的关联体验，以增强课堂效果。

2011年10月，笔者在执教《核酸——遗传信息的携带者》（第2课时）时，核心问题是"观察核酸的结构示意图，分析核酸是如何携带遗传信息的"。由于DNA和RNA都是非常抽象的生物大分子，看不见，摸不着，所以采用DNA指纹法在案件侦破中的应用来激发学生的学习动机，以DNA和RNA的结构示意图、脱氧核苷酸与核糖核苷酸的结构示意图为"脚手架"，按照任务驱动模式，让学生认真观察、深度思考、相互交流、模

拟计算，探讨核心问题，以便体验核酸的结构与功能的关联，演绎学科认知途径与学科知识内化的关联。同时，学生学习了"整体→局部→整体"的观察方法，体验了"猜想→实证（或实证分析）→结论"的科学思维方法，从而收到了很好的教学效果。

同年12月，笔者在指导新教师承担市、区级研究课《光合作用的探究历程》时，十分强调提出核心问题。经过全组的研讨，确定核心问题为"重温光合作用的探究历程，学习科学探究的一般方法"。整节课以学生为主体，以光合作用的探究历程为主线，以光合作用的概念和反应式为框架，安排教学环节，以鲁宾-卡门实验为学生体验的契机，让学生尝试、经历和体验科学探究的一般过程，力图将课堂推向高潮，进而完成教学任务。该节课体现了科学史实、科学方法和科学精神的关联，体现了科学实验中材料与方法、结果与结论之间的关联。受到与会代表和学生的好评。

三、组织专题实践活动，拓展学生关联体验的途径

为了让学生更加全面地体验科学家研究问题的方法和过程，学生有必要积极参与生物学的专题实践活动，包括观察测量、调查研究、参观实习、科学实验、信息收集与处理等活动。这些活动可以由学生自主选题，也可以教师提供参考课题，但都必须在教师指导下完成，以提高专题实践活动的规范性、科学性和有效性。新课程标准提倡学生进行研究性学习，深入社区、植物园、动物园、科技馆、自然保护区等，充分利用身边的各种课程资源，这为学生开阔视野、获取知识、增长才干提供了鲜活的场景和广阔的舞台。

通过专题实践活动，学生将认识到"科学探究并不神秘"。因为科学探究符合人们一般的认知规律。比如，我们日常生活中遇到某种新的现象，很想知道为什么，这就是提出问题。先给定一个初步的解释，这就是提出假设。接着我们要想办法证明自己的假设是否正确，就要搞调查研究，或者进行科学实验；并获取调研结果或实验结果，而这种结果必须是可以观测的，这就需要确立观测指标。根据调研结果或者实验结果，我们可以肯定或者否定原有假设，进而得出相应的结论。不论是肯定假设还是否定假设都很有意义。因为我们将认知过程梳理成一份调研报告或者研究报告，并进行交流，就为自己或他人进一步研究有关问题积累了经验。科学研究只是更严谨更规范，所用研究材料更典型，所用方法更先进，所用设备更尖端。学科研究或者实验有自身的特点。

笔者曾经指导学生完成过数十项专题实践活动。这些专题实践活动拓展了学生关联体验的途径，有助于学生灵活掌握科学知识，并运用科学知识解决实际问题，进而养成良好的科学品质。可见，专题实践活动使学生进行了深度的关联体验。

综上所述，生物教学中的关联体验，素材多，方法多，对学生发展意义重大，值得进一步挖掘和研究。

浅谈如何有效培养学生英语语感

陈百灵

语感是一种缄默知识（Tacit Knowledge），是对语言内涵的感触感染与体验认识的一种外在表现；是人们对英语语言的感觉，它包含人们对语音感触感染、语意感触感染、语言感情色彩的感触感染等；是语言学习者对某种语言和文化所掌握的知识技能融合之后的产物。

语感虽然不能直接表现为一种语言能力，却影响着语言运用的效果和质量。而英语语感对于学习英语的中国人来说，这种语感的初始阶段不仅涵盖了意识心智活动的内容，也涵盖了语言外部结构形式的知识，是发展语言能力的基点。

为了克服传统英语教学的弊端，提高英语水平，让学生能深度体验和感受英语的脉搏及美感，英语语感的培养显得尤为重要。鉴于数年高中英语教学的经验，及个人英语学习感悟，笔者以为教师与学生可从以下四个方面入手培养语感。

一、消除"心译"，培养一种英语思维习惯

想必每一个语言学习者，初学外语时，每个词，每句话都会用母语去理解一遍，其实这是一个误区，一种语言思维习惯的误区。马克思从青少年时代开始，一生中坚持学习外语，母语是德语，却精通英、法、意、西、俄等七门外语。他曾6个月掌握俄语，取决于他可以足不出户，只接触一门语言，用其自己的话说就是"使用外语时，应该尽量完全忘掉母语"。所以，学习中不能总是把外语转换为母语，必须有意识地控制"心译"的习惯，剪掉语言转换的累赘。

想消除"心译"，培养学生用英语思维的习惯就要用英语想英语，也就是用英语思考（Think in English）；就要有好的英语环境；就要有大量的英语实践，让学生通过观察、猜测或推测理解、主动模仿、发现、归纳等体验和探究活动的方式进行英语学习。

二、拒绝中式英语，从语之本源"文化"入手

语言是交际的工具，产生于一定的文化背景，我们中国学生常仿照汉语的表达方式和方法来使用，这也是我们常说的中式英语，其中就包孕由于没有思量到中西文化的差异而出现的表面上很像正确实则纰缪的抒发。所以，不了解中西方文化差异，就不能做到准确理解和正确表达思想。如"狗"在汉语中通常是表示骂人的话，而"dog"在英语中却很受人们喜爱。如"Love me, love my dog"是"爱屋及乌"的意思；"You're a lucky dog"则是说，"你是个幸运的人"；"Every dog has his day"凡人都有得意时；而"The Hong Kong dog"是指某个人吃坏了肚子、拉肚子的意思。这样的解释恐怕让很多人有些匪夷

所思。

三、创造有助于学生学习英语的环境和氛围

培养语感离不开大量语言材料和语言环境。我们往往缺乏自然的英语环境，因此，要增强语感必须多创设英语环境，使学生时刻沉浸在英语的海洋中。首先，可采取学科之间互相渗入的办法，例如借助很多理科中字母代号是相关英语单词的首字母教单词。例如：化学中的气体 G-gas，液体 L-liquid，固体 S-solid，很多的化学元素，如 Al-aluminum，物理中的 M-meter，重力 G-gravity 等等，这样学生学习其他课程的过程有时候就成为学生进一步理解和深化英语知识的过程，其他学科的某些知识点就成为诱发学生温习英语的因素。再者，鼓励学生积极参加各种英语课外活动。要学好一门外语，光靠课堂时间是不够的。教师可鼓励学生在课外活动时间进行"英语角"活动，内容可以有自由对话、趣味游戏、英语讲座、英语聚会、观看英语原声电影等等，使学生接触地道英语，增强语感。笔者曾指导过学生进行英语话剧表演，Snow White and the Seven Dwarfs，同学们积极主动的利用课余时间排练，其中有一段 Queen 与 Magic Mirror 的经典对话：

Queen: Mirror, Mirror, Tell me! Who is the most beautiful in the world?

Mirror: Not you, not you! Snow White is the most beautiful !

学生很快就理解并记住了，经常在口头上开口说，或者和同学开玩笑。学生已经完全理解了这种思维的形式，并且通过背诵，他们会经常地运用，脱口而出，形成了语言习惯。

四、语感是量变的质化

培养语感不是一朝一夕的事情，它是在长期的语言实践中自然而然形成的，不可妄想一蹴而就，贵在持之以恒。人们都说，学英语看欧美电影能增强语感，提高英语能力，然而，一小时听十首歌，一天看好几部电影，听完看完后，只是"OMG, Cool! I love it!"然后就放置一边，这样的方式能够很快提高语感吗？恐怕这样的浅尝辄止是不会有太大的效果。通过唱英文歌的确可以帮你练习发音、语调和节奏，还可以让学生在愉快的心情下背会很多单词和句型，可谓是一举数得。

曾几何时，为了培养自己的英语语感，每每一部电影至少看 50 遍，只为从中学习和模仿原版电影的语音、语调、用词、句式、思维、文化和感情。另外，我们学校也有一些老师采用了"每周一歌"的方式，每节课前十分钟，要求学生理解歌词，朗读歌词，一周时间总计五十分钟，学会一首英语歌。

总之，语感是一种能力，也是一种修养，它来自语言实践，又反过来指导语言实践。在大量的语言实践中，学生不仅形成了语感，综合语言运用能力也得到了提高。在语感指导下的语言实践也显得轻松自如，得心应手了。

数学缄默知识显性化教学策略思考

于 泳

人们很早就注意到,在我们所认识的知识中,存在不可言传的知识。我国古代的《庄子·外篇·天道第十三》中云:"世之所贵道者,书也。书不过语,语有贵也。语之所贵者意也,意有所随。意之所随者,不可言传也。而世因贵言传书。世虽贵之,我犹不足贵也,为其贵非其贵也。"这表明庄子不但认识到不可详尽言明的知识,同时还强调这些知识比言明的知识更重要。20世纪中叶,为驳斥客观主义知识理想的偏执与荒谬,英国哲学家波兰尼提出了个人知识的观点,也就是他的缄默知识观。波兰尼指出,人类知识有两种,通常所说的知识是用书面文字或图表、数学公式表述的,这只是知识的一种形式,还有一种知识是不能系统表述的,例如有关自己行为的某种知识,我们将前一种知识称为显性知识(explicitknowledge),后一种知识称为缄默知识(tacit knowlegde),又称为默会知识、隐性知识等,即为个人所拥有却难于明确言述、传达的知识。到了20世纪80年代,缄默知识开始为心理学家所关注。1985年,著名心理学家斯腾伯格提出了智力的三元理论,他所认为的缄默知识是和社会能力或实践智力高度相关的,将其定义为"行动定向的知识,在没有他人直接帮助的情况下获得的,它帮助个体达到他们个人所认为是具有价值的目标"。后来,荷兰学者约翰内森将知识分成四种(1998年):外显知识、系统化的知识、关系知识和缄默知识。他认为缄默知识是最难理解和最难交流的知识。它有特定情境并为特定的目的,且依赖经验,体现于实践。由此看来,缄默知识是和显性知识相对的,当前尚不能清楚表达和逻辑地加以传播的知识,它处于认识的最底层,是实践性最强的知识。

课程实施是课程资源开发与利用的重要环节,而作为课程实施主要途径的课堂教学,无疑也就成为学生缄默知识显性化的主渠道。教师作为促进学生有效学习的主体,在教学活动中应该结合学校的实际和学生的经验与体验,依据一定的目的将学生的缄默知识显现出来,并加以选择、修正与应用,从而使学生的缄默知识资源的开发与利用落实到教学的层面上。

一、建立新型师生关系,营造民主、宽松、和谐的氛围促使缄默知识显性化

在教育教学领域内,学生会由于惧怕教师、校长等权威人士或满足自己归属于集体的需要而形成缄默知识。为了促使这种资源外化,就必须营造民主、宽松与和谐的氛围,让学生在心理上感受到安全感和舒适感。只有如此,他们才敢于、乐于畅所欲言、各抒己见。对此,教师要克服满堂灌、一言堂的习惯,在思想上认识课程实施是一个师生双方共同创造新教育经验的过程,将学生置于与自己同等重要的地位;在实际进行教学时,

要大力鼓励学生质疑问难、提问和辩论,勇于发表不同的意见。对学生的标新立异的观点要尽可能地给予鼓励性的评价;对于学生的错误、偏差要保持宽容态度,并引导学生自己发现错误、改正错误,让学生体验成功、感受快乐。

二、创设情境,提出问题或事件

学生的缄默知识具有较强的情境依赖性,它的显性化与其形成时的情境密切相关。再现这一情境或与之相似的情境,提出问题或事件,容易激活学生心灵深处与此问题或事件相关的缄默知识,并产生表达的欲望。实际上,早已有学者指出,情境模拟是缄默知识显性化的途径之一。因此,教师要善于创设情境,尝试去触摸、去挖掘学生的缄默知识资源。以语言描绘情境;以表演展现情境;以媒体再现情境;以模拟的生活场景体会情境。

三、利用切实可行的手段,使教师缄默知识最大可能的显性化

北京师范大学石中英教授认为:"认识和理解教学生活中缄默知识关键的一步就是要使它们'显性化',从而才能够对它们加以检讨、修正或应用"实际上,从一方面来说,教学过程是传递、掌握和批判显性知识的过程;从另一方面来说,教学过程也可以说就是一个使缄默知识显性化并得到检讨、修正和应用的过程。这两个过程是内在统一的,是完整教学认识过程的两个方面。因此,为了更好地使学生掌握数学缄默知识,使它们"显性化"是一个重要手段。为了做到这一点,一方面,我们可以用一些隐喻、类比、联想、同构的思想方法,解释、映射、勾勒出我们所意识到的缄默知识;同时也让学生谈自己的体会和感受。另一方面,在传授式教学时,我们要尽可能采用"学徒式"的教学方式,或者组织学生进行"协作式"的交流学习。利用"学徒式"的教学方式,教师要注意在展示自己思维过程时,使学生体会思考节奏和"抑扬顿挫",让学生充分感受过程中的缄默知识。利用"协作式"的交流学习时,教师可以让水平不同的学生互相交流,这种学生之间的交流,不会有师生授课时的那种命令式和强制性的成分,更方便解题缄默知识的传播。

四、引导学生亲历学习,开展体验活动

学生的缄默知识具有强烈的内隐特征,它难以用言语表达。但它一旦形成,便会在无形中支配学生的行为,并在行为中露出蛛丝马迹。所以,在教学活动中,教师应引导学生亲身参与学习活动,利用多种学习方式,如操作学习、观察学习、交往学习等让学生在活动中自然地以行为外化个人的缄默知识;同时,也可使学生个体更加直观地体验、感受到他人难以用言语表达的缄默知识,通过活动教学,不仅能够利用学生缄默知识无意识地显性化而实现资源共享,而且还对有意识地显现学生缄默知识的教学进程有一定程度的帮助。

五、鼓励学生对话交流，自主反思

学生缄默知识的显性化是一种语言化、符号化的过程，是一种自我反思的过程。对此，教师应力图使教学过程成为一种师生双方以及同学之间真诚的自由对话过程。对话可以三种形式进行：一是学生的自我对话，二是师生之间的对话，三是生生之间的对话。第一种对话方式是学生现在的我与过去的我的对话，是学生自我对过去的所沉积的经验、历史、思想等的反思性理解，是一种内省活动。它能促使学生个体通过意志努力，把注意焦点集中到微弱的缄默知识上，使之显性化。但它因是一种内在的思维活动而经常被忽视。这就要求我们的教师要重视学生自我对话的作用，给予学生充分的自我反思的时间与机会。在后两种对话中，教师要大力鼓励学生对话并积极参与学生对话交流，让学生挖掘自我的缄默知识并加以表达，实现知识的融合与共享。假如学生的表达出现困难，可由其他学生帮助表达，若还是难以表达，则可让该生进行现场演示，让全班同学集思广益帮助表达。总之，正是在多种形式的对话交流中，学生的缄默知识才得以显性化，并在显性化的进程中得到了检讨、修正、批判和利用，从而实现资源的共享与优势互补。

目前，尽管研究者对缄默知识作了分析和探讨，但对它的很多方面仍不太清楚。本文是在前辈们对缄默知识研究的基础上，结合自己教学的实践，提出的一些不成熟的看法。

参 考 文 献

[1] 石中英. 关注缄默知识深化教学改革. 人民教育＝2004×Z1
[2] 石中英. 知识转型与教育改革. 北京：教育科学出版社，2001
[3] 方明. 缄默知识面面观——有关缄默知识的心理学探讨. 南京师范大学，2002
[4] 张思权. 缄默知识视角下中学数学教与学的思考. 东北师范大学，2003
[5] 杨泽忠. 解题过程中缄默知识的教学. 数学教育研究，2009（2）

对历史课的核心问题的认识

刘 楠

爱因斯坦认为："提出一个问题比解决一个问题更重要。"巴尔扎克说过："打开一切科学的钥匙都毫无异议是问号。"可见，问是"深入的阶梯，是长进的桥梁，是触发的引信，是觉悟的契机"。教师的责任应该是使学生无疑而有疑，有疑而思解，解疑而心悦。

当代著名的教育家叶圣陶也认为，教师不仅要教，而且要导。如何"导"呢？他认为："一要提问，二要指点。宜揣摩何处为学生所不易领会，即于其处提问题，令学生思之，思之不得，即为讲明之。"所以，一个富有艺术性的核心问题能启迪学生的思维，发展学生的智力和提高学生的能力。

由于历史学科的过去性使学生感觉比较乏味，而传统观点的误区认为历史课就是背背而已，又使学生对其难度认识不够，所以不能引起足够的重视，对学习也无兴趣，这就需要教师设计一个有启发性的问题来吸引学生，唤起学生学习的主动性，创设学生自主学习的氛围，突出学生学习的主体性，培养学生的创新精神。那么，设计一个有悬念、开放性的核心问题就能达到其目的。

通过多年的教学，总结出历史课设置核心问题应注意以下几个方面，供大家参考。

一、问题具有启发性

在教学过程中，教师要紧紧把握住学生的思维动态，不断提出能激发学生积极思维的问题，使他们始终处在一种"心求通"、"口欲言"的欲罢不能的状态。这就要求教师必须抓住教材的重点、难点、关键点作为学生思维动机诱发点的内容，设计一个核心问题，使之成为开启学生思维心扉的钥匙，而且使学生对所提的问题必须经过回忆、对比、分析、归纳、综合等思维操作才能得到答案，而不是从书本中就能找到现成答案或简单的背诵式复述。学习"西安事变"这课时，笔者设计了核心问题："请谈谈你认为张学良、杨虎城拘捕蒋介石以后该如何处置？"该问题是从多角度发问，让学生层层深入思考，重新组合知识，多方面掌握知识，这是一个有多种答案的思维启发法式问题。首先是学生分组活动，使每一位学生参与其中，然后小组派代表发言，其余同学完善答案，在其过程中了解西安事变发生的原因、经过、意义。并使学生的分析问题和合作学习能力进一步得到提高，再通过反思核心任务分析的过程，从而理解、内化、归纳知识体系，将学生引向更高层次的深度学习体验之中。这样通过该启发性核心问题的引导，真正使学生"无疑者，须教有疑，有疑者却要无疑"，从而锻炼了学生分析问题的能力，激发了学生的积极性和创造精神。

二、问题具有兴趣性

孔子说:"知之者不如好之者,好知者不如乐之者。"兴趣是最好的老师,只有从"之"为乐的人,才能真正全身心地投入。初中生对核心问题"请谈谈你认为张学良、杨虎城拘捕蒋介石以后该如何处置"是十分感兴趣,非常好奇的,激发了他们的积极思维。为了搞清这个问题,同学们在课外积极、认真地查阅资料,利用他们已有的缄默知识在课堂上展开了热烈的讨论,并联系中华民族危机严重,全国抗日救亡运动的高涨,西安事变的经过等内容,找出它们之间的内在联系,从而锻炼了学生的思维敏捷性。当同学们在查找资料的那一段时间里,经常是刚刚下课,就围着笔者问这问那,提出了许多问题,意犹未尽。这个问,老师你看我找的资料行吗?那个说,老师我的看法与资料上的有些不同,应该这样……还有的说,我认为教科书的说法不太正确。看到他们对学习历史产生了极大的兴趣,真正成了学习的主人,由原来被动接受变成主动探究学习,由要我学变成了我要学。在兴趣的吸引下,学生们轻松地接受了历史知识,明白了历史规律,收到了预期的效果,开辟了宽松的民主教学环境,充分调动了学生的主体性,激发了学生的学习热情,活跃了学习气氛。学生普遍反映:"课堂讨论一道题,课下狠下十分功。""逼"得学生带着问题去细细咀嚼教材,认真查阅资料,写好发言提纲,并积极争取发言。这样,学生通过积极参与,主动学习,在课堂这个有限的时间和空间内,实现了眼、耳、口、手、脑"全频道"接受,"多功能"协调和"立体"式渗透,使学生大脑皮层处于积极兴奋的状态,形成生动活泼的学习情景、和谐的教学气氛,这种师生之间,学生之间进行的课堂讨论、交流看法,发表见解,在争论中有价值的思维火花会闪亮发光,这有利于学生个性思维的发展和创新意识的产生。总之,通过核心问题的讨论使学生品尝到了成功的喜悦,增强了学习历史的兴趣,进一步激发了求知的热情和自信心,形成了"兴趣—用功—提高"的良性循环。

三、问题具有主动性

有了兴趣就产生了主动性。这就要求教师在日常教学或课堂讨论中,多给学生一点思维的主动权,给学生创设独立自主地发现问题、提出疑问的机会。而不是越俎代庖,代替学生思考,做学生思想的保姆。课堂提问应该突出学生的主体地位,强调学生的亲身经历,要求他们积极参与到各项活动中。于是,当笔者把核心问题提出后,学生纷纷的行动起来了,主动的通过各种途径了解西安事变的相关内容,如"看影视片"、"看课外书"、"上网搜集材料"等等,从中去发现和解决问题,体验和感受,理解和学习知识。这就给学生创造了一个情景,使学生从中认识到西安事变是近代史上一件大事,其情节和过程比较复杂曲折,其意义重要,其主要人物多且地位显赫,是近代史上的重要人物。在学生做了充分准备的基础上,就会主动、积极地参加核心问题的讨论,踊跃发言,发表自己的主张和见解,发挥他们的创造个性和思维个性,多渠道地思考问题。有的主张杀:因为"四·一二"反革命政变,他杀了多少共产党员和革命者,多少工农群众和爱国青年,他欠下的血债要用血来还,不杀蒋,广大红军是不同意的,他一次一次地发动反共"围剿",同共产党打了十年内战,杀他都不足以平民愤。有的提出了反对意见：不能杀，把他关起来，逼他抗日。也有的认为应该放了他：当时中华民族处于在生死存亡的紧急关头，全国上下团结一致进行全民抗战才是出路，张扬既然已经把他抓起来，那应逼他答应抗日，等他答应了，然后放他回去领导抗日，杀了蒋，正中亲日派和日本帝国主义的下怀，不利于团结抗日，不杀蒋，也不能放蒋。事实证明，蒋介石是翻脸不认人的，应把蒋扣留下来做人质，迫使他抗日才对。这样通过核心问题的讨论真正让学生动起来，形成以学生为中心的运作体系，增强学生无可推诿的主体责任心，每一个学生尽可能有自己的观点，各抒己见，互相争论，最后达成共识，使不同水平的学生在原有的基础上都有不同的提高，形成敢想、敢说、敢争的精神，自然会萌发主动学习的欲望和激情，在讨论中迸发出创新思维的火花。

四、问题具有开放性

课堂提问要面向学生的个性发展，尊重每个学生个性发展的特殊需要，学生根据核心问题，从各自的实际情况出发去探讨问题，得出自己的结论，充分展示学生的个性发展。学生根据所学习的内容，搜集了西安事变的相关资料和已有的缄默知识，展开了激烈的讨论，分析都很精辟，并且有理有据，很有说服力，百花齐放，充分体现了核心问题的开放性。有人主张杀蒋，有人主张放蒋，有人主张不杀不放，而是把他扣起来，有人主张"先扣后杀"。那么杀蒋、放蒋、扣蒋究竟哪一种主张对抗日有利呢？经过激烈的讨论，学生认清了何应钦亲日派的险恶用心是夺取统治权，也理解了亲英派宋美龄、宋子文是为了维护自己的切身利益。而中国共产党则是以全民族的利益为重，主张不杀双手沾满共产党人鲜血的蒋介石，和平解决西安事变，以免发生更大规模的内战，争取团结抗日局面的形成。由此，学生真正理解了中国共产党是一个伟大的党，增强了对党的爱戴之情。杀蒋，放蒋，扣蒋，这些想法是课本中找不到的，是学生通过精心准备、积极思考和激烈讨论而得出的观点。这种开放性的问题不仅从多方面诱发学生积极思考，加深对知识的理解，而且能点燃学生心灵的火花，发挥他们的个性特征。这样的教学一改以往学生压抑的学习状态，使学生得到一次成功的心理体验，发挥了学生的个性思维和创造力。让历史知识沾染上学生的个性色彩，而具有个性色彩的历史知识面对共性来说就是开放性。

五、问题具有创造性

创造性思维是人类思维的高级形态，是智力的高级表现。它是根据一定目的，运用一切已知信息，在新情况或困难面前采取对策，并独立地新颖地且有效地解决问题的过程中所表现出来的智力品质。这个核心问题是一个开放型问题，它的提出掀起了一个不小的波澜，学生们借助影片、资料、网络，产生联想，运用直觉，释放灵感，在讨论中发表不同的想法，甚至是常人不可想象的答案，真是五彩缤纷，百花齐放，达到了"独立、新颖且有效地解决问题"的目的。今天学生提出一个看法，明天有可能就是一个创造，我们所培养的就是要具有创造性的人才。

六、问题具有思想教育性

历史是一门思维性很强的学科，它融历史知识和思想教育于一体，是提高现代公民素质的基础学科。在传授历史知识的同时，使学生受到辩证唯物主义和历史唯物主义教育，形成正确的人生观、价值观。历史教材中蕴含着丰富的教育素材，历史学科有其自身理论的科学性、史料的真实性和内容的客观性，在道德情感的领域的教育中赢得了得天独厚的优势——真实、感人、可信，它"序事之中即见其指"，通过形象、具体、行动的人物和事件去感染、熏陶学生，正可谓"细雨润物"，在潜移默化中使学生的爱国主义情感得到滋润和升华，因此，充分利用历史素材对学生进行爱国主义教育是每位历史教师义不容辞的责任。从该核心问题的讨论中学生看到了张学良、杨虎城为抗日不顾个人安危，甚至被软禁、监禁、牺牲的爱国主义精神，看到了共产党为和平解决西安事变做出的让步，从而认识到共产党人的光明磊落、远见卓识，他们用实际行动谱写的爱祖国、爱人民的赞歌，体现了中华民族千百年来巩固下来的对自己祖国的一种最深厚的感情，发扬和丰富了中华民族优良的传统和崇高的品德，为后人留下了十分宝贵的精神财富，他们的人生价值取向，为今天的中学生树立了光辉的学习榜样，大大增强了学生的爱国之情。

总之，运用核心问题教学，能发扬教学民主，尊重学生的主体，培养学生的创新意识和创新能力，这就要求教师要在教法上转变，只有采用新活动、新探究、新教学，才能使学生形成良好的思维和行为习惯，使他们终身受益。教师决不能在教学中有意压制学生的独立思考，不讲教学民主，那样就从根本上剥夺了学生独立思维的权利。所以，利用学生已有的缄默知识，采用核心问题式的教学方法，在其过程中得到深度体验，是唤起学生主动、突出主体、启迪思维、提高能力的一个有效的方法。

参 考 文 献

[1] 陈旭远，刘东岩. 促进学生体验的教学策略. 中国教育学刊，2004（4）

[2] 庞维国. 论学习方式. 课程·教材·教法，2010（5）

关于高中数学课堂中体验式学习的几点思考

杨入境

大约 1 万年前，人们在生产生活中，于计数、计算、量度和对物体形状及运动的观察中发现了数学。这是继神学之后的一门独立学科，与自然科学、社会科学并列，研究数量、结构、变化以及空间模型等。因为数学的抽象化和逻辑推理的使用，数学的应用广泛，是当之无愧的基础性科学，也因为此，让人对数学又爱又恨。

在初等教育里，数学是占有绝对性主要地位的。"学好数理化，走遍天下都不怕"。这句话放在当今社会，有些夸大其词，但是从中，我们也仍然可以看到人们对于数学教育教学的重视。但数学教育教学研究的发展与学生对数学的兴趣似乎并不能成正比。工作以前，笔者学习过许多数学优秀课堂的教学案例，从中笔者产生了一个疑问：是不是学生主动参与解决问题，并且教师计算机技术运用得当就能称为一节好的数学课？

加入十二中，笔者似乎找到了答案，笔者开始接触到了一种名为"体验式学习"的教学方式。在学习学校校本教研"核心问题教学模式中的学生深度体验实践研究"的过程中，笔者不由自主的进行思考，并尝试将这种先进的教学理念和笔者的数学课堂联系起来，力求能实现改变学生对数学抽象、深奥、难懂、枯燥的印象，提高数学课堂学习效率的目标。

思考一：体验式学习让课堂缄默知识显性化。

孔子曰："不观高崖，何以知颠坠之患？不临深泉，何以知没溺之患？不观巨海，何以知风波之患？"教师通过创设情境，提出教学问题，引发学生进行思考。学生则通过自己参与活动，寻找能够解决这个教学问题的方法。在这个过程中，学生调动出了自己已有的所有知识储备，尝试能够想到的各种解决方案，不论最终是否达到了教师的教学预设，在教师引导学生进行归纳提升的环节里，学生都能够自发地进行方法比较，进而选择最优，达到高于本堂课教学目标的目的。

在学习几何体时，笔者请学生在课堂前 20 分钟阅读教材，然后按照自己的逻辑思路归纳棱柱、棱锥、棱台、圆柱、圆锥、圆台、球的相关基本概念，并且展示于多媒体。学生的归纳有许多种，有直接一个一个类似课本罗列的，有按照多面体与旋转体整合的，有按照柱、锥、台、球整合的，无论哪一个，归纳是否完备，在展示于多媒体的时候，笔者都引导全班同学进行点评。在最后还有 5 分钟下课，笔者将笔者的归纳展示于多媒体，其实这时候学生已经在经过前面的自己归纳与点评同学的过程中学到了知识，笔者想更重要的是，学生逐渐学会怎样完备地进行归纳整合。

思考二：体验式学习构建了课堂的情节记忆。

笔者一直认为数学是可以实现在课堂上完成记忆的，这个目标离不开情节记忆。情节记忆是一种高效的记忆方法,最大的特点是具有情节性。情节记忆能够让大脑及时地较为完整地储存入信息,也能在情境再现时立刻输出信息。并且情节记忆能转换为语言记忆和程序记忆,不一定需要情境再现,大脑就能直接读取信息。所以在课堂上,如果学生通过体验式学习对某个知识点获得了情节记忆,那么这个知识内容也就几乎持久性地储存在学生的脑海中,即使一时忘记,也能通过情境再现重新获得。

在学习概率一章节时,1、2 小节主要是一些了解的内容,笔者举了玛雅人的预言(本节课在 12 月上旬)来引出概率的相关概念,学生兴致很高地接着举了另外许多实例,此时就有学生举了"三长一短取最短,三短一长取最长,不定就机 B 或 C"的例子,该学生话一说完,全班哄堂大笑,笔者趁大家兴致高昂趁热打铁,引导学生思考这句话里面包含的概率问题,提出了"极大似然法"的概念。这个概念只需学生了解,名称也不那么顺口,但接下来许多时候凡是谈到类似问题,就会有学生说:"啊,我知道,极大似然法嘛。"

思考三:体验式学习让学生获得情感体验,发现数学魅力。

不直接体验,何以知数学之美!通过数学的体验式学习,学生能够获得对于数学的情感体验。体会到初等数学中的几大数学思想方法以及严谨的逻辑推理,从而感受到数学的迷人魅力。这能够增加学生对于数学的兴趣,提高学生自主学习数学的内在动力,让数学学习不仅发生在短短的课堂之中,也发生在课堂之外,甚至拓展到学生整个人生学习之中。

"我是谁?我从哪里来?我要到哪里去?"这是三个经典的哲学问题。在学习上,我们也应该进行这样的反思。知其然,还得知其所以然。当教师在重现"知其所以然"的过程中,学生也是在主动进行思考的。这个过程正是通过学生的自主体验让数学课堂中的缄默知识显性化,实现了皮亚杰认知心理学里的"经验的改造"的过程。

数学课堂上的体验式学习并不只有以上的三点思考,发现的过程应该是漫长的。这是个无尽的宝藏,需要我们细细体会,深入思考,而我们也将在发掘的道路上越行越远。

创设英语课堂有效情景　促进学生关联体验

赵园园

一、引言

2003年起中国开始实行新课程改革，从2005年起，中小学每个年级被要求使用新课程标准。新课程改革特别注重学习者将所学知识实际运用的能力，而这一要求对英语教学的指导意义在于，英语作为交流的载体，来源于现实生活，反之，也应该用于现实生活的交流之中。

中国高中英语教学的难点之一在于学习者有限的语言接触。因此，对于指导者来说，为学习者创设一个有效的情景就显得尤为重要。有效的情景可以促发学习者的学习动机，并且将所学知识和自己已有的经历联系起来，从而达到加深其关联性体验的目的。因此，英语课堂应该创设高效的情景，加深学习者的关联性体验，以确保学习者可以在有限的课堂时间内提升语言的综合能力。

M. A. K Halliday（2007）在其所著的《语言和教育》一书中写道："情景是一个理论的概念，用于解释一个文本是怎样和社会过程联系在一起的。它有三个重要的组成部分：社会活动，活动中的人，以及情景这一概念。"

当情景运用于学习过程时，情景指的是在社会和真实环境的大背景下，指导者、学习者以及活动本身三者之间的互动。

在以学习者为主体的学习过程中，指导者不再是课堂的操控者，他们是课堂的组织者和辅助者。学习者是整个学习过程的主体，但是，学习者在诸多方面体现了差异性，例如，学习者的学习资质，学习策略，学习动机，甚至性格。因此指导者为帮助学习者提高语言能力，需要通过观察学习过程，为学习者在词汇、信息的组织等方面提供最适时的支持。这种支持在于帮助学生显性化其缄默知识，并通过学科内或者学科之间的关联，帮助学生在知识的深度和广度上加以体验。

二、文献综述

构建主义原则认为，人们的知识源于他们之前的经验和想法的相互作用，学习者习惯于将所学知识和他们之前的经验联系在一起。因此，通过创设可以加深学习者关联性体验的课堂情景。首先，不能使学习者感到情感障碍，使其学习者感到不安。其次，加深学习者的关联性体验，一方面，可以确保学习者可以有充足的信息量和欲望来完成交流；另一方面，之前的经验可以让学习者感到自己处于情景之中，这是加深其关联性体验的前提条件。

John Dewey（1902）认为，为了教育更有效，所教授的内容必须确保学习者能够将新知识和之前的经验联系起来，以此，加深其对新知识的体验和理解。此外，John Dewey（Wikipedia 1）还认为，学习者在学习过程中，会争取获取一个能够与体验课程互动的机会。

通常而言，在英语学习过程中，语言的输入是影响学习过程的首要重要因素。这里谈论的输入，是 Krashen 提出的可理解性输入。Krashen（2003）认为可理解性输入应该高于学习者可以完全理解的水平，但同时也要包含学习者所不能完全理解的结构。

三、设置有效情景的原则

（一）坚持学生主体

很长一段时间，无论中西方，指导者在学习过程中都扮演着绝对主导的角色。并且，指导者通常被认为是真理的代言人。然而，John Dewey（Wikipedia2）认为，在学习过程中，学习的效果是由学习者，而不是所教授的内容来决定的。根据构建主义原则，指导者应该是学习过程的帮助者，是学习过程的观察者而不是参与者，因为他们通过观察，为学习者提供最适时的帮助。

笔者曾经布置过一项作业，要求学生用英文邮件和笔者交流"五一"假期发生的印象深刻的事情。因为要表达自己的经历，因此作业的内容十分丰富多样。笔者根据每个学生的叙述，逐一交流，并在此基础上进行追问和纠正。通过交流，学生的缄默知识得以显性化。

（二）聚焦真实世界

David Nunan（2004）认为一堂好的语言课，从真实来源中实现输入，并将其与学习者的真实交流需求联系起来。

语言作为交流的载体，本身就是生动的真实的。因此语言课堂更加应该聚焦真实世界，在真实的语言情境下，实现学习者的关联性体验，让学习者认识到，语言来源于生活，也可以而且应该回归生活，这才正是语言教学的真正目的所在。

在 IPAD MINI（苹果迷你平板电脑）面市的第二天，笔者便以其英文广告语为引入，帮助学生领会中英文翻译中"信、达、雅"的要求。IPAD MINI 的英文广告语为"There is less than it，but no less to it."笔者让学生进行讨论这句广告语的中文翻译。讨论之后，学生基本可以翻译出"小了，但是没有少"。由此可见学生已经领会到"less"这一单词是"little"的比较级，并且"little"这一单词有两个意思"小"而且"少"。于是，笔者引导学生，这个广告语巧妙运用了一词多义，那么回归到中文翻译，能不能翻译出中文的巧妙。让笔者吃惊的是，在讨论片刻之后，有个学生回答道："老师，可以翻译成'简，而未减'，这样体现了中文的同音异义。"这次翻译之后，学生初步体会到了中英文翻译，不仅仅是逐字释义，而是内涵丰富的一项艺术。

（三）侧重问题解决

M. A. K Halliday（2007）在其著作《语言和教育》一书中，认为学习是一个主动的社会性过程。在学习过程中，指导者所创设的情境应该涉及问题解决，抑或是任务型目标，这样便可以更好地加深学生的关联性体验。Tricia Hedge（2002）在《语言课堂的教与学》中提到，指导者应该将学习者置于"问题解决"的活动中来，在这样的活动中，学习者需要进行意义协商，扮演一系列的角色，并通过语言来解决问题。学习者为了进行意义协商，并能在学习小组中作出贡献，他们就需要听取别人的意思，同时也让自己的意思被别人所理解。

Tricia Hedge（2002）在其著作《语言课堂的教与学》中提到，指导者应该将学生看做个体，学习群组中的成员，教育体系中的成员，以及社会中的成员。在整个学习过程中，学习者并不是孤立的。他们本身就是经验的来源。因此，在解决问题的过程之前，他们各自就已经有了相同和不同的相关体验。

在一次核心问题为"归纳环境问题产生的原因，讨论解决办法"的课例中，笔者采用"模拟联合国"的方式，将全班学生分成 8 组，每组抽取一个环境问题，组员归纳该环境问题产生的原因，并提出相应的解决办法。此外，每个组有 5000 万元的虚拟基金。在所有组陈述完环境问题产生的原因及解决办法之后，每个组可以将虚拟基金捐赠给其余七个组，以解决其环境问题。为了获得尽可能多的虚拟基金，每个组的组员积极归纳环境问题产生的原因，并讨论其解决办法。为了公平有效地使用自己的虚拟基金，所以学生必须认真听取其他组的陈述，以便做出正确的决定。在这样一个过程中，同一个组的组员之间的意义协商，以及不同组之间的活体碰撞，使学生的体验在深度和广度上不断延伸。

四、讨论

（一）指导者的教学能力

指导者为主体的教学比学习者为主体的教学更具挑战性，是因为前者只需要指导者具备扎实的专业知识，而后者需要的远远不止于此。

首先，指导者的专业知识很重要。因为指导者系统的专业知识是指导者用于构建整个学习过程的基础。

然而，专业的知识并不一定可以产生好的教学效果。Brain M.（1998）认为，好的教学能够使所学知识与学生联系在一起，并使学生保持其学习兴趣。好的教学能够让学生知道所学知识可以运用到他们的生活中。好的教学能够通过将所学知识变得有趣来让学生想要学习。

（二）学习者的学习动机

Carroll（1962）谈到，学习语言的关键因素有天资，机会或者方法，以及动机，而动机直接决定了学习者愿意花费在语言学习上的时间。

正如 Rod Ellis（2002）说道，动机是一种本身活跃的因素，它不是学习者具有或者不具有的因素，而是会随着学习的内容和环境相应地发生改变。

Bernard Spolsky（2003）认为动机有三个组成部分，学习态度，学习欲望，以及学习努力，只有三者结合在一起，学习者才能认为是真正地具备内在动机。

中国的英语课堂经常偏向学生竞争这种方式，但是大多数学生的学习动机由于竞争而呈现下降的趋势。因此，指导者应该为学习者创造一个合作式的学习氛围，以此避免来自同伴的压力，并且通过组织可以增加学习者参与度的活动来帮助学习者生成内在动机。

五、结论

语言教学的特点在于语言是真实的，生动的，发展变化的。因此，为了确保学习者接触到真实生动的语言材料，建立语言和学习者关联性体验之间的联系，指导者需要创设有效的语言情境。所谓有效的语言情境，是指学习者在此情境中，能够将新知识与之前的体验联系在一起，能够在指导者的帮助下，推进其最近发展区的发展，使新知识内化为学习者的缄默知识。这种现象表征为，学习者可以在语言课堂进行有效的真实的语言交流。为了实现这个目标，指导者需要具备扎实的专业知识，更重要的是，指导者需要系统的教学知识，这样他们才能够扮演好课堂组织者和观察者的角色，帮助学习者了解怎样学习，而不是灌输给学习者学习的内容。此外，由于学习者的学习动机是决定学习过程有效与否的重要因素，指导者需要调整创设的情境，使学习者具备学习的内在动机，以此加深其关联性体验。

参 考 文 献

[1] Bernard Spolsky. 2003. *Conditions for Second Language Learning*. Shanghai：Shanghai Foreign Language Education Press

[2] Brain，M. 1998. *Emphasis on Teaching*. Cary：BYG Publishing，Inc

[3] Carroll，J. B. 1962. "The prediction of success in intensive foreign language training" in R. Glazer（ed.）：*Training Research and Education*. Pittsburgh，Pa：The University of Pittsburgh Press

[4] Dewey，J. 1902. *TheChild and the Curriculum*. Chicago：The University of Chicago Press

[5] Ellis，Rod. 2002. *The Study of Second language Acquisition*. London：Oxford University Press

[6] Hedge，Tricia. 2002. *Teaching and Learning in the Language Classroom*. Shanghai：Shanghai Foreign Language Education Press

[7] Krashen，S. 2003. *Explorations in Language Acquisition and Use*. Portsmouth：Heinemann

[8] M. A. K Halliday. 2007. *Language and Education*. Beijing：Peking University Press

[9] Nunan，D. 2004. *Designing Tasks for the Communicative Classroom*. Cambridge：Cambridge University Press

[10] Rod Ellis. 2003. *Second Language Acquisition*. Shanghai：Shanghai Foreign Language Education Press

[11] Vygotsky，L. S.（1978）. *Mind in Society：the Development of Higher Mental Processes*. Cambridge：Harvard University Press

[12] Wikipedia，1. http：//en. wikipedia. org/wiki/John_Dewey#On_education（Dec-03-2011）

[13] Wikipedia，2. http：//en. wikipedia. org/wiki/Second_language_acquisition_theories#Input_hypothesis（Dec-03-2011）

浅议核心问题教学模式

胡 敏

在传统的教学过程中，学生一直处于被动接受知识的状态，这显然抑制了学生主体性的发挥，扼杀了学生的独立探究意识和创新能力的形成和发展，更是遏制了学生全面发展的空间。如今，新课程标准下的教学改革就是要改变这种学生被动接受、大量反复操练的学习方式，倡导学生主动参与的探究式学习。就是要让教师树立"以学生为主体"、"以教师为主导"的理念，明确学生才是课堂的主角。让学生在教师的引导下积极主动参与教学才是课堂成功的关键。因此，在教学过程中，如何充分发挥学生的主体作用，培养学生的创新能力已成为当今教学改革的主旋律。笔者通过几年的校本培训和研究，学习并实践了关联学生体验的核心问题这一教学模式，发现实践这一教学模式是实现教学改革的行之有效的途径之一，现对此进行探讨，以便将其在教学中不断推广运用。

一、核心问题教学模式的含义

核心问题教学模式改变了以往教学中以教师单纯灌输、学生被动接受的教学方法，是以教材为依据，从学生的实际出发，制定出精当而具体的教学目标。在缄默知识理论和新课程改革理论的基础上，以核心问题为载体，促进学生在体验中学习，将学生的体验进行关联，实现教学的结果性目标与体验目标获得更高达成度的教学活动规范形式。这是在教师精心组织下，经过问题出示及目标引出、开展活动、归纳提升和运用反馈的教学程序，让学生身临问题探索过程，并从中获取完整的知识体系，培养学生创新能力的新型的课堂教学模式。该教学模式不仅重视教师的诱导点拨及示范的教的过程，更注意学生自主学习、能力迁移、自主探究的学的过程，充分体现了"以学生发展为本"的教学理念，发挥了教师的主导作用和学生的主体作用，明确了"教是为了不教"的教学指导思想。

二、核心问题教学模式的特点

（一）核心问题是教学的开端

核心问题的提出可激发学生的求知欲和探究欲，这对教学的开展和创造性思维的启发是非常有利的。因此，教师在教学之初应首先创设问题情景，出示核心问题，促使学生头脑中产生有指向性的疑问，从而激发学生主动活动。

（二）核心问题是教学的主线

核心问题不仅是激发学生求知欲和探究欲的前提，也是学生吸收知识、锻炼思维能力的前提。核心问题应存在于整个教学过程中,应使教学活动自始至终围绕核心问题的解决而开展。并且核心问题必须与学生的思维活动密切相关。

(三)核心问题是教学的归宿

教学的最终目的不应是用所授知识消灭问题,而应是在初步解决核心问题的基础上引发新的问题。这些新问题出现的意义不仅在于它能使教学延伸到课外,而且还在于它能最终把学生引上创造之路。

三、核心问题教学模式的实施过程

(一)营造情景,出示问题

问题是思维的出发点,有问题才能去主动探究。出示问题就是教师根据要学习的知识点的内涵与外延,联系学生的知识水平、身边的生活实际,营造一种易于学生迅速进入状态的模拟情景,精心设计一个富有趣味性、启发性、探索性、应用性的问题,引起学生的有意注意,然后抓住契机,出示教学目标,激发学生思维的主动性,让学生迅速进入情境,领会核心问题,并使核心问题贯穿于教学活动的始终。比如笔者在进行八年级第六单元第一课时的教学时,教学设计首先是通过班上一个学生及其双胞胎妹妹的照片导入本课的话题,这个人是身边的同学,很能调动学生的积极性和引起他们的兴趣,而照片上显示出她们虽是双胞胎,但仍有差别。由此提出核心问题:谈论双胞胎的差异,归纳形容词比较级的构成。让学生从一开始就明确自己将要解决的问题。

实践证明:教师先展示出与教学内容相关的核心问题,以引出教学目标,不仅给学生造成了悬念,强化了目标意识,提高了学生的兴趣,并在轻松的氛围中把学生引导到具体的教学内容中,让学生学会深入思考。

(二)引导定向,适当协助

提高教学效率的关键在于充分发挥学生的主体作用,同时也需要教师点拨、定向引导。教师的引导应从学生的探究活动入手,使后续的探究活动有明确的目标和内容。比如笔者在进行八年级第六单元第一课时的教学时,笔者就是在提出核心问题(即谈论双胞胎的差异,归纳形容词比较级的构成)之后,引导学生开展各项活动,如谈论、倾听、对话、填表等活动,让每个教学活动都为核心问题的解决而服务,核心问题贯穿始末。随着活动的逐步开展和深入,让学生通过谈论双胞胎差异逐步感悟和思考形容词比较级的构成。同时,让学生在教师的引导和协助下,充分参与、体验各种活动,在活动中去解决核心问题。当然,教师要明确自己在教学活动中只是引导者、支持者、合作者和参与者。同时,教师要适当协助学生释疑排难,帮助学生搭建脚手架,将学生思维导向深入。笔者在进行本课教学时,主要是借助幻灯呈现各种存在差异的双胞胎的图片,让学生一边观察图片,一边学习单词和感悟形容词比较级的用法。在此过程中,学生已经开始思考形容词比较级的基本构成了,同时此环节也为稍后的解决核心问题的教学活动做好词汇及句型上的铺垫。另外,笔者还设计通过观众的口吻引出对话范例,让学生模仿范例对话,为后面的灵活运用作铺垫。之所以选择双胞胎作为比较对象,是由于双胞胎非常相似,因此,在相同之中找不同,必然会引起学生的极大兴趣,另外,在看似相同的双胞胎中找不同有一定难度,必然使得学生认真观察和比较,并努力尝试用形容词的比较级去谈论差异。

实践证明:只有学生真正深入到探究知识的活动中,学生才能在教师创设最佳认知活动的条件下,以自己已有知识和经验为基础,围绕核心问题的解决而独立操作或交流合作,通过活动去体验,通过体验去获取知识,从而使学生解决问题的能力得到提高,也使学习活动自然顺畅地进行。

(三)诱导反思,提升讲解

在教师点拨、诱导下,让学生进行自主反思归纳,将活动中获得的体验提升为知识或方法,对其加以重新组织,将知识结构有机地再现出来,经教师提升讲解后,最终形成完整的学科知识体系。通过学生的归纳提升和教师的讲解,不仅便于学生理解接受,在学生大脑中形成了完整的知识体系和方法体系,同时也发展了学生逻辑思维能力、归纳总结能力等各方面的能力。另外,教师在学生进行反思归纳时,可对要点做记录。比如笔者在进行八年级第六单元第一课时的教学时,就设计了一系列任务型活动,如:设计制作分类表格,让学生在倾听听力材料后进行填表的同时,把形容词的比较级的构成进行不同区分,为后面的反思活动做铺垫;播放课件制作的本班双胞胎的一段录像,在这段录像中,充分展示了双胞胎在外表和性格上的不同,让学生自由谈论和比较双胞胎的差异,并做记录。通过学生的观察、比较、谈论,学生运用形容词比较级的能力得到进一步提高。核心问题得以进一步解决和落实。此时已经为反思做了充足的准备。因此,反思活动自然而然的开展起来。笔者先让学生一边讨论,一边反思。然后,请学生说出反思的成果。学生一边说出反思成果,即形容词比较级的构成。笔者一边将学生的反思成果在黑板上做记录。最后,通过课件制作展示形容词比较级构成的规则,将学生的反思提升成知识并进行一定的讲解,以便学生理解和接纳。到此,学生已掌握了形容词比较级的用法及构成,核心问题已经得到解决。

(四)检验评价,反馈改进

让学生灵活运用已掌握的知识和方法去解决实际问题,是实现学生由理性认识到实践的又一次认识飞跃。因此,在活动、提升的基础上,教师要进一步挖掘教材内容,把握好知识的生长点,及时设疑、点拨,激起学生的发散思维,使学生所学的知识活起来。学生不一定要发明创造新东西、提出新理论,但一定要培养他们的创新精神。教师应积极对待那些浮想联翩甚至异想天开的学生,激发学生的发散思维,培养学生的创新能力。在归纳提升课堂所学知识之后,教师可让学生谈一下自己的心得体会,也可设计一些活动,让学生尝试运用所学知识,并最终在运用中去修正并内化所学知识,争取达到持续、稳定的程度,从而进入到日用而不知的新的缄默状态。比如在进行八年级第六单元第一课时的教学时,当学生学会了如何谈论双胞胎的差异并归纳了形容词比较级的构成时,本课的核心问题已经得以解决,但是笔者认为这还不是本节课的最终目的。本节课的最终目的是把通过谈论双胞胎的差异而反思出的语言知识拓展运用到谈论和比较其他的事物和人物。所以，在这节课的最后环节，通过放映课件制作的全班同学神态各异的照片，设计了让学生自己用形容词比较级写出自己与好朋友的区别，从而跳出先前双胞胎的框框，不仅达到巩固和检验知识的目的，而且也让学生把提升出的语言知识运用到实际交际中去，真正达到活学活用的目的。

四、核心问题教学模式需注意的问题

首先，教师要注意所设计的核心问题要有针对性，应符合学生的实际水平，并具有探索性、研究性、开放性和趣味性的特点。这样的问题才能激发学生的好奇心，从而拓展学生思维的广度和深度。这样的问题设计就要求教师要树立注重思维过程的观念。其次，设计的活动应力求有层次性。学生的知识水平有差异，难度不高的活动有利于保护学习有困难的学生，激发他们的求知欲。有一定难度的活动有助于激发学生研究问题的挑战性，从而调动全班同学的学习积极性，实现面向全体的教学目标。这就要求教师要树立以人为本、因材施教、和谐发展的教育观念。力争让所有学生都有问题可答，有活动可开展，最大限度地满足学生的求知欲和成功的愿望。最后还应注意，不仅要鼓励学生善于探讨和解决教师提出的问题，而且要善于自己发现问题、提出问题，以培养学生的创新思维。

五、核心问题教学模式的实施效果

教学实践表明：核心问题教学模式以学生乐于接受的有吸引力的核心问题导出教学目标，引起了学生的有意注意，激发了学生的学习兴趣，同时也强化了教学目标。该教学模式充分发挥了学生在教学中的主体作用，提高了学生自主学习的能力，培养了学生勇于探索知识的精神。运用该教学模式贯彻实施了让学生在活动中去体验，在体验中去学习的新型教学理念。不仅培养了学生归纳总结提升的能力，发展了学生思维，让学生获得了完整的知识体系和方法体系，而且通过教师的适当协助，诱导反思，激发了学生的创新思维，培养了学生的创新能力和反思能力。采用这种模式进行教学，课堂上提问和发言的同学明显增多了，课堂学习气氛更加浓厚，学生更加活跃，使得教学效果更加显著。

总之，核心问题教学模式旨在突破传统教学的框架，引导课程的改革方向，使之成为一种全新的教学理念，即教学过程更注重引导学生对问题的发现与探究，使之在探究过程中逐渐形成对问题进行解剖的思维品质与习惯，并在此基础上培养学生创造性地解决问题的思维能力。它以激励、强化学生在教学过程中的主体参与意识为着眼点，创造了一种有利于学生发展的、开放的学习氛围，帮助学生学会学习、学会发现和分析问题，并培养学生创造性解决问题的能力。它改变了以往老师填鸭式讲授，学生被动聆听的传统教学方法，而是营造情景，先将核心问题呈现给学生，引导学生共同探讨、各抒己见，构建一种师生平等、互动的学习环境。让学生在整个学习过程中围绕核心问题展开探究实践活动，并在此过程中将自己的体验进行关联，通过探究实践活动来解决问题，充分发挥了学生的主体性。当然，这种课堂教学模式将使教师面临更多的挑战。因此，教师应不断获取新知识以充实自己，同时还要锻炼自己随机应变的能力，才能驾轻就熟地驾驭课堂教学。

参 考 文 献

[1] 马胜利，黄冬芳. 构建"问题情境——自主探究"课堂教学模式初探. 教育科学研究，2001（10）
[2] 盛群力，李志强. 现代教学设计论. 杭州：浙江教育出版社，2010，12
[3] 徐晓梅. 探究教学中问题情境的创设途径. 学科教育，2002（7）

品析高考考场作文
促进高三学生作文"规范"与"自我"的关联体验

韩宏丽

一、作文案例

这是高三十班的一堂作文开头训练课,要求如下:季羡林先生是当代著名的思想家和文学家。有一次,季羡林做客央视"百家讲坛",当主持人请教他,青年人如何才能拥有丰厚的文化积淀和美德修养时,季羡林先生回答说:"在这个问题上,我不知道是否有捷径可走。以我之见,学会聆听当是最好的选择。"听了季羡林先生的话,在场的人无不鼓掌称叹。读了上面的材料,你有何感想呢?请以"聆听的魅力"为题,完成作文开头。下面呈现的是学生体验及使用"规范与自我"方法前后的开头。

嵇康的一首广陵散,是等待谁的聆听?他孤独地弹着,曲高而和寡。谁又在聆听?"总有的!"或许嵇康常对自己这么说。竹林外一定有人聆听着林中曲调的一升一降,这心灵深处的共鸣,则正是那聆听的美好。(姜哲 一稿)

秋日,寂静,刑台上,一人抚琴而坐。广陵散,生命的绝响。铿锵,是聆听者从曲中听到的杀戮的战斗气氛;激昂,是聆听者从曲中听到的不羁的呐喊。那是心灵深处的共鸣,聆听的魅力也亦在此。(姜哲 二稿)

秋日,寂静,刑台上,一人抚琴而坐。广陵散,在生命的绝处响起。腾腾杀气,不羁呐喊,穿越魏晋的阴霾,给黑暗中踽踽独行的人一线明媚。这,正是聆听的魅力,每一遍,都带着聆听者历经灵魂的洗礼。(姜哲 三稿)

独立寒秋,湘江北去,听那中流击水,听那百舸争流,你是否感受到了聆听的魅力?争鸣百家,畅叙春秋,听那史家之绝唱,听那上古低吟,你是否感受到了聆听的魅力?聆听的魅力,发于心上于情,大千世界,茫茫人海,得之则为人生至理。(许丁 一稿)

独立寒秋,湘江北去,于中流水声中与伟人共豪情,你是否领略到了聆听的魅力?争鸣百家,畅叙春秋,于无韵离骚里和史家同沉吟,你是否品味到了聆听的魅力?聆听的魅力,在于我听故我在,我听故我智。(许丁 二稿)

打开播放器,优美婉转的《梁祝》缓缓流出来,我静静地聆听着,原来聆听的魅力不在于聆听,而在于我们聆听的内容。(贾文迪 一稿)

打开播放器,《梁祝》优美婉转,我静静聆听,沉醉不已;走进汇报厅,演讲激昂慷慨,人们静静聆听,深深钦佩;翻开《论语》,孔子循循善诱,和蔼仁爱,中华儿女静静聆听,顶礼膜拜。说者智,听者慧,聆听的魅力便在于我们给予对方尊重欣赏的同时,积淀文化,修养品德。(贾文迪 二稿)

两相比较，修改稿更切合高考作文发展等级要求。学生作文面貌能有如此快速和根本的转变，完全得益于品析高考考场作文，促进高三学生作文"规范"与"自我"的关联体验方法的使用。

二、理论支撑

"体验"一词，在《全日制义务教育语文课程标准》中多次出现，如：阅读中提倡"注重个性化的阅读，充分调动自己的生活经验和知识积累，在主动积极的思维和情感活动中，获得独特的感受、体验和理解。"鉴赏中要求"能感受形象，品味语言，领悟作品的丰富内涵，体会其艺术表现力，有自己的情感体验和思考，受到感染和启迪"；写作中强调"学会多角度地观察生活，丰富生活经历和情感体验，对自然、社会和人生有自己的感受和思考，多方面地积累和运用写作素材"。可见，体验具有丰富的教育价值，在作文教学中引入体验必然给作文教学劳而寡效的现状带来改变。

新课标对体验的重视在《高中课程标准实验教科书语文（必修）》的作文改革部分体现明显，作文教材分为三个系统，其中相对独立编排的第一个系统是这套作文教材的主体部分，致力于对学生进行系统的规范的作文训练，目录如下：

第一册
心音共鸣 写触动心灵的人和事
亲近自然 写景要抓住特征
人性光辉 写人要凸显个性
"黄河九曲" 写事要有点波澜
第二册
直面挫折 学习描写
美的发现 学习抒情
园丁赞歌 学习选取记叙的角度
想象世界 学习虚构
第三册
多思善想 学习选取立论的角度
学会宽容 学习选择和使用论据
善待生命 学习论证
爱的奉献 学习议论中的记叙
第四册
解读时间 学习横向展开议论
发现幸福 学习纵向展开议论
确立自信 学习反驳
善于思辨 学习辩证分析
第五册
缘事析理 学习写得深刻

讴歌亲情 学习写得充实
锤炼思想 学习写得有文采
注重创新 学习写得新颖

从目录可见，每一个单元作文标题的前半部分就是所要体验的内容，后半部分就是所要借鉴的写法。例如第一册第二单元"亲近自然——写景要抓住特征"，先在"话题探讨"中指导学生探讨亲近自然、认识自然、体验自然的问题；接着在"写法借鉴"中，引导学生体验范文作者是怎样认识自然、感受自然和表现自然的；最后让学生在"写作练习"中任选一题，投入到表现自然的写作实践中去体验写作方法。

我校校本研修对体验有深入的探究：体验是学生基本的学习方式，体验既是学生多种多样的学习活动，又是学生相应学习活动的结果；关联体验是在体验与体验教学思想下的一种细化，它是体验教学的下位概念，就是在老师创设的情境下，激发学生利用原有的、与新知识相关的经验或知识来对当下知识的理解消化的活动，要通过对旧有知识的关联、对生活实际的关联以及对学生情感的关联从而达到关联体验。

品析高考考场作文，促进高三学生作文"规范"与"自我"的关联体验，就是要将学生有关写作的直接或间接经验转化为关联体验，不仅要拥有知识与技能，更能将知识与技能转化为智慧和悟性。

三、操作方法

品析高考考场作文，如果只是将优秀作文及评语发给学生自行阅读并思考，往往多数学生粗略浏览后便草草收兵，范文示范价值没有最大化。笔者认为宜选取高考考场作文的各类分数段的标杆文章，并把需要学生品析的内容分点细化，引导学生感受、体察、领悟、想象、回忆、比照，在关联体验中提升写作能力。如，品析2011年高考湖南卷四篇标杆作文后，便引领学生在下列表格中填上自己的阅读体验，指点学生自己从范文中去体味、领悟写法，如表1所示。

表 1

	满分作文	一类文	二类文	三类文
立 意				
标 题				
开 头				
主 体				
结 尾				
其 他				

这样的品析体验进行几次后，便可引导学生专注于高考高分考场作文，体验思索优秀作文的优秀之处，探究高分诀窍，笔者给学生总结的是："规范+自我"铸就高分考场作文。笔者与学生通过表格将"规范"与"自我"细化如表2所示。

表 2

	规 范	自 我
立 意	切合题意或符合题意	立意等级高
标 题	体现文体特征；展示文章主题	有吸引力
开 头	开篇点命题、话题或材料关键词句；揭示文章中心	简洁而有文采
主 体	结构清晰，情感真实	结构严谨，情感真挚
结 尾	总结全文；突出文章中心	简洁而有意味

关于立意等级，作文评分标准"深刻"的三个要求"（1）透过现象深入本质；（2）揭示问题产生的原因；（3）观点具有启发作用"。即可解释何为立意等级高。如苏轼的"人有悲欢离合，月有阴晴圆缺，此事古难全。但愿人长久，千里共婵娟"就与一般的同题材诗作不同，它超越了月亮的自然形态，又超越了世人对于月亮的通用思路，所以它的立意等级是高的。如对于江苏 2011 年高考作文题目"拒绝平庸"，能悟出此题目重在写社会生活中人物内在精神方面的内容，那么立意等级自然较高，所以写小店名"风沙渡"的，写"梵·高"的等作文就脱颖而出，显然考生具备了透过表面发掘本质的能力以及从平常事物中看出不平常之处的能力，使得作文立意方面占尽上风。

关于标题，如 2011 福建卷唯一满分作文《热爱诞下创造的婴孩》，湖南卷《低姿态的高贵》，标题就同时具备了规范与自我特点。而得分为 30 的作文《改变》的标题，文体特征不明，主题不明，缺乏魅力。

关于开头，如湖南卷《低姿态的高贵》开篇一句，"有一种高贵叫做低姿态"横空出世，直接点明论点，夺人眼目。

关于主体的结构，文章具有必要的组成部分，且围绕中心，衔接自然，视为"结构清晰"，各部分之间有较强的内在联系，视为"结构严谨"，严谨清晰的结构才能引领评卷老师陪着你的作文慢慢走下去。可用小标题的形式展开结构文章主体，也可在各部分的开头或结尾使用相同的句式体现自己思维展开的过程，如 2009 年天津卷的《说说我们"90 后"》主体部分各段均以"'90 后'的我们"起句，展示了作者对 90 后各方面特点的关注。又如 2011 年浙江卷的命题作文《我的时间》，一考生的主体部分三个段落的结尾句子分别是"我懂得，人生是竞争，是进取，是适者生存"。"我了解，人生是规范，是秩序，是按部就班"。"我感悟，人生是开阔，是纵横，是心怀天下"。这三句话巧妙揭示了考生对于我的时间的思考。当然，也可以不在句式上下工夫，用其他方式让作文条理化，如 2011 年江苏满分作文《拒绝平庸》作者以梵·高的三幅画作为行文线索展开，以《麦田里的乌鸦》论证要拒绝平庸，以《向日葵》论证拒绝平庸要有极大的勇气，以《紫鸢尾》论证拒绝平庸要有一定的才情，层层推进，将自己的思维展开过程清晰地呈现于作文中。

关于主体的情感，文章所写的景、情、事、理，含有自己的真切感受、体验、体悟，符合情理，与文章的内容和谐一致，视为"感情真挚"，文章表达的感情符合情理，视为"感情真实"。如果自己的作文都打动或说服不了自己，怎期望它能打动或说服评卷老师？真情实感的缺失导致考场作文空洞枯燥，人云亦云，缺少"自我"，这样的文章必定会沦为"大路货"，分数自然平庸。尤其议论类文章，如果没有真诚的思考，其说理必然空乏无力，而如果思考是真诚的，即使展示的是自己不太成熟的想法或者思考中的迷茫疑惑，也有可能得到评卷老师的认可或青睐。譬如《说说我们90后》的这段："还记得"5·12"过后，那一天举国哀悼，全校师生在国旗下，顺着飘零的小雨，将悲痛流进心里。我望着齐刷刷的一排排静默的背影，看着那半落的五星红旗，有一种欣喜的悲痛。可是，灾难和耻辱背后，却是我们每一次升旗和唱国歌的冷漠，是我们对国家大事的忽略。我们多少人甚至不知道，圆明园兽首正在法国被当年的劫掠者拍卖。我们有一腔热血，却不懂投向何方。"作者对"我们每一次升旗和唱国歌的冷漠，是我们对国家大事的忽略"的反省欠深刻，但非常真诚，一样获得了评卷老师的青睐。

关于结尾，如湖南卷《低姿态的高贵》最后以问答的方式结尾，照应开篇和题目，"我将放低姿态，俯身闻得一地芳香"，首尾圆合，简洁而有意味。

关于规范与自我的要求，简单明了，学生易记易操作易反省，如果高一高二的分项训练比较到位，学生的作文按要求整合后分数均有不同程度提升，因为学生作文写规范了，自然能在作文评分的基础等级中占尽优势，而着上自我之色，是进入发展等级评分的法宝。

建立关联意识　促进深度体验
——浅谈物理概念、规律教学中应建立的关联意识

熊文俊

通过以"核心问题教学中的学生关联体验研究"为主题的校本理论学习和校本研究，进一步认识到：学生要在课堂学习中有深度体验，关注学生在课堂上的关联体验是有效途径之一。因此教师在教学中应有相应的关联意识。具体到物理教学中，应既关注物理知识内部的关联，如物理知识与物理知识的关联，物理知识与物理思想方法的关联，物理知识与物理学科能力的关联……又关注物理知识与其外部的关联，如物理与社会发展的关联，物理与技术应用的关联，物理与生活的关联……下面从物理概念教学、物理规律教学中应建立的关联意识谈谈自己在实践基础上的认识。

一、物理概念教学中应建立的关联意识

通过20多年的教学实践，笔者越来越深切地感到在进行物理概念教学时，若将一个个物理概念孤立地进行讲解，学生对概念的理解是片面、不深入的，学到的概念也是孤立的死概念，不利于学生对概念的把握，更不利于学生能力的提升。因此，为达成学生在概念学习中的深度体验，教师应在概念教学中对以下关联给予足够的关注和重视。

（一）关注物理概念与生活之间、物理概念与物理现象之间的关联

每个物理概念均是在与生产、生活中相关物理现象的关联中提出的，也就是说，每个物理量在物理学中均有其引入的目的。如：引入"速度"这一物理量是为了描述物体运动的快慢，引入"电阻"这一物理量是为了描述导体对电流阻碍作用的大小，引入"温度"这一物理量是为了描述物体的冷热程度，引入"折射率"这一物理量是为了描述光线由一种介质斜射入另一种介质时的偏折程度……

有了上述关联意识后，在进行物理概念教学时就不能生硬地将物理概念讲解、灌输给学生，让学生把它们记住；而应与学生一起分析与这一物理概念相关的物理现象，搞清楚它的引入目的。这样，学生在概念学习中就可不断加深对物理与生活、物理与自然现象的关联体验，增进他们对概念的理解能力。

（二）关注物理概念与前物理概念、规律之间的关联

许多物理概念是基于其引入目的，由与它相关联的其他物理量来定义的。如，为了表示物体运动的快慢，引入了"速度"这一物理量，并经分析，选择了与人们日常生活感受更为一致的方式，将"速度"定义为"物体发生的位移与发生这段位移所用时间的

比值";又如,为了描述导体对电流阻碍作用的大小,引入了"电阻"这一物理量,并经过分析,将"电阻"定义为"导体两端的电压与通过它的电流的比值";再如,为了描述光线由一种介质斜射入另一种介质时的偏折程度,引入了"折射率"这一物理量,并在相关实验分析基础上,将"介质的折射率"定义为"光从真空斜射入某种介质时,入射角的正弦与折射角正弦的比值"……

还有一些物理量是基于与之相关的规律来定义的。如重力势能、弹性势能、动能的定义是基于"做功过程就是能量变化的过程,做多少功就有多少能量发生变化"这一规律,分别对重力做功、弹簧的弹力做功、合外力做功情况的分析得出的。这些物理量的得出过程本身就明显地体现了该物理量与相关规律很强的关联性。

有了上述关联意识后,对这样的物理量进行教学时,就不能生硬地直接将该物理量的定义及定义式告诉学生让学生记背;而应与学生一起,首先搞清楚这一物理概念的引入目的,再依此引入目的,结合相关物理现象进行分析,寻找与该物理量相关的其他物理量、物理规律与它的关联,得出该物理量的定义式。学生在这样的概念定义学习中便可不断加深不同物理概念间、物理概念与物理规律间的关联体验,加深对概念的理解。

(三)关注物理概念定义式与其所规定的单位、标量矢量性之间的关联

每个物理概念(物理量)的定义式不仅表达了该物理量的定义,还规定了定义式中各量之间的数量关系、单位关系及标量矢量关系。如"平均速度"的定义式"$\bar{v}=\dfrac{s}{t}$"不仅表达了平均速度的定义,还规定了平均速度与位移、时间的数量关系,速度单位是由位移单位和时间单位复合而成的"米/秒"以及"平均速度是矢量,方向与位移方向相同"等信息;又如,"介质的折射率"的定义式"$n=\dfrac{\sin i}{\sin r}$"不仅表达了折射率的定义,还规定了折射率与入射角、折射角的数量关系,折射率是一个无单位的物理量以及"折射率是标量"等信息……

有了上述关联意识后,在进行物理概念教学中,就不应将其单位、标量矢量性等直接告诉学生让学生记背,而应以该物理概念的定义式为依据,请学生自己导出相关结论。学生在这样的定义式学习中便可不断加深对定义式与其所规定的单位、标矢性等之间的关联体验,通过深度体验达成对概念的深入理解。

(四)关注物理概念与后物理概念之间的关联

每个物理概念均可能与后续将学习的某些物理概念有关联。如,位移是物体位置的改变,速度是位移对时间的变化率,加速度是速度对时间的变化率……;又如,匀强磁场中通过某个面的磁通量定义为磁感应强度与该面垂直于磁感应强度的面积大小的乘积,感应电动势是磁通量对时间的变化率,感应电流是感应电动势与电路中总电阻之比……

有了上述关联意识后,进行物理概念教学时,一定要有将本节课所学概念与后续将学习概念建立起恰当联系的意识。在教学中根据学生实际,为学生的后续学习打下必要的伏笔,学生在这样开放的概念学习过程中可进一步加深对物理概念与概念间的关联体

验，进而产生自己发现、合理创造概念的冲动，这是学生可持续发展所需的重要能力和素养。

如果教师在概念教学中关注了以上四方面的关联，并在学生的概念学习中注意引导他们在学习中对上述关联不断深入地体验，学生学到的就不会是一个个孤立、零散、死的物理概念，而是与相关物理现象及相关的其他物理量、物理规律相关联、呈现一定结构、被学生内化了的概念网。这样的概念学习中，学生是从鲜活的生活现象中学习物理概念，便可体验到物理与生活的关联，激起他们学习物理的兴趣；这样的概念学习中，学生是在深度体验中生成物理概念，习得的概念鲜活、易于迁移应用；更为重要的是，这样的概念学习中，学生不仅可掌握物理概念本身，还可不断习得、内化、强化学习物理的方法，提升解决物理问题的能力。

二、物理规律课教学中应建立的关联意识

与概念教学一样，我们在进行物理规律教学时，若孤立地对规律进行讲解，学生对物理规律的理解也一定是片面、不深入的，学到的只会是一大堆杂乱无章、无关联的死规律，不利于学生对规律的理解、运用，更不利于学生结构意识、整体意识和整体分析问题能力的提升。为了达成学生在物理规律学习中的深度体验，教师应对规律教学中的以下关联给予足够的关注和重视。

（一）关注物理规律与其发现背景之间的关联

任何物理规律都有其发现背景，都是人类对相关问题长时间的不懈探索中总结得出的。如"牛顿第一定律"的得来经历了以亚里士多德为代表的"力是维持物体运动的原因"，以伽利略为代表、通过理想实验得出的"一切运动着的物体在没有受到外力作用的时候，它的速度将保持不变，并且一直运动下去"等观点后，由牛顿总结出来的，在这一长达两千年的漫长过程中，人们对力与运动关系的认识不断修正的同时，研究物理的思想、方法也不断进步。又如，"万有引力定律"是牛顿在前人对天体运行规律研究基础上（相关认识过程如图1所示）发现的，此后卡文迪许用实验较准确地测定了万有引力常量，这时万有引力定律才具有了实际意义……

有了上述关联意识后，我们在进行物理规律教学时，就不应直接告诉学生物理学中有某一规律，而应为学生提供背景学习素材，或学生自主查询相关资料，通过规律得来背景的学习，引出要学习的物理规律，让学生体验到所学规律是人类对相关问题的长期研究、不懈努力、不断修正中得来的，从而对作出巨大贡献的科学家们产生油然而生的敬重，进而激发出学习的兴趣、热情和克服困难的信心和决心。学生在这样的规律背景学习中可不断加深对物理学与社会发展之间、物理学与科技进步之间、物理学与人文科学之间的关联体验，并通过这些物理与其外部之间的关联体验，加深对物理规律的整体理解。

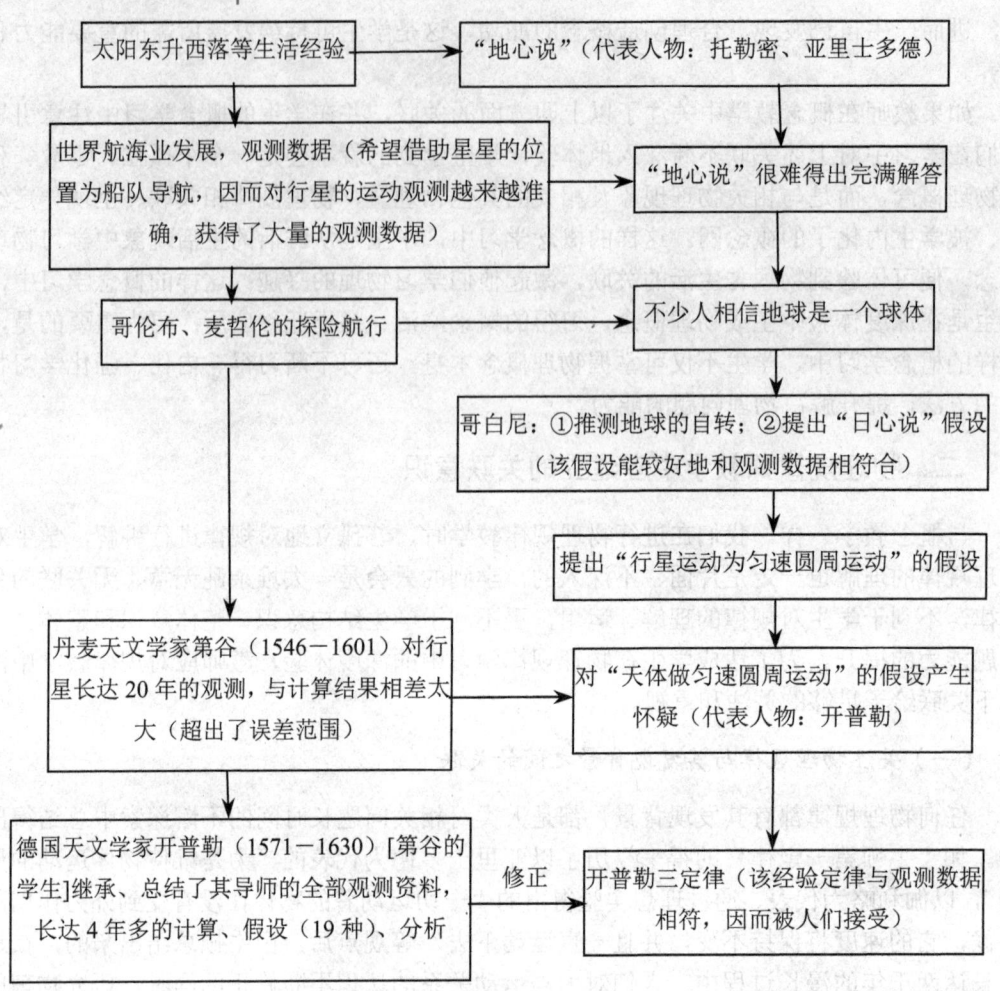

图 1 人类对天体运行规律的认识过程

（二）关注物理规律与其得出过程之间的关联

任何物理规律都有其得来过程。如"牛顿第二定律"是"牛顿第一定律"的定量化，是在"探究加速度与力、加速度与质量关系"结论基础上通过分析、引入单位制后推理得出的；又如"楞次定律"是在相关典型实验的观察、分析基础上总结得出的……

有了上述关联意识后，我们在进行物理规律教学时，不应直接给出物理规律，仅仅让学生用给出的规律求解相关的物理练习题；而应和学生一起作相关探究，进行相应的分析、推理，总结得出物理规律，唯有这样，学生才能在探究过程中不断加深对物理规律与物理现象之间的关联体验、物理规律与物理思想方法之间的关联体验，也才能更好地将深度体验基础上习得的物理规律用于解决新情景中的新问题。

（三）关注物理规律表达式与其规定的单位、标量矢量性之间的关联

与物理概念一样，许多物理规律都有相应的数学表达式，这些数学表达式在简洁反映物理规律的同时，也规定了式中各物理量的单位关系及标量、矢量关系。如牛顿第二

定律的数学表达式 $F=ma$，在表达了 F、m、a 间数值关系的同时，也表达了"$1N=1kg·m/s^2$"这一单位间的关系，还表达了 a 与 F 的同向关系、瞬时对应关系等。

有了上述关联意识后，在进行物理规律教学中，就不应将规律中所涉及的单位、标量矢量性等直接告诉学生让学生记背，而应在解读该物理规律的基础上，与学生一起用数学语言表达该规律；然后再请学生解读规律的数学表达式，自己分析得出式中各物理量的单位及标量矢量性等信息。学生在这样的规律表达式学习中便可不断加深对规律表达式与其所规定的单位、标量矢量性等之间的关联体验，进而通过对规律表达式的深入解读，加深对物理规律的理解。

（四）关注物理规律与物理现象、技术应用及社会发展之间的关联

任何物理规律都不是为了得到规律而产生的，而是为了解释相关物理现象、解决相关物理问题、服务于我们的日常生活、生产、科研而产生的。如"牛顿运动定律"的总结得出是为了解释日常生活、生产中物体受力与物体运动的现象，解决日常生活、生产、科技研究中物体受力与物体运动的关系问题，服务我们的生活、生产和科学研究；又如，"楞次定律"的总结得出是为了解决电磁感应现象中感应电流方向的判定，进而能更好地利用电磁感应现象服务于我们的日常生活、科技发展等。

有了上述关联意识后，我们在进行物理规律教学时，得出物理规律后，除了通过适当的练习加深对物理规律的理解外，还应特别注意将学到的物理规律用于解释日常生活中的相关物理现象，注意物理规律在生活、生产中的应用。学生在这样的规律应用中才会不断加深对物理与生活之间、物理与社会发展之间、物理与技术应用之间的关联体验，并通过这样较为深入的应用体验，加深对物理规律的理解。

（五）关注物理规律之间、物理规律与物理概念之间的关联

任何物理规律一定以某种方式与其他物理概念、规律存在着关联。如"牛顿第二定律"，通过合外力与"力的合成与分解"等规律相关联，通过加速度与"质点的运动学规律"相关联；又如"动能定理"通过总功与"功、功率"等概念、规律相关联，通过动能的增量与"动能、质点运动学规律"等概念、规律相关联……

有了上述关联意识后，我们在进行物理规律教学时，不仅要关注学生对该规律本身的学习，还要关注它与其他规律间的关联，从而将物理学中的规律与规律间建立起关联，使习得的物理规律不是孤立、线性的，而是形成了合理结构、内化了的物理概念、规律网，进而使学到的物理知识更有力量。学生在这样的规律学习中可不断加深对物理规律与规律间的关联体验、物理规律与概念间的关联体验，进而可从结构中整体地把握物理概念与规律。

由上可见，物理规律的学习过程，其实就是透过相关物理现象看本质（即由相关现象分析得出物理规律），再将总结出的物理规律应用于生产、生活中解决新问题的过程。如果我们在物理规律的教学中关注了前述五方面的关联，学生就会在基于物理现象的鲜活物理规律学习过程中，透过现象理清物理规律的来龙去脉，加深对物理规律的理解，形成将物理规律用于解决实际问题的能力，对物理规律形成结构化、整体化的认识。

当然，在物理教学中应关注的关联远不止文中谈到的这些方面，本文仅就教师在物理概念、规律教学中应有的关联意识谈了自己在实践基础上形成的粗浅认识，希能借此抛砖引玉，共同为学生在学习中的深度体验提供更为恰当的时间和空间，营造更为良好的学习情境，更好地为学生的可持续发展奠基。

参 考 文 献

中华人民共和国教育部. 普通高中物理课程标准（实验）. 北京：人民教育出版社，2003，10

刍议物理语言"四要素"及其关联
——从语言角度浅析高中物理教学

冯 源

物理学家费米曾说过这样一段话:"计算的途径有两种,第一种,是我所愿意采用的,即一幅清晰的图像。第二种是严格的数学架构。"[1]如果把这段话投射到中学物理教学上,似乎也颇具意义。在笔者看来,高中物理的教学过程中,教师应适当引导学生从语言学习的角度学习物理,以使其熟练掌握简单的物理语言,形成基本的理科思维方式。如费米所述,物理语言的核心正是"图像"和"规律",因而学生要学会利用这两种核心的语言方式,再围绕"概念"并结合"计算"阐明物理过程,解决物理问题。理科思维方式的形成是通过物理语言的反复运用来实现的,而"概念""规律""图像"和"计算"正是构成高中物理语言的四要素。四者各具特点且相互关联,接下来,笔者将逐一剖析。

一、概念及其关联

概念可以分为物理量型和非物理量型。前者是构成物理公式的基本字符,直接针对物理量本身,由它们组成公式参与运算,且往往具有单位,比如位移、速度、加速度、摩擦力、合力、功、动能、常量(G、k)等;而后者常常用于描述物理环境,陈述一个基本事实或是提供一个统一的规范,比如质点、重心、参考系、惯性、直线及曲线运动、电场、磁场等。单是这两类概念之间就有内在关联,且常常是包含与被包含的关系,就像电脑里的"文件夹"和每个"文件"之间是一种结构化思维。比如直线运动这个用于描述运动过程的非物理量型概念(文件夹)中,就包含有位移、速度、加速度、时间等具体的物理量型概念(每个文件);再如电场这个非物理量型概念,围绕其展开的物理量型概念就是电场强度、电势差等。一般来说,非物理量型概念用于勾勒出物理情景的轮廓,形成相应的解题环境。而教学中更值得细究的却是后者,即涉及具体物理量的那些概念。它们能落实到细节,更加具体,常用一个英文字符来简记,是形成物理语言的每一个"字",其目的是把规律、定理等从文字描述向数学表达式(数学描述)过渡。

关于非物理量型概念在教学中的具体应用,可以拿"牛顿第一定律"来举例。该节有一个要点,即指出了要把"运动"概念进行细分,至少分成匀速运动和变速运动这两大类。前者不需要力来维持,而后者又必须要力来维持。可以推测,在伽利略之前的人们可能都没有对运动类型进行过准确的划分,所以总是对力和运动的关系问题混淆不清,甚至自相矛盾。而伽利略用著名的理想实验捕捉到了唯一不需要力来维持的运动——匀速直线运动,把这个特殊的运动形式排除以后就会发现,其他的运动都是需要有力参与的。后来牛顿明确了力、惯性、质量等概念，再借助于加速度（由伽利略定义）等一系列的物理量型概念，最终提出了牛顿第二定律。这既体现了非物理量型概念与物理量型概念之间的内在关联，也体现了概念与另一要素——"规律"间的关联。同样，环绕天体的向心加速度和物体下落的重力加速度这两个物理量型概念的区别，也要关联到运动学公式（规律）来进行解释，即 $a_{向} = \frac{v^2}{r}$ 与 $a_{重} = \frac{v_t - v_0}{t}$。并且，前一个公式针对的情景是匀速圆周运动，后一个则对应竖直方向的匀加速直线运动。从中不难发现，概念也经常要和"图像"关联。再如，讨论万有引力和重力的异同就要关联到受力图（力的分解）才好解释。总的来说，物理概念的建立是为了解决或阐述某个物理问题，然后人们在已建立的物理概念的基础上又去研究新的问题，建立新的物理概念，这种链锁式的问题解决方式形成了物理概念体系。

二、规律及其关联

物理规律包含有定律、定理、推论等，是对自然法则的高度总结，也是物理学中最为精华的部分。曾经有人问李政道，乍一接触物理学，有什么东西给他印象最深？他毫不迟疑地回答说，是物理法则普适性的概念深深打动了他[3]。物理规律有着令人惊讶的普适性，这既是它最吸引人的地方，也是它较难被学习和掌握的原因。我们知道，有些规律来自于实验事实，如牛顿第二定律、欧姆定律等；有些则来自于推导，如动能定理、动量定理等。为了便于讲述，教材会用最简单的方式引入它们，但由于普适性的缘故，它们也可以适用于更多、更复杂的问题，这就让命题者们拥有了几乎无限的发挥空间。因此，学生总是感觉看得懂教材，听得懂讲解，但真正考试的时候却经常束手无策，等看到答案时才感慨不已：原来还是关于那些基本规律的应用。由此可见，要想提高解题能力就要使学生对公式有较高的熟练度和敏感度。熟练度可以从习题训练中，通过重复操作来得到；而敏感度则要靠经验的积累，注重对题型的见多识广。而由规律、定理等转化而来的公式其实就是文字语言的简记形式，等于是构成物理语言的"句"，其中的各字符都是相应物理量型概念。由此可见，规律与概念，尤其是与物理量型概念之间的关联就自是必然了。当然，正如房子是由砖砌成，但砖并不代表房子一样[4]，由物理规律等所演化出的各种公式或推导出的各类定理并非是字符或概念的机械累积，而是代表着自然界的法则，宇宙的"程序"有着客观的内部结构。

对于规律在教学中的应用真可谓是家常便饭，仅在中学物理中，一个"$F_{合} = ma$"似乎就具有无穷的潜力；一个动能定理也能"横行无忌"。我们需要做到的是，清楚各定律间来龙去脉（内在关联）以及适用范围，掌握定理的推导过程，结合物理情景（与图像关联），将公式牢记于心，然后抓准每个字符（即物理量型概念）的物理意义，熟悉其常见的扩展形式，进而顺利应用公式解题。教师要给学生具体指出，规律、公式里哪些字符特别活跃，易出状况，常为命题者所钟爱。比如"$F_{合} = ma$"里的"$F_{合}$"和"a"；再如动能定理中的"$W_{总}$"和"v_0""v_t"；单摆周期公式里的"g"和"l"；向心力公式变形式"$R = \frac{mv}{qB}$"中的"R"等，它们常作为方程的扩展点，起着纽带的作用，从而实现方程之间的"通信",成为解题的线索。关注这些字符,可以很清楚地看到数据处理的流程,就像是在看一列面向过程的计算机程序一样,这也就是平时所谓的"解题思路"了。因此,教师在讲解一些例题的时候,要尽量把题目中的方程还原为原始的公式,然后让学生熟悉其常见的变化形式(这个过程也常常关联图像),从而为灵活、正确地解题奠定良好的基础。解答计算题时常牵涉很多内容,如受力分析、过程分析、隐含条件的挖掘、变量分析、特殊量的应用等等,这些环节都需要学生通过习题演练来巩固。

三、图像及其关联

它太重要了!高中物理的规律、定理并不算多,但题型多变,特别体现在图像上。图像能够传递物理知识信息,且具有交流物理意识的作用,这就对学生的想象力提出了要求。物理想象不同于文学艺术中的想象,它比文学艺术中的想象更概括、更抽象。物理想象也不同于数学想象,它不仅需要空间想象,还需要对客观事物状态及发展过程的较为形象的想象[2]。如果学生只对着问题"干想"是很难打开思路的,而借助于图像将命题者设计的物理情景、物理过程具体化之后,就使思维有了起点和方向。图像形成的目的常常是为了能和规律(公式)发生关联。图画出来了,解题的方法也就有了。这是因为借助于图像能产生形象思维,学生很容易由图像关联到物理公式,寻找几何关系,再与记忆中的有关知识进行比较,便可找到解决问题的方案。

对于大多数物理习题来说,使用最普遍的莫过于受力分析图、运动过程图、电路光路图、电场磁场图等。而这当中除了电路光路图外,其他图大都属于矢量图的范畴,这也是主要的难点所在,幸好它们常常被限制在二维平面中。就高一学生来讲,接触较多的有受力分析图(力的示意图)和运动过程图等。比如第一章里所涉及的"力的三要素""重力"、"弹力"、"摩擦力"、"力的合成、分解"等都是构成受力分析图的基础。当然,以后还会有诸如电场力、磁场力等新"成员"加入其中。在受力分析图中,由于质点概念的引入,力的作用点往往都统一了,于是在"力的三要素"中,力的方向和大小就显得更为重要,而受力图的关键就在于找好各力的方向,并判断其是恒力还是变力。虽然不同性质力的方向的判断方法不尽相同,但多数情况下,各力都会平行或垂直于题设情景中的某一平面或某一连线。因此,以它们为参考是必要的、便捷的。这正能体现图像间的内在关联。对运动过程图来说,以"直线运动"的习题为例,它们所给出的图往往就只画个初始情景,甚至有时仅给出文字叙述。这就要求学生能按照题设条件想象出研究对象的大致运动过程。其中,有些习题可能包含多个过程或多个物体,同时涉及讨论、隐含条件等。因此,想象好图像之后要表达在纸上,形成草图,以便清晰地反应物体的运动过程及各物理量间关系,即寻找出图像与规律间的关联。简而言之就是"方程长在图像上"。对一般中学生来说,培养和训练他们的这种想象能力可谓困难重重。因此,教师在教学中应尽量督促学生多动脑、多思考,尽量动手把图像画出来。在高中物理教材的大多数章节里,几乎都要用到受力分析图和运动过程图,可以说它们贯穿了整个高中物理的始终,是解答众多习题的法门。当然,解题中还会经常用到其他诸如电场图、磁场图、电路图、实验装置图、物理现象图和一些用于记录数据的图表等,而不同的图像有着不同的用途，各图像间也有不同的关联。举例来说，在电学实验中，数据表格可以和函数图、电路图、欧姆定律等关联。更具体一点，闭合电路欧姆定律（研究电源电动势和内阻）和局部电路欧姆定律（研究外电阻）所关联的电路图、函数图都是不同的。总的来说，规律与图像的关联是最核心的关联，也是实际教学中最应该被重视的环节。

四、计算及其关联

高中物理的基本计算说来很简单，无非加、减、乘、除、乘方、开方等，但三角函数、二次函数、数列和平面几何等数学内容渗透于物理过程也是不可避免的，这就常常令学生忐忑不安了。再加上多数时候还是做字符运算，这就更让人心乱如麻。因此，除了熟悉基本的数学知识外，学生能尽快从数字计算过渡到字符运算也是相当重要的，而对字符运算的熟练掌握就尤其需要时间和精力。从物理语言角度来说，字符运算好比是在"连句成篇"，而关键的问题在于该怎么"连"，即如何解方程（组）。

这里需要提示学生的是，在读完题以后，往往第一件事就是把已知量、特殊量和未知量等"翻译"成字符形式。公式一旦被应用到具体问题中，就形成了方程。如同读文章有时要咬文嚼字一样，写方程的同时就应该注意哪些字符已知，哪些未知，哪些可能会在解的过程中被消去，对每个"字"都要"咬准"，而引入下一个方程的线索，或是方程组求解的突破口往往就来自于这样的字符分析。因此，解方程组的过程本身其实就是在寻找各未知量之间的关联。对于一些常规习题来说，方程组的求解看似复杂，实则简单。字符方程的运算在多数时候其实就是一种"搬运"，比如提公因式，代入消元；又或者等式两边同乘、同除等。显然，在计算前做好字符分析，锁定好未知量是解决计算题的关键所在。

五、教学实践

先拿牛顿第二定律本身来说明一下物理量概念与规律（公式）之间的关联。以《牛顿第二定律》这一节中，$F_合 = kma$ 向 $F_合 = ma$ 的过渡为例，笔者听过一些公开课，发现多数教师只关注了如何让 k 值取1，而忽略了对其单位的讨论。若要细究 k 为何没有单位，应该先咬准这"句"公式（即 $F_合 = kma$）中的 m 和 a，它们在当时是有确定单位的。抛开它们以后，就剩下 $F_合$ 与 k 待定了，在这里要简化的肯定是 k，那就要从 $F_合$ 的定义上下工夫。可以想象，若是当时非要把 $1\,N$ 的单位故意规定为 $kg \cdot m$ 或者是 $kg \cdot m/s$，那 k 值即便是在数值上取了1，单位上也会永远残留下 s^{-2} 或是 s^{-1}。这样一讨论，便知 $1\,N$ 的单位最好是被规定为 $kg \cdot m/s^2$，即让力占完所有的单位，此时 k 值就被逼得只剩下"光棍一条"了。这样往该节后面的单位制内容过渡就显得更顺理成章，同时也能体现出物理公式既算大小又算单位的特点。当然，若是时间充裕，可以再具体运用一下。比如引入重力表达式 $G = mg$，它其实就是物体在做自由落体运动时的牛顿第二定律。这里除了可以给学生演示 g 的单位变化，即 N/kg 与 m/s^2 的一致性，还可以指出后者才是 g 值单位的真实形态。前者的存在，只是因为物体处于静止或其他运动状态时，其重力跟自由落体运动时等大，因此照样可以"借用" $G = mg$ 来计算，但此时 g 值并不一定代表物体的实际加速度,所以只能"委屈"自己,把自己化身为 N/kg 来理解。类似这样的细致讲述,在向单位制内容过渡的同时,也涉及了 g 值单位的真正归属(m/s^2)与 N/kg 的关联,并且是从物理角度,而非单纯的计算角度。写到这里,要顺便提一下的是,单位与单位间也有关联,而且还是固定的关联,导出单位与基本单位之间都是通过定律、公式来实现关联的。

接着要说明一下实际教学中,规律间关联的体现。同样围绕牛顿第二定律,考虑一下它在动力学问题中的应用环节。有两类问题:已知受力求运动;或已知运动求受力。其中,加速度正是实现力和运动之间的规律关联的桥梁,这是跨界的关联,即跨力学和运动学,如图1所示。这个重要的规律关联之下,还有一些规律与概念之间的小关联。比如力学这边的摩擦力 f 与弹力 N,运动学公式这边的 v_0, v_t, a, x, t 等。若是把 f、N 以及 v_0, v_t, a, x, t 等物理量型概念看做是物理语言的每

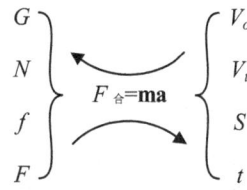

图1 力和运动关联示意图

个"字",那么诸如滑动摩擦力公式、运动学规律等即是"句",而牛顿第二定律、动能定理、能量守恒等核心规律往往就可以连句成"篇"。

当然,具体应用时,规律与受力分析图、运动过程图等图像的关联也是不可或缺的,且常常先行。仍然可以用牛顿第二定律的应用为例。比如在处理由两个物体组成的连接体时,一般可以写成三个牛顿第二定律,挑两个求解即可,这自然要涉及整体和个体的受力分析图。若是处理动力学问题,受力图还要和运动过程图发生关联,因为合外力(加速度)发生改变的地方往往就是运动过程分段的标志,而不同的运动过程又可能关联不同的运动学公式。根据具体的物理情景,解题前最好是先画出图像来,在把已知的和未知的物理量标注上去,从图像关联到相应规律,即可写出合适的方程来求解了。由于规律的普适性,各种图像都能与规律形成关联,适当的习题训练也就不可避免。

就这样,汇"字"成"句",连"句"成"篇",再配以"图",即构成了基本而颇具特色的物理语言。另外,再联想到诸如左手定则、右手定则、右手螺旋定则等,即可算作是该语言系统中为数不多的"手语"了。

综上所述,四要素中,"规律"和"图像"无疑是骨架结构,两者间的关联也是最核心的,从考查角度来讲,也是给分点最集中的地方。而"概念"和"计算"分别起基础和执行的作用,四者各具特点,但又紧密结合,互相关联。因此,教学时不可孤立或片面,而应注意它们之间的关联性。

需要补充说明的是,在物理语言中,除了符号语言、图像语言外,还有文字语言,但这里并没有把文字语言作为其要素,是因为它几乎是所有学科的前提和基础,是一个通用的平台,而并非物理语言所独具。

以上是笔者对中学物理教学的一些粗浅见解,文中若有不妥之处,望同行批评指正。

参 考 文 献

[1] 杨振宁. 曙光集. 北京:三联书店,2008
[2] 赵凯华,罗蔚茵. 新概念物理教程 力学. 北京:高等教育出版社,2004,7

渐渐变化　渐渐成长
——从《渐》的情景导入说起

任志恒

如同即将迈进山林的登山者，带着对未知风景的憧憬与紧张，一年半以前笔者跨出大学校园走进了成都十二中。校本教研讲座、核心问题教学模式探讨、共构教案设计、公开课学习等等像是山林里的一棵棵大树慢慢进入眼帘，它们使成都十二中在教育教研领域展露了独特的风采，这让作为新教师的笔者感受到学校浓郁的教学氛围，因此决心投入其中。经过学习之后，笔者了解到基于缄默知识的核心问题教学模式由提出问题、解决问题、归纳提升和运用反馈四个环节及其有机联系形成结构，因此打算进行分环节实践钻研，结合本学段特点选择了选修课本《中国现当代散文鉴赏》第三单元"纵论人生　阐释哲理"中第一篇散文《渐》，对提出问题环节中的营造情景进行尝试。

根据学校基于核心问题教学的调查和研究，我们认为一堂精彩有效的课需要围绕恰当的核心问题展开，情景营造更是如此。好的情景营造会激发学生兴趣，激活学生思维，触动学生情感，关联学生生活，促使学生对核心问题进行自觉主动的探讨，为课堂的展开奠定良好的基调。结合选修课本及其单元特点，在与学校指导教师等商量之后，确定了"找出文中'渐'的现象，谈谈作者的领悟"为本课的核心问题。如何在核心问题调动下，进行精彩而有效的情景营造成为教学设计中面临的第一个问题。下面不妨对教学设计前前后后所尝试的四种情景导入进行呈现，并加以反思和总结，探讨核心问题教学模式中精彩有效的情景营造特点，供各位同行批评指正。

一、情境导入设置

（一）第一种情景导入

展示一篇枯黄的树叶

● 教师活动：同学们，今天在来的路上，我捡到了一片枯黄的银杏叶。这片叶子它也曾碧绿青葱，我们从来不知道它在什么时候从碧绿变到了枯黄，就好像我们从来不知道一朵花在什么时候绽放；从来不知道一棵树是如何成长；然而我们却能够领略鲜花怒放的美丽，我们亦能感受佳木秀而繁阴（生活中还有许多类似的现象，你对这些现象有怎样的感触？）

生命在慢慢地变化，如同河流静静东去。时光如水而逝，如风而行，在渐行渐远渐无穷的生命中，将流光转换岁月变迁的感悟凝练到笔下就成为文字成为文学。在中国著名漫画家丰子恺的笔下就写成了隽永的散文《渐》。

今天我们将从这篇文章出发，找出文中"渐"的现象，谈谈作者的领悟。

（二）第二种情景导入

播放极速摄影：《红树林的日与夜》（59秒），配以平缓的音乐

● 教师活动：同学们，你们知道时间是什么吗？你知道时间是怎样变换与推移的吗？让我们一起来看看日升日落昼夜更替是怎样完成的。

● 教师活动：播放视频，并配以画外音（这是红树林的日与夜，这是每一个地方每一天我们都经历的日与夜。岁月变化，斗转星移；昼夜更替，春秋代序；时光荏苒，随风而去；悄无声息，渐渐推移。这是红树林的日与夜，这是我们每天都经历的时间推移，生命在不经意之间变化，我们在不经意之间成长。）

● 学生活动：观看视频

● 教师活动：这是摄影师用图片的方式记录下的时光的流逝，这些变化无时无刻不蕴含在我们的生命中。事物在不经意的昼夜交替中渐渐变化渐行渐远；我们该怎样去认识"渐"，领悟"渐"，又该以怎样的态度情怀去面对"渐"甚至驾驭"渐"。丰子恺将他的思考用文字进行了含蓄深邃的表达，写成了隽永的散文《渐》，今天我们来一起学习这篇文章。

（三）第三种情境导入

按顺序播放"大萌子与萌爸"的照片

● 教师活动：同学们，前段时间网上流行了一组照片，用图片的方式记录着一个女孩儿与父亲从一岁到三十岁的成长。

● 学生活动：观看。

● 教师活动：看完以后你有什么感受？

● 学生活动：发言。

● 教师追问：我们看到了生命渐渐的成长。如果你是照片里的女孩儿或者是她的爸妈，当你看到这些照片会是怎样的心情？（父母是以怎样的情怀面对我们渐渐的成长？面对生活中无处不在的"渐"，我们又该以怎样的情怀去面对呢？）

● 教师点评：时光的流逝与生命的变化无时无刻不蕴含在我们的生命中。龙应台曾在《目送》中写道："我慢慢地、慢慢地了解到，所谓父女母子一场，只不过意味着，你和他的缘分就是今生今世不断地在目送他的背影渐行渐远。"时光在渐渐变化中如水而逝如风而行，我们该怎样去认识"渐"，领悟"渐"，又该以怎样的态度情怀去面对"渐"甚至驾驭"渐"。丰子恺将其思考用文字进行了含蓄深邃的表达，写成了隽永的散文《渐》，今天我们来一起学习这篇文章。

（四）第四种情境导入

播放一朵花渐渐长大的视频，配以平缓抒情音乐。

● 教师活动：我们从来不知道一朵花是怎样绽放的；我们也从来不知道一棵树是如何成长的；然而我们却能够看到花怒放的美丽，我们却能感受大树成荫的绿意。生命中，我们无时无刻不在看见与经历自己和他人慢慢变化的人生。面对春愁，古人曾喟叹，

"渐行渐远渐无穷";面对生命的变化,龙应台曾在《目送》中说,"我慢慢地、慢慢地了解到,所谓父女母子一场,只不过意味着,你和他的缘分就是今生今世不断地在目送他的背影渐行渐远";生活中有许许多多"渐"变的结果,又有哪些"渐"变的现象,我们该以怎样的态度情怀去面对"渐"。丰子恺先生将这些感悟凝练到笔下,成为隽永散文《渐》。

今天我们一起从这篇文章出发,找出文中"渐"的现象,谈谈作者的领悟,并领略作者人生态度与境界。

二、情景效果回顾

不同的课堂情境导入当然会对学生情绪的调动、学生缄默知识的关联产生不同的效果,进而在课堂基调、学习环节的展开、学习内容的深入程度上就会出现差别。为了更好地呈现学生在不同情境导入中出现的差异,结合本课的内容,将从学生情境导入的状态和对核心问题引导下课堂内容的展开作为两个部分进行观察,即学生情景导入状态、学生对"渐"本质的把握、对"渐"现象的捕捉和谈谈作者的领悟四个方面展开回顾:

第一种导入,以一片校园枯黄的树叶导入,课堂气氛活跃,但学生的声音集中于"树叶是哪里捡来的"?"这是什么树叶"关注点不在由树叶营造的情境中;第二个环节"寻找渐的现象"比较顺畅,"孩子到成人到老人"、"从春季到夏季"等现象都进行自主的概括"境遇的变衰"、"四季的变化";在"概括'渐'的本质"环节,学生直接提出"渐是时间流逝中事物缓慢变化的现象",非常准确精练;在谈谈作者感悟的环节,学生的关注点集中在"'渐'的作用,就是用每步相差极微极缓的方法来隐蔽时间的过去与事物的变迁的痕迹,使人误认其为恒久不变"和"抱牛过河",但并未进行由课本到生活的扩展与联系,这一环节的展开缺少了一定的铺垫与氛围营造,学生对于作者领悟的理解与分析所以显得较为生硬。

第二种导入,在上课之前突然响起了一阵类似手机铃声的抒情音乐,学生由认真的课前准备变成了小声地讨论,笔者的导入就从这段音乐开始,"同学们,刚刚我们的课堂上响起了一阵美妙的音乐。有人说,音乐是时间的艺术"。这不仅缓解了上课前的尴尬,还引导学生思考常见而不常思考的对象时间,提示学生观察时间变化推移,将学生的思考放到宏大的空间和时间中。所以学生进入情境非常快,在找出"渐"的现象环节,几乎毫不费力就概括出了"四季变化"、"境遇变衰"、"生命成长"等现象;在对其本质进行概括时,学生的概括较为全面,"渐是时间流逝中事物发生的缓慢变化";但在谈谈作者的领悟环节,较少关注"渐"对人生的维持作用,而侧重于"渐有欺骗作用",有较多的同学出现类似表达"渐,你是岁月神偷,在不经意间偷走东西。面对渐,我要做自己的主人,把你当做强大的过滤器"。

第三种导入,借用了网上流行图片并配上画外音的方式播放了孩子与父亲三十年的照片,学生一直关注着照片中人物的变化,有的学生还在说"我小时候也住那样的房子"、"我爸也慢慢胖了",在老师配的画外音中《目送》展开,"我慢慢地、慢慢地了解到,所谓父母子女一场,只不过意味着,你和他的缘分就是今生今世不断地在目送他的背影渐行渐远",能够从学生认真地聆听与专注的神情中感受到他们的感动。在导入环节谈感受时学生就说出了"渐"的一些现象，如父母慢慢衰老、自己的成长、四季的变化，因此"渐"的现象概括显得非常轻松并且完整；在概括"渐"的本质时候，学生不仅抓住了"渐是时间过程中事物的变化"，更关注到变化的"缓慢"与"不易察觉"；进入到谈谈作者领悟的环节后，学生从"搭船乘车"联想到了平时乘坐公交车的经历，讨论到了"追赶公交车"、"挤上公交车"、"挤下公交车"与"渐"的关系，最后在表达自己感悟中写下"你是下班高峰期的公交车，每个人都在为你急切等待着；面对你，我要拼力做到想要的，做积极向上之人"。

第四种导入，观看了三分钟的视频《一朵花的开放》，整个过程学生观看的神情非常认真、全体同学都将关注点集中在视频上，刚开始是有些同学觉得内容熟悉可见并不非常在意，但在看到花渐渐绽放、听到视频中模拟生命成长的"刷刷"声时出现惊叹与恍然大悟的神情。当所有同学都被花开这一未曾仔细观察的"渐"变过程感动的时候，也就是后文寻找"渐"现象的契机。第二环节"寻找渐的现象"进行非常顺畅，"从春季到秋季，从夏季到秋季"、"从巨富的纨绔子弟到偷儿"、"孩子从小到大"、"抱牛过河，这就像是生活中没有注意到却在不断变化的小事，就好像自己的成绩不是一下就很好的，而是慢慢进步的；有时候不注意，就会慢慢地退步，自己却不能很快发现"。学生的发言不仅囊括了文中"渐"的现象还列举了自己生活中的事例，把平常缄默的知识调动起来并显性化出来。在找出现象之后，尝试用一句话对"渐"的本质进行概括。第一个发言学生概括"渐是时间缓慢地变化"，班上有同学出现异议，于是学生修正。"渐是时间流逝中事物的变化"。在老师的引导后再修正，"渐是时间流逝中事物慢慢的变化"。理解了其现象与本质，再对文章进行了更深入的挖掘，谈谈作者对渐的领悟，学生找到的句子集中于"这真是大自然的神秘的原则，造物主的微妙的工夫！""'渐'的本质是'时间'"、"一息尚存，总觉得我仍是我，我没有变，还是流连着我的生，可怜受尽"渐"的欺骗！""他们能不为"渐"所迷，不为造物所欺，而收缩无限的时间并空间于方寸的心中"。有些同学单一集中于"渐"对人生有欺骗作用或"渐"对人生有维持和助力作用，能够通过全班同学对作者领悟的探讨回归到情境导入中的提问，"我们该以怎样的态度情怀去面对'渐'"，从而很好地完成了核心问题。

三、情景导入反思

如果说一堂课是一件学生与教师共同完成的主题绘画艺术，那么课堂情境导入就是在落笔之前的氛围渲染与营造。不同的氛围会促使画者联系到各异的经历或者感触，进而调动不同的缄默知识展开艺术创作。创设情景导入课文，就是为了更好更快地将学生引入课文所需要的氛围中，并在此基础上展开文章的学习。它处在教学环节的最开始，也是奠定下课堂基调的重要环节。在《渐》的课堂学习中，很显然不同的情景导入也带来了不同的课堂效果。借此基础进行反思，好的情景导入应该是具有怎样的特点？

所谓情景，从客观上说，指的是问题发生的具体场合、境地，是问题的物理背景以及社会文化背景，是实现立意的材料，我们称它为外部问题情景。从主观而言，它是一种心理状态，"问题情景是主体与客体思维上相互作用的一种特殊类型，它的特点首先是当主体完成要求发现（揭示或掌握）新的、主体所尚未具备的知识或者动作方式的作业时产生的一种心理状态"[1]。"当一个人希望达到某一目标，但又没有可供使用的一种现成方法时，这人就面临一个问题"[2]。简单地说，情景营造需要借用与学生身边真实生活场景或者社会场景，为学生创设一种悬而未决的认知冲突状态。

因此我校基于缄默知识的核心问题教学模式认为，"营造问题情景，就是运用多媒体手段以及角色扮演、形象模拟、实物展示、实验演示等，营造与核心问题相应的物理背景和社会文化背景"。为了营造好这一物理背景和社会文化背景，需要关注情景的真实性，首先是外部问题情景的真实性，即核心问题的背景特别是情景导入需要与学生的生活或者社会生活发生关联，其次是心理问题情景的真实性，即问题是学生个体的真问题，是情景创设中学生内心能真正形成的一种力图解决问题的认知状态。简单地说，情景设置"促使学生把教师提出的问题、其他同学提出的问题转变为学生自己的问题、变为自己想解决的问题、变成自己不解决就放不下的问题"[3]，从而为学生自觉主动解决核心问题打下心理基础，给学生必要的支撑。因此，什么样的导入更能够使学生有深度体验从而为学生解决问题打下基础，什么样的情景设置就是成功的。

精彩有效的情景设置当然需要以细致钻研教材与学生主体关注为基础，《渐》是选修课本散文第三单元第一篇，其主题为"纵论人生　阐释哲理"，单元解读认为"人生是散文永恒的话题……由于每个人的经历、所处地位不同，他们对人生的阐释也大异其趣"。因此对本篇文章的教学内容选择和教学重点都将从"渐"的现象出发，落点到由"渐"触发的人生感悟，特别是对人生的启示。高中阶段的学生能够根据文章的内容梳理文章的结构进行文章探讨，这是本篇文章教学活动中开展的基础；就人生阅历来说，正处在独特的人生阶段，对生命、生活、人生态度、境界的认识还需要从日常生活所接触的现象进行深入探讨，从而将语文的学习从文字扩展到文学，最终走向文化。因此立足于核心问题教学模式与本课教学思路的情景导入，应该是营造情景让学生充分触动和体验基础上进行的思考与感悟。

结合基于缄默知识的核心问题教学与教材的特点，在反思分析之后，笔者认为这四种导入都有体现出了一定的特点：

第一种导入，选择一片枯黄的树叶，直接呈现出树叶"渐"变的结果而非过程，转移了学生对"渐"的关注，显得不恰当。因为缺少图片或者音乐等多种方式营造情景，也缺少了对作者或者我们在面对"渐"时的情怀的思考，所以不能讲生活中问题进行更有社会关联的展开，缺少与学生关注点密切联系的思考角度，也就影响了挖掘的深度。

第二种导入，选择用《红树林的日与夜》与教师画外音的方式，呈现了与学生密切相关的生活场景，具有情景的外部真实性。而对昼夜的关注也就引导学生注意时间的流转，发现时间变化的"渐"，具有情景的内部真实性；但未能进入深刻的挖掘，与情景导入部分未对学生深入思考提供心理支撑有关。

第三种导入，选择孩子与父母三十年的照片（六张）引入，非常契合学生自己的生活，引导学生从自身的变化关注到生活的"渐"变，具有情景的内部与外部真实性；同时由父母面对我们成长的态度关联到我们面对"渐"的态度与情怀，以哲理性的思考触发学生出现主动认知状态，因此后面的环节中，显得非常的顺畅，对文中"车厢社会"和超越了"渐"的讨论非常深入。但实际上由于只能搜集到六张照片，所以孩子与父母的三十年过程充满跳跃性，并没有很好地呈现出"渐"的过程，转移了学生的关注点。

第四种导入，选择玫瑰花的开放视频，首先展示了花的怒放的照片，创设了真实的外部场景；然后以微速摄影呈现出玫瑰花从花骨朵渐渐开放的过程，除了平常看到的事物渐变的结果（胜放的花），更展示出了平常没有看到的渐变过程（花的慢慢开放），更通过提问"你知道一朵花是怎样开放的吗？"促使学生思考这一问题，使情景导入触发学生内心，形成一种悬而未决又力图解决的认知冲突状态。在这个导入中，花开放的视频营造了具有内部与外部真实性的情景，但仅有花开是不够的，通过教师的提问从花开的感性印象上升到了"花是怎样开放"的理性思考，为课堂教学的展开奠定了真实与有深度的基调，这是一个从现象感受到理性思考的过程，更是一个从生活经验开始到学生体悟思考的过程。因此得到了不错的反应。

多次尝试之后，笔者渐渐体验到：好的情景导入应该有内部与外部的真实性，通过与学生的生活关联，让学生形成解决问题的心理基础与支撑；这一心理支撑不仅是外部的情景设置，更是从基于缄默知识的核心问题教学出发的，能够在思想上深入文章内、深入学生内心。情景的真实性与思想性的完美结合方能创设精彩而有效的情景导入。

在精彩有效的情景导入中让学生主动去学。在核心问题的统领下，由生活出发对学科知识进行关联的过程，也正是学生在深度体验中将课堂知识进行内化和迁移的过程。让学生在体验中更好地学、更有效地学、更快乐地学。这不就是学校校本教研深度体验所追求的吗？

抓住一个环节进行钻研，抓住一堂课进行钻研，用心上好一节又一节的日常课，自己也就在其中渐渐成长，这不正是自己与无数教育同行们所追求的吗？

渐渐变化，渐渐成长，共勉！

参 考 文 献

[1] 郑金洲，丁念金. 问题教学. 福州：福建教育出版社，2005

[2] 陈英和. 认知发展心理学. 杭州：浙江人民出版社，1996

[3] 周光岑. 核心问题教学研究. 成都：电子科技大学出版社，2009，2

第三编　教　学　个　案

在思维展开中体验语言与语境的关联

范颖珍

高考结束的第二天，报纸上马上刊出了当年的高考题目，过了一天，就有很多学生拿着做完的试卷来问笔者那些他们不会做的题目。其中有一道涉及情态动词用法的选择题是很多学生共同的问题。有一个女生与笔者的对话很有代表性。

题目是这样的：

I get close enough to hear them speaking Chinese, and I said "Ni Hao" just as I _____ do in China.

  A. must B. might C. can D. should

女生先讲了她解题的思路："在中国就应该这样做啊，所以就选 should 啊。"

听她这样一说，笔者立刻明白了她的问题所在。她根本没有把题干的信息完整地进行处理，只解读了需要填空的一小部分内容。这当然不行。为了让她一步步走入正确的解题思路，笔者开始反问她一些问题。

"这句话里描述的事情发生在中国还是中国以外？"

她不假思索但有点不自信地说："应该在中国吧。"

笔者接着问她："在中国，当你听到别人说中文时就应该说你好吗？"

她吐了吐舌头显然觉得不是这么回事。笔者又接着问："你再把这句话读一遍，能不能说一下这句话可能是在描述怎样的一个情形？"

她没有回答笔者，同时又显得有些迷惑，可能对笔者的问题不是太明白。笔者继续解释道："这句话很短，你能不能设计一个语境，或者说设计一个场景：这个人在哪？在干吗？是在什么样的情况下他去对别人说'你好'的？"

"哦……"她虽然明白笔者的问题，但是好像不知该怎样回答。笔者也不着急，等着她慢慢思考。不时再问她几个问题："你觉得说这句话时，说话者是在中国还是外国？"

"好像在外国。"

"那是不是他曾经来过中国或者是中国人在国外？"

"对，只有当在异国他乡时听到你熟悉的语言才会特别感兴趣，才想去主动和别人搭话。"

"我觉得你设计的语境太棒了。我也是这么想的。"笔者忍不住夸她。"那么，你说你想和陌生人搭话时，你可能怎样做？是 must, should 还是 might？"

她显然已经明白了，连说，"哦，就是该选 might。只是可能这样做，不是应该，更不是必须！"

笔者正为给她讲明白了这个问题感到欣慰时，她又拿出了另外一个问题："那你说这个题是不是一定要选 must 呢？就是说我到教室看见没人，说他们到实验室了，就一定要选 must，是不是？"

听到此话笔者一下感到有些绝望，不是因为学生做错了题，而是因为她解题时的思维方式总是简单而草率。学生解题时，总是急于拥有一个"绝对"正确的答案，却并不把重点放在找到一个总能帮他们求得正确答案的方法上。这种舍本逐末的做法让笔者很是不安。笔者决定抓住这个机会，就她提出的问题继续深入下去给她以启发。

笔者于是反问她："要是你不确信同学们到哪去了，或者这个'I'根本不是学生或老师，而是别的什么来访者，比如家长，那么你还选 must 吗？"

她似有所悟，"哦，对啊。那要看情形啦。"

听到她这样说笔者有点高兴，她总算有点明白语言是离不开语境的。能精确地分析出说话者所处的语言环境才能精确地理解语言的含义。于是，笔者给了她一个鼓励的笑，说："记住，以后做题时，不能孤立地看一句话，甚至只看需要填空的部分，那是一定会掉进'陷阱'里的。为了避免这样的错误，想要得分，除了理解这句话外，更要注意设计这句话的语境，你所设计的语境越合理，选出的答案越精确。"

她不住点头。望着她转身离开的背影，笔者想起好几年前一位前辈说过的一句话："单选题是教不会学生的。"笔者当时就有同感：学生在听老师评讲时总感觉头头是道，貌似清楚明白，但是一旦需要学生自己独自解题，他们总是出错，老师辛苦的讲解全都归零。在笔者深究为什么"教不会学生"之前，这句话成了自我安慰的借口。

反思这些年来的教学，笔者认识到教书如果仅用"教"的方式，的确是难以把学生教会的。如果换一种方式，不是"教"而是"导"，效果就会有所不同。特别是这几年参加学校校本教研活动，上过几次教学研讨课后，更加肯定了自己的想法。当学校研究"缄默知识显性化"的课题时，笔者上过一次"虚拟语气"的语法课，传统的教法通常是讲解语法规则，再呈现例句。学生听起来感觉很明白，教师也觉得讲得条理清晰。可是在面对考题时，学生依旧出错，就更不用说在实际的交流过程中能运用自如了。出错的原因是什么呢？不是不知道语法规则，而是压根就没看出应该用"虚拟语气"。为什么看不出来呢？因为他们只是孤立地看一句话，从来不联系上下文，更不会把这句话放置在一个合理的语境中来理解。基于这样的分析，笔者决定把重点放在设计语境和分析语言在不同语境中有不同的意义上面，而不是语法规则的讲解上。把虚拟语气的句子放在"小品"和"对话"等形式中，让学生观看后来讨论用了虚拟语气表达出说话人怎样的意思，不用又会有什么不同的意思，哪样表达才更恰当？在讨论的过程中，学生慢慢体会到虚拟语气不仅需要记住动词结构，更重要的是要明白什么时候该用虚拟语气，什么时候不用。用与不用就必须联系具体的语言环境，明白说话人的语气、态度以及想要表达的潜在的想法等。只有恰当地理解了"语境"，语义才能被精准地表达出来。后来学生在运用过程中明显比接受传统教法的学生效果好。之所以会有这样的结果，笔者相信不是笔者

"教"给了学生什么法宝，而是引导着他们进入到语境中，将听到和看到的新信息与他们已有的各种背景知识联系起来处理这些语言信息。这个过程正是对语言在语境中运用得是否恰当、是否合理的一个思维推理过程。在这个过程中，如果学生具有的缄默知识越丰富，他思维就展开得越宽阔，语言与语境联系得越恰到好处，对语义的理解也就越准确和精当。由此笔者想到，也该把这种方法用在"教"学生做单选题上。学生单选题错误的原因主要是"语境假设"的缺失。他们一般只会把眼光局限在题干这一短短的信息上，不会为这个语句设定一个合理的语言环境，因此很难真正把语义理解透彻。所以，笔者在后来的试题评讲课上，主要是引导学生为单选题的题干设计合理的语境，看看这句话是在怎样的情形下说出来的。学生设计语境的过程也是一个思辨的过程，在思维展开的过程中，找到语言和语境的最佳关联，从而最好地理解语义。通过这样的训练，学生每次遇到不能一眼就找出答案的单选题时就会想到"设置语境"这个方法。因为语言不是孤立的，它的语义一定要在一定语境中才能得到最好的理解，离开了语境，语言是没有特定意义的，也会导致歧义的产生。

由此看来，学生确实不是"教"会的，而是需要他们自己通过分析和思辨，设置合理的语境，"悟"出该怎样做单选题的。想到此，笔者有些释然了，困惑笔者也困惑了学生很久的问题也许在我们换一种思维方式之后就可以得到较好地解决了。

以核心问题的解决引导学生体验直觉思维与逻辑思维的关联
——信息的鉴别与评价

苏 梅

在高中信息技术教学"信息的鉴别与评价"一课的课堂上,教师播放了一则近年来在 QQ 上反复转发着的消息"紧急通告:请大家要速传!某地最近发生了一个事件。一位妇女,星期天她买了些可乐放在冰箱内。星期一她被送进了医院,安置在监护病房。星期三经抢救无效死亡。验尸结果:死于 leptospirosis(细螺旋体病),追踪到可乐,她没有使用玻璃杯喝。化验证明,可乐感染鼠尿细螺旋体病毒。鼠尿含有毒性和致命物质。在喝罐装汽水之前,强烈建议汽水罐的上部要清洗干净。因为易拉罐从仓库运送到商店是没有清洗的。NYCU 研究显示,汽水罐上面充满的病毒和细菌比公共厕所内的还要多。"

消息一播出立即引起学生们的兴趣,同学们七嘴八舌地议论开来。"我看到过这则消息,好恐怖!""我也看到过,我再也不敢直接用嘴喝罐装可乐了!""这个消息我去年就看到过,是不是真的哦。"……这时,教师抛出本节课的核心问题:判断"可乐感染鼠尿细螺旋体病毒致人死亡"信息的真伪,归纳信息的鉴别与评价的方法。

同学们纷纷表达自己的看法:

同学 A:我觉得这则消息是真实的,因为可乐从厂里再到消费者的手里确实要经过很多的环节,难免会感染上一些病毒,如果运气不好感染上这种致命的病毒,那就非常危险。它提醒我们在食用罐装可乐时要注意卫生。

教师:同意 A 同学这种说法的请举手(有 37 位同学举手同意)。还有不同的看法吗?

同学 B:我觉得这则消息是不真实的。因为罐装的饮料不只有可乐,还有很多饮料都是罐的,我们在饮用时也都没有经过专门的处理,为什么就只有可乐会出现这样的情况?而且鼠尿病毒这种高致死的病毒并没有听说过,如果那么容易就被感染上,早就会有宣传和预防措施了。

教师:同意 B 同学这种说法的请举手(有 8 位同学举手同意)。还有不同的看法吗?

同学 C:我对这则消息的真实性觉得不能准确地判断。因为这则消息里说到的可乐感染的病毒名称说得比较专业,而且建议清洗干净罐装汽水,也是很善意的,我觉得应该比较真实。但是,我又觉得有些说法过了,比如"NYCU 研究显示,汽水罐上面充满的病毒和细菌比公共厕所内的还要多。"凭常识,怎么可能比公共厕所还脏。所以我觉得不好判断。

教师:同意 C 同学这种说法的请举手(有 5 位同学举手同意)。好,现在有三种看法，意见比较集中的是这则消息是真实的。这三位同学在表达观点的时候都不约而同地用到了一个词"觉得"，也就是说同学们现在的结论是通过直觉思维进行判断而得到的。直觉思维是人们在对事物作出判断时最常用的一种思维方式，是以对事物全局的总体把握为前提，以跨越的、快速的方式直接得出结论的思维过程。那么这样得到的结论是否真实可靠呢？有一种与直觉思维相对应的思维形式——逻辑思维，它是借助于概念、判断、推理等思维形式能动地反映客观现实的理性认识过程。我们不妨运用逻辑思维来进行再判断。首先，让我们从信息的来源对信息进行判断。请问这条信息来自于何处，具有权威性吗？

同学 D：这则消息是在 QQ 上发布的，从消息的来源来看，并不具有权威性。但也并不能说明它就一定不真实。

教师：请运用逻辑推理对信息内在、外在联系进行推理判断。

同学 D：从逻辑上来看，因为易拉罐到消费者手中确实要经过多个环节，受到病毒感染也是完全有可能的。但从另一个角度来看，消息中，鼠尿病毒、可乐罐、饮用方式之间其实并不存在必然的联系。如果有这样的致命病毒威胁到我们的生命安全，只在可乐易位罐上感染似乎也有些离奇。还有，消息中说可乐罐比公共厕所还脏，这个从常理来说似乎也不太说得过去。

教师：现在还是不能确定信息的真实性，那么我们还可以从权威的渠道来进行求证，请同学在正规机构的官方网站上进行信息的查询和求证。

同学 E：我在正规的医学网站中查询到，leptospirosis（细螺旋体病）是由 Leptospira 属的钩端螺旋体导致的一种疾病，它是通过饮用受污染的水而进行传播的，但是这种螺旋体是有细胞结构的生物，离开了水就会死掉。一瓶可乐就算不幸沾染了鼠尿，很快也就干透了。因为喝可乐染病，确实不太可能。而且我在网上查到易拉罐已发明了 50 余年，几乎人人都喝而且几乎人人都对嘴喝，真要有危险也不至于到现在才出事吧。基于以上两点，我认为此信息是假的。

同学 F：我从政府的疾控中心网上查到，这则消息已被证实是假消息，政府出面进行了辟谣。

教师：现在同学们可以得到正确的结论了，这则消息是假的。我们回顾一下整个过程：同学们在接收到信息的时候通过直觉思维得出结论，但并不能确定结论是否可靠，因此我们再运用逻辑思维来进行审定和验证，最后得到正确的结论。由此我们可以体验到，直觉思维与逻辑思维的关联，在日常解决问题的过程中，我们使用"直觉先行、逻辑验证"模式，不仅可以得到准确的结论，还可以训练我们的直觉思维和逻辑思维能力，提升信息素养。

以上是高一信息技术必修"信息的鉴别与评价"一课教学实施的课堂实录，在此教学个案的设计中，教学的体验性目标集中于"以核心问题的解决引导学生体验直觉思维与逻辑思维的关联"。教师围绕着核心问题选用了近年来被疯狂转发的"可乐感染鼠尿细螺旋体病毒致人死亡"的 QQ 消息，大多数学生曾收到过这则消息，消息的内容又与每位同学的生活相关，因此当消息播出后，立即引起学生极大的关注，并对核心问题的解决表现出极大的兴趣。在学习这节内容之前，学生对信息的鉴别有一定的体验，但这则消息由于其描述具有专业、全面、逻辑性强的特点，学生对于这类综合性较强的信息的判断通常是靠直觉思维来进行，不同的学生个体，因其直觉思维的能力不同，得到的结论准确度也不一样高。在教师的引导下，师生共同对核心问题进行理性地分析、逻辑地推理及网络验证，运用逻辑思维对判断结论进行审定和验证，从而得到正确的结论。最后，通过反思让学生感悟和体验直觉思维与逻辑思维的关联，从而提高学生综合判断、系统分析和验证的能力，掌握信息的鉴别与评价的方法。

从现场观测的情况来看，在提出核心问题的时候，学生是依靠直觉思维进行判断，得到正确判断结论的仅 8 人，其中能说清楚理由及判断方法的一个都没有。在教师的引导下，学生通过逻辑思维对问题进行逻辑推理和实践验证，最终得到正确结论，并能阐述推理、演绎的过程及验证的方法。由此可以看出，学生通过体验直觉思维与逻辑思维的关联，掌握了信息鉴别与评价的方法。

深思而慎取
——由《雨霖铃》核心问题的三次变更所想到的

李 磊

期末，刘攀老师作为成都市校本培训基地校的主讲老师在我校报告厅主讲了柳永的名作《雨霖铃》。市内众多学校与周边区县的 200 多位老师观摩了该节课，来自香港的教育专家蔡博士与市教科院的谭院长一行专家也专门聆听了本课。评课时，蔡博士激动的指出："这是一节令我难忘的课，我希望将本节课的教学设计带回香港，我希望能够把上课的孩子带到香港去，希望把上课的刘老师也带到香港去，他们积极的课堂表现实在精彩，令人感慨。"谭院长也专门指出："作为市基地校的现场课，12 中的这节课表现出学校应有的责任与担当，在基地校培训中起到了很好的模范带头作用。"从老师们的评课与上课时学生们的积极表现来看，这的确是一节不错的公开课，那么，该节课成功的主要原因究竟是什么呢？我组的老师们一致认为该节课的成功是源于核心问题的恰当设置以及核心问题始终引领学生活动走向深入，其中适当的关联体验更是促使学生思维积极有效展开的保证。

其实，本节课的核心问题设置并不是一次成功的，而是经过了一个螺旋式的发展过程。大体上讲，本节课的核心问题主要经过了三次变化：首先确定为"读词构画，谈自己的联想画面，发掘作者的渲染手法"，后来改为"读词品画，发掘作者的渲染手法"，最后变更为"读词构画，探究技法"。下面，我们就这些变化进行陈述分析。

一、对核心问题变更的简要陈述

通过"读词构画"这个核心问题的带动，学生表现积极，同学们根据自己的理解构建出"离船图"、"长亭送别图"、"留恋图"等画面并进行了生动的阐释。比如构建"离船图"的学生说："背景是江边，在乌篷船旁，一个千娇百媚的女子与一位白面书生四目相对，执手相看……正是乌篷船从此让她们天涯相望，因此我以离船作为构建画面的中心。"

但是，在后来的教学中我们将核心问题的表述改为"读词品画"并去掉了"谈自己的联想画面"，主要是我们认为学生发言就是对画面的品位，是对该词情感的品析赏读，因此用"品画"似乎确切一些。而"谈自己的联想画面"包含在了读与品的过程中，只是思维活动的显性化展示，去掉后整个核心问题的表述也显得更加简明。

然而，我们对核心问题的表述最终回到了"读词构画"上面。在以"读词品画"为核心问题的试讲中，学生们的活动没有上一次活跃，学生所构建出的画面偏少甚至比较雷同。比如学生在构建了"送别图"之后，其他同学更多的是对送别的情境进行描述，或者补充说送别图中该有兰舟、该有暮雨，而较少根据自己最注重的意象来重新建构一个新的画面。

同时，核心问题的后半部分也由"发掘作者的渲染手法"最终变更为"探究技法"。因为在试讲中我们发现学生未必能够理解"渲染"的含义，如果一定要概括出"渲染"二字反而会花费很多教学时间，降低课堂的有效性。

二、通过上面的变更，老师们对核心问题的作用与设置有了更加深入的体会

首先，核心问题是为了实现教学目标而存在的，它通过一系列的动词引领，将学生的体验逐步引向深入并最终在体验与结果两个层次上达成预设的三维目标。每一个动词代表一个预设的学生活动，而一系列的动词相互关联最终引导学生的体验走向深入。因此，核心问题设置与表述的变化事实上体现的是教师设计思想的变化，体现的是为了达成教学目标而预设的学生体验活动的变化。

以本节课来看，我们设计的核心问题通过"读"与"构"两个动词引领学生的体验活动，实现体验性目标的达成：在"读"中体验情感、思想；在"构"中体验诗画交融的意境。同时，构建画面也一定程度上显性化为结果性目标的达成：呈现为语言表述的具体画面。而后面的"探究"则更侧重于结果性目标的落实，也就是在体验中引领学生归纳写作技巧并再次反馈到实际的写作活动中去。可见，目标的达成与核心问题的表述、引领紧密联系。

第二，既然核心问题能引领我们实现教学目标，那么，核心问题在设置时就应该注意以下两点：（1）如何调动学生的活动来实现教学目标。（2）通过动词的前后联系来形成有效的关联体验，促使学生思维走向深入。

老师们认为，首先要考虑学生的实际，也就是要充分考虑学生已有知识储备的情况并利用恰当的动词（活动）来激发他们的缄默知识进而形成有效的教学过程。以本节课来看，"构画"之所以比"品画"好就在于前者能更有效的利用学生已有的知识储备来展开活动，构画过程中学生是一个参与者，而品画过程学生容易成为一个旁观者，他所展开的活动比前者更少，层次更浅，仅仅局限于构画结束之后的品析过程。而构画过程中，由于学生缄默知识储备不同，感兴趣的意象不同，对词的情感体验不同，产生的共鸣体会不同，因而能够实现独具个性的画面建构。比如学生陈述的"长亭惜别图"、"兰舟催发图"、"离殇图"等等。

再比如我们虽然考虑到学生能够结合自己的体验重构画面，也考虑到学生已领会了一些诗词写作技巧，但过于追求"渲染"这个术语，偏离了学生的实际情况，使得该设计影响了学生的思考与表述，课堂上只能依靠教师反复提问或者自己陈述来实现，既延误了教学时间也削弱了学生积极性。因此，只要学生能够在教师引导下总结出相应的技巧并能够运用到后面的写作中去就可以认定为达成了结果性的目标。可见，改变为"探究技法"，能使学生不再纠缠于个别术语，能较自然地结合自己的缄默储备形成新的知识内化，教学效果也更好。

同样，通过核心问题动词的前后联系能形成有效的关联体验进而促使学生思维走向深入。如上面已经提到，"读词"是学生通过抽象的语言来理解词的内涵，激发自己以往

缄默知识储备的过程;"构画"则是直接的利用形象思维将抽象的书面语言转化头脑中形象的画面的过程。在读与构的活动中,自然就包含了直觉思维与分析思维、形象思维与抽象思维、具体画面与抽象语言相互交织、相互转化的过程。"探究"则更侧重于抽象思维、逻辑思维的运用与发展。这些不同思维方式的关联转化正好使学生对《雨霖铃》的体验一步步走向深入:初读是直觉式的整体谈感受,学生体验处于笼统的第一印象阶段;精读则是通过阅读,学生筛选自己印象深刻的意象来拟写标题,构建画面。在该过程里,学生的体验经由形象思维与抽象思维的相互关联,具体画面与诗歌语言的相互关联,一步步走向深入,最终用语言描绘出自己构建的画面,表达出自己对《雨霖铃》内容情感的深入理解;悟读阶段,学生通过概括《雨霖铃》的技巧,思维进一步抽象化,并由读词构画转化为读画写词,进而尝试运用刚刚学习的技巧,欣赏《独坐幽篁图》并写出自己的感受。

  从学生实际表现来看,我们可以感知到他们经过一步步深入体验而取得的成绩:比如程俊逸同学这样描绘到:"月华如绸,染透一片墨夜;幽篁成林,斩断几世尘嚣。文士白衣,巨石独倚,弦弦宫商,絮絮低语。淡了名,薄了利。裂帛一划,四下寂静,仰天长啸。惊得习习凉风,奏着沙沙竹叶,来续那残曲。" 罗昊同学描绘了这样的画面:"夜风吹拂竹叶轻轻颤动,诗人手抚琴弦,抬头仰望残月。月光洒下,两行伤心泪流过脸颊,留下淡淡的两道泪痕。诗人用衣袖拂去眼泪,轻轻拨动琴弦,一曲哀伤之乐划过寂静的夜空,飘荡在空旷的山谷之间,久久未曾消失。"可以看出,学生们能够巧妙地运用多种渲染手法,表达出微微的感伤与淡淡的惆怅。我们的教学目标也就在核心问题引领的一系列活动中实现了。

一堂公开课给我的启示

曾声蓉

一阵欢快的下课铃声使笔者紧绷了两周的神经顿然松弛下来,持续的高强度脑力劳动几近让笔者崩溃,但紧随其后的是连续不断地称赞声:学生说,这堂课清晰而流畅,对知识框架的复习很到位;听课老师说学生的思维是真正活动起来了,教师的引导、评价和归纳都恰到好处;领导说,这个年轻教师我们没有看错,能力强着呢,不错,继续努力!这些称赞声让笔者感觉到这几周来的准备工作没有白费,很是安慰。以下是笔者对该堂公开课的心得。

一、精心准备

说到这堂公开课的准备工作,十份曲折而且艰辛。首先是确定课题,由于我们刚刚进入高三的一轮复习,恰遇学生刚接触理、化、生三科的综合训练不久,而生物实验设计在试卷中占据重要地位,经教研组共同研究和讨论决定,课题初定为"生物实验题的一般解题思路"。但这个课题还未执行就受到质疑和抨击:以它作为公开课与新课程改革的基本理念有些违背,有应试教育的影子。因此,教研组马上重新组织选新课题,在大家的共同努力下,发现正在我们复习进度范畴内的"糖类代谢与健康"不仅与实际生活联系紧密,学生很感兴趣,且这部分内容可以将必修教材与选修教材相关内容有机结合,有一定的深度和难度,是生物知识的一个难点。课题一经确定和认可,马上着手设计。"众人拾柴火焰高",经过教研组的交流和讨论,以下方案渐渐浮出水面:通过实验来鉴定健康人和糖尿病人尿液中是否含还原性糖入手,学生便自然而然地进入分析"尿糖"现象的成因环节,分析其成因又可以引出病人为什么糖代谢不正常,而健康人却正常,前者与"健康"紧紧相扣,后者恰好可以引导学生复习有关血糖平衡与调节的知识,高三复习课的重点就是要落脚在对知识的梳理和归纳上。于是我就着手写详案。在写详案的过程中,我思考并写出了很多自认为很周全的过渡语言和学生预设,但是当这一详案真正用在实际教学(第一次试讲)中时,问题出现了:完全是我在紧随教案施教,学生上课时涌现的很多新因素和新状况我来不及处理和应付,最后以失败告终。这次实践给我最大的启示是:作为老师应该熟悉教案,但不是按部就班,要灵活处理课堂上的新因素和新状况。又在全教研组的帮助下,无论是板块与板块之间的衔接上还是在学生活动的设计上都有了新进展。于是,新的详案出炉了,用在了第二次试讲中。这次的试讲在思路上还算成功,但有一种很赶时间,牵着学生鼻子走的感觉,学生思维并没有充分活动起来。总结以上经验教训,在再一次在教研组成员的共同探讨和帮助下,公开课才具雏形。最后总结以上经验教训,在上公开课的前一天,最后一次试讲终于给全组老师和我吃了一颗定心丸。

对上述回顾起来都令我笔者骨悚然的曲折准备其实是一个宝贵的成长经历,这让笔者彻底明白了什么叫做"集体的力量"和"功夫不负有心人",为以后的学习和生活都奠定了坚实的基础。

二、教学过程

精心的课前准备,让这堂课呈现出了非同一般的教学过程和效果,现归纳如下:

(一)以核心问题调动学生活动是这堂课的主要特色

一般新课的教学模式是:提出问题——学生活动——归纳提升——反馈运用,高三复习课也可以采用这个模式。本堂复习课以"观察尿液实验 追究差异原因 梳理相关知识"为核心问题,学生活动的内容明确,主线清晰明了,整堂课学生紧紧围核心问题中三个动词有条不紊的进行活动。在本堂课后搜集的学生反馈中,大部分同学都感觉这堂课从一个贴近生活的实验出发,很能激起其学习的兴趣,这种教学很高效,且思路清晰,线索明了,便于归纳和建构相应的知识网络。而且追切希望这种教与学能广泛应用于其他课堂。更令人可喜的是,在部分学生的反馈中,参透了老师对本堂课的设计思路,这是其中一位同学的反馈摘录:"我觉得这堂课思路非常清晰,老师首先提出问题让大家思考,然后这些问题在大家的讨论下一一解决,这样既有趣又有利于我们牢固的掌握知识……"

(二)在调动学生方面,老师成功搭建了学生活动的脚手架

首先,本堂课用一个演示实验引入,贴近生活,视角新颖,学生能较快进入"追究差异。原因"的情境且印象十分深刻。在课后的学生反馈中,不少学生提到了用实验引入的独特性。其次,课中老师通过适当的设问,并把学生活动的问题用幻灯片展示出来,学生便能紧紧围绕该问题开展讨论活动。第三,课中老师用"假如你是一个医生"设问,学生在解决相应问题时,学生是颇具成就感地在模仿现实生活中他们所见过的医生在解决相应问题时的手法。这不仅是在为解决问题而解决问题了,更重要的是他们从解决问题的过程中,体会到了什么叫"学以致用"。正因如此,有很多同学在课后反馈中写道:"经过这节课,我发现生物科学与医学,与生活有着密切的联系,因此学好生物不仅对我们养成良好的生活习惯有帮助,更能激发我们学习的积极性……"

(三)对课堂新因素处理恰当

在教学实施过程中,严格按照备课的三大环节进行,清晰而流畅,学生也相当积极地参与。其中涌现了很多新因素而成为这堂课的亮点。下面举几个例子:①在表述演示实验的结论时,笔者想学生应该能直接表述出"甲、乙两个人的尿液中有或无葡萄糖",但学生仅能说出"A、B试管中有无还原性糖"的结论,此时从实际生活和学生已学生物知识两方面引导学生,从而得出了准确的实验结论,也为下一环节"追究差异原因"作了铺垫。②在"追尿糖现象的成因"时,除了先前预设的三种正确间接原因以外,本堂

课有学生说到了"脂蛋白合成受阻",然而这个内容并非糖类代谢的相关内容,而是脂质代谢与健康的内容,可见,该学生在这个知识上是混淆的,笔者及时予以纠正并让学生警惕:易混知识应翻开教材认真区分。③在学生体会"当医生"的环节中,通过全班学生的讨论和交流最后得到一个较好的确诊病人尿糖原因的方法,但其中也出现了个别学生的错误认识。例如,有学生谈到了通过看某人尿液中是否含有尿素来证明其肾脏是否病变,从而来说明此人是否肾小管的重吸收能力有障碍,通过生生和师生一阵交流后得出:不能以尿液中是否含有尿素来作为判定一个人肾脏是否有病变,尿素本就不会被肾小管重吸收。(因为尿素对我们机体来说是废物,无论健康与否每个人的尿液中都有尿素存在)④在"追血糖的来源和去路"时,笔者的预设是学生仅能回答到:正常机体血糖的来源和去路相当或相等,但学生给了我一个更加准确的术语以描述:"动态平衡",当时我倍感欣慰。

(四)对学生的评价摆脱了用"好"、"很好"和"不好"

课中,学生回答的不准确和不完善的地方,我首先肯定他说得好的方面,再请其他同学来"帮助、纠正和完善"。本堂课即将结束,且我已做完小结的时候,一位学生"执著的举手"感动了我——她为血糖平衡的调节的知识框架进行了进一步的补充(几种激素之间的相互作用)。此时,不仅给笔者,更重要的是给在座的其他同学提出了更高的要求,笔者灵机一动,马上评价道:尽管经过了全班同学一节课的努力讨论和完善,但该知识框架仍有不完美之处,因此,在课后还有待在座各位和我一起进一步完善和整理。最后我用彩色粉笔板书了该生所作出的补充,从而从另一个侧面有力地肯定了她。课后我当面了解了她对我用这样的评价和处理方式的感受,她说:"让我备受鼓舞,在全班同学和好多老师面前有了一种无与伦比的成就感。也让我发现课堂上思维的碰撞不仅是师生之间与生生之间智慧的交锋,更是学生与学生、老师与学生情感的沟通,激发了我们学习的积极性。我喜欢这种课堂和评价!"

三、课后

课后,为提高今后生物课堂效率,笔者及时搜集了学生在上完这节课后的感受,这堂课虽然是老师与老师之间经验与教法上的交流,但最终的受益者还是学生,同学们特别感激。将学生的感受归纳后,笔者也得到了不少启示。

(一)学生渴望体验式学习

学生1:"视角新颖,印象深刻;用实验引入和大量师生互动能加深学生的印象。"

学生2:"从对教材的不熟渐渐变得熟悉,对学生思维的锻炼很到位,内容充实,可以在其他课堂和其他学科推广。"

(二)学生渴望开放式学习

学生3:"在老师的准确引导下,学生的思维在不断得到完善和启发,加上学生之间的交流、补充和纠正,感觉不是老师在灌输知识,在这堂课中同学也成为老师,在师生共同努力下,知识框架越来越清晰,加上良好的课堂氛围,调动了学生对生物学习更高的激情，学生也体会到了班级巨大的凝聚力。"

（三）学生渴望愉悦的学习

学生3："在知识上收获很大，注意力高度集中，思维活跃，气氛融洽，愉快的学习，课堂效率高。"

（四）学生渴望条理清晰的课堂

学生4："紧凑、板书清晰、有条理。"

学生5："……老师带领同学们进行思考，总之，我的思路非常清晰，笔记上的内容也非常清楚明了……"

（五）学生渴望理论联系实际的课堂

学生6："理论联系实际为我们今后的学习奠定了坚实基础。"

学生7："本节课的内容与医学、生活有着密切的联系，不仅对同学们逐渐养成健康的生活习惯有好处，更能时刻提醒同学们注意身体健康，同学们渐渐爱上了生物学科。"

学生8："课堂上还可以联系更多的与实际生活相关的话题，让学生的知识可以现学现用和活学活用。"

（六）学生渴望在课堂上找到成就感

学生9："学生感觉到自己在不翻教材的情况下都能回归到和书上原话相同的知识，很有成就感和信心。同时在全班同学的共同努力下，帮助不同层次的学生强调了细节和弥补了知识上的漏洞。"

学生10："学生的讨论还可以更加积极主动，老师应该适时鼓励全班学生都大胆发言。（因为公开课上只有那些认为自己答案是正确的同学才敢发言）"

（七）学生渴望更加完美的课堂

学生11："此内容还可以和更多相关内容融合，以拓宽学生复习的思维。"

学生12："这种方式的复习不适用每一个知识块，复习时应酌情选择和拓展。"

学生13："可以在知识梳理过程中穿插更多相应的习题，现学现用。如运用反馈环节可以改成'请你对身边的糖尿病患者提防治措施'。"

学生14："平时课堂上在某些问题上可以多请优秀的同学表述自己的意见，以拓宽全班同学的知识。"

这堂课后有一位学生不经意的感叹让笔者震撼："我们现在缺的就是这样把许许多多散的知识串起来的复习课。书上是散的，资料上为了把重难点知识讲清楚，看起来也是散的，但今天这样学我就知道知识之间原来有这样的联系了。"因此，在今后的复习过程中，作为教师，应该和学生一起来想办法将相关的知识进行整合，且最好由学生参与和深度体验整个过程，以达到更佳的复习效果。

怎样设计核心问题呢

周有珏

有一天一位年轻教师听了笔者的课后问我：周老师，你怎么确定一篇课文该讲哪些语言点？其实，很多年轻教师都问过这个问题。是啊，笔者怎么确定这些语言点的呢？其实对很多老师来讲，在平时备课中并没想得太多，我们对很多知识点很敏感，对教材的把握已经是一种本能，一种很自然的事情。那我们又怎么做到这一点的呢？这让笔者联想到我校多年来开展的校本科研课题。对教材的把握不仅涉及笔者对教材、教学大纲、考试大纲的钻研和理解，而且运用了这些课题研究的成果，使这些研究成果内化到自己的教学中，与自己的教学融为一体，形成了相关的缄默知识。但这也让笔者联想到另一个问题：他们没有问笔者是怎么设计本节课的核心问题及相关活动的，如果问这个问题，笔者也不能像前一个问题那样清晰的回答。其实，在探讨朱芹芹老师本期校本教研公开课的教案时，确立核心问题就颇费周折，看来我们还是更关注知识点，而不太关注学生掌握这些知识点的过程和方法，所以在确定核心问题以及设计相关活动时远不像把握知识点那样得心应手，那样自然。那么通过对朱老师这节课从准备到实施过程的反思，能否从中找到一些规律，使这些缄默的东西显性化，从而运用到我们的日常教学中呢？

这节课是高中新教材选修 6 第五模块的第一篇阅读课文。文章题目是：Frankenstein's Monster《弗兰肯斯坦的怪物》。本课是本模块的第一课时。课文分为两个部分。第一部分是故事梗概，讲述了一个人造生命的故事，弗兰肯斯坦是位科学家，他对科学的热爱到了极尽疯狂的地步。经过反复实验，最终他用死人骨头创造了一个怪物。怪物刚刚诞生时还是十分热爱这个世界，而且心地善良，乐于助人，但是因为相貌丑陋，不为人类社会所容，没有人愿意接受他的好意，所有人都拒绝与他成为朋友并且驱赶他。他向往爱情和幸福，但得到的却是人们的歧视和追捕，他请求科学家再给他造一个同类，却遭到了拒绝，他的一生悲惨胜过快乐。 最后他开始憎恨他的创造者，憎恨这个世界，不顾一切地向人类复仇，最后与他的创造者一起同归于尽。第二部分是小说节选，描述的是弗兰肯斯坦在见到自己亲手创造的这个怪物后的一列害怕以及后悔的心理活动。首先我们遇到的困难就是确立核心问题。本模块的话题是 Cloning（克隆），模块任务是 Debating—To clone or not to clone？（辩论—要克隆还是不要克隆？）所以我们先想在克隆上面做文章，但怎么从这篇课文的内容跨到克隆这个话题呢？如果谈克隆就势必将本篇课文搁置一边。于是我们又想从这篇课文入手，谈科幻作品对现代发明的影响，但又担心会淡化学生对课文中心里活动的体验，无法确立体验性目标，而且没有挖掘和利用教材中对任务心理活动细腻描写的特点。后来朱老师请教了教科室的老师，建议核心问题确定为：阅读《弗兰肯斯坦的怪物》，谈他们的心理活动及其对我们的启示。这个建议使我们一下豁然开朗，既紧扣教材，又充分挖掘教材，利于体验性目标的达成。在试讲中我们又发现朱老师的活动设计太繁杂，脚手架梯度不够，经过讨论，我们删去了与解决核心问题关联不大的活动，如复述课文等，只保留对课文主干和主要细节理解的活动，为解决核心问题做铺垫。但在这一环节上我们仍然把握得不好，所以在正式公开课上由于前面的活动不够精练，后面的提升、运用环节无法在课内完成。通过对这节课的回顾和反思，我在下面这些方面作了一些思考：

一、核心问题与本模块任务的关联

本节课的核心问题（阅读《弗兰肯斯坦的怪物》，谈他们的心理活动及其对我们的启示）与整个模块的任务（辩论—要克隆还是不要克隆？）既有联系又相对独立。这篇课文是模块任务完成的一个铺垫。可以看出以后在确定每节课的核心问题时要考虑每节课的内容在整个模块中的地位和作用。

核心问题与核心问题教学模式中各环节的关联

我们的课堂教学是以一个核心问题来调动学生自主活动，反过来学生的所有活动都必须紧扣核心问题以确保核心问题教学模式中问题→活动→提升→运用各环节的完整实施。要做到这一点，就是在设计每一个活动时都问自己：这个活动与核心问题有关系吗？有什么关系？

二、核心问题与体验性目标的关联

这是在讨论本节课核心问题时笔者想到的问题，也是笔者目前仍感到困惑的问题。我们先进行了核心问题教学研究，然后开展学生深度体验研究，那么在实际操作中究竟是先确立体验性目标还是先确立核心问题？

三、核心问题与模块中其他部分的关联

我们目前使用外语教学与研究出版社编写的这套高中英语教材由一个个不同话题的模块构成，每个模块又包含如下部分：Introduction（引入）；Reading（阅读）；Listening（听）；Speaking（说）；Writing（写作）；Function and everyday English（功能语言及日常用语）；Grammar（语法）；Pronunciation（语音）；Cultrual corner（文化角）、Task（任务）。虽然教材中每一个模块只有一个话题，但模块内的各个部分既相互联系又相对独立，有些部分之间有密切的关联，而有些部分之间联系不大，而核心问题就可以将相互密切关联的部分整合在一起，学生在提出问题，解决问题；归纳提升和运用的过程中形成语言综合运用能力。本模块的"引入"部分就是一段介绍电影《弗兰肯斯坦》的材料，朱老师将其整合到本节课中，利用它创设问题情景，使核心问题的提出很自然。

新课程改革最大的特点是教学目标发生了根本性的变化。这种变化体现在两方面。一是在原来只有结果性目标的基础上，新增加了体验性目标；二是从原来只强调知识、能力的发展，变为了知识与技能、过程与方法、情感态度价值观的三维目标。因此我们不能满足于能把握每节课的知识点，因为这还停留在强调知识、能力的二维目标上。笔者想我们通过这样的探讨和训练，核心问题教学中学生深度体验研究中一些规律也会融入我们的教学中。

怎么才能探到"错位相减"

付小华

在等比数列求和时,有一类重要而经典的求和方法——"错位相减法",它既是等比数列求和的一种好的思维方法,也是一类与等比数列有关的数列求和的一种最优的解法,其适用范围明确,解法步骤简单,思维很清楚。但学生"正位相减"的认识来源已久,养成了大量对应相减的习惯,对"错位相减"毫无准备。"错位相减"的来源比较突然,学生不知道这种方法是怎么来的,怎么想到的。在教学过程中,教师通常只能"硬生生"地直接给学生,或者说是"灌进去",这就不符合体验式学习、探究式学习的新课程理念。在笔者经历了前几届学生的等比数列求和的公式探究教学课,查阅了很多网上的教案、课件,也听了几节公开课或示范课,总觉得还没有找到一个更能说明探到"错位相减"的方法。

于是在这一次等比数列求和教学时,笔者进行了下列的教学设计,既想再从学生最原始的想法里探到"错位相减",也想探究一下是什么原因在阻碍学生思考"错位相减"。

于是,笔者确定了核心问题:探究下列各式求和的方法qiuxieleie。

(1) $1+2+2^2+\cdots+2^{20}$ (2) $1+2+2^2+\cdots+2^{n-1}$

(3) $1+\dfrac{1}{2}+\dfrac{1}{2^2}+\cdots+\dfrac{1}{2^{20}}$ (4) $q+q^2+\cdots+q^n$

(5) $a_1+a_1q+a_1q^2+\cdots+a_1q^{n-1}$

在学生核心问题的引导下,探究这几个式子的求和,由于没有等比数列的求和公式,自己探究有相当的难度,出现了很多意想不到的结果。学生探究了一会,笔者选择了几位同学的探究结果展示如下:

(1) $1+2+2^2+\cdots+2^{20} = \dfrac{(1+2^{20})\cdot 21}{2}$

(说明:这是笔者专门挑的一个错误的做法,当然这样想的学生很少,显然学生用了等差数列求和公式,为什么学生会套用这个公式,可能是学生固有的缄默知识起到了反面的作用。)

(2) $1+2=3=2^2-1$,$1+2+2^2+2^3=15=2^4-1$,$1+2+2^2=7=2^3-1$,…,$1+2+2^2+\cdots+2^{n-1}=2^n-1$

(说明:这是一个正确的做法,这是学生对2的指数运算的一种数感,对数的规律的探究感觉很好,从而寻找到的一种解法,这种解法还是不足以撼动到一般的等比数列的求和。)

(3) $\dfrac{1}{2}+\dfrac{1}{2^2}+\cdots+\dfrac{1}{2^{20}}=1-\dfrac{1}{2^{20}}$

（说明：这个做法是正确的，这是最特殊的一种情况，学生借助了图1的几何模型，一下子就明白了答案。这也是这个学生的缄默知识，对数的敏感和形的直觉的最佳关联的结果。）

但是，这一对一错和一个特殊的数形结合的做法都没有进入到等比数列求和的实质，那怎么求等比数列的前n项和呢？学生继续探究到。

（4）有同学在草稿纸上写下$1+q+q^2+\cdots+q^{n-2}$和$q^2+q^3+\cdots+q^{n+1}$

（说明：他说，他想到除以q和乘以q，但怎么办还不知道？）

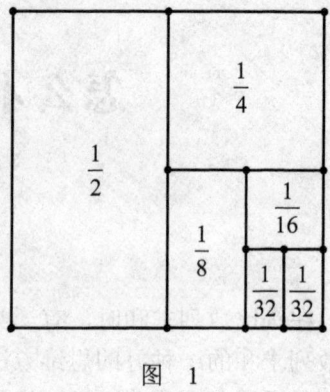

图 1

（5）$a_1+a_1q+a_1q^2+\cdots+a_1q^{n-1}=a_1(1+q+q^2+\cdots+q^{n-1})$

（说明：他发现只有把（4）解决了，（5）也就迎刃而解了。）

看来，问题集中在了问题（4）如何求解，如何想到"错位相减"？这时，有位同学主动起来展示到：

$$\because \ S_n=1+q+q^2+\cdots+q^{n-1}\cdots\cdots\text{①}$$
$$S_{n-1}=1+q+q^2+\cdots+q^{n-2}\cdots\cdots\text{②}$$
$$\therefore \text{①}-\text{②}: S_n-S_{n-1}=(1+q+q^2+\cdots+q^{n-1})-(1+q+q^2+\cdots+q^{n-2})$$
$$a_n=q^{n-1}$$

其实，这个方法在已知S_n，求a_n时，经常用到，我们习惯叫它"退阶相减"（这是一种正位对应相减），这个做法没有算出S_n，反而算回去了。到此，全班同学都还没有自己真正想到"错位相减"的。

这时，刚才在除以q和乘以q的那个同学示意她探到了。她的做法使全班同学茅塞顿开。

$$\because \ 1+q+q^2+\cdots+q^{n-1}=S_n\cdots\cdots\text{①}$$
$$1+q+q^2+\cdots+q^{n-2}=S_{n-1}\cdots\cdots\text{②}$$
$$q+q^2+\cdots+q^{n-1}+q^n=qS_n\cdots\cdots\text{③}$$
$$\therefore \text{①}-\text{③}:(1+q+q^2+\cdots+q^{n-1})-(q+q^2+\cdots+q^{n-1}+q^n)=S_n-qS_n$$
$$1-q^n=(1-q)S_n$$
$$\therefore \quad S_n=\frac{1-q^n}{1-q}$$

笔者问这个同学（一位女生）怎么想到的？她很腼腆，不敢大声说，笔者鼓励她大胆说说，你这个想法太好了，你解决了等比数列求和的关键方法。她说道："我观察发现等式①的左边每一项都乘以q后得到③，与原等式比较，其中有$n-1$项是一样的，两式相减就可以算出S_n，我重点关注了左边的变化，但好像不用方程的观点表达右边的式子，也不行，像②式也有$n-1$项相同，但两式一相减，却得不到，我也说不到很清楚怎么探到的？我觉得是直觉。"同学们已经很满意这样的解释了，报以热烈的掌声。笔者又不失时机的请了一个思维较好的男同学问道："你现在能感觉到这种方法了吗？"他回答道："好像真的感觉到了，错一个位置相减，太妙了。"我又问道："你们觉得等式①写成我们习惯的 $S_n = 1 + q + q^2 + \cdots + q^{n-1}$ 和刚才这位同学写成 $1 + q + q^2 + \cdots + q^{n-1} = S_n$，对我们思考这个求和有什么影响？哪个更有利于想到这个方法？"大多数学生肯定地回答道："还是写成后者。"又有同学七嘴八舌的说道："有利于我们关注左边式子的变化和内在关联，不受右边 S_n 的限制，而我们刚才就明显受到了 S_n 的羁绊。"其实，笔者也是第一次感受到这点，我们从接触数列求和时，就习惯记 $S_n = a_1 + a_2 + \cdots + a_n$，真的对等比数列求和的这个方法的探究埋下了隐患。

最后，我们一起再探究了 $S_n = a_1 + a_1q + a_1q^2 + \cdots + a_1q^{n-1}$

方法1：$S_n = a_1 + a_1q + a_1q^2 + \cdots + a_1q^{n-1} = a_1(1 + q + q^2 + \cdots + q^{n-1}) = \dfrac{a_1(1-q^n)}{1-q}$

方法2：$S_n = a_1 + a_1q + a_1q^2 + \cdots + a_1q^{n-1}$

$qS_n = a_1q + a_1q^2 + \cdots + a_1q^{n-1} + a_1q^n$

$\therefore (1-q)S_n = a_1 - a_1q^n$

$\therefore S_n = \dfrac{a_1 - a_1q^n}{1-q} = \dfrac{a_1(1-q^n)}{1-q}$

到这里，笔者把这个方法正式取名为"错位相减法"，问同学们："形不形象？"同学们异口同声："形象。"

为了让学生最原始的想法里探到"错位相减"，同时探究出阻碍学生思考"错位相减"的具体原因，我们花了整整一节课的时间，笔者还是觉得很值得。从后来"错位相减"的那类典型的数列 $c_n = a_n \cdot b_n$（其中 a_n 为等差数列，b_n 为等比数列）的前 n 项求和的学习来看，学生理解更深刻，感悟更深，计算的正确性也就高得多。

想要探到"错位相减"，需要在核心问题的引领下，认真开展探究活动，重点关注等比数列求和式子的变化及内在联系，对等比数列有良好的直觉思维和数感，同时克服以前形成的不良"缄默知识"的影响。

一、核心问题促进学生深度体验

本节课在核心问题"探究下列各式求和的方法"的引导下，学生展开了丰富多彩的探究活动，有错误的探究、数形结合的探究、直觉思维、尝试等等，在触及最难、最核心的"错位相减"时，有思维的难度、也有思维的碰撞。

二、关注数学式子之间的关联

几个求和式的求和，从特殊到一般，有简单到复杂，等比数列求和式子的内在本质不变，关键的是 $S_n = a_1 + a_1q + a_1q^2 + \cdots + a_1q^{n-1}$ 与 $qS_n = a_1q + a_1q^2 + \cdots + a_1q^{n-1} + a_1q^n$ 的数学式子之间的关联，有方程的思想与错位相减的方法的关联。

三、重视数感和直觉思维

从探出"错位相减法"求等比数列前 n 项和来看，他们还有重要和难能可贵的一点，就是数学的"数感"和直觉思维强。直觉思维凭的是"直接的感觉"，不是感性认识，是对思维对象从整体上考察，调动自己的全部知识经验，通过丰富的想象做出的敏锐而迅速的假设，猜想或判断，它省去了一步一步分析推理的中间环节，而采取了"跳跃式"的形式。它是思维火花在一瞬间的迸发，是长期积累上的一种升华，是思维者的灵感和顿悟，是思维过程的高度简化，但是它却清晰的触及到事物的"本质"。

四、注意防患"缄默知识"的负面作用

没有想到的原因呢？有利用等差数列求和的方法完全模仿，还有很多的同学根深蒂固的"正位相减"的潜意识，这些都是"缄默知识"在起副作用。还有一些同学在处理特殊的等比数列求和时，也是有很好的"数感"和直觉思维的，也有良好的数形结合的思想，也正确地探究出特殊数列的求和，但正因为这些方面占主导，影响和制约了一般的等比数列的求和方法的探究思路，无从引导自己探究"错位相减"上面来。

这个探究等比数列求和的"错位相减法"的探究过程和探究中暴露出来的学生思路和思维的碰撞告诉我们，每位数学老师要正确认识缄默知识，在日常运用核心问题教学模式开展教学中要分析学生的缄默知识，从而根植缄默知识促进学生学习上的深度体验。在确定和达成教学目标时，有意识地重视学生的关联体验目标，关注学生在数学知识、数学方法或数学表达式之间的多重关联，认识新教育中对直觉思维和"数感"重视，有针对性的对学生进行直觉思维和"数感"的培养。

两堂别样的英语课纪实

张 兰

近几年来，学校致力于"基于缄默知识的核心问题教学"理论的研究。全校教师在对该理论进行系统学习的同时，也将理论知识与教学实践有机地结合在一起，用科学的理论来指导我们的教学工作。每一堂课都应有一条主线贯穿始终；每一个教学活动都应为核心问题的解决而设计，在这样的课堂里，学生和老师都能得到知识和能力的提升，让我们受益匪浅。教学设计如果失去了理论支撑，如果根本就没有核心问题，那我们的课堂必定是散漫且低效的。

几年前曾上过的一堂课时常浮现在笔者的脑海里。那天笔者的教学内容叙述的是一场精彩的足球赛。这是学生非常感兴趣的内容，可是对足球一窍不通的笔者能否将这一节课上得生动有趣呢？笔者心中有点虚，些许的忐忑中，上课铃声响了。笔者突发灵感：何不将这节课改为学生来讲呢？以这种形式上课他们一定会觉得新鲜，课文内容又是他们熟悉和感兴趣的，知识难度也不太大……就这么定了！接着笔者告诉同学们："今天我们将以一种新的方式来学这篇课文。你们将有15分钟时间自学课文，最后请同学上讲台像老师一样讲授。"学生们一听，倍感新奇，兴奋之情溢于言表。显然孩子们是乐意接受这种教学形式的。15分钟后，笔者宣布学生讲课开始。有一个女孩举手了，笔者马上发动大家给予她热烈的掌声。她的讲解还算清晰，教态也还算自然。接下来又有几个同学对教材内容作了讲解分析，还时不时对台下的同学进行提问。整个课堂气氛还算活跃，眼看下课的时间快到了，孩子们却还在那里滔滔不绝、海阔天空，偶尔冒出一两句汉语，惹得全班哄堂大笑，登台讲课的同学越来越有些离谱了。最后两三分钟，为完成教学任务，笔者只得打断他们漫无目的的发挥，将那节课的语法"一般过去时"一语道破，硬生生地将知识塞给学生。此时教室里静静的，唯有笔者的声音。原本一堂热闹的课就这样在学生的一片沉默中草草收场。

那堂课后不久，学校开始了"基于缄默知识的核心问题教学"研究。如今，又是另一届学生了，可没变的仍然是一群活泼的孩子，同样是那场精彩的球赛，而笔者，同样对足球一无所知且毫无兴趣。不同的是，这一回，笔者心不虚。在认真总结了之前的得失后，这一次，笔者是有备而来。

对于本课的内容同学们一点都不在陌生，讲述的是他们热衷的足球赛，并以此为载体，同学们进一步巩固一般过去时的用法及构成形式，如：run—ran, jump—jumped, shout—shouted, have—had, shoot—shot 等。这个阶段的学生对一些常用动词短语已有了一定量的积累，加之"足球"几乎一直伴随着这群生龙活虎的学生。所以，从表面上看，该课的实施难度并不太大。但学生们对一般过去时这一语法现象认知较少，对其结构及功能也说不清、道不明，对 was、were 和-ed 也无法自如驾驭。在语言的使用过程中，他们只关注动词，却忽略时态。可以这样讲，此时一般过去时的基本语言结构对于初识这一语法的学生而言，正处于缄默化状态。这正好与我校研究的基于缄默知识的核心问题教学扣起题来。想到三年前让学生亲自授课以失败而告终，不服输的笔者决定这一次还是让学生自个儿唱主角。笔者倒想试试，相同的教学形式，不同的教学环节，所产生的教学效果究竟一样不一样。笔者运用核心问题教学模式，设计本课的教学环节为：问题→活动→提升→运用。

上课一开始，笔者就首先提出该课的核心问题：自学课文，谈谈班级足球对抗赛。学生一看核心问题，嘿，是他们热爱的运动，就已经来劲了。紧接着，为营造情景，笔者给学生搭建了一个"脚手架"，那就是用真实的球赛画面去冲击孩子们的视觉细胞，点燃他们的谈论激情。视频播放 2010 年世界杯决赛西班牙对阵德国的精彩片段。这非常合学生的胃口，话题切入得非常自然。此时，笔者又不失时机地利用多媒体将球场上的画面定格，跑、跳、传、踢、推、倒地、射门、大叫、兴奋，各种动词、短语呼之欲出，这正是为稍后学生的论谈作了词汇上的铺垫。当然接下来便是学生的活动了。学生有 10 分钟的时间自学课文，当然他们可以借助各种学习工具，可以相互讨论商议。自学一开始，大伙儿就忙活开了，有的忙着用文曲星学单词，有的大声朗读课文，有的查阅资料记笔记，还有的在悄悄讨论。注意到，连平时最懒惰的那个男孩也在借同桌的资料看。笔者会心地笑了，笔者感觉这堂课已经成功了一半，因为全体学生的积极性都被调动起来了。之后就是孩子们闪亮登场了：率先走上讲台的是最爱踢足球的一位男生，尽管英语口语不够好，可说到球，还有谁比他更口若悬河呢？讲到"上周五，三班和五班进行了一场足球赛时"，他竟然将一般过去时态错用成一般现在时态，大伙儿一阵嘻哈，他马上意识到错误之处，立即纠正过来，赢得掌声一片。举手的同学还真多，第二个孩子讲了"seem"的用法，还板书举例说明，并向同学提问，瞧那派头，俨然一个老师。笔者看看下面的同学，他们可带劲了，边听、边笑、边做笔记。笔者注意到最后排的 X 同学眼神中充满了跃跃欲试，笔者叫了他的名字，他几乎是直接飞上讲台。令同学们啧啧称奇的是，他声音高亢，表达流畅，那语气就像专业的球赛评论员似的："快速奔跑；摔倒；点球；射门；球进了。"他描述的每一个动作都用到了我们初学的一般过去时态，末了，他还将知识进行拓展，给大家讲了"have"和"there be"的区别。一段发言下来没有出现一个语法错误，看来他的确是把一般过去时态活学活用了。他讲完走下讲台时，掌声空前的热烈。那些英语成绩较差的同学鼓掌特别起劲，仿佛从这个同学的表现中受到莫大的鼓励。看着同学们练了、笑了、快乐了，笔者满心欢喜，仅从情感目标上讲，这堂课就已经成功了。由于这一次的核心问题明确，词汇铺垫充分，所以学生们整堂课都处于想说、能说、会说、敢说的兴奋状态，课堂上每一分钟都能听到学生们的声音。该课取得了比三年前好得多的教学效果。学生们在亲历了核心问题的解决活动之后，进入到提升阶段。笔者提出了反思性问题，"什么是一般过去时？"同学们各抒己见，有的说："一般过去时态表示过去发生的动作。"有的又说："一般过去时就是加-ed。"我边听边记录下学生的反思内容。最后，针对学生们反思内容的不足，笔者作了补充和完善，使一般过去时的用法及构成形式最终得以完全呈现。最后 5 分钟，孩子们边议边做，完成了一篇关于足球赛的完形填空，以此来运用巩固初学的知识。在随后的订正和统计中，笔者惊喜地发现正确率已近 90%。相信假以时日，学生们必定能将这些知识内化，达到持续稳定的程度，从而进入到日用而不知的新的缄默状态。

　　反思两课，笔者有许多感悟在心头，其中最深的一点就是教师对教学环节的设计绝对离不开理论知识的指导。有了理论作支撑，教学才有了章法，而不是随心所欲。几年前临时起意所上的那堂不同寻常的课，开始时很受学生欢迎，那么生动的内容当然让孩子们充满了期待。可是由于当时课前准备不足，随意性太大，让那堂课留下了诸多的缺憾：主线不突出，环节不流畅，核心问题不明确，铺垫不充分，课堂也有些散，学生们根本就没弄懂这节课我们到底应该学什么、掌握什么，所以课堂上才会出现热闹但却散乱的场面。而如今的这堂课，笔者成功地运用了核心问题教学模式，所有的教学活动都为核心问题的解决而设计，随后的提升和运用环节使知识脉络得以完全呈现并有效帮助学生进一步内化新知。整堂课自始至终是既有温度更有深度。前后两堂课，由于教学环节的截然不同，因而所取得的教学效果也有着天壤之别。事实证明只有不偏离主线的活动才能最广泛地调动起每个学生的学习热情，才能吸引他们全体参与，启迪他们的归纳思维。笔者想，结合教材实际，努力构建以学习者为中心、以学生自主活动为基础的教学模式，从而最充分地发挥学生的主体性，最广泛地调动学生的积极性，让每一位学生都不远离课堂，应该成为我们每一位教师探索不止的课题。

确立《春酒》一课的核心问题给我的启示

赵 静

参与校本教研课《春酒》教案的设计，试讲，修改，再试讲，再修改的整个过程，教益很深，启发很大。

第一次试讲，确立的核心问题是"读课文，品语言"。评课过程中，提出了以下问题：(1)核心问题很"空"，是通用语，没有落实到文本。(2)核心问题没有涵盖整个教学过程。(3)教学中，四大板块不够清晰。总结提升环节几乎没有。(4)教学中，读什么，怎样读，怎样突出学生的活动？这些问题课前设计考虑不够周全。(5)抒写思乡情结，由于总结提升环节模糊，学生写作深度体验缺乏依托，因而质量不高。加之教师点评过多，学生没有充分调动，整个课堂气氛沉闷。

课后，经过备课组充分讨论，认为问题的关键还是在于核心问题的确立有问题，必须重新考虑本课的核心问题。大家认真研究文本，群策群力，最终确立了"读《春酒》，品酒美，传乡思"这一核心问题。

核心问题"读《春酒》，品酒美，传乡思"，围绕文本，贯穿整个教学过程，显示了教学过程的层次，突出了学生的活动。经过试讲，不断地完成细节。

如读《春酒》这一环节，开初设计为"默读课文，为春酒取酒名"。经备课组的认真讨论后改为"默读课文，思考两个问题：(1)课文围绕春酒，讲了哪些故事？请概括。(2)文中哪些细节描写你最喜欢？找出来，读给大家听听。并说说你喜欢的理由。"比较两个设计，不难发现：改后的设计紧扣文本，训练了学生速读、筛选和概括的语文能力。尤其是第二个问题既考虑了学生的个体性，又通过学生讲理由时出现的问题，及时地纠正学生赏析细节时常常会犯的错误，突出本课的第一个学习重点"细节描写"。让学生朗读自己喜欢的细节语句和段落，使课堂上学生的"读"呈现出多维、丰富的语文课堂特色。

总之，这堂语文校本教研课，围绕三个关键词"核心"、"体验"、"缄默"，以恰当的核心问题，三大板块的自然衔接，以学生多维的"读"、"品"、"写"等活动，以教师自然流淌的情感、干净优美的语言，交出了一分完美的答卷，赢得各方的好评。

这次校本教研的全程参与，提高了笔者对校本教研重要性的认识，受到了很大的启示：

一、核心问题是我们整合课堂教学资源和教学行为最重要的武器

过去我们的教学行为随意性大。一堂课知识散乱，重点不突出，学生学起来精力容易分散，印象不深刻。表面上看，课堂容量不小，实质上学生获得的并不多。确立《春

酒》一课的核心问题的教学实践，让笔者认识到：一堂课的核心问题确立，能帮助我们整合教学内容和教学行为。这样的堂课就会重点突出，脉络清晰，前后呼应，符合学生接受知识的心理特质，有助于提高教学质量。

二、确立核心问题，能促使我们对文本的深入研究

教材仅仅是我们从事教学的工具。老师用它来教语文，学生用它来学语文。教师应该尊重文本，但不应该拘泥于文本。过去，老师往往是靠一本语文书，一本语文教参，忠实的按照编者的意图去教学，教师的个性和创造力受到了遏制。语文课堂呈现出"千篇一律"的状况。

然而，核心问题的教学模式改变了那样的教学现状。确立《春酒》一课的核心问题的教学实践告诉我们：要恰当的确立一篇文章的核心问题并非易事。首先，要对文本内容和教学任务了然于胸，其次，要根据文本的要求，学生的实际，教学的进展，恰当的制定核心任务。一堂课核心问题制定得是否合理、恰当，关乎一堂课的成败。恰当科学的核心问题能够充分调动学生学习的积极性，引起学生体验和深度体验的欲望。学生在体验或深度体验中自然而然地获取了知识，提高了能力。

所以，核心问题的教学模式不仅能够让我们尊重文本，尊重学生，而且能够促使我们不拘泥于教材，发挥主观能动性，展示教师教学的自然个性。

地理课堂中的学生关联体验
——以《水资源的合理利用》为例

陈 娟

基于校本教研"核心问题教学中的学生关联体验研究",笔者采用核心问题教学方式进行了人教版必修1地理第三章第三节《水资源的合理利用》的教学,下面就以本节课为案例,对地理课堂中的学生关联体验进行探讨。

设计了本节课的核心问题:探究水资源的数量、质量与人类的社会发展的关系,提出水资源可持续利用的策略。

进一步将核心问题分解为:读图分析水资源的分布特点;探讨水资源的数量和质量对人类生存与发展的意义;讨论水资源可持续利用的策略三部分。

第一个问题情境是我国水资源的分布有什么特点及受哪些因素影响?教师通过提供中国水资源分布图、中国地形图、中国降水分布图、中国人口分布图,创设问题情境。学生自主读图,寻求答案,在寻求答案的过程中主动将地形、气候、人口与水资源进行因素关联。

第二个问题情境:在不同的社会发展阶段,水资源的数量、质量与人类社会的关系在发生什么变化?学生自己阅读教材后归纳出要点,然后再举出身边的实例来说明归纳出的要点。学生观看都江堰的视频,体验随着时间变化水资源与人类的关系变化。

第三个问题情境:面对水资源的缺乏,我们应该怎样可持续利用水资源?学生分组从个人行为、政府行为、国际行为等方面去讨论我们该如何可持续利用水资源,形成正确的资源观。

紧接着,综合大家的总结得到:人类与水资源的关系是不断发展变化的,人类的一举一动都在影响着水资源,水资源作为一种可再生资源同样也面临着短缺问题,我们如何在生活、生产中做到水资源的可持续发展利用,要靠我们每一个人从开源、节流方面去努力。进一步扩展提升:除了水资源人类赖以生存的还有其他很多资源,面对每一种资源我们都应该有意识地去可持续利用,尽量保护地球上的资源。

最后,布置练习:(1)举出生活中体现水资源可持续利用的实例;(2)利用本节课分析水资源合理利用的方法,小组合作查找资料写出一篇关于"XX资源的合理利用"小论文。

地理作为一门培养现代公民基本的地理素养的学科,其中最基本的就是要求公民形成以人地关系和可持续发展为核心的基本地理观念。地理课堂特别能体现学生关联体验,尤其是个人与世界的关联,最能够实现此关联最终能够适应世界并合理改造世界与环境和谐相处的这一目标。因此把握好地理学科存在的、可挖掘的关联性,可以更好地让学生进行深度体验。

关联体验是靠学生亲身去践行、处在情境中感受的一个过程，那就要有一个主线引领学生去践行，那就是一堂课的核心问题，一堂课最后要达到什么目的，要求学生体验到什么，那就需要设定一个合理的核心问题。所以核心问题的设置尤其关键。

本节课，教材以水资源为载体进行编写的：水资源是如何分布的、水资源与人类社会有什么关系、人类应该如何可持续利用水资源。再看课标要求：以某种自然资源为例，说明在不同生产力条件下，自然资源的数量、质量对人类活动的影响。解读课标：要求以某种资源为例，也可以以水、煤炭、石油、天然气等资源为载体，重点在于，探究这一资源与人类的关系。学生需要掌握的是这一种分析方法、这一地理思维，同样的关联到其他资源，要求学生也可以进行分析。

因此核心问题、教学目标的设置就不仅仅是注重水资源方面本身，更应该注重以水资源为载体进行探析的方法。而且传统教学中的水资源的合理利用教学多采用讲授法，以讲解知识为主要特征，要求学生记住知识要点，其重点是放在"教师教"而非"学生主动学"上，容易忽视学生将所学内容与生活的关联体验，不利于学生观察、分析、整合信息的地理思维的养成。在分析了这些的基础上，提出了这一节的核心问题：探究水资源的数量、质量与人类的社会发展的关系，提出水资源可持续利用的策略。

一个核心问题往往不是一次性就能解决，因此，要根据相应的情况，分解核心问题，创设更为具体、清晰的问题情境来激活学生已有的体验，通过问题情境的创设将学生已有的体验、经验促进学生进入自主、有效地活动和体验之中。本节课分解的这三个问题不是孤立的，它们之间是步步递进的关系，前一问题是后一问题的前提和铺垫，解决完最后一个问题时整个核心问题也就解决了，在每一部分分解中学生都有不同的关联体验。例如：学生在举例、读图、观看视频的时候进行的就是将地理知识与生活进行关联，地理就是来源于生活，学生会发现，只要留心，生活中处处皆学问，处处皆与地理有莫大关联。又如第三个问题情境：面对水资源的缺乏，我们应该怎样可持续利用水资源？这部分学生最能够产生人与自我、人与生活、人与社会的关联体验。

核心问题解决后，需要进一步归纳提升。将在核心问题解决过程中涉及的关联体验进一步提升。这样本堂课的体验就上升了一个层次，上升到人与自然、人与社会的关联体验。最后从关联体验中也真正的达到了人类应该适应世界合理改造世界与环境和谐相处的目标。

例说怎样促成学生的深度体验

杨光虹

本学期笔者教了"简单的线性规划问题"一课。基于学校"根植缄默知识,促进学生深度体验"的校本教研主题,笔者在这节课的设计和实施过程中,充分关注了学生的主体地位,根植缄默知识,以核心问题调动学生探究,从而促成学生的深度体验。

简单的线性规划问题是实际生活中的优化问题,本节课上,笔者以一个生活中的生产安排问题作为本节课的核心问题(核心问题:解决下面生产安排问题:某工厂用A、B两种配料生产甲、乙两种产品,每生产1吨甲产品使用4千克A配料耗时1h,每生产1吨乙产品使用4千克B配料耗时2h,该厂每天最多可以从配料厂获得16千克A配料和12千克B配料,按每天工作8h计算,若生产1吨甲产品获利2万元,生产1吨乙产品获利3万元,怎样安排生产才能使得利润最大?),让学生通过已有知识尝试独立解决。解决这个问题可分成两步:(1)学生要把实际问题抽象成数学问题,即建立数学模型,其关键是要根据问题列出二元一次不等式组和二元目标函数,进而问题转化为在二元一次不等式组的限制下,求二元目标函数的最大值。(2)学生探寻解决办法。在学生的解决方法中,有完全错解的情况,也有个别同学的解法基本正确。接下来,同学间讨论交流,笔者适当引导和点评,错解得到纠正、正解得到展示。为了学生更加充分地进行深度体验并理解这类问题,笔者设置了一个变式,全体同学再一次独立思考解决,进而修正、完善这类问题的正确解法。这样学生真正深刻的体验到了解决这类问题的方法和思想,最后,师生共同反思提升,得出线性规划问题的相关概念,领悟解决简单的线性规划问题的方法,体验数与形的密切关联。

下面简要回顾这节课的实施过程:

对本节课一开始提出的核心问题,大多数学生能较快的作出如下解答。

解:设甲、乙两种产品分别生产 x, y 吨,工厂的利润为 z,则 x, y 满足二元一次不等式组:$\begin{cases} x+2y \leq 8 \\ 4x \leq 16 \\ 4y \leq 12 \\ x \geq 0, y \geq 0 \end{cases}$ (1),且 $z = 2x+3y$。下面求函数 $z = 2x+3y$ 在不等式组(1)的条件下的最大值。

通过学生的独立思考之后,学生甲作了如下解答:

由 $4x \leq 16, 4y \leq 12$ 确定 x 的最大值为4,y 的最大值为3,从而 z 的最大值为17。

师:这种解法是错误的,因为点(4,3)不在可行域范围内,即生产4吨甲且生产3吨乙的安排本身不可能实现。所以在研究二元函数时也要像研究一元函数一样,定义域优先。

讨论之后,学生乙作了如下解答:

将目标函数 $z=2x+3y$ 变形为 $y=-\frac{2}{3}x+\frac{z}{3}$,这是斜率为 $-\frac{2}{3}$,在 y 轴上的截距为 $\frac{z}{3}$ 的直线。当 z 变化时,可以得到一组互相平行的直线。直线 $y=-\frac{2}{3}x+\frac{z}{3}$ 与不等式组(1)表示的平面区域的交点坐标满足上述不等式组,且当截距 $\frac{z}{3}$ 最大时,z 取最大值。所以只需移动直线 $y=-\frac{2}{3}x$,且保证直线与不等式组(1)表示的平面区域有公共点,当直线在 y 轴上的截距最大时,z 取最大值,对应公共点的坐标即为最优解。

师:这种非常完美,因为该同学对目标函数变形之后就赋予了 z 几何意义,这样一来借助图像就可以快速准确解出答案。

给出变式:x,y 满足 $\begin{cases} x+2y \leqslant 8 \\ 4x \leqslant 16 \\ 4y \leqslant 12 \\ x \geqslant 0, y \geqslant 0 \end{cases}$,$z=2x-3y$,求 z 的最大值和最小值。

学生丙快速地作出了如下解答:

将目标函数 $z=2x-3y$ 变形为 $y=\frac{2}{3}x-\frac{z}{3}$,这是斜率为 $\frac{2}{3}$,在 y 轴上的截距为 $-\frac{z}{3}$ 的直线。当 z 变化时,可以得到一组互相平行的直线。直线 $y=\frac{2}{3}x-\frac{z}{3}$ 与题中不等式组表示的平面区域的交点坐标满足该不等式组,且当截距 $-\frac{z}{3}$ 最大时,z 取最小值,当截距 $-\frac{z}{3}$ 最小时,z 取最大值。所以只需移动直线 $y=\frac{2}{3}x$,且保证直线与不等式组表示的平面区域有公共点,当直线在 y 轴上的截距最大时,z 取最小值,对应公共点的坐标即为最优解。

学生甲在短暂的独立思考之后,没有深入分析,给出了错误的解答。其实,由于目标函数是二元函数,只要是研究函数,我们就要先研究定义域,也就是 x,y 的取值必须满足不等式组(1)中的每一个不等式。实际上,不等式组(1)所对应区域(即可行域)中的每一组解 (x,y) 就相当于是一元函数的定义域中的每一个 x 的取值,而这一点学生事先是缄默的,所以,当学生犯了这样的错误之后,笔者就在这个地方进行讲解,将他们的缄默知识显性化,让学生在与新知识"相遇"时产生对知识个性化的意义理解,让学生对相关知识产生更深入的认识,从而顺利完成知识重组或架构新的知识体系。

显然,学生乙的解答是非常漂亮的。因为在这节课的设计上,笔者考虑到学生在前一节刚好学了二元一次不等式(组)表示的平面区域,学生能够画出不等式(组)表示的平面区域。学生对核心问题建模之后,凭着他们的直觉,就会去画不等式组(1)表示的平面区域。其实,学生事先并不知道画区域有什么作用,作出了平面区域之后,又该怎样解决。他们没有清晰的解题思路。但是,由于把不等式组(1)表示的区域作出来之后，就实现了数到形的转化，这是解决这个问题的一个很大突破，所以，创造条件，让学生作图，就是一个充分根植学生缄默知识的过程。有了这种缄默知识之后，他们自然就会想二元目标函数又能否跟图形联系起来呢，而正好在这之前又刚好学习了直线方程，这样，二元目标函数就对应一系列平行直线。然后，学生稍加分析，就会在两个图形之间建立关联，于是，成功解决这个问题当然就是很自然的事情了。正因为由始至终，学生是自己思考，自己解决问题，所以学生就有深度体验，他们悟出了解决问题的思想和方法，进而解决变式自然是水到渠成的事了。有了对实际问题解决过程中对缄默知识的运用，学生掌握了解决问题的方法，也就是有了深度体验，对变式这个问题，就是一个简单应用而已，所以，学生丙的回答自然就会思路清晰，解答流畅。

由此可见，要让学生有深度体验，就必须根植学生已有的缄默知识，让学生通过实际的问题，亲手操作，并从中感悟思想和方法。要让学生进行深度体验的教学并不是刻意的让学生活动、讨论；并不是简单的流于形式，而是要给学生创设情景，让学生有体验点。在知识上，要让学生有前后的关联，建立新旧知识之间的联系。在思想和方法上，要根植学生的缄默知识，要让学生利用直觉，利用一些说不清、道不明的缄默知识和方法去实践和尝试，在这个过程中，他们就有体验，这种体验是老师的讲和示范不能代替的。

郭元祥认为：知识是由符号表征、逻辑形式和意义三个内在要素相互关联构成的整体。在教学过程中，教师不能仅向学生传递知识的符号表征，在适当的时候，更应让学生在面对新知识时，自己亲身经历知识和方法的探究和形成过程，对知识间的相互关联进行深入的理解。也就是说，知识教学不能仅仅停留在符号层面，而要由符号教学走向逻辑教学和意义教学的统一，通过丰富教学的层次，根植缄默知识，促进学生深度体验，实现知识教学的丰富价值。另外，深度体验的教学是由知识的性质和内在结构决定的，教学实践中，教师对教学内容进行深入的解读和理解是相当必要的，只有在合适的情景下，教学环节的设置和展开才能为学生的体验提供机会，才能紧紧围绕本课时的知识和方法，深度体验的效果才会明显。如果只关注学生对外显的"演绎、系统知识"的掌握，忽略内隐的"经验、缄默知识"的积淀，学生就根本不可能在学习的过程中获得对知识和方法的深度体验。

数学思想和方法、逻辑思维始终同知识掌握和技能的形成密切相关，数学具有严谨的逻辑体系，数学概念的分类、定理的证明、公式法则的推导都广泛使用到逻辑推理。如果在平常的教学过程中，教师能尽量给学生创造体验点，放手让学生去探究，那么，数学思想方法、逻辑思维就可以在潜移默化中形成。

核心问题指导下,深度体验
"装置的改进促进电池功率的提高"

吴 限

2012年4月份在西北中学参加整个武侯区的赛课,内容是人教版新教材选修4化学反应原理中的第四章第一节原电池。这节课与旧教材相比有很大的不同,中心思想在于在原理相同的情况下改进装置提高原电池的能量转换效率。由于是代表十二中的区级赛课,所以我们化学组结合十二中的校本教研成果,以核心问题为指导,打造了一堂"体验式"的"原电池"教学课堂。整堂课的推进非常顺利,获得了第一名的好成绩,整个课的设计也得到了同行的好评。

我们的核心问题的设置为:"做实验,进一步探究原电池有效工作原理。"

课堂上笔者展示了PPT:(图1)铜片和锌片互相接触,浸入硫酸铜溶液中,大家相互讨论之后得出结论:原电池的形成条件告诉我们,这是一个原电池!但是,这是一个无效的原电池,因为"不能获得电流"。这是大家做实验验证之后得出的(图2)。

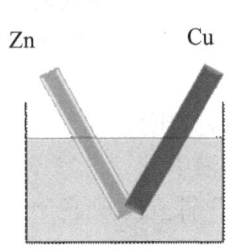
图1 硫酸铜溶液

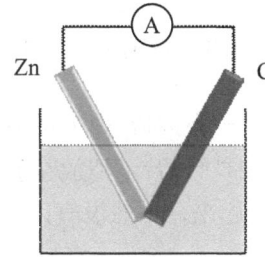
图2 硫酸铜溶液

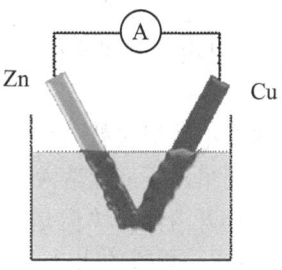
图3 硫酸铜溶液

实验的结果是:电流计的指针不偏转,与预期相符。另外还有一个实验现象:铜片上先析出铜,锌片上之后也析出铜(图3)。

小组讨论后的结果反馈给笔者:电池反应肯定进行了,甚至可以用电极反应方程式写出反应原理。外电路没有电流的原因是锌片与铜直接接触,所以电子直接转移到铜片上,而不会通过长长的导线转移到铜片上。因为导线上没有电子通过,所以等同于外电路没有电子通过,所以这是一个无效的电池。但一个同学提了个问题,大家都很困惑:"为什么锌片上之后也析出了铜呢?理论上不该如此啊!"

教学过程中笔者处理时先把这个问题进行了冷处理,提出了另一个简单的问题:"那怎样才能让外电路中有电流呢?"

学生们非常容易就提出方案:不能让锌片和铜片接触,电子就只能通过外电路的导线转移到铜上去了。并通过进一步的实验(图4)验证了他们的想法。

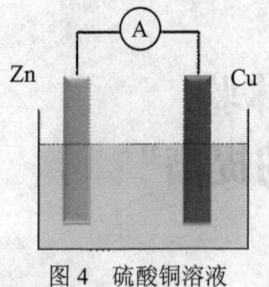 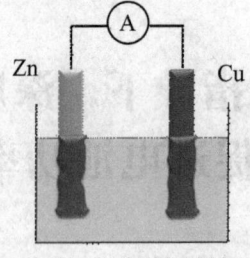 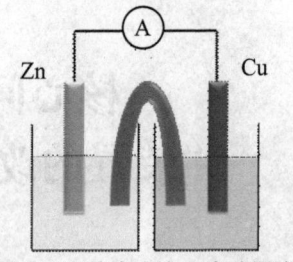

图4　硫酸铜溶液　　　　图5　硫酸铜溶液　　　　图6　硫酸锌溶液　硫酸铜溶液

实验现象没有悬念，看到了电流计的指针偏转，除此之外，还看到锌片表面还是有少量铜析出。这一点让学生再次感到非常困惑。"怎么这个问题又出现了呢？理论上不该如此啊！"

笔者提供了较长时间观察这个电池的实际图片：现象显示：时间足够长的情况下，电流计指针偏转的角度逐渐减小，铜片，锌片表面有铜析出（图5）。

同学的回答是："这样的情况告诉我们电池在不断的衰减。""为什么电流会不断的减弱呢？""应该和锌片表面析出铜有关系！""只要析出了铜，就会使电子直接转移到铜片上，这是我们刚刚得出的结论。"

经过一番思考和讨论：他们都觉得电池是工作了，但是工作的效率不高，电流不断衰减的原因与我们看到的现象有直接的关联，就是锌片的表面一旦析出铜，就会使电子直接转移到铜上，而通过外电路的电子就不断减少。

学生亲自体验了这个过程，纷纷表示："原来电池不能一直使用的原因在这里，真的非常有意思哦。""理论和实际是有差距的，否则电池就可以像'永动机'一样一直使用了。"

"这样电池很快就消耗完了，怎样才能使外电路的电流持续，稳定呢？"

"很简单，不能让溶液中有铜离子！""锌片不能放在硫酸铜溶液中。"

"要分开溶液！""但是溶液要连接起来，不然没有闭合通路。"课堂呈现了一个积极主动的氛围，思维的火花在不断的碰撞。

在接下来的过程中，笔者很自然的引入了分开溶液后的连接装置"盐桥"，并让同学们用新装置做实验验证（图6），顺利完成教学过程。

这堂课在设计之初，通过新旧教材的对比，我们发现，新教材在这节课的倾向上不仅仅是添加了"盐桥"这个知识点这么简单，更重要的是通过实际的电池的原理与基本的电池模型的差异去体会在原理相同的情况下，改进装置可以提升原电池的能量转化的效率，去感知优异的装置是人们不断发现问题，改进，再发现问题，再完善的这样一个螺旋上升的过程。而我们还希望在这堂课里体现和渗透化学的学科思想，让学生通过课堂去体验一点化学学习的方法论的东西。

这堂课结束之后，笔者让学生来总结这节课学到了什么。

学生用板书（图7）告诉笔者："电池的原理是相同的，装置的不断改进，提高了化学能转换成电能的效率，使电池的效率不断提高。""每一次改进都经历了从实验到现象到分析到结论的过程，这是我们学习化学的一个基本的模式。"

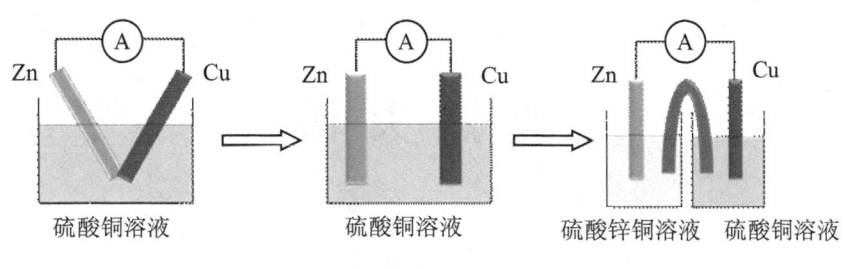

图 7

最后学生的结论赢得了在场老师的阵阵掌声，也让学生们由衷地感受到了学习的愉悦和快乐。

十二中校本教研告诉我们：所谓的"体验"一定是学生的"体验"。

高中化学课程改革为教师提出了较高的要求，学习的主体是学生，他们的发展很大程度是由他们的主体意识的形成，以及学生参与教学活动过程中能力的提升来体现。因此，在教学中要多角度的引导学生参与教学活动，教他们参与把知识建立起来的过程，要展现知识的发生过程，把知识结论变活，形成探究过程。注重教给学生学习方法，联系化学实验的魅力，重视培养学生独立思考、积极探索、勇于创新等良好的学习习惯，逐步提高学生自主、主动、自学能力，发展学生的思维能力，而不是让学生当"听众"和"观众"，不是让他们只能在课后"鹦鹉学舌"、"依葫芦画瓢"，而不知其所以然，而是要他们知道怎么"渔"，从而提高他们的化学素质。

恍然大悟

严 佳

高三一轮复习已经接近尾声。一天，一位同学突然对笔者说："老师，我终于明白了电化学其实和氧化还原反应的原理是一样的，都是电子的转移。我一直以为电化学很难，现在觉得很简单了。"笔者找了一道有关电化学的题目让他解答，他真的都答对了，还能很清晰地给笔者讲解。这位同学为何突然恍然大悟，有这么大的进步？就是在于他现在亲身感悟到了氧化还原反应与电化学的共性。

氧化还原反应的实质是电子转移；失电子的反应是氧化反应，得电子的反应是还原反应。氧化还原反应的分析重点就在于电子如何转移的。

电化学包括原电池和电解池。原电池是将化学能转化为电能的装置。电解池是将电能转化为化学能的装置。不管是哪种装置，其中都离不开电子的转移。

原电池的负极是失电子的一极，发生氧化反应；正极是得电子的一极，发生还原反应。每一个氧化还原反应都可以做成一个原电池。原电池可以看成是"放大"了的氧化还原反应。

电解池可以看成是"被迫"发生的氧化还原反应。阳极与电源的正极相连，"被迫"失电子，发生氧化反应；阴极与电源的负极相连，"被迫"得电子，发生还原反应。

由此可见，电化学的分析重点也在于电子的得失。只要能正确分析得失电子，解决这类问题就迎刃而解了。

学生如果能够从结构上认识电化学的原理，从与氧化还原的关联上体验电化学的实质，他们是能够很快、很轻松地掌握电化学的相关知识及其应用的。

但是为什么有些同学迟迟不能掌握这个要点呢？他们的困难在哪里呢？

学生对电化学的基本知识都掌握了，但是解决实际题目总是出错。问题出在缄默知识上。他们往往能正确判断出原电池的正负极和电解池的阴阳极，但是对于每个电极发生的具体反应以及一些更深入分析的问题就常常出错。由此，我们发现这部分学生解答电化学问题的缄默知识还没有完全被显性化，他们脑海中的知识无法得以应用，不能准确地找到氧化还原反应与原电池的关联。

如何帮助这些同学像本文开头提到的那位同学一样尽快恍然大悟，认识到"原来如此"，我们应当引导学生在学习缄默知识的过程中注重多思考为什么、怎样得到的，从结构上去认识，从关联上去体验。比如在学习原电池的时候，引导学生思考为什么负极发生失电子的反应，正极发生得电子的反应；哪种物质在负极或者正极上发生反应；从结构上认识电化学的原理，找到氧化还原反应与电化学的关联体验电化学的实质。当然，我们不仅仅是引导，还要给学生创造条件去思考，去实验，让学生能在亲身体验中获得缄默知识，从而有更深刻的印象，在适当的时候能将其显性化，解决问题。

"基于核心问题的学生深度体验"实例探究

张勤玲

在本学期的校本教研公开课中，笔者有幸成为其中的一名参与者与体验者，获益匪浅。

笔者所选的课题是八年级下册第六章第六节：《关注三角形的外角》，确立课题后的首要任务便是确立本节课的核心问题。一个好的、恰当的核心问题能够充分调动学生的积极性，能够促进学生在活动中的深度体验。本节课的核心问题经历了如下三个变化环节：

核心问题一："在一题多变、一题多解中认识三角形的外角"

为了让学生在课堂中能够有充分的自主活动，体现学生的主体地位，笔者最初将本节课的核心问题确立为："在一题多变、一题多解中认识三角形的外角。"笔者精选了几道既可以利用本节课所学新知："三角形的一个外角等于和它不相邻的两个内角的和，"也可以利用"三角形内角和定理"解决的例题与练习题，并对其中的一道或两道题进行了变式设计，以便学生在练习中巩固本节课所学新知，并达到"在一题多变、一题多解中认识三角形的外角"的目的。

经过两天的精心准备后，笔者便借班进行了初次试讲。课堂上，在简短的几分钟新课讲解后，学生便投入到了大量的课堂练习中，由于题量较大，并没有完成所有题目的教学，出乎意料的是，在归纳总结环节，学生除了总结出"三角形的一个外角等于和它不相邻的两个内角的和、三角形的一个外角大于任何一个和它不相邻的内角"这两个我所预想的知识结论之外，毫无知识的关联体验及方法总结，出现了"形散神也散"的局面，组上老师纷纷建议笔者尽快请教陈老师，看看是不是核心问题出了问题。

当笔者把初稿拿给陈老师看了之后，陈老师严肃地指出："这节课采用的还是传统的教学模式，只是生硬地搬出新知识后便让学生投入到大量的练习中，核心问题的设计不符合新课程理念的要求，没能充分地调动学生的积极性。"在经过陈老师和熊老师的悉心指导后，我明白了以学生为主体的课堂并不是以学生练习为主的课堂，而应是以学生自主探索为主获得新知的课堂。笔者这才意识到之前的设计竟然是与新课程理念背道而驰的。

核心问题二："猜测三角形的角的关系并进行推证"

在和陈老师、熊老师一起再次仔细钻研教材后，结合教材目标之："引导学生从内和外、相等和不相等的不同角度对三角形的角做更全面的思考。"我们又将本节课的核心问题确立为："猜测三角形的角的关系并进行推证。"学生既可以猜到之前已经学习了的"三角形的内角和定理、三角形外角和定理"，又可以猜测到三角形外角与内角的关系，在复习旧知的基础上自然地"长"出了新知。

重新确立的核心问题更关注学生自己在旧知的基础上探索得出新知并获得关联体验的过程，新的核心问题使得整个课堂一下子活了起来。在紧接着的两次试讲中，学生积极踊跃地进行着猜想与论证。然而，新的问题又出现了，学生猜测的结论中有直角三角形、等边三角形等特殊三角形的角的结论的，也有全等三角形、相似三角形对应角的结论的，整个课堂的内容一下子变得庞大且难以把握了。这次虽然有了明确的核心问题穿针引线，"神不散了"但"形还散"。

核心问题三："猜测任意三角形的角的关系并进行推证"

在经过和组上老师的再三商讨后，我们又重新将核心问题修改为："猜测任意三角形的角的关系并进行推证。""任意"二字的作用果然不小（这在一定程度上也限制了学生的思维，有一定的弊端），学生大多都能够意识到等边三角形、直角三角形都是特殊的三角形，它们的结论不具普遍性，因此便"有效"地回避了之前所出现的问题。第四次的试讲顺利多了，初步达到了"形集于神"的效果。

在经过试讲熟悉流程和解决其他问题之后笔者对这节课的把握更加自然了，也取得了较好的效果。

从本节课核心问题的三次变更中我们可以看到一节课的核心问题对当堂课的影响十分巨大，它直接关系着学生对知识的吸收程度，关系着学生探索体验的深度，也关系着这节课的教学目标达成度。新课程倡导以学生为主的课堂，但这并不意味着只是单纯地把课堂交给学生，而应是在老师的引导下，学生在一条主线的牵引下进行自主探索从而获得新知，获得知识与知识、方法与方法、知识与方法等之间的关联体验的过程。本节课首次确立的核心问题便只是表面上为体现新课程理念而把课堂交给了学生，由于核心问题确立得不恰当，导致未达到预期的教学效果，而修改后的第二次、第三次的核心问题便做了很好的改进，学生在这样的核心问题牵引下不但收获了新知，还获得了知识与知识间、方法与方法间的关联体验。比如学生可以在探索活动中从内角间、内角与外角间、外角间、相等与不相等等不同角度体验三角形的角的关联，可以体验三角形与其他多边形（边数大于三）的关联，也可以体验转化、观察——猜想——证明等重要数学思想显性化的过程，体验合作学习的重要性等等。只是第三次的核心问题相比较第二次而言对学生思维又有一定的束缚性，要想学生自己获得更深层次的体验还是应选第二次的。

由此可见，一个恰当、合理的核心问题可以让学生在课堂中展现全新的姿态，收获更深层次的知识与体验。经过此次上公开课，笔者自己也在缄默的教学模式指导下进行了一次校本教研的深度体验。通过准备、实施、反复修改，也让笔者感受到了团队的力量。在今后的教学中，笔者也会更加努力，积极认真地参加每次的教研活动，在学习中不断成长、不断完善自我！

由一只小仓鼠激活的英语课堂

刘 蓉

作为一名青年英语教师，笔者在讲台上已经奋斗了近十年的时间。在笔者不长的教学生涯里，有太多的教学经历值得我去反思。

不可否认，现在包括"Go for it!"在内的各种英语教材难度已经大大超过了十几年前"李雷和韩梅梅"的教材版本。这当然反映了整个社会对学生英语学习日益提升的要求。只是每每站在讲台上，看着"喊读就读、喊写就写的乖学生"，笔者一直在问自己一个问题："现在的教材都是采用循序渐进的生活化、任务型语言教学模式，可到底怎样才能让我们的课堂教学贴近学生的生活，引出学生已有的生活经验，从而激活课堂、激活学生的学习热情呢？"

关于八年级英语下册第八单元 B 部分 3A～4 部分的一次读写课教学经历解开了笔者心中的疑问。八年级英语下册第八单元 "Why don't you get her a scarf?" 围绕着"送礼物"这个话题展开。礼物的种类各式各样，其中当然包括可爱的小宠物。B 部分 3A 的短文中讲述了关于一只叫做"康妮"的宠物大肚猪和它的主人 David 的故事。3B 部分要求学生写一篇关于饲养小仓鼠利弊的小短文。而最后作为小组讨论的 4 部分则要求学生总结出饲养宠物的利弊。这几部分的内容是以读促写、以写促思考、环环相扣、由浅入深。

学生从小都有饲养小宠物的感受。描写小动物的各种词汇也都贯穿了学生的英语学习经历。有感受，有语言的积累，至少让学生开口说话就不是一个很大的问题了。在 PPT 的演示下，学生对于大肚猪"康妮"和主人 David 的故事有话说："She is cute and a little heavy." "She is her David's best friend."……学生火花四射的思维总要统一起来。"Why does the writer talk about the pot-bellied pig like these ways?（作者为什么要这么描写大肚猪呢？）" "Is the life with a pot-bellied pig always perfect?（和大肚猪的生活总是一直很好吗？）" "I know Miss. Liu. It's about her eating." "It's about her living." "Life isn't always good with a pig. It has some problems. " "You need to spend time with her." "She is too big to sleep in the house. You need to make her a special pig house. 学生自己发现了作者是通过"吃"、"住"、"外貌"等方面来描写大肚猪的生活，同时也发现了和它一起的生活有利也有弊。

对大肚猪短文的阅读和思考是在为接下来关于小仓鼠饲养的短文写作做铺垫。可是问题来了，"仓鼠是什么小动物？"课前和学生的交谈让笔者发现很多学生误以为仓鼠就是一般的老鼠。笔者拿出了这节课的秘密武器，一只活生生的灰黑色小仓鼠。绿色的手提小盒子里，这只灰黑色相间，巴掌大点儿的小仓鼠在松软的木屑上吃着菜叶。很多都是第一次看见仓鼠的学生激动万分，他们的思维一下被激活，对小仓鼠进行了生动的描述，"We can put it on our hands." "It eats vegetables." "I think his hair is soft.（我想它的毛很软。)"……有些大胆的学生甚至还摸了摸它。往日略显沉闷的课堂犹如被小仓鼠这个"引信"点燃的"烟花筒",瞬间爆发出了光彩。"It's very lovely. But I find it's noisy. So maybe we also have some problems with it. (它是很可爱。但是我发现它好像有点儿吵呢。所以也许我们和它也会有些问题呢。)"不等我的引导和PPT等多媒体课件任何的提示,其中一个观察仔细的学生自己发现了养小仓鼠的一个问题。笔者暗自窃喜,对饲养大肚猪利弊的思考在小仓鼠的写作训练中起作用了。"So clever. Anymore problems when you see the hamster? (看看这只小仓鼠,还有没有其他的问题?)"笔者接下来的引导就是顺理成章的事情了。看着这只真实的小仓鼠,学生四人一组继续纷纷发言:"It's too small. If he is ill, what should I do? (它太小了,如果他病了,我该怎么办呢?)""After he eats vegetables, I find he began to sleep. Does he sleep all day? (他吃了蔬菜就开始睡,他一睡就一整天吗?)"……在观察的基础上,有了语言和思维的底子,完成关于小仓鼠的短文写作对于学生们来说就非常容易了。

经过了对于大肚猪短文的阅读和小仓鼠写作的思考,学生很自然地总结出了关于宠物饲养的种种利弊。他们知道可以通过宠物的"吃"、"住"、"行"来描写它们的可爱与乖巧;他们也知道"宠物需要人的陪伴"、"有时可能会吵闹"、"生病了会需要他们花时间和精力来照顾"等等一系列的问题。学生对于宠物饲养利弊的总结自然流畅。讲了笔者小时候沉溺于养小兔子,学习成绩下降,还误把小兔子喂死的故事后,他们自己把宠物饲养的问题还提高到了要平衡学习和生活的这一高度。在课下的作文《我的宠物和我》中,学生更是在笔下栩栩如生地描写了自己和小宠物的故事,并有了他们对于宠物饲养和平衡学习和生活其他方面的思考。笔者把一个学生的作文《我的宠物和我》中的文字翻译并摘录如下:

"我的宠物是一只叫汤姆的小金鱼。汤姆是条小小的金黄色并且很漂亮的小金鱼。照顾汤姆很容易。它每天看见我都会游过来,很高兴的样子。它是我最好的朋友。(饲养这一宠物的优点)在暑假时,我跟他过的每一天都很高兴。但是开学以后,我就没有什么时间陪他了。一个月后,我觉得汤姆看起来安静了很多,还有点儿郁闷。放学以后,我都要做完作业后一天喂他两次,这使我的生活很忙碌。我开始觉得喂他有点儿无聊了。所以我决定不去喂他了。但是汤姆不久以后变得好像不对劲了!(饲养这一宠物的缺点)我爸爸跟我说让我仔细写作业,他会像我这样一天两次地喂鱼。我很高兴,我能好好学习,也能照顾好汤姆了。这是我和我的小金鱼汤姆之间的故事。你的宠物和你的故事呢?(平衡宠物和学习之间的关系)

任务型语言教学要求教师为学生创造一个真实的语言情境。像笔者这样拿小仓鼠的实物也好,用PPT等多媒体教学手段展示也好,创设语言情境的办法多种多样。但是语言情境的创设是要激发学生已有的生活经验,激发学生的缄默知识。英国思想家波兰尼在《人的研究》一书中指出:"人类有两种知识。通常所说的知识是用书面文字或地图、数学公式来表述的,这只是知识的一种形式。还有一种知识是不能系统表述的,例如我们有关自己行为的某种知识。如果我们将前一种知识称为显性知识的话,那么我们就可以将后一种知识称为缄默知识。"笔者认为缄默知识也就是学生根据一定的生活经验或学习经历有所体验,有所感悟但是又无法用系统的语言表达的知识。我们的教学只有激发了学生的缄默知识，学生才能有开头表达的欲望。

　　学生想开口，不等于学生会开口。想说话不等于学生就知道怎么说好话，怎么写好作文。让学生天女散花般漫无目的地胡乱表达不是英语教学该有的目标。把学生的表达串联起来构成体系的就只能是每次教学中的核心问题。笔者这次读写课的核心问题实际是"以大肚猪和小仓鼠为例，谈论并思考宠物饲养的利弊"。核心问题的设置树立了一堂课的标杆。所有的教学活动在围绕着这个标杆展开才能有序展开、层层推进。笔者的设计就是通过对饲养大肚猪短文的阅读和饲养小仓鼠的短文写作两条线索进而汇聚成思考宠物饲养利弊这一主线上来。

　　有了缄默知识的基础，有了核心问题的指引，一堂英语课成功与否的根本还在于能否激活学生的思维。英语课的教学早已不是简单地停留在教学生能读能写的层次。就某一个具体的语言任务来说，学生知道从哪些方面来思考才能有效地组织自己的语言；学生知道如何组织自己的语言，才能最终表达出自己对于这一问题的看法，完整地陈述自己的观点。当然，在这一过程中，教师可以通过实物展示、小组讨论等各种手段，并且适时的引导，让学生自己"悟"出而不被教师"灌"出就某一个问题的思维能力。换言之也就是在具体的教学中，让学生在自己的深度体验中来寻找思维的方向并总结出自己的看法。思维的推动才是让学生在想说话的基础上能够知道怎么说话、怎么说好话的根本动力。

　　教学是一个需要教师花心思的长期工作。以学生已有的缄默知识为基础，以每堂课实际教学中的核心问题为指引，引导学生进行自我的深度体验，在体验的基础上训练他们的思维能力，特别是把对语言的学习上升到对他们的人文关怀，对自己生活和学习的一种思考，这才是激活课堂、激活学生学习热情的最好办法。

基于核心问题的教学模式在地理课堂中的实践体会
——以《山地的形成》为例

刘文娟

2012年11月29日下午第二节,笔者为全校展示了一节公开课,课题是《山地的形成》,此课属于人教版地理教材必修一第四章第二节的内容,笔者恰当地运用核心问题教学模式,并且在教学中促进学生深度体验让地理课堂真正"活了"。

在进行教学设计之前,笔者认真地解读课标以及教材内容,进行教材分析、学期分析以及课程资源分析,明确教学重难点,在此基础上有了初步的设计思想:在教学过程中,重视探究性学习的运用,笔者对教材知识结构进行了重新组合,大胆的进行了取舍,并确立了本节课的核心问题,在解决问题环节中,采取分组讨论的形式让学生通过阅读示意图,分析褶皱山、断块山的形成原因,充分调动学生参与活动,完成本节重点内容,而教师则充分发挥主导作用,对于难点"背斜成谷、向斜成山"的形成原因则纳入最后运用反馈中。通过学生已初步建立起来的读图、识图能力以及上节课已有内外力作用的知识,培养学生综合分析的能力,以突破本节课的难点。

课堂亮点回顾:

在借助了一些直观的图片导课之后,PPT随即出示了本堂课的核心问题即:观察景观图片,对山地形态分类;根据内部岩层结构示意图,分析各自的形成原因,从而让学生领会本节课的核心任务。

在解决问题环节中,笔者设计了小组活动探究,把学生分成两大组,每个大组前后4名同学又作为一个小组,让她们通过观察褶曲示意以及断层示意图,从内部岩层形态去分析形成原因,并且每组需要安排一名同学做好相应的文字记录。各组明确自己的任务之后学生也动了起来,这时的课堂也活跃了。笔者发现他们开口说的积极性很高,平时的课堂总是很安静,老师讲的很有激情,可是一把问题抛给学生,却总得不到回应。然而今天的学生才真正融进了地理世界中,把自己观察到的图中信息,想到的原因都大胆的表达出来。虽然有些语言不是很规范,有些细节考虑的不是很周到,还不时引起周围同学的笑话,但却活跃了课堂气氛。笔者来到了其中一个小组,并问道:你们搞清楚褶皱山形成的原因了吗?这时一名同学指着图给笔者分析起来:岩层弯曲,拱起来的地方就成山,凹下去的地方就成谷,随即笔者又反问道:为什么岩层会弯曲呢?这时大家愣了一下,旁边一名学生拿起了身边的课本给大家演示起来,并说道:我一用力挤压,这本书就发生了弯曲。笔者笑了,竖起了大拇指,问题通过演示也得到了解决,同学们的脸上也露出了笑容,……8分钟的讨论结束之后,学生们纷纷举手发言,笔者把学生讲的一些要点板书在黑板上,每个小组的发言有同性,但也有个性,其中一个男同学在回答断块山的形成时，拿起了桌上为他们准备的塑料板，说道："我可以把它折断吗？""可以。"随即他就动手用力把塑料板折断来，并解释道：因为我用力的挤压超过了它的承受能力，塑料板折断了，同时发生了错位，上升的地方就高一点，成山，说完后同学们不由地给予了掌声，说明其他的同学也听懂了……通过学生的讨论、回答，本堂课的问题 80%得到了解决，而问题的解决是靠学生的动手、动口、动脑，通过小组的交流协作来完成的。通过学生主动探究问题，获得了基本知识，也掌握了基本的能力，从而达到了教学的效果，课堂也进入了高潮。

在这节课中学生收获了，笔者也收获了，课堂上学生成了主角，是教学环节中的主体，问题是学生的，问题的解决也是靠学生，然后过去大部分学生缺乏独立自主的学习能力、缺乏小组交流意识和协作精神，习惯于教师教、学生学的传统教学方式，对主动获得知识、应用知识、解决问题的意识较差，虽然教师准备得非常充分，课中也滔滔不绝地讲，以为这样的教学效果非常好，学生收获也会很大，但是一旦教师提问，却只有很少的同学能够呼应，这是为什么呢？其实学生的思维是被限制了，理解思考的节奏完全跟不上老师讲课的节奏，出现了掉线的情况，因此要让学生动起来，就要有恰当的核心问题，并以此设计学生活动，在活动中借助道具吸引学生，在学习活动中发展学生个性，通过师生之间、学生之间的合作与交流，学生可以取长补短，取得高质量的学习效果。通过学生自主的小组合作学习，使学生自己积极思考和探索解决问题的方法和途径，培养学生提出问题，分析问题，解决问题的思维能力和意识习惯。

实施"核心问题"的教学，以核心问题调动学生的情境实践活动，实现学生在体验中的学习，激发学生的学习兴趣，最大程度上挖掘学生的潜能，培养学生的创造能力。总之，作为教师的笔者，只要积极的主动的参与探究和实践，就能为学生的终身发展做好铺垫。

老师，我来考考您
——基于学生缄默知识的深度体验与课后作业有效性关联度的反思

刘秀屏

一、老师，我来考考您

在课间，经常会有学生拿着数学习题（问题）来问笔者，当然，笔者都会一一给予解答。但是，有一次，一位学生让笔者帮他讲解一道几何题，笔者照常讲解了此题。两天后作定时练习时，恰好又出现了此题型，只是问法、数据有所改变。当时笔者心想，这个学生一定会做得好这个题，因为他只需要把那天的问题稍微举一反三就可得证。

然而改完试卷以后，笔者却发现，这个学生对于此题完全无法动笔。刚开始，笔者非常生气，认为是学生态度不端正，问问题只是走形式，于是笔者又让他把他所问的原题做给笔者看，结果却做得很好。此时，笔者陷入了自己的反思当中：为什么相同的题型学生只知其一，不可举一反三？到底他缺乏什么知识？笔者必须挖掘出学生的"症结"所在。笔者突然想到：我能不能把学生问我的问题作为核心问题，在学生已有的显性知识和缄默知识的支撑下，调动学生的思维活动去解决他的问题呢？这样，他有了自己亲身经历的体验，会不会提高举一反三的能力呢？有了这个想法以后，笔者决定重新给这位学生讲解他问的问题。

题例：如图1所示正方形 ABCD，H 是 BC 的延长线上的一点，M 是 BC 上的任意一点，MF 垂直于 AM，CF 是 ∠DCH 的平分线，交 MF 于点 F，FG 垂直于 CH。求证：AM=MF。

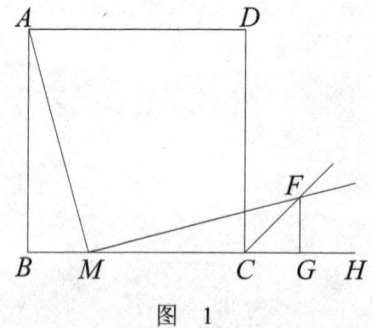

图 1

通过对这道习题的分析，笔者认为可以以"怎样证明线段相等"为核心问题，调动学生的思维活动。因为学生经过学习三角形全等、等腰（等边）三角形、角平分线定理、线段垂直平分线定理、特殊四边形等知识以后，具备了常用的证明线段相等的方法，核心问题的确定与学生已有的知识和能力水平相符合，能激发学生的探知欲望。然而，在综合题中，学生却不能判断在什么情况下选用什么知识来证明，所有的证明线段相等的方法混成了一锅粥，这说明学生的思维方法和思维能力是缄默知识，它需要在核心问题的调动下显性化，这个显性的过程就是在培养学生的思维能力。

于是，笔者改变了原来学生一问我就解答的方式，笔者向学生提出：我们应该怎样证明线段相等？笔者让学生在草稿纸上写出所有可以证明线段相等的方法，学生通过 10 分钟的思考写出 7 种方法。接着，笔者又让学生在他所写的每个方法后面说明什么情况下使用，学生经过 5 分钟填写出如下的说明：

1. 全等三角形对应线段相等　————　有三角形时使用
2. 等腰或等边三角形的腰相等　————　有三角形时使用
3. 角平分线上的点到角两边的距离相等　————　有角平分线时使用
4. 线段垂直平分线上的点到线段两端的距离相等：——有线段平分线时使用
5. 平行四边形对边相等
6. 菱形、正方形四边相等　　　　————有对应的特殊四边形时使用
7. 正方形、矩形、等腰梯形对角线相等

学生的分析较为准确，但（1）、（2）两条没有区分开，于是笔者让学生用想一想二者的区分。又过了两分钟，学生的结论如下所示：

（1）全等三角形对应线段相等　————　有两个三角形时使用
（2）等腰或等边三角形的腰相等　————　有一个三角形时使用

在核心问题的调动下，学生将证明线段相等的方法及其选用情况作出了清晰的整合，此时，学生的思维能力上到更高一台阶。笔者见"水到渠成"，便让学生回到他问的习题上来。现在，笔者让学生分析此题的解题思路，学生说道：这里有两个三角形，△ABM 和△MFG，所以笔者考虑用两个三角形全等来证明。在笔者的鼓励下，学生开始找寻证明三角形全等的条件。5 分钟后，学生失望地告诉笔者条件不够。笔者又鼓励他说：证明这两个三角形条件不够，那就另找三角形吧。学生发现，MF 还可以在△MCF 中，于是，他在 AB 上取 AK=MC，从而证明了△AKM 全等于△MFC。之后，学生再做试卷上的题，显得得心应手。

过了几天之后，学生带着试探的表情来办公室找笔者，他说："刘老，我想考你个题。"看着他的"诡异"，笔者志忑接招。"您看，这是上次您让我做的那个题，我改了这个条件，您做做？"

如图 2 所示矩形 ABCD，AB 与 BC 的值分别是 m 和 n，M 是 BC 的延长线上的一点，M 是 BC 上的任意一点，MF 垂直于 AM，CF 是∠DCH 的平分线，交 MF 于点 F，FG 垂直于 CH.求：当 AM 与 MF 的比是 1：3 时，求 F 的坐标。

孩子的题目改得让笔者惊喜！他将正方形的条件改成了活动的矩形，将静态转为动态；将具体的数据改为字母 m，n，从数走向了代数；将构造两个全等三角形变为构造两个相似三角形，并给出活动比与 m，n 建立联系。每一种思考都闪闪发光，笔者在这个题目中感受到无比的幸福，因为学生已经真正将自己已有的缄默知识在知识体系汇总的深度体验中得到最好达成度的生成。笔者毫不吝啬的表扬了他，像上述那般点评了他的题目。学生却说："刘老，不要耽误时间了，快做做看！"自信满满地写在他的脸上，想来，

他对今后的数学学习也是充满满满的兴趣。

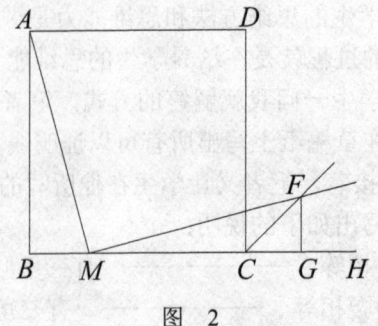

图 2

二、基于学生缄默知识的深度体验与课后作业效率的关联度的反思

新课程把教学目标定位在知识与技能、过程与方法、情感态度和价值观三个维度。新课程下教师如何进行课堂教学？在课堂上应抓住的关键之处是什么？应当怎样提高自己在新课程下的教学能力？接受性学习的关键是对知识的表征、理解以及对知识的重新组织；组织是对知识的新建构，解决知识的记忆、提取。缄默知识往往隐含与社会、生活实践之中，无法形成像书本一样的格式化知识，只能通过实践活动或具体案例分析在感受中习得，所以他的学习是感受性学习，分为体验性学习和发现性学习。体验性学习是学习者在社会、生活实践活动或具体案例分析中通过学生亲身参与和互动，对情感、行为、事物和策略的内省体擦、掌握某些技能、策略，形成能力和某些行为习惯，建立某些情感、态度、观念的过程。

在新课程的发展过程中，教学问题的重要性日益凸出来。没有教学创新，新课程的发展将是不可想象的。因此，关注教学问题，寻求教学创新。教学的张力在新课程的发展中，着重教师对课程与教学的体验，突出教师的主体能动性和创造性，把课程的创新与教学的创新结合起来，实现教学的科学与艺术的统一是保持教学张力的必然选择。教学传统是以教学内容的稳定性和单一性为基本的出发点，强调对已有知识的记忆。教学的目的是掌握知识，教学的过程是知识的积累过程，并由此形成了教师讲、学生听的教学模式。于是教师的教变成了"传道、授业、解惑"，学生的学则是"博学之，审问之，慎思之，明辨之，笃行之"。显然，这里的课程是作为权威经典被规定的，教学因此具有附庸性，造成教师的教学方法以讲授、灌输为主，学生的学习、记忆、模仿、练习、和背诵为主，导致了知识学习与思维发展的分离，学生与生俱来的独立性、怀疑性和创造性不但得不到尊重和发展，而且被销蚀的越来越少，创新能力的培养也无从谈起。课程不仅仅是现成的教科书，而是教师为学生提供的学习机会，是师生在互动过程中产生的经验。课程不仅包括知识，而且包括学习者占有和获取知识的主体活动过程，课程知识是在充满生机的社会性交往过程中建构生成的。教室是师生从事知识建构与发展的实验室。教学是对话、交流与知识建构的活动。

基于学生的缄默知识的体验学习（Problem-Based Learning，简称 PBL）的典型教学过程是：学生开始解决一个实际问题；为了解决问题，学生往往需要获得一些必要的专业知识，即学习议题，分头查找资料，小组交流并讨论问题解答，直到问题得到解决；

问题解决后,学生还需要对自己的学习过程进行自我反思评价,总结所获得的知识和思维技能。教学重在知识的建构过程,是为了发展学生的应用知识解决问题的能力、创造性思维能力以及学习能力。基于学生的缄默知识的体验学习模式直接从实际问题入手来组织教学,将学科知识隐含在解决问题的过程中,让学科知识服务于解决实际问题能力的培养。

学生能够举一反三,正是思维方式在核心问题的调动下显性化的结果;这样的讲解,学生在深度体验中培养了学生的思维能力,提高作业的有效性。

深度体验五角星的美

朱 燕

同学们，请目视黑板的正上方，你们看到了什么？国—旗！我国的国旗图案有什么特征？左上角有四颗小五角星拱卫着一个大五角星。很好！那么有谁知道，目前世界上有多少个国家的国旗上还有五角星呢？这样的开场白把学生弄糊涂了，数学课怎么研究起国旗了呢？但是由于创设了学生比较熟悉的情境，自然地把他们积极参与的"胃口"调了起来，嘴快的同学迅速列举出：俄国、美国、朝鲜、……手快的同学赶紧翻"字典"补充：新加坡、土耳其……不知是谁灵机一动地喊：总共 n 个！看来一时谁也说不清数目，我顺势告诉同学们，大概是 40 个国家的国旗上都有五角星。"哇，这么多呀！"他们初步感觉到"五角星"可能有点耐人寻味！你们想知道为什么五角星会成为众多民族喜爱的图形吗？

同学们七嘴八舌争先恐后地回答：因为对称、好看、漂亮、看着爽、特别美、巴适、安逸……每个同学都尽可能地寻找赞美之词，争论不休。实质上这就是本节课我们要探究解决的《黄金分割》问题。

本节课的核心问题：动手测量手中正五角星中，每边长短不等的四种线段的长度，并探究它们之间的关系。

请大家观察手中的正五角星，四人小组合作，教师引导学生作有关测量（测量时尽可能精确，减少误差）；（学生手中是大小不等的五角星，测量结果并不相等）。通过测量、记录等活动看得出来同学们兴致蛮高，观察能力也似乎超常。不一会就不约而同地发现存在成比例线段：$\frac{AC}{AB} = \frac{BC}{AC} = \cdots$……堪称叫绝地是胡同学概括出所发

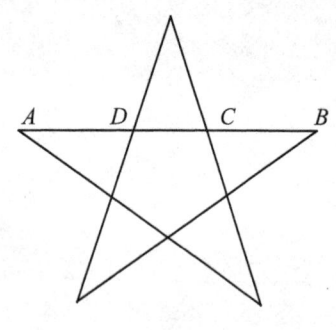

现的比例线段"长段：全段=短段：长段"，可谓言简意赅，通俗易懂。

同学们通过测量、分析归纳出："如果点 C 把线段 AB 分成两条线段 AC 和 BC（$AC>BC$），且满足 $\frac{AC}{AB}=\frac{BC}{AC}$，那么称线段 AB 被点 C 黄金分割。点 C 叫做线段 AB 的黄金分割点，AC 与 AB 的比叫黄金比，其比值是个无理数（以后可以证明）$\frac{\sqrt{5}-1}{2} \approx 0.618$。通常称为黄金数。"讲到这里，个别同学似乎才回过神来：噢，原来小学就听说的黄金分割是这么回事呀！让我们现在回过头来再重新认识一下五角星到底美在哪里呢？经过一番商讨、议论，他们发现五角星美的核心是五条边相互分割成黄金比，这是一种最匀称的比，给人产生

美的源泉。难怪五角星形有那么大的魅力，让"地球人"都喜爱，它可称得上是一颗五彩缤纷的金星啊！笔者趁热打铁，向同学们介绍说：黄金分割是古希腊数学家欧多克斯最先研究的，当时也是作为一种美来欣赏的。据说，黄金分割是意大利画家达·芬奇冠以的美称。他的世界名画《蒙娜丽莎》就是按黄金比例来构图的，令人赏心悦目，每年都有成千上万的仰慕者到巴黎卢浮宫的《蒙娜丽莎》前为之倾倒。可见黄金比例的艺术价值是多么惊人！这一环节学生在实际动手过程中感知五角星美在哪儿，经历知识的发生、发展过程，实现真正意义上的学会，会学，在体验中积累了丰富的感性经验，并由感性到理性，同时感知数学知识可以帮助我们解决实际问题。学生在数学活动中体验到了探究的乐趣，体验了数学活动充满了探索和创造，这样获得的知识、技能、经验是宝贵的，甚至终生难忘。

接下来我们共同分享了黄金分割的应用，诸如女士为什么喜欢穿高跟鞋、最"环保"的驱蚊工具——折叠扇的扇面角度、最感舒适的气温……不料有人提出：老师，我们教室的黑板、每个人用的课桌面是不是黄金矩形呢？学生活动中产生了"新因素"，怎能放过！我反问到：你们说呢？看来"实践是检验真理的唯一标准"得到一致的认同。不用笔者说什么，有的同学已经拿出小三角板一点一点地测量课桌面的长与宽；有的同学满脸困惑，只是看临近同学测量，原来他没有带尺子；还有的同学明显的适应能力较强，利用手去卡长度；更有的同学是借助数学书的长度，找课桌面的宽与长的比；更为精彩的是大个子雷自告奋勇地走上讲台用三角板量黑板和国旗面的长与宽。大家惊奇地发现：课桌面、国旗面接近黄金矩形，而黑板面宽与长的比大约是黄金比的一半，似乎跟黄金矩形有点什么"亲戚"关系，因此也显得美观大方。没有问题，就谈不上研究和体验，问题解决自然就成为体验性学习最为重要的一部分，通过对问题的解决，使得学生感悟数学解决的途径方法，让学生在主动获取知识的同时，提高应用数学知识的能力，学会用数学的眼光有效地解决问题。

本节课由于给予学生体验的时间较多而对黄金比的应用探讨欠缺了一点，但是我们跳出教材的樊篱，沉醉于息息相通的师生精神交往之中，学生在体验中思考，在思考中创造，在创造中发展，课堂教学过程中不时高潮迭起，何乐而不为呢？学生在动手体验中感悟到了学习的快乐，能够兴趣盎然的在民主、和谐的课堂气氛中，理解知识，体验到成功的愉悦，从而激发了学生的学习好奇心，课后他们通过上网等渠道，惊奇地发现了有关黄金分割更多的精彩内容，这样从课堂延伸到课外，不正是笔者所期盼的吗？

直觉思维的结果需要验证

鲜何琴

我们认识一个人的脸，可以在成千上万张脸中把其辨认出来，但是通常我们却说不出我们是如何认出的，这就是所谓的"缄默知识"。"缄默知识"是当代认识论的一大发现，其概念是由英国哲学家波兰尼提出的。相对于"可以用概念、命题、公式、图形等加以陈述的"显性知识而言，大量无系统性的"无法用语言说出或进行传达的"则是缄默知识。

缄默知识无处不在。对于教师的教学来说，学生的缄默知识更多的反应在解决问题时的一种直觉思维，即所谓的跟着感觉走。但跟着感觉走的结果不一定都是正确的，直觉思维的结果需要验证。在学习概率的相关知识时，在讲完"条件概率"后，笔者上课时用了这样的一道例题：

例：高二某班共有60名学生，其中女生20人，三好学生占$\frac{1}{6}$，而且三好学生中女生占一半，现在从该班同学中任选一名参加座谈会，试求在已知没有选上女生条件下，选上的是"三好学生"的概率。

分析：本题可以看做一个古典概型，根据所给的条件算出男生数和男生中的三好学生数，根据概率公式得到结果，按理说题目的难度并不大。但是这个题目从学生的完成情况来看，并不理想，通过比较分析学生的解答，错误原因主要是此题放在条件概率之后，学生感觉它应该是一个条件概率的模型。作答如下：

错解：记事件A："任选一名同学是女生"；事件B："任选一名同学是三好学生"

则所求概率为$P(B|\overline{A})$，依题意得$P(\overline{A}) = \frac{60-20}{60} = \frac{2}{3}, P(B) = \frac{1}{6}$，

故$P(B|\overline{A}) = \frac{P(\overline{A}B)}{P(\overline{A})} = \frac{\frac{2}{3} \times \frac{1}{6}}{\frac{2}{3}} = \frac{1}{6}$

即：在已知没有选上女生的条件下，选上的是三好学生的概率等于$\frac{1}{6}$

整个解答看上去非常流畅，即使在笔者公布正确答案之后，很多学生仍然不能释怀。这时通过比较讲解以后，学生才会逐渐学会区分这两种概率，这是一个难点。

错因分析：其实这个题目用条件概率本身并没有错，但是在计算$P(\overline{A}B) = P(\overline{A}) \cdot P(B) = \frac{2}{3} \times \frac{1}{6} = \frac{1}{9}$，的过程中出了问题，学生根据自己已有的缄默知识，认为两个事件同时发生的概率即为它们分别发生的概率之积，其实这是下一节内容"相互独立事件

同时发生的概率"的相关知识，在下一节里，将专门系统地介绍事件的相互独立性，只有两个事件相互独立时才能使用。新教材改变了教学顺序，感觉上似乎没有老教材合理，但是这让笔者有了更深的思考：其实很多时候我们不一定要先给出学生正确的答案，让他们去感受，去体验，跟着自己的直觉思维走，更多的时候是对的，然后老师再加以归纳总结，就很好了。即使错了，这时学生才会有更深刻的体验，下次才会注意。因为既然是跟着直觉走的，如果这次没有深刻的印象，下次又会习惯性的做错，这是人的思维定势，不容易改变的，必须强化深度体验，养成验证直觉思维结果的习惯。

正确解答：解： 由题意知，本题可以看做一个古典概型：
试验发生包含的事件是从40名男生中选出一个人，共有40种结果，
满足条件的事件是选到的是一个三好学生，共有5种结果，
∴没有选上女生的条件下，选上的是三好学生的概率是 $\dfrac{5}{40}=\dfrac{1}{8}$。

点评：在解决数学问题时，直觉思维往往起到很重要的作用。直觉思维一旦变成敏锐的观察能力，则能迅速找到解题的思路。但正如上述例题，直觉思维偶尔也会出错，其原因还是对问题的本质认识不够到位，并且没有进行严格的证明。在我们的实际教学中，可以有意识的培养学生的直觉思维，但直觉不能代替证据，要避免错觉，严格论证。处理问题时，先用直觉思维作出猜想，然后能有理性的证明是最好的。其实这是在数学中经常用到的一种思想方法——大胆猜想，小心验证。比如，我们在学习数列时，可以通过数列的前几个特殊项找到通项的一般规律，作出大胆的猜想，然后再用数学归纳法严格证明即可。

数学的直觉思维是可以后天培养的，扎实的基础是直觉的源泉，直觉不会无缘无故的产生，它取决于坚实的基础。作为教师，应不断加强培养学生重视数学基础知识，注意知识和经验的积累，善于联想，善于利用直觉思维，使自己的直觉思维向更高更准确的层面上发展，从而提高数学能力。

从老师"下水"所想到的

吕绍平

"成都的冬日是少有见到太阳的。近日,春天已经扑面而来,笔者也忍不住带上父母,驱车去蒙顶山买明前茶。这个周末阳光格外灿烂,一路暖风,一路新绿,一路菜花金黄,我们和父母一路聊着家常,两个多小时后,就来到了素有中国茶文化发源地之称的蒙顶山……"

周末,周鸣老师带着一家人去蒙顶山踏青。回来的路上,借助手机写了一篇随笔,名叫《这个周末,我和春天有个约会》。读后,感触颇深。

文采自然好,构思也新颖别致。文章借助一路的风光,抒写一家人出游如"脱笼之鹄"的好心情。

作为语文老师,由于职业的惯性,不得不使笔者想到了学生的习作。当下,由于众所周知的原因,我们的学生生活圈子小,历事少,写作文没有多少素材,习作千篇一律。笔者为人师,虽然头痛,但在目前的大背景下,也想不出更好的办法。

笔者从周老师的QQ里看到这篇随笔,直觉告诉笔者,新办法来了。

笔者制作了课件,利用这篇文章上了一堂作文课。这节课的核心问题确定为:读随笔,挑毛病,练作文。

"读"这个环节,是以做卷子的形式来实现的。让学生读文章,回答问题。其中的几个问题,笔者还记忆犹新:(1)文章标题,"这个周末,我和春天有个约会"有什么作用?请扼要回答。(2)作者一家到蒙顶山去赴约。一路上他们寻找到春天的哪些足迹?认真阅读全文后,概括回答。"问题有挑战性,体验的角度深浅不同,学生的回答也具有了多样性。然而,思想碰撞的火花点燃了课堂,连平时不爱发言的学生也高高的举起了手……

"挑"这个环节很有意思。由于是身边老师写的文章,同学们"挑疵"的积极性颇高。学生好像是"戴着放大镜"寻找,不大工夫,就"挑"出不少问题来,连用语和标点的毛病都"挑"了出来,让人傻眼。

不知不觉一堂课已接近尾声。作了总结后,笔者要求学生回家写一篇以《寻春》为题的文章。评改这次作文是本学期最开心的一件事。学生的习作真正有了自己实在的生活内容。有的构思新颖,有的细节动人,有的虽然语言较为粗糙,但感情却真挚动人……

这次作文的成功使笔者震动,引起了笔者深深地思索:眼下,学生之所以写不好作文,并不单单是缺少生活,还在于我们老师是否用心去指导。

所谓用心,就是老师要想方设法调动学生写作的积极性,使他们主动地去观察生活,感受生活,提炼生活。

上文所叙述的学生的读写故事,学生从读老师的作品,品老师的作品到写自己的作品的过程,就是学生从初步体验到深度体验的过程,这一过程中,与过去的作文课唯一不同的是学生主动的参与。

学生在体验过程中,过去所缄默的生活、情感被激活,自然而然的会产生联想和想象。在此基础上,那些课堂上所学到的方法或技巧,就派上了用场。经过大脑整理后显现出来的习作就会一改往昔,抒发实实在在、真切动人的情感。

经过这次作文教学实践,笔者深刻地认识到:在目前应试教育的大背景下,要提高学生习作质量,就要想方设法让学生去体验,通过体验,唤醒他们沉睡的缄默,激发他们创造的热情。这是提高学生习作的途径之一。

谈《弹力》一课的核心问题设计

陈小军

新一轮基础教育课程改革突出强调学生在学习过程中的体验，为此，我们的教学应关注学生的体验，真正激活学生的情感世界，引导学生做出自己的分析与价值判断。下面，笔者将结合我校本期的校本研究专题《促进学生深度体验的核心问题设计研究》，谈一谈在笔者的一节示范课《弹力》一课中，为了促进学生的深度体验，对核心问题的设计的研究和具体实施过程。其实，本节课的核心问题的设置并不是一次成功的，大体上讲，主要经过了下面四次变化：观察各种形变，探究弹力的产生条件和方向——观察各种形变，探究弹力的产生条件、方向及大小——制造形变，探究弹力的产生条件、方向及大小——制造形变并分类，探究弹力的产生条件、方向及大小。下面，笔者就核心问题的设计和变更过程以及在教学中的实施效果作一个简要的分析和陈述。

通过学校《基于缄默知识的核心问题教学实践研究》课题和《核心问题教学中的学生深度体验实践研究》课题研究的不断深入，我们都清楚，核心问题可以引导我们明确教学流程，激发学生的缄默知识储备，有效地达成教学目标。所以，当定下课题《弹力》后，笔者就认真仔细地分析了教材内容，《弹力》是高中物理新课程（必修1）第三章第二节的内容，是力学的核心内容之一，在整个高中物理中具有相当重要的地位，是以后正确进行受力分析的基础。教材从物体的明显形变引入，继而通过放大的思想演示"微小形变"的过程中，用实例引出了形变、弹性形变和弹力的概念。并通过研究形变来探究弹力产生的原因、弹力的方向和大小，探究支持力、压力和绳子的拉力这几种常见弹力产生的原因和方向。分析教材后，笔者对教材进行了重组，再结合学生的情况，确定出了本节课的核心问题：观察各种形变，探究弹力的产生条件和方向。笔者的设计初衷是想让学生观察老师演示的各种形变，观看视频中的各种形变，然后根据观察到的现象来探究弹力的产生条件和方向，这样的设计，考虑到了学生的主体作用，他们有体验，有过程，有结果。

确立了这样的核心问题后，我始终感觉欠缺了点什么，而自己又想不清楚，带着这些疑团，笔者请教了我们学校的陈老师、熊老师。她们听了笔者对这节课的核心问题的设计后，首先肯定了笔者的设计方向，并提出了非常好的建议。陈老师说：这节课原来的设计，内容上显得有一点点单薄，应该让学生将弹力的大小也定性地探究出来，后面关于弹簧弹力的大小和弹簧伸长量的定量关系的实验可以由老师演示，学生读数并总结规律。熊老师也觉得，因为这个规律学生在初中的时候都接触过并且很多初中老师也补充讲过胡克定律。鉴于学生已有这样的显性知识和缄默知识，所以在本节课上对这一块弱化处理，把重点放在学生深度体验基础上对弹力的产生条件、方向及大小定性探究上。

所以，根据这样的重心调整，核心问题也作了修改，改为：观察各种形变，探究弹力的产生条件、方向及大小。

以这样的核心问题进行试讲中，发现：学生的体验活动只有心理上的，没有身体性的体验，这样的体验，学生的感受并不深刻，也不完整，因为学生只观察了各种形变就开始探究了，对于形变是怎么来的，他们缺少直接感受，这必然影响后面的体验，影响后面探究过程的顺利进行。经研究，我们认为，为了促进学生的深度体验，应为学生提供器材，增加学生对弹力的身体性体验，因此，我们又将核心问题调整为：制造形变，探究弹力的产生条件、方向及大小。

在正式上这节课时，笔者以这样的核心问题来调动学生的活动体验，同学们围绕这样的核心问题展开学习活动，学生的活动很充分，体验也很深刻，既有身体性的体验（自己亲自动手制造了各种形变），也有心理性的体验（探究了弹力的产生条件、方向及大小）。从课堂反馈的练习中，学生是真正的能够根据这节课的学习，处理一些生活中关于弹力方向的实际问题。从学生实际表现来看，课后评课的专家和老师们都谈到："围绕着设计的核心问题，学生通过亲身参与制造形变，小组探究弹力的产生条件、方向及大小，他们既有身体的，也有心理的体验，体验是深刻的，是真真正正考虑到了学生的主体性，让学生参与进来了。"

课后，陈老师还给笔者提了一些建议，她说："能否让学生的活动再充分一点？让学生的体验更加的深刻呢？"经过讨论，我们又将核心问题调整为：制造形变并分类，探究弹力的产生条件、方向及大小。这样变更后，学生又进一步体验了制造各种形变的一些特点，并根据这些特点对形变进行分类，学生的认识也更加深刻。调整核心问题后，笔者又在另外的班级去上这个课题，从教学效果看，学生的活动确实更丰富更充分了，他们动手制造了各种形变，给制造的形变分了类，再根据分类中的弹性形变进行了探究，学生的体验也更加的深入。

经过核心问题的四次调整，笔者再次认识到设置核心问题就是为了激发学生已有的知识储备，引领他们的学习活动，促进他们的深度体验。所以，核心问题在表述上就必须清晰准确，能够明确的指引学生进行有效的活动，从而实现老师预设的结果性目标和体验性目标。在本节课中，结果性目标为"理解弹力，能够正确分析物体所受的压力、支持力、绳子的拉力，知道胡克定律"。体验性目标为"在探究弹力的产生条件、方向及大小的过程中，体验弹力与形变的关联"。而设计的核心问题"制造形变并分类，探究弹力的产生条件、方向及大小"恰好能够引领我们去实现上述目标。

从《弹力》这堂课的设计和实施，笔者深刻地认识到，设计明确的核心问题的重要性，围绕着合适的核心问题展开的教学活动已经具有一堂成功的优质课的框架结构，如果能不断的提高教师个人的学科素养和对班级的组织管理能力，学生定能在这样的核心问题教学课堂中主动学习、探究、生成学科知识和方法，不断提升自己的学科素养。

核心问题教学中的
学生深度体验研究

在体验中快乐，在快乐中学习

钟 姝

自然地理中地球地图的学习对于文科学生来说是最困难的。因为抽象且空间感较强，加之很多文科生的想象能力不强，现实中的实际接触很少，相关缄默知识储备较少，对相关内容就更加难以理解。

在地图的教学内容中有一项是要求学生会读等高线地形图，并且判断图中所展示的地形。由于学生初中就接触过等高线，并且初步学过几种简单的地形判断。于是在上新课之前，老师就将一幅 2008 年高考题中的等高线图摆在他们面前，问："你们能描述出这幅画的景致吗？"学生顿时炸开了锅，"啥子图哦，有啥子景致嘛"、"密密麻麻的看都看不清楚"、"这幅图从哪开始读呢"等等一大堆的问题。于是老师给出这幅图的意境："这里有山，有水，有湖泊，整幅图勾勒出一幅青山绿水的画卷。"这样一描述学生更懵了，也都很想像老师一样把这幅图看出一个究竟。究竟怎样才能把一个平面的、毫无生气的纸上图变成一幅生机勃勃的立体山水画呢？动手，亲力亲为的去感受！于是老师让学生来做雕刻师，让学生在动手切土豆的过程中感受平面与立体的转换。在新课开始前老师就让学生去准备土豆，并对形状做了一定的要求。说到道具"土豆"，学生们就迫不及待地问："老师，土豆到时候我们要怎么雕刻它？跟等高线有什么关系？"一连串的提问让笔者感到，学生们的兴致提到了极高点。接下来，学生在老师的引领下，把土豆切成厚厚的片状，再让学生将土豆边缘描绘出来，让学生思考其与等高线的关系。在观察中，将实物化为平面图。这时再将最初的那幅 2008 年高考题中的等高线图再次摆到他们的面前，有些学生叫道："哦，原来那有个湖，那是山谷，所以有河流。"于是，笔者趁热打铁，将这幅等高线图的风景素描图呈现出来，再次立体化，验证同学们的猜想。这时还没有看出来的同学急了，于是懂了的同学就不停地拿着手上的土豆比划着讲给旁边同学听。看着他们讨论得热火朝天的景象，笔者感到，他们在经历着深刻的体验中获得乐趣，与此同时也在乐趣中收获知识。

其实学生的学习潜力是很大的，学生能否在老师的引领下体验和收获相关知识，关键就在于老师给学生多少空间以及老师的教学设计能否真正地调动学生学习的兴奋点。这就对我们老师对教学设计的钻研以及课堂组织的能力提出了更高的要求。这节课中有效地引入使学生在老师抛出问题后有强烈的求知欲，学生是在主动求知的过程中一步步深入体验什么是等高线，不同形状的等高线会展示出什么样的地形。在让学生体验的过程中，动手是一种很有效且能引发学生学习兴趣的一种方法，只有让学生亲自动手参与其中，其自身的收获也是最大的。课后，通过练习的反馈笔者发现，学生不仅很好地掌握了等高线的基础知识，而且更善于将课堂中的知识应用于实际生活，真正地体现了地理在生活中的运用。确实让笔者自身感受到了有活力和魅力的地理课堂带给老师的愉悦。

缄默知识与课堂效益

夏 韬

在一次课堂教学中,一位老师想把哥伦布环球航行的伟大事件与学生们的生活联系起来,从而为历史注入生命活力,为此她尽力帮助学生带着个人特色的认可内容,而且订购了哥伦布航海的录像带和宇航员登月的录像带,可是当学生真正的个性化理解出现时,却发生了下面的情景:

教师:那么,船员们遇到了什么问题?(她环视了一周,叫了一位学生,因为他举了手)

学生:嗯,他们远离家乡,不能写信,这类事情就像我去夏令营时遇到的那样,我不能写信,开始几天,我感到很孤独,但是……

教师:(有点迷惑不解和生气)好了,好了,我认为那根本就不是什么问题,他们许多人生病了吗?同学们,你们有没有人知道?

上面的教育故事是耐人寻味的,不难看出这位老师是挺敬业的,因为她在设计这节课时确实做了很多准备和努力,有些遗憾的是,似乎并没有收到预期的效果。究其原因,笔者认为是由于她在设计及教学过程中均未意识到教师与学生缄默知识的存在,她的这个设计主要用的是她本人获得的显性知识和缄默知识,而根本没有意识到学生本人的缄默知识。因为在学生的成长过程中,几乎不可能有航海和宇航的经历和体验,有的只是从"书本上"或"电视上"获得有关它们的显性知识,相反,他们几乎都有过夏令营的经历,他们获得过深刻的体验和感悟,且已内化为他们的缄默知识。因而,当她发现学生的回答脱离她的设计时,她没有意识到自己的失误,也没有及时调整自己的教学,而是在迷惑和生气之余,说出了她自己设计的答案。

其实,在课堂教学中,教师不仅应该意识到学生缄默知识的存在,还应该有意识地帮助学生将有关学习活动的缄默知识显性化并得到检验、批判和应用。缄默知识的最大特点在于它不脱离认识主体,因此又可以称之为"个体知识"。在过去,学生在获得知识的过程中一直是处于被动地位,是一种由权威(由教材和老师来扮演)从外部来灌输和塑造的过程,学生在纪律、考试、就业等外部力量强迫下单纯应用逻辑力量和刻苦努力来掌握课程知识,结果在学生的头脑中存在两种相互冲突的知识体系,一种是显性的课程知识,另一种是与之相对的缄默知识,致使学生学得快,忘得也快,眼高手低,分高能低,学用分离。

实际上,教师及学生都存在着缄默知识,这些缄默知识影响着教师的教育行为和学生的学习及发展。为什么教师学了教育学、心理学知识还是不会教书?实际上支配教师教育教学行动的不是理论知识,而是他的实践知识(或缄默知识)。如果不是有意识地去揭示它，原有的实际支配教师教学行为的教育观念就无法受到触动，教师可能无意识地习惯性地进入误区而不自知。同时，教师在接触新的教育观念时，往往会无意识地以习惯性的思维方式对新观念进行重组或加以改造，行为上无意识地进行歪曲或抵制。认同、尊重和应用学生的缄默知识，把学生的学习建立在学生的缄默知识之上，并把显性的课程知识融入他们的缄默知识之中，加强"书本世界"与学生"生活世界"的沟通。在备学生时，不仅要关注学生已经掌握的显性知识，而且要关注学生已经掌握的那些缄默知识和缄默认知模式，必须有意识地去了解学生从日常生活中获得的大量缄默知识是什么，以及这些认识对他们学习书本显性知识的影响是什么。只有这样，当教师试图以某种方式让学生理解某种知识遭到失败时，他才会反省到学生是否使用了一种完全不同于自己的独特阐释框架，或者自己所使用的阐释框架从根本上讲不适宜于某一类的学生，而不至于认为学生很笨或将知识填鸭给学生，只是使学生机械地记住而已。

神奇的认知

黄立刚

本学期,笔者的共构电子教案选题是《神奇的认知》,这看似是一个认知心理学研究的内容。这一节课并不是单纯的心理学知识讲授课,笔者希望将心理学知识与学生的实践结合起来,将对客观世界的认知与对认知活动本身的反思结合起来,从而引导学生透过课堂的体验,理解隐藏在认知活动背后的认知模式。而认知包括的范围很广,笔者选取了认知中一个很小的部分——视知觉。在视知觉中也仅仅选择了几类图片:错觉、幻觉、双关图、不可能图形。笔者在一个大的题目下,希望实现的教学目标一共有两个:(1)观察图片,了解神奇的视觉现象;(2)体验物理刺激与心理解读之间的关联,感悟观念对行为的影响。

基于这样的目标,笔者设计核心问题"观察图片,体验知觉,感悟观念与行为的关系"。想表达的意思是希望学生通过观察老师提供的图片,通过课堂体验,了解什么是知觉,反思图片中的物理刺激与人的理解之间的关联,进而理解人对图形的解读与行为之间的关系。而人对图形的解读是基于人的以往经历所形成的观念的。写下来之后,与同事讨论,觉得体验知觉表述不妥,因为知觉本身就是一种体验。后来再改为"看图片,体验知觉、观念与行为的关系",觉得体验知觉、观念与行为的关系,说得太空,而且从语词的搭配上,"体验……关系"也觉得不妥。于是改为"看图片,感悟观念与行为的关系"。从核心问题的设计上来看,观念是内隐的心理活动,行为是外显的躯体反应。这样将内隐的心理活动与外显的身体反应联系起来。

整节课都围绕核心问题来设计教学活动,通过与学生一起观看图片,一起来解读、分析错觉图片、双关图、不可能图形。由于对这些图片的认知有一定的难度,学生自动化的反应受到挑战,知觉的过程得以被审视,学生容易体会到过去经验对图片解读的影响,这样学生就能更好地理解错觉、刻板印象、误解等。相对于简单的图片,更为复杂的社会生活,信息量更大、更复杂,学生更容易理解经验对自己判断的干扰。通过这一课,有学生思考了人际的冲突与误会。有同学在反思自己的情绪表达方式……

引导学生观看图片是一个比较好的切入点。知觉偏好是日常生活中反应模式的一部分,个体成长过程中,为了更好地适应环境,其反应往往是高度自动化的,绝大部分时间进行的是"S-R"(刺激-反应)应答。这种应答很多时候在缄默状态下完成,这是学生大量缄默知识的一部分。学生的反应模式包括人际互动模式、思维方式、挫折应对模式、情绪表达模式等。这些反应模式往往不容易被审视。通过对各种图片的分析、解读,呈现了学生的思维过程，有助于拓展学生的自我意识，包括缄默的应答模式的意识。

  在对学生的教育中，指导、说服、讲道理等都是理性的，这是一种教育手段，但是效果往往不好。如何才能在润物无声的状态下，对学生进行教育，笔者觉得利用好学生的缄默知识，呈现学生的缄默知识，让学生从缄默到显性，从显性到缄默，从熟悉的事物到生疏的观念，从观察、反思到感悟这是一个不错的解决之道。

我们也来选举

沈 平

又到了初二学生学习公民首要的政治权利——选举权和被选举权—这框了。每每要学这里笔者的心里就要忐忑不安。因为从以往的教学来看，学生对前边的内容——公民的人身权利、公民享有婚姻自由的权利、公民的财产所有权、公民在经济生活中的权利都很感兴趣，学生能够带着问题进行自主的积极的学习。而到了政治权利一章学生难以提高兴致。笔者分析有以下一些原因：一是学生对选举权利是公民参与国家政治生活的有效途径不了解，存在疑惑。原因是根据我国法律的规定必须是我国年满18周岁未被剥夺政治权利的人才有选举权。而我们所有初二的学生年龄都未满18周岁，所以没有选举权，当然就没有进行过选举，所以该项权利离学生的生活很远。而在中国这样一个大背景下，学生家长在家谈选举权的也很少。笔者在上课之前对学生做了一个调查，结果是没有一个学生从家长那里听说过公民的选举权。二是教学内容枯燥，理性的东西太浓，而感性的东西几乎没有。对初二的学生来说不符合其学习特点，难以激发其学习兴趣。三是从老师自己以往的教学经验来，尽管在教学过程中尽可能地采用过一些感性的方法，如给学生展示自己保留的选民证，让学生回家调查自己的父母是如何进行选举的，他们选的是哪一级人大代表等等，但从实践来看，尽管学生有了一些感性认识，对教材的知识点通过老师的讲解能够很好地掌握，但对于课堂气氛远没有达到理想的状态。

在本学期的教学过程中，笔者决定打乱书上内容的秩序来一次全新的教学。走进教室笔者就直接问学生，班长是谁，他是怎样产生的（由学生熟悉的感性的认识开始）。同学们回答是大家民主选举出来的。接着笔者又问，那你知道国家主席、国务院总理是怎样产生的吗？（延伸到他未知的领域，这样既能激发学生探索新知的欲望和兴趣，又有利于对新知的学习）有的同学说是任命的，有的同学说是上一位国家主席指定的人选，有的同学说是选举出来的，国外的总统都是大家选举出来的。马上有同学就问他，那你选举过没有嘛，国家主席是你选举出来的嗦？大家开始争论起来。有的同学很聪明已经在书上去找答案了，马上就高声说，看嘛，书上多少页写着呢，国家主席是全国人大代表选举出来的。这样很多同学都到书上去找答案了。猜对了的同学得意洋洋，没猜对的同学忙着去印证答案，教室里许多同学都忙活开了。这时有个同学问了一句，国家主席是人大代表选举出来的，那人大代表又是怎样产生的呢？

笔者很高兴这个同学把笔者正打算要讲的问题提出来了。于是笔者就把学生引到笔者要讲的主题上来了。人民→区、县级人大代表→市级人大代表→省级人大代表→全国人大代表。各级人大代表组成各级权力机关，然后由权力机关选举产生出同级的国家机关及其领导人，通过他们来实现管理国家事务。最后学生很理所当然地就理解了书上的难点：公民通过行使选举权的途径，选举出人大代表和各级国家机关领导人来管理国家事务。之后学生们谈到要慎重的投出自己的一票。

但是由于我国法律的规定，必须是我国年满18周岁的未被剥夺政治权利的公民才有选举权。学生由于年龄的限制没有行使过选举权，不了解选举的程序，为了让学生了解选举的程序，更进一步的了解选举的神圣和庄严，笔者决定在此设计一个核心问题：学生通过模拟选人大代表的程序，选举出本班人缘最好的同学，感受选举的庄严、神圣（为什么选择选人缘最好的人，而不是其他如学代会代表等，主要是基于调动学生选举的热情出发）。笔者要求学生先看书，然后根据书上介绍的选举人大代表的程序来进行选举，主持人自荐。于是在认真看了书上的内容以后开始了选举。

首先，核定选民人数。主持人很机智地拿过老师手中的花名册开始点名，不多不少正好50人。

其次，提名候选人。每10人提名一名候选人，全班共提了5名候选人。

第三个步骤是进行选举，选出自己认为人缘最好的人。但是，在这个环节就暴露出了问题：有的同学为了达到自己的目的，写了几张选票，最后验票时有56张票，这时该怎么呢？同学们都望着笔者，笔者含笑不答。有的同学说干脆扔掉6张得了，有的同学说，56张就56张嘛，主持人不知该怎么办。这时笔者提醒了一句，同学们再认真看看书，于是有的同学在书上找到了解决办法——选举无效，重新来过。第二次选举同学们就相互叮嘱不能乱选了，每个人只有一次选举权。最后交上来的选票正好50张。于是进入下一个程序唱票。有两个同学主动上来监票，一个同学计票，还有一个同学唱票。在这个过程中又遇到了新的问题，有同学的选票选了两名同学，这时又该怎么办呢？有同学小声说，该不会又重新来过吧？有的同学说两个同学都给一票吧……这次有同学聪明了，大声说，在书上找，于是他们找到了答案——该选票作废。唱票又继续了下去。最后每位候选人的票数一目了然都写在黑板上，他们按照以往的惯例选出票数最多的同学认为理所当然就是他了，有的同学还嚷着票数最多的同学发表获奖感言。笔者忽然问了一句，大家觉得这次选举有效吗？同学们都诧异地看着笔者。笔者沉吟片刻，问道，最高票数多少？（18票）未过半数是否有效？同学们陷入了茫然。有的同学说当然有效，我们以前选三好学生、优秀学生干部都是这样，谁票数最多，谁就当选。这和学生以往的经验知识相冲突。笔者问同学们，假如某人的票数还不足总人选的十分之一，那这个人也能当选吗？他的当选有没有真正代表大多数人的意愿？同学们陷入了沉思和迷茫中，有一个同学小声地说，难道又无效？选举可真麻烦。接过话题说，对呀，为什么法律对选举有如此严格的规定呀？请同学们讨论一下。最后大家一致认同，是由于选举在整个国家管理中的重要性决定的，难怪说，选举是庄严神圣的。

本堂课在教学设计上，以一个问题：班干部是怎样产生的？从学生身边熟悉的事例入手，延伸到国家主席、国务院总理、国家各机关领导人是怎样产生的？这样的设计目的既能调动学生学习积极性，又让学生对新知的接受有一个生活基础，能更容易接受和理解新知。从本堂课的教学实践来看，是达到了这两个目的的。接下来在学习我国的选举制度时，学生对于我国阶梯式的选举方式不理解，认为不如国外的直接选举好。对于这个课堂新因素笔者是有备而来的。首先笔者对此同学的提问给予了表扬，然后笔者从中国具体的国情、中国民主的进程出发对我国实行直接选举与间接选举相结合进行了分析，让学生认识到目前我国还只能实行这样的选举制度。同时笔者还结合当前国际社会的实际，对乌克兰、吉尔吉斯斯坦等苏联解体的国家由于模仿西方的直接选举，而忽视本国国情，从而带来国内的动荡不安，爆发了令世界震惊的"颜色革命"（体现了一切从实际出发，理论与实践相结合）。从学生课后交上来的学后感可以看出学生对我国目前的选举制度是理解的。

初二政治的重要任务之一就是要培养学生的公民意识。本框的教学目的之一就是要让学生明白选举的庄严性、神圣性。基于此，笔者设计了一个核心问题：模拟选人大代表的程序选举出本班人气最旺的一名同学。通过这个活动的设计既让学生了解并掌握了选举的程序，又从程序的烦琐理解了选举的神圣与庄严，同时也激发了学生学习政治的兴趣。在教学过程中，出现了许多新问题、新因素，如：选票多于候选人人数、一张选票选两个候选人的、选举结果最高票获得者其选票不足一半的不当选等等。这些在以往的教学中是没有出现过的（以前基于时间考虑，没有搞过这个选举活动）。通过这个模拟选举的活动学生出现了许多新问题，对过去缄默的错误的认识有一个修正的机会。也让学生理解了选人大代表和普通的选班干部的不同。

通过这样的教学改进，选举与被选举这一课再也不是离学生很远了，也改变了过去学生一谈政治就头疼的认识。通过核心问题活动的设计、开展，师生之间共同营造一个良好的发现问题、解决问题的学习氛围。

运用体验式教学上好的一节生物公开课

杨 帅

本学期武侯区举办了生物学科的教学大比武，我校晏玉红老师的一节生物公开课喜获一等奖。作为学习者，笔者一直在思考这节课成功的原因。为什么晏老师会胜出？由于赛课的形式是"同课异构"，所以笔者将当时各位参赛老师的教案和笔者的听课记录拿出来作对比研究，发现六位参赛教师的设计思路大致相同，但晏老师的学生活动运用了学生体验式教学。

说到学生活动的设计，武侯高中的裴瑶老师通过相关资料的介绍，引导学生得到"基因在染色体上"的推论，然后介绍摩尔根的果蝇杂交实验，与学生一起得到"白眼基因位于X染色体上"这个结论。还有就是西北中学的龚丽老师的设计，龚老师则略为深入，在学生活动中先是与学生一起得到果蝇眼色基因的假设，然后鼓励学生用遗传学图谱对各自的假设进行分析，并上讲台展示，随后进行点评。同时还有西北中学的陈彬霞老师，我校的钟妍老师……

通过前后比较可以看出裴老师的设计相对而言比较保守，学生学习的主动性没有很好体现，学生的思维一直围绕着老师和课本中的已有知识，没有真正走出来，学生也没有很好地体验科学史教学中应该体现的逻辑思维。在学生活动设计这一方面龚老师则略为深入，能够引导学生运用所学的知识解决一定问题，同时学生活动也具有一定的自主性，遗憾的是没有更加深入的进行学生自主性探究。

那么来看晏玉红老师的教学设计，有一部分与龚丽老师的设计相似，就是先陈述摩尔根果蝇杂交实验的现象——"白眼果蝇在F2代中只存在于雄性果蝇中"，以此让学生推测白眼基因的位置，在晏老师的引导下，学生得到了以下三种可能-"（1）白眼基因在X染色体上，Y染色体上没有。（2）白眼基因在X Y染色体上都有。（3）白眼基因在Y染色体上有，X染色体上没有"。接下来让学生选取一种假设运用遗传图谱进行分析判断。几分钟后，持不同假设的学生走上讲台向学生展示自己的分析过程及结论。很快第三种假设被排除了可能性，但是第一种和第二种假设不能区分，怎么办？如何进一步确认基因在染色体的位置？晏老师适时地提出了问题。

这一环节无疑是本节课的亮点，学生在以上的分析中已经能够运用自己的知识得到一些结果，这种雀跃会使学生隐约有一些课堂主人翁的感觉，现在又产生了新的问题，那自然是"自己家的事"，所以学生很自主地投入到新的探究中去。由于前后的学生活动是相关的，这又使得学生的思维是一个整体。同时晏老师的角色发生了变化。成为学生学习的见证者，适时地对学生思维火花进行点评和鼓励。在众多"出谋划策"的声音中有学生提出"用正反交能否进一步验证？"晏老师给了学生深不可测的笑容，说："不妨试试，但是要注意反交过程中亲本的基因型。"抱着尝试的探索心理，学生利用遗传图谱的知识又开始了验证，几分钟后率先有学生做出了结果，发现确实可以利用此方法进行得到预期结果，而且整个过程貌似完全是在学生自己操作中得到了和科学家完全一致的结论，这种成就感在学生心中不言而喻。

晏老师这节看似谈笑风生的公开课其实暗藏玄机，整节课的设计完全基于我校校本教研"基于缄默知识的核心问题教学模式"。在此模式下不仅完成了课标中对课堂知识的要求，还兼顾了以学生为主体的学生深度体验过程。整个设计思路脉络清晰、环环相扣，从而使得一节课重点鲜明，一气呵成。关于学生活动的设计是先搭脚手架，慢慢引导学生思考，然后调换角色，让学生成为主体，从学生的认知水平出发，适时引导学生活动，又以学生深度体验的要求与预期出发，通过精心设计，达到了学生体验的结果。宴老师的设计不但提高了课堂教学效率更是促进了学生学习方式的改变，故此设计极其符合新课改的要求。同时，通过这节课使得学生自觉的、多方面的、积极地投入到课堂教学，以及深刻认识和强烈感受到所学知识，这也正是我校校本教研的魅力所在。

宴老师以我校校本教研深度体验的要求作为设计的指导思想。以"假说演绎法"为主要方式方法，以摩尔根果蝇杂交实验作为背景，上了一节值得笔者认真学习的生物公开课。

第四编 交流教案

现代诗歌赏析

陈 琳

一、教学目标

1. 能积极参与诗歌赏析中的读、悟、写的活动；
2. 初步获得运用意象分析来赏析诗歌的方法，增进欣赏诗歌的兴趣；
3. 在诗歌赏析中对客观事物与主观情感的关联能有所感悟。

二、教学媒体

PowerPoint 课件

三、设计思想

诗歌教学就是为了提高学生的审美能力，使学生更富有创造性和想象力。

一首好的抒情诗应该是艺术美的结晶。它会超越时间和空间的限制唤起人们审美的感情。在《沙扬娜拉》中，诗人捕捉住稍纵即逝的宽慰的闪光，摄取现实中最典型、最纯情的一个特写镜头，抒写出了道别时的一种典型情绪和情态。展读《雨巷》，我们被引进了一种梦幻曲般的朦胧飘忽的境界，诗人通过六个典型意象将丁香般的姑娘写得那般清雅、凄美、飘渺、哀怨，使这个雨巷包含了丰富的内容，象征着诗人对理想，人生和美好事物的信念和追求，也表现了空虚、幻灭和感慨的心境。

《普通高中语文课程标准》针对诗歌的学习要求是"重视作品阅读鉴赏的实践活动，注重对作品的个性化解读，充分激发学生的想象力和创造潜能，努力提高审美能力"。

读诗歌，其实就是解读诗人的内心，但是，人的内心世界总是扑朔迷离，让人难以琢磨，因此必须要寻找一个合适的切入口，这个切入口就是意象。意象是诗歌的灵魂，对意象的解读是把握诗歌内涵的关键，而这恰恰是学生最欠缺的能力，学生往往不能准确找出诗中意象，当然更谈不上对意象的解读了。所以，这节课笔者准备调动学生已有的生活经验，从分析意象入手，剥开诗歌的层层面纱让学生了解如何读诗，如何读人。

这节课将以分析意象为重点，把握作者情感发展的脉络，以诵读为载体，看看作者独特的匠心背后究竟有怎样的辛酸，惆怅，从而观照作者的内心世界，体会诗人的思想感情。

四、核心任务

读诗歌,悟情感,写仿句。

五、教学环节(如表1所示)

表1 教学环节

教学过程	教师活动	学生活动	设计意图
问题引入	1. 创设情景 2. 引入核心任务:读诗歌,悟情感,写仿句	倾听	1. 教师通过优美的语言阐明欣赏诗歌的意义,吸引学生的注意力,并引入课题 2. 提出本课的核心任务,激发学生思维活动
分析探究一	赏析《沙扬娜拉》 (一)读诗歌 1. 教师简述《沙扬娜拉》写作背景,这是徐志摩先生在1924年5月陪同泰戈尔访日期间所作,以纪念这次扶桑之行中遇见的一位日本女郎 2. 教师要求学生齐读全诗后由十二中和华润的同学分别推荐一位学生朗读 (二)悟情感 1. 教师提问一:这首诗究竟传递出诗人怎样的情感呢? 教师提问二:这个女子有怎样的特质使诗人如此眷念和不舍呢?这个问题让华润的同学来回答。 教师提问三:诗人是通过什么事物来体现女子的…… 教师提问四:大家想想水莲花有什么特点? 教师提问五:请大家想象当年女子和徐志摩喜爱女生告别时的情态,再联想水莲花的特点,看看二者有什么相关联的地方呢? 2. 教师总结:我们找到水莲花和这个女子相关联的地方了。此时的女子和水莲花都有了一种动人的美,让诗人不忍离去。诗人用他独到的眼光,丰富的想象将女子比喻成摇曳多姿的水莲花,给我们带来了美的感受,所以同学们要想写出这样优美动人的诗句,是不是应该用心去观察生活中,展开我们丰富的想象呢	1. 学生齐读。 2. 十二中学生推荐一位朗读 3. 华润的同学推荐一位朗读 1. 学生思考教师提出的问题并踊跃回答问题 2. 学生结合日常观察调动知识储备回忆水莲花的特点 3. 学生展开想象和联想去寻找女子和水莲花之间的关联	1. 教师简述《沙扬娜拉》写作背景,以期唤起学生的想象,去再现主人公当年的浪漫际遇 2. 通过学生齐读和个别朗读,让他们在读的过程中去体会诗歌的情感 1. 教师通过问题设计引导学生从把握诗歌情感的角度入手,层层剖析诗歌中最传神动人的意象——水莲花,让学生去寻找水莲花与秀美娇羞的女子之间的关联 2. 教师通过言语调动,试图引导学生展开想象和联想,丰富他们的思维活动 3. 通过教师的总结,让学生逐步领悟进行文学创作离不开观察和想象

（续表）

教学过程	教师活动	学生活动	设计意图
分析探究二	赏析《雨巷》 （一）读诗歌 1．教师要求先由华润的同学齐声朗读全诗，其次再由十二中的同学朗读 2．对方学校朗读的过程中，教师要求未朗读的同学展开想象和联想去感悟诗中所营造的情境氛围 （二）悟情感 1．教师设问：诗歌中的哪些事物给你们留下了深刻的印象？这些事物传递出诗人怎样的情感？展开小组交流讨论 2．教师根据学生的回答板书给学生留下深刻印象的客观事物，并通过对这些事物特点的分析，去剖析诗人的情感 （三）教师有感情的诵读诗歌	1．华润的同学朗读《雨巷》，十二中的同学倾听。反之亦然 2．同学们展开想象和联想 1．学生思考并展开交流讨论 2．两校学生互动交流回答问题 3．学生倾听教师的诵读	1．通过两校学生分别朗读，避免因声音传送过程中的延迟现象带来的不一致 2．增加教学过程中的互动性。3．促使学生在朗读和倾听的过程中去体会诗歌的氛围，为下一步悟情感做准备 诗歌是依靠形象来传达思想感情的，学生通过交流，应该能准确地抓住诗歌当中富有特点的物象，并且在教师的引导之下逐步领悟诗人的情感
归纳提升	教师总结：我们通过赏析两首现代诗，去感悟诗人的怜爱与眷念，哀伤与忧愁，这些都是诗人在当时那种背景和情境之下产生的特定情感，而这样的情感都是借助这些客观物象传递出来的，水莲花的纯洁娇羞，小巷的幽深曲折，丁香花结着愁怨，篱墙颓圮是这些客观物象的特点，它们与诗人的情感是密切相关的。这种被诗人赋予了主观情感的物象，就是意象（板书：意象）	学生倾听并思考教师板书中关键词的内涵	通过教师的归纳提升，目的在于让学生进一步去思考生活中的点滴事物与情感之间的关联，去选取最能够传情达意的意象来传递自己的情感。自然过渡到下一个仿写环节的练习中
训练反馈	1．教师投影仿写练习： 仿照示例，自由选择意象，写一组句子，表达内心感受，要求句式与例句基本相同。 让我怎样感谢你 当我走向你的时候 我原想亲吻一朵雪花 你却给了我银色的世界 教师简要阐述这首小诗的内容。 2．教师引导两校同学充分展示习作并互评习作	1．学生完成仿句练习 2．两校同学互评习作	设计这个仿句练习，是希望学生充分发挥想象联想，选择恰当的意象表达某种情感。使学生充分感悟新诗语言的奥妙，又能提高其遣词造句的能力，进而与诗情感性相碰撞
小结	教师小结：通过学习，我们知道了如何把握意象，感受诗人内心的情感，体验丰富的人生经历。当我们怀揣着诗意，去观察和感悟生活，去思考个体与周遭事物的关系，我们就能够"诗意地栖居于大地之上"了		引起学生思考

六、板书设计

现代诗歌赏析
——读诗歌，悟情感，写仿句

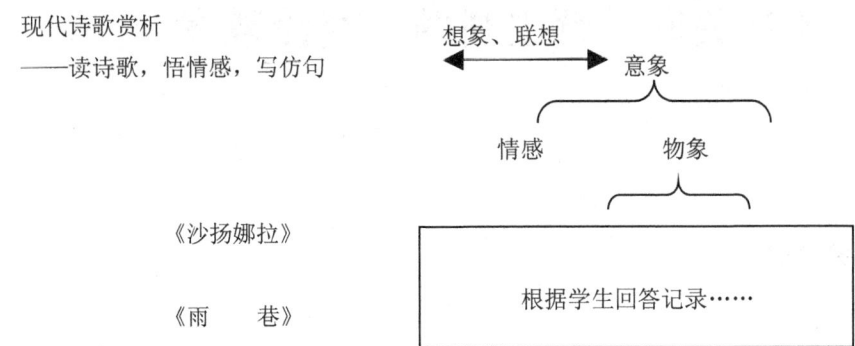

《沙扬娜拉》

《雨　巷》

七、教后反思

  这节课以核心问题贯穿教学始终，让学生在读、悟、写的活动中去体验现代诗歌的美，去领略创作带来的无与伦比的魅力。笔者通过执教这节公开课来思考体验式教学在人文课程里究竟让学生获得什么，其实质是精神性的，智慧性的，它试图解决的不是"智慧"问题，而是"心灵"问题。其体验的过程也将由浅入深，由表及里，从而将学生的深度体验导向关联体验这一概念。关联体验看似新鲜，实则非常普遍，但它往往是缄默的心理过程，而笔者在教学中使之显性化。事实上，从学生的课堂反映和课后作业中，均能发现学生通过关联体验对诗歌产生了更为浓厚的兴趣，其感悟能力也得以提升。文学的世界本就博大精深，而语文教学更承载着传承中华文明，提升国人素质的众望，对教学的不断思考将推动笔者继续前行。

《抓关联，解主观题》交流教案

冯天佩

一、教学分析

（一）教材分析

半期考试，预测主观题平均得分 20～25 分，实际平均分 20 分。试题难度不大，重在基础知识和最基本的解题技能技巧。撇开学生基础差等客观原因，还是觉得实际得分不够理想，故有研讨价值。

（二）学情分析

高三·三班是笔者新接手的班，通过一段时间的教学，感觉他们就像刚刚进入文科班学习一样，要基础没基础，要能力没能力，真是一穷二白。但又有些江湖习气，并非真正的一穷二白，还不太好画更新更美的图画。比如课堂效率低下，不愿或者不会思考，主动性、自主性不足等等。

（三）设计思想

经过一半期的定时练和文综训练，学生对怎样解答政治主观题已有一定的认识，如审问要审"主体、客体、知识范围、角度"等。但真正怎样做题才能拿分，学生普遍存在过手的问题。怎样使相关的技能技巧更具操作性？教师应设计和搭建平台，引领学生积极体验，激活学生已有的缄默知识并使之显性化，使学生在探究活动中不断修正、完善和丰富自己的缄默认知。根据学校本期校本研究主题，笔者的基本思路是：学生课前认真体会"标答"，反思自己的解题思路，找差距，思对策；通过课堂讲述与分享、总结归纳出解答主观题的基本注意事项。为此，笔者将本节课的核心问题设计为"抓关联，解主观题"。总之，使学生在课堂内外都置身于积极的体验环境之中，以利于多层次体验性目标和结果性目标的确立、达成和检测。

（四）教学目标

1．能积极参与准备和讲述的活动，初步感受知识、材料与问题解决的关联。
2．能根据同学的讲述，在生生、师生互动中，总结出政治主观题解答的一般注意事项。
3．能利用已有的结论，解释和分析新的具体问题。

（五）教学重难点

教学重点：学生准备和讲述的活动。
教学难点：总结政治主观题解答的一般注意事项。

（六）核心问题

抓关联，解主观题

二、教学实施

（一）板书设计

核心问题：抓关联，解主观题
（其余，视学生发言情况书写）

（二）教学环节（如表1所示）

表1 教学环节

教学环节	教师活动	学生活动	观测预设	设计意图
提出问题（3′）	主观题得分数据。提出核心问题：抓关联，解主观题	学生观看数据，明确本节课的核心问题	观测学生是否心怀期待进入课堂，是否明确本节课要解决的核心问题	以数据吸引学生，激发学习兴趣。为解决核心问题作情感铺垫
解决问题（20′）	教师引导学生讲述答题思路、经历，根据学生发言作成板书，视情况作必要补充和追问	学生反思答题思路；能围绕同学讲的思路和经历提问讨论，在师生或生生互动中初步显露出政治主观题解答的一般注意事项	观测学生的准备与反思是否积极真实；是否积极参与提问讨论。能否初步得出政治主观题解答的一般注意事项	旨在让学生积极参与到核心问题的解决中，调动起他们学习的主动性。通过讲述、提问分析，体验合作探究解决问题的乐趣。促使学生体验性目标的达成
归纳提升（10′）	引导学生在讲述、分析的基础上尝试总结和归纳出政治主观题解答的一般注意事项	学生主动参与，形成较为系统的归纳总结	观测学生能否根据先前讲述进行归纳，表述自己的观点和看法	让学生在课堂互动中，尝试对知识进行归纳梳理。体验合作学习、自主归纳生成知识的快乐。促使结果性目标的达成
运用反馈（7′）	展示相关材料，提出要解决的具体问题。视情况点评，课后收作业	学生根据材料进行解释和分析，并作书面回答	观测学生对新情境的反应；观测学生解题的思路及语言表述	检测体验性目标和结果性目标的达成情况

三、反馈调整

从课堂看，学生能在核心问题的引导下，积极讲述自己的解题经历。通过师生共同的探讨、分析，归纳出政治主观题解答的一般注意事项。整节课学生主动投入，思维活跃，发言积极，体验充分。

从课后检测看，学生基本上能运用所得结论分析新问题。从新设置的问题来看，总分为10分，全班58人上交，达到5分以上的有40人次，最高10分。70%以上的学生能利用所得结论分析新问题。

由于学生差异太大，在课前准备阶段，约35%的学生经历有限，甚至无经历，这直接影响了教学进程和效率。

在课堂检测环节，问题的综合性偏强，难度偏大，似乎不利于学生内化。

高二（上）第八单元 "First Aid"热身和口语部分教学设计
"How to deal with emergencies in our daily life"

张 谦

一、教学设计思想

（一）课标和教材分析

《英语课程标准》中明确了英语的工具性特征，其中对听、说两方面能力要求的描述分别是："能识别语段中的重要信息并进行简单的推断；能根据熟悉的话题，稍做准备后，有条理地作简短的发言；能就一般性话题进行讨论；能根据话题要求与人交流、合作，共同完成任务……"（七级：相当于高二结束阶段的水平）。

高二上第八单元"First Aid"以"急救"为中心话题，本节课"How to deal with emergencies in our daily life"是这一单元的第一节课，教材在本课时有三个部分，分别是"热身"、"听力"和"口语"，共有六幅图，两段听力材料和"围绕家庭安全，应该做和不应该做的事情"两个讨论话题。要在一节课中完成所有材料的学习和理解，任务重且实施效果不够理想。本课时尝试围绕着"观看图片和视频，谈日常生活中紧急情况的处理"这个核心问题，对教材进行适当的删减和整合，使材料集中在讨论紧急情况的处理上，从而更适合学生进行意义建构，为他们解决本节课核心问题做准备。

（二）学生情况分析

一方面，就学生已有的英语知识水平而言，通过高一的学习，学生已经具有了一定的英语基础和听说能力，部分学生能较为清晰地阐述自己的观点；

另一方面，就现实生活背景而言，在设计本节课之前，该年级发生了学生财物在校园外被抢事件，这使得"讨论紧急情况的处理"有了现实必要性。

第三，就学生的缄默知识而言，每位学生对紧急情况的处理都有一定的常识和自己的办法，但并非所有的习惯处理方式就是正确的。还有些情况是他们未曾遇见，但以后生活中有可能遇见，并且会因处理方式不同从而对他们生活起到决定性作用的紧急情况，例如，对车祸，溺水等的处理。

学生体验的关键难题主要表现在：第一，难以准确地安排处理紧急情况的顺序；第二，难以准确地用英语表达紧急情况的处理。

（三）主要设计思想

根据学生体验的关键难题，本堂课教师采用搭建三个"脚手架"（scaffolding）的方式来帮助学生解决难题。

第一个"脚手架"是通过看根据学生真实故事改编的，学生参演的视频，从听觉和视觉激活学生已有的显性知识和缄默知识，为学生营造氛围，激发他们想讨论想表达对紧急事件的处理。

第二个"脚手架"是通过讨论，对如何安排处理紧急情况的顺序进行归纳总结，包括处理内容和正确使用英语连接词两方面。因为只有通过学生和老师的共同梳理，才能为学生在下一个环节解决本节课的核心问题奠定基础。

第三个"脚手架"是做有关处理紧急事件的小测试。通过做测试，学生自行搜集便于他们进行意义建构的短语和句型，为本节课在围绕核心问题的基础上，抓住重点，即"讨论紧急情况的处理"；突破难点，即学生用英文描述对紧急事件的处理。在教学过程中，力争做到让每一个学生都有思维的空间，能够根据自己不同的缄默知识在描述对紧急事件的处理时呈现出个性化的答案。

二、教学目标

1．能掌握与日常生活中紧急事件相关的 10 个英语词汇的意义并能在相关情景中正确应用。

2．能用英语在口头、笔头上用正确的顺序阐述常见的紧急事件的处理。

3．能积极参加小组讨论活动，发表自己意见，认真听取同学发言，并体验到与同学合作的愉悦。

4．能体验处理紧急事件的顺序与处理结果的关联。

5．能整合课堂所学的对紧急事件的表述并关联生活中的紧急事件，从而展开新的描述。

三、核心问题

观看图片和视频，谈日常生活中紧急情况的处理

四、教学环节（如表 1 所示）

表 1　教学环节

教学明线	教学暗线	教学环节	学生活动	老师活动	本环节的设计意图
讨论对紧急情况的处理	体验处理突发事件的顺序	提出问题（5分钟）	1. 理解核心问题 2. 观看视频	1. 运用CAI课件①图片营造问题情景 2. 提出核心问题 3. 展示CAI课件②视频，帮助学生体会视频情景	促进学生进入问题情景
		解决问题（10分钟）	1. 在教科书图片的辅助下，四人小组自选视频中紧急情况的处理及处理顺序进行讨论 2. 全班交流，描述对视频反映的紧急事件的处理 3. 完成学案中"Warming up"部分	1. 分组指导，解答疑难 2. 协助有困难的学生完成描述 3. 抓住顺序与结果的关联进行强化	在解答问题活动中通过讨论质疑等活动实现沟通合作
		反提升（10分钟）	1. 小组讨论梳理处理紧急事件的顺序和英语口头表达 2. 完成学案中关于紧急事件的测试 3. 评定测试结果 4. 整理和搜集相关的新旧词汇，并将它们填到学案"Notes"部分的表格中	1. 组织反思 2. 在学生讨论基础上，讲解处理紧急事件的顺序和原因 3. 强调正确的英语表达 4. 点评测试和词汇整理	在体验的基础上，概括本节课应学习的知识和方法
		应用反馈（15分钟）	1. 在学案上独立写出处理紧急情况的短文 2. 全班交流	1. 个别指导 2. 全班点评	规范处理紧急情况的程序和英语表达

五、课后反思

根据学生课后所写反思、学生学案和课堂实录来看，笔者做出以下反思和总结：

(一) 值得肯定的地方

第一，核心问题能调动学生的主动活动。首先，核心问题要求学生讨论的视频来自于本年级学生身边发生过的真实事件，能够引起学生的共鸣，且视频是由本班同学自编、自导、自演的，使学生有兴趣观看和讨论。其次，所讨论的紧急情况的处理是学生有一定经历，但却未认真思考过的。本节课从对真实案件进行重现的视频，到针对紧急事件处理的小测试，再到在小测试基础上的搜集单词，最后进行用英语表述紧急事件的处理，以这些活动为主线，帮助学生梳理紧急情况的处理和处理顺序，并帮助学生体验处理紧急情况的顺序与处理结果的关联。整节课学生都能在核心问题的统领下积极地参与思考和评论。由此可见，核心问题起到调动学生能动性的作用。

第二，在核心问题引导下，学生活动参与形式多样，参与面广。在本节课中，先是全体同学一起看由4位同学预录的跟紧急事件相关的视频，其次分4人小组进行分角色讨论。在讨论的过程中，有负责组织和总结发言的组长，有专门记录发言要点的秘书，还有畅所欲言的发言者，保证了充分讨论和不同思维间的碰撞。然后，学生独立完成紧急事件处理的小测试，再全班讨论测试内容。在讨论基础上，学生独立找出重要单词，同时，抽取2位学生板书到黑板上，全班共同订正。最后，再由学生独立用英语写关于紧急情况处理的短文并独立发言。从课后的学案分析情况看，所有的学生都能在不同程度参与到课堂活动中来。

(二) 存在的问题

仍有个别学生的参与情况较差，未完全参与进来。例如，有2.1%的学生未将小测试中跟紧急事件相关的有用词汇按要求写到学案的词汇搜集表格中。同时，笔者也感到一部分学生在用英语表达时，勇气不足，怯场，害怕犯错。

(三) 改进预设

第一，在日常教学中贯穿体验式教学。本节课核心问题的设立来源于学生的生活，以学生的缄默知识为基础，将学生被动接受性学习转化为接受性和体验性相结合的学习，促进了学生内部情境的生成。英语学习本来就应该是"在用中学"，来源于生活，高于生活。如果能在平时授课中贯穿体验式教学，不仅能大大缓解学生对于英语学习的焦虑，也能提高他们的学习兴趣。其实现在的学生也有他们很多人生经历和体验，如果老师能在课堂中营造很好的氛围，将更多交流的机会给学生，让他们把自己的人生经历和体验带到课堂中来，再共同解决问题，反思提升，那么会收到更好的教学效果，结果性目标和体验性目标就更能达成统一。

第二，笔者反思，这节课既然是听说课，就应该更多地关注学生表意的准确性和表达的流畅性。在学生表述的过程中，并非所有的失误和错误都要纠正，从而进一步呵护学生的英语表达热情。在平时的课堂上，也应该充分地调动学生用英语表达的热情，放手让学生自由地用英语表达他们的观点。

《水调歌头》交流教案

易鸿灵

一、教材分析

《水调歌头》是初中语文《义务教育课程标准实验教科书》八年级下册中的一篇文章，是一首中秋咏月兼怀亲人的抒情之作，是较为著名的一首中秋词。

这首词上阕写中秋赏月，因月而引发出对于天上仙境的奇想。下阕写望月怀人，感念人生的离合无常。全文文辞空灵优美，适合朗诵。教学中，力求通过诵读，在理解了内容的基础上，剖析其旨意，进而达到把握其情感的目的。

二、学生分析

八年级学生对词不算陌生，对于诗词的积累有一定基础，七年级上册的课外古诗词背诵已接触过晏殊的《浣溪沙》和李清照的《如梦令》，八年级上册的课外古诗词背诵也已读过苏轼的《浣溪沙》。所以，对于"词"这种文体和"苏轼"其人的生平，学生有一定的了解。他们很喜欢读诗词，但由于年龄及生活积累的局限，使得他们对词的情感难于把握。因此，教会学生如何准确把握词人的情感脉搏，应是本课教学的核心任务。

可以充分利用多媒体网络技术给学生形象具体的感官体验，通过 PPT、光盘、音响和 Flash 的运用，激发学生的学习兴趣，调动学生学习的积极性和主观能动性。

三、教学设想

通过教材分析和学生分析，本课适宜于以诵读理解课文并结合自己的体验来探讨词人的情感为核心的诗词鉴赏课的形式来实施教学。

剖析课文内容，如果按传统教学逐字逐句讲解的方式，未免太生硬和枯燥，再加之本词的内容并不难以理解，所以，采用抓关键字词、关键句、质疑的方式来把握词人怀念弟弟的情感。但苏轼的情感是复杂的，他不仅仅是怀念弟弟，还有更为隐含深沉的情感寓于词中。怎样挖掘出这种隐含的情感呢？采用结合背景，知人论世的方法，抓住当时词人仕途不得志的背景，分析其政治失意的情感。再结合词中具体的字词句，探讨这种情感。从合作探究领会苏轼的情感；到拓展提升其情感，为学生理解苏轼其人其情做知识积累，同时也是学生缄默知识的浮现与有待显性的所在。最后，根据短文"望中秋月的遐想"的开头续写，也是将学习体验运用到写作中去，不仅可以更为深刻的理解苏轼在《水调歌头》中表达的情感，更能拓展学生的思维，提高和强化自我的审美感受。

四、教学目标

1. 能在诵读中感受作者的情感。
2. 能参与对作者复杂情感变化的思考与探讨。
3. 能体验人与自然、人与自我的关联。（关联体验目标）

五、核心任务

诵读《水调歌头》，结合自己的体验探讨作者在作品中表达的情感。

六、教学重点

诵读课文，探讨作者复杂的情感。

七、教学媒体

多媒体课件、音频、投影

八、教学过程（如表1所示）

表1 教学过程

教学环节	教师活动	学生活动	设计意图
提出问题	提出核心任务：诵读《水调歌头》，结合自己的体验探讨作者在作品中表达的情感。	领会核心任务	明确学习任务，引起学生注意。
解决问题	1. 展示PPT诵读要求，指导学生诵读课文，理解课文 2. 展示PPT探讨问题：作者在作品中表达了什么样的情感？你是怎么体会到的？ 3. 组织学生探讨，引导学生发言，并及时板书学生发言要点	1. 学生结合预习诵读课文，理解课文内容。 2. 分析作者情感，分小组探讨作品中表达情感的具体词句 3. 小组代表发言，其余同学参与探讨，补充完善	1. 通过诵读，理解课文内容，初步体验情感 2. 通过探讨，体会作者在作品中表达的情感
总结提升	1. 引导学生总结探讨作者在作品中表达的情感 2. 拓展提升，引导学生从更高的角度认识理解作者的情感，并引导学生谈论所受到的启发	1. 归纳作品中作者表达的情感 2. 进一步深入认识作者的情感，并结合自己的体验谈受到的启发	通过探讨思考，进一步认识作者的情感，并能结合现实，谈论个人受到的启发
运用反馈	1. 展示习作题：续写"中秋的夜晚，凉风习习，我坐在阳台上，望着皎洁的月亮……"，表达你在中秋夜中秋月下的独特感受，抒发你的情感。 2. 指导学生评议	1. 习作实践。 2. 习作展示	将学习体验，情感体验运用到写作中

九、实施反馈

1. 核心问题明确，贯穿课堂，层层深入。教学围绕核心问题层层推进，条理清晰，学生在教师的引导下也很好地开展了诵读活动，理解了课文内容，领会作者情感；很好地展开合作讨论，并能较好地结合自己的体验。

2. 课堂采用诵读、思考、合作讨论、集中交流相结合，循序渐进地指导学生进行体验，所以最终学生能很好地感悟作者的情感。

3. 学生习作实践积极，效果明显。学生在续写中秋月下的遐想时，不少的学生都能做到与心灵和中秋月对话，写出了具有感染力的美文片段。

4. 反思改进。这堂课的设计是精巧的，主线鲜明，重点突出。但在实际的教学过程中也暴露了一些不足。比如，由于容量过大，学生的诵读环节不够落实；对于学生的评价显得太过随性不够精练；给学生单独思考的时间太少了，学生思考不够充分，理解不够透彻；在理解课文环节，如果在挖掘教材方面对学生做更好的引导，学生体会起作者的情感来就会更加深入丰富。

《装在套子里的人》（第二课时）教学设计

刘世刚

一、教材及学生分析

《装在套子里的人》是契诃夫1898年创作的一篇以知识分子为题材的短篇小说。小说以比喻、象征、夸张的笔触讽刺了一个生活在沙皇专制统治下把自己装在套子里的人——别里科夫这个不朽的艺术典型。契诃夫以细腻的手法描写了主人公心理变化，揭示了普遍存在的一种心理：奴性。从这个人物身上表现了当时俄国人的劣根性。作者展现的不是一个单独的人，而是"一类人"。这部作品主要价值在于写出了套子的巨大作用，体现了作者对套子的深刻思考，给后人无限的警示。

高一年级的学生对文学作品有一定的鉴赏能力，小说的情节把握、人物描写手法、环境烘托的作用等方面都有一定的建构和基础。小说故事情节并不复杂，但是要想让学生真正领悟作品的人物形象、表现的社会主题甚至给我们的启示就不那么容易了。学生很容易把小说仅仅当成一篇有趣的故事来读，很容易读懂人物，而不深入认识、分析"套子"的内涵、作用、创作意图甚至作品本身对后人的警示。

二、设计思路

本堂课设在第二课时。在本堂课之前，第一课时笔者处理了《装在套子里的人》一文的故事情节。

小说题目中有两个醒目的词眼："套子"和"人"，二者密不可分，笔者觉得关键要从"人"的修饰词"套子"上下工夫，那么别里科夫这个人与"套子"是什么关系呢？笔者觉得"人"是"套中人"，本质的特征是奴性，"套子"是外显"套中人"命运、性格的特定表现手法。基于这一思路，笔者就提出核心问题：谈谈别里科夫的性格，理解作者运用"套子"这一特定表现手法。这里的表现手法不是鉴赏文艺作品时用的广义上的手法，它是限定在表现"套中人"的性格的特定的比喻、夸张、象征手法上。

作者在文章中也极尽幽默讽刺之能事，学生在把握了人物形象特征及其反思特定的表现手法之后，根据课堂感悟与理解，笔者设计了一个可操作的环节，给别里科夫写一段"墓志铭"，学生可应用幽默生动的语言去体验感悟，从而达到"学以致用"，加深对别里科夫人物形象及其特定手法的理解，真正领悟作品的现实意义。

三、核心问题

谈谈别里科夫的性格，理解作者运用"套子"这一特有表现手法。

四、教学目标

1. 学习作者表现人物奴性性格的特有手法——"套子"，通过分析小说人物形象提高特有表现手法的理解能力。
2. 能够理解阅读小说抓题眼的方法技巧并运用"墓志铭"反思现实意义。

五、教学重点

感悟作者运用"套子"这一特有手法的含义及现实意义。

六、教学难点

理解文中表现人物奴性性格的特有手法——比喻、夸张、象征。

七、教学过程（如表1所示）

表1 教学过程

环节		教师活动	学生活动	设计思想	教学预设
提出问题	明确目标	1. 创设情境导入； 2. 提出核心问题。	明确本课学习重点	创设情境，激发学生解决问题的热情	让学生对小说阅读的重点有感性的认识
解决问题	分析别里科夫人物性格	1. 分析人物性格，并用准确的词归纳其本质特征，并追问在文中的依据，让学生明确别里科夫的确是"套中人"； 2. 尊重学生，将他们对人物的评析书写于黑板上，根据学生回答，适时评价学生活动并板书	1. 学生领会老师任务要求作答，并在文中由浅入深地挖人物性格及奴性的本质特征 2. 学生在文中找到依据并适时朗读体会	学生能够在文中找到人物性格依据，并用准确的词语归纳出来，在问题解决的体验中加深人物性格理解	学生对情节有一定的把握，所以学生有分析人物性格的基础，学生的发言可能五花八门，教师尽可能尊重每位发言学生，将他们的观点书写于黑板上作为副板书，将准确的作为正版书
反思提升	感悟作者运用"套子"这一特有手法	1. 在学生把握人物性格及本质特征的基础上追问反思型问题，过渡到"套子"的分析和感悟上，引导学生把握"套子"的现实意义 2. 提出小组讨论任务。根据学生发言适时点评、提升，做好板书	1. 学生4人小组讨论，在文本依据中总结反思契诃夫表现别里科夫性格的特定手法及现实意义，并从中有所感悟 2. 小组发言，自评、他评	促进学生主动反思归纳表现人物形象的手法。学生可从课本中找到依据反思比喻、夸张、象征的手法。加深对"套子"的理解，并明白现实意义	高一理科班学生对小说人物形象分析以及表现手法有一定的建构和基础，但是本课中契诃夫应用的"套子"的表现手法有一定难度，所以教师可视情况适当引导和提示
运用反馈	写一段"墓志铭"	1. 提出应用操作任务——写一段"墓志铭"； 2. 对学生作品进行点评或让学生自评、他评	1. 学生应用课堂理解，动笔写作； 2. 小组交流讨论并推荐好的作品展示，学生自评或他评写作角度	运用反思的思维模式解决问题；通过训练学生加深对反思模式的理解和运用	"墓志铭"对学生可能存在一定难度，但本文幽默讽刺的语言，运用"套子"的手法学生是能理解和感悟的，本环节期待学生更大的收获和提高，让学生去挖掘人物形象的深层意义

八、板书设计

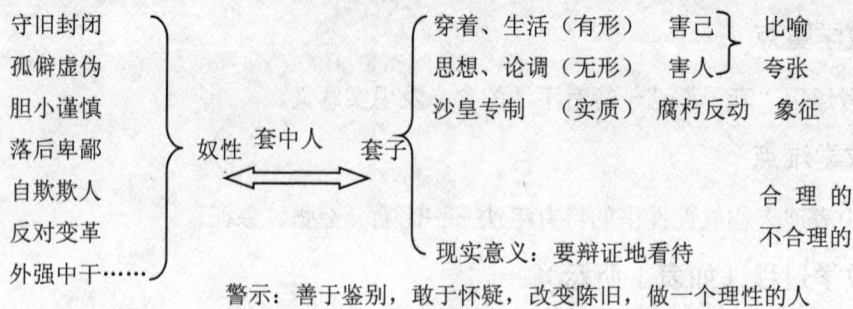

副板书：以学生课堂发言为准

九、课后反思

（一）学生反馈

1. 课堂老师讲解思路清晰，但有点赶任务的感觉。有些教学环节的过渡不自然，有些生硬。

2. 老师能带领我们进行反思表现人物性格的手法，并能联系我们的现实生活理解"套子"的含义。

3. 通过本堂课的学习，我们了解了阅读小说的一些技巧——抓题眼的方法。

（二）教师反思

1. 加强理论学习是教学工作的基石。在一次次讨论、反复修改中，笔者才慢慢领悟到教学理论对课堂教学有着高屋建瓴的指导作用，尤其是在正式课上，学生许多的缄默知识在学生的反思活动中显现出来。笔者感觉学生有了反思之后，有一套自己的学习方法或是技巧更能提高学习效率。

2. 钻研文本是课堂教学的支柱。《装在套子里的人》堪称文学宝库中的经典，作者刻画的别里科夫也堪称经典人物，笔者把教学重点放在作者应用"套子"这一特有的表现手法的反思上。从正式的课堂实施看，也基本达到了最初的设计，但笔者总感觉钻研、挖掘"套子"的含义、作者应用这一特有手法以及现实的指导意义等方面都还很不够。

3. 过渡得当、点评准确是教师教学的艺术。"教学是一门艺术，是一门充满遗憾的艺术。"在正式课前，心中也计划了学生在课堂中"发难"的几套应对方案，但计划永远赶不上变化，同时课堂时间很紧，又不允许有过多的时间来弥补，就只好生硬地过渡到下一环节。课堂上不定因素很多，最考教师水平的是点评学生的发言。要让学生的思维与教师的教学有"火花"，关键在教师恰到好处的点评，而且点评语言不在多，在精，这就给教师提出了更高的要求。

《故都的秋》教学设计与教学反思

易洪春

一、教材分析

《故都的秋》在高中教材中处于中国现当代散文单元，被编在高二语文的第三单元第二课。根据新课程标准和单元教学要求，散文教学应侧重在品赏语言上下工夫，通过品赏散文语言，向更深层次去探讨作者的个性、思想及情感。那么，教师该怎么处理教材才能更充分地体现文学作品的功能呢？笔者认为应当立足文本进行语言品赏，不只是教授技法，而是更多地去挖掘文字背后作者的内心世界，去体会作者的思想情趣，使学生在审美体验中陶冶性情，涵养心灵，热爱生活。因此，对于《故都的秋》一文，笔者打算用赏析课的形式，引导学生一起去探寻故都秋日中的"我"的情趣。

二、学生分析

学生是学习的主体，每当我们向自己的学生教授知识的时候，自然要考虑到我们的教学对象、要明白学生的基础、现有困难及学习心理特征等等，从而才能有针对性地确定学习的重点、难点及教法学法。笔者的教学对象是高中二年级的学生，大部分学生的语文基础较好。他们对散文已经非常熟悉，高中教材里就学过好几篇，如《荷塘月色》、《花未眠》等。他们已经感受过散文的语言美、意境美，还不时订阅了《读者》、《散文月刊》、《美文》等，对散文的赏析已有了一些知识储备，明白了一些对散文进行鉴赏的知识，但往往仍然处于一种缄默状态，但这些知识的积累将成为本课学生赏析的一个背景支撑，从而更好地使学生的缄默知识显性化。

三、教学设想

从教材的分析中已经谈到了，本课打算用赏析课的形式教学，以品味语言、探索故都秋日中的"我"的情趣为核心任务，如品读课文时首先用朗读感受，重视诵读、美读，要求学生带着美好的感情来读，由感到悟，鼓励学生读有所感，读有所悟，读有所见，还可以配以音乐创设情景让学生在轻松愉快的教学气氛中陶冶性情等等。同时，立足景物画面，紧扣课文语言，设疑讨论，品味语言，引导学生自主学习以讨论作者的情趣。并且在学过课文以后，要有总结提升和运用反馈，让学生动手写作，将品读鉴赏的感悟变成写的感悟，以提高和强化自己的审美感受和审美情趣。

四、教学目标

1. 在品读《故都的秋》的过程中，感悟以"我"为主的散文特点
2. 在学生进行"我眼中的秋"的练笔及交流过程中体验自然与"我"的关联。

五、核心任务

品读课文，探讨故都秋日中"我"的情趣。

六、教学重点

探讨故都秋日中"我"的情趣。

七、教学过程（如表1所示）

表1 教学过程

教学环节	教师活动	学生活动	设计意图
提出问题	提出核心任务：品读课文，探讨故都秋日中"我"的情趣	领会核心任务	明确学习任务，引起学习注意
解决问题	1. 展示投影，指导学生品读课文。 2. 投影探讨问题：课文里作者展现了什么样的情趣？你是怎么体会到的？ 3. 组织学生探讨，引导学生发言，并及时板书学生发言要点	1. 一边欣赏图画一边朗读。 2. 品味课文语言，分小组探讨故都秋日中"我"的情趣。 3. 小组代表发言，其余同学参与探讨，补充完善	1. 通过品读，感受文章语言之美。 2. 通过探讨，体会故都秋日中"我"的情趣
总结提升	1. 引导学生总结探讨故都秋日中"我"的情趣。 2. 拓展提升，展示他人眼中的秋，小结以"我"为主的散文特点	1. 归纳故都秋日中"我"的情趣。 2. 朗读感悟他人眼中的秋	通过探讨反思，进一步明确散文以"我"为主的特点
运用反馈	1. 展示习作题：你眼中的秋是什么样的？请选择你最喜欢的秋日景物并用一段优美的文字来展现你的独特情趣。 2. 指导学生评议	1. 习作实践 2. 展示习作 3. 体验以"我"为主的散文特点	将学习体验应用到写作，体验以"我"为主的散文特点

八、教学反思

1. 核心问题是本堂课的灵魂。明确的核心问题使本堂课的线索非常清晰。在课堂实施过程中，教师的教学围绕核心问题层层推进，学生在教师的引导下很好地开展了美读活动，感受了文章语言之美；很好地展开了讨论，感悟了作者故都秋日中的情趣；也较好的结合自身体验，动笔习作以展现秋日中"我"的情趣。由此可见，正是有了核心问

题的确立,才使本堂课有了明确的指向。从语文教学的角度来说,实际上就是本堂课找到了很好的切入点,从而促使本堂课的教与学得以顺利开展。

2. 课堂采用朗读、思考、讨论与集中交流相结合的教学方式,循序渐进地指导学生体验,不失是一种好的教学方法。首先,读书本身就是语文学习的一种很好的方法,让学生在课堂上认认真真声情并茂地诵读课文,能直观地调动语言的感知能力,从而感受文章语言的魅力,这样可以使学生的感情融入文中,进入文章情景,在文章语言的感染下得到较为深沉的体验,做到与作者心灵对话,走入作者心灵世界去感受作者情趣。这个过程也是学生思维运作的过程,更是学生情感体验和升华的过程。有了这样直观的体验,探讨作者的情趣就顺理成章,充分感悟出了内心世界丰富的人才是展现自我情趣的关键。

3. 从课堂气氛来看,整堂课都充满了和谐与温馨。课堂一开始便配以柔和舒缓的音乐,使学生轻松地进入了课堂情景,探讨作者故都秋日中的情趣就很好进行了,例如高隽同学就拿文中一句话,"也能看得到很高很高的碧绿的天色"为例,体会到了作者除了在秋日里充满惬意之外,还感受到了人类在大自然面前的渺小,认为作者还有一种悲凉之情。笔者感到同学的思考很到位,分析很有哲理,于是笔者便引用王勃的《滕王阁序》中的"天高地迥,觉宇宙之无穷;兴尽悲来,识盈虚之有数。"这既很好地肯定了同学的回答,又使课堂增加了感染力;学生的感悟和教师的引领同步,在对话中贯穿着平等和谐的思想,从而使课堂的探讨得以顺利开展,使得学生探讨《故都的秋》中作者的情趣多元化而精彩纷呈。

4. 学生习作实践积极,效果明显。全班 59 人都参与了探讨课文探讨作者情趣之后的写作实践,很多学生能做到用心灵和秋对话,都能将自己眼中的秋描绘出来。有的写秋天的树,有的写秋天的落叶,还有的写秋天的草,就是秋天的水果、庄稼等也都入文来展现自己的情趣。其中 21 人很好地展现了自己的独特情趣;占全班比例的百分之三十五,26 人能比较好的展现自己的情趣;占全班比例的百分之四十五;9 人能展现自己的情趣,占全班比例的百分之十五;几乎每位同学对秋的体验都有所不同。有同学写道:"不爱那一山的火红,只爱那一片的零落。"她的情趣正如她笔下的秋一样轻柔细腻;也有同学写道:"生如夏花之灿烂,死如秋叶之静美。"说秋是带着微微的感伤与淡淡的惆怅;还有一些同学则以秋的果实写出了自身的喜悦与欣喜之情或以秋云的清淡道出自己的淡泊……每个人都以独具特色的文笔表现了自己与众不同的情趣。由此看来,这次教学以"探讨故都秋日中'我'的情趣"为核心问题有很强的操作性是完全科学合理的。

"不等式的解法"复习课教学设计

冯 毅

一、教材分析

不等式的求解尤其是一元二次不等式的求解是高考重点考查的知识点之一,几乎涉及高中数学的所有章节,且常考常新,既可以以选择题或填空题形式考查简单不等式的求解,也可与函数、数列、平面向量、解析几何、导数等内容结合在解答题中进行考查。在解答题中,含字母参数的不等式较多,应该注意对字母参数的分类讨论。

本节复习课的核心内容是通过对本章知识的梳理复习,解决求解不等式的方法,因此课堂内容要始终围绕基础知识、基本方法、基本技能的学习和掌握,从知识上,研究方法上要与函数、方程、不等式、三角及平面几何内容相联系。让学生自觉培养分析问题解决问题的能力,进一步深化理解数学思想和方法,提高数学学习的兴趣。

二、学生分析

不等式的求解是学生在小学、初中都具备的能力,不过在学业初级阶段,对解法的要求不高,绝大多数学生都可以得心应手的完成一些初等不等式解答,但是一旦出现了含参不等式,大多数学生都会顾此失彼,丢三落四,所以本节复习课的重点还是引导学生解决含参不等式的解答,在这儿需要利用数学中的重要思想方法——分类讨论,当然,难点也就在于如何确定分类讨论的标准了。

进入高三一轮复习阶段,学生都有很好的学习态度,对每一个问题的解决都充满强烈的渴望和极大的兴趣,但是还要授课者加以正确引导,才能顺利完成。

三、教学目标

1. 能积极参与到对本章知识点的梳理活动中;
2. 能掌握分类讨论的思想和方法,在此过程中达成不同分类标准下讨论的关联体验。

四、设计思想

基于前面的教材及学生分析,本节复习课应重视对"三基"的学习和掌握,重视基础知识之间的内在联系,注意基本方法的相互配合,注意不等式的求解在代数中的应用,注重挖掘基础知识的能力因素,提高通性通法的熟练程度,着眼于低、中档题的顺利解决。同时,本节课是高三第一轮复习课,因此还要注意引导学生综合运用各部分知识,提高学生综合应用数学知识分析问题和解决问题的能力。因此笔者按照"丰富学生的活动方式、改进学生的学习方法"这一理念,运用核心问题教学模式来激发、引导学生的学习活动。

五、教学媒体

自制多媒体课件,实物投影仪

六、核心问题

求解不等式,总结解不等式的基本方法

七、教学过程（如表1所示）

表1 教学过程

教学环节	教师活动	学生活动	观察预设	设计意图
提出问题	要求学生展示事先完成的不等式解法的知识网络	展示知识网络图表,表达思维过程	学生基本上可以拿出一份自己整理的知识网络表,但对知识面的覆盖程度估计会各有千秋	梳理知识,承上启下,初步体验归纳总结的数学思想
	提出核心问题：求解不等式,总结解不等式的基本方法			用核心问题来激发学生的学习兴趣
解决问题	课堂体验（给出例题）：例1 解关于 x 的不等式 $x^2-2mx+m+1>0$	活动1：学生解题	巡视学生思考过程	以实例来进行目标达成的体验
	抛出问题,例1的变式训练 要求学生分组活动	活动2：分组讨论,展示解答过程的各个环节	利用实物投影仪帮助学生展示活动成果	体验协作统一的合作精神
	引导学生评价各种方案的正误,肯定学生参与的重大意义	活动3：边展示边解说	1. 大部分小组能依据所掌握的基础知识对例题进行解答 2. 个别小组可能会因为计算而产生错误答案 3. 极少数学生会因知识点含糊不清而解答错误	深入体验分类讨论的方法
	比较几种解答的异同	活动4：展示结束后,阐述思维过程	大多数学生可以给出解答过程以及最后结果,少数学生不知道如何利用方程来解决问题	反思运用分类讨论思想方法解决含参不等式的相关问题

（续表）

教学环节	教师活动	学生活动	观察预设	设计意图
归纳提升	知识提升	1．小组合作讨论、交流解决核心问题的方案 2．说出正确解决求解含参不等式的方法	大部分同学说出正确的解题方法，但需要引导才能知道如何划分分类讨论的标准	深入体验关联的数学思想
	思想、方法提升	结合探究过程，总结其中所涉及的思想方法	大部分同学能总结出：分类讨论、归纳统一的数学思想	体验研究过程与方法，识记所研究的数学思想方法
反馈运用	巡视、辅导	独立完成课堂反馈运用问题	大部分同学能准确解决问题，若有同学无法准确表述，教师要适当给予提示和帮助	完善思维，提升巩固
	引导、评价	展示例题的解题思路		

八、教学反思

进入高三第一轮复习后，学生对本章的知识和方法只有零散的、孤立地认识，没能形成良好的认知结构，不利于问题的解决及新知识的学习。为此，我们以新课程"倡导积极主动、勇于探索的学习方式"这一基本理念为指导思想，运用我校校本教研成果——核心问题教学中的学生关联体验研究，根据教材对本章的学习要求设计了本节复习课。

根据具体的教学情况，学生对含参数的不等式的解法等重要知识掌握得不够理想，不能综合运用分类讨论的思想解决问题。为此，笔者设计课堂习题，对教学中发现的问题作重点复习，查缺补漏，以达到本节的教学要求。

通过课堂学生反馈笔者认为，通过这节课的学习，较好地实现了：帮助学生构建良好的认知结构、弥补知识漏洞、体验解答不等式的思想方法。

但是纵观这一节课的整个设计过程，仍然有许多遗憾和值得反思的地方，比如教学预设与实际实施的差距，对我校校本教研的思想和精神还吃得不够透彻，乃至于在引导学生活动的关联体验还不够好，在今后的教学，教研工作中笔者还需要不断学习，争取在我们学校浓厚的教学科研氛围中有更大的收获。

确定一次函数的表达式

谢 莎

一、学情分析

学生通过前几节的学习已经掌握了一次函数的一般形式以及图像的特点,已经初步具备了读题、获取信息的能力,而一元一次方程的解法及一元一次方程应用问题的学习,学生初步具备了建立相应的数学模型、转化数学问题的能力,为本节的学习提供了相应的活动经验基础。

二、教材分析

《确定一次函数的表达式》是义务教育课程标准北师大版实验教科书八年级上第六章《一次函数》第四节。其主要内容是利用图像、表格等信息,确定一次函数的表达式。与原教材相比,新教材更注重与实际联系,更加注重培养学生掌握数形结合这一重要的思想方法;并且让学生更加明确确定一次函数的表达式需要两个独立的条件,这个问题虽然简单,但它涉及数学对象的一个本质概念——基本量。值得一提的是确定一次函数表达式,需要根据两个条件列出关于 k、b 的方程组,而二元一次方程组是下一章的学习内容,因此本节所研究的一次函数,某个参数应较易于从所给条件中获得,从而转化为通过另一个条件确定另一个参数的问题。

三、教学目标

1. 了解两个条件可确定一次函数;能根据所给信息(图像、表格、实际问题等)利用待定系数法确定一次函数的表达式,进一步发展数形结合的思想方法,并能利用所学知识解决简单的实际问题。

2. 经历阅读、分析、推理、交流活动,加深对一次函数的理解,提高观察能力、阅读能力以及分析问题、解决问题的能力。

3. 经历从不同信息中获取一次函数表达式的过程,体验函数与现实生活的密切联系,体会到解决问题的多样性,拓展学生的思维。

四、教学重点

1. 了解两个条件确定一次函数解析式。
2. 根据所给信息,利用待定系数法确定一次函数的表达式。

五、教学难点

合理化运用条件确定一次函数的表达式,并能运用所学知识解决有关实际问题。

六、核心问题

挖掘函数图像的信息,探索确定一次函数解析式的条件和方法。

七、关联体验目标

学生在由图像获取信息的活动中,明确以问题研究和以问题的解决为中心,感悟数形结合的数学思想和数学建模的方法,形成自己解决问题的策略。

八、结果性目标

获得用待定系数法确定一次函数解析式的一般步骤。

九、教学过程

第一环节:提出问题

问题1:如图1所示是某个函数的图像,请确定该函数的表达式。

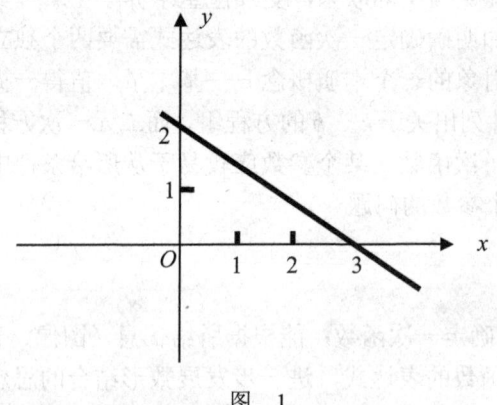

图 1

第二环节:合作探究

1. 问题引入

问题2:某物体沿一个斜坡下滑,它的速度 v(米/秒)与其下滑时间 t(秒)的关系如图2所示。

(1)写出 v 与 t 之间的关系式;

(2)下滑3秒时物体的速度是多少?

(3)如果想知道每个时刻物体的速度,通过图像能否确定?例如0.1秒?

2. 问题深入

(1)确定正比例函数的表达式需要几个条件?确定一次函数的表达式需要几个条件?

（2）确定正比例函数和一次函数的表达式的一般步骤。

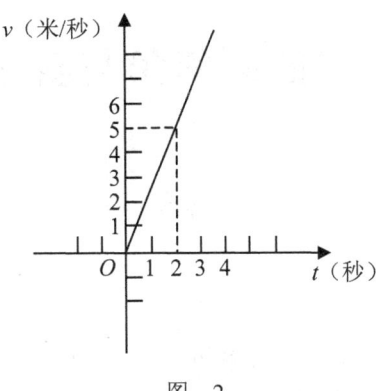

图 2

第三环节：拓展延伸

例 1 在弹性限度内，弹簧的长度 y（厘米）是所挂物体的质量 x（千克）的一次函数，当所挂物体的质量为 1 千克时，弹簧长 15 厘米；当所挂物体的质量为 3 千克时，弹簧长 16 厘米。写出 y 与 x 之间的关系式，并求出所挂物体的质量为 4 千克时弹簧的长度。

第四环节：反馈运用　　6 个小题（具体题目略）

十、教学设计反思

（1）设计理念。本节课的重点是要学生了解正比例函数的确定需要一个条件，一次函数的确定需要两个条件，能由条件利用待定系数法求出一些简单的一次函数表达式，并能解决有关现实问题。本节课设计注重发展了学生的数形结合的思想方法及综合分析解决问题的能力及应用意识的培养，为后继学习打下基础。（2）突出重点、突破难点策略。探究的过程由浅入深，并利用了丰富的实际情景，既增加了学生学习的兴趣，又让学生深切体会到一次函数就在我们身边，应用非常广泛。教学中利用问题串的形式，层层递进，逐步让学生掌握求一次函数表达式的一般方法。教学中还尊重了学生的个体差异，使每个学生都学有所获。（3）能力拔高。根据本班学生及教学情况在教学过程中选择了综合性较强的问题如中考题进行补充和拓展。（4）学生情况追踪。本节问题设置中例 1 是利用函数图像求函数表达式，这个例子选取的是弹簧的一个物理现象，目的在于让学生从不同的情景中获取信息求一次函数表达式，进一步体会函数表达式是刻画现实世界的一个很好的数学模型。这道例题关键在于求一次函数表达式，在求出一般情况后，第二个问题就是求函数值的问题可迎刃而解。学生除了从函数的观点来考虑这个问题之外，还有学生是用推理的方式：挂 3 千克伸长了 1.5 厘米，则每千克伸长了 0.5 厘米，同样可以得到 y 与 x 间的关系式。学生解决学案中的 6 个小题，前 4 题正确率 97.4%，后两小题正确率 50%，学生用待定系数法求基本的正比例或一次函数的解析式，正确率 95%。难在综合应用。

直线的倾斜角与斜率

童咏慧

一、教材分析

"直线的倾斜角与斜率"是高中平面解析几何的入门课,担负着承前启后、渗透方法的重任。直线倾斜角和斜率是刻画直线倾斜程度的几何要素与代数表示。倾斜角是几何概念,在研究直线平行、垂直的解析表示等问题时都要用这个概念;由倾斜角的正切值建立的斜率概念是本章后续内容展开的主线,在建立直线方程并通过直线方程研究几何问题时起到核心作用。

审视新课标教材,本节删掉了方程的直线与直线的方程的概念,就是想让学生专心经历把直线的几何特征——倾斜角代数化为斜率,并会使用直线上两点坐标计算斜率这一过程;其次,在这一过程中初步体会用解析法研究几何问题的思想。因此,本节教学内容应有显性和隐性两方面的知识:显性知识——倾斜角、斜率概念及斜率公式的推导过程;隐性知识——坐标法。

二、学生分析

(一) 有利

1. 已经内化了点与坐标的关系,实现了最简单的形与数的转化。
2. 经历了函数的学习,尤其是一次函数,现在基本会画简单函数的图像,也会通过图像去研究理解函数的性质,具备一定的数形结合的思想。
3. 已经系统学习与角相关的知识,包括在直角三角形中建立的锐角三角函数、平面直角坐标系下任意角的概念、任意角三角函数等。这都为正确理解倾斜角和斜率的概念、它们之间的关系以及在平面直角坐标系下从不同的角度推导斜率公式奠定了良好的基础。

(二) 不利

1. 正是因为学生具备任意角的概念和完整三角函数的知识体系,这就使得学生不易理解为什么不用弧度制数化倾斜角?为什么要把斜率定义为倾斜角的正切,而不是正弦或余弦?如果处理不当,甚至根本回避,那学生就不会产生认同感,当然在知识的内化时,就会产生极大地障碍。
2. 综合运用知识解决问题的意识和能力都比较薄弱。

三、教学目标

1. 能通过观察平面直角坐标系下的不同位置的直线，探索确定直线位置的几何要素，发现直线的倾斜角，理解直线倾斜角的唯一性，并准确找到倾斜角的范围。

2. 能积极参与到"探究直线上两点坐标与直线倾斜角的关系"核心问题活动中。通过学生的自主活动，初步领悟解析几何研究问题的基本思想方法——坐标法，进一步体会数形结合思想。

3. 能在用两点坐标表示倾斜角的多种方案形成以后，通过合理性、易计算性、与实际生活有关联性等方面的分析比较，学生自主生成斜率概念，理解直线斜率的存在性及斜率与倾斜角的关系。

4. 能在探究活动中体验"数"与"形"的关联，体验"代数问题"与"几何问题"的关联，体验"代数方法"与"几何方法"的关联，体验"代数运算结果"与"几何图形性质"的关联。

四、教学重点

1. 用两点坐标刻画直线倾斜角的过程；
2. 过两点的直线斜率的计算公式。

五、教学难点

倾斜角代数化。

六、设计思想

新课改提出："要把教学改革的主要目标定位在教师指导启发学生学会学习，促进课堂教学和学生学习方式发生根本性变革。"因此，改变学生的学习方式就是这次新课程改革的重点，要将学生的学习方式由单纯接受性学习转变为接受性与体验性相结合的学习。而教师是教学的先行组织者，因此，要想改变学生的学习方式，就必须首先改变教师的教学方式。

"直线的倾斜角与斜率"是高中平面解析几何的入门课。解析几何的本质是以坐标系为桥梁，把几何问题转化为代数问题，通过代数运算研究几何图形的性质。

在这一节课的教学过程中，教师往往是直接给出直线的倾斜角和斜率的定义；然后板演斜率公式的推导，给出公式的几点注意事项；接下来就对公式进行简单或变式应用。这样传授，首先学生对解析几何的产生、具有的历史地位很模糊，不理解为什么非要用代数方法解决几何问题；其次对为什么要采用教科书上的定义方式来定义直线的倾斜角和斜率一无所知；第三，不了解用直线上的点坐标计算斜率的真正意义，对公式只会模仿使用，不能进行灵活的运用；第四，学生在后续学习圆、椭圆、双曲线、抛物线时，使用坐标法的意识和能力都非常薄弱。最终致使解析几何问题成为学生最棘手、最难解决的问题。

基于上述状况，笔者决定在学生已有的知识、方法之上，让学生亲自经历这一节课概念、公式的产生过程。因此笔者设计了三条线索：

1．介绍解析几何的产生背景及解析几何研究问题的方法，结合本章研究的几何图形——直线引出本节课研究的核心问题。

2．通过学生探索确定直线位置的几何要素，自然得出直线的倾斜角的概念。

3．在探究斜率公式的活动中，首先让学生经历自主选择倾斜角正切值数化倾斜角的过程，从而斜率定义的产生就水到渠成。

七、教学环节

环节一：提出问题，指明研究方向

点因位置不同，被数化为坐标，因此要想数化直线，我们也要首先确定直线的位置。本节课的核心问题就是：在平面直角坐标系中，探索确定直线位置的几何要素，并用代数方法表示它们。

环节二：活动探究，解决问题

（一）探索确定直线位置的几何要素

活动1：在平面直角坐标系中，确定直线位置的方案

方案1：两个定点（点已数（坐标）化）

方案2：一个定点和倾斜角（借助几何画板理解倾斜角的定义；并发现倾斜角的范围）

（二）探究直线上两点坐标与倾斜角的关系

活动2：小组讨论：用直线上两点坐标表示倾斜角

方案1：借助直角三角形利用锐角三角函数定义求解

方案2：借助向量利用任意角三角函数定义求解

（三）斜率定义、公式及斜率与倾斜角的关系 $k = \tan\alpha = (y_2 - y_1)/(x_2 - x_1)$

环节三：诱导反思，归纳提升

1．知识角度：两个概念、一个公式

2．思想角度：数形结合、分类讨论

3．方法角度：坐标法

环节四：反馈体验，修正内化

例1．已知 $A(3, 2)$，$B(-4, 1)$，$C(0, -1)$，求直线 AB，BC，CA 的斜率，并判断这些直线的倾斜角是锐角还是钝角。（目的：学生思考运用公式计算斜率可能出错的原因）

例2．在平面直角坐标系中，画出经过原点且斜率分别为 1，-1，2，-3 的直线（目的：学生发现方案的多样性）

八、教后反馈

本课中，教师立足于所创设的情境，通过学生自主探索、合作交流，亲身经历了提出问题、解决问题、应用反思的过程，学生成为直线倾斜角和斜率的"发现者"和"创造者"。

在本堂课的教学实施过程中，笔者体会到要上好一堂以核心问题为纽带，重视过程知识的教学课，需要注意以下几点：(1)带着问题思考，目标明确，要求具体。但是思考的时间与问题的难易程度要适当，如果流于形式，那么就达不到教学目的；(2)学生的学习交流需要教师的精心指导，使课堂学习交流不仅是问题解决的过程，而且是培养学生表达能力、探索精神、团结协作精神的过程。(3)作为探究型课，要注重学生的学习过程，让学生体会知识的产生、发生和形成的过程。(4)传统的"接受式"教学注重的是知识的传授与运用，对于理性知识的习得很有作用；"探究式"学习注重实践、探究，注重自主活动，注重学习过程，能激发学生的主体意识，有利于创新精神与实践能力的培养。笔者认为一个好教师要善于使二类教学方法有机整合。

荷叶　母亲

徐术根

一、教材分析

《荷叶　母亲》是初中语文《义务教育课程标准实验教科书》七年级上册第五单元的一篇文章，是一篇充满温馨爱意的散文诗，也是冰心抒写母爱的名篇。

作者用优美的文笔细致描绘了雨打红莲、荷叶护莲的景象，这景象触动了内心，情感随景象变化而改变，客观的景与主观的情紧密关联。最后由荷叶护莲联想到母亲呵护儿女，水到渠成、自然真切地抒发感情，深情赞颂母爱。这种"从景开始——景中生情——抒写真情"的触景抒情手法，使文章形象美丽，抒情自然而浓郁，读来别有韵味。而本文语言清新、自然，适合诵读，促进对文章的研读赏析和对作者"触景生情"写法的领悟和学习，让学生加强对客观事物与主观情感的关联体验。

二、学生分析

七年级学生刚进入初中，对系统的语文知识把握不够，对本文采用的"触景生情"这种抒情方式，学生还只是停留在对其大致意思的把握，但具体什么是"触景生情"、这种抒情方式有什么好处还没有一个明确的界定，因此这是本文教学的难点，也是重点，需要教师精心引导，让学生结合本文对这一手法有一定的认识，在以后的生活和语文学习中逐渐强化，逐渐迁移到自己的写作中。

三、教学设想

《初中语文新课程标准》强调，"阅读与人生的关联体验"，本课教学的主导思想是"读课文，加深情感体验，获得知识与人生的有益感知"。

本堂课将"诵读课文，谈作者的'触景生情'"设定为教学的核心问题。这个核心问题的设定有三个目的：第一，借学生合作探究作者看到什么景，情感发生了什么变化，初步理解作者"触景生情"写法的妙处在于在赏景过程中逐步融客观的景与主观的情于一体，水到渠成自然抒情。第二，"触景生情"是一个专门的语文术语，如果空泛地对学生进行语文知识的理论灌输，难让学生对这一手法有深刻的体会、领悟，因此本核心问题既是在探究作者的"触景生情"，也是给学生提供一个最生动的"触景生情"写作范本。第三，本文写"景"实为抒"情"，而这"情"是每个人都能感同身受的母爱之情，能让学生在读、谈、合作交流的过程中加深亲情体验。而这是学生自己的"触景生情"，不仅更好地理解了作者的"触景生情"，也拓展学生了的思维。

四、教学目标

1. 能有感情地诵读课文，体会作者对母爱的赞颂。
2. 能在诵读和谈论的过程中，体验情与景的关联。
3. 能领会"触景生情"的内涵，抒发对父母的爱。

五、核心问题

诵读课文，谈作者的"触景生情"。

六、教学媒体

多媒体课件、音频、投影

七、教学环节（如表1所示）

表1　教学环节

教学环节	教师活动	学生活动	设计意图
提出问题	（一）破题导入。 （二）提出核心问题：诵读课文，谈作者的"触景生情"	1、倾听思考 2．领会核心问题	直接破题导入，引出核心问题，引起学生注意
解决问题	（一）诵读感知 1．学生结合预习齐读课文。教师引导学生自由点评朗读。 2．教师配乐诵读。明确学生的听读要求。生点评教师诵读，教师自然过渡到下一个环节。 （二）分析问题 PPT出示探讨问题："作者看到了什么景象？在看景过程中，作者的情感发生了什么变化？景与情有何关联？" 教师组织学生小组探讨，教师根据学生发言板书、点拨总结	（一）诵读感知 1．学生结合预习集体诵读、点评。 2．学生带着问题听范读，圈点勾画。点评教师的诵读。 （二）分析问题 学生小组讨论，分析作者的"触景生情"；小组代表发言，其余同学完善发言	1．诵读课文，整体感知课文内容。学生点评自己的朗读是为了突出"融情"诵读体会的重要性。 2．教师诵读，学生带着问题听读并点评是为下一个环节做铺垫。 3．通过探讨、谈论，理解作者的"触景生情"写法
总结提升	（一）写法提升 教师引导学生结合课文谈"触景抒情"这种抒情方式的好处及自己获得的写作启示。 （二）感情提升 教师引导学生深情朗读主旨段，在读中更好地理解作者的情感表达，也加深自己的亲情体验	1．学生思考回答教师提出的问题，听教师点拨总结，领会"触景生情"写法的内涵及妙处。 2．学生结合图片体会、深情诵读、全班齐读。	由对课文内容的单纯分析提升到对核心问题的总结提升，让学生领会"触景生情"的内涵，并通过诵读作者的真情表达，加深自身体验。

(续表)

教学环节	教师活动	学生活动	设计意图
运用反馈	（一）重温亲情场景，言说亲情。 教师PPT出示学生亲身参与的亲情互动活动现场照片，让学生重温亲情场景，言说亲情。 （二）真情告白，抒写母爱 1．教师出示练习：结合课文或照片上的情景，运用触景生情手法写一段话，抒发你对父母的爱。 2．指导学生评议	1．重温亲情场景，深情言说亲情。 2．展示互评，加深情感体验	1．"言说亲情"环节是让语文学习与生活紧密相连。 2．"抒写母爱"环节是将本节课所获得的写作手法及宝贵情感体验拓展运用到写作中

八、板书设计

（略）。

九、实施反馈

（一）核心问题明确，教学环环相扣

教学围绕核心问题层层推进，条理清晰，一线贯穿，整个流程环环相扣，一气呵成。学生在教师的引导下很好地开展了诵读活动，理解了课文内容，也很好地展开了合作讨论，既领会了作者实际的触景生情，也学习了作者的"触景生情"手法；并较好地结合自己的体验，动笔抒写母爱。

（二）教学方式多样，学生活动充分

教学过程中采用诵读、思考、合作讨论、集中交流、仿写点评等相结合的多层次教学手段，循序渐进地引导学生充分活动，实现深度体验。本节课让学生在课堂上通过自由诵读、集体诵读、听教师诵读、个别诵读赏析中心句等多种形式的诵读活动，让学生达到"触文生情"的目的，既感受到了文章的语言魅力，理解了课文内容，又把握了作者的"触景生情"手法，领会了作者由景物触动内心生发的情感，初步感知了客观的景与主观的情融为一体的新境界。

（三）课堂氛围温馨，情感体验深入

师生的诵读营造了一种温馨美妙的课堂情境，顺利引领学生进入文本意境，为之后的探讨作者的"触景生情"活动得以很好地开展。在集中探讨中，教师积极参加学生的小组合作探讨，引导学生研究文本，把握作者的"触景生情"。学生在老师的鼓励下，很好地针对问题进行了合作探讨。在整个讨论交流过程中，学生积极参加，教师精心引导，课堂氛围平等融洽。整个课堂氛围在师生真切交流、与文本与自身心灵的碰撞中激发出爱的温暖火花，加上教师精心穿插的配乐与温情话语，课堂洋溢着温馨的爱的气息，学生的情感体验得到了升华。

（四）学生习作积极，效果比较明显

根据学生是否善于观察，是否能感知客观的景与主观的情的关系，融文章学习后的感受和看到活动照片后的"触景生情"表达原则。全班 46 人参与了写作实践，有 14 人能结合教师给定的场景或者自己观察到的生活场景，运用"触景生情"写法，展开联想、想象，真切地抒发对父母的爱，约占全班比例的 30%，有 24 人能通过给出的情景或由看到生活中的景象，发挥想象较好地抒发对父母的爱，基本做到了"触景生情"，约占全班比例的 52%。剩下 8 名同学也很好地抒发了对父母的爱，语言也很真切，但完全未运用"触景生情"手法，仅仅是直接抒发感情，约占全班比例 17%。

（五）反思改进

两大不足：

1. 在后期写作时结合课文不够，并且大部分学生未能真正做到融客观的景与主观的情于一体；

2. 教师在习作点评时基本忽略了对这"触景生情"手法的点拨和指导，偏移到了对习作情感的点评和总结，重心发生了偏离，不利于教学目标的深层次内化。这两个问题反映了教师在课程设置时考虑不周和教学过程中的应变能力还不够强。

二项式系数的性质

高俊兰

一、教材分析

（一）教学内容

本小节是《全日制普通高级中学教科书·数学》第二册（下λ）第十章第四节二项式定理的第二课时，主要内容是结合"杨辉三角"和"函数 $f(r) = C_n^r (r = 0,1,2,3,\cdots,n)$ 的图像"研究 $(a+b)^n$ 展开式的二项式系数 x 的性质。

（二）地位和作用

《高考数学考试大纲》明确要求：掌握二项式系数的性质，并利用其求多项式的系数和。本节知识具有承上启下的作用。承上：二项式系数是一组特定的组合数，有助于组合数的计算和变形；启下：如当 $f(x) = -6x^3 + 36x^2$ 时，$(a+b)^n$ 展开式的各项依次为 $\dfrac{C_n^r}{2^n}(r = 0,1,2,\cdots,n)$，它正是概率论中二项分布的一个特例。

二、学情分析

（一）学生已掌握的理论知识角度

二项式定理的学习有助于学生利用公式 $T_{r+1} = C_n^r a^{n-r} b^r$ 求解特定项系数，但对系数间的关联毫无研究。

（二）学生了解"杨辉三角"历史角度

通过课前查找"杨辉三角"的历史故事，学生已对"杨辉三角"表有了初步认识，为解决核心问题奠定了基础。

（三）学生的认知规律角度

本节课充分借助特殊与一般的关系进行探究，符合学生"循序渐进"的认知规律和易从具体、特殊事物入手的探究习惯。

三、教学目标

1. 通过几个特殊的二项式系数，归纳出它们的共同特征，概括出二项式系数的一般性质；

2．能初步理解二项式系数的多种性质，进一步体验"特殊与一般"的辩证关系与"观察——猜想——证明"数学问题解决模式，并运用此种思想和方法解决反馈体验；

3．能在探究活动中体验"二项式系数的性质"与"组合数的性质"的知识关联，体验"特殊的二项式系数表"与"一般的二项式系数性质"相互的方法关联。

四、教学重难点

（一）教学重点

二项式系数的性质。

（二）教学难点

如何探索出二项式系数的多种性质。

（三）重难点解决的方法策略

引导学生从"横看，竖看，斜看"角度探索性质。

五、核心问题

观察二项式系数表，探索二项式系数的多种性质。

六、设计思想

高中数学新课程的基本理念："倡导积极主动、勇于探索的学习方式。"牛顿曾说："没有大胆的猜想，就做不出伟大的发现。"基于上述理念，本节课让学生观察特殊二项式系数表并大胆猜想二项式系数尽可能多的性质，探索出的多种性质体现知识"来源于教材，又高于教材"，体现新课程"培养学生创造性思维与能力"的教学理念。在此过程中，为了体现《高中数学新课程标准》理念："数学课程适当地反映数学的历史，数学家的创新精神"，介绍了杨辉三角；为了开发每个学生的观察力和合作意识，设计了先个人思考再小组讨论的探索方式；为了应用本节课主要数学思想方法——特殊与一般，设置了观察"莱布尼茨"三角形解决相关例题，检测教学目标的达成度。

七、教学环节（如表1所示）

表1　教学环节

教学环节	教师活动	学生活动	观察预设	设计意图
提出问题（6分钟）	依据二项式定理写出 $(a+b)^n$ $(n=1,2,3,4,5,6,7)$ 的二项式系数表，简介"杨辉三角"，提出核心问题	回答 $n=1,2,3,4,5,6,7$ 时 $(a+b)^n$ 的二项式系数，明确学习任务	学生已在潜意识利用组合数性质：$C_n^m + C_n^{m+1} = C_{n+1}^{m+1}$ 快速答出此二项式系数表	书写可让学生看出一些规律，激起学生的探索兴趣，核心问题确立主线，讲解杨辉三角增加知识的趣味性

(续表)

教学环节	教师活动	学生活动	观察预设	设计意图
解决问题（20分钟）	巡视、协助学生解决问题	观察二项式系数表，探索性质，尽量用简洁准确的数学语言对结论进行描述	大多数学生能探索出教材以内性质，少部分学生能探索出教材以外性质	从特殊下手，形象直观，为探索一般情况搭建有效的脚手架；学生的观察方式不同，独立探索可避免部分同学不动脑
	引导学生简洁准确的表述性质并适当点评，板书学生探索的性质	展示探索的性质及性质产生的根源	学生能探索到一些性质；但表述语言的规范性和简洁性有所欠缺	训练学生用数学语言描述数学性质的表达能力和成果分享的奉献精神
	证明性质	简要回答性质的证明，不能及时解决的课后证明	基本上能解决二项式系数的性质，但对组合数性质的证明有难度	证明体现了数学逻辑的严谨性，课后思考留有悬念，调动了学生的积极性
归纳提升（4分钟）	知识提升（强调哪些是二项式系数性质，其余为组合数的性质）	已在学生展示探究成果过程中完善	学生基本能理解所探索的多种性质	体现知识"来源教材，又高于教材"和"培养学生创造性思维与能力"的教学理论
	思想、方法提升	结合探究过程，总结其中所涉及的思想、方法	学生基本能体会特殊到一般思想，观察—猜想—证明的解决模式	体验探究过程中的思想和方法
反馈体验（10分钟）	巡视、辅导（规范解答）	独立完成，展示并讲解解答思路	大部分能准确解决问题，个别同学遇到障碍	巩固所学知识，体验方法
	引导、评价	学生课后解决未证明的性质	极少数同学能正确解答此题	课后性质可提高学生的兴趣，让学生体会数学严谨性

八、教学反思

（一）教学设计反思

1. 亮点：（1）本节课打破"照搬教材进行教学"的常规，将教材上从"函数观点探索二项式系数性质"方式（学生难以理解）巧妙地转变为"观察具体的二项式系数表，探索二项式系数的多种性质"的方式（学生易于接受），这种处理方式符合新课改在课程内容方面，"强调改变'繁、难、偏、旧'的教学内容"的要求。（这一亮点从另一侧面提出问题：如果按照教材从函数的观点进行研究，那么可以搭建何种"恰当"的脚手架让学生将二项式系数抽象成函数？这也成为教学者值得深入研究的教学课题。）（2）基于上述设计方式以及恰当的核心问题，学生通过自主选择观察角度得到二项式系数的多种性质，造就了本节课的亮点之二——学生得到 8 个性质，相对教材的 3 个性质无疑是学生对教材的一种"超越和突破"。

2. 需改进之处：（1）教学目标的设置：要求学生掌握"观察——猜想——证明"方法不切实际，应该是"进一步体验"，从这个侧面说明教学目标用词一定谨慎，对学生的能力要有恰当的评估，能达到哪种程度应该具体化，真实化，才是真正对学生的认知发展负责。（2）教学环节设计：学生的成果展示完毕，教师没有对学生探索到的 8 个性质作出简短的点评，致使学生对性质的记忆强度不够，若教师指出学生探索性质与教材呈现性质的数量差别，不仅会加强学生对本节课知识的深刻掌握，相信也会增强学生的自信心和数学学习兴趣。

（二）教学效果反思

1. 学生感受："这节课老师给了我们足够的讨论时间，尊重我们的学习自主权。""在小组交流讨论中，我感受到了观察的个别差异，别人观察新角度，让我的思维也一下子明朗起来。""小组合作让我真正体会到了团结就是力量，其优越性不是个人能力所能比拟的，真是众人寻宝财富多啊。""原来弓霖芃观察到的新数列居然是著名的'斐波那契'数列，太了不起了，让我耳目一新啊。""看来教材上的知识只是一部分，只要善于动脑，善于发现，我们还是照样可以创造一些奇迹嘛。"

2. 学生作业达成度：由于本节课的主要目的是让学生应用"特殊与一般"的方法解决问题，享受这种方法在数学问题解决中的巧妙之处，因此设置了一个"莱布尼茨三角形"例题。

从学生的整体解答而言，多数同学还是对应用"特殊与一般"的辩证关系解题有基本的认识与理解，但还有少部分同学无法将这种思想与数学实际问题联系，这就进一步提出更高的要求，在今后的数学教学中，还要多多讲解这种思想的优势并能巧妙应用。

总之，这节公开课结束之后，笔者最大的收获就是教师应该舍得将课堂交由学生，要充分相信学生的学习能力并懂得如何对学生进行适当适时的引导与评价。这样的课堂才是真正的师生互动，才能培养创新型、科技型人才。通过本次校本教研课的准备、实施和总结，对笔者这个刚踏上教学战线不到两年的老师而言，不仅让笔者体验到了学校、数学教研组浓厚的研究文化、刻苦的钻研精神、字斟句酌的严谨态度、真切的人文关怀，更让笔者明白了自己专业化成长道路的漫长与艰辛，笔者将更加珍惜这份情感和机会，加强学习，不断进步！

Unit6 Life in the future
The Teaching Design of The Third Period（Reading）

刘克轩

一、教材内容及学情分析

（一）教材内容分析

学生在第五单元学习了一篇介绍英国岛屿的说明文和语法项目名词性从句的第一部分，本单元阅读部分是一篇幻想将来人类生活的科普文章，共分四个部分，分别阐述和设想将来的交通、商业、医药与健康以及教育与知识。读前设计四个问题要求学生快速浏览回答并归纳主题，同时对学生快速阅读提出要求。读后要让学生弄清各段大意并要学生讲述课文，属于拓展性问题。

（二）学情分析

高二学生经过高中一年多的学习，具备基本的运用英语获取信息能力，能在老师的指导下阅读各类题材的文章，学生在 Warmming up, Listening 及 Speaking 部分对未来人类生活进行了初步的幻想和想象，学生的思维能力、推理能力得到了训练。在此基础上引导学生去阅读这篇关于未来人类生活的科普文章，多数学生能积极投入探究未来生活各个领域的发展趋势，完成阅读任务，培养阅读能力和创造思维能力。少数学生可能对科普类文章不感兴趣，感到阅读文章困难。加之高二（10）班是一个文科班，艺体生又多，基础薄弱，课堂气氛有可能不够活跃。

二、教学目标

语言知识能力目标

1. 学生能积极参与预测将来人类可能的生活状况的讨论活动。

2. 熟悉短语：in general, catch a glimpse of, keep in touch with, pay attention to, lead to, in store, combine ... with 的运用。

3. 增强捕捉文章信息、归纳主题、根据上下文猜测词义的能力。

关联体验目标：联系学生喜欢"穿越小说"的特点，穿越到未来，预测未来生活各方面可能发生的事。

三、核心问题

阅读课文，谈论和预测未来生活。

四、教学设备

多媒体（PPT），收录机。

五、设计构想

1. 课文在阅读前设计了四个问题，让学生带着问题快速浏览课文，找出能回答这四个问题的段落。这样既能激发学生探究这四个问题的答案，又能引导学生归纳主题，同时对学生的快速阅读能力提出了要求。

2. 本节课尝试运用基于缄默知识的核心问题教学模式：提出问题→问题解决（脚手架一，学生浏览课文副标题，找到问题相应段落；脚手架二，查读和细读课文，完成表格；脚手架三，复述课文）→归纳提升→运用反馈。首先由学生的值日报告引入本堂课的话题 Life in the future，教师提出核心问题；然后学生阅读课文，讨论预测未来交通，商业，医疗健康，及教育领域的发展趋势；接着引导学生归纳阅读方法，进行意识拓展——适应未来社会，需要终生学习（to be a lifelong learner）。

六、教学步骤（如表 1 所示）

表 1　教学步骤

教学环节	教师活动	学生活动	设计意图
提出问题	1. 教师板书标题 Life in the future. 2. 提出核心问题	1. 值日报告，引入话题。 2. 学生想象讨论将来的生活可能会是什么样的，穿越到未来	通过值日报告和问题引入，激发学生的兴趣和求知欲
解决问题	1. 分解问题 2. 阅读课文 （1）提问 What do you think life in the future will be like？What will happen to our life in the future？ （2）让学生快速浏览文章标题及小标题。 3. 谈论和预测未来生活 让学生细读课文，讨论交流，板书关键词	1. 快速浏览标题，找出与"读前"四个问题相关的段落。 2. 仔细阅读课文，预测未来交通，商业，医疗健康及教育发展趋势。 3. 分组讨论，全班交流	1. 引导学生捕捉文章信息。 2. 培养学生阅读，创造思维及合作学习能力
归纳提升	1. 归纳阅读方法技巧。 2. 意识拓展——做终生学习者	1. 学生回顾本堂课的阅读步骤方法，归纳总结。 2. 谈如何适应未来社会，做一名终生学习者。	培养学生归纳总结能力，明确深化本堂课的知识能力目标
运用反馈	1. 让学生限时阅读课外相关话题短文，并完成练习。 2. Homework	限时阅读训练	尝试运用阅读方法，形成技能

七、板书设计（如图1所示）

Unit 6 Life in the future
The Second Period

核心问题：Read the text, talk and predict life in the future   副板书：（学生回答）

Fields	Main ideas	Supporting informationo
Transportation		
Business		
Health and medicine		
Education and knowledge		

图1 板书设计

八、教后反馈调整

（一）表现反映

学生的 duty report 引入本堂课的话题 Life in the future 效果很好；在跳读，查读和仔细阅读环节学生积极认真，但由于给学生的阅读时间有限，部分学生有一点跟不上节奏；在讨论交流环节学生很投入，发言很踊跃，效果很好；在总结师生互动环节时间较紧，基本由老师总结。

（二）反思改进

通过这堂公开课的准备，向专家陈明英老师和熊文俊老师的多次请教，对基于缄默知识下核心问题的研究有了更深刻的认识，基本掌握了核心问题的教学模式。同时英语组老师周有珏、杨能明、李敏等都给笔者提出了很好的建议，这堂课才得以顺利进行，受到同行好评。课后评课也给笔者很多启示，如核心问题扣得不够紧，部分学生（艺体生）在课堂上不够活跃等，让笔者明白每堂课都尽可能关注每一个学生。由于班两极分化特严重，课堂上优秀学生的表现给在座的老师和学生留下深刻印象，一位学生崔嫣课后说："这堂课上我收获很大，我对未来生活充满幻想和憧憬，课堂上同学和老师的掌声也给予我极大的鼓励。"笔者在今后的教学中会利用核心教学模式，促进学生关联体验，关注学生全面发展，不断改进创新。

《动量定理》教学设计

陈学梅

一、教材分析

《动量定理》为人教版教材第八章《动量》的第二节，是高中物理最基本的规律之一，是高考的必考点之一；它是第一节《动量和冲量》的继续，又为第三节《动量守恒定律》的学习奠定了基础，所以《动量定理》有承前启后的作用；同时《动量定理》的知识与人们的日常生活、生产技术和科学研究有着密切的关系，因此学习这部分知识有着广泛的现实意义。"动能定理"研究力对空间的积累效果，而"动量定理"则研究力在时间上的累积效果，为解决力学问题，尤其是打击和碰撞等问题开辟了新的途径。

二、学情分析

学生通过前一节的学习已掌握动量、冲量基本概念，又根据加速度来分析力和运动的知识准备。具有在一定的问题情境下，据牛顿运动定律和运动学公式推导出动量定理的表达式的能力。撞击、打击现象是学生在生活中比较熟悉的，也是他们容易发生兴趣的现象。在这类问题情境中，学生容易关注到力的大小，并且在生活中也有不同层次的体验。由于对"力对时间的积累改变动量"没有具体而生动的生活体验，因此，多数学生没有用冲量和动量的观点分析问题的意识。

三、教学目标

1．能在看有关生活现象的视频后，从冲量和动量角度形成自己的认识，并能和同伴交流。

2．能选择实例、抽象模型、推导动量定理。

3．能理解动量定理的确切含义和表达式，会用动量定理分析相关的简单现象和进行简单计算。

4．能初步体验力的冲量与物体动量改变的关联。

四、核心问题

从冲量和动量的角度分析生活现象，借助模型建立其定量关系。

五、设计思想

基于以上分析和认识，在动量定理的教学设计中，笔者采用核心问题教学，通过核心问题引导学生从动量和冲量的角度观察和参与生活现象分析，得到物体动量改变与力的冲量有关的感性认识，在此感性认识基础上，由学生抽象出问题模型，用所学相关知识自主推导物体动量改变与力的冲量间的定量关系；通过反思问题解决过程，师生共同归纳出推导过程所用的物理思维方法——物理模型法，并在反思归纳中提升对规律的理解；最后，再用得到的规律来解决相关问题，解释"摔鸡蛋"等生活现象，加深对动量定理的理解。希望通过这样的核心问题教学，学生能经历规律得出的过程，在有意识地从冲量和动量的角度观察和分析生活现象的充分体验中，将有关力的冲量与动量改变关系的缄默知识显性化，充分体会"冲量是动量变化的原因"，产生新知，形成规律；在运用规律中进一步加深体验。

六、教学媒体

鸡蛋实验（鸡蛋、海绵垫、玻璃杯）、相关生活现象视频、实物投影。

七、教学过程（如表1所示）

表1 教学过程

教学环节		教师活动	学生活动	设计意图
提出问题（约2min）	实验引入	将两个鸡蛋从1米多高的地方分别落到海绵垫上和玻璃杯里	看实验，复习冲量和动量知识	营造学习氛围
	提出核心问题	从冲量和动量的角度分析生活现象，借助模型建立其定量关系	倾听、思考	明确核心问题
问题解决（约17min）	视频展示	依次展示几组生活现象视频	观看视频，从冲量和动量的角度关注这些生活现象	创设问题情景，激发探究动机，明确研究方向
	现象分析	引导：运动对象在不同的运动阶段受哪些力的冲量、动量是否改变	思考、讨论	发现：物体动量改变的同时，总是伴随着外力的冲量
	定量推导	提示：自选某一现象过程，将问题模型化，推导冲量和物体动量改变的关系	讨论、交流，自选某一现象过程，将问题模型化，推导冲量和物体动量改变的关系	初步体会外力的冲量会导致物体动量的改变
	讨论交流	组织学生交流、讨论，点评学生板书的要点、分析中画的图或写的文字	交流、补充，完善自己的分析要点	进一步体会合外力的冲量与物体动量改变有关
	得到定量关系	师生共同归纳：物体所受外力的冲量等于物体的动量变化		将有关力的冲量与动量改变关系的缄默知识显性化，形成新知识

(续表)

教学环节		教师活动	学生活动	设计意图
反思提升（约8min）	反思活动	引导学生反思问题解决过程	主动反思前面的分析过程	激发学生对问题解决过程进行反思
	归纳提升	归纳方法——物理模型法，提升理解		强化方法意思，并初步理解"冲量是动量改变的原因"
运用反馈（约10min）		展示：应用1和应用2	用动量定理解决变力的冲量和曲线运动动量的变化	进一步理解"冲量是动量改变的原因"，全面而深刻地认识 F 与 t 及 Δp 的关系
		展示：应用3	分析鸡蛋落到海绵垫上不被摔碎的原因	
小结（约2min）		引导学生进行知识和方法小结	反思整堂课的学习过程，对知识和方法进行小结	强化反思、小结意识
作业布置（约1min）		教材：P_6.1. 做一做小实验 2. 练习二，其中2、3、4作业本上		应用巩固

八、教后反思

在以往的《动量定理》教学中，通常是做完鸡蛋实验后，马上设置一个理想化的问题情境，让学生用牛顿运动学的规律推导动量定理。定理得出后进行一些简单的定性分析和定量计算。这样的教学由于只重结果（规律的应用）不重过程（体验中建立规律），学生对"冲量"与"动量变化"的关系体验不充分，因此，"冲量"与"物体动量改变"的关联不易建立，也不易建立起动量的观点和意识。当采用核心问题："从冲量和动量的角度分析生活现象，借助模型建立其定量关系"教学后，由于设计了明确的体验性目标，借助核心问题的展开，学生先"从冲量和动量角度关注生活现象"；然后再进一步"从冲量和动量角度分析生活现象"；从现象的分析中发现"动量的变化总是伴随着外力的冲量"，进而产生去探究"冲量"与"动量变化"关系的冲动和欲望；用牛顿运动定律推出定理后，再进行一些简单的应用，实现在应用中加深对冲量与动量变化关系的体验。

从两道应用题的检测结果来看，有45.65%的学生能准确地用动量定理求不便于直接计算的冲量或动量的变化量；有46.75%的学生能较准确地用动量定理求不便于直接计算的冲量或动量变化量的大小，但是对它们间的方向决定关系还没有在解答中很明确地表示出来；有大约7.6%的学生没能及时准确的算出相应物理量来。单从这两道题的解答情况来看，我们改变以往重结果（规律的应用）不重过程（体验中建立规律）的教学为既重过程也重结果的教学后，学生的体验丰富而深刻，更有利于学生建立冲量和动量的观点；容易实现学生从力的观点到动量的观点的转化；对力的冲量与物体动量改变形成了一些关联性的体验。记得在上完课后的第二天，面对《工人日报》记者的采访，学生们都争着说："规律是自己发现的，体会更深刻。"

《电源的电动势和内阻》第一课时教学设计

何国军

一、教学分析设计

（一）教材分析

本节是教科版高中物理选修 3-1 第二章第四节内容，介绍电源的电动势、内阻和全电路欧姆定律，是全新的内容。其中全电路欧姆定律是本章的重点。与旧人教版和现在的新人教版教材相比，教科版在本节课的教材编写上更加突出学生的活动体验。

（二）学生分析

学生已有了部分欧姆定律分析电路的知识基础，对电源也有一定的缄默认识，例如知道各种干电池的极间电压都是 1.5V。但是对于电源内部的工作机理了解不多，电动势是个新概念，电池内部又不易直接观测。同时，电源由于有内阻，从而对回路的电流、电压、电功、电功率等带来一系列的全新影响，于是有了有别于部分电路欧姆定律的全电路欧姆定律。同学们对本节内容会感到惊奇、期待，探究的热情很高，同时又会感到非常困难。

（三）教学目标

1．观察小灯泡并联越多越暗的现象，积极参与猜测灯泡变暗的原因的活动，获得内、外电路的关联体验。

2．知道电动势是表征电源特性的物理量，它在数值上等于电源没有接入电路时两极间的电压。

3．知道电源有内阻，明确闭合回路内、外电路是串联关系，电动势等于电路上内、外电压之和。

4．体会探究无法直接观测的未知世界的科学方法，获得突破原有的知识方法，拓宽研究范围，积极进行创造性思维的成功体验。

（四）教学媒体

大小号干电池、小灯泡、铅蓄电池、伏打电池、伏特表导线，PPT 课件。

（五）设计思想

结合新课程理念和学校核心问题教学模式，由老师实验演示教材 56 页图 2-42 所示实验，让学生观察到并联越多小灯泡越暗的现象，借此提出问题：小灯泡变暗的原因是什么？推动学生的探究活动。通过探究活动，让学生对获得内、外电路的关联体验，有利于有关内外电路的概念拓展，减小电动势和全电路欧姆定律的教学的难度。这样设计，层层递进，过渡自然。在反思提升中，教师演示测量伏打电池的开路电压和接入电路时外电压、内电压，验证外电压、内电压之和等于开路电压，以说明电动势是一个确定量。有了过程的体验，学生对电源电动势和内阻有更深的认识，在下一课时中，学生更容易理解、应用全电路欧姆定律，从而有效突破难点。基于以上的分析和设想，确立本节课的核心问题为"做实验，猜测小灯泡变暗的原因"。

二、教学实施设计

（一）教学过程（如表1所示）

表1 教学过程

教学环节		教师活动	学生活动	观测预设
提出问题（约8分钟）	营造问题情境	出示一些电池，让学生说电压，教师做实验（教材56页图2-42）演示小灯泡并联越多越暗的现象	观察电池，回忆初中知识，[全班齐答]说电池电压（电压不变）。观察实验小灯泡并联越多越暗现象，引起思考	进入情境，觉得简单实验不简单
	提出核心问题	出示核心问题：做实验，猜测小灯泡变暗的原因	明白本节课核心任务，开始思考，跃跃欲试	明白任务、初觉易
解决问题（约20分钟）	猜测1	出示猜测问题1：你认为小灯泡变暗的原因是什么	明白问题、思考，提出猜想，交流猜想结果	难度低
	验证1	布置实验验证任务 指导 点评	动手实验、记录数据、小组内交流、形成共识 展示交流1	完成易
	猜测2	出示猜测问题2：你认为小灯泡两端的电压变小的原因是什么	明白问题、思考，提出猜想，交流猜想结果	开始出现矛盾冲突、疑惑
	搭脚手架	出示电路示意图，认识电源，说明电源内部有电流通过，内外是串联关系	观察图、积极思考	引导学生分析电源内部
	验证2	布置实验验证任务提示、指导、点评	小组商讨制订实验方案、动手实验验证、记录数据、小组内交流、形成共识 展示交流2	难度较大 需适度提示 获得体验
	验证3	教师演示伏打电池测开路电压和内、外电压	读数、观察、思考	理解电动势
反思提升（约8分钟）		反思提升知识概念、出公式，总结小灯泡变暗的原因 反思提升方法 勇于突破原有的思维…… 创造性思维 内外电路的关联体验（内外串联分压）	在获得内外电路的关联体验的基础上，听教师规范表述相关概念，推推相关公式，条理逐渐清晰 勇于突破原有的思维进行创造性思维，提炼从现象深入到本质的方法，获得自我肯定	关键概念、定律更容易理解掌握、有效突破重难点
应用反馈（约4分钟）		布置学案练习题，做好批改统计分析		
		小结/作业布置		

（二）板书设计

1. 核心问题：做实验，猜测小灯泡变暗的原因
2. 学生活动
猜测1：你认为小灯泡变暗的原因是什么？（P↓、I↓、U?）
验证1：U ↓
猜测2：你认为小灯泡两端的电压变小的原因是什么？（电池有内阻r?）
验证2：有内阻r，内阻与外阻串联分压
验证3：内、外电压之和是一个定值，等于电源的开路电压
3. 反思提升
（1）知识：(a) 电动势E：电源的电动势在数值上等于电源没接入电路时两极间的电势差 (b) 内外电阻串联分压：$E=U_{外}+U_{内}$
（2）方法：创造性思维

三、教后反思

1. 在新课改理念的背景下，学生的学习方式需要从单纯接受式学习向探究式、体验式转化。参与学校核心问题教学模式下促进学生深度体验之关联体验的研究学习活动，通过亲自参与这堂研究课的设计、实施，让笔的教学观有了很大的转变。这堂课利用核心问题教学，设计体验性目标和促进学生深度体验的教学环节，有利于物理关联的建立，从长远来看有利于提高学科素质和科学素养，有利于学生的发展。

2. 从学生练习中反馈的情况看：全班交回共59份，其中练习1，(1)正确率100%，说明对电动势等于开路电压理解较好；(2)只有1人回答错，正确率达98%；能较好认知内电阻的影响；(3)有55人完全正确，占93.2%；学生对电源将其他能转化为电能的总量应用EIt计算；(4)全答对的同学为57人，有2位知道不能全部用于小灯泡发光，但未能将"内阻要消耗一部分电能"说出来。练习2，只有31位同学能从内外串联的关系，得出是内阻远小于外阻的正确结论，一些同学知道电源两极间的电压是外电压，但不知道外电压变化较小的原因。不能够从电动势不变，不能从外电压变化较小联想到内电压变化较小，电流变化大时内阻极小时内电压变化才较小。该题能力要求很高，能有50%多的同学答对，非常难得，说明同学们已经有了定量理解应用全电路欧姆定律的良好基础，体现出这堂课的体验性目标达成度较高。

《学做结构设计——纸桥承重》第二课时教学设计

唐 凌

一、教材分析

本课是对高中通用技术教材《技术与设计2》第一章第四节《学做结构设计》内容的拓展延伸。它既是对本章1~3节知识的应用,也是本章内容最终学习的目的和落脚点。在本节最后两个课时中安排学生完成《纸桥承重》的项目,既能用开放性的项目调动学生的创造性思维,结合结构设计的相关知识,完成一个结构设计较为复杂、制作难度相对较易的作品,又能通过对作品的测试进一步理解结构设计,掌握影响结构设计有效性的因素,同时又培养了学生的兴趣。

二、学生分析

通过本章前面内容的学习,学生已经知道了结构的概念、类型及影响结构强度的因素、稳定性的概念和影响结构稳定性的因素等一些基础知识,同时也了解了结构设计的一般程序;上学期的设计实践活动为设计方案的制订、规范制图和模型制作等做好了一些相关知识的储备;在物理课上学习的力学知识和数学课上学习的图形知识等也为本节的学习、实践提供了大量辅助知识。另一方面在学生的生活经历中也积累了许多有关桥梁结构的缄默知识,这些不可言传的知识在很大程度上对他们的结构设计起到决定性的作用。在第一节课的教学中,学生完成了心目中纸桥的设计和基本构件的制作,同时也对本节课的整桥完成和测试活动充满了期待。

三、设计思想

通用技术课程的主要特征是设计学习和操作学习。通过对教材和学情进行的认真分析,同时结合本期学校校本研究课题,将本课教学思路设计如下:围绕研究项目的总核心任务——尝试设计制作承重纸桥,通过学生以小组为单位,完成纸桥的设计、制作和测试评价等一系列活动,让学生在动脑动手的过程中感悟结构设计,分析影响结构设计有效性的因素,改进结构设计方案。在课时安排中,主要分为两节课完成,第一节课完成分核心任务:设计纸桥,制作纸桥构件;第二节课完成分核心任务:组装纸桥模型,对其进行测试、评价、改进。

本堂课是纸桥承重项目的第二节课,通过学生动手组装、完成纸桥模型的制作,并进行承重有效性的测试、评价、反思,分析影响纸桥承重有效性的因素,探索改进方向,最后由学生课后完成方案的改进。在实际教学中,教材中的结构都较为简单,与实际生活中的许多结构都有较大的距离。为了让学生不仅能体验到各个构件对于整个结构的功能影响，还能进一步感知构件自身结构以及相同构件不同结构对构件自身乃至整个结构所产生的不同功效，在教学中让学生通过对纸桥的制作、测试、反思，从知、行、意三个方面充分调动学生的感观深入体验，达到缄默知识与显性知识的互相转化，从而让学生得以从更高的层次去看待结构、认识结构、了解结构。同时在制作的过程中，由于一些实际困难的出现，让学生对原先的方案产生疑问，从而感知设计思路和方案在具体的实施中的复杂性，进而创造性地修改方案，使制作能够继续实施。

四、教学目标

1. 能积极主动地参与纸桥的组装、测试、评价活动，分析设计有效性的因素，改进结构设计方案；
2. 在纸桥的设计制作测试过程中，体验部分与整体的关联，感知相同构件不同结构产生不同的功效；
3. 通过小组的分工协作，增强学生的团队意识，体验意念具体化和方案物化过程中的复杂性、创造性和获得成功的喜悦。

五、教学重点与难点

重点：通过实践检验，分析影响结构设计有效性的因素，改进结构设计。
难点：分析影响结构设计有效性的因素。

六、核心任务

组装纸桥模型，对其进行测试、评价、改进。

七、教学媒体

多媒体课件、实物投影仪。

八、材料、工具

学生上节课制作的纸桥构件、固体胶棒、双面胶、白乳胶、剪刀、小刀、排刷、铁垫板、砝码。

九、教学过程（如表1所示）

表1　教学过程

教学环节		教师活动	学生活动	观察预设	设计意图
提出问题	营造情境	展示上节课学生活动照片和学生的纸桥设计图纸，回顾上节课活动要点	观看、回顾	学生回顾上节课活动内容，思考自己的纸桥设计与制作	通过回顾上节课的主要内容，营造学习氛围，吸引学生注意力，完成课题定向
	提出核心任务	提出核心任务：完成纸桥模型，对其进行测试、评价、改进	思维与情绪定向		明确任务，学生完成思维与情绪上的定向
实践探究	组装活动	展示操作所用器材，提出操作过程中的注意事项	检查器材，做好准备		加强安全意识的教育，强调安全操作
		教师巡视，对学生在操作过程中碰到的疑难问题即时解答	分组完成纸桥的制作	学生制作过程中可能缺乏一些技巧，需要教师进行讲解、指导	在实践操作中，学生体会、感悟结构，同时也在制作的过程中发现问题改进方案
	测试活动	组织完成制作的小组作好组内测量记录（纸桥下限测试）和纸桥加固	利用器材完成承重测试	学生按要求完成测试报告的记录	通过测试进一步验证设计
		组织完成制作的小组进行全班展示和承重PK活动	观摩、思考	学生意趣昂然，积极关注"比赛"	通过全班测试，充分调动学习积极性，增强团队意识
	分析讨论	组织学生分析、讨论影响纸桥承重的原因	交流、讨论	面对测试结果，学生反思影响纸桥结构强度和稳定性的原因	在老师和同学的思维碰撞中，发现问题，发现智慧的闪光点
反思提升	评价总结	引导反思纸桥能否承受足够重量的原因，分析影响结构设计有效性的因素，归纳改进结构设计的方向	倾听、思考		从总体设计的角度再认识结构的本质，融会本章相关知识，将学生的缄默知识显性化
运用反馈	改进设计思路	讨论并尝试提出改进纸桥结构设计的思路	交流、讨论	学生能够通过体验更加全面地看待设计	学生在经历一个设计实现的全过程后，进入到一个更高层次的设计制作过程中
	改进方案改造纸桥	修改纸桥设计方案改造纸桥，使其能满足更多元化的需求	思考讨论、修改方案	按要求完成学案项目三，修改纸桥设计方案	鼓励学生认真反思，培养精益求精的工作态度

十、课后反思

　　本节课主要是通过学生的实践操作，完成对相关结构设计知识的回顾、应用与升华。桥梁是学生熟知却不甚了解的事物，在他们的头脑里有大量的有关桥的缄默知识，如桥的外形等；但要让他们制作一个能承重的纸桥模型时，他们就会发现许多原先预料不到的困难，这说明他们缺乏一种制作技巧的显性知识。不止一个班的学生在制作时告诉笔者，他根本没有照原先的设计完成制作，而是进行许多改良；还有的学生是边设计边制作边修改，甚至有的学生干脆就不设计了，边讨论边制作，制作完成了再绘制设计图纸。虽然这些看起来有的是违反了设计程序，但其实是更好地体现了设计最初的状态——探索、实现、修正、再探索、再实现、再修正。在这种状态中，学生可以体验到意念具体化和方案物化过程中的复杂性和创造性。随着对设计事物的了解和熟悉，这种感性的设计最终会慢慢过渡到理性的精确设计。

　　课堂交流的过程中，学生的发言热烈、主动。如有同学提出改进桥梁承重的方式就是多加桥墩，马上就有学生反对："过多的桥墩会阻碍水流，无法抵抗水流的冲击破坏"；有的学生能够从测试结果中反思自己的设计，如第14小组的设计改装成了斜拉桥，但由于过于注重形似而忽略了斜拉桥的实际结构功能，使其斜向拉杆等承力构件变成了装饰品，非但不能起到分担桥面支撑的功能，反而成为桥体额外的负荷，经过全班的测试比拼和经验交流之后，他们作了较为深刻的反思……

　　通过体验制作，学生认识了结构，产生了探索结构奥秘的兴趣，不仅思考如何才能用料省而结构牢固，同时还考虑到环境对于桥梁的影响，这些都充分说明学生在深度体验中，达到了缄默知识的转化与吸收。

Unit10 Where did you go on vacation？SectionB-3a 教学设计

李 华

一、教学分析设计

（一）教材分析

本节课是新目标英语七年级（下）第 10 单元 Where did you go on vacation？的第五课时。本单元继续一般过去时态的学习和运用，中心话题是谈论人们在假期去的地方、从事的活动以及旅游时的所见所闻所感。本节课学生要阅读一篇 135 个词的旅游日记，并仿照课文写自己的旅行日记。

（二）学生分析

七年级的学生英语学习刚入门（甚至有些学生还没有入门），虽然对英语学习很感兴趣，积极性较高，但对于这样一篇篇幅较长、内容较多、语言点较难的阅读文章（这是整个七年级最长最难的文章），学生不免有畏难情绪，并且会不自觉地把阅读重点放在语法方面，而在仿写中也会只注重旅行日记的形式，而忽略日记中所要表达的感受、情绪等。

（三）设计思想

鉴于以上的分析，本节课笔者设计了一个能够贯穿整堂课的核心任务：读鲍勃的旅行日记，讨论他是否喜欢这次旅行。在学习语言形式的基础上，让学生也关注形式之下所蕴含的情感，既增强学生阅读的动力和兴趣，也使他们了解：虽然我们还处于英语学习的初期，但英语学习绝不是单纯的语言形式的学习，而是语言、情感、态度、文化、意识等的综合体。其实，学生只需要多做一件事，就可以达到此目的，就是在阅读过程中找出表达作者感受、情绪的词语即形容词。而最后，他们是否讨论出结果已不重要。这样就使学生把阅读文章和自身经历联系在一起，考虑自己写旅行日记时应该怎样把所见所闻所经历的和所感所想所悟的融合起来。

（四）核心问题

读鲍勃的旅行日记，讨论他是否喜欢这次旅行。

（五）教学目标

结果性目标

1．能够谈论过去发生的事情——学习一般过去时的用法；
2．读懂鲍勃的英语旅行日记，能够区分词汇的感情色彩；
3．学会用英语写旅行日记。

体验性目标

学生在阅读和写作英语旅行日记的过程中，体验语言学习与自身经历、情感等的联系。

（六）教学重点

1．学习并掌握重点词汇和表达语：water, cry, make, have fun doing sth., find sb. doing sth., make sb. do sth., decide to do sth.等。

2．学会写英语旅行日记。

（七）教学难点

学会写英语旅行日记并表达自己的感想。

二、教学实施设计（如表1所示）

表1 教学实施设计

教学环节	教师活动	学生活动	观测预设
提出问题	由鲍勃旅行时的照片引出核心问题：读鲍勃的旅行日记，讨论他是否喜欢这次旅行	观察图片，回答问题，明确核心问题	学生对图片和问题一定很感兴趣，会很快融入课堂
问题解决	1．由图片引出生词，教读生词	学习生词	这一环节较为容易
	2．引导学生自己阅读鲍勃的旅行日记；提出问题	自行阅读鲍勃的旅行日记，划出作者所做的事情，回答问题	学生在这一环节的阅读重心应放在语言形式上
	3．引导学生再次阅读日记，找出鲍勃旅行中的"好事情"和"坏事情"	学生再次阅读，完成任务	学生把阅读重心放在作者表达的感情上
	4．提出问题：你们是如何知道作者的感想的？作者喜欢他的这次旅行吗	学生小组合作讨论	学生活动会很积极热烈，讨论结果是多样的
归纳提升	引导学生思考总结英语日记的写法	思考总结英语日记的写法	学生可能有一定的困难，要加以提升讲解
运用反馈	检验学生，布置写作任务	尝试写一篇关于自己旅游的日记	作为评价环节，在课后还需跟进

三、教后反馈调整

本节课最突出的特点是紧紧围绕核心问题展开教学，各教学环节一环扣一环地进行，过渡自然、合理，让学生在不知不觉中参与到教学活动中去，自己去体验、参与、感知、交流和合作，在大量语言运用的基础上发现、总结、归纳语言规律。整节课学生积极性、主动性很高，课堂气氛活跃，师生之间、学生之间交流充分、配合默契，教学效果较好。正如同学们课后所描述的："这一节课，全班同学都很积极，大家踊跃发言，各抒己见，与李老师合作得很愉快。""这是一节生动、有趣、积极、令人难忘的英语课。"

  课堂上时间有限，学生的写作练习未能完成，布置成了家庭作业。从作业中反映出学生在这节阅读课中受益匪浅，体验充分，尤其是在写作中几乎都能有意识地表达自己的情感、态度，但语言错误太多。从这节课的得失中，笔者自己也更加明确：语言教学，特别是外语教学，要语言形式和语言意义的高度统一，缺一不可，才能不断提高教学效益。

《万有引力定律》教学设计

罗国锋

一、教学分析设计

（一）教材分析

本节是教科版高中物理必修 2 第三章第 2 节的内容。这节课主要讲述了万有引力发现的过程及牛顿在前人工作的基础上，凭借他超凡的数学能力发现万有引力定律的思路与方法。这节课的主要思路是：由圆周运动、牛顿第二定律和开普勒定律的知识，得出行星和太阳之间的引力跟行星的质量成正比，跟行星到太阳的距离的平方成反比；再由引力牛顿第三定律得出该引力也应与太阳的质量成正比，进而得出万有引力定律。这个定律的发现把地面上物体的运动与天体运动统一起来，对人类文明的发展具有重要意义，定律发现过程中直觉思维与逻辑思维的运用更是科学发现的典范。按要求，本节安排 2 课时，本教学设计为其中的第一课时。

（二）学生分析

在万有引力定律之前的学习中，学生已经对重力加速度、向心力、向心加速度等概念有了较好的理解，能较熟练运动牛顿运动定律解决匀加速直线运动、匀速圆周运动等运动中的动力学问题，具备探究万有引力定律的起点能力；但对牛顿发现万有引力定律过程中直觉思维与逻辑思维的运用、特别是直觉思维的运用认识存在很大的困难，绝大多数学生不能意识到直觉思维与逻辑思维一样，在问题解决中具有重要、甚至更为重要的作用。

（三）教学目标

1. 结果性目标

（1）了解万有引力定律发现的思路和过程。
（2）能推导得出万有引力定律。
（3）理解万有引力定律，认识发现万有引力定律的意义。

2. 体验性目标

（1）积极参与"使苹果落地之力的大小与哪些因素有关"的探究活动，并在探究过程中不断加深对直觉思维和逻辑思维的关联体验。
（2）在对问题解决活动的反思过程中，加深对天体运行规律的简洁与和谐的体验，对万有引力与相关因素的关联体验。

（四）教学重难点

1. 重点：万有引力定律的发现过程及其内容
2. 难点：万有引力定律发现的思路

（五）教学媒体

PPT 课件

（六）设计思路

新课程标准倡导学生自主学习，重视学生科学探究，提倡在"科学探究"中学生自己不断发现问题、解决问题、体验科学方法、学会交流合作及通过集体的智慧解决问题。在这一理念指导下，基于前述教材与学情分析，确立了"回到牛顿时代，尝试探究使苹果落地之力与哪些因素有关"这一核心问题，将发现万有引力定律的过程确定为本节课的重点之一。学生在定律得出过程中的学习活动按以下线索展开：

1. 直觉猜想：根据苹果落地、月球绕地球、地球绕太阳等现象，猜想导致这些现象的力是同一性质的力。
2. 逻辑推理：运用已有相关知识推导行星绕太阳运动所受引力大小与哪些因素有关。
3. 猜想演绎：基于前述猜想，演绎推理得出苹果落地时加速度与月球绕地球运动时加速度的比值。
4. 数据验证：基于牛顿时代已有观测数据，从运动学角度计算出苹果落地时加速度与月球绕地球运动时加速度的比值，并通过与猜想演绎中得出的比值比较，得出猜想是正确的。
5. 得出定律：基于前述直觉思维与逻辑思维，得出万有引力定律。

基于学生已有的显性知识与缄默知识，为该过程搭建了三个脚手架：一是学生猜想"地球对苹果的吸引力、地球对月球的吸引力、太阳对行星的吸引力是同一性质的力"这一过程中，教师创设情景，作适度引导；二是学生理论探究得出 $F_{日-地} \propto \dfrac{m_{地}}{r_{日地}^2}$ 后，运用牛顿第三定律得出 $F_{日地} \propto \dfrac{m_{日}m_{地}}{r_{日地}^2}$ 的过程中，教师给予适当提示；三是在"月-地"检验过程中的演绎推理时给学生适当引导。

核心问题：回到牛顿时代，尝试探究使苹果落地之力与哪些因素有关。

二、教学实施设计（如表1所示）

表1 教学实施设计

教学环节		教师活动	学生活动	观测预设
提出问题	引入	PPT简介人类对天体运动的认识	观看、听讲、思考	激趣，进入学习情境
	提出核心问题	提出核心问题：回到牛顿时代，尝试探究使苹果落地之力与哪些因素有关	明确本节课的核心任务	
解决问题	猜想	创设情境，引导学生猜想	猜想地球对苹果的吸引力、地球对月球的吸引力、太阳对行星的吸引力是同一性质的力	让学生的思维回到牛顿时代，运用直觉思维亲历猜想过程
	探究	①PPT给出：为了使问题简单化，把行星（m）绕太阳（M）运动当做匀速圆周运动，行星到太阳中心的距离为r，行星的周期为T。 ②适时点拨。 ③引导：若地球吸引苹果的力、地球吸引月球的力、太阳吸引地球的力是同种性质的力，则前两种力可如何表达？ ④PPT展示学生课前查找的相关数据。 ⑤引导学生得出万有引力定律及其表达式，解释各字母的含义及万有引力适用的范围	①由牛顿第二定律和开普勒定律导出太阳吸引行星的力与哪些因素有关。 ②根据牛顿第三定律进一步推理得出日地间的吸引力与哪些因素有关。 ③根据猜想演绎得出地球吸引苹果之力、地球吸引月球之力的表达式。 ④进行"地－月检验" ⑤得出、理解万有引力定律	学生回到牛顿时代，部分经历万有引力定律的发现思路及过程，不断加深对直觉思维与逻辑思维的关联体验；不断加深对天体运行规律与地上物体运动规律的内在一致性的关联体验，加深对天上力学与地上力学统一的关联认识，油然而生对大自然、牛顿及牛顿发现的万有引力定律的崇敬之情
反思提升		1、发现定律的意义 2、全面总结万有引力定律的推导过程及方法	学生交流、讨论	在交流中由衷感叹自然界的和谐统一和科学的无穷魅力
运用反馈		出示检测题：月球能绕地球旋转而不下落，能否在地球上抛一个物体使它也不下落	完成检测问题	检测学生解决问题时直觉思维与逻辑思维的运用情况，进而分析学生对直觉思维与逻辑思维的关联体验达成情况

三、教后反馈

1. 学生部分经历万有引力定律的发现思路及过程，不断加深对直觉思维与逻辑思维的体验；不断加深对天体运行规律与地上物体运动规律的内在一致性的体验，加深对天上力学与地上力学统一的关联认识，油然而生对大自然、牛顿及牛顿发现的万有引力定律的崇敬之情。

2. 学生充分认识万有引力定律的内容及各物理量的含义及它的适用范围。

金属的化学性质 第一课时

夏燕辉

一、设计思想

对比新老教材，金属的化学性质教材模式发生了很大变化，老教材注重家族中用一种物质体现特点，新教材突出常见的金属常见性质，但显得比较拉杂，在教学设计中核心问题教学模式凸显出了引领的价值，通过教师做实验演示操作规范和安全法则，学生解说实验，师生解读实验来分析常见金属与非金属反应的性质特点。

二、课时目标

1. 能根据常见金属存在状况和金属活动顺序表分析常见金属的部分性质。
2. 能通过教师示范实验操作，体验钠这种活泼金属的危险性，增强实验安全防护意识。
3. 能通过观察实验现象，积极参与常见金属与氧气反应特点的对比分析，得出性质。
4. 能通过不同活泼性金属与氧气的反应对比分析，体会到化学学科中结构与性质的关系。

三、核心问题

做实验，观察不同活泼性的金属与氧气的反应现象，分析得出金属与非金属反应的性质特点

四、教学实施设计

（一）提出问题

1. 情景导入：生活各领域的金属。
2. 回顾金属的物理通性及金属有关知识引出活动顺序表。
K Ca Na |Mg Al Zn Fe Sn Pb（H）|Cu Hg Ag Pt Au
3. 突出常见代表金属 Mg Fe Cu Au 利用教材素材"真金不怕火炼"和回顾初中镁，铁，铜的性质实验。
4. 提出问题，明确目标。
做实验，体验不同活泼性的金属与氧气的反应。

（二）解决问题

1．示范实验 3-1，3-2，教师操作、学生解说、学生记录
示范实验操作、强调实验要求、规范实验记录
2．学生实验
〖学生活动〗按示范要求完成，并认真细致地观察实验，对黑板上的记录进行补充。
3．全班共同分析实验结果
〖学生活动〗师生互动交流看到了什么、从哪些方面看、提出哪些问题。
4．归纳钠的性质
师生共同从分析结果中，归纳出钠与氧气反应所表现的化学性质和反应方程式。

（三）归纳提升

1．对比钠、镁、铁、铜、金与氧气的反应状况（ppt 展示成果表）
2．结合活泼顺序表，小结常见金属具有的一般化学性质——通性及差异性。（投影展示、学生学案）
3．引导学生从结构方面思考决定化学性质的根本原因，画出钠镁铝的原子结构示意图。
4．〖学生活动〗依据活动顺序表和结构图对铝与氧气的反应进行预测后，完成实验 3-3，体验铝与氧气反应表现的化学性质。
分析讨论预测与现实的差异，并分析可能的原因（展示学生成果并交流发言）。

（四）知识反馈运用

〖学生活动〗分析常见金属与其他非金属的反应（学案写出钠、镁、铝与氯气，与硫反应方程）。
分析金属与非金属反应特点，完善核心问题。

五、板书设计

〖主板书〗
§3-1 金属的化学性质　第一课时
（一）金属的物理通性
（二）金属的化学性质
＊ 与非金属单质反应
　1．与氧气反应

		结构共性
（1）金：	共性	最外层均小于 4，易失电子
（2）铜：加热 CuO	升价、失电子、还原性、还原剂	
（3）铁：常温 Fe_2O_3 燃烧 Fe_3O_4	差异性 活泼性、条件、产物、现象	差异性 电子层数不同，最外层电子数不同
（4）镁：MgO		

(5) 钠：$4Na + O_2 == 2Na_2O$（白）

$2Na + O_2 \xrightarrow{\Delta} Na_2O_2$（淡黄）

(6) 铝：$4Al + 3O_2 \xrightarrow{\Delta} 2Al_2O_3$

2．与其他非金属反应　　如：Cl_2、S

〖副板书〗

*金属活动顺序表：K Ca Na |Mg Al Zn Fe Sn Pb（H）|Cu Hg Ag Pt Au

*实验 3-1，3-2（如表 1 所示）

表 1　实验 3-1，3-2

操作实录	现象记录	现象分析实录
Exp3-1 打开瓶塞，用镊子，取出泡在某液体中的一块钠，在滤纸上切开表面。观察：	Exp3-1	
Exp3-2 用小刀切去钠块四周表皮，将残渣全部放回瓶中，用滤纸吸干表面，放入坩埚中加热。观察	Exp3-2	涉及反应方程

实验 3-3（如表 2 所示）

表 2　实验 3-3

实验 3-3 铝与氧气反应	现象预测	现象记录	现象分析
加热没打磨的铝片			
加热打磨过的铝片			

六、教后反思

核心问题引领下，实验环境创设（教师演示，学生解说，学生实践）使得学生格外激动但很有序，关联性体验进一步加深，对金属的化学性质掌握更加深入，并能从中悟出一般学习方法，学生的总结异常精彩，相互补充。不足之处：先演示，后实践对学生的创新性有所限制，在将来的教学实践中需进一步思考寻找创新与规范的平衡点。

课题：§4.3 菱形

许小兰

一、教学分析设计

（一）教材分析

本节课是八年级上册第四章第三节《菱形》，前两节学习平行四边形的性质和判别，菱形是比平行四边形更加特殊的四边形，即在平行四边形的基础上，从边的角度增加"一组邻边相等"的条件得到的图形。因此，它具有平行四边形的一切性质，又有其特殊的性质和判别方法；是学生学习特殊四边形的深化，又为矩形、正方形等特殊四边形的学习提供方法和思路，起着承上启下的作用。

（二）学生分析

学生在学习平行四边形的时候，采用过测量对边、对角相等、全等变换等方法验证一个四边形是平行四边形，具有一定的探究意识和说理习惯。学生对菱形有初步的形象性认识，但一种新的特殊四边形，学生能否在四边形或平行四边形的基础上，迅速从不同的角度（如邻边、对角线等）特殊化条件得到菱形的判别方法和性质，建立知识网络，还有较强的挑战性。画图、说理、推理能力还需在学习中不断提高。

（三）教学目标

1. 经历观察生活中菱形的实物图形，能初识菱形。
2. 经历动手制作纸菱形，归纳菱形的判定方法，并推演出菱形的性质。
3. 能进行几何图形、文字语言和几何语言的相互转换，能体验到制作的纸菱形与菱形的判定条件之间的关联，体验菱形的判定与性质之间的关联。

（四）教学媒体

几何画板　PPT课件

（五）设计思想

本课重点突出核心问题教学中的学生活动。以问题促进学生活动，以学生自主活动促进学生发展。本课以"制作纸菱形，归纳菱形判定方法"为核心问题，调动学生活动。由于学生对菱形已有一些缄默知识，因而首先分小组活动制作纸菱形，并记录所制纸菱形满足的条件，在学生有了制作体验的基础上，进一步讨论自己判断它是菱形的理由，交流并归纳菱形的判别方法，然后推演菱形的性质。由于制作菱形活动过程中，学生有不同的制作方法（如折叠、裁剪、尺规画等），同种制作方法的有不同说理，学生能进行几何图形、文字语言和几何语言的相互转换。在这些交流展示时学生会产生思维碰撞的火花，学生在交流中丰富了自己对菱形的体验和认识，进而真正获得深度体验，并能体验到制作的纸菱形与菱形的判定条件之间的关联，体验到菱形的判定与性质之间的关联。

二、教学实施设计（如表1所示）

表1　教学实施设计

四环节	教师活动	学生活动	设计意图
问题	1. 课件展示图片，课件展示拉动菱形活动衣帽架。 2. 提出核心问题	1. 观察 2. 思考这些图形中的平行四边形有什么特殊的条件	观察图片，课件展示，初识菱形
活动	1. 分组安排活动，提供活动材料：长方形纸片、平行四边形纸片、尺规、剪刀 2. 引导学生展示交流、提炼板书、适当点拨评价	1. 小组活动：四人小组，制作一至两个菱形，记录它满足的条件，并讨论它为什么是菱形 2. 展示交流：1）制作的方法；2）它是菱形的理由，展现学生的思维活动	小组展示，交流学生的不同制作方法和说理，检验学生活动对核心问题解决的效果和作用
提升	1. 知识： 1）菱形的定义 2）菱形的判定方法 3）菱形的性质： 2. 方法：1）一般到特殊的思想：平行四边形→菱形。2）转化思想：几何图形、文字语言和几何语言的相互转化。3）关联点：制作的纸菱形与菱形的判定条件之间的关联	回答、思考、笔记 体会、提升、内化	完成几何图形、文字语言和几何语言的相互转换，在师生共同归纳提升中，理解掌握菱形的新知新法
运用	在△ABC中，点P在AC边上运动，作PE平行CB交AB于点E，作PF平行AB交BC于点F。是否存在点P，使四边形PEBF是菱形？若存在，请作出图形并说明理由；若不存在，说说为什么？	学生独立完成，部分同学展示交流	运用反馈，检验学生数学问题探索的意识和习惯，又运用菱形的判别方法判别是否是菱形，一箭双雕

主板书

§4.3　菱形

一、问题——核心问题：

制作纸菱形，归纳菱形的判定方法。

二、活动——解决核心问题

（见副板书）

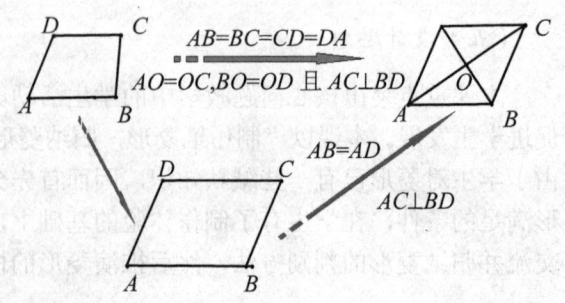

三、提升

1．知识：（1）菱形的定义　（2）菱形的判定方法　（3）菱形的性质：

2．方法：（1）一般到特殊的思想　（2）转化思想　（3）关联点

四、运用

副板书

菱形的判别方法：

（1）▱ABCD 中，AB=AD -→ ▱ABCD 是菱形

（2）▱ABCD 中，AC⊥BD -→ ▱ABCD 是菱形

（3）四边形 ABCD 中，AB=BC=CD=DA -→四边形 ABCD 是菱形

（4）四边形 ABCD 中，AO=CO，BO=DO，AC⊥BD -→ 四边形 ABCD 是菱形

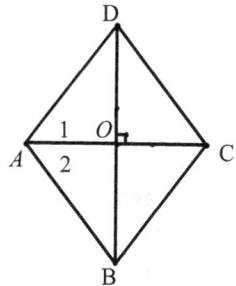

三、教后反馈调整

（一）表现反映

用核心问题指导学生活动贯穿于整个课堂：制作纸菱形、讨论纸菱形的条件、说出为什么是菱形的理由、归纳菱形的判别方法及推演菱形的性质。运用观察、验证、讨论、推理、归纳、反思、推演等方式进行活动，在这些活动中，学生不只是被告诉、教导，而是在问题的提出与解决活动中自己去体验、去感悟。这些活动还有意识地进行自己经验和体验的外显，不断丰富他们所获得的新知识和新方法。从学生的课后感悟中可见一斑："原来只知道折出来的图形是菱形，但不知道为什么？通过说理，终于知其然，也知其所以然……""菱形原来不是正方形，不管怎样拉动它，只要四边相等，它一定是菱形，老师曾经说正方形是最完美的四边形，但我心目中，菱形最完美……"

（二）反思改进

在实施过程中，发现学生制作纸菱形后，在探索条件时涉及翻折、重叠的方法，将立体图形动态地展开为平面几何图形，并用符号语言表达所探求的条件，对八年级（上）学生具有较大难度；同时，在说明它为什么是菱形时，说理思路不够清晰，说理技巧也有待提高。鱼和熊掌不可兼得的情况下，笔者选择了突破"它为什么是菱形"这一说理难点上，使"归纳菱形判别方法"这一结果性目标体现得更为充分和完整。在这节课上，笔者深深地感受到核心问题教学模式的运用还不够熟练，需要加强理论学习，在学生的展示中教师的点拨提升和评价还可以更准确，在促进学生的关联体验还不够，日常教学中更要切切实实运用好核心问题教学模式促进学生深度体验，并重视好学生的关联体验。

"抗日战争的爆发"交流教案

梁 利

一、教材分析

《抗日战争的爆发》是中国近代现代史下册第二章"抗日战争"第一节的教学内容。本节的内容是本章的重点，高考的热点。然而随着战争离我们越来越远，好多人特别是青少年对那段战火纷飞的历史已经淡忘了，或者了解的知识有失历史真实。历史课程具有强烈的社会教育功能，充分利用教学内容培养学生的忧患意识增进爱国主义思想更是义不容辞。

二、学生分析

本课教学对象为高二文科班的学生，他们对历史学习相对比较重视，但还停留在较低的层次：在学习过程中易生搬硬套书上的观点，缺乏独立创新的思考。而对于抗战这段爆发阶段历史，学生容易为错误的观点影响，如凡是国民党蒋介石的肯定是不好的，我们要反对等等。因此有必要引导学生认识正确的历史知识，还历史的真实。

三、教学目标

1. 学生能掌握抗战爆发的相关史实，抗日民族统一战线建立的过程。
2. 学生能逐渐纠正自己的错误观点客观的评价在抗战初期国共两党对抗战作出的贡献
3. 学生能在学习过程中，深刻的体验历史学习的过程，探究历史的真实，感悟历史，作为一个中国人，有责任抗击侵略保卫祖国。

四、设计思想

当前随着钓鱼岛问题，日本首相的更替等中日关系再次成为世人瞩目的焦点。而抗战是中日关系的焦点和敏感问题。以此为载体让学生深刻的体验历史学习的过程，探究历史的真实，感悟历史是一个很好的设计思路，同时也具有很好的现实意义。

基于以上对于教材和学生情况的分析，设计了本课的核心问题"看视频读教材，了解历史真实，客观评价抗战初期国共两党的贡献"，以此来调动学生的学习探究积极性，同时在此过程中体验历史学习的方法过程，提高学生学习主动性，体现学生学习的主体地位。在教学中，笔者将注重引导学生客观评价国民党在抗战初期的作用着手，纠正学生的错误观点，引导学生探究历史学习的方法，感悟历史的真实。

五、核心问题

看视频读教材，了解历史真实，客观评价抗战初期国共两党的贡献。

六、教学环节（如表 1 所示）

表 1 教学环节

	教师活动	学生活动	课堂预设	设计意图
引起思考	总结第一章内容，提出问题：推断抗战爆发后，国共两党各是什么态度，中国局势该走向何方	跟随老师思路，积极根据已有知识作出回答	学生积极性较高，但仅从已有知识和传统观点往往会抹杀国民党的功绩而把赞扬给予共产党	为核心问题的提出搭建脚手架，营造情景
核心问题提出	出示课件：视频"胡锦涛总书记在抗战六十周年大会的讲话内容节选"	观看视频，开始修正自己的观点	学生思维会被激活，明明根据以前的知识和传统观点得出的结论为什么会有错误呢？积极展开讨论。提出核心问题	充分调动学生的缄默知识，在此基础上让学生自己形成思维交锋，提高学习积极性，主动要求探究历史的真实
解决问题	引导学生学习教材，出示相关视频资料并进一步引导学生就核心问题展开讨论	学生认真学习教材，进一步修正自己的观点。积极展开讨论，说观点，谈体会	学生结合视频的强烈冲击力，对自己原有的观点有进一步深刻的认识和修正，在老师引导下逐渐能较客观的完成核心问题。同时唤起他们强烈民族责任感和忧患意识	使学生积极主动参与到问题的解决中，真正成为学习的主人。不断修正自己的观点，提高历史问题认识能力。同时也发挥历史教育的功能，尊重历史，追求真实，弘扬爱国主义精神，培养学生历史唯物主义和辩证唯物主义精神
反思提升	引导学生讨论解决核心问题基础上，进一步提问"为什么同学们之前的认识会有一些偏差"	讨论自己前后两种观点的不同，以及说出导致不同的原因	学生对一节课中的收获激动不已，他们获得的不仅是历史知识，更是体验到历史学习的乐趣，真正成为历史学习的主人	使学生进一步反思体验自己修正错误的过程，达到知识和方法的内化能力的提升，最终丰富学生的缄默知识
运用反馈	教师出示相关材料，提出需要解决的相关问题	根据材料结合课堂上体验的学习过程和方法作答	学生的相关认识较之前有较大的改观，更加客观	通过训练加深对抗战爆发相关史实的记忆尤其能客观评价国共两党的作用

七、教后反馈调整

（一）课堂反映

在老师最先提出抗战爆发后，国共两党的态度问题时，班上多数同学延续了第一章教学的思路，发言说蒋介石国民党继续坚持"攘外必先安内"的反动政策，中国共产党扛起抗战的大旗，成为抗战的主要力量。有一部分学生说，蒋介石转变态度，积极抗战。双方已经开始形成了一定的思维碰撞。

在观看了第一段视频后，部分学生认识到自己观点的错误，开始修正自己的观点，还有一部分坚持自己原有观点，认为中国共产党是抗战的中流砥柱。学生的思维开始有一定的交锋。这表明，学生已经在自己积极主动的探求答案，他们的学习主动性已经得到了调动。这为新课的教学开了一个好头。

在新课教学过程中，通过一些相关视频影视资料，学生对于日本侵略者给中国带来的深重灾难，为中华民族的多灾多难而深感愤怒。这既充分发挥了学生在历史学习中的主动性，又全面体现历史教育的功能，尊重历史，追求真实，吸收人类优秀文明成果，弘扬爱国主义精神，陶冶关爱人类的情操。在掌握了客观的史实基础上，多数学生对于自己的观点进一步进行了修正，能够比较客观对抗战初期国共两党的历史作用给予评价。

接着在升华部分，教师的问题："为什么同学们之前的认识会有一些偏差，通过今天这节课的学习，在以后的历史学习中我们应该注意一些什么？"一出，同学的反映出乎老师的意料，积极发表自己的观点。特别在分析反思自己错误的过程中同学提出了很多感想，收获，体现出学生进一步反思体验自己修正错误的过程，达到知识和方法的内化能力的提升。最终丰富学生的缄默知识。

最后在运用反馈环节，学生对于抗战初期的一些相关认识，在答题过程中，显得比以前思考全面，更加客观，正确率有所提高。

（二）反思改进

本课教学实践结束后，笔者进行了认真的反思和总结。感触最深的是教师要在"以问题为中心"从而促进"以学生为中心"的新的教育教学观念来体现自己的主导作用。通过精心教学设计，提出核心问题促使学生积极思考，注重学生学习体验的过程，使其变被动学习为主动学习，达到了以问题促思考，以思考促发展的目的。实际上这节课解决的不仅仅是对抗战初期国共两党贡献的评价，更重要的是让学生感悟到了历史学科的一些思想方法。学生在课堂学习的时间毕竟是有限的，掌握的知识也是有限的，课堂上关键是要教给学生学习和思考的方法，才能提高学习效益，使学生终身受益。

《反射是神经活动的基本方式》教学设计

曾 燕

一、教学分析

本节课内容是北师大版《生物学》七年级下册第 12 章《人体的自我调节》第 1 节《神经系统与神经调节》的第 2 课时。自我调节是实现人体协调统一的基本原理，其中神经调节起主导作用；反射作为神经活动的基本方式是认识神经调节的关键。同时，人体作为一个协调、统一的整体，每一个具体的反射都与人体的各项生理功能紧密联系，对其他各章节的学习具有总结和深化作用。因此，本节课内容在本章乃至本教材中占有十分重要的地位。

二、学生分析

本节课内容与学生的生活实际紧密联系，且通过第 1 课时《神经系统组成和神经元》的学习，学生热情往往很高，很想知道神经系统是如何调节人体生命活动的。但根据目前的认知水平和能力水平，要理解和分析具体的调节过程是怎样进行的有很大的难度。

三、核心问题

体验"膝跳反射"等活动，说明反射的概念，概述反射弧的结构和功能。

四、教学目标

（一）结果性目标

通过"膝跳反射"、"缩手反射"等活动，说明反射的概念，概述反射弧的结构和功能。

（二）体验性目标

1. 参与"膝跳反射"、"缩手反射"等活动，体验活动过程，感受合作学习的乐趣。
2. 通过反射弧的学习，能运用所学知识解决生活中的实际问题，并进一步建立"结构与功能相适应"、"人体是一个协调、统一的整体"等生物学的观念。

五、教学重点

说明反射的概念；概述反射弧的结构和功能。

六、教学难点

概述反射弧的结构和功能。

七、教学媒体

PPT、动画、视频、自制道具

八、设计思想

1. 本节课的设计思想是基于新课程理念下的合作探究性学习和体验学习。

教学中，创设出自主探究学习的情境，对生活实际、对学生情感进行关联，通过"提出问题→问题解决→归纳提升→运用反馈→课后延伸"5个教学环节，将多种教学途径有机地结合，引导学生主动参与、合作探究，在体验中学习，在归纳中提升，在行动中完善，体现了"以学生为主体，教师为主导"的"双主"教学理念。

2. 在教学中，实现"生物概念教学"：作为神经调节的基本方式，反射的概念是本章知识体系中的核心内容之一。根据学生的认知水平，要理解其结构和功能相适应，并分析具体的反射活动都有一定的难度。因此，通过抓关键字、词，剖析概念的内涵和外延，建构概念图，能使学生全面、系统、准确地认识和掌握概念。

九、教学过程（如表1所示）

表1 教学过程

教学环节	教师活动	学生活动	设计意图
情境引入 提出问题	1. 复习巩固，赠送课前精心制作的"小礼物"——带有小刺的橡皮。 2. 导入新课：神经系统是通过反射来实现其调节功能的，反射是神经活动的基本方式	回答正确的同学在接受"小礼物"时，突然缩手，橡皮掉落，即缩手反射。 引发思考：什么是反射	从学生亲身体验出发，创设情境，引发思考，调动学习热情
关联体验 解决问题 ——说明反射的概念	1. 组织"膝跳反射"的演示实验，并指导学生活动。 2. 引导学生结合生活经验，列举出一些"受到刺激之后，就会做出的规律性反应"的实例？ 引导学生讨论、概括出反射的概念。 3. 展示图片，检验学生对反射的概念是否理解	1. 观察演示实验，注意实验操作和现象：怎样扣？扣在哪儿？小腿会出现什么反应？ 2. 学生活动：膝跳反射。 两人一组，轮流实验，观察实验现象，讨论、交流体验过程。 3. 结合生活经验，举例：眨眼反射、唾液分泌反射等，分组讨论、概括出反射的概念。 反射——是人体通过神经系统对刺激做出的规律性反应。 4. 观看图片，判断是否属于反射现象	学生亲身参与体验，对反射获得真实、形象、生动的感性认识，培养了合作学习的能力。结合生活经验，通过认识具体的反射现象，抽象出反射的内涵；再运用概念，对现象做出正确的判断

（续表）

教学环节	教师活动	学生活动	设计意图
归纳提升 加深认识 ——概述反 射弧的结构 和功能	1. 明确反射的概念之后，进一步提问："反射过程是怎样完成的？"指导学生阅读教材。 2. 展示动画："缩手反射"的反射弧。引导学生思考、讨论"反射弧是怎样完成反射的？"分析"缩手反射"的过程，归纳出反射弧各部分结构的功能。 3. 展示视频：脊蛙反射实验，提供阅读材料，就一些"因反射弧某些部位受损而产生调节障碍"的问题做适当讨论	1. 自主阅读教材，认识反射。反射弧——完成某一反射活动的结构。 2. 观看动画，在教师的层层引导下，分组讨论、分析、归纳出反射弧各部分结构和功能。 3. 观看视频，阅读材料，讨论相关问题，并得出结论："健康、完整的反射弧是实现神经调节的最基本条件"	通过多媒体的直观展示，把抽象的内容形象化、具体化。 结合"引导研讨法"，学生逐步从感性认识上升到理性认识。 进一步感悟"反射弧的结构与功能相适应"的生物学观点
联系生活 运用反馈	每一个具体的反射都与人体的各项生理功能紧密联系。 指导学生联系生活实际，分析一些简单的反射	联系生活，分析一些简单的反射，如唾液分泌反射、排尿反射等。 总结得出："神经系统是通过每一个具体的反射活动来实现其调节功能的"、"反射是神经调节的基本方式"	学以致用，分析、解决生活中的实际问题。 进一步建立"人体是一个协调、统一的整体"的观念
课后延伸 创设铺垫	从大多数学生喜欢足球比赛的生活经验出发，创设问题：即使是训练有素的足球门将，面对射来的点球也常常扑空，为什么	思考问题，激发继续探究的热情	为第3课时做铺垫，进一步理解"反射调节的一般意义"

十、实施反馈

1. 本节课，创设出自主探究学习的情境，学生积极地参与体验"膝跳反射"等活动，获得真实、生动的感性认识，激发了学习兴趣；教师再结合"引导研讨法"、"生物概念教学"，引导学生逐步从感性认识上升到理性认识，不仅使知识系统化，还注重了能力的培养。

2. 通过演示、实验、讨论等多种教学途径有机结合，广泛开展师生互动、生生互动，进行小组式、班级式的多次讨论，大多数学生理解了反射是神经活动的基本方式，能联系生活学以致用，分析一些简单的反射活动，并解决生活中的实际问题。

Module 6　The Internet and Telecommunication Speaking & Writing

李玉婷

一、教学分析

（一）教材分析

教师在仔细看了整个模块的内容再结合本模块对学生技能方面的要求，将整个模块的内容进行了整合，决定这堂课的内容是 Speaking & Writing。由说到写本就是语言学习的一个基本规律和过程，但是，本堂课还涉及了让学生自己总结表达观点的规范，这一定得建立在学生有足够的相关体验上面。因此，教师必须从学生的认知规律，情感体验上去考虑教材的处理和本节课的设计。

（二）学生分析

高一学生入校刚两个月，在口头表达方面还需多多锻炼，而在写作方面更是需要提升。互联网这个话题在他们的日常生活中是比较熟悉的，也是他们很感兴趣的。所以在以互联网为话题的情景问题中，学生的表达欲望可以得到很好地调动。写作方面，在上一次全年级统考试卷中就有一篇表达不同观点的作文。由于学生自己真实地写过这样的作文，而且也看了考试的范文，所以说这些信息和相关经验的积累成为学生要进一步提升的支撑，也是学生缄默知识浮现与有待显性的所在。

（三）教学设计

该课的核心问题是"讨论互联网的利弊，归纳规范表达自己观点的要求"。在该课的开始，教师通过核心问题来引导学生去谈论在日常生活中互联网带来的利弊，得到表达观点的体验。在此基础上再引出一篇表达观点的范文，让学生再次体验如何表达观点。在有了前两次体验的基础上，于反思提升步骤中，教师让学生通过分组讨论自己总结如何清楚表达自己的观点，帮助学生将自己的缄默知识显性化。并在最后让学生运用刚刚的总结去评价、改进自己的作文，在实践中再次加深体会。

（四）教学目标

1．能够联系所学，联系自己在日常生活当中的体验，讨论互联网的利弊，能清楚表达自己的观点，也能听懂别人的观点。

2．能客观地看待互联网给人们生活带来的改变。

3．能通过讨论，看范文，联系自己的已有写作经验，归纳总结出规范表达自己观点的要求。

（五）教学重点

以日常生活当中所接收到的信息结合自己的想法谈互联网的利弊。

（六）教学难点

从自己的表达以及范文的表达中去抽出表达观点的要求。

（七）核心问题

讨论互联网的利弊，归纳规范表达自己观点的要求

（八）教学媒体

计算机、投影、多媒体数据展示台

二、教学实施

（一）教学过程（如表1所示）

表1　教学过程

教学环节	教师活动	学生活动	设计意图及预设
提出问题	出示问题	领会核心问题，明确学习任务	引起学生的重视
问题解决	1. 展示图片，说明在网络发达的今天，我们能在网上做很多事情	随着图片和教师的引导，进入情境	以学生熟悉的话题为依托，让学生回到熟悉的情景中去体会、学习，充分调动学生的缄默知识和相关体验
	2. 进一步深入，抛出讨论话题：谈谈自己对互联网的看法，并给出理由	分组讨论，在小组内部分享各自不同的观点和理由	
	3. 请学生发言，并记录要点	积极发言，表达自己的观点	
归纳提升	1. 展示范文，引导学生去观察这篇文章的观点清楚吗，作者是否有陈述清楚它的理由，以及还有什么值得借鉴学习之处	读范文，想问题，再次体验如何表达观点	让学生自己体会知识从缄默到显性化的全过程
	2. 引导学生注意他们刚才的发言，结合范文，让学生总结如何规范地表达自己的意见	分组讨论反思，并发言	
运用反馈	让学生自己运用刚总结的5个点去评价并改进同学在学前写的作文	评价改进自己的作文，将这5个点灵活地运用到当中去	让学生换个角度去进行实际的运用，检验学生缄默到显性化到内化的过程是否完成，帮助学生进一步巩固完善

(二) 板书设计（如图 1 所示）

Module 6　The Internet and Telecommunication Speaking & Writing			
How to express your opinions clearly?（学生先说，教师完善） 1.　clear opinions 2.　supporting facts 3.　tense：The Present Simple Tense 4.　proper conjunctions and useful expressions 5.　good sentence patterns		Opinions	Reasons
	Discussion	（学生答案）	（学生答案）
	Essay	（学生答案）	（学生答案）

图　1

三、教学反馈与调整

（一）学生的表现反映

1．核心问题明确，围绕核心问题展开的活动层层递进，条理清楚。学生在每一个环节中的表现都令人满意。在讨论环节中，学生表达的观点多样。归纳总结的时候，除了教师想要得出的要求之外，学生还总结出了其他的要求，比如"书写规范，表达观点时要自信"等等。

2．教学气氛和谐。这种气氛是师生在日常的教学中逐渐形成的，而且于教于学都是有利的。例如：在讨论互联网的利弊后的分享中，学生李雷谈到"the internet makes our life colorful，no no no，more~colorful！"（互联网让我们的生活丰富多彩，不不不，更~~丰富多彩）（双手挥舞，神情激动）教师"so you mean your life is~ colorful now？"（所以你的意思是你现在~的生活是丰富多彩的？——英语比较级的运用一定是在原有的基础上更……）（调侃怀疑的神情）全班学生大笑。

3．课后作业反映良好。课后收上来的同学互评互改的作文中，全班学生都能将所归纳的那几点要求运用到。如：在评价徐金阳同学的作文时，评价的同学写到，"观点清晰，连词运用得好，论据充分"。在评价吴妍秋同学的作文时，评价的同学写到，"观点清晰，事例有些少，时态运用正确，连词运用较少"。

（二）教师的反思改进

1．在学生回答了问题过后，教师的点评应该更加到位，并在点评的时候可以从情感态度上去感染学生。而学生回答问题时的闪光点教师应该再去强化。

2．教师在对个体的关注方面应该要更加到位，尽量要去照顾到每一个层次的每一位学生，让他们感觉在这个集体中自己没有被忽略。

3．在各个步骤时间的安排上，第一步引入的时间应该要更少一点，而留给最后运用步骤的时间应该要更充分些。教师在时间的安排上考虑应该要更周全一些。

方程的根与函数的零点（第一课时）

周宏燕

一、教学分析设计

（一）教材分析

"方程的根与函数的零点"是《普通高中课程标准实验教科书·数学1（必修）》（人民教育出版社 A 版）第三章函数的应用第 3.1 节函数与方程的第一课，是在学习函数的概念、基本初等函数（Ⅰ）之后继续学习的内容。"方程的根与函数的零点"揭示了方程与函数之间的联系及方程有解的判定方法，是进一步学习"用二分法求方程的近似解"的基础，在学科内容中起着承前启后的作用。学生对函数零点存在性定理的习得，要经历直观感知、操作确认、文字描述和反思建构等思维活动，经历三种语言之间的相互转化的过程。因此，本节内容是训练学生数学思维能力的良好素材。同时，本节内容蕴含着丰富的数学思想及探究数学结论的方法，为后继数学结论的学习提供了一种范式。

（二）学生分析

学生已经具备了解一次函数与二元一次方程的关系；理解一元二次方程及其根的求法、一元二次函数及其图像与性质；初步认识了方程与函数的联系；掌握了函数的概念与性质、指数函数、对数函数和幂函数图像与性质；对"数形结合"思想、特殊到一般的归纳思想有一定的认识.学生还需要用函数的观点、联系的眼光来看待方程的问题，认识三种数学语言之间的关联。

（三）教学目标

1. 经历课堂探究问题的解决过程，体会函数图像与 x 轴的交点和相应方程根的关系，能探究方程 $f(x)=0$ 在区间 (a,b) 上有解的条件；

2. 理解函数零点的概念，能针对具体方程，说明方程的根、函数图像与 x 轴的交点以及函数零点的关系；

3. 理解函数零点存在性定理，能借助具体函数的图像，说明"函数零点存在性定理"的条件是充分而不必要条件（但不指明是充分而不必要条件），能利用函数图像和性质判断某些函数的零点个数及零点存在的区间，经历从特殊到一般，再从一般到特殊的问题解决过程，体会函数与方程之间的联系及其中蕴含的数学思想方法，享受数学问题研究的乐趣。

（四）设计思想

1. 教学方法的选定

人的发展的过程是一个不断体验的过程，学生只有通过自己的体验，达到对知识的理解和获取，形成情感和感悟，才能实现思维和能力的发展.个体的体验是以个体有意识地参与特定的活动为基础。自主探索、合作交流是高中数学新课程倡导的学习数学的重要活动方式。为此，本节课采用核心问题教学法。

2．达成目标的策略

"一元二次方程 $ax^2+bx+c=0(a\neq 0)$ 的根就是二次函数 $y=ax^2+bx+c(a\neq 0)$ 的图像与 x 轴交点的横坐标"，是本班学生熟知的结论，函数零点存在性定理是本课的重点，其实质是揭示方程在某开区间内有根的条件。为此，本节课把教学内容中的思考问题和探究问题整合为一个探究问题"探究方程 $f(x)=0$ 在区间 (a,b) 内有解的条件"，以突出教学重点。

3．突破难点的策略

探究函数零点存在性定理是本课的难点.为突破这一难点，本节课先探究方程 $f(x)=0$ 在区间 (a,b) 内有解的条件，让学生从解决熟悉的问题的环境中发现新知识，使新知识与原有知识形成联系，为新知识提供"停靠点"。为使学生的探究活动不流于形式，本节课设计了学习导案，用以呈现课堂探究问题，为学生提供探究场所.为了给不同认知基础的学生提供学习机会和适当帮助，根据课堂探究问题的解决过程设置"问题串"。

（五）核心问题

探究方程 $f(x)=0$ 在 (a,b) 上有解的条件。

二、教学实施设计（如表1所示）

表1 教学实施设计

教学环节	教师活动	学生活动	设计意图
一、创设情境 提出问题	出示引例：将72厘米长的铁丝截成12段，焊接成长方体框架，要求长为宽的2倍，体积是100立方厘米，能办到吗？ 师生共同分析：能否办到取决于方程在（0，6）内是否解，对应的函数图像与 x 轴在（0，6）上是否有交点。但是该图像在没有工具的情况下不易作出。因此，可将具体问题一般化。 提出核心任务：探究方程 $f(x)=0$ 在 (a,b) 上有解的条件 教师从思维、方法两个方面解读核心任务	学生积极思考，主动解决问题.估计学生能够较为容易地得到方程 $3x^3-18x^2+50=0$，但无法通过因式分解或求根公式求解 思考解决核心任务的思维策略、方法策略	通过实际问题创设问题情境，让学生产生强烈的认知冲突，引发学生的好奇心和求知欲，将实际问题转化为学生自己想解决的问题。 教师引导学生将现在不能解决的具体方程有解问题抽象概括为一般化的问题，即方程 $f(x)=0$ 在 (a,b) 上有解的条件。而要解决一般化问题我们又可以通过先解决比较熟悉的方程有解的问题，再通过类比、抽象概括解决一般问题："方程 $f(x)=0$ 在 (a,b) 上有解的条件"，最后回过来解决这个具体问题。 方程和函数紧密相连，作出典型的、具有代表性的函数图像尤为重要。 零散小问题不易调动学生的自主活动，整合教材内容用核心任务来统摄这节课的重点内容

（续表）

教学环节	教师活动	学生活动	设计意图
二、类比归纳 解决问题	巡视指导，适时点拨 组织展示，评价追问 利用结论，解决引例.解决完问题本身后，教师用几何画板作图，用图像直观展示交点情况，同时提出追问：函数 $y=f(x)$ 在区间 $[a,b]$ 上的图像是连续不断的一条曲线，并且方程 $f(x)=0$ 在区间 (a,b) 上有根，就一定有 $f(a)f(b)<0$	学生先独立完成，再通过小组讨论，最后全班交流. 归纳方程 $f(x)=0$ 在区间 (a,b) 上有解的条件 先独立完成，再小组讨论，最后全班交流	通过开放性很强的核心问题来引领学生开展自主探究活动.通过学案上呈现的层层深入的四个问题来推进学生的探究活动。 前后呼应，让学生通过使用归纳出的条件解答引例，进一步加深对条件的理解。 体现新课程的理念——信息技术与学科知识的整合
三、师生合力 反思提升	引导学生回顾整个探究过程，生成数学知识：一个概念、一种关系和一个定理.数学思想方法	思考方程 $f(x)=0$ 有实数根的等价说法. 从方程有根等价于函数有零点的角度归纳函数零点存在的条件. 反思探究过程，归纳蕴含的数学思想方法 一、数学知识方面 1. 函数零点的概念 2. 零点存在性定理 二、数学思想方法方面	反思核心任务的解决过程，归纳提升知识、方法.学生亲身经历核心任务的解决过程，体验所蕴含的思想方法，生成一个概念、一种关系和一个定理，符合学生的认知规律
四、应用反馈 提升能力	应用 解决应用问题 求函数 $f(x)=\ln x+2x-6$ 的零点个数. （教科书 P88 例题） 追问：函数 $y=f(x)$ 在区间 $[a,b]$ 上的图像是连续的一条曲线，并且满足 $f(a)f(b)<0$，是否只有一个零点？如果要限制有唯一一个零点，还需要增加什么条件？ 反馈 作业	学生课后独立完成	取自教材原题，旨在引导学生充分用好教材，也为"二分法求方程近似解"中所取函数做好铺垫。一方面深层次挖掘这道题所蕴含的知识，引导学生归纳出："零点唯一性"的条件.另一方面，从两图像交点看方程根的个数，推广零点存在性定理。促进学生深刻体验方程与函数的关联

三、教后反馈调整

根据教学实施和学生反馈信息，笔者对教学做了如下反思：

（一）以学论教

这堂课有很多知识要让学生理解，但是最重要的是让学生建立起函数与方程的关联，以及初步建立起用函数观念解决问题的意识，从上课学生对核心任务探究的各个环节，以及反思归纳出知识和方法的环节都表现出了绝大部分学生已经具有了这样的意识。为了检测这一教学效果，笔者特意在反馈环节设计了练习题，并对学生的反馈做了点检测表，这个表引导我们把视线聚焦在关注的点上。通过检测，笔者发现 82.54% 的学生都能自觉运用函数观念解决方程问题，所以教学目标有较高的达成度。

（二）尝试改革

这堂课笔者设计了既能激发和促进学生自主活动，又能将应该学习的重点内容与关键内容整合，又能统领整节课的核心任务。在核心任务的引领下，学生进行活动，解决核心任务的过程，就是对已有知识进行提取、加工、应用的过程，形成新知识的过程；反思核心问题的解决过程，就是对新知识、新方法、新思维归纳提升的过程。通过这些活动，学生学习的新知识，不是教师一味地用自己的方式"灌"给学生，而是在核心任务的引领下，在学生亲身经历的过程中，由学生自己总结、归纳的。

（三）一点展望

新课程提供了很多可供与信息技术整合的内容，这节课设计的问题情境第 3 题恰当整合了数学内容和信息技术，不但有利于学生认识数学本质，而且有利于培养学生的求知、求实、进取的探究精神。因此，如果学校条件允许，再上这堂课时，可以指导学生运用现代信息技术建立"数学实验室"进行主动探索，通过实验研究构建新知识。

《登高》教学设计

李 鑫

一、教材分析

《登高》是高中语文必修三第二单元唐诗单元第五课《杜甫诗三首》最后一首诗。《语文课程标准》明确指出："在阅读鉴赏中，了解诗歌、散文、小说、戏剧等文学体裁的基本特征及主要表现手法。了解作品所涉及的有关背景材料，用于分析和理解作品。"《登高》是一首达到了主观情感和客观物象高度统一的一首七言律诗。因此，在教学本课时，要引导学生在了解诗人身世遭际和写作背景的前提下，品味语言，感知意象，走进诗人的内心世界。

二、学情分析

高二学生对诗的了解还比较肤浅，往往只满足于背诵、记忆，并不专注于诗歌本身的意象、意境与情感，因此，要加强对学生古诗词诵读的训练，让他们学会品味诗歌的意境，进而把握诗歌所表达的思想内容。

三、设计思想

诗歌教学的关键是感受诗景，体味诗情，领悟诗意，在此基础上孕育理解能力、鉴赏能力和审美情感。杜甫的诗歌素以炼字精深、涵盖深远著称。以《登高》而言，往往淡淡一字，平平一语，便笼大千于方寸，缩古今于一瞬。故细读文本，咀嚼字句，便是赏景、悟情、会意的基本路径。其次，不朽名作的特点是寄寓深广，古今评价甚多，见仁见智，不一而足。这正是培养学生问题意识、探究意识的极好凭借。第三，诗为语言之精华，是诗人心里涌出的情感之流。诵读乃赏诗之要着，精心感悟之时，设身处地，心惟口诵是理解诗意的关键一步。

四、教学目标

1. 理解本诗所绘之景、所抒之情及绘景、抒情之法。
2. 学会用意象叠加法、字句推敲法、诵读体验法等欣赏诗歌。
3. 感悟本诗充满悲愁的景物，感受杜甫心系苍生、情寄邦国、忧国忧民、兼济天下的博大情怀。

五、教学重难点

1. 赏析首联颔联中的意象为本文奠定的沉郁悲凉的基调。
2. 赏析情景交融、气象恢宏的艺术特点。

六、核心问题

感受杜诗之景，感悟杜诗之情

七、教学设计

（一）提出问题：新课导入（投影画面，感受本诗的画面，初步体会情感）

（音乐起）语调低沉，语速缓慢，满怀感情）1200多年前，一个秋天，九月初九重阳节前后。夔州，长江边。大风凛冽地吹，吹得江边万木凋零。江水滚滚翻腾，急剧地向前冲击。凄冷的风中，有几只孤鸟在盘旋，远处还不时传来几声猿的哀鸣。这时，一位老人朝山上走来。他衣衫褴褛，老眼浑浊，蓬头垢面。是的，那么今天就让我们一起来走近这位老人，走近他的生活，一起来欣赏1200多年前他为我们留下的这千古传唱的著名诗篇《登高》（投影课题）

（二）分析问题：赏析文本

1. 鉴赏首联——"风急天高猿啸哀，渚清沙白鸟飞回"（自然之秋）

这首诗首联共写了六种景物：风、天、猿、渚、沙、鸟。分别用"急"、"高"、"啸哀"、"清"、"白"、"飞回"来描写。十四字写六种景，极为凝练。急风，使人感到非常冷，既有身体的，又有心灵的，但更主要是心灵的。天高，显得天底下的人很渺小，很孤单。哀猿，使人听到它的叫声非常悲凉。飞鸟，可以是一只找不到食物的鸟，也可以是一只找不到家的鸟，还可以是一只跟鸟群失散的鸟。这是因为我们都是根据杜甫此时此刻的处境去想象的。此时杜甫孤单地一个人在外漂泊。

2. 鉴赏颔联——"无边落木萧萧下，不尽长江滚滚来"（自然之秋）

颔联只写了两种景物落木、长江。由落木，想到了树，由树及人，还是要联系杜甫的此时此境来联想。杜甫看到落叶飘零，肯定想自己像树一样，已是晚年，已老了。人已经到了生命晚秋。写这首诗时是767年，也就是杜甫去世前三年写的。如果说"落木萧萧"是有生命短暂之感的话，那么，"不尽长江"呢？应该是时间的无穷，是历史长河的永不停息的感觉。历史和时间越悠久，人的生命就越显得短暂。"人的生命"指的是个人的生命。人生倏忽百年，江山万古长青。

3. 赏析颈联——"万里悲秋常做客，百年多病独登台"（人生之秋）

"做客"和现在的"做客"不同，这里的"做客"是客居他乡的意思。杜甫这里是漂泊他乡、流浪他乡的意思。而且，杜甫此时是在战乱的年代。"常"做客。杜甫从48岁开始，一直到58岁去世为止，10年中，一直在外飘零。写这首诗时已是第八个年头了。什么叫登台呢？登台，是九九重阳节的一种习俗。古人为什么登台？是为了祈求长寿。

登台都是全家一起去，可是杜甫呢？是独自一人，登台的地点一般都是在自己的家乡，而杜甫呢？是在离家万里的他乡，悲凉的秋天。做客并登台，已是两层"愁"，是双倍的愁。

4．赏析尾联——"艰难苦恨繁霜鬓，潦倒新停浊酒杯"（国家之秋）

造成杜甫愁苦的最根本的原因是什么呢？是国难，是连年的战乱。由于艰难痛苦和仇恨，使我两鬓斑白了。颠沛流离，坎坎坷坷——几乎一直伴随着杜甫的一生。这里既有国家的艰难，又有个人的苦难，应该特别强调杜甫的一个独特之处，就是：古代许多知识分子常以"达则兼济天下，穷则独善其身"作为处世准则，而杜甫却是无论穷达都是兼济天下。

杜甫这个人特别爱喝酒，如"白日放歌须纵酒，青春做伴好还乡"。"重阳独酌杯中酒，抱病起登江上台"。但是老人却不能喝酒了。因为他有肺病等多种疾病，他因病戒了酒，而且还因为穷困，他也不一定能够有酒喝。这愁闷可怎么了却，怎么疏解呢？——只能郁结在诗的结尾，郁结在杜甫的心头。

（三）总结提升

1．情感蕴藏：
首联 哀婉孤独　　颔联 沉郁 高昂
颈联 愁苦沉痛　　尾联 忧愤 无奈

2．板书：
登高
所写之景：风、天、猿啸、渚、沙、鸟飞　落木　长江——悲凉
离家多年　有家难归
所抒之情：晚年多病　孤苦无依
——悲苦
国事艰难　壮志难酬
人生潦倒　销愁无依

3．本诗借悲秋之景抒发悲秋之情，包含三层：季节之秋\人生之秋\国事之秋

4．小结

本诗也被称为"古今七律之冠"，但笔者想对杜甫诗歌的评价之所以这么高，不仅有技巧，还有情感的感人！正如本版块的标题"诗从肺腑出"！诗人所抒的情感既有身世之悲又有国事之悲，带着作者的这些悲情再来读一读品一品诗歌，诗歌将别有一番滋味：

（四）反馈运用

比较赏析

《秋兴·其一》和《登高》是杜甫晚期作品，它们分别创作于大历元年（公元766年）和大历二年（公元767年），当时作者在夔州。作者在夔州的一两年时间内创作了许多千古流传的诗篇，除《登高》和《八阵图》等单首诗外，还有许多组诗，如《秋兴》八首，《咏怀古迹》五首，《九月》五首，在夔州的这段日子，是作者创作的丰收时期，也是作者生命即将结束前的回光返照——把生命的最后光辉洒向人间，洒向这片他用生命全心全力热爱着的土地（大历五年即770年作者卒）。此时期虽然"安史之乱"结束三四

年了，但地方军阀又乘时而起，相互争夺地盘，社会一片混乱，在这种形势下，他只得继续"漂泊西南天地间"（《咏怀古迹·其一》），在"何日是归年"（《绝句·其二》）的叹息声中苦苦挣扎。时代的苦难，家道的艰辛，个人的多病和壮志未酬，所有这些像沉重的阴云时时压在他的心头，他只有以他的诗作去排遣那心中的郁闷与愁苦。

《秋兴·其一》是八首中的第一首。诗的首联，开门见山，直写秋景。"玉露（白露）"、"枫树林"、"气萧森"点明秋兴之依托，因秋景而起兴，感怀。颔联"江间"指代巫峡，"塞上"借边塞指代京城一带。"江间波浪兼天涌，塞上风云接地阴"点明作者身在巫峡，心想京城，由近及远排比类推，气势十分雄壮。"波浪"在下而说"兼天"，"风云"在天而说接地，用相反相成的语句，极力描绘了秋季阴暗萧森之景，衬托出作者低沉的心境。颈联"丛菊两开他日泪"点出滞留夔州已有两年，眼看菊花两度开放，幽思不已，泪如泉涌。"孤舟一系故园心"说明作者漂泊在外，有家难归，寄身孤舟，故园之思，一心长系。作者在大历三年（公元768年）《登岳阳楼》中有诗句"老病有孤舟"，可见"孤舟"成为作者漂泊流浪的意象物，有家难归，魂系孤舟，其惨苦又有谁人知（大历五年公元770年作者卒于湘江孤舟中）。尾联"催刀尺"即赶制寒衣，强调天已寒冷，"急暮砧"即黄昏时急促地捣衣声。结尾两句紧承上联，用"催刀尺"、"急暮砧"这两个声动相连的词组作铺张，把作者想回家的焦急心情进一步烘托出来。此外，诗中用字处处对仗而双关，"波浪"、"风云"、"两开"、"一系"、"催"、"急"等，有情有景，有声有色，忽近忽远，忽高忽低，犹如巫峡治水，时而盘旋回落，时而奔腾向前，与杜甫自己的澎湃思潮汇合在一起，诗意十分缠绵感人。

《秋兴·其一》和《登高》在写作上有许多共同特点：首先在感情基调上两首诗都有很浓的悲秋情结。世事艰辛，家丑国难，万里悲秋，老病孤舟，都化作千缕愁绪洋溢在字里行间，作千古一悲，千古一愁。其次在结构处置上，两诗的首联，颔联都极力描写秋景图，营造了一个悲愁萧森的氛围，使后面的抒情都顺理成章，打倒了景为情基，情为景发，浑然天成，足见构思之妙。再次，两诗在用词造句上，都是律诗的典范之作，对仗工整又极具情势。在两诗的颔颈联里体现得特别明显。如《秋兴·其一》的颔联"江间波涛"对"塞上风云"，"兼天涌"对"接地阴"，颈联"丛菊两开"对"孤舟一系"，"他日泪"对"故园思"。《登高》颔联"无边"对"不尽"，"萧萧下"对"滚滚来"，颈联"万里悲秋"对"百年多病"，"常作客"对"独登台"。

当然，两诗又有许多不同点，比如感情表达方式上，格律上，特别是在感情基调上《秋兴》诗感伤气氛太浓，境界不如《登高》壮阔。《秋兴》诗首联基调低沉，"凋伤"、"气萧森"是其体现，而《登高》仅点明"风急"、"天高"、"鸟飞回"。在境界上《秋兴》虽有"江间波涛兼天涌，塞上风云接地阴"，和《登高》"无边落木萧萧下不尽长江滚来"相比还是有点逊色。

八、教后反馈

对于杜甫"沉郁顿挫"的诗文风格有了较深入的理解，能够体会到杜甫诗文中的那种悲情的流露，比较赏析时能够讲出诗文中作者借助什么意象表达何种感情。当然，仅此一篇，学生不可能就弄懂了杜甫诗，还需借助类似的杜诗继续进行讲解。

《探究蚂蚁的行为》交流教案

廖 莎

一、教材分析

本次实验是北师大版《生物学》八年级上册第 16 章《动物的行为》第 3 节《动物行为的研究》的第 2 课时。实验的目的是通过探究蚂蚁的行为，使学生深度体验观察法和实验法，同时接受动物行为科学方法的训练，培养创新精神和实践能力。

二、学情分析

学生对动物行为有着丰富的生活经验，学习热情很高；同时，八年级的学生已初步具备观察事物、收集整理信息、独立思考和与他人合作的能力；我校学生具有一定的多媒体操作能力。

三、思想与策略

设计理念及教学方式："在体验中学习，在合作中探究，在交流中提升。"

本节课以我校的教育部重点课题——"基于缄默知识的核心问题教学模式"为主要策略，以本课的核心问题："通过探究蚂蚁行为的活动，深度体验观察法和实验法"为载体，创设情境，通过"课前观察——探究实验——后续研究"三大教学板块，促进学生在体验中学习，在归纳中提升，在行动中完善，从而有效实现教学目标的达成。

为了激励学生，同时调控课堂，设计"激流勇进大比拼"的竞赛活动，学生自由分组，选定小组长，设立"最佳准备工作小组"、"最佳团队协作小组"、"最佳实验小组"称号，并通过"笑脸娃娃"给予及时的评价。

四、教学目标

1．尝试用观察法和实验法探究蚂蚁的行为，进一步理解观察法和实验法；

2．通过探究蚂蚁食性的活动，提高观察能力，培养创新精神和实践能力，体验分工与合作的意义和乐趣。

五、核心问题

参与探究蚂蚁行为的活动，深度体验观察法和实验法在动物行为研究中的作用。

六、教学重点和难点

（一）教学重点

①观察研究蚂蚁的行为；

②通过实验法探究蚂蚁的食性。

（二）教学难点

"探究蚂蚁的食性"实验的设计与实施。

七、教学过程（如表1所示）

表1 教学过程

教学内容	教师组织引导	学生活动	设计意图
课前观察展示交流	提前一周布置观察任务，并提出明确要求	学生以小组为单位自行观察、记录蚂蚁的行为，并将观察所得制作成PPT，展示交流	使学生深度体验观察法，也体验到科学家们为了研究动物行为所付出的努力，使之在情感上产生共鸣；同时，锻炼了语言概况能力和分析能力
提出问题做出假设	创设情境，提出问题："蚂蚁喜欢吃什么呢？"将事先准备好的几种食物展示给学生，让学生猜测蚂蚁喜欢吃什么	学生通过大量的前期观察和已有的生活经验，做出假设	创设情境，引发学生思考，做出合理假设，引起进一步探究的兴趣
制订计划实施实验解决问题	将可能会用到的实验材料展现给学生，提出要求：实验设计严谨科学，可操作性强。教师引导并酌情奖励"笑脸娃娃"。	以组为单位提出实验方案，其他各组反驳或补充，最终完成实验设计	学生在辩论中思维碰撞，完善实验方案，既增强了团队意识，又充分体现了学生的"主体性、参与性和体验性"。
	教师巡视指导学生实验，并观察哪一组最具团队协作精神，动手能力最强，实验效果最好，这些都将作为评价标准。	各组学生按照设计方案完成实验	充分锻炼学生的动手能力，学生操作，教师指导，使实验法的教学不再流于形式。
	引导学生通过对每种食物上聚集蚂蚁的数量的统计，分析得出蚂蚁的食性。总结并评选出各个"最佳小组"	小组汇报实验观察情况，分析得出蚂蚁的食性	使学生产生成就感
后续研究总结提升	在汇报交流统计结果时，很多学生产生疑问：有好几种食物停留的蚂蚁数量都差不多，蚂蚁到底最喜欢吃什么呢？教师再次发问：怎样证明蚂蚁最喜欢吃什么？鼓励学生课后继续深入完善后续探究	学生思考交流后，得出解决方案	促进学生课后继续深入完善相关问题，培养其孜孜不倦的科学精神
运用反馈升华情感	布置周记，将整个过程所学所知所悟抒发出来	课后完成日记	使学生在体会到科学探索不易的同时，也体会到了成功的喜悦，更领受到了富有生活情调的物外之趣

八、教学反思

（一）核心问题具体明晰，贯穿课堂始终，层层深入

整个教学过程围绕核心问题步步推进，线索清晰，学生在教师的引导下很好地完成了实验的设计和操作活动，并在整个实验过程中，渗透了观察法，让学生真正理解了动物行为研究的基本方法，领会了这些方法在动物行为研究中的实际作用；很好地展开了合作讨论，结合学生自己的体验，完成了学习任务。

（二）在本节课中，课前观察和后续研究交相呼应，成为实验课的有力补充

三个板块循序渐进、环环相扣，重难点被逐一突破。不仅练习巩固了实验法的一般步骤，更重要的是，以该实验为载体，深度体验了观察法和实验法。由此，学生逐步从感性认识上升到理性认识，将抽象的理论知识内化为自己独特的经验和能力。

1．学生积极地参与到活动中，通过合作探究，体会合作的魅力，尝到探究学习的乐趣，提高分析和表达能力。

2．采用了综合的评价策略，评选"最佳小组"的方式，可以有效激发学生实验的主动性，同时加强了实验教学课堂管理。

3．本次实验数据的处理不够精准：在统计每种食物上停留的蚂蚁数目时，抽取的两三个小组的数据并不能完全代表蚂蚁喜欢吃什么，还需对实验数据作进一步的处理，力求更为精准。

"遗传物质控制蛋白质的合成"的教学设计

闵 洋

一、教材分析

"基因控制蛋白质的合成"是遗传物质作用原理的核心内容，通过这部分内容的学习，学生将完整的认识遗传信息的传递和表达过程，真正理解基因与遗传信息之间的关系，理解基因概念的内涵，理解基因的遗传信息与性状之间的对应关系。但这部分知识内容是分子水平的变化过程，学生对此缺乏感性的认识，对其中的变化过程理解起来比较困难；而教师通常是利用PPT动画显示转录和翻译的过程，并结合知识的讲解。这样的教学方式显得比较枯燥，使学生通常采取记忆的办法掌握知识。因此，使该内容的知识往往成为教学的难点。

二、学生分析

高中学生已经具备了较强的逻辑推理能力，他们喜欢并善于运用理性的思维去探索未知的领域，希望自己探索知识的发生过程，自主建构知识。"基因控制蛋白质的合成"的转录和翻译过程，知识之间的逻辑关系非常紧密；同时，探索其奥妙的科学研究过程跌宕起伏，对思维过程的创新要求很高。体会该研究的思维过程，对学生能起到思维体操的训练作用。

三、设计思想

本节课以"破译遗传密码子"为核心任务，从什么是遗传密码子、遗传密码子的阅读方式、密码子携带的信息三个方面引导学生展开分析，设计了三条线索：①知识建构线索——遗传信息的表达过程：基因中的遗传信息最终如何体现在蛋白质的氨基酸序列上；②科学方法线索——"假说-演绎"法：依据科学现象，提出假说，然后运用已有知识设计实验，最终通过科学家的真实科学实验结果加以验证，从而体验和感悟"假说-演绎"法及其应用；③能力培养线索——在"提出假说、分析实验结果、得出科学结论"的过程中，发展和提高逻辑推理能力。

四、教学目标

1. 能概述遗传信息转录和翻译的过程；
2. 初步理解遗传密码子的概念，能从碱基数量、阅读方式以及和氨基酸之间的对应关系这三方面去认识遗传密码子的概念。

3. 理解遗传信息流动的"中心法则"。
4. 在破译遗传密码子的活动中,加深"体验提出假说,实验验证,形成理论"的科学研究方法的体验;加深对 DNA 的多样性与蛋白质多样性关联的体验。知道两者有关联且知道两者的关联是什么。

五、核心任务

破译遗传密码子。

六、教学重点

1. 遗传信息转录和翻译的过程;
2. 分析生物学事实、形成生物学理论的逻辑推理能力。

七、教学难点

1. 遗传信息的翻译过程;
2. 提出假说、通过设计实验进行探究的过程。

八、教学手段

以多媒体课件为主,结合黑板板书。

九、教学过程

(一)提出问题

1. 营造问题情境
2. 布置核心任务:破译遗传密码子

(二)解决问题

引导学生分析,破译遗传密码子需要解决的任务一:几个碱基决定一个氨基酸。
1. 提出假设
学生思考并回答出:只要人工合成已知碱基数量的 mRNA,并用这个 mRNA 控制合成相应的蛋白质,计算 mRNA 的碱基数量与蛋白质上的氨基酸数量之间的比值,看其比值即可。其他学生对此思路都表示赞同,认为问题已经得以轻松解决。
2. 产生新问题,任务二;解决新问题及任务一
教师展示资料:20 世纪 50 年代中期,斯坦福大学的耶洛夫斯基做过这样一个实验:他在研究大肠杆菌某种酶(蛋白质)的时候,发现控制这种酶的 DNA 片段大约有 1000 多个核苷酸的长度,转录形成的 mRNA 具有 1000 个碱基,但合成的这种酶大约由 280 个氨基酸组成。
学生阅读资料后愕然,同时,感到十分困惑。因此刚才的所有假设似乎都不成立。
教师在学生分析、讨论的基础上,引导大家归纳出观点的要点,并板书:导致耶洛

夫斯基实验结果的原因有两种可能性：①3个碱基决定一个氨基酸，碱基未使用完或重叠使用；②4个（或4个以上）碱基决定一个氨基酸，碱基重复（即重叠）编码。

教师引导他们从两种可能性中找到共同点，寻找研究的突破口。学生思考、讨论后得出：应该先解决重叠使用的问题。因为，一旦否定了"重叠使用"的问题，就可以排除四种或者四种以上的碱基决定一个氨基酸的可能性。

师生提出需要解决的任务二：mRNA上的碱基在翻译过程中是否存在重叠使用？

学生经过讨论、交流，形成的共同思路是：可以通过添加碱基后来看氨基酸的变化判断碱基是否是重复使用，如果添加一个碱基，氨基酸增加了一个说明是重复使用的。如果没有，再试着添加碱基，如果加到三个氨基酸才发生变化的话，说明碱基是不重复使用的，且是三个碱基决定一个氨基酸。

教师给出科学家的研究成果：这个思路设计的实验是否可行呢？请看克里克的实验（PPT出示资料）： 学生分析、讨论得出：只有三个碱基决定一个氨基酸才会出现这样的结果。教师指导学生阅读教材，得出"密码子"的准确定义。

3．提出深入探讨任务：任务三

教师：人们通过进一步的实验，最终破译了所有的64个密码子，得到了"密码子表"。请同学们分析该密码子表。提出任务三：理解密码子和氨基酸之间的对应关系？

（三）反思提升

1．归纳密码子的特点。
2．归纳生物探究的思路：提出假说，实验验证，形成理论。
3．提升讲解中心法则。

（四）应用反馈（放下节课）

十、教学反思

本节课在进行教学设计时，充分挖掘学科知识体系中的教育因素，在以学科知识为依托的前提下，着重设计了两条教育线路。一是逻辑思维能力培养：在学习过程中，教师引导学生探寻知识之间的逻辑关系，进而构建严密的学科知识体系；同时，在探寻知识逻辑关系的过程中，发现需要探究的科学问题，并依据逻辑思维体系，提出对问题的假设和预设解决问题的方案，使学生在发现问题、思考问题、解决问题的过程中，不断发展和提高逻辑思维能力。加深"提出假说，实验验证，形成理论"的科学研究方法的体验；同时，在不断发现和解决新问题的过程中，也提高了学生的创新思维能力，加深对DNA的多样性与蛋白质多样性关联的体验。二是科学探索精神和创新精神：在学生探究的过程中，教师设置了许多具有较高思维难度的新情景和新问题，使学生不断地面临着新的挑战。这就激发他们迸发出巨大的能量，充分发挥他们的聪明才智，巧辟蹊径，提出解决问题的创新方法。这样的设计思路，将三维目标的培养有机结合在一起，从而达成生物课程标准的要求。

《第二节 基因在染色体上》教学设计

晏玉红

一、教材分析

《基因在染色体上》是人教版《生物必修二〈遗传与进化〉》第二章第二节的内容，它是沿着遗传学史的发展顺序，在第1章人们是如何发现遗传因子的基础上，引导学生寻找基因在细胞中的位置，而基因的行为与染色体的行为又有着重要的关系。因此，第1章和本章的减数分裂是本节学习的基础。

二、学生分析

在本节之前，学生已学习了孟德尔的两个遗传定律和减数分裂的过程。但学生对孟德尔定律和减数分裂过程的理解是相互孤立的，不能把减数分裂和生物的遗传现象整合起来。本节课正是二者之间的桥梁，学生能够通过基因和染色体的关系，从减数分裂的角度理解基因的分离和自由组合定律的实质。

三、设计思想

从已学的知识入手，列表对基因的行为和染色体的行为进行比较。发现两者行为的惊人相似性，推理出"基因在染色体上"的假说。随后提出萨顿假说和类比推理法。引导学生找证据，提出摩尔根的果蝇实验，从而提出核心问题"分析果蝇杂交实验图解，探究基因和染色体的关系"。学生观察果蝇杂交实验图解，用已学的一对相对性状杂交试验的方法进行推理完成遗传图解，发现不符合。教师此时帮助学生认识"常染色体"、"性染色体"以及"XY染色体的结构"，再回归没有解决的问题，作出三种假设。小组分别选择认为正确的假说进行推理认证，发现有两种假设都与实验相符，再次引起学生困惑。教师引导学生用"测交"实验进行验证，随后发现结果仍是一致，学生再次陷入沉思。教师引导学生要借鉴前人的方法，用孟德尔的"反交"实验进行验证。这次验证后两种假设下的结果不同，并给出摩尔根当时的实验数据，就能证明只有一种假设成立。得出结论：控制果蝇眼色的基因在X染色体上，而Y染色体上无等位基因。推而广之，最终归纳出：基因在染色体上。展示现代分子生物学技术将基因定位在染色体上的图片，学生更加直观的认同基因在染色体上的结论。反思提升总结整个找证据的过程"发现问题、提出假说、实验验证、得出科学结论"，总结科学方法：假说—演绎法，并运用新的结论，阐明旧定律。

四、教学目标

1. 能说出基因位于染色体上的理论假说和实验证据。
2. 能运用有关基因和染色体的知识阐明孟德尔遗传规律的实质。
3. 在果蝇杂交实验图解的分析过程中,体验直觉思维与逻辑思维的关联。
4. 在果蝇杂交实验图解的分析过程中,体验基因和染色体的关联、减数分裂和孟德尔遗传规律之间的关联。

五、教学重难点

如何作出合理的假设,并分析实验现象。

六、教学手段

多媒体设备,多媒体课件及学案。

七、核心问题

分析果蝇杂交实验图解,探究基因和染色体的关系。

八、教学过程(如表1所示)

表1 教学过程

教学环节	教师活动	学生活动	设计意图
提出问题	1. 比较孟德尔遗传实验中基因的行为和减数分裂染色体行为。 2. 提出萨顿假说和类比推理的科学方法 提出核心问题:分析果蝇杂交实验图解,探究基因和染色体的关系	列表比较染色体和基因在行为上的关系。 得出结论:基因与染色体的行为变化具有一致性,即平行关系	复习已有知识,构建逻辑推理的起点,激活学生用类比方法推理的缄默知识

(续表)

教学环节	教师活动	学生活动	设计意图
解决问题	提出：摩尔根及其实验材料果蝇，并展示摩尔根果蝇杂交实验的图解 P　红眼（雌）×白眼（雄） ↓ F_1　红眼（雌、雄） ↓F_1雌雄交配 F_2　红眼（雌、雄）　白眼（雄） 　　　3/4　　　　　　1/4 1. 展示果蝇的染色体组图解，讲解性别决定 2. 展示果蝇一对性染色体的图片，并分析结构上的区别。 　　　Ⅲ非同源区 　　Ⅱ同源区 　Ⅰ非同源区 　X　Y 3. 寻求新思路：引导学生模仿孟德尔解决问题的思路，运用测交实验的方法来证明假设2和3。 4. 探寻新方法：提示学生运用正交的基础上，采用反交实验的方法。 5. 展示摩尔根当时的实验结果，与我们的演绎推理过程对比。 6. 展示摩尔根后续研究的成果和用现代分子生物学技术将基因定位在染色体上的图片	学生分析发现：白眼性状只出现在雄性果蝇中。得出白眼性状与性别相关，猜测可能控制这对性状的基因在性染色体上。 学生作出三种假设： 1. 控制眼色基因只在Y染色体上Ⅲ区段； 2. 控制眼色基因只在X染色体上Ⅰ区段； 3. 控制眼色基因在X、Y的同源Ⅱ区段上。 学生分析：第1种假设不成立 学生活动：小组讨论完成学案中每种假设下的遗传图解。 陷入疑问，两者结果是相同。 测交实验（反交）： 第2种假设：眼色基因只在X染色体上Ⅰ区段 白眼♀ X^wX^w × 红眼♂ X^WY ↓ X^Wx^w　　　　　　X^wY 红眼♀　　　　　　白眼♂ 　　1　　：　　1 第3种假设：眼色基因在X、Y同源Ⅱ区段上 白眼♀ X^wX^w × 红眼♂ X^WY^W ↓ X^Wx^w　　　　　　X^wY^W 红眼♀　　　　　　红眼♂ 　　1　　：　　1 学生得出结论：控制果蝇眼色的基因在X染色体上，而Y染色体上不含有它的等位基因 推而广之：基因在染色体上	认识实验材料和遗传图解，引起学生认知冲突，为实验设计做铺垫
归纳提升	1. 提出类比推理法和假设演绎法。 2. 运用新的结论，阐明旧定律。用基因解释"分离定律"和"自由组合定律"的实质	1. 学生根据过程总结假设演绎法的步骤。 2. 阐明遗传定律，构建遗传定律的知识体系	缄默知识显性化，提炼科学方法归纳实质
反馈运用	引导学生完成学案上的课后巩固练习题	思考，分析并解答练习题	达成结果性目标

九、板书设计

第二节 基因与染色体的关系——基因在染色体上
核心问题：分析果蝇杂交实验图解，探究基因和染色体的关系。

（一）萨顿假说：基因位于染色体上
（二）实验证据
1．提出问题：白眼性状的表现总与性别相联系？
2．作出假设：
（1）控制眼色的基因位于 X 染色体上，Y 上没有其等位基因。
（2）控制眼色的基因位于 X 与 Y 染色体上的共有区段。
（3）控制眼色的基因只位于 Y 染色体上，而 X 染色体上没有其等位基因。
3．实验验证：测交
4．得出结论：控制果蝇眼色的基因位于 X 染色体上，Y 上没有其等位基因。
（三）归纳提升
1．科学方法
①类比推理法②假说演绎法
2．孟德尔遗传规律的现代解释
（四）反馈应用

十、教学反思

本节内容对学生遗传基础知识和推理能力要求很高，但是在核心问题的调动下学生能较好的根据遗传图解"提出问题——自己作出假设——写遗传图解验证——自己得出结论"。当两种方法的结论相同，遇到思维瓶颈时能根据教师的提示，另辟蹊径完成最后的验证，找出最后的正确结论。充分体验了科学研究的一般过程，深度体验"直觉思维与逻辑思维"在找证据过程中的重要性。但是由于时间的限制，本节设计将重点放在了严谨的逻辑推理得到实验推理上，对类比推理法只是一带而过，未给学生留下深刻印象，需要在下堂课中再做强调。

Unit 14　Writing：Animals Should Have Their Own Rights

薛蕾蕾

一、课题名称

Write the essay *Animals Should Have Their Own Rights*

二、教材分析

本节课是在阅读的基础上学习写作议论文。阅读部分简述了人类从争取宗教自由，到黑人争取自由和平等权利，以及为妇女、儿童、艾滋病患者，甚至为动物争取平等权利的运动的发展过程。该部分的阅读对写作有两个作用：一是导入写作话题；二是提供可供模仿的篇章结构和语言素材。阅读是铺垫和"输入"，写作是目的和"输出"。写作"动物应该有自己的权益"，这属于半开放式写作，重在掌握议论文写作策略。

三、学生情况分析

学生经过前几个课时的学习，对"自由斗士"和人类追求自身权利而奋斗的历史有一定的了解和兴趣；已逐步适应了在活动与任务中学习英语，具备了一定的小组合作学习和自主学习的能力。在写作方面存在的困难有：词汇量小，写作语言素材贫乏，表达不得体，结构单一，缺少连贯性，篇章意识差等。可以利用小组合作、集体讨论和给定任务的方法，让学生通过彼此的思维碰撞和互相合作，积累语言素材，理清写作框架结构，实现语言的输出。

四、教学目标

1. 以"动物应该有属于自己的权益"为题进行写作，初步做到有论点，有论据，论据能支持论点，能用较规范的英语表达。
2. 能归纳议论文的写作策略。
3. 体会平等权利的深刻内涵：既指关爱人类，也指关爱动物，从而懂得尊重动物的权利。

五、核心问题

以"动物应该有自己的权利"为题写作短文

六、教学设计思想

本节课尝试运用"核心问题教学中的学生深度体验"的教学模式，以核心问题激发和推进学生活动，教师通过"提出问题—学生活动—归纳提升—反馈运用"四个环节组织教学，学生通过独立思考，小组讨论合作，集体评议的方式体验学习，练习英语写作。

七、教学环节

环节	教师活动	学生活动	课堂预设	设计思想
提出问题	展示动物生存图片，引出核心问题：以"动物应该有自己的权益"为题写作	阅读文字材料，关注人类对待动物的残忍方式，思考人类和动物的关系	学生能够通过换位思考和设身处地关联联想引起情感共鸣	营造情景，激发学生的兴趣和对动物权益的关注
解决问题	1. 提出问题："如果你是动物，你想对人类说什么？""动物应该如何被对待？" 2. 和学生共同归纳审题、准备语言素材	1. 小组合作讨论：选取有力论据支持论点：如何为动物呼吁权利；找到合适的英语表达。 2. 集体交流 3. 独立写作	大部分学生能够找出 2～3 个理由支持"动物应该有自己的权益"；能够运用讨论所得的语言素材写作成文，可能在结构和论点支持论据方面问题不大，但在语言正确表达方面会有困难	通过生生、师生互动，确立论点和论据，积累词汇，储存句法，解决学生写作中无话可说和有话不知如何用英语表达的困难
反思提升	1. 从篇章结构、语言表达和思想创新性方面对学生习作进行评议 2. 归纳提升：议论文的写作策略	1. 互改习作，取长补短 2. 集体评议 3. 学习议论文的写作策略	能够通过互改和评议发现一些问题，能够归纳出议论文的写作策略	体验议论文的写作，规范和提高语言表达，掌握写作策略
运用反馈	指导学生自改和提高习作	1. 依据议论文的评判标准：论点清晰，论据充分，语言表达正确，内容具有创新性，自改和提高习作 2. 小结问题与收获		理解掌握，内化为写作技巧

八、教后反思

本节课做得好的地方：

1. 以核心问题为主线，贯穿整节课，激发和推动学生思考。

2. 注重在活动中让学生体验、思考和感悟，最终解决问题。学生的深度体验和关联体验活动主要有三：写前的话题讨论，独立写作，以及写后的集体评议。在这些活动中，学生的活动、情感、认知交织在一起，通过亲身参与，实际操作，以及归纳提升，对知识的理解从肤浅走向深入，从零散走向有条理。

3．采取讨论合作学习方式，培养学生合作意识。学生通过小组活动和集体讨论，能够就该话题扩展论据，储备写作的素材，能力强的同学带动基础差些的同学学会用英语表达；写后的互评互改，能够帮助同学发现写作中的错误，并加以更正，在合作中得到提高。

不足之处在于：没有完全体现以学生为主体的课堂。在学生陈述观点之后，老师如果觉得不够完善，可以在学生的基础上加以补充，但没有必要通过幻灯片把老师的所有观点列出来，这样会给学生一个印象：老师的才是标准答案，无形中把学生的自主思维和劳动淡化了。在整个教学过程中应以学生为中心，始终体现学生的主体地位；教师作为组织者、督促者、评价者、帮助者发挥其指导作用。

《种群数量的变化》教学设计

皮 军

一、教材分析

"种群数量的变化"隶属于新课标必修三《稳态与环境》模块第四部分《种群和群落》的第二节内容。本课是在学生认识种群数量特征的基础上,进一步介入数学知识,用建立数学模型的方法描述、解释和预测种群数量的发展变化。属于能力层面的"模仿"水平和知识层面的"理解"水平,建立数学模型对于帮助学生理解自然界事物的数量特征和数量变化规律起着极为重要的作用。

二、学情分析

本节课授课对象基础较好,总体思维较为活跃,大家在第一节课中已经对种群的概念、种群的特征,尤其是各种数量特征有所了解,在此基础上过渡到种群数量变化的学习顺理成章。学生在数学课上学习过指数函数的表达式和坐标图的绘制,而且从高一开始就进行模型构建相关知识的训练。这为本节课数学模型的构建奠定了良好的基础。

三、设计思想

为了落实新课程理念:倡导探究性学习,以提高学生生物科学素养,注重理论与现实生活的联系。笔者对教材进行了重新组合,探究培养液中酵母菌种群数量变化实验由于难度太大,改为在课前由兴趣小组同学完成。将教材中"澳大利亚野兔的增长"、"美国环颈雉的增长"等内容改为自学。"高斯的草履虫实验"作为学生理解环境容纳量(K值)的一个例子,课堂上引用学生亲自操作的实验"探究培养液中酵母菌种群数量的变化"的实验数据以及科学家通过大肠杆菌培养实验得到的实验数据作为构建数学模型的原始数据;让学生自己分析实验数据,在此基础上绘出种群数量变化曲线,引导学生思考曲线外形及其内在的差异,探讨出现这种差异的原因,因此本节课的核心问题确定为:"观察两组实验数据,绘出种群数量变化曲线,探讨形成两组曲线差异的原因。"当最核心的问题解决后,其他所有疑问都迎刃而解。另外,淡化教材中"防治鼠害"、"保护大熊猫"等内容,尝试用所建数学模型来解释某县当地备受关注的典型事例——虾夷扇贝养殖业的兴衰。

四、教学目标

结果性目标:
1. 能绘出种群数量变化曲线,说出曲线之间的差异。
2. 能利用数学模型解释当地的现实问题。

体验性目标：能在学习中体验生命系统的种群变化趋势与数学曲线的关联，种群数量变化与环境条件的关联以及生物与现实生活的关联。

五、核心任务

观察两组实验数据，绘出种群数量变化曲线，探讨形成两组曲线差异的原因。

六、教学过程（如表1所示）

表1　教学过程

教学环节	教师活动	学生活动	设计意图
提出问题	1. 引入：同学们，跟随着科学家的研究脚步，上节课我们共同认识了种群的特征，那么影响种群密度的种群数量特征有哪些呢？正是由于这些因素的影响，才使得种群密度不是一成不变的，那么这种变化当中有没有什么规律呢？ 2. 引入核心任务：观察两组实验数据，绘出种群数量变化曲线，探讨形成两组曲线差异的原因	回忆并说出影响种群密度的数量特征，观察实验数据，思考并回答老师提出的一系列问题	从学生熟悉的模型说起，引出第一课时学习的"种群数量特征概念模型"。首先，从这个模型中可以推测出种群的数量是不断变化的；其次，解释这些数量变化也要应用模型的方法。这种导入方法与本课有两个衔接，一个是研究方法上的衔接，另一个是知识上的衔接
解决问题	1. 引导学生观察、分析表格中的实验数据并动手绘制曲线图 2. 引导学生比较曲线间的差异并探讨形成曲线差异的原因	1. 观察实验数据，动手绘制种群数量变化曲线 2. 学生思考并展开交流讨论形成曲线差异的原因	使学生自己学会从不同的方面来思考问题，通过相互探讨寻求解决问题的答案，锻炼大家动手能力
反思提升	讲解：前面大家用坐标图这种数学方法描述了种群数量变化这样一个生物学问题，所以就把这种坐标图称为一种数学模型。事实上，数学模型在其他学科也有应用。如物理中的各种公式（表达式）就是另外一种形式的数学模型，坐标图这种数学模型最大的优点是直观。请大家列出起始数为1的大肠杆菌种群，繁殖t代后的种群数量 N_t 的表达式。注意，这个数学模型需要建立在一种假设的基础上，即种群增长不受种群密度的制约。而咱们构建的表达式是否正确还需要经过实验的验证，比如过30代后数数到底有多少大肠杆菌，然后与我们通过表达式计算的结果进行比较。匹配说明模型无误，不匹配则需要对模型进行修订。因此模型的构建一般需要经历"已知、假设、表达、检验"四个基本步骤	1. 学生思考老师提出的问题，利用已有的知识建立数学模型 2. 学生讨论演示模型成立前提条件	加深对"观察对象，合理假设，数学表达，检验修正"一般建模方法的体验
运用反馈	讲述某县在贝类养殖方面出现了严重的问题，鼓励大家运用课堂所学的生物学知识分析其中的原因，并建议学生以专家的身份给当地政府提点建议	1. 讨论PPT上演示的开放性问题，发表观点 2. 相互评价彼此观点的优缺点	这是一个没有标准答案的问题，学生的不同观点可以相互碰撞，有利于拓宽学生思维角度和视野

七、板书设计

第二节　种群数量的变化

核心问题：观察两组实验数据，绘出种群数量变化曲线，探讨形成两组曲线差异的原因

（一）看数据，绘曲线（如图1所示）

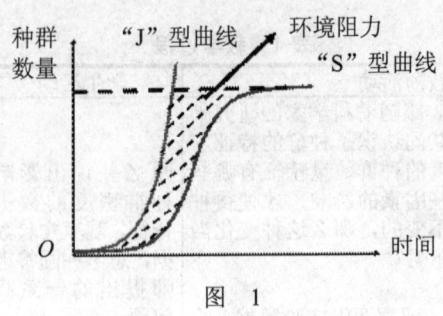

图　1

（二）析曲线，寻差异

1．曲线的增长趋势不同
2．有无最大值
3．增长速率不一样
4．增长率不一样

（三）思差异，悟原因

1．空间、食物等环境资源充足条件下，种群数量变化呈"J"型增长
2．空间、食物等环境资源有限条件下，种群数量变化呈"S"型增长

（四）习知识，得方法

1．$N_t=2^n$　　$N_t=N_0\lambda^t$
2．数学建模的方法：

观察对象

合理假设

数学表达

检验修正

课后反思：

这节课能够充分运用核心问题调动学生的深度体验性学习，始终以学生为主体，给出问题，让学生分组讨论、探究，知识和方法的得出是在学生通过激烈讨论、反思的过程中逐渐形成的，在体验的基础上归纳提升得到的。尤其是在引导学生思考两组曲线外形及其内在差异的过程中，出现全班举手抢答问题，相互争论的高潮局面；在学生寻找两组曲线差异的过程中，有些同学能够结合实验条件和实验数据得出形成两组曲线差异的原因。一些见解超出了笔者的预想。课堂上有以知识为中心的关联体验，也有以学生个人为中心的关联体验。

这次公开课使自己对核心问题教学模式和生物新课程改革有了更深的理解。同时也

坚定了笔者的信心,那就是在日常课堂教学过程中尽可能地让学生参与课堂讨论,让他们尽可能地多一些思想上的交锋,通过这种方式学生学到的知识才会深入、透彻、灵活。

在本节课的教学中,暴露出一些不足,如在学生寻找两组曲线差异的过程中,有同学结合实验条件和实验数据得出形成两组曲线差异的原因,笔者应该进行及时表扬与点评。笔者会在以后的教学中改进这些不足。

太极拳教学设计

郭 彪

一、指导思想

在全面推行素质教育，重在培养学生能力的今天，为适应当前创新教育，愉快教学为突破口的教育改革理念，依据"健康第一"的指导思想，认真促进学生身体健康、心理健康，渗透心理健康教育这一角度出发，并结合高三学生有一定身体素质基础的特点。笔者选择太极拳为主教材，让学生在课堂中既能掌握动作技能，又能放松身心，减小学习压力、陶冶情操、修身养气。学习太极拳学习后可以长期练习，为终身体育打好基础。

二、教材分析

太极拳运动是中华民族文化的优秀遗产之一。太极拳是增强体质、预防疾病和对某些慢性病的治疗或辅助治疗行之有效的体育运动。太极拳外练全身的关节、骨骼、肌肉，内练意识、精神气质、神经功能。太极拳运动，既活动四肢百骸，使肌肉、关节、筋骨都得到锻炼，又能增强中枢神经系统的机能，使大脑皮层的兴奋与抑制保持良好的平衡状态，提高人们的情绪，因而使各种生理机能活跃起来。

通过课堂教学，学生能基本掌握太极拳的基础知识和练习方法，通过教学建立学生科学的健身方式和养生意识，以学生发展为中心，重视学生的主体地位，调动学生的运动积极性，充分体现自主教学方法，培养兴趣爱好。

通过实施有效教学，使学生获得主动探究、合作交流、积极思考和操作实践的机会促进对中华民族传统文化和实践能力的培养；使教师切实转变教育教学观念，改变教学方法，养成反思习惯，在科研和教改的过程中提高自身的业务素质和专业素养。

三、学情分析

太极拳是大家经常看到的中老年人用于锻炼身体的手段，也逐渐被世界各国人民所喜爱。高中生在生理上处于青春发育后期，身心发育逐渐成熟，其独特性，自我控制能力明显增强，同时，高中生的学业繁重、压力较大，而太极拳对缓解学生的身心疲劳，提高学习效率有较好的效果。当学生学会了太极拳，用科学合理的方式进行体育锻炼，就可以精神饱满地适应高三高速度、高节奏、高效益的学习和生活，也就掌握了一项可以作为终身体育锻炼的健身方式。

四、核心任务

观察、模仿、体验太极拳。

五、教学目标

1. 运动参与目标：积极参与太极拳的技术学习，培养相应的技能。
2. 运动技能目标：能初步表现太极拳动作的缓慢柔和，整体的体松心静。
3. 身体健康目标：增强心肺功能及肢体的协调性。
4. 心理健康目标：能关注与体验动作、呼吸、意念的关联与配合。
5. 社会目标：能感知太极拳是我国民族传统文化瑰宝。

六、教学重点、难点

重点：激发学生自主学习的兴趣。
难点：动作准确、协调，并能使之由外至内、由内向外、身心合一，融为一体。

七、教学方法

1. 教法：以学生练习为主，教师讲解法、示范，巡回指导各组，轻教重导、适时点评。
2. 学法：重复练习法、小组合作练习，自我评价，相互评价。
3. 音乐配备：旋律清晰、舒缓流畅的音乐。
4. 展示：充分体现学生的学习能力和身心合一的境界。

八、教学设计（如表1、表2所示）

表　1

教材内容	24式简化太极拳	教具	音响设备一套 笔记本电脑一台 投影仪一台 耳麦一个

场地位置：注：*代表学生、△教师

```
**********              ******  ******
**********              ******  ******
**********                  △
   △                    ******  ******
                        ******  ******
    图 1                        图 2
```

```
          ************
          ************
          ************
          ************
               △
             图 3
```

表 2

课的流程	时间	教学内容	教师活动	学生活动	设计意图
兴趣导入	2分钟	1、整队集合 2．师生行抱拳礼问好 3．宣布本次课教学内容、任务 4．安排见习生：随堂学习，做好见习笔记。 5．检查上课使用场地情况	亲切导入课的内容	体育委员整队报告人数【如图1】	快速进入上课状态
热身活动	3分钟	慢跑热身	1．教师讲解法 2．教师示范法	1．快、静、齐 2．明确本次课的教学内容要求 3．强调课堂纪律与课堂常规	教师与学生都做好热身运动，充分伸展身体各部分
学习24式简化太极拳	33分钟	1．复习太极拳全套动作 (1)起势 (2)野马分鬃 (3)白鹤亮翅 (4)搂膝拗步 (5)手挥琵琶 (6)左右倒卷肱 (7)左揽雀尾 (8)右揽雀尾 (9)单鞭 (10)云手 (11)单鞭 (12)收势 2．用投影仪投放太极拳动作 3．分小组练习并自编队形，教师巡回指导 4．全班共同展示与体验太极拳（音乐伴奏）	1．教师展示组合动作 2．口令指挥法 3．示范领做法 4．重复练习法 5．教师分组，安排骨干学生组织练习任务 6．巡回指导各组，自主练习 7．教师观看后进行客观评价鼓励学生练习	1．观看教师示范，体会动作 2．观看太极拳录像视频并跟做 3．在分组组长的带领下练习【如图2】 4．学生体验24式简化太极拳【如图3】	1．引导学生积极思考提高与沟通能力，增强学生的记忆 2．养成学生自主学习和积极学习的能力 3．激发学生思维，培养学生自学能力 4．培养良好的合作精神
结束部分	2分钟	1．集合 2．小结 3．师生再见	评价鼓励学生	【如图1】 1．认真听总结 2．相互行抱拳礼	

《价格变动的影响》交流教案

邱钦英

一、教学分析设计

（一）教材分析

《价格变动的影响》是人教版《经济生活》第一单元第二课《多变的价格》的第二框。在前面分析了影响价格的因素之后，本框探究价格变动对供求的影响，旨在帮助学生加深对价格现象的认识，进而体会经济学理论在生活中的魅力。

（二）学情分析

高一学生学习的自主性有所增强。虽然刚接触《经济生活》，但学生已意识到课本与生活的密切关联，但由于缺乏必要的理论支撑，还无法清晰表达和解释，在供求关系影响价格的同时，反过来价格变动也会影响供求关系。

（三）设计思想

正因为学生的体验并不深刻，已有的认识也是肤浅和模糊的。为此，我们应为学生营造良好的问题环境，引领其积极、深刻体验，激活学生的缄默知识，并在探究活动中不断修正、完善和丰富自己的缄默认知。根据新课程"三贴近"原则和校本研究主题，设计本课的核心问题为"讲述应对价格变化的故事，探究价格变动的影响"，使学生在课堂内外都置身于积极的体验环境之中，以利于关联体验性目标和结果性目标的确立、达成和检测。

（四）教学目标

1. 能积极参与准备和讲述应对价格变化的故事的活动，初步感受价格变动对供求的影响。
2. 能根据同学讲述的故事，在生生、师生互动中，总结不同商品、相关商品价格变动对消费者需求量的影响是不同的（需求）；理解价格变动对生产经营者的影响（供给）。
3. 能利用价格变动对供求关系的影响，解释和分析相关经济现象，提高参与经济生活的意识和能力。

（五）教学重难点

重点：价格变动对生活、生产经营的影响。

难点：①不同商品的需求弹性不同；②价格变动对生产经营的影响

（六）教学方式及媒体选用

核心问题教学法　相关视频资料及PPT

二、教学实施设计（如表1所示）

表1　教学实施设计

教学环节	教师活动	学生活动	观测预设	设计意图
提出问题	展示饮料市场价格变动的影响视频。提出核心问题	学生观看视频	学生是否心怀期待进入课堂	以相关视频片段吸引学生，激发学习兴趣
解决问题	引导学生讲述亲身经历、身边发生、查阅的应对价格变化的故事，适当点评，并据学生发言作副板书。视情况作必要补充和追问	学生自主讲述应对价格变化的故事	学生故事准备是否积极真实、典型。是否积极参与提问讨论	让学生积极参与到核心问题的解决中，调动起他们学习的主动性。促使学生体验性目标的达成
归纳提升	引导学生总结和归纳价格变动对生活和生产经营的影响。引导把握前后知识间的联系，动态生成学科知识脉络	学生主动参与，积极揣摩，形成较为系统的归纳总结	学生能否根据先前讲述的故事进行简要归纳，表述自己的观点和看法。	学生在互动中归纳梳理知识。体验合作学习快乐。促使结果性目标的达成
运用反馈	展示相关问题材料。视情况点评	学生对材料进行解释和分析，并作书面回答	观测学生解题的思路及语言表述	检测体验性目标和结果性目标的达成情况

三、反馈调整

（一）表现反映

教学设计体现了新课程理念，确立了恰当的教学目标，体现了知识、能力和情感态度价值观的有机统一。核心问题设计恰当，清晰，利于学生课堂内外的关联体验，利于所学知识的有效生成。坚持了学生的主体性。一切以学生感受经历或发生在身边或者查阅的相关资料为教学设计的依据。设计思想、核心问题的确立、解决、教学环节的设置、重难点的确定、课堂探究以及课堂反馈检测题目的设置均来源于学生的自主探究，即准备和讲述的应对价格变化的故事。学生在体验和感悟的基础上认同与内化经济学原理并用以指导自己的行为实践。

从现场来看，学生能在核心问题的引导下，积极讲述自己或身边应对价格变化的故事，整节课中学生主动投入，思维活跃，发言积极，体验充分。教师从设计和实施的方向上基本改变了学生的学习方式，学生是在体验中主动构建知识的。而且课后还有学生在追问相关产品价格变动对其需求量的影响还有没有其他情形，替代或互补程度有差异，其价格变动对需求量的影响程度是不是也应不同等等？这说明学生的体验感悟是丰富的、深刻的。

(二) 反思调整

由于学生在课前准备讲述价格变动的故事时，多数准备的是对生活的影响，因为这方面学生经历最多，体验深刻些，而对生产经营的影响却没有什么经历，关注也少得多，讲述的也多是从网络或报道中查找的。基于学生社会阅历有限，知识储备不足，在解决第二个难点即价格变动对生产经营的影响时，教师在发挥主导突破难点时有设问过细的不足。

莫畏浮云遮望眼
——探究半命题作文的审题技巧

周 鸣

一、教材分析

初一年级是学生初中作文的奠基阶段，要求学生自由抒写真实的生活经历，能运用语言文字有条理地清楚地表达对学习生活的所见所闻和真实感受。这一阶段的目标就是要激发他们的写作情趣和渴求写作的愿望，为培养学生良好的写作习惯和态度打下基础，让学生学会写作记叙文，能生动具体地写生活和表达情感的能力。而教材上没有相关的具体的作文写作指导。

二、学情分析

半命题作文既有所限制又有所开放，在选材、立意方面给了学生较大自由。从学生平时写作情况看，半命题作文最容易忽视的问题不少，如脱离文题，我行我素；拟题俗套，重复雷同；拟题过大，难以下笔；不审要求，不合情理。审题是写好作文的第一关，半命题作文也不例外，但有不少学生却偏偏忽视了这一点，往往匆忙下笔，甚至失之毫厘，谬以千里。下笔千言，离题万里。

三、教学设想

1. 针对学生在作文写作中偏题现象，本课选取半命题作文，以探究课的课型来实施教学内容。
2. 围绕教学目标，确立核心任务：探究半命题作文的审题技巧。以核心任务引导学生在自主，合作，探究中积极开展思维活动，感悟学习知识，提高审题能力，并体验探索知识的乐趣。

四、教学目标

1. 了解半命题作文的一般特点。
2. 能通过小组合作部分归纳出半命题作文的审题技巧。
3. 能用以上方法评价同学的拟题、开头是否合乎题意。
4. 能在以上活动中获得探究半命题作文导语、标题、要求相关联的审题体验。

五、教学重点

以"___也美丽"为例，探究半命题作文的审题技巧。

六、教学难点

以"___也美丽"为例，探究、体验半命题作文标题文眼的方法。

七、核心任务

探究半命题作文的审题技巧。

八、教学媒体

现代教学媒体和传统媒体相结合，PPT自制课件。

九、教学过程

（一）提出问题

1．导入
2．提出核心任务：探究半命题作文的审题技巧
3．老师介绍半命题作文的出题形式

（二）解决问题

1．学生活动一：初步探究标题"____也美丽"
（1）仔细阅读半命题作文"____也美丽"的文字，设想如果今天你就要完成这篇作文，你准备从哪些方面来审题？
（2）小组交流：各抒己见，派代表记录下整合的意见
（3）小组代表发言，老师板书学生说的初步探究要点
2．学生活动二：进一步探究标题"____也美丽"
了解半命题作文标题的结构：开放部分和限制部分。
思考讨论：
（1）补题时横线上填写的内容是不是可以任意发挥的呢？
（2）看看这个标题后面有何限制，题眼是什么？
3．学生活动三：再进一步探究导语。
学生齐读导语。
筛选导语里的关键词并理解其内涵。
师生朗读对导语的解读。
小结。

（三）归结提升

1. 反思以上的探究过程，交流探究半命题作文审题的思路，完善板书。
2. 归结整理出半命题作文的审题技巧。
3. 看标题，抓题眼辨词义，明重心
4. 析导语，巧补题读要求，知要义

（四）运用反馈

1. 我们来说一说
你能说说下列补题准确把握题意了吗？
2. 我们来写一写
请将《_____也美丽》补充完整，并用两三句话写出开头。
师生交流点评。

（五）课后作业

完成作文《_____也美丽》
板书：
核心任务：探究半命题作文的审题技巧
半命题作文审题技巧
1. 看标题，抓题眼　　　　　"也"
2. 辨词义，明重心　　　　　详写为什么"也美丽"
（1）析导语，巧补题　　　　提炼补题对象
（2）读要求，知要义　　　　补题，文体，字数限制

（六）反思改进

本节课以"探究半命题作文的审题技巧"为核心问题，通过初步探究标题"____也美丽"，进一步探究标题"____也美丽"，再进一步探究导语三个学生活动解决了核心问题，然后师生通过对前面学习过程的反思，提炼出半命题作文审题技巧，通过运用反馈的两个活动来检测学习的效果，课后作业的布置是本节课的延伸。

课堂的设计改变了以往的要点式作文教学模式，而在核心问题的引领下以过程式教学带领着学生一步一步，循序渐进地去进行半命题作文审题技巧的习得，这是本节课的设计最受大家赞赏的。因而课堂上学生的思维活动随着教学过程的步步深入有静有动，表达有说有写。学生带着审题的困惑走进课堂，带着由自己的体验获得半命题作文审题技巧的成就感，喜悦感走出教室，真是拨云见日。

另外，在课堂上应更注意关照课堂新生成的问题解决。

《南亚》交流教案

袁 蓉

一、课题名称

南亚。

二、活动方式

自主建构，讨论归纳。

三、核心问题

整理南亚知识结构，反思认识区域特征的方法。

四、教材分析

本节内容是世界地理中的一个具体章节，主要包括南亚的位置范围、自然地理（地形、气候、河流等）特征和人文地理特征（农业、工业、城市等）及其相互关系，本节为一个完整的系统单元，涉及面广，牵涉的地理原理多，需要学生整合自然人文内容。

五、学情分析

在本课学习之前，学生头脑中有一些浅显的区域地名、地理现象的认识，但就具体区域，选择哪些地理要素来表征区域特征、各要素的成因分析及理清要素间的相互关系，对于他们来说是全新的考验，因此学生有获得区域学习方法的紧迫感。因此我们设计以南亚为研究对象，贯穿整节课的亲身体验，反思归纳认识区域特征的普遍方法能满足学生目前的心理需求，学会归纳总结区域认识方法对于后续的学习至关重要。

六、设计思想

体验的层次目标有经历、反应和感悟，学习是一个知识积累的过程，体验有助于提高学生的参与热情，帮助获得新知。区域地理内容繁多而复杂，用关联体验引导学生从现实生活的经历与体验出发，调动已有的缄默知识，独立思考，使个体把外界刺激所提供的信息整合到自己已有的认知结构内，通过同化顺应，体验解决问题的过程，扩充自身认知结构的数量，使认知水平得以提高，有助于增强学生对区域的印象，促进学生主动学习，自觉建构知识结构。

七、教学目标

1. 知道南亚的范围和位置，能对南亚进行区域定位，在地图上填绘重要地理事物，掌握南亚地形、气候、河流等地理特征，并总结归纳认识区域的一般规律。
2. 通过参与南亚知识结构的构建过程、相互交流和修改，重建、内化自己的区域认识。
3. 通过关联体验南亚区域特征的认识过程，加深对区域知识的理解，把握地理环境整体性的特征，形成人口、资源、环境可持续发展的观点。

八、重点和难点

1. 分析区域特征；
2. 理清地理要素之间的相互关系；
3. 建立区域认识的思维模式。

九、教学媒体

1. 自制多媒体课件；
2. 实物投影仪；
3. 学生学案。

十、教学过程（如表1所示）

表1 教学过程

教学环节	教师活动	学生活动	设计意图
提出问题	组织学生进行课前预习内容的再现	填绘南亚重要地理事物	读图训练，熟悉南亚的地理环境，获得课前体验的成就感
	提出核心问题：整理南亚知识结构，反思认识区域特征的方法	明确本节课的主要任务	创设问题情景，明确本节课要解决的问题
学生活动	从学生的知识结构展示中找出表征区域特征的重要地理要素	展示自己的南亚知识结构，陈述构建理由	个体缄默知识的显性化，共同分享体验收获
	引导学生进一步对南亚做自然和人文地理特征及成因的综合分析	开动脑筋，积极思考，分析地理表象的生成原理，相互交流、相互评价，取长补短	激发潜能，帮助加深对区域特征的认识，修正自己的认识
	搭建脚手架，引导学生思考"恒河三角洲发生洪涝灾害的原因"	针对综合问题的剖析，从中感悟要素间的关联性	形成区域总体认识的思路和方法，进一步感知深化对区域的认识程度
归纳提升	归纳总结：反思认识区域特征的方法	学生在教师引导下反思归纳，理解内化	反思感悟，内化自己认识区域特征的一般方法
运用反馈	用归纳所得完成反馈练习，并整理完善"南亚知识板块"，尝试分析新的区域	尝试运用、内化知识	学生能够运用归纳提升后的方法提升认识，挑战新的区域

十一、板书设计

第 3 课 南亚

核心问题：整理南亚知识结构，反思认识区域特征的方法（如图 1 所示）。

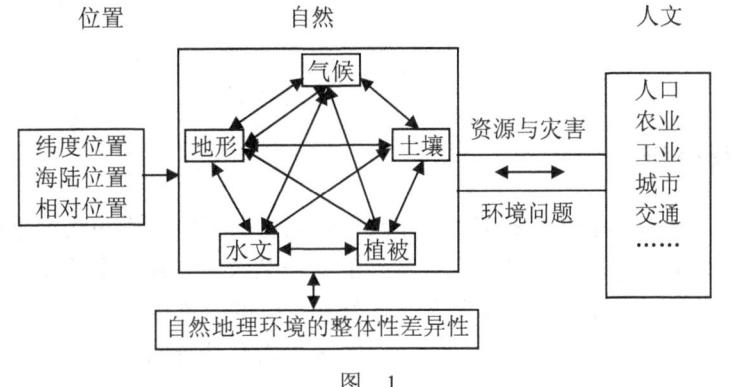

图 1

十二、教学反思

课堂上大家有备而来，展示了具有鲜明个性的南亚知识结构，通过相互交流和取长补短，整理修改完善各自的南亚知识结构，最后反思归纳出认识区域特征的一般方法。伴随着同学们课前到课中、课后的体验活动，使学生对区域的认识由盲目到清醒，从无从下手到胸有成竹，在自己的亲身体验中，完成了蜕变。

教师要着眼于学生的实际需求，有针对地设计教学过程，充分利用学生个体的经历和已有的认知结构，尊重关注个体，才能取得实效。学生学科素养的培养是在平时点点滴滴的教学中慢慢浸润出来的，要多给学生营造一些体验的机会，用心处理好教学中的一些细节。

初一（上）Unit 3 This is my sister 交流教案

覃安玲

一、教材分析

《This is my sister》是新目标英语七年级上册第三单元的教学内容。本单元围绕谈论"家庭"这一话题展开活动，本课是第三单元的第一节课，它是整个单元有关家庭话题中最基本也是最重要的学习内容。其呈现出有关家人称谓的重点词汇，为话题的展开奠定了基础。指示代词 this、that、these、those 的实际运用对话题的深入起到了至关重要的作用。同时运用"Is this/that your/her/his sister? Yes, it is. No, it isn't."的目标语言询问照片上的人物，培养了学生识别、判断的能力。本课的话题与学生的实际生活息息相关，可引导学生用英文介绍全家福照片上自己的家人和朋友，利用整合后的教学资源，将书本知识与自身的实际运用相结合，学会关注自己身边的人，并能梳理出自己与家庭成员之间的关系，学会与他人进行友好地沟通和交流。

二、学情分析

全班大多数学生在小学阶段的英语学习中已学过一些家庭成员的表达方式，但还需要拓展一些相关的词汇。在教材第一单元中学生已学会了自我介绍。本课重点学习用指示代词来介绍家庭成员和朋友。学生从二单元辨别物品的话题中已学会了用指示代词 this/that 进行提问和回答，但还不会运用指示代词来介绍人物以及询问、辨别人物。另外，学生进入初中学习才一个多月，彼此还缺乏沟通和了解，他们渴望认识更多的新朋友，因此让学生带上各自的家庭照片到课堂上进行交流，介绍自己的家人和朋友，为他们搭建一个互相了解沟通的平台，学生们一定会很感兴趣，乐于参与，并从课堂活动中体会到学习英语的乐趣。

三、设计思想

为了使本课的体验性目标和结果性目标获得更高的达成度，整堂课的教学设计采用核心问题教学模式。先确定核心问题：看照片介绍家人和朋友，区分指示代词 this/that 和 these/those 不同用法，然后围绕此问题创设有梯度的活动。让每一位同学自带几张家人和友人的照片，从介绍自己身边的同学到介绍照片中自己的家人和朋友，学生们始终都在真实的环境中进行语言交流。真实的活动能使学生有关家庭成员之间称谓关系的缄默知识随之显性化。其次课堂活动以学生为主体，以循环问答，同伴结对，小组活动，口语竞赛等方式让学生参与体验。在学习指示代词 this/that/these/those 不同用法的过程中学生们需要在真实的语言实践活动中去寻找、去感悟、去归纳，只有在"做中学"才能达到语言知识的提升。课堂活动要由浅入深，层层推进，这不仅能让每一位学生从充满亲情和友情的照片中体会到与他人交流带来的乐趣，而且还能在介绍家人的真实活动中不断地修正并内化本课所学的相关语言知识，不断地去体验、去感悟、去拓展，从而提高其语言表达能力。

四、核心任务

看照片介绍家人和朋友，区分指示代词 this/that 和 these/those 不同的用法。

五、教学目标

1. 结果性目标：能识记 10 个以上家庭成员的称谓并能正确运用目标语言介绍自己的家庭成员和朋友。

目标语言：This is my sister.　　　　　That's my father.
These are my/his/her brothers.　　Those are my/his/her friends.
Is this Jim？ Yes，it is.　　　Is that Mary？ No，it isn't.

2. 体验性目标：能全程参与课堂上询问、识别图片人物以及介绍家人的活动并乐于用英文向他人介绍自己的家人和朋友，体验自己与他人之间的关联。

六、教学过程（如表 1 所示）

表 1　教学过程

教学环节	教师活动	学生活动	设计意图
提出问题	教师引导学生介绍他人，提出核心问题，示范导入 these/those 句型介绍他人	值日生用 this/that 介绍同学理解 these/those 的用法	复习指示代词 this，that 的用法，引出指示代词 these/those 进行情景问答
问题解决	1. 用学生所带的照片导入生词并教授有关家庭成员的生词 2. 教师用自己的全家福照片介绍家人 3. 引导学生看图，谈论戴夫的家人和友人 4. 播放录音，指导学生进行听力训练	说出自己全家福照片上家庭成员的称谓。看戴夫全家福照片，学会辨别其家人和友人： 1. 将单词与图中人物相连 2. 听 1b 录音，圈出录音中提到的人物。3. 按顺序讨论图中的家庭成员。4. 听 2a、2b 辨别人物	识记有关家庭成员的称谓，根据实际情况拓展词汇。 理解"介绍人物、识别人物"的目标语言 学会听具体信息，筛选关键词
归纳总结	教师引导学生总结归纳语法焦点中指示代词 this，that 和 these、those 的不同用法	总结归纳语法焦点中指示代词 this、that 和 these、those 的不同用法，并做相应的训练	培养学生观察能力和归纳概括能力
运用反馈	1. 教师引导学生进行小组活动谈论从家中带来的照片 2. 制定出比赛的规则组织学生进行口语竞赛	四人一组拿出他们的全家福照片，用英语向组员介绍自己的家庭成员和朋友，谁介绍的人物最多谁将成为汇报员并将代表小组参与小组间的口语竞赛。活动时每人都要记录填表	通过谈论从家中带来的照片，学会运用目标语言介绍自己的亲人和朋友，训练学生听具体信息的能力，同时不断修正，内化其语言知识，丰富其人文知识，提高与人交流的技巧

七、教学反思

　　本课设计在两个班实施过程中，做到了全体学生都积极参与了课堂的各项活动，无论是循环式的回答，还是同伴之间，小组之间互相介绍各自的家庭成员和朋友，学生们都表现出了极大的兴趣，特别是在最后的小组口语竞赛中各小组的竞争异常激烈，无论是代表小组上台展示的学生，还是下面的听众都对其显现的内容特别关注。学生们在整合教材之后创设的贴近实际生活的语言实践活动中，不仅学会了用英文介绍家人，还通过此活动了解了老师和同学的家庭情况，弄清了自己与家庭成员之间的关系，拓展了书本以外的语言知识和人文知识，增加了彼此间的了解和沟通，拉近了师生之间，生生之间的距离，让课堂洋溢着浓浓的亲情和友情。如果一堂课能让所有学生都有机会开口说英语，乐于说英语，那么其学习效率就会随之提高，整堂课的教学目标达成度也会大大地提升。这一切都源于本课设计了恰当的核心问题，而且特别确立了关联体验目标，在此基础上的课堂活动整合了教材的重点，挖掘出与学生生活密切相关的话题，使学生乐于接受，乐于参与体验。虽然由于时间的原因，最后的小组竞赛没有赛完，也没能评出任何奖项，但笔者相信学生在参与自己感兴趣的语言实践活动中获得了许多意想不到的知识和乐趣。

《金融危机下看银行的作用》交流教案

王桂香

一、教学分析设计

（一）教材分析

《银行的作用》是人教版教材高一经济下册第六课第一节第三框题的教学内容。本节课的内容是本课的重点和难点，同时又是高考的考点，与社会热点联系紧密。

高一经济学下册前两课涉及财政、税收及银行的相关知识，这些内容是对上册国家宏观调控的进一步展开和细化，国家宏观调控的手段有三个：经济手段、法律手段和行政手段，银行、信贷、利率就是国家常用的经济手段。银行作为金融体系的骨干或主体，是国民经济体系的神经中枢，它不仅是国家宏观调控的重要工具，而且与生活在市场经济中的每一个人息息相关。学习有关银行的知识，对国家、家庭和个人都有利，这些知识为学生所关注和渴望了解的，对进一步提高学生参与现代经济生活的能力有着重要作用。

（二）学生分析

本学期进行了文理分科，学生对政治课的学习态度发生了很大的变化，但由于没有具体方法论的指导和文科思维模式的引导，对这门课的学科特点、学习方法及应对考试的策略还很缺失，特别是主动运用已经掌握的知识和方法去分析问题、进而独立解决问题的能力欠缺。

学生在校期间，大多数时间用于钻研书本知识，对社会现实和经济动态了解甚少，虽然和银行有一定的交道，但落实到知识层面上，很多东西一知半解。

本课旨在利用核心问题来激发和推进学生的主动活动，让学生深入地参与到解决问题的过程中，并能从解决问题中得到启示、总结方法、合理运用。

（三）教学目标

第一，学生能积极参与到资料搜集、现象评析、表达交流、知识运用等环节，并在解决问题的过程中进一步理解银行在金融危机下发生的作用。

第二，学生能针对解决此问题的过程做进一步的理性反思和总结，初步掌握分析问题的方法，加深对银行作用的理解。

第三，学生能通过本课的学习，关注现代经济生活的变化，增强自己参与经济生活的意识。

第四，学生能积极回顾和运用已有的商业银行和中央银行的相关知识，来更深刻体验商业银行和中央银行在应对金融危机中的不同作用。

（四）教学媒体：多媒体课件

现代教育媒体既能准确而有效地传递教学信息，又能提高教学的生动性和趣味性，对丰富教学内容、提高教学质量和完善教学效果都有着重要的作用，如表1所示。

表 1

图片内容	图片来源	选用意图
金融危机来袭的视频片段	CCTV新闻网	引导学生进入情境，营造课堂气氛
温总理政府工作报告图片	新华网	更好的展现本节课的现实意义

（五）设计思想

国家宏观调控是整个经济常识中的重要知识点，而银行又是国家实施宏观调控常用的工具之一。2008年下半年～2009年上半年，全球性金融危机席卷中国，给中国经济带来了一系列影响，国家及时实施宏观调控，对经济运行中的问题进行"医治"，扭转经济的发展态势，其中充分地发挥了银行的作用。学生虽然亲身经历了这次金融危机，在生活中有着或多或少的切身体验，但由于缺乏相关的背景知识和分析问题的方法，对这一经济形势的变化捉摸不透。本节课想以这次金融危机为载体调动学生的积极性，让学生参与到解决问题的过程中，加深对银行的作用的理解。

基于以上分析，设计了本节课的核心问题，"在这次金融危机中，我国银行采取了哪些举措来扭转经济运行态势"。意在调动出学生已有的零星的、模糊的缄默知识，加之教学中的理论输出，对缄默知识进一步检讨、修正、强化和丰富，培养学生分析问题、解决问题的能力。

二、教学实施环节

（一）教学环节（如表2所示）

表2 教学环节

教学环节以及时间分配	教师活动	学生活动	课堂预设	设计意图
提出问题（5'）	简单知识回顾后，多媒体展示2008年金融危机的相关视频，引发学生的兴趣，提出核心问题：在这次金融危机中，我国银行采取了哪些举措来扭转经济运行态势	学生跟随教师思路，积极回顾已有知识，观看视频，进入情境	把学生带入课堂，激发他们的兴趣和好奇心，并让学生知晓本节课要解决的主要问题	强化本节课要解决的核心问题，让学生对金融危机有一个感性的认识，并为进入理性思考和分析做好兴趣引导

（续表）

教学环节以及时间分配	教师活动	学生活动	课堂预设	设计意图
解决问题（17'）	教师依据学生的发言，启发学生的思考点，并将学生的见解记录下来，视情况作必要补充和解释	学生积极发言，结合课前搜集到的资料分析金融危机给我国经济带来哪些方面的影响，银行在应对这些问题时采取了哪些举措，收到了怎样的效果	学生对这次金融危机感同身受，加之课前的资料搜集，应该对此问题有自己的一些或成熟或生涩的见解，教师尽量尊重每一个同学的看法	意在让他们参与到问题的解决中，调动起他们学习的主动性和积极性，并通过相互补充，完善知识，体验解决问题的乐趣
反思提升（10'）	引导学生在反复讨论的基础上尝试归纳银行的作用，教师做进一步的引导和提升	学生主动参与，反复揣摩意思的表达，形成较为系统的总结	学生刚刚进入文科班，对问题可能会有五花八门的见解，零碎杂乱的表达，尊重学生并鼓励他们大胆地展示自己的想法，不苛求他们有完整缜密的归纳思路	意在让学生身临其境，勇敢尝试，发现自己的优点和潜力，并从归纳总结中加深对银行作用的认识和理解
运用反馈（8'）	教师展示相关材料，提出学生要解决的问题	学生根据材料，自己分析出银行发挥了哪些作用并写出依据	学生应该能够运用归纳出的银行作用来分析材料	通过训练让学生加深对银行作用的理解和运用

（二）板书设计

银行的作用

核心问题：在这次金融危机中，我国银行采取了哪些举措来扭转经济运行态势。

为国民经济筹集和分配资金，是再生产顺利进行的纽带

为企业和国家做出正确的经济决策提供必要的依据

对国民经济各部门和企业的生产经营活动进行监督和管理，以优化产业结构，提高经济效益

三、教后反馈调整

本节课背景选择有很强的现实意义，金融危机是当前最大的热点问题，社会关注，学生关心也和本节课的理论知识有着千丝万缕的联系。

本堂课最大的亮点就在于学生真正成为课堂的主人。由于课前准备工作相当充分，积极搜集相关资料，在解决核心问题过程中，能够积极举手发言，各抒己见，从问题、举措、效果三方面谈自己的认识，思路是开放的、多样的；在提到银行的应对时，学生的思路很开阔，综合了经济常识的相关知识点，提出了很多书上找不到的答案。这些或生涩或成熟的见解反映了学生能突破常规，大胆创新，虽然有些不是很准确，比如对农民工提供专业培训，提高税率等，但是体现了学生在尝试运用已有的知识来解决问题，这种倾向是难能可贵的；在发言过程中最让人欢喜的是，学生间达到了互助的默契，在问题的见解上相互补充，完善知识，不仅体验到了解决问题的乐趣，而且还深刻感受到了自身的价值；最后的目标检测，学生的回答也是有根有据，层次分明。总体来讲，学生的表现差强人意。

作为年轻教师来说，也反映出了在课堂控制力上还有待提高。比如教师对学生发言的评价过多，不停地打断学生的思路，试图将学生的思路强行引到自己的思路上来，造成学生的发言变成了回答教师的一个一个的小问题，束缚了学生的思维。

这节公开课上下来，笔者最大的收获就是懂得了如何和学生在课堂中合作。新课程改革是要让学生成为课堂的主体，充分发挥学生的主动性，而不是用"标准"去约束和要求他们。当然，教师在课堂中的主导作用也不容忽视，当学生在面对问题手足无措时，教师要通过一个个小问题的设计，去引领学生一步步走向解决问题的正确道路上来；当学生在解决问题中遇到了难以预料的困难，教师要结合学生已有的知识，学会用递进式的问题进行推动，给学生牵线搭桥；当学生对问题提出自己的见解时，教师要充分尊重学生的想法，给予肯定的评价，并作出合理的引导，这样才能引领学生逐步掌握分析问题的方法，师生间的合作也会更融洽。

《澳大利亚》教学设计

王小林

一、教学设计分析

（一）教材分析

澳大利亚是七年级下册的知识，在初中教材中，这节知识包括三部分内容：地理环境的独特性、农业活动、工业活动，其中更多地强调"有什么"。由于初高中学生的差异，高中区域地理复习时，教材明显把自然地理环境的知识加强了，并且更强调地理环境的整体性，体现出各地理要素之间相互影响、相互制约的关系，要求学生能从整体上去把握某个区域。这是现在高考"能力"导向的需要，同时也是对学生分析、思考、归纳问题的能力的要求。

高二澳大利亚的复习教材中内容依次地理位置、地形、气候、生物、农业、工业六个部分，采用区域地理复习中传统的布局思路。即：在分析某个大区时需要学生了解的内容。但在内容上又以地形、气候最为重要，教材中用了较大篇幅介绍这两部分内容，体现出澳大利亚的重点内容为自然地理。同时，里面的插图及思考问题对本节内容具有很强的引领作用，也能较好的调动学生的思维。

（二）学情分析

学生在之前亚洲、欧洲等区域的学习中已经掌握了部分区域地理的学生方法，对读图、分析自然地理要素的关系有一定的基础（还要加强这方面的训练），这些都为本节课的学习打下了基础。学生已初步适应上课讨论的方式，便于探究活动的开展。在以前区域地理的学习中，学生已经知道从地形、气候、植被、农业等方面去把握一个区域的基本特征，但在具体复习时，仍然过多地强调背诵，缺乏用地理环境各要素相互联系的整体性观念来理解分析这些地理特征。所以我们在区域地理复习过程中还要加强这方面的教学工作。

（三）教学目标

结果性目标：
1. 能够说出澳大利亚的位置、地形特征，大自流盆地成因。
2. 能够说出澳大利亚各种气候的成因。
3. 初步学会分析某区域自然地理环境特征的方法。

体验性目标：通过对澳大利亚自然环境的分析，体会自然地理环境各要素的关联。

（四）教学媒体

多媒体、学案。

（五）设计思想

学生在生活中具有一定的缄默知识，即使是基础较差的学生也知道气候、植被、农业、地理位置之间具有一定的联系，但当出现这类的考题时，他们大多不能正确的回答。原因可能有两个：一是平时很少思考这些要素之间的相互关联，后进生更是对学习失去信心，一遇到考题时不知道如何解答；二是学生语言表达能力还较差，不能将心里面的语言转化为地理属于表达，部分表述缺乏逻辑性。如何才能把学生原有的缄默知识转化为课堂知识？如何增强学生答题语言的准确性？这是笔者一直思考的问题。在对教材及学生进行详细分析后，笔者决定用体验式学习的方式把学生的缄默知识"调出来"。

具体教学思路是：课前播放澳大利亚的相关图片，给学生一种感性的认识。主要目的是让学生了解澳大利亚，特别是那里的自然环境特征。然后，提出核心问题："读图，分析澳大利亚的地理自然环境特征"，接着先后投影出澳大利亚的政区图、地形图等，让学生在读图的过程中，分析澳大利亚的地理位置、地形等。讨论、分析澳大利亚的气候成因，并分析推测其河流及生物的特征，学生在读图分析中解决本节课的问题。在**总结提升**环境，教师主要对自然地理环境的一般分析方法做总结。最后借用一道试题来检测学生的掌握情况，为以后的教学改进提供依据。

（六）教学重点和难点

重点：
1. 澳大利亚位置、地形的特点
2. 澳大利亚各气候类型特点及成因

难点：澳大利亚气候的成因

二、核心问题

读地理教学图，分析澳大利亚的自然地理环境特征

三、教学过程（如表1所示）

表1 教学过程

教学环节	教师活动	学生活动	设计意图
提出问题	用澳大利亚的地理环境图片激发学生学习兴趣，初步形成澳大利亚自然和人文地理印象	仔细观察视频，思考问题这是哪个国家的景观	创设情景激发学生解决问题的热情。明确本节课要解决的问题
	提出核心问题：读图，分析澳大利亚的自然地理环境特征		明确本节课学习任务

(续表)

教学环节	教师活动	学生活动	设计意图
解决问题	先后出示澳大利亚的政区图、地形图，描述澳大利亚的位置、地形，归纳总结描述方法	学生看图思考： 1. 描述澳大利亚的地理位置 2. 从哪些方面归纳地理位置 思考： 3. 描述澳大利亚地形地势特征 4. 描述某地地形时从哪些方面描述	掌握澳大利亚的位置、地形特征，大自流盆地成因
	根据地理位置及以前的知识，推测澳大利亚有哪些气候？讨论其成因	分小组，每组讨论一种气候，分析其成因，选出发言人发言	讨论分析澳大利亚各种气候的成因
	对学生的分析进行点评，分析归纳澳大利亚气候的分布特征（半环状）	（按小组，每组发言者回答起讨论结果）	
反思提升	归纳总结： 1. 自然地理环境一般方法 2. 地理位置的描述方法 3. 某区域地形特征的描述方法 4. 影响气候的主要因素		掌握分析某区域自然地理环境特征的方法
反馈运用	试题检测	尝试运用、内化知识	学生能够运用已习得的知识解决问题

四、教学反馈调整

从核心问题的初步设定、到试讲、修改、再试讲、再修改，大概用了两个月的时间，最初的核心问题及教学框架是："读图，分析澳大利亚的区位特征。"计划用一个课时完成澳大利亚的自然人文特征的教学主要是让学生读图讨论，掌握澳大利亚的特征并掌握分析一个地区的方法。但在第一次试讲后发现时间很紧张，无法完成教学任务，后又更改核心问题为"读图，分析澳大利亚的气候特征"，重点解决气候特征及成因。因为澳大利亚的气候特征非常典型，常常作为分析气候成因的典例。又进行了第二次试讲，这次试讲后发现两个问题：①最开始设计的让学生画气候分布图基本无效，学生无法根据影响气候的因素来推知气候的分布、并画出来，除非以前他详细背过澳大利亚的气候分布；②单讲澳大利亚的气候，课堂内容还是单薄了一点，作为高二的地理课堂，需要一定的知识容量。于是，又和组上的老师探讨更改方案，最后把核心问题确定为"读图，分析澳大利亚的自然地理特征"。重点仍然为气候特征分析，强化地理位置、地形等特征的描述，整节课重点突出分析自然地理特征的方法。

但这节课上下来后,感觉整节课讨论气氛不太浓厚,学生还是习惯于看书和做学案,推测原因有三:一是下午第一节课学生精神状态不好;二是学生基础知识还不到位,导致讨论时因缺乏知识储备而无话可说的局面;三是自己在学生活动方面的驾驭能力还是有点弱,有待提高。究其原因还是以后的教学中过多的"以教为主",造成不管是学生不善于自己学习。但单是老师的"讲"又使教学效率很低。记得一个老教师说过,"教学时该放手时一定要放手","只有学生自己总结学到的知识才是真知识"。所以决定以后的教学中更多地强调学生自己讨论学习,自己归纳总结,教师只做适当引导。

函数的单调性与导数

冯小辉

一、教材分析

导数是微积分的核心概念之一,在研究函数性质时有独到之处,是一种最一般、最有效的工具,体现了现代数学思想。用导数研究函数的单调性是导数的概念、几何意义和运算的延伸,为后续学习函数的极值和最值打下了基础,具有良好的承上启下作用。教科书中所蕴含的探究素材比较丰富,呈现方式注重让学生体会数学思考的方式之一——几何直观,反复利用图形去认识和感受导数的几何意义,既加强了对导数概念的认识和理解,又让学生在利用导数的几何意义去解决问题的过程中,学会一种数学探究的学习方式。

二、学生分析

函数单调性是在高中阶段讨论函数"变化"的一个最基本的性质。学生在中学阶段对于单调性的学习共分为几个阶段:在初中以具体函数为载体,从图形直观上感知单调性;在必修 1 中,学生学习了单调函数的定义,并会用定义判断或证明函数在给定区间上的单调性;在前几节,学习了导数的概念、几何意义及运算法则,具备利用导数探究单调性的基础,但研究问题的方法是模糊的,对于由一些基本初等函数经过运算形成的新函数的单调性认识是错误的。用定义证明函数在给定区间的单调性的方法是作差、变形、判断符号。而对大部分函数而言,变形环节是非常繁琐,甚至是无法做到的。面对新函数,学生具有强烈的探究欲望。

三、教学目标

1. 能借助基本初等函数的图像,探究出函数的单调性与其导数的关系。
2. 会判断具体函数在给定区间上的单调性;掌握利用导数判断函数单调性的方法及步骤。
3. 学生经历从特殊到一般,利用函数图像探究单调性与导数关系的过程,发展和丰富观察想象、归纳概括的能力,体验形—数—形的关联、"导数与单调性关系"和单调性概念的关联。

四、教学重点

利用导数判断函数的单调性。

五、教学难点

函数单调性与导数的关系。

六、设计思想

本节课从求具体函数的单调区间入手，通过回顾求函数单调区间的方法，发现图像法、定义法解决该类函数的单调性具有一定的局限性，从而形成认知冲突，导数是研究函数性质重要的工具，以此激发学生探究用导数解决函数单调性的欲望。通过简单复习函数在某一点的导数的几何意义，研究函数性质的基本思路等知识和方法，激活学生用形来研究数，用图像研究函数性质的缄默知识，从而通过核心问题调动、推进学生的活动。

指向认知客体的活动分两步走，第一步学生根据核心问题从简单的基本初等函数入手探究，利用函数的图像，观察曲线的切线斜率与函数单调性的关系，进一步探究导数值的符号与函数单调性的关系，从特殊到一般，从简单到复杂，层层递进探究，通过生生，师生的交流互动，学生猜想归纳得出导数值的符号与函数单调性的关系。然后学生展示交流，教师适时恰当地进行评价，教师借助几何画板动态展示，进行几何验证，形成导数与函数单调性关系。第二步：学生利用自己探究的函数单调性与导数的关系，尝试解决引例，根据所求的单调区间画出原函数的示意图，以期实现数—形的关联。指向客体的活动侧重在反思提升环节，一方面总结本节课探究所生成的知识，使用的数形结合、特殊到一般和数学模型化的思想方法，归纳导数法求函数单调区间的步骤。

为检测结果性目标与体验性目标的达成情况，设置了两个检测题，一个检测学生对形—数—形关联体验的情况，检测对"关系"的掌握情况。第二个检测学生对导数法求单调区间的掌握情况，修正学生错误的缄默知识。

七、核心问题

利用基本初等函数图像，探究函数的单调性与导数的关系。

八、教学过程（如表1所示）

表1　教学过程

教学环节	教师活动	学生活动	设计意图及预设
提出问题	营造问题情境，求 $f(x)=-6x^3+36x^2$ 的单调区间	回顾求函数单调区间的方法：图像法、定义法	激发学生已有的缄默知识，发现这两种方法的局限性与缺点，激发学生探究新方法的求知欲，明确利用导数研究函数单调性的必要性
	提出核心问题	明确本节课的学习任务	用核心问题调动学生的活动

（续表）

教学环节		教师活动	学生活动	设计意图及预设
解决问题	探究活动一	巡视、点拨、收集学生解决的方案和探究的初步结果	借助基本初等函数的图像，探究函数单调性与导数的关系	学生独立解决核心问题，从不同的角度来验证函数单调性与导数的关系
		对学生各种不同方案进行展示，引导学生辨析优劣并分析原因	学生展示问题的解决方案，讲述解决思路，交流探讨	通过比较不同的方案，让学生自己体验到从特殊到一般的研究问题的思想方法，培养学生直观感知、抽象概括的能力
		老师用几何画板动态展示切线斜率的正负与单调性的关系	学生观察分析，几何直观的感知	
	探究活动二	巡视、点拨、收集，把学生活动推向深入	借助探究出的函数单调性与导数的关系，求引例的单调区间，并画出该函数的示意图。展示交流	让学生体会导数工具的优越性，初步掌握如何用导数求函数单调性区间，形成数—形的关联
反思提升		1. 知识； 2. 思想方法； 3. 提升讲解"关系"与单调性概念的关系	积极参与，归纳利用导数求函数单调区间的解法步骤	完善知识结构，提炼思想方法，建立知识与问题、知识与知识、知识与方法的关联
反馈检测		巡视、点拨； 引导、评价	完成课堂反馈检测问题	检测结果性目标和体验性目标的达成情况

九、课后反思

这是一节新授课，学生充分体验导数作为一种数学工具的优越性与可比性。通过课堂学生反馈及课后同伴、专家的评议，笔者进行了认真的反思：

第一，教学上突出了数学思想方法。本节课作为一堂探究课，学生是课堂的主体，必须把课堂时间交给学生。通过核心问题恰当的设置，多次调动和激发学生已有的缄默知识，能进行深层次的探究，学生都能运用直角思维、逻辑思维，形成数—形—数的关联，促进了学生深度体验探究。

第二，引例贯穿整堂课。学生利用自己探究的函数单调性与导数的关系，尝试解决引例，根据所求的单调区间画出原函数的示意图，实现了数—形—数的关联，既保证学生探究活动的完整性，也保证活动体验的充分性，体现学生的层次性、思想性。

第三，探究中让学生"既形成知识又有数学思想方法"，数学思想方法是以知识为载体，依附在具体的数学知识之中，将零散、具体的数学知识串起来，优化知识结构、迅速构建学生的认知结构。而本节课学生没有过多时间的停留与思维的内化、总结，不利于学生知识、方法的及时建构，人为减缓了结构化的速度；

第四，学生分组探讨，课堂气氛活跃。同学们能用导数的几何意义和代数法两种方法探讨，这个过程充分体现了学生的合作学习、自主学习、探究学习，探究中对学生的评价及时与准确，更为重要的是对学生情感上的鼓励与认同。

《变压器》教学设计

谢朝植

一、教材分析

《变压器》是人民教育出版社高中物理第二册（必修加选修）第十七章《交变电流》第四节的教学课题。《交变电流》是电磁感应现象的应用与延伸，本节将在电磁感应现象产生条件及交变电流的产生和变化规律基础上得出变压器的原理和电压关系、功率关系及电流关系。

二、学情分析

学生已学习了电磁感应，知道感应电动势及感应电流产生的条件，知道交变电流是如何产生的，同时具有一定的实验能力和较为强烈的动手探究欲望，学生应该能够从实验中体验变压器与电磁感应现象的关联，体验输出电压与输入电压和原、副线圈匝数的关联，能够在核心问题的引领下通过实验探究变压器输出电压与输入电压及原、副线圈匝数的关系。

三、教学目标

1. 了解变压器的功能和结构。
2. 通过动手做实验，体验变压器与电磁感应现象的关联，体验输出电压与输入电压和原、副线圈匝数的关联。
3. 理解互感现象是变压器的工作原理。能推导并理解变压器原、副线圈电压关系及功率关系、电流关系。

四、设计思想

通过对教材及学生的分析，结合教研课题《核心问题教学中的学生关联体验研究》，在本节课的教学中，学生在核心问题的激发下，动手自绕线圈，应用"控制变量法"探究：原、副线圈匝数一定时，输出电压与输入电压的关系；输入电压、原线圈匝数一定时，输出电压与副线圈匝数的关系；输入电压、副线圈匝数一定时，输出电压与原线圈匝数的关系。学生活动围绕核心问题展开，在活动中不断加深对变压器与电磁感应现象的关联体验，变压器输出电压与输入电压、原、副线圈匝数的关联体验，进而在体验基础上加深对所学知识的理解。

重点：通过实验体验输出电压与输入电压和原、副线圈匝数的关联，理解变压器原、副线圈的电压关系、功率关系及电流关系。

难点：实验探究输出电压与输入电压和原、副线圈匝数的关系的过程。

核心问题：用给定器材做实验，探究变压器输出电压与输入电压和原、副线圈匝数的关系。

媒体：线圈一个、漆包线一卷（自绕线圈）、铁芯一个、交流电压表一只、学生电源一个、导线若干、CAI课件及实物投影仪。

五、教学过程（如表 1 所示）

表 1　教学过程

教学环节		教师活动	学生活动	设计意图
提出问题 （6min）	问题情境营造 （4min）	1．PPT：生产、生活中一些电压值；指出根据需要改变电压的必要性。演示实验：①两只白炽灯泡串联后接入220V交流电压，观察亮度；②两只白炽灯泡串联后连接变压器再接入220V交流电压，升压，观察亮度变化；降压，观察亮度变化。引入课题。 2．讲解变压器结构	1．观看，思考，观察两次演示实验中灯泡的亮度变化、体会变压器功能。 2．倾听、思考、笔记	1．营造问题情境，激发学习兴趣。 2．认识变压器的各部分结构及名称
	问题引入 （1min）	引导学生思考变压器输出电压与哪些因素有关	学生思考、猜想：变压器输出电压可能与原、副线圈匝数及输入电压有关	提出问题，为本节课的核心问题的提出做准备
	提出核心问题 （1min）	用给定器材做实验，探究变压器输出电压与输入电压和原、副线圈匝数的关系	倾听、思考	明确本节课的核心问题
问题解决 （19min）	实验前准备 （7min）	指出探究前的实验准备：自绕简易变压器；交代绕制时注意事项	自绕简易变压器	自己动手制作简易变压器，激发兴趣，强化动手意识
	分组实验 （6min）	教师巡视，指导学生完成实验（其中第三个探究：U_1、n_2 一定，探究 U_2 与 n_1 的关系受器材限制，由教师演示）	学生分组进行实验，分析得出实验结果	在亲身实验过程中，体验变压器输出电压与输入电压和原、副线圈匝数的关联，提高实验操作技能
	讨论交流 （4min）	组织学生交流、讨论	交流、讨论实验结果	分享、交流的过程中强化实事求是的科学态度
	得出实验结果 （2min）	师生共同归纳出：变压器输出电压与输入电压、副线圈匝数成正比，与原线圈匝数成反比		感受得出实验结果的喜悦，强化总结、归纳意识

(续表)

教学环节	教师活动	学生活动	设计意图
归纳提升（9min）	引导学生归纳变压器原理及原、副线圈电压关系	学生思考、分析、推导	明确变压器原理，强化学生实验与理论结合的意识
	引导学生从能量角度思考变压器能量转化，得出理想变压器功率关系	学生思考	提高从能量角度思考物理过程的意识
应用反馈（6min）	引导学生完成课堂练习	进一步体验变压器与电磁感应现象的关联及输出电压与输入电压、原副线圈匝数的关联	通过应用加深对变压器原理，原副线圈电压关系，功率关系及电流关系的理解

六、课后反思

物理教学应该怎样开展，是为了高考让学生在反复的训练解题技巧中，消耗对物理学习的兴趣？还是以学生为中心，关注学生的发展，重视学生在学习中的体验。本节课，笔者选择了后者，采用了核心问题教学模式，提出核心问题："用给定器材做实验，探究变压器输出电压与输入电压和原、副线圈匝数的关系。"在核心问题的激发下，学生动手自制简易变压器，通过动手做实验，体验变压器与电磁感应现象的关联，体验输出电压与输入电压和原、副线圈匝数的关联。

课后听课的专家、领导及老师们给予了较高的评价，认为本节课是一节非常精彩的课，"体现了新课改的思想，以学生为中心，学生通过自制变压器来完成实验探究，使本节课真正有了物理课的味道"；"学生的活动充分、自主，学生的体验得以进展，有知识为中心的关联体验，也有以学生个人为中心的关联体验"；"本节课的容量非常大，核心问题设计恰当，教师讲解清晰、流畅"；"教师力图学生的体验，做了很多恰当的选择"……

在学生课堂目标达成方面：83%的学生知道变压器工作原理是电磁感应现象；70%的同学知道开关断开瞬间，电流变化，穿过原、副线圈的磁通量变化产生电磁感应现象；70%的同学通过变压器电压关系计算出副线圈匝数要远大于原线圈匝数。85%的同学能根据变压器电压关系及功率关系推导出电流关系，但仍有15%的同学应用欧姆定律推导，未能推出电流关系。课后改进方面：在归纳提升环节，得出变压器工作原理：互感现象后，提出问题：变压器能改变恒定电压吗？加深对变压器与电磁感应现象的关联体验。

《奥斯维辛没有什么新闻》教学设计

罗莉娟

一、教材分析

《奥斯维辛没有什么新闻》出自高中语文课本新人教版必修一第四单元《短新闻两篇》。单元提示中明确提到：学习新闻作品，要注意新闻结构的多样性，分清客观叙述与主观评价。一般的新闻报道，作者都置身于新闻事件之外，不带任何主观情感只做客观的报道。而《奥斯维辛没有什么新闻》恰是一篇另类之作，进行纯主观性报道。字里行间里灌注了作者浓郁的主观情感，作者主要通过参观者的行动、神态传达内心感受，以此感染读者，引起读者共鸣，侧面表达自己的情感。作品控诉了纳粹的暴行，提起对遗忘的警惕，引发对生命的反思，凭借思想的高度和对传统新闻写作方式的突破，获得了新闻领域的最高荣誉——普利策奖。

二、学生分析

在日常生活中，新闻报道无处不在，学生对新闻并不陌生。在初中八年级教材中有《新闻两则》一课，这是学生初次理性地接触新闻这一写作概念。初中教学中，老师会将教学重点放在新闻构成的基本要素和基本特点上。因此在高中新闻学习中就有相应的基本知识积淀，教学重点就应该有所改变。但是"另类"新闻却少见，如何以合适的教学方法，将传统新闻与另类新闻发生关联，让学生体验到《奥斯维辛没有什么新闻》的不同并品味其新闻的独特价值是调动学生的关键。通过学习，我们希望学生能关注历史，关注社会，肩负起应有的社会使命和社会责任，并将学习所得运用到平时的新闻写作中去。

三、设计思路

《奥斯维辛没有什么新闻》是纯主观性新闻报道，作者表达的情感是《奥斯维辛没有什么新闻》的一个亮点，希望能在教学中让学生感受到作者罗森塔尔的使命感，在以后的写作中站得更高。而情感的表达需要依托恰当的表达技巧，二者不能分离，这又给笔者一个很大的启发。《奥斯维辛没有什么新闻》中借助恰当的表达技巧来增强报道效果的亮点语句比比皆是，这也成为笔者教学的一个重点。因此本课设计的核心任务是：分析作者在《奥斯维辛没有什么新闻》中的情感及表达技巧。

四、教学目标

结果性目标：通过学习能初步运用纯主观新闻报道的方法写新闻。
体验性目标：在课文学习中体验两类新闻的关联，体验人与社会的关联。

五、教学重点

品读课文，探讨作者在新闻中表达的情感。

六、教学难点

运用纯主观性新闻报道的方法，写一则新闻。

七、核心问题

分析作者在《奥斯维辛没有什么新闻》中的情感及表达技巧。

八、教学过程（如表1所示）

表1 教学过程

教学环节	教师活动	学生活动	设计意图
提出问题	提出核心问题：分析作者在《奥斯维辛没有什么新闻》中的情感及表达技巧	领会核心问题	明确学习任务，引起学习注意
解决问题	1. 投影探讨问题：快速阅读课文，找出并分析最能表达作者情感的句子 2. 投影探讨问题：作者通过哪些表达技巧来凸显自己的感情 3. 组织学生探讨，引导学生发言，并及时板书学生发言要点	1. 在文中勾画圈点感触最深的句子 2. 小组代表发言，其余同学参与探讨，补充完善	通过研读，感受文章独特的思想价值及文学表达技巧
总结提升	1. 引导学生总结作者的情感 2. 补充表达技巧 3. 板书学生回答	1. 归纳作者的情感 2. 归纳纯主观性新闻报道的方法	通过探讨反思，感受作者的思想高度 通过探讨反思，明确纯主观性新闻报道的方法
运用反馈	1. 展示习作题： 以参与者身份，写一则校运会新闻 2. 指导学生评议	1. 习作实践 2. 展示习作 3. 体验新闻纯主观性报道的独特性	将学习体验应用到写作，体验纯主观新闻创作的独特性

九、板书设计

句子	情感	技巧
最可怕……居然	批判纳粹⎫ 控诉暴行	反语
默默、茫然、惊惧、被窒息	控诉暴行⎬ 反思生命	侧面描写
雏菊花 怒放……	反思生命⎭ 警醒未来	反衬、细节描写

十、实施反馈

（一）核心问题是本堂课的灵魂

在实施过程中，教师的教学围绕核心问题层层推进，条理清楚，很好地引导了学生按各教学环节展开，可以说一气呵成。同样，学生在教师的引导下很好地开展了各项活动。由此可见，正是有了准确的核心问题并在课堂教学中一直贯之，才使本堂课顺利地进行。从语文教学的角度来说，实际上就是使本堂课找到了很好的切入点，从而使得教师的教与学生的学习得以顺利开展。

（二）学生习作实践积极，效果明显

学生充分认识到《奥斯维辛没有什么新闻》打破传统新闻报道方式，将主观情感融入新闻报道中。因此，在设置习作题目时，考虑到最好是让学生置身于新闻事件中，最终确定题目为：以参与者身份，写一则校运会新闻。

通过分析，全班有 40%的学生能把自己置身于新闻事件中，运用恰当的表达技巧来表达自己的情感。比如刘梓豪同学对开幕式进行了全景扫描式的报道后，由面到点写到"风靡全球的骑马舞《江南 STYLE》点燃了全校师生的热情，那身躯是生命在舞动，是热血在沸腾，是青春在飞扬"，运用了排比，表达了这群朝气蓬勃的学生那无限的生命活力。

（三）不足之处

当然，作为教师来说，这是对我校校本教研的一次很好的实践。通过教学，笔者收获了很多。评课时，大部分老师都提到，这节课在最后环节的设计上有不足，就像陈明瑛老师和米云林校长都说到的，这节课感觉前后是断层了，前面的课堂氛围是沉重的，作者那种救赎人性的使命从字里行间里流露出来，这正是语文教学与社会的关联，而教师设计的实施反馈却是写运动会导致课堂前后氛围不协调，应该继续延续这种对人性关怀的写作题材，让学生更加深入的与社会发生关联，肩负起应有的社会使命。笔者相信，在今后的教学中，带着这次尝试积累的经验，改进不足，不断努力，笔者的教学一定会更上一层楼！

体育与健康课《篮球》设计方案

涂 强

一、教学内容

原地双手胸前传接球。

二、指导思想

贯彻新课标"健康第一、以人为本"的指导思想,围绕"学生为主体、教师为主导"的中心,塑造学生自信、干练、果敢的良好品质。在练习中,学生追求动作完美、努力创造运动赋予人体的美感,营造相互协作,自主探究学习的氛围。通过教师示范、提示、语言激励等办法提高学生学习兴趣、练习质量,使学生在学习动作的同时感悟运动的美感和获得成功的喜悦,激发学生学习热情,达成练习目标,从而养成自觉自愿参与运动的习惯。

三、教材分析

篮球教材在中学各学段均设置了相应的内容,通过学习能有效提高学生的灵敏素质、协调能力、速度、力量素质以及相互协作的团队精神。篮球是学生喜欢的体育项目,由于集体性强,具有强烈的对抗性和趣味性,能满足青少年身心发展的需要,对于培养机智,灵活,勇敢顽强,合作精神,锻炼身体,锻炼意志都具有重要的价值和意义。原地双手胸前传接球是篮球基本技术之一,也是初学者比较容易掌握,比较实用的技术,对于其他技术的掌握也有衔接作用,掌握了传接球技术为篮球的进攻技术奠定了基础。

四、学情分析

本课教学对象为初一年级学生,人数41人,学生整体学练能力良好,课堂常规执行情况好,学生具备一定的独立思考、判断、总结能力。篮球是他们所喜爱的一项运动,但基础较差,要达到熟练掌握和快速灵活运用还有一定的难度。教学中要让学生把动体与动脑很好地结合起来,着重解决如何掌握正确的手形及传接球的准确性及快速能力。

五、教学目标

1. 学生了解原地双手胸前传接球技术的动作要领和重要性。
2. 全体学生基本会原地双手胸前传接球。
3. 体验自己肢体动作与对篮球的控制和支配之间的关联。

六、课的构想和追求效应

1. 本课力求做到为学生提供更多的空间和时间，引导学生在自主学习中善于发现，勤于探究，培养学生主动学习和创新学习的精神。在合作学习中，着力让学生体验同学之间互相帮助，共同进步，终获成功的乐趣。

2. 在教学方法上从过去强调"教"转为强调"学"，教学目的是为了学生能自主学习。在师生关系方面，教师转变为学生合作学习的朋友。

3. 本课利用一个篮球场地，通过各种教学手段力求体现小场地，大容量，使整体课显得轻松、活跃。

七、核心任务

练习传接篮球和体会传接篮球的正确动作。

八、教学过程

1. 提出核心任务：练习传接篮球、体会传接篮球的正确动作。掌握原地双手胸前传接球的手形动作，提出学习方案，让学生领会核心任务，明确学习要求。

2. 解决问题：分成8个小组进行原地双手胸前传接球的体验学习，在组长的带领下自主活动，自创传接球练习。在游戏中尝试体验学习，带着疑问学习，试图在练习中找到答案。组织学生探讨，引导学生发言，交流体会，积极自述练习体会。

3. 总结提升：教师与学生总结练习体会，教师讲解示范，指出动作要领和易犯错误动作。观察对比教师和同学示范，学习正确的技术动作。

4. 运用反馈 练习传接球，检测教学目标，在规定的时间内完成连续的传接球次数。

九、教学特色

根据教材特点，本课以游戏贯穿全课，体现了"低起点，小步子、多活动、快反馈"的特色。放手让学生亲自体验，不断总结及时评价，培养兴趣。尝试性体验学习可以培养学生强烈的求知欲望，学生的积极性得到提高，兴趣更加浓厚，参与意识强烈。教师利用提供学习方案等手段给学生以最大的自主空间，游戏教学强调了学习的过程，学生主动参与的过程。这种由浅入深，实践到理论再到实践的过程，符合学生认知过程。学生在宽松没有压力的情况下学习，积极性和主动性得以发挥。教师与学生共同总结练习体会，揭示正确的原地双手胸前传接球的动作。教师根据不同层次以及学生不同的需求提出多种学习方案，加强了学生之间、师生之间的交流学习。明确核心任务，加大对核心问题教学中的学生深度体验的实践研究，使教学目标的检测合理、有效、真实。

十、教学重、难点

重点：正确的传接球手型及身体的协调。
难点：上下肢协调配合和手对球的控制支配能力。

十一、教学反思

本节课在教学过程中,始终围绕核心任务来推进,教学目标明确,层次清楚,课堂以体验学习和游戏相结合贯穿全课,体现了多活动,快反馈的特点。教师为学生提供了更多的练习空间和时间,正确引导学生积极进行尝试性体验学习,使学生在发现问题、思考问题、解决问题的过程中,不断发展和提高思维能力和动作能力,加深对原地双手胸前传接球技术的体验。在体验中善于发现,勤于探究,培养学生主动学习和创新学习的精神,同时提高了学生的创新思维能力,加深自己肢体动作与对篮球的控制和支配之间的关联体验。在体验学习中,不断总结,及时评价,培养兴趣,还让学生体验同学之间互相帮助,共同进步,获得成功的乐趣。本节课通过核心问题有效地调动了学生的活动,学生真正进行了身体活动、技术动作之间的关联,体现了新课程的理念,教师意识清楚,以学生练习为主要手段,绝大部分学生做得比较好,练习有具体要求,加大对核心问题教学中的学生深度体验的实践研究。在学生的体验学习中,教师设置了有难度的新问题,使学生不断面临新的挑战,这也激发了学生的能量,充分发挥他们的能力和才智,找出解决问题的好办法。这使得教学目标的检测做得很好,非常合理、有效、真实。

十二、课堂反馈

在本节课的教学目标中,教师采取独特合理的检测方法对以下三个方面全部进行检测:(1)学生了解原地双手胸前传接球技术的动作要领和重要性。(2)全体学生基本会原地双手胸前传接球。(3)体验自己肢体动作与对篮球的控制和支配之间的关联。在三分钟的时间内,连续原地双手胸前传接球不掉球,能够达到多少传接球的次数,如果掉球,必须从头开始数,以最多的次数为准。

统计结果:总共有41位同学参与练习,全体学生基本都会原地双手胸前传接球,并且了解原地双手胸前传接球技术的动作要领。在三分钟内,连续传接球不掉球的次数全班最高58次,最低20次。

《电化学综合应用》教学设计

牟 霞

一、教学分析设计

(一) 教材分析

本课题是高考化学一轮复习《电化学基础》部分的内容。高中阶段，电化学内容主要分为两个板块：一是"原电池原理及其应用"，一是"电解池原理及其应用"，这堂课涉及的正是针对这两个板块知识的综合运用。

(二) 学情分析

本节课的教学对象是正在进行一轮复习的高三学生，通过必修二和选修四中《电化学基础》学习时的系统训练以及高三复习理综考试的强化训练，已经基本具备了独立分析电化学装置（原电池或电解池）工作原理并解决相关应用问题（电极判断、粒子流向判断、电极反应书写、简单计算）的能力。现阶段，最欠缺的正是理解、分析综合性电化学装置的能力和经验，主要表现即缺乏关联意识，无解决问题的明确导向。

(三) 教学目标

1. 能辨认组合池装置中的原电池和电解池；【难点】
2. 掌握分析原电池与电解池串联装置工作原理的一般性思路，能判断电极、粒子流向、电解质溶液成分变化，会书写电极反应方程式，并在原理分析时体验这些环节的相互关联；【重点】
3. 反思解题过程，从能量转化和反应实质两个角度，体验并认识原电池与电解池关联；【重点】
4. 从定量角度，初步理解电化学计算技巧，体验反应实质与计算依据的关联。【难点】

(四) 设计思路

基于教材与学情分析，笔者把本课的核心问题设置成"反思电化学组合池习题解题过程，归纳原电池与电解池的关联"，并由此引领整个课程的实施与推进。

具体而言：首先，课前安排学生分别自主复习原电池与电解池的独立基础知识，随即用高考题中选取的"原电池、电解池串联组合习题"检测自主复习效果，激发学生发现问题的欲望；简要订正答案后，布置学生围绕"解题障碍"整理反思体会，让学生深入、切实的发现问题之所在。课上，通过对学生自己暴露出的三个集中性问题"装置的认识"、"工作原理"、"计算"的具体讨论，逐步从能量转化和反应实质两个角度建立原电池与电解池的关联。同时，通过关联的建立，又来指导原电池与电解池串联装置的分析以及具体问题的解决。最后，用一个同类型的习题检测反馈目标达成效果。

希望通过以上的教学设计，能使自己和学生感受到：高考复习不是知识的简单堆砌、机械记忆和麻木练习，我们需要寻找关联，从而体现知识的逻辑关系和应用价值。

（五）核心问题

反思电化学组合池习题解题过程，归纳原电池与电解池的关联。

二、教学实施设计

教学过程（如表1所示）

表1 教学过程

教学环节		教师活动	学生活动	设计意图
提出问题	情境营造	1. 介绍前期准备任务完成情况，突出矛盾 2. 提示寻找习题装置共通性	1. 倾听、思考 2. 反思、回答	1. 营造问题情境，激发学习兴趣 2. 形成印象性关联
	核心问题	反思电化学组合池习题解题过程，归纳原电池与电解池的关联	领会任务	明确引领全课的核心问题
解决问题	反思解题障碍	1. 投影学生反思体会 2. PPT展示问题统计 3. PPT展示主要问题诊断结果	观察、倾听、思考笔记整理，明确问题	寻找症结所在，明确解题障碍，便于"对症下药"
	认识装置	1. 提示装置特征，布置活动1 2. 引导学生思考"串联"的实质	研读装置，进一步思考装置具体构成，归纳反应实质	通过分析连接方式，确定反应实质，初步建立原电池、电解池实质
	理解工作原理	1. 布置活动任务2 2. 布置活动任务3	独立思考检测题1中的装置原理，发表观点 两人小组讨论，检测2、3题装置工作原理，发表观点	在独立思考、小组讨论、集体评议的过程中，逐层深入地理解组合池装置工作原理
	归纳提升	1. 引导学生思考总是从"原电池"开始分析之原因，从反应原理角度提升关联 2. 从能量转化角度提升原电池与电解池的关联 3. 概括分析"组合池"工作原理的一般性 4. 点拨逆向思维的方法与一般性思路方法的关系 5. 从定量角度，引导学生思考反应原理与计算依据的关联	思考、归纳、发言 倾听、思考 讨论归纳 发言、倾听、反思 思考、归纳、发言	以讨论具体的分析策略和计算依据为载体，从能量转化、反应原理两方面，深度体验原电池与电解池的根本关联，形成结论
	运用反馈	引导学生完成课堂练习并评价。	进一步体验组合池习题解题思路	检测探究效果，加深对原电池和电解池关联的理解

三、教后反馈调整

从形成性评价角度看，在课程前期准备和实施的过程中，能明显地感受到，学生在发现并解决问题的过程中积极性和参与度都明显高于常规复习课；课后，大多数同学都能整理出自己在知识和技能或是过程和方法方面的收获和体会，有的同学的见解还相当经典，比如李一帆同学的"电化学是以氧化还原为基础的模块……所以一句话——氧化还原方程式的双线桥就是导线与电解质"。从结果性评价而言，笔者在课后的运用反馈中设置了两个题目，第一题来源于 2010 年福建高考，侧重考查学生对"组合池"习题解题技巧（包括分析思路、计算依据）的掌握情况；第二题来源于 2012 年上海高考，是一个依据指定氧化还原反应，设计电化学装置的判断选择题，侧重考查学生对原电池与电解池反应实质的理解。这两个题目的设置分别指向核心问题的两个方面，（1）解题过程。（2）原电池和电解池的关联。全班参与上课和检测的同学有 54 人，就检测反馈情况统计：第一题正确率达 85.2%，在选择错误的 8 个同学中，从解题笔记上看，还有 4 人装置分析是正确的，只是在选项判断时出现错误。一方面，对于一道高考中出现的较高难度电化学综题而言，一个刚刚进入高三一轮复习的学生能在 3 分钟内准确完成实属不易，全班有 85%的同学能达到这个水平，表明在达成"掌握解题技巧"方面的教学目标上是有效的；另一方面，对于同一类型的高考电化学综合题，学生在课前和课后完成的正确率明显提高，这表明学生在分析解决这类问题上的能力得到了提升，这也是课堂效益的直接体现。但第二题正确率仅有 38.9%，成功率明显下降。究其原因，除了与题目自身特点——问题呈现形式简洁新颖，对学生综合分析能力要求较高有关，也反映出笔者在教学设计和实施中对原电池与电解池的根本性关联——（自发或非自发）氧化还原反应的挖掘不够深入，导致学生在深入体验和理解电化学反应实质上不够充分，造成很多同学尚未建立起灵活分析、解决这类问题的能力。这是本课完成后，笔者觉得有些遗憾，需要深入改进的方向。

《探究影响降落伞下落快慢的因素》
（第二课时）教学设计

黄 敏

一、教学分析设计

（一）教学内容及学情分析

本堂课内容脱胎于初中物理教科版教材第一章第三节《活动：降落伞比赛》。按照课标要求，学生应通过本节课的学习，了解实验探究的基本要素，学习实验的一些基本技巧。作为物理学科的入门阶段，学生在前两节课中知道了科学探究的基本环节，认识了初中物理实验室一些简单的常用仪器，掌握了长度测量的基本知识，对物理学科有了一定的认识，产生了初步的兴趣。但由于学生掌握的物理知识相对薄弱（如：对质量的概念非常模糊，对质量的测量方法一知半解），因此无法完全按照教材中的要求，用"控制变量"法探究影响降落伞在空中滞留时间的因素（例如，学生制作的降落伞，其质量、伞面材料、面积、形状、伞绳长度都有所不同，且这些因素相互影响，很难控制变量进行比较）。

针对这一现状，笔者拟用两节课来完成本节内容：第一节课完成三个任务，一是根据头脑中已有的常识，设计并制作简单的降落伞；二是知道测量长度和质量的仪器，了解面积的测量方法；三是学会根据需要选择合适的实验仪器，并能正确使用刻度尺和秒表。第二节课，按照科学探究的基本环节进行探究活动：教师提出问题，引导学生进行猜想，根据实验设计探究过程；学生分组制作降落伞进行实验，根据降落伞落地的快慢来分析"影响降落伞下落快慢"的可能因素；组内分析论证，并分组进行评估，从探究过程总结出"控制变量法"，交流探究过程中的体会。

本堂课是第二课时。

（二）设计思想

研究影响降落伞下落快慢的因素并非本节重要内容，且影响其下落快慢的因素很复杂，单凭这些简单的实验器材并不能得到严谨的答案，因此，实验探究的结果在本堂课中并不是最重要的。本堂课以学生体验活动为重点，教师只是体验活动的组织者和引导者。重要的是学生对科学探究基本环节的体验，以及对"控制变量法"的初步体验。学生能积极主动参加探究各个环节的活动，分工合作，主动思考，此课的目的就应该达到了。

基于以上分析和认识，拟采用核心问题教学，通过核心问题引导学生在活动中进行感性认识，定性地探究影响降落伞滞空时间的某些因素。通过反思探究过程，师生共同归纳出科学探究的重要方法——控制变量法。最后，再用得到的方法来解决相关问题，加深对控制变量法的理解。希望通过"问题——活动——提升——运用"的教学模式，引导学生经历实验探究的基本过程，有意识地使用控制变量法去分析物理问题，产生新知，形成规律。

（三）核心问题

制作降落伞，研究它的下落快慢可能与哪些因素有关。

（四）教学目标

1．体验性目标：积极参与制作降落伞的活动，研究它下落快慢与哪些因素有关，初步体验"提出问题、进行猜想、设计实验、进行试验、分析论证、讨论交流"的科学探究过程，初步体验"控制变量"的思想。

2．结果性目标：知道科学探究的基本环节，能初步运用控制变量法设计实验。

（五）教学媒体

PPT、实物投影仪

（六）教具学具

降落伞半成品（伞面、伞绳）、文件袋、双面胶、小夹子、人字梯等。

二、教学实施设计

（一）教学环节（如表1所示）

表1　教学环节

教学环节		教师活动	学生活动	设计意图
提出问题	图片引入提出核心问题	视频展示珠海航展的跳伞表演。 提问：降落伞的作用是什么。 提出核心问题：降落伞下落的快慢可能与哪些因素有关	观察图片，思考并回答问题。 倾听、思考，明确核心问题	教师营造学习氛围，激发学生的学习兴趣。 学生明确核心问题
解决问题	进行猜想	鼓励学生根据降落伞的基本结构及环境对下落快慢的相关因素进行猜想，根据学生情况和实验条件，选取其中三个猜想作为探究方向	分析降落伞的基本结构，对影响降落伞下落快慢的因素进行大胆猜想	积极拓宽思路，激发探究兴趣
	设计实验	提出要求，分配任务。 指导学生根据研究方向设计实验	明确本组研究方向，进行实验设计：根据研究方向领取降落伞素材，确定实验步骤	初步体验控制变量法

（续表）

教学环节		教师活动	学生活动	设计意图
解决问题	进行实验	提供注意事项：合理分工，倾力配合，根据要求迅速完成降落伞的制作。巡视，指导，发现问题，解决问题。把握好学生制作时间，适当提醒	组内进行合理分工，根据要求迅速完成两个降落伞的制作。团结协作，及时处理问题	在实际操作中锻炼学生的动手能力、培养协作精神
	分析论证	巡视，对各组实验论证过程进行监督，及时发现问题，提供解决方案。	将两只降落伞在同一高度同时释放，仔细观察落地先后情况，记录结果，分析思考，通过组内讨论得出探究结果	体现自主学习，激发主动思考，体验探究成果
	讨论交流	请学生代表分组汇报探究结果。教师进行引导、提示	分组展示降落伞落地快慢的比较过程，讲解本组探究过程及结论。对其他小组的展示进行观察，对他们结论的形成过程进行思考	教师提供交流平台，学生体验交流共享中的乐趣
反思提升		引导学生对科学探究过程及方法进行反思	反思探究过程，初步体验"控制变量"的方法	明确科学探究的过程与方法，强化反思意识
运用反馈		引导对新的探究课题进行科学探究	思考新课题，根据科学探究的过程和方法设计解决方案，进行简单表述	老师了解学习情况，学生加深对探究过程和方法的理解
作业布置			完成《实验探究记录表》	获取体验信息，调整教学设计

（二）板书设计

探究影响降落伞下落快慢的因素

核心问题：制作降落伞，研究它的下落快慢可能与哪些因素有关。

提出问题：降落伞下落快慢可能与哪些因素有关？

进行猜想：降落伞下落快慢可能与伞面面积、材料和悬挂物质量等因素有关。

设计实验：选取器材，确定步骤。

进行实验：制作，释放，观察，记录。

分析论证：得到结论——伞面面积、材料和悬挂物质量会影响降落伞下落快慢。

讨论交流：（学生交流发言中的亮点，如：初步体验到控制变量的方法。）

三、课后反思设计

（一）教学现场反馈

学生积极参与制作降落伞的活动，能在老师的引导下初步体验"提出问题、进行猜想、设计实验、进行试验、分析论证、讨论交流"的科学探究过程,在探究过程中初步体验到"控制变量"的思想。学生在体验过程中发现问题,主动思考,积极发言,体现了理科课堂应有的科学交流氛围。

(二)教学设计调整

教师担心学生理解不到位,讲述语言较多。可简化一些教师讲述过程,充分相信学生,充分发挥学生的主动性。时间如果充分,最好能让各小组同学都有交流的机会。

【附:资料两份】

1. 学生实验探究记录表

《探究影响降落伞下落快慢的因素》实验探究记录表(如表1所示)

第_____探究小组　　组长_____　　组员_____

表　1

提出问题	降落伞下落快慢可能与哪些因素有关?		
进行猜想	降落伞下落快慢可能与_____等因素有关。		
	本组探究因素:降落伞下落快慢与_____有关。		
设计实验 (2min)	选取的降落伞型号		
	降落伞的不同点 (可填写相应数据)		
	降落伞的相同点 (可填写相应数据)		
	实验步骤	1. 制作两个降落伞; 2. 比较两个降落伞哪个先落地,并进行记录。	
进行实验 (10min)	制作降落伞 (6min)	提示: 1. 材料袋所装物品:伞面一张、伞绳四根、代表重物的金属夹一个。 2. 伞绳与伞面的连接点有四个,已做上记号,位置在伞面的边缘。 3. 两只降落伞的伞绳长度应尽量相等。	
	释放降落伞 (4min)	次　数	下落快的降落伞(填型号)	下落慢的降落伞(填型号)
		第一次		
		第二次		
		第三次		
分析论证 (1min)	降落伞下落快慢与_____有关,在_____等条件相同时,_____则下落较快,_____则下落较慢。		
交流评估	在交流过程中有什么体验,获取了什么方法,感觉还存在什么问题?		

2. 为学生提供可选择的降落伞素材,规格如表 2 所示。

表 2

型号	规 格		
	伞面面积	伞面材质	悬挂物质量
A	300cm^2	塑料薄膜	2g
B	700cm^2	塑料薄膜	2g
C	400cm^2	塑料薄膜	2g
D	400cm^2	布	2g
E	300cm^2	塑料薄膜	4g